500만 독자가 선택한

가장 쉬운
독학 일본어 첫걸음
14,000원

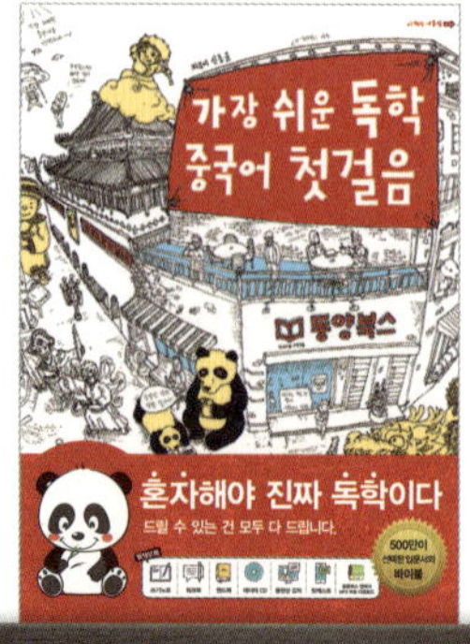

가장 쉬운
독학 중국어 첫걸음
14,000원

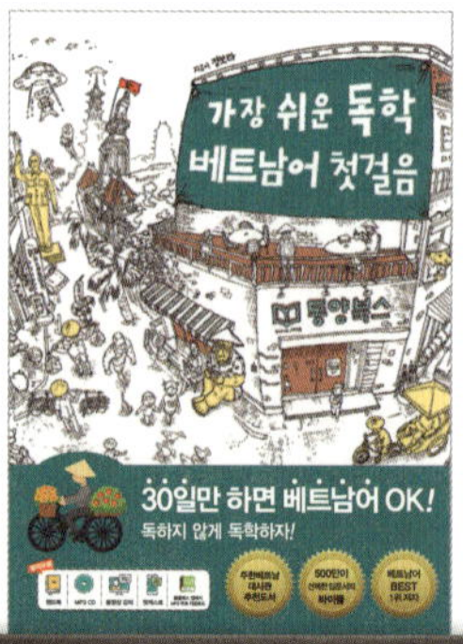

가장 쉬운
독학 베트남어 첫걸음
15,000원

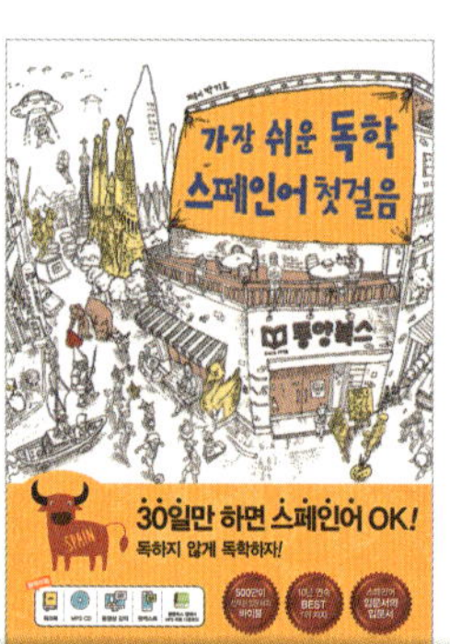

가장 쉬운
독학 스페인어 첫걸음
15,000원

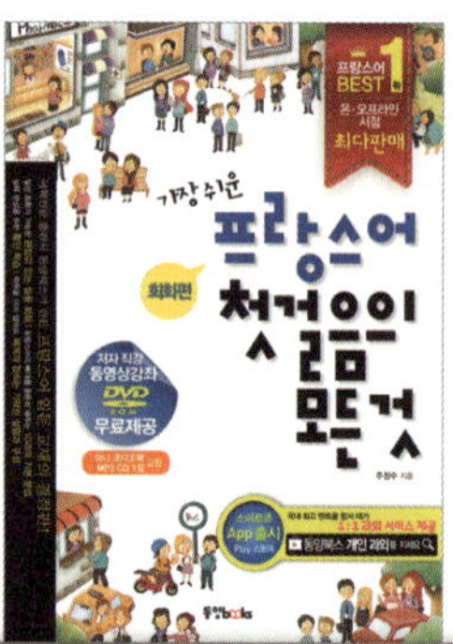

가장 쉬운
프랑스어 첫걸음의 모든 것
17,000원

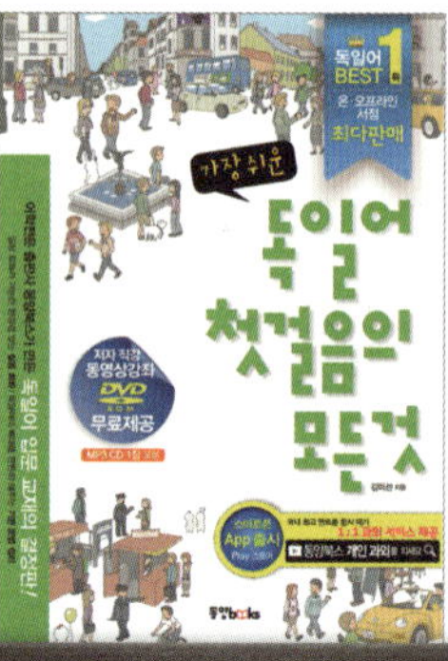

가장 쉬운
독일어 첫걸음의 모든 것
18,000원

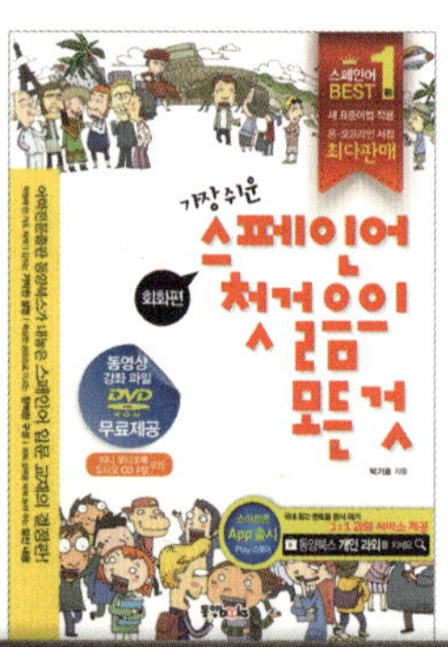

가장 쉬운
스페인어 첫걸음의 모든 것
14,500원

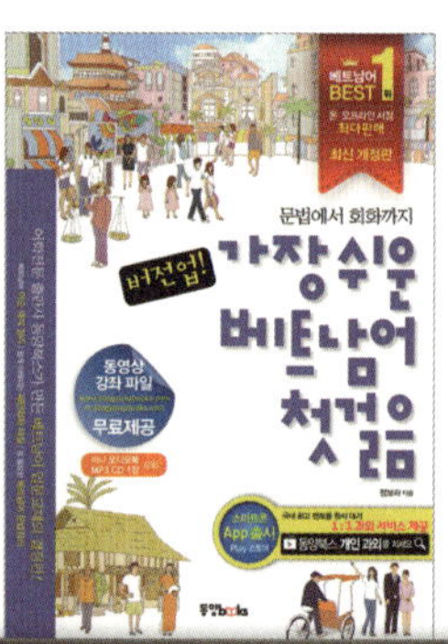

버전업! 가장 쉬운
베트남어 첫걸음
16,000원

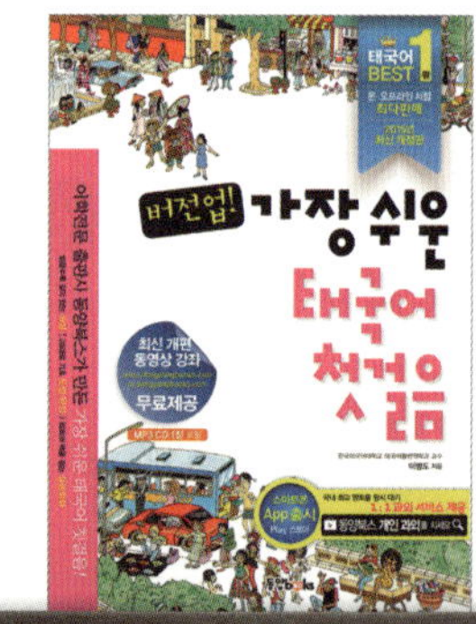

버전업! 가장 쉬운
태국어 첫걸음
16,800원

편집부 엮음

동양북스

新HSK
6급 필수단어
2500

엮은이 | 편집부
발행인 | 김태웅
편집장 | 강석기
편 집 | 권민서, 정지선, 김효수, 김다정
디자인 | 방혜자, 이미영, 김효정, 서진희
마케팅 총괄 | 나재승
마케팅 | 서재욱, 김귀찬, 이종민, 오승수, 조경현
온라인 마케팅 | 김철영, 양윤모
제 작 | 현대순
총 무 | 전민정, 안서현, 최여진, 강아담
관 리 | 김훈희, 이국희, 김승훈, 이규재

발행처 | (주)동양북스
등 록 | 제 2014-000055호(2014년 2월 7일)
주 소 | 서울시 마포구 동교로22길 12(04030)
전 화 | (02)337-1737
팩 스 | (02)334-6624

http://www.dongyangbooks.com

新 HSK 6급 필수단어 2500 활용팁

Tip 1

따로 연습장이 필요 없도록 빈칸을 두어 바로바로 단어나 예문을 쓰며 연습할 수 있습니다.
모의고사에 나오는 예문을 적으면서 자신만의 단어장을 만드는 것도 좋은 방법입니다.

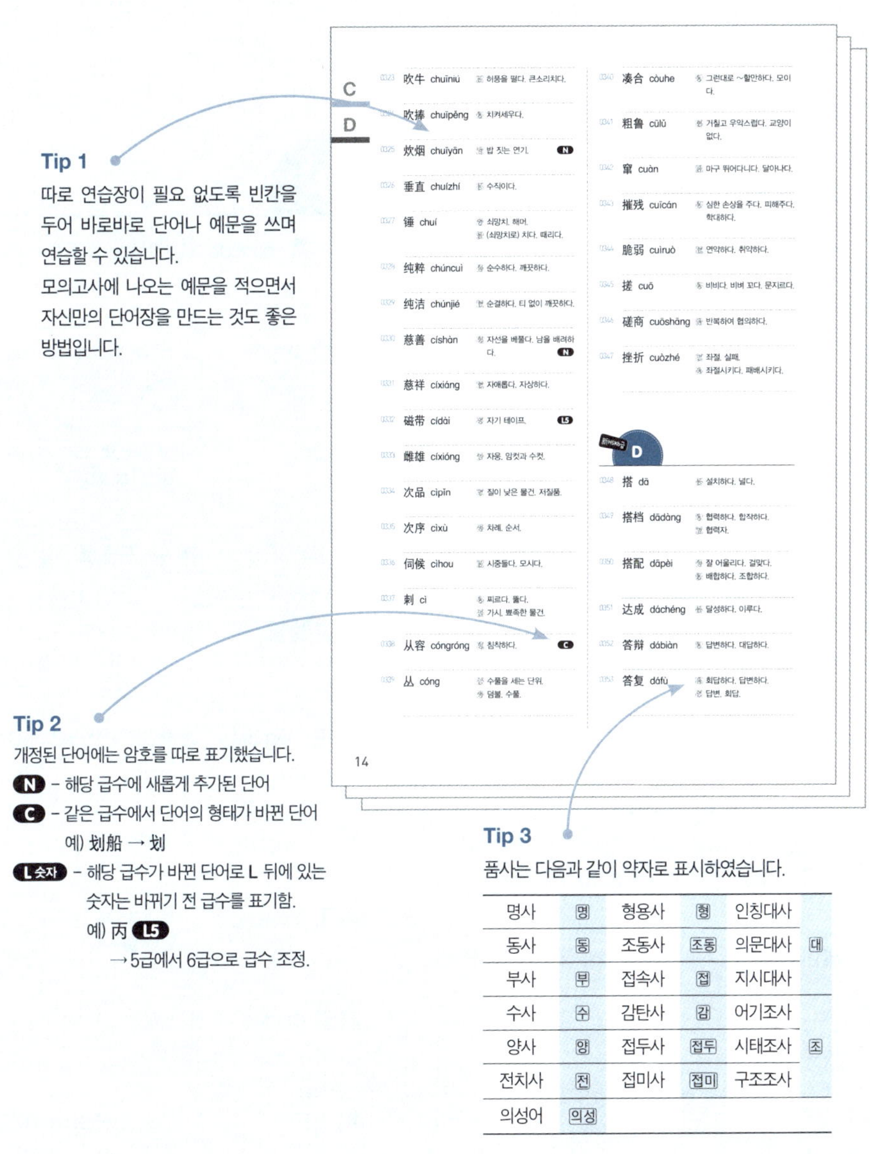

번호	단어	병음	품사·뜻	표기
0023	吹牛	chuīniú	동 허풍을 떨다. 큰소리치다.	
0024	吹捧	chuīpěng	동 치켜세우다.	
0025	炊烟	chuīyān	명 밥 짓는 연기	N
0026	垂直	chuízhí	형 수직이다.	
0027	锤	chuí	명 쇠망치, 해머. 동 (쇠망치로) 치다. 때리다.	
0028	纯粹	chúncuì	형 순수하다. 깨끗하다.	
0029	纯洁	chúnjié	형 순결하다. 티 없이 깨끗하다.	
0030	慈善	císhàn	형 자선을 베풀다. 남을 배려하다.	N
0031	慈祥	cíxiáng	형 자애롭다. 자상하다.	
0032	磁带	cídài	명 자기 테이프	L5
0033	雌雄	cíxióng	명 자웅, 암컷과 수컷.	
0034	次品	cìpǐn	명 질이 낮은 물건. 저질품.	
0035	次序	cìxù	명 차례. 순서.	
0036	伺候	cìhou	동 시중들다. 모시다.	
0037	刺	cì	동 찌르다. 뚫다. 명 가시. 뾰족한 물건	
0038	从容	cóngróng	형 침착하다.	C
0039	丛	cóng	양 수풀을 세는 단위. 명 덤불. 수풀.	
0040	凑合	còuhe	동 그런대로 ~할만하다. 모이다.	
0041	粗鲁	cūlǔ	형 거칠고 우악스럽다. 교양이 없다.	
0042	窜	cuàn	동 마구 뛰어다니다. 달아나다.	
0043	摧残	cuīcán	동 심한 손상을 주다. 피해주다. 학대하다.	
0044	脆弱	cuìruò	형 연약하다. 취약하다.	
0045	搓	cuō	동 비비다. 비벼 꼬다. 문지르다.	
0046	磋商	cuōshāng	동 반복하여 협의하다.	
0047	挫折	cuòzhé	명 좌절. 실패. 동 좌절시키다. 패배시키다.	
0048	搭	dā	동 설치하다. 넓다.	
0049	搭档	dādàng	동 협력하다. 합작하다. 명 협력자.	
0050	搭配	dāpèi	동 잘 어울리다. 걸맞다. 동 배합하다. 조합하다.	
0051	达成	dáchéng	동 달성하다. 이루다.	
0052	答辩	dábiàn	동 답변하다. 대답하다.	
0053	答复	dáfù	동 회답하다. 답변하다. 명 답변. 회답.	

14

Tip 2

개정된 단어에는 암호를 따로 표기했습니다.

N - 해당 급수에 새롭게 추가된 단어
C - 같은 급수에서 단어의 형태가 바뀐 단어
　　예) 划船 → 划
L 숫자 - 해당 급수가 바뀐 단어로 L 뒤에 있는 숫자는 바뀌기 전 급수를 표기함.
　　예) 丙 **L5**
　　　→ 5급에서 6급으로 급수 조정.

Tip 3

품사는 다음과 같이 약자로 표시하였습니다.

명사	명	형용사	형	인칭대사	
동사	동	조동사	조동	의문대사	대
부사	부	접속사	접	지시대사	
수사	수	감탄사	감	어기조사	
양사	양	접두사	접두	시태조사	조
전치사	전	접미사	접미	구조조사	
의성어	의성				

※ 新 HSK의 어휘 급수는 상위 급수가 하위 급수를 포함합니다. 예를 들어 6급의 필수 단어 5000개에는 1~5급 단어가 포함됩니다. 이 책에는 1~5급 기출 단어를 제외한, 6급에서 새롭게 출현한 단어 2500개를 수록하였습니다.

0001	挨	āi	동 붙어있다. 인접하다.
		ái	동 ~을 당하다. ~을 받다.
0002	癌症	áizhèng	명 암. 암의 통칭.
0003	爱不释手	àibú shìshǒu	성 너무나 좋아하여 차마 손에서 떼어 놓지 못하다.
0004	爱戴	àidài	동 추대하다. 우러러 섬기다.
0005	暧昧	àimèi	형 애매하다. 불확실하다. 떳떳하지 못하다.
0006	安宁	ānníng	형 (마음·질서가) 안정되다. 편하다.
0007	安详	ānxiáng	형 점잖다. 차분하다.
0008	安置	ānzhì	동 잘 놓아두다. 안치하다. 배치하다.
0009	按摩	ànmó	동 안마하다. 마사지하다. 명 안마. 마사지.
0010	案件	ànjiàn	명 (법률상의) 사건. 안건.
0011	案例	ànlì	명 사례. 사건·소송 등의 구체적인 예.
0012	暗示	ànshì	명 암시. 동 암시하다.
0013	昂贵	ángguì	형 비싸다. 가격이 치솟다.
0014	凹凸	āotū	형 울퉁불퉁하다.
0015	熬	áo	동 인내하다. 견디다. 푹 삶다.
0016	奥秘	àomì	명 신비. 비밀.

0017	巴不得	bābude	동 간절히 원하다. 몹시 바라다.
0018	巴结	bājie	동 권력에 아첨하다. 비위를 맞추다. 아부하다.
0019	扒	bā	동 벗기다. 벗어버리다. 뜯어내다. 캐내다.
0020	疤	bā	명 상처. 흉터. 흠.
0021	拔苗助长	bámiáo zhùzhǎng	성 일을 급하게 이루려고 하다가 도리어 일을 그르치다.
0022	把关	bǎguān	동 책임을 지다. 엄격히 심사하다.
0023	把手	bǎshou	명 손잡이. 핸들.
0024	罢工	bàgōng	명 동맹 파업. 동 동맹 파업하다.
0025	霸道	bàdào	형 난폭하다. 포악하다. 명 패도.
0026	掰	bāi	동 (손으로 물건을) 쪼개다. 가르다.
0027	摆脱	bǎituō	동 (속박·규제·생활상의 어려움 등에서) 벗어나다. 빠져나오다.

0028	败坏 bàihuài	동 (명예 · 풍속 등을) 망치다. 손상시키다.
0029	拜访 bàifǎng	동 삼가 방문하다. 예방하다.
0030	拜年 bàinián	동 세배하다. 새해인사를 드리다.
0031	拜托 bàituō	동 부탁하다.
0032	颁布 bānbù	동 반포하다. 공포하다.
0033	颁发 bānfā	동 (증서나 상장 따위를) 수여하다. 공포하다.
0034	斑 bān	명 얼룩. 반점.
0035	版本 bǎnběn	명 판본.
0036	半途而废 bàntú érfèi	성 일을 중도에 그만두다.
0037	扮演 bànyǎn	동 ～역을 맡아 하다. 출연하다.
0038	伴侣 bànlǚ	명 배우자. 반려자. 동료. 짝.
0039	伴随 bànsuí	동 따라가다. 동행하다. 수반하다.
0040	绑架 bǎngjià	동 납치하다. 인질로 잡다.
0041	榜样 bǎngyàng	명 모범. 본보기.
0042	磅 bàng	명 (중량 단위인) 파운드.
0043	包庇 bāobì	동 (나쁜 일을) 감싸주다. 비호하다.
0044	包袱 bāofu	명 부담. 짐. 보따리.
0045	包围 bāowéi	동 포위하다. 에워싸다.
0046	包装 bāozhuāng	동 물건을 포장하다.
0047	饱和 bǎohé	형 최고조에 달하다. 포화상태에 이르다.
0048	饱经沧桑 bǎojīng cāngsāng	성 세상만사의 변화를 실컷 경험하다.
0049	保管 bǎoguǎn	동 보관하다. 확실히 보증하다.
0050	保密 bǎomì	동 비밀을 지키다.
0051	保姆 bǎomǔ	명 보모. 가정부.
0052	保守 bǎoshǒu	형 보수적이다. 동 지키다. 고수하다.
0053	保卫 bǎowèi	동 보위하다. 지키다.
0054	保养 bǎoyǎng	동 보양하다. 양생하다. 수리하다. 정비하다.
0055	保障 bǎozhàng	동 보장하다. 보증하다.
0056	保重 bǎozhòng	동 몸조심하다. 건강에 주의하다.
0057	报仇 bàochóu	동 복수하다. 원수를 갚다.
0058	报酬 bàochou	명 보수. 사례금. 수고비.
0059	报答 bàodá	동 보답하다. 은혜를 갚다.
0060	报复 bàofù	동 보복하다.

0061	报警 bàojǐng	图 경찰에 신고하다. **N**
0062	报销 bàoxiāo	图 (사용 경비를) 청구하다. 결산하다.
0063	抱负 bàofù	명 포부.
0064	暴力 bàolì	명 폭력. 무력. 공권력.
0065	暴露 bàolù	图 드러내다. 폭로하다.
0066	曝光 bàoguāng	图 폭로되다. 노출되다.
0067	爆发 bàofā	图 발발하다. (감정이) 폭발하다.
0068	爆炸 bàozhà	图 작렬하다. 폭발하다.
0069	卑鄙 bēibǐ	형 비열하다. 졸렬하다.
0070	悲哀 bēi'āi	형 슬프고 애통하다. 상심하다.
0071	悲惨 bēicǎn	형 비참하다. 비통하다.
0072	北极 běijí	명 북극.
0073	贝壳 bèiké	명 조가비.
0074	备份 bèifèn	图 예비분으로 복제하다. 백업 (back-up)하다.
0075	备忘录 bèiwànglù	명 비망록.
0076	背叛 bèipàn	图 배반하다. 배신하다.
0077	背诵 bèisòng	图 외우다. 암송하다.

0078	被动 bèidòng	형 피동적이다. 수동적이다.
0079	被告 bèigào	명 피고.
0080	奔波 bēnbō	图 분주히 뛰어다니다. 분주하다.
0081	奔驰 bēnchí	图 질주하다. 폭주하다.
0082	本能 běnnéng	명 본능.
0083	本钱 běnqián	명 밑천. 자본. 본전. 원금.
0084	本人 běnrén	명 본인. 당사자.
0085	本身 běnshēn	명 자신. 본인.
0086	本事 běnshì	명 능력. 재능.
0087	笨拙 bènzhuó	형 멍청하다. 우둔하다.
0088	崩溃 bēngkuì	图 붕괴하다. 무너지다.
0089	甭 béng	부 ～할 필요 없다. ～하지 마라.
0090	迸发 bèngfā	图 밖으로 내뿜다. 분출하다.
0091	蹦 bèng	图 뛰어오르다. 껑충 뛰다.
0092	逼迫 bīpò	图 핍박하다. 강요하다.
0093	鼻涕 bítì	명 콧물.
0094	比方 bǐfang	접 예를 들어. 만일. 명 비유. 예.

0095	比喻 bǐyù	통 비유하다. 명 비유.
0096	比重 bǐzhòng	명 비중.(전체에서 차지하는 분량)
0097	鄙视 bǐshì	통 무시하다. 경멸하다. ⓝ
0098	闭塞 bìsè	형 (교통이) 불편하다. 외지다.
0099	弊病 bìbìng	명 결함. 문제점.
0100	弊端 bìduān	명 폐단. 폐해.
0101	臂 bì	명 팔.
0102	边疆 biānjiāng	명 변방. 변경.
0103	边界 biānjiè	명 경계선. 국경선.
0104	边境 biānjìng	명 국경지대. 변경.
0105	边缘 biānyuán	명 가장자리 부분. 가.
0106	编织 biānzhī	통 짜다. 엮다. 편직하다.
0107	鞭策 biāncè	통 채찍질하다. 독려하고 재촉하다.
0108	贬低 biǎndī	통 (가치를) 깎아내리다. 얕잡아보다.
0109	贬义 biǎnyì	명 부정적이거나 혐오적인 의미. 폄의.
0110	扁 biǎn	형 평평하다. 납작하다.
0111	变故 biàngù	명 변고. 재난.
0112	变迁 biànqiān	통 변천하다.
0113	变质 biànzhì	통 변질하다. 달라지다.
0114	便利 biànlì	형 편리하다.
0115	便条 biàntiáo	명 메모. 쪽지.
0116	便于 biànyú	통 (~를 하기에) 편하다.
0117	遍布 biànbù	통 널리 퍼지다. 널리 분포하다.
0118	辨认 biànrèn	통 식별하다.
0119	辩护 biànhù	통 변호하다. 변론하다.
0120	辩解 biànjiě	통 해명하다. 변명하다.
0121	辩证 biànzhèng	통 변증하다. 논증하다.
0122	辫子 biànzi	명 땋은 머리. 변발.
0123	标本 biāoběn	명 표본.
0124	标记 biāojì	명 표기.
0125	标题 biāotí	명 표제. 제목.
0126	表决 biǎojué	통 표결하다.
0127	表态 biǎotài	통 태도를 밝히다. 입장을 표명하다.
0128	表彰 biǎozhāng	통 표창하다.
0129	憋 biē	통 참다. 억제하다. 답답하게 하다.

0130 **别墅** biéshù 　명 별장.

0131 **别致** biézhì 　형 독특하다. 색다르다.

0132 **别扭** bièniu 　형 어색하다. 부자연스럽다.

0133 **濒临** bīnlín 　동 임박하다. ~한 지경에 이르다.

0134 **冰雹** bīngbáo 　명 우박.

0135 **丙** bǐng 　명 (순서·등급에서) 세 번째. 제3위. **L5**

0136 **并非** bìngfēi 　동 결코 ~하지 않다.

0137 **并列** bìngliè 　동 병렬하다.

0138 **拨** bō 　동 나누어주다. 배포하다. 　동 (손·발·막대기 등을 이용하여 옆으로) 밀어 움직이다. **C**

0139 **波浪** bōlàng 　명 파도. 물결.

0140 **波涛** bōtāo 　명 파도. **C**

0141 **剥削** bōxuē 　동 착취하다. 　명 착취.

0142 **播种** bōzhòng 　동 씨를 뿌리다.

0143 **伯母** bómǔ 　명 백모. 큰어머니. 아주머니.

0144 **博大精深** bódà jīngshēn 　성 (사상·학식 등이) 넓고 심오하다.

0145 **博览会** bólǎnhuì 　명 박람회.

0146 **搏斗** bódòu 　동 격렬하게 싸우다. 격투하다.

0147 **薄弱** bóruò 　형 박약하다. 약하다.

0148 **补偿** bǔcháng 　동 손실·손해를 보충하다. 결손을 보상하다.

0149 **补救** bǔjiù 　동 교정하다. 보완하다.

0150 **补贴** bǔtiē 　명 보조금. 　동 보조하다. 보태주다.

0151 **捕捉** bǔzhuō 　동 잡다. 붙잡다.

0152 **哺乳** bǔrǔ 　동 젖을 먹이다. 젖을 먹여 키우다.

0153 **不得已** bùdéyǐ 　형 어쩔 수 없다. 부득이하다.

0154 **不妨** bùfáng 　부 괜찮다. 무방하다.

0155 **不敢当** bù gǎndāng 　감당하기 어렵다. 가당치 않다. 송구스럽다.

0156 **不顾** búgù 　동 고려하지 않다. 꺼리지 않다.

0157 **不禁** bùjīn 　부 자기도 모르게. 참지 못하고.

0158 **不堪** bùkān 　동 감당할 수 없다. 견딜 수 없다.

0159 **不可思议** bùkě sīyì 　성 불가사의하다. 상상할 수 없다.

0160 **不愧** búkuì 　부 부끄럽지 않게. 손색없이.

0161 **不料** búliào 　부 뜻밖에. 의외로.

0162	不免 bùmiǎn	부 면할 수 없다. 피하지 못하다. **L5**
0163	不时 bùshí	부 자주. 종종. 늘.
0164	不惜 bùxī	동 아끼지 않다.
0165	不相上下 bùxiāng shàngxià	성 우열을 가릴 수 없다. 막상막하이다.
0166	不像话 bú xiànghuà	말이 안 된다. 이치에 맞지 않다.
0167	不屑一顾 búxiè yígù	거들떠볼 가치도 없다.
0168	不言而喻 bùyán éryù	성 말하지 않아도 알다.
0169	不由得 bùyóude	부 저절로. 자기도 모르게. / 동 ~하지 않을 수 없다.
0170	不择手段 bùzé shǒuduàn	성 (목적을 달성하기 위하여) 수단·방법을 가리지 않다.
0171	不止 bùzhǐ	동 멈추지 않다. 그치지 않다.
0172	布告 bùgào	명 게시문. 포고문. 공고문.
0173	布局 bùjú	명 구도. 짜임새. 분포.
0174	布置 bùzhì	동 안배하다. 배치하다. 진열하다.
0175	步伐 bùfá	명 발걸음. 걸음걸이.
0176	部署 bùshǔ	동 배치하다. 안배하다.
0177	部位 bùwèi	명 (신체) 부위.

C

0178	才干 cáigàn	명 능력. 재간.
0179	财富 cáifù	명 부(富). 자산.
0180	财务 cáiwù	명 재무. 재정.
0181	财政 cáizhèng	명 (정부 부서의) 재정.
0182	裁缝 cáifeng	명 재봉사.
0183	裁判 cáipàn	명 심판. / 동 심판을 보다.
0184	裁员 cáiyuán	동 감원하다. 인원을 축소하다.
0185	采购 cǎigòu	동 구입하다. 구매하다.
0186	采集 cǎijí	동 채집하다. 수집하다.
0187	采纳 cǎinà	동 받아들이다. 수락하다. 채택하다.
0188	彩票 cǎipiào	명 복권.
0189	参谋 cānmóu	명 참모. 상담자. / 동 조언하다.
0190	参照 cānzhào	동 참조하다. 참고하다.
0191	残疾 cánjí	명 불구. 장애. 장애인. **L5**
0192	残酷 cánkù	형 잔혹하다. 잔인하다.
0193	残留 cánliú	동 남아있다. 잔류하다.

0194 残忍 cánrěn 〔형〕 잔인하다. 악독하다.

0195 灿烂 cànlàn 〔형〕 찬란하다.

0196 仓促 cāngcù 〔형〕 촉박하다. 황급하다.

0197 仓库 cāngkù 〔명〕 창고.

0198 苍白 cāngbái 〔형〕 창백하다. 파리하다. 생기가 없다.

0199 舱 cāng 〔명〕 (비행기 · 배 등의) 객실. 선실. 선창.

0200 操劳 cāoláo 〔동〕 애써 일하다. 수고하다.

0201 操练 cāoliàn 〔동〕 훈련하다. 조련하다.

0202 操纵 cāozòng 〔동〕 제어하다. 조작하다.

0203 操作 cāozuò 〔동〕 조작하다. 다루다.

0204 嘈杂 cáozá 〔형〕 떠들썩하다. 시끌벅적하다.

0205 草案 cǎo'àn 〔명〕 초안.

0206 草率 cǎoshuài 〔형〕 경솔하다. 대강하다.

0207 侧面 cèmiàn 〔명〕 옆면. 측면.

0208 测量 cèliáng 〔동〕 측량하다.

0209 策划 cèhuà 〔동〕 획책하다. 일을 꾸미다. 〔명〕 기획자.

0210 策略 cèlüè 〔명〕 책략. 전술. 〔형〕 전략적이다. 전술적이다.

0211 层出不穷 céngchū bùqióng 〔성〕 끊임없이 나타나다.

0212 层次 céngcì 〔명〕 단계. 등급

0213 差别 chābié 〔명〕 차별. 차이. 구별. **L5**

0214 插座 chāzuò 〔명〕 콘센트. 소켓. **N**

0215 查获 cháhuò 〔동〕 수사하여 체포하다.

0216 岔 chà 〔동〕 (화제를) 바꾸다. 어긋나다. 〔명〕 분기점. 갈림길.

0217 刹那 chànà 〔명〕 찰나. 순간.

0218 诧异 chàyì 〔형〕 의아해하다. 이상해하다.

0219 柴油 cháiyóu 〔명〕 경유. 디젤유.

0220 搀 chān 〔동〕 혼합하다. 섞다. 부축하다. 붙잡다.

0221 馋 chán 〔형〕 게걸스럽다. 식탐하다.

0222 缠绕 chánrào 〔동〕 둘둘 감다. 휘감다.

0223 产业 chǎnyè 〔명〕 산업. 부동산.

0224 阐述 chǎnshù 〔동〕 명백하게 논술하다.

0225 颤抖 chàndǒu 〔동〕 부들부들 떨다.

0226 昌盛 chāngshèng 〔형〕 창성하다. 흥성하다.

0227 尝试 chángshì 〔동〕 시도해보다. 테스트하다.

0228	偿还 chánghuán	동 (진 빚을) 상환하다. 갚다.
0229	场合 chǎnghé	명 특정한 시간. 장소. 상황.
0230	场面 chǎngmiàn	명 장면. 광경.
0231	场所 chǎngsuǒ	명 장소. 시설.
0232	敞开 chǎngkāi	동 (활짝) 열다.
0233	畅通 chàngtōng	형 원활하다. 잘 소통되다.
0234	畅销 chàngxiāo	형 잘 팔리다. 매상이 좋다.
0235	倡导 chàngdǎo	동 창도하다. 선도하다. 제창하다.
0236	倡议 chàngyì	동 제의하다. 제안하다.
0237	钞票 chāopiào	명 지폐. 돈.
0238	超越 chāoyuè	동 초월하다. 뛰어넘다. 추월하다.
0239	巢穴 cháoxué	명 (새나 짐승의) 집. 소굴. 은신처. **C**
0240	朝代 cháodài	명 왕조의 연대. 조대. **L5**
0241	嘲笑 cháoxiào	동 비웃다. 빈정거리다.
0242	潮流 cháoliú	명 (사회적) 조류. 추세. 풍조.
0243	撤退 chètuì	동 (군대가) 철수하다. 퇴각하다.
0244	撤销 chèxiāo	동 없애다. 취소하다.
0245	沉淀 chéndiàn	동 침전하다. 가라앉다.
0246	沉闷 chénmèn	형 음울하다. 명랑하지 않다.
0247	沉思 chénsī	동 깊이 생각하다. 심사숙고하다.
0248	沉重 chénzhòng	형 몹시 무겁다. 심각하다.
0249	沉着 chénzhuó	형 침착하다. 차분하다.
0250	陈旧 chénjiù	형 낡다. 케케묵다.
0251	陈列 chénliè	동 진열하다. 전시하다.
0252	陈述 chénshù	동 진술하다.
0253	衬托 chèntuō	동 부각시키다. 돋보이게 하다. **N**
0254	称心如意 chènxīn rúyì	성 마음에 꼭 들다.
0255	称号 chēnghào	명 칭호. 호칭.
0256	成本 chéngběn	명 원가. 자본금.
0257	成交 chéngjiāo	동 거래가 성립하다. 매매가 성립되다.
0258	成天 chéngtiān	명 종일. 온종일.
0259	成效 chéngxiào	명 효능. 효과.

0260 成心 chéngxīn 〔부〕 고의로. 일부러.

0261 成员 chéngyuán 〔명〕 성원. 구성원.

0262 呈现 chéngxiàn 〔동〕 나타나다. 드러나다.

0263 诚挚 chéngzhì 〔형〕 성실하고 진실하다. 진지하다.

0264 承办 chéngbàn 〔동〕 일을 맡아 처리하다.

0265 承包 chéngbāo 〔동〕 맡아서 처리하다. 하청을 받다.

0266 承诺 chéngnuò 〔동〕 승낙하다. 대답하다. 〔명〕 승낙. 대답.

0267 城堡 chéngbǎo 〔명〕 성. 성벽.

0268 乘 chéng 〔동〕 (교통수단 · 가축 등에) 타다. 〔L5〕

0269 盛 chéng 〔동〕 (용기 등에) 물건을 담다. 넣다.

0270 惩罚 chéngfá 〔동〕 징벌하다.

0271 澄清 chéngqīng 〔동〕 분명히 하다. 분명하게 밝히다.

0272 橙 chéng 〔명〕 오렌지 나무.

0273 秤 chèng 〔명〕 저울.

0274 吃苦 chīkǔ 〔동〕 고생하다. 고생을 견뎌내다.

0275 吃力 chīlì 〔형〕 힘들다. 고달프다.

0276 迟钝 chídùn 〔형〕 (생각 · 감각 · 행동 · 반응 등이) 둔하다. 느리다. 무디다. 〔N〕

0277 迟缓 chíhuǎn 〔형〕 느리다. 완만하다.

0278 迟疑 chíyí 〔형〕 망설이다. 머뭇거리다.

0279 持久 chíjiǔ 〔형〕 오래 유지되다.

0280 赤道 chìdào 〔명〕 적도.

0281 赤字 chìzì 〔명〕 적자. 결손.

0282 冲动 chōngdòng 〔명〕 충동. 〔동〕 충동하다. 흥분하다.

0283 冲击 chōngjī 〔동〕 세차게 부딪치다. 〔동〕 심각하게 영향을 끼치다.

0284 冲突 chōngtū 〔동〕 충돌하다. 싸우다. 모순되다.

0285 充当 chōngdāng 〔동〕 맡다. 담당하다.

0286 充沛 chōngpèi 〔형〕 충분하다. 충족하다. 넘쳐 흐르다.

0287 充实 chōngshí 〔형〕 충분하다. 풍부하다. 〔동〕 충족시키다. 강화시키다.

0288 充足 chōngzú 〔형〕 충족하다. 충분하다.

0289 重叠 chóngdié 〔동〕 중첩되다. 중복되다.

0290 崇拜 chóngbài 〔동〕 숭배하다.

0291 崇高 chónggāo 〔형〕 숭고하다. 고상하다.

0292	崇敬 chóngjìng	통 숭배하고 존경하다.
0293	稠密 chóumì	형 조밀하다. 촘촘하다.
0294	筹备 chóubèi	통 기획하고 준비하다. 사전에 준비하다.
0295	丑恶 chǒu'è	형 추악하다. 더럽다.
0296	出路 chūlù	명 출구. 판로. 발전의 여지.
0297	出卖 chūmài	통 판매하다. 팔아먹다.
0298	出身 chūshēn	통 ～출신이다. 명 신분. 출신.
0299	出神 chūshén	통 넋을 잃다. 멍해지다.
0300	出息 chūxi	명 전도. 발전성.
0301	初步 chūbù	형 초보적인. 첫 단계의.
0302	除 chú	전 ～을(를) 제외하고. ～이외에. **L5**
0303	处分 chǔfèn	통 처벌하다. 명 처벌. 처분.
0304	处境 chǔjìng	명 처지. 환경.
0305	处置 chǔzhì	통 처리하다. 조치를 취하다. 징벌하다.
0306	储备 chǔbèi	통 비축하다. 저장하다. 명 비축한 물건. 예비품.
0307	储存 chǔcún	통 모아두다. 저장하다. 명 저장품. 저장량.
0308	储蓄 chǔxù	통 저축하다. 비축하다. 명 저금. 예금. 저축.
0309	触犯 chùfàn	통 저촉되다. 위반하다.
0310	川流不息 chuānliú bùxī	성 냇물처럼 끊임없이 오가다. 꼬리에 꼬리를 물고 이어지다.
0311	穿越 chuānyuè	통 통과하다. 지나가다.
0312	传达 chuándá	통 전하다. 전달하다.
0313	传单 chuándān	명 전단지.
0314	传授 chuánshòu	통 전수하다. 가르치다.
0315	船舶 chuánbó	명 배. 선박.
0316	喘气 chuǎnqì	통 호흡하다. 헐떡거리다. 숨차다.
0317	串 chuàn	양 꿰미.(꿴 물건을 세는 단위)
0318	床单 chuángdān	명 침대보. 침대시트.
0319	创立 chuànglì	통 창립하다. 창설하다.
0320	创新 chuàngxīn	통 옛것을 버리고 새것을 창조하다. 쇄신하다. 명 창의성.
0321	创业 chuàngyè	통 창업하다.
0322	创作 chuàngzuò	통 창작하다.

0323	吹牛 chuīniú	동 허풍을 떨다. 큰소리치다.
0324	吹捧 chuīpěng	동 치켜세우다.
0325	炊烟 chuīyān	명 밥 짓는 연기. **N**
0326	垂直 chuízhí	동 수직이다.
0327	锤 chuí	명 쇠망치. 해머. 동 (쇠망치로) 치다. 때리다.
0328	纯粹 chúncuì	형 순수하다. 깨끗하다.
0329	纯洁 chúnjié	형 순결하다. 티 없이 깨끗하다.
0330	慈善 císhàn	형 자선을 베풀다. 남을 배려하다. **N**
0331	慈祥 cíxiáng	형 자애롭다. 자상하다.
0332	磁带 cídài	명 자기 테이프. **L5**
0333	雌雄 cíxióng	명 자웅. 암컷과 수컷.
0334	次品 cìpǐn	명 질이 낮은 물건. 저질품.
0335	次序 cìxù	명 차례. 순서.
0336	伺候 cìhou	동 시중들다. 모시다.
0337	刺 cì	동 찌르다. 뚫다. 명 가시. 뾰족한 물건.
0338	从容 cóngróng	형 침착하다. **C**
0339	丛 cóng	양 수풀을 세는 단위. 명 덤불. 수풀.
0340	凑合 còuhe	동 그런대로 ~할만하다. 모이다.
0341	粗鲁 cūlǔ	형 거칠고 우악스럽다. 교양이 없다.
0342	窜 cuàn	동 마구 뛰어다니다. 달아나다.
0343	摧残 cuīcán	동 심한 손상을 주다. 피해주다. 학대하다.
0344	脆弱 cuìruò	형 연약하다. 취약하다.
0345	搓 cuō	동 비비다. 비벼 꼬다. 문지르다.
0346	磋商 cuōshāng	동 반복하여 협의하다.
0347	挫折 cuòzhé	명 좌절. 실패. 동 좌절시키다. 패배시키다.

新HSK6급 D

0348	搭 dā	동 설치하다. 널다.
0349	搭档 dādàng	동 협력하다. 합작하다. 명 협력자.
0350	搭配 dāpèi	형 잘 어울리다. 걸맞다. 동 배합하다. 조합하다.
0351	达成 dáchéng	동 달성하다. 이루다.
0352	答辩 dábiàn	동 답변하다. 대답하다.
0353	答复 dáfù	동 회답하다. 답변하다. 명 답변. 회답.

0354	打包 dǎbāo	동 포장하다. 싸다.
0355	打官司 dǎ guānsi	소송하다. 고소하다.
0356	打击 dǎjī	동 타격을 주다. 공격하다.
0357	打架 dǎjià	동 싸우다. 다투다.
0358	打量 dǎliang	동 훑어보다. 살펴보다.
0359	打猎 dǎliè	동 사냥하다. 수렵하다.
0360	打仗 dǎzhàng	동 전쟁하다. 전투하다.
0361	大不了 dàbuliǎo	형 대단하다. 굉장하다. 부 기껏해야. 고작.
0362	大臣 dàchén	명 대신.
0363	大伙儿 dàhuǒr	대 모두. 여러분.
0364	大肆 dàsì	부 제멋대로. 함부로.
0365	大体 dàtǐ	부 대체로. 대략.
0366	大意 dàyi	형 부주의하다. 소홀하다.
0367	大致 dàzhì	형 대략적인. 대체적인. 부 대개. 대략.
0368	歹徒 dǎitú	명 나쁜 사람. 악인. 악당.
0369	代价 dàijià	명 대가. 대금. 물건 값.
0370	代理 dàilǐ	동 대리하다. 대신하다.
0371	带领 dàilǐng	동 인솔하다. 이끌다.
0372	怠慢 dàimàn	동 냉대하다. 푸대접하다. 소홀하다.
0373	逮捕 dàibǔ	동 체포하다. 잡다.
0374	担保 dānbǎo	동 보증하다. 담보하다.
0375	胆怯 dǎnqiè	형 겁내다. 무서워하다.
0376	诞辰 dànchén	명 탄신. 생일.
0377	诞生 dànshēng	동 탄생하다. 태어나다.
0378	淡季 dànjì	명 비성수기. 불경기인 계절.
0379	淡水 dànshuǐ	명 담수. 민물.
0380	蛋白质 dànbáizhì	명 단백질.
0381	当场 dāngchǎng	부 그 자리에서. 당장.
0382	当初 dāngchū	명 당초. 애초. 그전. 원래.
0383	当代 dāngdài	명 당대. **L5**
0384	当面 dāngmiàn	동 마주하다. 얼굴을 맞대다.
0385	当前 dāngqián	명 현재.
0386	当事人 dāngshìrén	명 관계자. 당사자.
0387	当务之急 dāngwù zhījí	성 당장 급히 처리해야 하는 일.

0388	当选 dāngxuǎn	동	당선되다.
0389	党 dǎng	명	당. 정당.
0390	档案 dàng'àn	명	문서. 서류. 데이터. 파일.
0391	档次 dàngcì	명	등급. 등차.
0392	导弹 dǎodàn	명	유도탄. 미사일.
0393	导航 dǎoháng	동	인도하다. 유도하다.
		명	내비게이션.
0394	导向 dǎoxiàng	동	유도하다. 이끌다.
		명	인도하는 방향.
0395	捣乱 dǎoluàn	동	방해하다. 성가시게 하다.
0396	倒闭 dǎobì	동	도산하다. 폐업하다.
0397	盗窃 dàoqiè	동	절도하다. 도둑질하다.
0398	稻谷 dàogǔ	명	벼.
0399	得不偿失 débù chángshī	성	얻는 것보다 잃는 것이 더 많다.
0400	得力 délì	형	유능하다. 야무지다.
0401	得天独厚 détiān dúhòu	성	우월한 조건을 갖고 있다. 처한 환경이 남달리 좋다.
0402	得罪 dézuì	동	미움을 사다.
0403	灯笼 dēnglong	명	등롱. 초롱.
0404	登陆 dēnglù	동	상륙하다. 육지에 오르다.
0405	登录 dēnglù	동	접속하다. 로그인하다. 등록하다.
0406	蹬 dēng	동	밟다. 누르다.
0407	等候 děnghòu	동	기다리다. **L5**
0408	等级 děngjí	명	등급. 차별.
0409	瞪 dèng	동	눈을 부라리다. 눈을 크게 뜨고 보다.
0410	堤坝 dībà	명	댐과 둑.
0411	敌视 díshì	동	적대시하다. 적대하다.
0412	抵达 dǐdá	동	도착하다. 도달하다.
0413	抵抗 dǐkàng	동	저항하다. 대항하다.
0414	抵制 dǐzhì	동	거절하다. 배척하다. 억제하다.
0415	地步 dìbù	명	정도. 지경. 좋지 않은 형편.
0416	地势 dìshì	명	지세.
0417	地质 dìzhì	명	지질.
0418	递增 dìzēng	동	점점 늘다. 점차 증가하다.
0419	颠簸 diānbǒ	동	흔들리다. 요동하다.
0420	颠倒 diāndǎo	동	뒤바뀌다. 전도되다.
0421	典礼 diǎnlǐ	명	식. 의식. 행사.

0422 **典型** diǎnxíng 　몡 전형. 전형적인 인물이나 사건.
　　　　　　　　　　 휑 대표적인. 전형적인.

0423 **点缀** diǎnzhuì 　몡 단장하다. 꾸미다.

0424 **电源** diànyuán 　몡 전원.

0425 **垫** diàn 　몡 깔다. 괴다.
　　　　　　　 몡 깔개. 매트. 방석.

0426 **惦记** diànjì 　몡 늘 생각하다. 염려하다.

0427 **奠定** diàndìng 　몡 다지다. 닦다.

0428 **叼** diāo 　몡 입에 물다.

0429 **雕刻** diāokè 　몡 조각하다.
　　　　　　　　 몡 조각. 조각품.

0430 **雕塑** diāosù 　몡 조소품.

0431 **吊** diào 　몡 걸다. 매달다. 내려놓다.

0432 **调动** diàodòng 　몡 이동하다. 바꾸다. 옮기다.

0433 **跌** diē 　몡 (물가가) 떨어지다. (균형을 잃고) 쓰러지다. 넘어지다.

0434 **丁** dīng 　몡 성년남자. 장정. **L5**

0435 **叮嘱** dīngzhǔ 　몡 신신당부하다. 분부하다.

0436 **盯** dīng 　몡 주시하다. 응시하다.

0437 **定期** dìngqī 　휑 정기의. 정기적인.

0438 **定义** dìngyì 　몡 정의.

0439 **丢人** diūrén 　몡 체면을 잃다. 부끄럽다.

0440 **丢三落四** diūsān làsì 　셩 흐리멍덩하다. 이것저것 빠뜨리다.

0441 **东道主** dōngdàozhǔ 　몡 주인. 주최자.

0442 **东张西望** dōngzhāng xīwàng 　셩 여기저기 두리번거리다.

0443 **董事长** dǒngshìzhǎng 　몡 대표이사. 이사장. 회장.

0444 **动荡** dòngdàng 　휑 불안하다. 동요하다.

0445 **动机** dòngjī 　몡 동기.

0446 **动静** dòngjing 　몡 동정. 동태. 인기척.

0447 **动力** dònglì 　몡 동력. 원동력.

0448 **动脉** dòngmài 　몡 동맥.

0449 **动身** dòngshēn 　몡 출발하다. 떠나다.

0450 **动手** dòngshǒu 　몡 (~을) 하다. 손을 대다. 착수하다.

0451 **动态** dòngtài 　몡 변화. 동태.

0452 **动员** dòngyuán 　몡 동원하다. 전시 체제화하다.

0453 **冻结** dòngjié 　몡 동결하다. 얼다. 얼리다.

0454 **栋** dòng 　얭 동. 채.(건물을 세는 단위)

0455	兜 dōu	몡	주머니. 자루.
		동	싸다. 품다.
0456	陡峭 dǒuqiào	형	험준하다. 가파르다.
0457	斗争 dòuzhēng	동	투쟁하다. 싸우다. 노력하다.
		몡	투쟁.
0458	督促 dūcù	동	감독하고 재촉하다. 독촉하다.
0459	毒品 dúpǐn	몡	마약.
0460	独裁 dúcái	동	독재하다.
0461	堵塞 dǔsè	동	막히다. 가로막다.
0462	赌博 dǔbó	동	노름하다. 도박하다.
		몡	도박.
0463	杜绝 dùjué	동	제지하다. 근절하다.
0464	端 duān	동	받쳐 들다. 똑바로 들다.
0465	端午节 Duānwǔ Jié	몡	단오절. 단오.
0466	端正 duānzhèng	동	바로잡다.
		형	단정하다. 똑바르다.
0467	短促 duǎncù	형	매우 짧다. 매우 급하다.
0468	断定 duàndìng	동	단정하다. 결론을 내리다.
0469	断绝 duànjué	동	단절하다. 차단하다.
0470	堆积 duījī	동	쌓여있다. 쌓다.
0471	队伍 duìwu	몡	대오. 대열.

0472	对策 duìcè	몡	대책. 대응책.
0473	对称 duìchèn	형	대칭이다.
0474	对付 duìfu	동	아쉬운 대로 하다. 대처하다. 다루다.
0475	对抗 duìkàng	동	대항하다. 저항하다.
0476	对立 duìlì	동	대립하다.
0477	对联 duìlián	몡	대련. 대구.
0478	对应 duìyìng	동	대응하다.
		형	대응하는. 상응하는.
0479	对照 duìzhào	동	대조하다. 비교하다.
0480	兑现 duìxiàn	동	현금으로 바꾸다.
0481	顿时 dùnshí	부	갑자기. 곧바로. 바로.
0482	多元化 duōyuánhuà	동	다원화하다.
0483	哆嗦 duōsuo	동	(부들부들) 떨다.
0484	堕落 duòluò	동	타락하다. 부패하다.

0485	额外 éwài	형	과외의. 정액 외의.
0486	恶心 ěxīn	형	역겹다. 속이 메스껍다.

0487	恶化 èhuà	동 악화되다.
0488	遏制 èzhì	동 저지하다. 억제하다.
0489	恩怨 ēnyuàn	명 원한.
0490	而已 éryǐ	조 (단지) ~뿐이다.
0491	二氧化碳 èryǎng huàtàn	명 이산화탄소(CO_2).

0492	发布 fābù	동 선포하다.
0493	发财 fācái	동 큰돈을 벌다. 부자가 되다.
0494	发呆 fādāi	동 멍하다. 넋을 놓다.
0495	发动 fādòng	동 시동을 걸다. 일으키다. 동원하다.
0496	发觉 fājué	동 알아차리다. 발견하다.
0497	发射 fāshè	동 발사하다.
0498	发誓 fāshì	동 맹세하다.
0499	发行 fāxíng	동 발행하다. 발매하다.
0500	发炎 fāyán	동 염증이 생기다.
0501	发扬 fāyáng	동 드높이다. 선양하여 발전시키다.

0502	发育 fāyù	동 발육하다. 자라나다.
0503	法人 fǎrén	명 법인.
0504	番 fān	양 회. 번.(완결된 과정을 셀 때 쓰임)
0505	凡是 fánshì	부 무릇. 모든. 다. **L5**
0506	繁华 fánhuá	형 번화하다.
0507	繁忙 fánmáng	형 일이 많고 바쁘다.
0508	繁体字 fántǐzì	명 번체자.
0509	繁殖 fánzhí	동 번식하다. 퍼지다.
0510	反驳 fǎnbó	동 반박하다.
0511	反常 fǎncháng	형 이상하다. 비정상적이다.
0512	反感 fǎngǎn	명 반감. 불만. 동 반감을 보이다. 불만을 가지다.
0513	反抗 fǎnkàng	동 반항하다.
0514	反馈 fǎnkuì	동 피드백하다. (정보나 반응이) 되돌아오다.
0515	反面 fǎnmiàn	명 부정적이거나 소극적인 일면. 뒷면. 이면.
0516	反射 fǎnshè	동 반사하다.
0517	反思 fǎnsī	동 돌이켜 사색하다. 반성하다.

0518	反问 fǎnwèn	통 반문하다.
		통 반어로 묻다.
0519	反之 fǎnzhī	접 이와 반대로. 바꿔서 말하면.
0520	泛滥 fànlàn	통 범람하다. 유행하다.
0521	范畴 fànchóu	명 범주. 범위.
0522	贩卖 fànmài	통 판매하다.
0523	方位 fāngwèi	명 방향. 위치.
0524	方言 fāngyán	명 방언.
0525	方圆 fāngyuán	명 주변. 주위. N
0526	方针 fāngzhēn	명 방침.
0527	防守 fángshǒu	통 수비하다. 방어하다.
0528	防御 fángyù	통 방어하다.
0529	防止 fángzhǐ	통 방지하다.
0530	防治 fángzhì	통 예방 치료하다. 막다.
0531	访问 fǎngwèn	통 방문하다. L4
0532	纺织 fǎngzhī	통 방직하다. 짜다.
0533	放大 fàngdà	통 크게 하다. 확대하다.
0534	放射 fàngshè	통 방사하다. 방출하다.
0535	飞禽走兽 fēiqín zǒushòu	명 금수. 조수.

0536	飞翔 fēixiáng	통 하늘을 빙빙 돌며 날다. 비상하다.
0537	飞跃 fēiyuè	통 비약하다. 급격히 발전하다
0538	非法 fēifǎ	형 불법적인.
0539	肥沃 féiwò	형 비옥하다. 기름지다.
0540	诽谤 fěibàng	통 비방하다. 중상모략하다.
0541	肺 fèi	명 허파. 폐. L5
0542	废除 fèichú	통 폐지하다. 취소하다.
0543	废寝忘食 fèiqǐn wàngshí	성 (어떤 일에) 전심전력하다. 매우 몰두하다. N
0544	废墟 fèixū	명 폐허.
0545	沸腾 fèiténg	통 끓다. 끓어오르다
0546	分辨 fēnbiàn	통 분별하다. 구분하다.
0547	分寸 fēncun	명 분수. 한계. 한도. 분별.
0548	分红 fēnhóng	통 이익을 분배하다.
0549	分解 fēnjiě	통 분해하다. 와해하다.
0550	分裂 fēnliè	통 분열하다. 결별하다.
0551	分泌 fēnmì	통 분비하다.
0552	分明 fēnmíng	형 명확하다. 분명하다.
		부 확실히. 분명히.

0553	分歧 fēnqí	명 불일치. 차이.	
0554	分散 fēnsàn	동 분산하다. 흩뜨리게 하다.	
0555	吩咐 fēnfù	동 분부하다. 말로 시키다.	
0556	坟墓 fénmù	명 무덤.	
0557	粉末 fěnmò	명 가루. 분말.	
0558	粉色 fěnsè	명 분홍색. 핑크색.	
0559	粉碎 fěnsuì	형 산산조각이 나다. 가루처럼 되다. 동 분쇄하다. 박살 내다.	
0560	分量 fènliàng	명 중량. 무게. 가치.	
0561	愤怒 fènnù	형 분노하다.	**L5**
0562	丰满 fēngmǎn	형 풍만하다. 포동포동하다.	
0563	丰盛 fēngshèng	형 풍성하다. 성대하다.	
0564	丰收 fēngshōu	동 풍작을 이루다.	
0565	风暴 fēngbào	명 폭풍. 폭풍우. 위기.	
0566	风度 fēngdù	명 품격. 풍모. 매너.	
0567	风光 fēngguāng	명 풍경. 경치. 풍광.	
0568	风气 fēngqì	명 풍조. 기풍.	
0569	风趣 fēngqù	명 유머. 해학. 재미. 형 유머러스하다. 해학적이다.	

0570	风土人情 fēngtǔ rénqíng	명 지방의 특색과 풍습.	
0571	风味 fēngwèi	명 특색. 분위기.	
0572	封闭 fēngbì	동 봉하다. 밀봉하다.	
0573	封建 fēngjiàn	명 봉건주의. 봉건제도. 형 봉건적인.	
0574	封锁 fēngsuǒ	동 폐쇄하다. 봉쇄하다.	
0575	锋利 fēnglì	형 날카롭다. 뾰족하다.	
0576	逢 féng	동 만나다. 마주치다.	
0577	奉献 fèngxiàn	동 바치다. 공헌하다.	
0578	否决 fǒujué	동 부결하다. 거부하다.	
0579	夫妇 fūfù	명 부부.	
0580	夫人 fūrén	명 부인.	
0581	敷衍 fūyǎn	동 성의 없이 대하다. 그럭저럭 버티다.	
0582	服从 fúcóng	형 복종하다. 따르다.	**L5**
0583	服气 fúqì	동 진심으로 복종하다.	
0584	俘虏 fúlǔ	명 포로. 동 포로로 잡다.	
0585	符号 fúhào	명 기호. 표기. 부호.	
0586	幅度 fúdù	명 폭. 너비.	

0587	辐射 fúshè	통 복사하다. 방사하다. 명 복사. 방사.
0588	福利 fúlì	명 복지. 복리.
0589	福气 fúqi	명 복. 행운.
0590	抚摸 fǔmō	통 어루만지다. 쓰다듬다. N
0591	抚养 fǔyǎng	통 부양하다. 기르다.
0592	俯视 fǔshì	통 굽어보다. 내려다보다. C
0593	辅助 fǔzhù	통 협조하다. 보조하다. 형 보조적인. 부차적인.
0594	腐败 fǔbài	통 썩다. 부패하다. 형 진부하다. 타락하다.
0595	腐烂 fǔlàn	통 부패하다. 부식하다. 형 부패하다. 진부하다. 타락하다.
0596	腐蚀 fǔshí	통 부식하다. 썩어 문드러지다.
0597	腐朽 fǔxiǔ	통 썩다. 부패하다. 타락하다.
0598	负担 fùdān	명 부담. 책임. 통 부담하다. 책임지다.
0599	附和 fùhè	통 남의 언행을 따르다. 부화하다.
0600	附件 fùjiàn	명 부품. 부분품. 관련 문서. 첨부파일.
0601	附属 fùshǔ	통 복속되다. 종속되다. 형 부속의. 부설의.
0602	复活 fùhuó	통 부활하다. 소생하다.
0603	复兴 fùxīng	통 부흥하다. 흥성하다.
0604	副 fù	형 제2의. 보조의. 부. 부수적인. 양 벌. 세트.(쌍으로 된 물건을 셀 때 쓰임)
0605	赋予 fùyǔ	통 부여하다. 주다.
0606	富裕 fùyù	형 부유하다.
0607	腹泻 fùxiè	통 설사하다.
0608	覆盖 fùgài	통 덮다. 뒤덮다.

新HSK6급 **G**

0609	改良 gǎiliáng	통 개량하다. 개선하다.
0610	钙 gài	명 칼슘(Ca, calcium). N
0611	盖章 gàizhāng	통 도장을 찍다. 날인하다.
0612	干旱 gānhàn	형 가물다. 메마르다.
0613	干扰 gānrǎo	명 방해. 통 방해하다.
0614	干涉 gānshè	통 간섭하다. 명 간섭.
0615	干预 gānyù	통 관여하다. 간섭하다.
0616	尴尬 gāngà	형 (입장이) 곤란하다. 난처하다.

0617	感慨 gǎnkǎi	통 감격하다. 감개무량하다.
0618	感染 gǎnrǎn	통 감염되다. 전염되다.
0619	干劲 gànjìn	명 (일하려는) 의욕. 열정.
0620	纲领 gānglǐng	명 강령. 대강.
0621	岗位 gǎngwèi	명 직장. 부서.
0622	港口 gǎngkǒu	명 항구. 항만.
0623	港湾 gǎngwān	명 항만.
0624	杠杆 gànggǎn	명 지레. 지렛대.
0625	高超 gāochāo	형 출중하다. 특출나다.
0626	高潮 gāocháo	명 고조. 절정. 클라이맥스.
0627	高峰 gāofēng	명 최고봉. 절정.
0628	高明 gāomíng	형 출중하다. 빼어나다.
0629	高尚 gāoshàng	형 고상하다. 도덕적으로 고결하다.
0630	高涨 gāozhǎng	통 급증하다. 급상승하다.
0631	稿件 gǎojiàn	명 원고.
0632	告辞 gàocí	통 이별을 고하다.
0633	告诫 gàojiè	통 훈계하다. 타이르다.
0634	疙瘩 gēda	명 종기. 뾰두라지. 부스럼.

0635	鸽子 gēzi	명 비둘기. **L5**
0636	搁 gē	통 놓다. 두다.
0637	割 gē	통 절단하다. 자르다.
0638	歌颂 gēsòng	통 찬양하다. 찬미하다.
0639	革命 gémìng	명 혁명. **L5**
0640	格局 géjú	명 구조. 구성.
0641	格式 géshi	명 격식. 양식. 규칙.
0642	隔阂 géhé	명 틈. 간격. 거리.
0643	隔离 gélí	통 분리하다. 떼어놓다.
0644	个体 gètǐ	명 개인. 인간. 개체.
0645	各抒己见 gèshū jǐjiàn	성 각자 자기의 의견을 발표하다.
0646	根深蒂固 gēnshēn dìgù	성 기초가 튼튼하여 쉽게 흔들리지 않다.
0647	根源 gēnyuán	명 근원. 근본 원인.
0648	跟前 gēnqián	명 곁. 신변. 옆.
0649	跟随 gēnsuí	통 따르다. 동행하다.
0650	跟踪 gēnzōng	통 미행하다. 추적하다.
0651	更新 gēngxīn	통 경신하다. 갱신하다. 새롭게 바뀌다.

0652	更正 gēngzhèng	통 정정하다. 잘못을 고치다.
0653	耕地 gēngdì	통 논밭을 갈다. 명 농경지. 전지.
0654	工艺品 gōngyìpǐn	명 공예품.
0655	公安局 gōng'ānjú	명 공안국. 경찰국.
0656	公道 gōngdao	형 공평하다. 공정하다.
0657	公告 gōnggào	명 공고. 공포.
0658	公关 gōngguān	명 홍보. 섭외. 공공관계.
0659	公民 gōngmín	명 국민. 공민.
0660	公然 gōngrán	부 공개적으로. 공공연히.
0661	公认 gōngrèn	통 공인하다. 모두가 인정하다.
0662	公式 gōngshì	명 공식. 법칙.
0663	公务 gōngwù	명 공무.
0664	公正 gōngzhèng	형 공정하다.
0665	公证 gōngzhèng	통 공증하다.
0666	功劳 gōngláo	명 공로.
0667	功效 gōngxiào	명 효능. 효과.
0668	攻击 gōngjī	통 공격하다. 진공하다. 비난하다.
0669	攻克 gōngkè	통 극복하다. 뛰어넘다.
0670	供不应求 gōngbú yìngqiú	성 공급이 수요를 따르지 못하다.
0671	供给 gōngjǐ	통 공급하다. 제공하다.
0672	宫殿 gōngdiàn	명 궁전.
0673	恭敬 gōngjìng	형 공손하다.
0674	巩固 gǒnggù	형 견고하다. 공고하다. 통 견고하게 하다.
0675	共和国 gònghéguó	명 공화국.
0676	共计 gòngjì	통 합계하다.
0677	共鸣 gòngmíng	통 공명하다. 공감하다.
0678	勾结 gōujié	통 결탁하다. 내통하다.
0679	钩子 gōuzi	명 갈고리.
0680	构思 gòusī	통 구상하다. 명 구상.
0681	孤独 gūdú	형 고독하다. 외롭다.
0682	孤立 gūlì	형 고립하다. 고립시키다.
0683	姑且 gūqiě	부 잠시. 잠깐. 우선.
0684	辜负 gūfù	통 헛되게 하다. 저버리다.

0685	古董 gǔdǒng	몡 골동품.
0686	古怪 gǔguài	혱 괴상하다. 괴이하다.
0687	股东 gǔdōng	몡 주주. 출자자.
0688	股份 gǔfèn	몡 주. 주권. 주식.
0689	骨干 gǔgàn	몡 골간. 중요한 역할을 하는 사람이나 사물.
0690	鼓动 gǔdòng	동 선동하다. 부추기다.
0691	固然 gùrán	접 비록 ~하지만.
0692	固体 gùtǐ	몡 고체. **L5**
0693	固有 gùyǒu	혱 고유의. 본래의.
0694	固执 gùzhi	혱 완고하다. 고집스럽다.
0695	故乡 gùxiāng	몡 고향.
0696	故障 gùzhàng	몡 고장.
0697	顾虑 gùlǜ	몡 고려. 걱정. 동 고려하다.
0698	顾问 gùwèn	몡 고문.
0699	雇佣 gùyòng	동 고용하다. **L5**
0700	拐杖 guǎizhàng	몡 지팡이.
0701	关怀 guānhuái	동 관심을 가지고 보살피다. **L5**

0702	关照 guānzhào	동 돌보다. 보살피다.
0703	观光 guānguāng	동 관광하다.
0704	官方 guānfāng	몡 정부 당국. 정부 측.
0705	管辖 guǎnxiá	동 관할하다. 담당하다.
0706	贯彻 guànchè	동 관철하다.
0707	惯例 guànlì	몡 관례. 관행. 상규.
0708	灌溉 guàngài	동 관개하다. (논밭에) 물을 대다.
0709	罐 guàn	몡 단지. 항아리. 깡통.
0710	光彩 guāngcǎi	몡 빛. 광채. 빛깔.
0711	光辉 guānghuī	몡 찬란한 빛.
0712	光芒 guāngmáng	몡 광선. 빛.
0713	光荣 guāngróng	혱 영광스럽다. 영예롭다. **L5**
0714	广阔 guǎngkuò	혱 넓다. 광활하다.
0715	归根到底 guīgēn dàodǐ	성 결국. 끝내. 근본으로 돌아가다.
0716	归还 guīhuán	동 돌려주다. 반환하다.
0717	规范 guīfàn	몡 규범. 표준. 준칙. 동 규범화하다. 혱 규범적인.

0718 规格 guīgé 　명 표준. 규격.

0719 规划 guīhuà 　명 계획. 기획.
　동 기획하다. 계획하다. 꾀하다.

0720 规章 guīzhāng 　명 규칙. 규정.

0721 轨道 guǐdào 　명 궤도. 궤적.

0722 贵族 guìzú 　명 귀족.

0723 跪 guì 　동 무릎을 꿇다.

0724 棍棒 gùnbàng 　명 막대기. 방망이.

0725 国防 guófáng 　명 국방.

0726 国务院 guówùyuàn 　명 국무원.

0727 果断 guǒduàn 　형 과단성이 있다.

0728 过度 guòdù 　형 과도하다. 지나치다.

0729 过渡 guòdù 　동 과도하다. 넘어가다.

0730 过奖 guòjiǎng 　동 과찬이십니다.

0731 过滤 guòlǜ 　동 거르다. 여과하다.

0732 过失 guòshī 　명 잘못. 실수.

0733 过问 guòwèn 　동 참견하다. 따져 묻다.

0734 过瘾 guòyǐn 　형 짜릿하다. 끝내주다. 만족하다.

0735 过于 guòyú 　부 지나치게. 너무.

新HSK6급 **H**

0736 嗨 hāi 　감 에!. 이봐!.(남을 부를 때 쓰임)

0737 海拔 hǎibá 　명 해발.

0738 海滨 hǎibīn 　명 해변. 바닷가.

0739 含糊 hánhu 　형 모호하다. 애매하다.

0740 含义 hányì 　명 함의. 내포된 뜻.

0741 寒暄 hánxuān 　동 인사말을 나누다.

0742 罕见 hǎnjiàn 　형 보기 드물다. 희한하다.

0743 捍卫 hànwèi 　동 지키다. 수호하다.

0744 行列 hángliè 　명 행렬. 행과 열.

0745 航空 hángkōng 　형 항공의.
　동 하늘을 비행하다.

0746 航天 hángtiān 　동 우주를 비행하다.

0747 航行 hángxíng 　동 항행하다. 항해하다.
　명 항해. 항행.

0748 毫米 háomǐ 　양 밀리미터(mm).

0749 毫无 háowú 　동 조금도 ～이 없다.

0750	豪迈 háomài	휑 용맹스럽다. 씩씩하다.
0751	号召 hàozhào	동 호소하다. 명 호소.
0752	耗费 hàofèi	동 들이다. 낭비하다.
0753	呵 hē	동 입김을 불다. 의성 하하.(웃음소리를 나타냄)
0754	合并 hébìng	동 합병하다. 합치다.
0755	合成 héchéng	동 합성하다.
0756	合伙 héhuǒ	동 동업하다. 한패가 되다.
0757	合算 hésuàn	형 수지가 맞다.
0758	和蔼 hé'ǎi	형 상냥하다. 부드럽다.
0759	和解 héjiě	동 화해하다. 화의하다.
0760	和睦 hémù	형 화목하다. 사이가 좋다.
0761	和气 héqi	형 온화하다. 부드럽다.
0762	和谐 héxié	형 잘 어울리다. 조화롭다.
0763	嘿 hēi	감 야. 이봐.(남을 부를 때 쓰임) 의성 헤헤.(웃을 때 쓰임)
0764	痕迹 hénjì	명 흔적. 자취. 자국.
0765	狠心 hěnxīn	형 모질다. 잔인하다.
0766	恨不得 hènbude	동 ～하지 못해 한스럽다. 간절히 ～하고 싶다.
0767	横 héng	형 가로의. **L5**
0768	哼 hēng	동 아파서 신음하다. 끙끙거리다. 동 흥얼거리다. 흥얼대다.
0769	轰动 hōngdòng	동 뒤흔들다. 들끓게 하다.
0770	烘 hōng	동 말리다. 쪼이다.
0771	宏观 hóngguān	형 거시적인.
0772	宏伟 hóngwěi	형 웅장하다. 웅대하다.
0773	洪水 hóngshuǐ	명 큰물. 홍수.
0774	哄 hǒng hòng	동 (거짓말로) 속이다. 기만하다. 구슬리다. 동 (큰 소리로) 떠들어 대다. 소란을 피우다.
0775	喉咙 hóulóng	명 목구멍. 인후.
0776	吼 hǒu	동 고함치다. 소리 지르다.
0777	后代 hòudài	명 후대. 후세. 후손.
0778	后顾之忧 hòugù zhīyōu	성 뒷걱정.
0779	后勤 hòuqín	명 후방 근무. 물자 조달 업무.
0780	候选 hòuxuǎn	동 임용을 기다리다. 입후보하다.
0781	呼唤 hūhuàn	동 부르다. 외치다. 고함치다. **N**
0782	呼啸 hūxiào	동 날카롭고 긴 소리를 내다.

| 0783 | 呼吁 hūyù | 동 구하다. 청하다. 호소하다. |

| 0784 | 忽略 hūlüè | 동 소홀히 하다. |

| 0785 | 胡乱 húluàn | 부 함부로. 아무렇게나. |

| 0786 | 胡须 húxū | 명 수염. **L5** |

| 0787 | 湖泊 húpō | 명 호수. |

| 0788 | 花瓣 huābàn | 명 꽃잎. |

| 0789 | 花蕾 huālěi | 명 꽃봉오리. 꽃망울. **N** |

| 0790 | 华丽 huálì | 형 화려하다. 아름답다. |

| 0791 | 华侨 huáqiáo | 명 화교. |

| 0792 | 化肥 huàféi | 명 화학비료. |

| 0793 | 化石 huàshí | 명 화석. |

| 0794 | 化验 huàyàn | 동 화학 실험을 하다. |

| 0795 | 化妆 huàzhuāng | 동 화장하다. |

| 0796 | 划分 huàfēn | 동 나누다. 구획하다. |

| 0797 | 画蛇添足 huàshé tiānzú | 성 뱀을 그리는 데 다리를 그려 넣다. |

| 0798 | 话筒 huàtǒng | 명 마이크. 수화기. |

| 0799 | 欢乐 huānlè | 형 즐겁다. 유쾌하다. |

| 0800 | 还原 huányuán | 동 원상회복하다. |

| 0801 | 环节 huánjié | 명 부분. 일환. |

| 0802 | 缓和 huǎnhé | 동 완화되다. 누그러지다. |

| 0803 | 患者 huànzhě | 명 환자. 병자. |

| 0804 | 荒凉 huāngliáng | 형 황량하다. 쓸쓸하다. |

| 0805 | 荒谬 huāngmiù | 형 엉터리이다. 터무니없다. |

| 0806 | 荒唐 huāngtáng | 형 황당하다. 터무니없다. |

| 0807 | 皇帝 huángdì | 명 황제. **N** |

| 0808 | 皇后 huánghòu | 명 황후. **N** |

| 0809 | 黄昏 huánghūn | 명 황혼. |

| 0810 | 恍然大悟 huǎngrán dàwù | 성 문득 모든 것을 깨닫다. |

| 0811 | 晃 huàng | 동 흔들다. 흔들리다. 젓다. **C** |

| 0812 | 挥霍 huīhuò | 동 돈을 헤프게 쓰다. |

| 0813 | 辉煌 huīhuáng | 형 휘황찬란하다. 눈부시다. |

| 0814 | 回报 huíbào | 동 보답하다. 보고하다. |

| 0815 | 回避 huíbì | 동 회피하다. 피하다. |

| 0816 | 回顾 huígù | 동 회고하다. 회상하다. |

0817	回收 huíshōu	동 회수하다.
0818	悔恨 huǐhèn	동 후회하다. 뼈저리게 뉘우치다.
0819	毁灭 huǐmiè	동 훼멸시키다. 박멸시키다. 파괴시키다.
0820	汇报 huìbào	동 종합하여 보고하다.
0821	会晤 huìwù	동 만나다. 회견하다.
0822	贿赂 huìlù	동 뇌물을 주다. 명 뇌물.
0823	昏迷 hūnmí	동 혼미하다.
0824	荤 hūn	명 육식. 고기 요리. 형 선정적인. 외설의. 음란한. 저질의. **N**
0825	浑身 húnshēn	명 전신. 온몸.
0826	混合 hùnhé	동 혼합하다. 함께 섞다.
0827	混乱 hùnluàn	형 혼란하다. 문란하다.
0828	混淆 hùnxiáo	동 뒤섞이다. 헷갈리다.
0829	混浊 hùnzhuó	형 혼탁하다. 흐릿하다.
0830	活该 huógāi	동 ~한 것은 당연하다. ~해도 싸다.
0831	活力 huólì	명 활력. 생기. 원기.
0832	火箭 huǒjiàn	명 로켓.

0833	火焰 huǒyàn	명 화염. 불꽃.
0834	火药 huǒyào	명 화약.
0835	货币 huòbì	명 화폐.

新HSK6급 **J**

0836	讥笑 jīxiào	동 비웃다. 조소하다.
0837	饥饿 jī'è	형 배고프다.
0838	机动 jīdòng	형 융통성 있는. 기계로 움직이는. 기동적인.
0839	机构 jīgòu	명 기구.
0840	机灵 jīling	형 영리하다. 똑똑하다.
0841	机密 jīmì	명 기밀. 극비.
0842	机械 jīxiè	명 기계. 기계 장치.
0843	机遇 jīyù	명 기회. 시기.
0844	机智 jīzhì	형 기지가 있다.
0845	基地 jīdì	명 근거지. 기지.
0846	基金 jījīn	명 펀드. 기금.
0847	基因 jīyīn	명 유전자.
0848	激发 jīfā	동 불러일으키다.

0849	激励 jīlì	동	격려하다. 북돋워주다.
0850	激情 jīqíng	명	격정. 열정.
0851	及早 jízǎo	부	미리. 일찌감치.
0852	吉祥 jíxiáng	형	상서롭다. 길하다.
0853	级别 jíbié	명	등급. 단계.
0854	极端 jíduān	형	극단적인. 과격한.
0855	极限 jíxiàn	명	극한. 최대한도.
0856	即便 jíbiàn	접	설령 ~하더라도.
0857	即将 jíjiāng	부	곧. 머지않아.
0858	急功近利 jígōng jìnlì	성	조급한 성공과 눈앞의 이익에만 급급하다.
0859	急剧 jíjù	부	급격하게. 급속히.
0860	急切 jíqiè	형	절박하다. 다급하다. 긴박하다.
0861	急于求成 jíyú qiúchéng	성	객관적인 조건을 무시하고, 서둘러 목적을 달성하려 하다.
0862	急躁 jízào	형	조바심내다. 초조해하다.
0863	疾病 jíbìng	명	병. 질병.
0864	集团 jítuán	명	그룹. 집단. 단체.
0865	嫉妒 jídù	동	질투하다. 시기하다.
0866	籍贯 jíguàn	명	원적. 출생지.
0867	给予 jǐyǔ	동	주다. 부여하다.
0868	计较 jìjiào	동	따지다. 계산하여 비교하다.
0869	记性 jìxing	명	기억력.
0870	记载 jìzǎi	동	기재하다. 기록하다. / 명 기재. 기록.
0871	纪要 jìyào	명	기요. 요점 기록.
0872	技巧 jìqiǎo	명	기교. 기예.
0873	忌讳 jìhuì	동	금기하다. 꺼리다. 피하다.
0874	季度 jìdù	명	분기.
0875	季军 jìjūn	명	(운동 경기 등에서의) 3등.
0876	迹象 jìxiàng	명	흔적. 자취.
0877	继承 jìchéng	동	물려받다. 상속하다.
0878	寄托 jìtuō	동	기탁하다. 위탁하다. 맡기다.
0879	寂静 jìjìng	형	조용하다. 고요하다.
0880	加工 jiāgōng	동	가공하다. 손질하다.
0881	加剧 jiājù	동	격화되다. 악화되다.
0882	夹杂 jiāzá	동	혼합하다. 뒤섞다.
0883	佳肴 jiāyáo	명	맛있는 요리.

0884	家常 jiācháng	형 평상의. 보통의.
0885	家伙 jiāhuo	명 놈. 녀석.
0886	家属 jiāshǔ	명 가족.
0887	家喻户晓 jiāyù hùxiǎo	성 집집이 다 알다. 누구나 다 알다.
0888	尖端 jiānduān	형 첨단의. 최신의.
0889	尖锐 jiānruì	형 날카롭다. 예리하다. **L5**
0890	坚定 jiāndìng	형 확고부동하다.
0891	坚固 jiāngù	형 견고하다.
0892	坚韧 jiānrèn	형 강인하다. 단단하고 질기다.
0893	坚实 jiānshí	형 견실하다. 견고하다.
0894	坚硬 jiānyìng	형 견고하다. 단단하다.
0895	艰难 jiānnán	형 곤란하다. 어렵다.
0896	监督 jiāndū	동 감독하다. 명 감독.
0897	监视 jiānshì	동 감시하다.
0898	监狱 jiānyù	명 감옥. 감방.
0899	煎 jiān	동 지지다. 부치다. **L5**
0900	拣 jiǎn	동 고르다. 선택하다.
0901	检讨 jiǎntǎo	명 검토. 반성. 동 검토하다. 깊이 반성하다.
0902	检验 jiǎnyàn	동 검증하다. 검사하다.
0903	剪彩 jiǎncǎi	동 기념 테이프를 끊다.
0904	简化 jiǎnhuà	동 간소화하다. 단순화하다.
0905	简陋 jiǎnlòu	형 초라하다. 조졸하다.
0906	简体字 jiǎntǐzì	명 간화자. 간체자.
0907	简要 jiǎnyào	형 간결하고 핵심을 찌르다.
0908	见多识广 jiànduō shíguǎng	성 보고 들은 것이 많고 식견도 넓다.
0909	见解 jiànjiě	명 견해. 소견.
0910	见闻 jiànwén	명 견문.
0911	见义勇为 jiànyì yǒngwéi	성 정의로운 일을 보고 용감하게 뛰어들다.
0912	间谍 jiàndié	명 간첩.
0913	间隔 jiàngé	명 간격. 사이. 동 간격을 두다.
0914	间接 jiànjiē	형 간접적인.
0915	剑 jiàn	명 검. **N**
0916	健全 jiànquán	동 완비하다. 갖추다.
0917	舰艇 jiàntǐng	명 함정.

0918	践踏 jiàntà	동 밟다. 디디다.
0919	溅 jiàn	동 (액체가) 튀다.
0920	鉴别 jiànbié	동 감별하다. 구별하다.
0921	鉴定 jiàndìng	동 감정하다. 평가하다.
0922	鉴于 jiànyú	동 ~을 고려하면.
0923	将近 jiāngjìn	동 거의 ~에 근접하다.
0924	将就 jiāngjiu	동 그런대로 ~할 만하다. 아쉬운 대로 ~할 만하다. N
0925	将军 jiāngjūn	명 장군. 장성.
0926	僵硬 jiāngyìng	형 뻣뻣하다. 경직되다.
0927	奖励 jiǎnglì	명 상. 상금. 동 장려하다. 표창하다.
0928	奖赏 jiǎngshǎng	명 포상. 장려. 동 상을 주다.
0929	桨 jiǎng	명 노.
0930	降临 jiànglín	동 도래하다. 일어나다.
0931	交叉 jiāochā	동 교차하다. 번갈아 하다.
0932	交代 jiāodài	동 설명하다. 자백하다. 넘겨주다. 인계하다.
0933	交涉 jiāoshè	동 교섭하다. 협상하다.
0934	交易 jiāoyì	명 교역. 동 교역하다. 매매하다.
0935	娇气 jiāoqì	형 여리다. 유약하다. 약하다.
0936	焦点 jiāodiǎn	명 초점. 집중.
0937	焦急 jiāojí	형 초조하다. 조급해하다.
0938	角落 jiǎoluò	명 구석.
0939	侥幸 jiǎoxìng	형 요행하다. 뜻밖에 운이 좋다. N
0940	搅拌 jiǎobàn	동 휘저어 섞다. 반죽하다.
0941	缴纳 jiǎonà	동 납부하다. 납입하다.
0942	较量 jiàoliàng	동 겨루다.
0943	教养 jiàoyǎng	명 교양.
0944	阶层 jiēcéng	명 계층. 단계.
0945	皆 jiē	부 모두. 전부.
0946	接连 jiēlián	부 연거푸. 연이어.
0947	揭露 jiēlù	동 폭로하다.
0948	节制 jiézhì	동 절제하다. 통제 관리하다. N
0949	节奏 jiézòu	명 리듬. 박자. 흐름.
0950	杰出 jiéchū	형 걸출한. 출중한.
0951	结晶 jiéjīng	명 결정. 결정체.

0952	结局 jiéjú	명 결국. 결과.
0953	结算 jiésuàn	동 결산하다.
0954	截止 jiézhǐ	동 마감하다. **N**
0955	截至 jiézhì	동 ~까지 이르다. 마감이다.
0956	竭尽全力 jiéjìn quánlì	온 힘을 다 기울이다. 전력을 다하다.
0957	解除 jiěchú	동 제거하다. 풀다.
0958	解放 jiěfàng	동 해방하다. **L5**
0959	解雇 jiěgù	동 해고하다.
0960	解剖 jiěpōu	동 해부하다. 분석하다.
0961	解散 jiěsàn	동 해산하다. 흩어지다. 취소하다.
0962	解体 jiětǐ	동 와해하다. 해체되다.
0963	戒备 jièbèi	동 경비하다. 경계하다.
0964	界限 jièxiàn	명 경계. 한도.
0965	借鉴 jièjiàn	동 참고로 하다. 본보기로 삼다.
0966	借助 jièzhù	동 ~의 힘을 빌리다. 도움을 받다.
0967	金融 jīnróng	명 금융.
0968	津津有味 jīnjīn yǒuwèi	성 흥미진진하다.
0969	紧迫 jǐnpò	형 급박하다. 긴박하다.
0970	锦上添花 jǐnshàng tiānhuā	성 금상첨화. 더없이 좋다. **C**
0971	进而 jìn'ér	접 진일보하여. 더 나아가.
0972	进攻 jìngōng	동 진공하다. 공격하다.
0973	进化 jìnhuà	동 진화하다.
0974	进展 jìnzhǎn	동 진전하다.
0975	近来 jìnlái	명 근래. 요즘.
0976	晋升 jìnshēng	동 승진하다. 진급하다.
0977	浸泡 jìnpào	동 담그다. 잠그다.
0978	茎 jīng	명 식물의 줄기.
0979	经费 jīngfèi	명 경비. 비용.
0980	经纬 jīngwěi	명 날줄과 씨줄. 경도와 위도.
0981	惊动 jīngdòng	동 놀라게 하다. 폐를 끼치다.
0982	惊奇 jīngqí	형 놀라며 의아해하다.
0983	惊讶 jīngyà	형 의아스럽다. 놀랍다.
0984	兢兢业业 jīngjīng yèyè	성 신중하고 조심스럽게 맡은 일을 부지런하고 성실하게 하다.
0985	精打细算 jīngdǎ xìsuàn	성 세밀하게 계산하다. 면밀하게 계획하다.

0986	精华 jīnghuá	명	정화. 정수.
0987	精简 jīngjiǎn	동	간소화하다. 정선하다.
0988	精密 jīngmì	형	정밀하다.
0989	精确 jīngquè	형	정밀하고 확실하다.
0990	精通 jīngtōng	동	정통하다. 통달하다.
0991	精心 jīngxīn	형	정성을 들이다. 공들이다.
0992	精益求精 jīngyì qiújīng	성	훌륭하지만 더욱더 완벽을 추구하다.
0993	精致 jīngzhì	형	정밀하다. 정교하다.
0994	井 jǐng	명	우물.
0995	颈椎 jǐngzhuī	명	경추. 목등뼈.
0996	警告 jǐnggào	동 경고하다. 명 경고.
0997	警惕 jǐngtì	동	경계하다. 경계심을 갖다.
0998	竞赛 jìngsài	동	경쟁하다. 경기하다.
0999	竞选 jìngxuǎn	동	경선 활동을 하다.
1000	敬礼 jìnglǐ	동	경례하다.
1001	敬业 jìngyè	동	자기의 일에 최선을 다하다. 직업의식이 투철하다. N
1002	境界 jìngjiè	명	경계.

1003	镜头 jìngtóu	명	렌즈. 장면. 화면.
1004	纠纷 jiūfēn	명	분규. 다툼. 분쟁.
1005	纠正 jiūzhèng	동	교정하다. 고치다.
1006	酒精 jiǔjīng	명	알코올.
1007	救济 jiùjì	동	구제하다.
1008	就近 jiùjìn	부	가까운 곳에. 부근에.
1009	就业 jiùyè	동	취업하다.
1010	就职 jiùzhí	동	부임하다. 취임하다.
1011	拘留 jūliú	동	구류하다. 구금하다.
1012	拘束 jūshù	동 제한하다. 구속하다. 형 거북하다. 어색하다.
1013	居民 jūmín	명 주민. 거주민. N
1014	居住 jūzhù	동	거주하다.
1015	鞠躬 jūgōng	동	허리를 굽혀 절하다.
1016	局部 júbù	명	국부. 일부분.
1017	局面 júmiàn	명	국면.
1018	局势 júshì	명	형세. 정세.
1019	局限 júxiàn	동	국한하다.
1020	咀嚼 jǔjué	동	씹다. 되새기다. 음미하다.

1021	沮丧 jǔsàng	동 낙담하게 하다. 실망하게 하다.
1022	举动 jǔdòng	명 동작. 행위.
1023	举世瞩目 jǔshì zhǔmù	성 전세계 사람들이 주목하다.
1024	举足轻重 jǔzú qīngzhòng	성 대단히 중요한 위치에 있어서 일거수일투족이 전체에 중대한 영향을 끼치다.
1025	剧本 jùběn	명 극본. 각본.
1026	剧烈 jùliè	형 극렬하다. 격렬하다.
1027	据悉 jùxī	동 아는 바에 의하면 ~라고 한다.
1028	聚精会神 jùjīng huìshén	성 정신을 집중하다.
1029	卷 juǎn / juàn	동 걷다. 말다. 감다. 명 문서. 서류. 문건. **L5**
1030	决策 juécè	명 결정된 책략. 정책 결정.
1031	觉悟 juéwù	동 깨닫다. 인식하다.
1032	觉醒 juéxǐng	동 각성하다. 깨닫다.
1033	绝望 juéwàng	동 절망하다.
1034	倔强 juéjiàng	형 (성격이) 강하고 고집이 세다. **N**
1035	军队 jūnduì	명 군대.
1036	君子 jūnzǐ	명 군자. 학식과 덕망이 높은 사람. **N**

1037	卡通 kǎtōng	명 만화. 카툰.
1038	开采 kāicǎi	동 채굴하다. 개발하다.
1039	开除 kāichú	동 제명하다. 자르다. 해고하다.
1040	开阔 kāikuò	형 넓다. 광활하다.
1041	开朗 kāilǎng	형 명랑하다. 활달하다.
1042	开明 kāimíng	형 깨어있다. 진보적이다.
1043	开辟 kāipì	동 개발하다. 통하게 하다. 트이게 하다.
1044	开拓 kāituò	동 개척하다. 개간하다.
1045	开展 kāizhǎn	동 전개되다. 열리다.
1046	开支 kāizhī	동 지불하다. 지출하다. 명 지출. 비용.
1047	刊登 kāndēng	동 게재하다. 싣다. 등재하다.
1048	刊物 kānwù	명 간행물. 출판물.
1049	勘探 kāntàn	동 탐사하다. 조사하다.
1050	侃侃而谈 kǎnkǎn értán	성 당당하고 차분하게 말하다. **N**
1051	砍伐 kǎnfá	동 나무를 베다. 벌목하다. **N**
1052	看待 kàndài	동 대하다. 다루다.

1053	慷慨 kāngkǎi	형	후하게 대하다. 아끼지 않다.
1054	扛 káng	동	어깨에 메다.
1055	抗议 kàngyì	동	항의하다. **L5**
1056	考察 kǎochá	동	고찰하다. 시찰하다.
1057	考古 kǎogǔ	동	고고학을 연구하다. 명 고고학.
1058	考核 kǎohé	동	심사하다.
1059	考验 kǎoyàn	동	시험하다. 검증하다.
1060	靠拢 kàolǒng	동	가까이 다가가다. 접근하다. 근접하다.
1061	科目 kēmù	명	과목. 항목.
1062	磕 kē	동	(단단한 곳에) 부딪치다.
1063	可观 kěguān	형	대단하다. 굉장하다.
1064	可口 kěkǒu	형	맛있다.
1065	可恶 kěwù	형	싫다. 혐오스럽다.
1066	可行 kěxíng	동	실행할만하다. 가능하다.
1067	渴望 kěwàng	동	갈망하다. 바라다.
1068	克制 kèzhì	동	억제하다. 자제하다. 억누르다. **C**
1069	刻不容缓 kèbù rónghuǎn	성	일각도 지체할 수 없다.
1070	客户 kèhù	명	거래처. 바이어. 이주자.
1071	课题 kètí	명	과제. 프로젝트.
1072	恳切 kěnqiè	형	간절하다. 진지하다.
1073	啃 kěn	동	물어뜯다. 갉아먹다.
1074	坑 kēng	명 구멍. 구덩이. 동 함정에 빠뜨리다.
1075	空洞 kōngdòng	형	내용이 없다. 공허하다.
1076	空前绝后 kōngqián juéhòu	성	이전에도 없었고 앞으로도 없다.
1077	空想 kōngxiǎng	명 공상. 동 공상하다.
1078	空虚 kōngxū	형	공허하다. 텅비다.
1079	孔 kǒng	명	구멍.
1080	恐怖 kǒngbù	형 공포를 느끼다. 두렵다. 명 공포 분위기. **L5**
1081	恐吓 kǒnghè	동	으르다. 위협하다.
1082	恐惧 kǒngjù	동	겁먹다. 두려워하다.
1083	空白 kòngbái	명	공백. 여백.
1084	空隙 kòngxì	명	틈. 간격. 겨를. 짬.
1085	口气 kǒuqì	명	어조. 말투.
1086	口腔 kǒuqiāng	명	구강.

1087	口头 kǒutóu	명	입. 구두.
1088	口音 kǒuyīn	명	사투리. 말씨. 어조.
1089	扣 kòu	동	(세금 따위를) 공제하다. 채우다. 걸다. 구류하다. **N**
1090	枯萎 kūwěi	동	시들다. 마르다. 오그라들다. **C**
1091	枯燥 kūzào	형	무미건조하다. 지루하다.
1092	哭泣 kūqì	동	흐느껴 울다. 훌쩍훌쩍 울다. **N**
1093	苦尽甘来 kǔjìn gānlái	성	고진감래. 고생 끝에 낙이 온다.
1094	苦涩 kǔsè	형	씁쓸하고 떫다. 괴롭다. **N**
1095	挎 kuà	동	(팔에) 걸다. 끼다.
1096	跨 kuà	동	뛰어넘다. 건너뛰다.
1097	快活 kuàihuo	형	즐겁다. 유쾌하다. 쾌활하다.
1098	宽敞 kuānchang	형	넓다. 드넓다.
1099	宽容 kuānróng	형	너그럽다. 너그럽게 받아들이다. **N**
1100	款待 kuǎndài	동	환대하다. 정성껏 대접하다.
1101	款式 kuǎnshì	명	스타일. 타입. 양식. 격식.
1102	筐 kuāng	명	광주리. 바구니.

1103	旷课 kuàngkè	동	무단결석하다.
1104	况且 kuàngqiě	접	게다가. 더구나.
1105	矿产 kuàngchǎn	명	광산물. **C**
1106	框架 kuàngjià	명	구성. 뼈대. 골격.
1107	亏待 kuīdài	동	푸대접하다. 박대하다.
1108	亏损 kuīsǔn	동	결손이 나다. 적자가 나다.
1109	捆绑 kǔnbǎng	동	줄로 묶다.
1110	扩充 kuòchōng	동	확충하다. 늘리다.
1111	扩散 kuòsàn	동	확산하다. 퍼뜨리다.
1112	扩张 kuòzhāng	동	확장하다. 넓히다.

新HSK6급 **L**

1113	喇叭 lǎba	명	나팔. 크랙슨.
1114	蜡烛 làzhú	명	초. 양초. **L5**
1115	啦 la	조	문장 끝에서 사건의 완성, 변화 등을 나타냄.('了(le)'와 '啊(a)'의 결합음으로 양자의 의미가 다 있음)
1116	来历 láilì	명	내력. 경력. 배경.
1117	来源 láiyuán	명	출처. 근원.

1118	栏目 lánmù	명	항목. 프로그램.
1119	懒惰 lǎnduò	형	게으르다. 나태하다.
1120	狼狈 lángbèi	형	매우 난처하다. 곤궁하다.
1121	狼吞虎咽 lángtūn hǔyàn	성	게걸스럽게 먹다. **C**
1122	捞 lāo	동	건지다. 끌어올리다. 얻다.
1123	牢固 láogù	형	견고하다. 단단하다.
1124	牢骚 láosāo	명	불평. 불만.
1125	唠叨 láodao	동	잔소리하다. 되풀이하여 말하다.
1126	乐趣 lèqù	명	즐거움. 기쁨.
1127	乐意 lèyì	동	~하기를 원하다. 기꺼이 ~하고 싶다.
1128	雷达 léidá	명	레이더.
1129	类似 lèisì	형	유사하다. 비슷하다.
1130	冷酷 lěngkù	형	냉혹하다. 잔인하다.
1131	冷落 lěngluò	형	쓸쓸하다. 적막하다. 한산하다. **N**
1132	冷却 lěngquè	동	냉각하다. 냉각시키다.
1133	愣 lèng	동	멍해지다. 어리둥절하다.
1134	黎明 límíng	명	여명. 동틀 무렵.
1135	礼节 lǐjié	명	예절.
1136	礼尚往来 lǐshàng wǎnglái	성	오는 정이 있으면 가는 정이 있다. **N**
1137	里程碑 lǐchéngbēi	명	이정표.
1138	理睬 lǐcǎi	동	상대하다. 거들떠보다.
1139	理所当然 lǐsuǒ dāngrán	성	도리로 보아 당연하다.
1140	理直气壮 lǐzhí qìzhuàng	성	이유가 충분하여 하는 말이 당당하다.
1141	理智 lǐzhì	형	침착하다. 이지적이다.
1142	力求 lìqiú	동	온갖 노력을 다하다. 힘써 추구하다. **C**
1143	力所能及 lìsuǒ néngjí	성	자기 능력으로 해낼 수 있다.
1144	力争 lìzhēng	동	매우 노력하다. 노력을 아끼지 않다.
1145	历代 lìdài	명	역대.
1146	历来 lìlái	부	줄곧. 항상. 언제나. 여태껏.
1147	立场 lìchǎng	명	입장. 태도. 관점.
1148	立方 lìfāng	명	입방. 세제곱미터(㎥). **L5**
1149	立交桥 lìjiāoqiáo	명	입체 교차로.

1150	立体 lìtǐ	형	입체의. 다방면의.
1151	立足 lìzú	동	근거하다. 발붙이다.
1152	利害 lìhài	명	이익과 손해.
1153	例外 lìwài	명	예외.
1154	粒 lì	양	알. 톨. **L5**
1155	连年 liánnián	동	여러 해 동안 계속되다.
1156	连锁 liánsuǒ	형	연쇄적이다. 이어지다.
1157	连同 liántóng	접	～과 함께.
1158	联欢 liánhuān	동	함께 모여 즐기다. 친목을 맺다.
1159	联络 liánluò	동	연락하다. 접촉하다.
1160	联盟 liánméng	명	연맹. 동맹.
1161	联想 liánxiǎng	동	연상하다.
1162	廉洁 liánjié	형	청렴 결백하다.
1163	良心 liángxīn	명	양심.
1164	谅解 liàngjiě	동	양해하다. 이해해주다.
1165	晾 liàng	동	쪼이다. 말리다.
1166	辽阔 liáokuò	형	끝없이 넓다. 광활하다.
1167	列举 lièjǔ	동	실례를 들다. 열기하다.
1168	临床 línchuáng	동	임상하다. 치료하다.
1169	淋 lín	동	젖다. 적시다.
1170	吝啬 lìnsè	형	인색하다. 쩨쩨하다.
1171	伶俐 línglì	형	영리하다. 총명하다.
1172	灵感 línggǎn	명	영감.
1173	灵魂 línghún	명	영혼.
1174	灵敏 língmǐn	형	영민하다. 재빠르다.
1175	凌晨 língchén	명	새벽녘. 동틀 무렵.
1176	零星 língxīng	형	산발적인. 소량의.
1177	领会 lǐnghuì	동	깨닫다. 이해하다.
1178	领事馆 lǐngshìguǎn	명	영사관.
1179	领土 lǐngtǔ	명	영토.
1180	领悟 lǐngwù	동	납득하다. 터득하다.
1181	领先 lǐngxiān	동	앞서다. 리드하다.
1182	领袖 lǐngxiù	명	영수. 지도자.
1183	溜 liū	동	슬그머니 사라지다. (얼음을) 지치다. 타다.
1184	留恋 liúliàn	동	차마 떠나지 못하다. 그리워하다.

1185	留念 liúniàn	동 기념으로 남기다.
1186	留神 liúshén	동 주의하다. 조심하다.
1187	流浪 liúlàng	동 유랑하다. 방랑하다.
1188	流露 liúlù	동 무심코 드러내다.
1189	流氓 liúmáng	명 건달. 깡패.
1190	流通 liútōng	형 유통하다. 잘 소통되다.
1191	聋哑 lóngyǎ	형 귀가 먹고 말도 못하다.
1192	隆重 lóngzhòng	형 성대하다. 장중하다.
1193	垄断 lǒngduàn	동 독점하다. 독차지하다.
1194	笼罩 lǒngzhào	동 덮어 씌우다. 뒤덮다.
1195	搂 lǒu	동 껴안다. 품다.
1196	炉灶 lúzào	명 부뚜막.
1197	屡次 lǚcì	부 여러 번. 누차.
1198	履行 lǚxíng	동 이행하다. 실행하다.
1199	掠夺 lüèduó	동 빼앗다. 강탈하다.
1200	轮船 lúnchuán	명 기선.
1201	轮廓 lúnkuò	명 윤곽. 테두리.
1202	轮胎 lúntāi	명 타이어.

1203	论坛 lùntán	명 논단. 칼럼.
1204	论证 lùnzhèng	명 논증.
1205	啰唆 luōsuo	형 말이 많다. 수다스럽다.
1206	络绎不绝 luòyì bùjué	성 왕래가 빈번해 끊이지 않다.
1207	落成 luòchéng	동 준공되다. 낙성되다.
1208	落实 luòshí	동 실현되다. 구체화되다.

新HSK6급

M

1209	麻痹 mábì	동 마비되다. 형 경각심을 늦추다.
1210	麻木 mámù	형 (반응이) 둔하다. 무감각하다.
1211	麻醉 mázuì	동 마취하다. 마비시키다.
1212	码头 mǎtóu	명 부두. 선창.
1213	蚂蚁 mǎyǐ	명 개미. **N**
1214	嘛 ma	조 서술문, 기원문 끝에 쓰여 당연함을 나타냄.
1215	埋伏 máifú	동 매복하다. 잠복하다.
1216	埋没 máimò	동 묻히다. 매몰되다.
1217	埋葬 máizàng	동 매장하다. 묻다.

1218	迈 mài	동 내디디다. 내딛다.
1219	脉搏 màibó	명 맥박.
1220	埋怨 mányuàn	동 탓하다. 불평하다.
1221	蔓延 mànyán	동 만연하다.
1222	漫长 màncháng	형 멀다. 길다. 지루하다.
1223	漫画 mànhuà	명 만화.
1224	慢性 mànxìng	형 만성의.
1225	忙碌 mánglù	형 바쁘다. 눈코 뜰 새 없다.
1226	盲目 mángmù	형 맹목적으로. 무작정.
1227	茫茫 mángmáng	형 아득하다. 망망하다.
1228	茫然 mángrán	형 망연하다. 멍하다.
1229	茂盛 màoshèng	형 우거지다. 무성하다. 번창하다.
1230	冒充 màochōng	동 사칭하다. 가장하다.
1231	冒犯 màofàn	동 (상대에게) 무례하다. 실례하다. **N**
1232	枚 méi	양 매. 장. 개.(작은 조각으로 된 사물을 셀 때)
1233	媒介 méijiè	명 매개자. 매개물.

1234	美观 měiguān	형 보기 좋다. 예쁘다.
1235	美满 měimǎn	형 아름답고 원만하다.
1236	美妙 měimiào	형 아름답다. 훌륭하다. 미묘하다.
1237	萌芽 méngyá	명 새싹. 맹아.
1238	猛烈 měngliè	형 맹렬하다. 세차다.
1239	眯 mī	동 눈을 가늘게 뜨다.
1240	弥补 míbǔ	동 메우다. 보완하다.
1241	弥漫 mímàn	동 자욱하다. 가득하다.
1242	迷惑 míhuò	동 미혹되다. 현혹시키다.
1243	迷人 mírén	동 사람을 홀리다. 마음을 끌다.
1244	迷信 míxìn	동 미신을 믿다. 명 미신.
1245	谜语 míyǔ	명 수수께끼. **L5**
1246	密度 mìdù	명 농도. 밀도.
1247	密封 mìfēng	동 밀봉하다. 밀폐하다. 형 밀봉한. 밀폐된.
1248	棉花 miánhua	명 목화. 면화. **L5**
1249	免得 miǎnde	접 ~하지 않도록. ~않기 위해서.
1250	免疫 miǎnyì	동 면역이 되다.

1251	勉励 miǎnlì	동 격려하다. 고무하다.
1252	勉强 miǎnqiǎng	형 간신히 ~하다. 가까스로 ~하다. 동 강요하다.
1253	面貌 miànmào	명 용모. 생김새. 면모. 상황.
1254	面子 miànzi	명 체면. 면목.
1255	描绘 miáohuì	동 그리다. 묘사하다.
1256	瞄准 miáozhǔn	동 겨누다. 겨냥하다. 조준하다. **N**
1257	渺小 miǎoxiǎo	형 미미하다. 매우 작다. 보잘것없다.
1258	藐视 miǎoshì	동 얕보다. 업신여기다. **N**
1259	灭亡 mièwáng	동 멸망하다. 소멸시키다.
1260	蔑视 mièshì	동 멸시하다. 우습게 보다.
1261	民间 mínjiān	명 세상. 민간.
1262	民主 mínzhǔ	명 민주. 형 민주적이다. **L5**
1263	敏捷 mǐnjié	형 민첩하다. 반응이 빠르다.
1264	敏锐 mǐnruì	형 예민하다. 예리하다. 날카롭다.
1265	名次 míngcì	명 순위. 등수.
1266	名额 míng'é	명 정원. 인원 수.
1267	名副其实 míngfù qíshí	성 명실상부하다. 명성과 실상이 서로 부합하다.
1268	名誉 míngyù	명 명예. 명성.
1269	明明 míngmíng	부 분명히. 명백히.
1270	明智 míngzhì	형 총명하다. 현명하다. **N**
1271	命名 mìngmíng	동 명명하다. 이름 짓다.
1272	摸索 mōsuǒ	동 모색하다. 찾다.
1273	模范 mófàn	명 모범.
1274	模式 móshì	명 모식. 양식. 패턴.
1275	模型 móxíng	명 모형.
1276	膜 mó	명 막. 막과 같이 얇은 물질.
1277	摩擦 mócā	동 마찰하다. 비비다.
1278	磨合 móhé	동 길들다. 적응하다. 조화하다.
1279	魔鬼 móguǐ	명 귀신. 마귀. 악마.
1280	魔术 móshù	명 마술.
1281	抹杀 mǒshā	동 말살하다. 삭제하다.
1282	莫名其妙 mòmíng qímiào	성 영문을 알 수 없다.
1283	墨水儿 mòshuǐr	명 먹물. 잉크.

1284	默默 mòmò	부 묵묵히. 말없이.
1285	谋求 móuqiú	동 강구하다. 모색하다.
1286	模样 múyàng	명 모양. 모습.
1287	母语 mǔyǔ	명 모국어.
1288	目睹 mùdǔ	동 직접 보다.
1289	目光 mùguāng	명 시선. 눈길. 견해. 식견.
1290	沐浴 mùyù	동 흠뻑 젖다. 목욕하다.

1291	拿手 náshǒu	형 어떤 기술에 뛰어나다. 능하다.
1292	纳闷儿 nàmènr	동 답답하다. 궁금하다.
1293	耐用 nàiyòng	형 오래 쓸 수 있다. 질기다.
1294	南辕北辙 nányuán běizhé	성 하는 행동과 목적이 상반되다. N
1295	难得 nándé	형 얻기 어렵다. ~하기 쉽지 않다.
1296	难堪 nánkān	형 난감하다. 난처하다.
1297	难能可贵 nánnéng kěguì	성 쉽지 않은 일을 해내어 대견스럽다.

1298	恼火 nǎohuǒ	동 화내다. 노하다.
1299	内涵 nèihán	명 교양. 내포. 속뜻.
1300	内幕 nèimù	명 내막. 속사정.
1301	内在 nèizài	형 내재적인. 내재하는.
1302	能量 néngliàng	명 에너지. 능력.
1303	拟定 nǐdìng	동 입안하다. 초안을 세우다.
1304	逆行 nìxíng	동 역행하다. N
1305	年度 niándù	명 연도.
1306	捏 niē	동 (손으로) 집다. 빚다.
1307	凝固 nínggù	동 응고하다. 굳어지다.
1308	凝聚 níngjù	동 응집하다. 모으다. 맺히다.
1309	凝视 níngshì	동 주목하다.
1310	拧 níng	동 꼬집다. 짜다. 비틀다.
1311	宁肯 nìngkěn	부 차라리 ~할지언정.
1312	宁愿 nìngyuàn	부 설령 ~할지라도.
1313	扭转 niǔzhuǎn	동 교정하다. 바로잡다.
1314	纽扣儿 niǔkòur	명 단추.
1315	农历 nónglì	명 음력.

1316	浓厚 nónghòu	형	강하다. 짙다. 농후하다.
1317	奴隶 núlì	명	노예.
1318	虐待 nüèdài	동	학대하다.
1319	挪 nuó	동	옮기다. 움직이다.

新HSK6급 O

1320	哦 ò	감	아!. 오!.(어떤 사실이나 상황을 깨달았을 때 쓰임)
1321	殴打 ōudǎ	동	구타하다.
1322	呕吐 ǒutù	동	구토하다.
1323	偶像 ǒuxiàng	명	우상. **N**

新HSK6급 P

1324	趴 pā	동	엎드리다.
1325	排斥 páichì	동	배척하다.
1326	排除 páichú	동	제거하다. 없애다.
1327	排放 páifàng	동	배출하다. 방류하다.
1328	排练 páiliàn	동	리허설을 하다. 예행연습을 하다. **N**
1329	徘徊 páihuái	동	배회하다. 왔다갔다하다.
1330	派别 pàibié	명	파별. 유파.
1331	派遣 pàiqiǎn	동	파견하다.
1332	攀登 pāndēng	동	등반하다.
1333	盘旋 pánxuán	동	선회하다. 배회하다.
1334	判决 pànjué	동	판결하다. 선고하다.
1335	畔 pàn	명	가장자리. 부근.
1336	庞大 pángdà	형	방대하다. 매우 크다.
1337	抛弃 pāoqì	동	버리다. 포기하다.
1338	泡沫 pàomò	명	거품. 포말.
1339	培育 péiyù	동	재배하다. 키우다.
1340	配备 pèibèi	동	배치하다. 두다.
1341	配偶 pèi'ǒu	명	배필. 배우자.
1342	配套 pèitào	동	하나의 세트로 만들다. 조립하다. 맞추다.
1343	盆地 péndì	명	분지.
1344	烹饪 pēngrèn	동	요리하다.
1345	捧 pěng	동	(두 손으로) 받쳐 들다. 받들다.
1346	批发 pīfā	동	도매하다.

1347	批判 pīpàn	동 비판하다. 지적하다.
1348	劈 pī	동 쪼개다. 패다.
1349	皮革 pígé	명 피혁. 가죽.
1350	疲惫 píbèi	형 대단히 피곤하다.
1351	疲倦 píjuàn	형 피곤하다. 지치다.
1352	屁股 pìgu	명 엉덩이. 둔부.
1353	譬如 pìrú	동 예를 들다.
1354	偏差 piānchā	명 편차. 오차.
1355	偏见 piānjiàn	명 편견. 선입견.
1356	偏僻 piānpì	형 외지다. 궁벽하다.
1357	偏偏 piānpiān	부 기어코. 일부러. 하필이면. 공교롭게.
1358	片断 piànduàn	명 토막. 도막.
1359	片刻 piànkè	명 잠깐. 잠시.
1360	漂浮 piāofú	동 (물이나 액체 위에) 뜨다. 표류하다.
1361	飘扬 piāoyáng	동 펄럭이다. 휘날리다.
1362	撇 piě	동 입을 삐죽거리다. 내던지다. **N**
1363	拼搏 pīnbó	동 전력을 다해 분투하다.
1364	拼命 pīnmìng	동 죽기 살기로 하다. 필사적으로 하다.
1365	贫乏 pínfá	형 빈약하다. 빈궁하다. 가난하다.
1366	贫困 pínkùn	형 빈곤하다. 곤궁하다.
1367	频繁 pínfán	형 잦다. 빈번하다.
1368	频率 pínlǜ	명 빈도수. 주파수.
1369	品尝 pǐncháng	동 맛보다.
1370	品德 pǐndé	명 품성.
1371	品质 pǐnzhì	명 품성. 인품. 품질. 질.
1372	品种 pǐnzhǒng	명 제품의 종류. 품종. **L5**
1373	平凡 píngfán	형 평범하다. 보통이다.
1374	平面 píngmiàn	명 평면.
1375	平坦 píngtǎn	형 평평하다.
1376	平行 píngxíng	형 평행의. 대등한. 동등한.
1377	平庸 píngyōng	형 평범하다. 그저 그렇다. **N**
1378	平原 píngyuán	명 평원.
1379	评估 pínggū	동 평가하다.
1380	评论 pínglùn	명 평론. 논의. 동 평론하다. 논의하다.

| 1381 | 屏幕 píngmù | 명 영사막. 스크린. | C |

| 1382 | 屏障 píngzhàng | 명 장벽. 보호벽. |

| 1383 | 坡 pō | 명 비탈. 언덕. |

| 1384 | 泼 pō | 동 뿌리다. 붓다. |

| 1385 | 颇 pō | 부 꽤. 상당히. |

| 1386 | 迫不及待 pòbù jídài | 성 일각도 지체할 수 없다. |

| 1387 | 迫害 pòhài | 동 박해하다. |

| 1388 | 破例 pòlì | 동 상례를 깨다. 관례를 깨뜨리다. |

| 1389 | 魄力 pòlì | 명 박력. |

| 1390 | 扑 pū | 동 돌진하여 덮치다. 달려들다. |

| 1391 | 铺 pū | 동 (평평하게) 펴다. 깔다. |

| 1392 | 朴实 pǔshí | 형 소박하다. 꾸밈이 없다. |

| 1393 | 朴素 pǔsù | 형 소박하다. 화려하지 않다. L5 |

| 1394 | 普及 pǔjí | 동 보급되다. 확산되다. |

| 1395 | 瀑布 pùbù | 명 폭포. |

| 1396 | 凄凉 qīliáng | 형 처량하다. 처참하다. |

| 1397 | 期望 qīwàng | 명 희망. 기대. / 동 기대하다. 바라다. |

| 1398 | 期限 qīxiàn | 명 기한. 시한. |

| 1399 | 欺负 qīfu | 동 능욕하다. 업신여기다. |

| 1400 | 欺骗 qīpiàn | 동 속이다. 사기 치다. |

| 1401 | 齐全 qíquán | 형 완전히 갖추다. 완비하다. |

| 1402 | 齐心协力 qíxīn xiélì | 성 한마음 한뜻으로 함께 노력하다. |

| 1403 | 奇妙 qímiào | 형 기묘하다. 신기하다. |

| 1404 | 歧视 qíshì | 동 경시하다. 차별 대우하다. |

| 1405 | 旗袍 qípáo | 명 치파오. |

| 1406 | 旗帜 qízhì | 명 기. 깃발. 모범. 귀감. |

| 1407 | 乞丐 qǐgài | 명 거지. |

| 1408 | 岂有此理 qǐyǒu cǐlǐ | 성 어찌 이럴 수가 있단 말인가? |

| 1409 | 企图 qǐtú | 동 의도하다. 기도하다. / 명 의도. L5 |

| 1410 | 启程 qǐchéng | 동 출발하다. 길을 나서다. |

| 1411 | 启蒙 qǐméng | 동 계몽하다. N |

1412	启示 qǐshì	동	계시하다. 깨닫게 하다. 명 계시. 계몽.
1413	启事 qǐshì	명	광고. 공고.
1414	起草 qǐcǎo	동	기초하다. 글의 초안을 작성하다.
1415	起初 qǐchū	명	처음. 최초.
1416	起伏 qǐfú	동	기복하다. 변화하다. 변동되다.
1417	起哄 qǐhòng	동	소란을 피우다.
1418	起码 qǐmǎ	형	기본적인. 최소한의.
1419	起源 qǐyuán	명	기원. 동 기원하다.
1420	气概 qìgài	명	기개.
1421	气功 qìgōng	명	기공.
1422	气魄 qìpò	명	기백. 패기.
1423	气色 qìsè	명	안색. 혈색.
1424	气势 qìshì	명	기세. 형세.
1425	气味 qìwèi	명	냄새.
1426	气象 qìxiàng	명	기상.
1427	气压 qìyā	명	기압.
1428	气质 qìzhì	명	기질. 자질. 기개. N

1429	迄今为止 qìjīn wéizhǐ	성	이전 어느 시점부터 지금에 이르기까지.
1430	器材 qìcái	명	기자재. 기재.
1431	器官 qìguān	명	기관.
1432	掐 qiā	동	(손가락으로) 꺾다. 꼬집다. 끊다.
1433	洽谈 qiàtán	동	협의하다. 상담하다.
1434	恰当 qiàdàng	형	알맞다. 타당하다.
1435	恰到好处 qiàdào hǎochù	성	(말·행동 등이) 꼭 들어맞다. 적절하다.
1436	恰巧 qiàqiǎo	부	마침. 때마침.
1437	千方百计 qiānfāng bǎijì	성	갖은 방법을 다 써보다.
1438	迁就 qiānjiù	동	타협하다. 끌려가다.
1439	迁徙 qiānxǐ	동	옮겨가다.
1440	牵 qiān	동	잡아끌다. L5
1441	牵扯 qiānchě	동	연루되다. 관련되다.
1442	牵制 qiānzhì	동	견제하다. 방해하다.
1443	谦逊 qiānxùn	형	겸손하다.
1444	签署 qiānshǔ	동	정식 서명하다. 조인하다.
1445	前景 qiánjǐng	명	장래. 전망. 전경.

1446	前提 qiántí	명 전제. 전제조건. 선결조건.
1447	潜力 qiánlì	명 잠재력.
1448	潜水 qiánshuǐ	동 잠수하다.
1449	潜移默化 qiányí mòhuà	성 은연중에 감화되다.
1450	谴责 qiǎnzé	동 비난하다. 질책하다.
1451	强制 qiángzhì	동 강제하다. 강요하다.
1452	抢劫 qiǎngjié	동 강탈하다.
1453	抢救 qiǎngjiù	동 서둘러 구호하다. 응급처치 하다.
1454	强迫 qiǎngpò	동 강요하다. 핍박하다.
1455	桥梁 qiáoliáng	명 교량. 다리.
1456	窍门 qiàomén	명 (문제를 해결할) 방법. 비결. 요령. **N**
1457	翘 qiào	동 들리다. 휘다. 치켜들다.
1458	切实 qièshí	형 확실하다. 실제적이다.
1459	锲而不舍 qiè'ér bùshě	성 나태함 없이 끈기 있게 끝까 지 해내다.
1460	钦佩 qīnpèi	동 탄복하다. 경복하다.
1461	侵犯 qīnfàn	동 침범하다.
1462	侵略 qīnlüè	동 침략하다. **L5**

1463	亲密 qīnmì	형 관계가 좋다. 친밀하다. **N**
1464	亲热 qīnrè	형 친밀하고 다정스럽다.
1465	勤俭 qínjiǎn	형 근검하다.
1466	勤劳 qínláo	형 부지런히 일하다. **L5**
1467	倾听 qīngtīng	동 경청하다.
1468	倾向 qīngxiàng	명 경향. 추세. 동 기울다. 쏠리다. 편향되다.
1469	倾斜 qīngxié	형 기울다. 경사지다.
1470	清澈 qīngchè	형 맑고 투명하다.
1471	清晨 qīngchén	명 일출 전후의 시간. 새벽녘.
1472	清除 qīngchú	동 깨끗이 없애다. 청소하다.
1473	清洁 qīngjié	형 깨끗하다. 청결하다.
1474	清理 qīnglǐ	동 깨끗이 정리하다.
1475	清晰 qīngxī	형 분명하다. 뚜렷하다.
1476	清醒 qīngxǐng	동 정신이 들다. 의식을 회복하 다.
1477	清真 qīngzhēn	형 이슬람교의.
1478	情报 qíngbào	명 정보.
1479	情节 qíngjié	명 줄거리. 경과.

1480	情理 qínglǐ	명 이치. 사리.
1481	情形 qíngxíng	명 정황. 상황.
1482	晴朗 qínglǎng	형 쾌청하다.
1483	请柬 qǐngjiǎn	명 청첩장. 초대장.
1484	请教 qǐngjiào	동 가르침을 청하다.
1485	请示 qǐngshì	동 지시를 바라다. 물어보다.
1486	请帖 qǐngtiě	명 청첩장. 초대장.
1487	丘陵 qiūlíng	명 구릉. 언덕.
1488	区分 qūfēn	동 구분하다.
1489	区域 qūyù	명 구역. 지역.
1490	曲折 qūzhé	형 곡절이 많다. 굽다.
1491	驱逐 qūzhú	동 쫓아내다. 몰아내다.
1492	屈服 qūfú	동 굴복하다.
1493	渠道 qúdào	명 경로. 방법. 관개수로.
1494	曲子 qǔzi	명 가곡. 노래. 악보.
1495	取缔 qǔdì	동 금지를 명하다. 단속하다.
1496	趣味 qùwèi	명 흥미. 흥취.
1497	圈套 quāntào	명 올가미. 계략. 꾀.
1498	权衡 quánhéng	동 비교하다. 따지다. 재다.
1499	权威 quánwēi	명 권위. 권위자.
1500	全局 quánjú	명 전체 국면. 형세.
1501	全力以赴 quánlì yǐfù	성 전력투구하다.
1502	拳头 quántou	명 주먹.
1503	犬 quǎn	명 개.
1504	缺口 quēkǒu	명 부족한 부분. 결함. 흠집.
1505	缺席 quēxí	동 결석하다.
1506	缺陷 quēxiàn	명 결함. 결점.
1507	瘸 qué	형 절뚝거리다. 절름거리다.
1508	确保 quèbǎo	동 확보하다. 확실히 보장하다.
1509	确立 quèlì	동 확립하다. 수립하다.
1510	确切 quèqiè	형 확실하다.
1511	确信 quèxìn	동 확신하다.
1512	群众 qúnzhòng	명 대중. 군중.

R

1513	染 rǎn	동 염색하다.
1514	嚷 rǎng	동 큰 소리로 부르다. 외치다. **L5**
1515	让步 ràngbù	동 양보하다.
1516	饶恕 ráoshù	동 용서하다.
1517	扰乱 rǎoluàn	동 혼란시키다. 어지럽히다.
1518	惹祸 rěhuò	동 화를 초래하다. 일을 저지르다.
1519	热泪盈眶 rèlèi yíngkuàng	성 뜨거운 눈물이 눈에 그렁그렁하다.
1520	热门 rèmén	명 인기 있는 것. 유행하는 것.
1521	人道 réndào	명 인도. 인간성. 인간애.
1522	人格 réngé	명 인격.
1523	人工 réngōng	형 인위적인. 인공의. 명 수공. 인력.
1524	人家 rénjia	대 남. 타인. 어떤 사람.
1525	人间 rénjiān	명 인간 사회. 세상.
1526	人士 rénshì	명 인사.
1527	人为 rénwéi	형 인위적인. 동 사람이 하다.
1528	人性 rénxìng	명 인성.
1529	人质 rénzhì	명 인질.
1530	仁慈 réncí	형 인자하다.
1531	忍耐 rěnnài	동 인내하다. 참다.
1532	忍受 rěnshòu	동 이겨내다. 참다. 견디다.
1533	认定 rèndìng	동 인정하다. 확신하다.
1534	认可 rènkě	동 승낙하다. 인가하다.
1535	任命 rènmìng	동 임명하다.
1536	任性 rènxìng	형 제멋대로 하다.
1537	任意 rènyì	형 조건 없는. 임의의.
1538	任重道远 rènzhòng dàoyuǎn	성 맡은 바 책임은 무겁고, 갈 길은 멀기만 하다. 책임이 무겁다.
1539	仍旧 réngjiù	부 여전히. 변함없이.
1540	日新月异 rìxīn yuèyì	성 나날이 새로워지다.
1541	日益 rìyì	부 날로. 나날이 더욱.
1542	荣幸 róngxìng	형 매우 영광스럽다. **L5**
1543	荣誉 róngyù	명 명예. 영예. **L5**
1544	容貌 róngmào	명 용모. 생김새.
1545	容纳 róngnà	동 수용하다. 넣다.

1546	容器 róngqì	명	용기.
1547	容忍 róngrěn	동	용인하다. 참고 견디다.
1548	溶解 róngjiě	동	용해하다.
1549	融化 rónghuà	동	녹다. 융해되다. **L5**
1550	融洽 róngqià	형	사이가 좋다. 조화롭다.
1551	柔和 róuhé	형	연하고 부드럽다. 온화하다.
1552	揉 róu	동	비비다. 주무르다.
1553	儒家 rújiā	명	유가. 유학자. **N**
1554	若干 ruògān	대	약간. 조금.
1555	弱点 ruòdiǎn	명	약점. 단점.

1556	撒谎 sāhuǎng	동	거짓말을 하다.
1557	散文 sǎnwén	명	산문.
1558	散布 sànbù	동	퍼뜨리다. 유포하다.
1559	散发 sànfā	동	퍼지다. 내뿜다.
1560	丧失 sàngshī	동	잃어버리다. 상실하다.
1561	骚扰 sāorǎo	동	소란을 피우다. 폐를 끼치다. **N**

1562	嫂子 sǎozi	명	형수.
1563	刹车 shāchē	동	브레이크를 밟다. 차를 세우다.
1564	啥 shá	대	무엇. 무슨.(방언)
1565	筛选 shāixuǎn	동	선별하다. (체로) 치다.
1566	山脉 shānmài	명	산맥.
1567	闪烁 shǎnshuò	동	번쩍번쩍하다.
1568	擅长 shàncháng	동	뛰어나다. 잘하다.
1569	擅自 shànzì	부	자기 멋대로. 독단적으로.
1570	伤脑筋 shāng nǎojīn		골치를 앓다.
1571	商标 shāngbiāo	명	상표.
1572	上级 shàngjí	명	상급. 상급자. 상사.
1573	上进 shàngjìn	동	향상하다. 진보하다. **C**
1574	上任 shàngrèn	동	부임하다. 취임하다.
1575	上瘾 shàngyǐn	동	중독되다. 인이 박이다.
1576	上游 shàngyóu	명	(강의) 상류.
1577	尚且 shàngqiě	접	~조차 ~한데. 그럼에도 불구하고. **N**
1578	捎 shāo	동	인편에 보내다.

1579	梢 shāo	명 (나무 등 가늘고 긴 물건의) 끝. 끝부분.
1580	哨 shào	명 호루라기. 보초.
1581	奢侈 shēchǐ	형 사치하다. 낭비하다.
1582	舌头 shétou	명 혀. **L5**
1583	设立 shèlì	동 설립하다.
1584	设想 shèxiǎng	동 가상하다. 상상하다.
1585	设置 shèzhì	동 설립하다. 세우다.
1586	社区 shèqū	명 지역사회. 공동체.
1587	涉及 shèjí	동 관련되다. 연루되다.
1588	摄氏度 shèshìdù	양 섭씨.(온도)
1589	申报 shēnbào	동 서면으로 보고하다.
1590	呻吟 shēnyín	동 신음하다.
1591	绅士 shēnshì	명 신사.
1592	深奥 shēn'ào	형 심오하다. 깊다.
1593	深沉 shēnchén	형 내색하지 않다. 침착하고 신중하다.
1594	深情厚谊 shēnqíng hòuyì	성 깊고 돈독한 정.
1595	神经 shénjīng	명 신경. **L5**
1596	神奇 shénqí	형 신기하다. 기묘하다.
1597	神气 shénqì	형 으스대다. 뽐내다. 형 활기차다.
1598	神圣 shénshèng	형 신성하다. 성스럽다.
1599	神态 shéntài	명 표정과 태도.
1600	神仙 shénxiān	명 신선. 성인.
1601	审查 shěnchá	동 심사하다.
1602	审理 shěnlǐ	동 심리하다. 심사하여 처리하다.
1603	审美 shěnměi	명 심미. 안목. 형 심미적. 동 아름다움을 감상하고 평가하다.
1604	审判 shěnpàn	동 재판하다. 심판하다.
1605	渗透 shèntòu	동 스며들다. 투과하다.
1606	慎重 shènzhòng	형 신중하다.
1607	生存 shēngcún	명 생존. 동 생존하다.
1608	生机 shēngjī	명 생기. 생명력.
1609	生理 shēnglǐ	명 생리.
1610	生疏 shēngshū	형 생소하다. 낯설다.
1611	生态 shēngtài	명 생태.

1612	生物 shēngwù	몡 생물. 생물학.
1613	生肖 shēngxiào	몡 사람의 띠. **N**
1614	生效 shēngxiào	동 효력이 발생하다. 효과가 나타나다.
1615	生锈 shēngxiù	동 녹이 슬다.
1616	生育 shēngyù	동 출산하다. 아이를 낳다.
1617	声明 shēngmíng	동 성명하다.
1618	声势 shēngshì	몡 명성과 위세.
1619	声誉 shēngyù	몡 명성. 명예.
1620	牲畜 shēngchù	몡 가축.
1621	省会 shěnghuì	몡 성도. 성(省) 소재지.
1622	胜负 shèngfù	몡 승부. 승패.
1623	盛产 shèngchǎn	동 (대량으로) 생산하다.
1624	盛开 shèngkāi	동 활짝 피다. 만개하다.
1625	盛情 shèngqíng	몡 두터운 정. 후의.
1626	盛行 shèngxíng	동 성행하다.
1627	尸体 shītǐ	몡 시체.
1628	失事 shīshì	동 (의외의 사고가) 발생하다. **N**
1629	失误 shīwù	몡 실수. 동 실수를 하다.
1630	失踪 shīzōng	동 실종되다.
1631	师范 shīfàn	몡 사범대학. 모범. 본보기.
1632	施加 shījiā	동 (압력이나 영향 등을) 주다.
1633	施展 shīzhǎn	동 발휘하다. 보이다.
1634	十足 shízú	혱 충분하다. 충족하다.
1635	石油 shíyóu	몡 석유.
1636	时常 shícháng	부 늘. 자주. 항상.
1637	时而 shí'ér	부 때때로. 이따금.
1638	时光 shíguāng	몡 시기. 시간. 세월.
1639	时机 shíjī	몡 시기. 기회. 때.
1640	时事 shíshì	몡 시사.
1641	识别 shíbié	동 식별하다. 변별하다.
1642	实惠 shíhuì	몡 실리. 실익. 혱 실질적이다. 실용적이다.
1643	实力 shílì	몡 실력.
1644	实施 shíshī	동 실시하다. 실행하다.

1645	实事求是 shíshì qiúshì	성	실사구시. 사실을 토대로 하여 진리를 탐구하다.
1646	实行 shíxíng	동	실행하다. **L5**
1647	实质 shízhì	명	실질. 본질.
1648	拾 shí	동	줍다. 집다.
1649	使命 shǐmìng	명	사명. 명령.
1650	示范 shìfàn	명	시범.
		동	시범하다.
1651	示威 shìwēi	동	시위하다.
		명	시위. 데모.
1652	示意 shìyì	동	뜻을 표시하다.
1653	世代 shìdài	명	세대. 연대.
1654	势必 shìbì	부	반드시. 꼭. 필연코.
1655	势力 shìlì	명	세력.
1656	事故 shìgù	명	사고.
1657	事迹 shìjì	명	사적.
1658	事件 shìjiàn	명	사건.
1659	事态 shìtài	명	사태. 정황.
1660	事务 shìwù	명	사무. 업무.
1661	事项 shìxiàng	명	사항.
1662	事业 shìyè	명	사업.
1663	试图 shìtú	동	시도하다. 계획하다.
1664	试验 shìyàn	동	시험하다. 실험하다.
1665	视力 shìlì	명	시력.
1666	视频 shìpín	명	동영상. **N**
1667	视线 shìxiàn	명	시선. 눈길.
1668	视野 shìyě	명	시야. 시계.
1669	是非 shìfēi	명	말다툼. 시비. 잘잘못.
1670	适宜 shìyí	형	알맞다.
		동	적합하다. 적절하다.
1671	逝世 shìshì	동	서거하다.
1672	释放 shìfàng	동	방출하다. 내보내다. 석방하다.
1673	收藏 shōucáng	동	수장하다. 소장하다.
1674	收缩 shōusuō	동	수축하다. 축소하다.
1675	收益 shōuyì	명	수익. 이득.
1676	收音机 shōuyīnjī	명	라디오.
1677	手法 shǒufǎ	명	기교. 수법.
1678	手势 shǒushì	명	손짓. 손동작.

No.	단어	병음	뜻
1679	手艺	shǒuyì	명 손재간. 수공 기술.
1680	守护	shǒuhù	동 지키다. 수호하다.
1681	首饰	shǒushì	명 머리 장식품. 장신구. N
1682	首要	shǒuyào	형 가장 중요하다.
1683	受罪	shòuzuì	동 고생하다. 벌을 받다.
1684	授予	shòuyǔ	동 수여하다. 주다.
1685	书法	shūfǎ	명 서예. 서법. 서도.
1686	书籍	shūjí	명 서적. 책.
1687	书记	shūjì	명 서기.
1688	书面	shūmiàn	명 서면.
1689	舒畅	shūchàng	형 상쾌하다. 유쾌하다.
1690	疏忽	shūhū	동 소홀히 하다. 형 부주의하다.
1691	疏远	shūyuǎn	형 소원하다. 동 멀리하다. N
1692	束	shù	동 묶다. 매다. 양 묶음.(한데 묶인 물건을 셀 때 쓰임)
1693	束缚	shùfù	동 구속하다. 속박하다.
1694	树立	shùlì	동 수립하다. 세우다.
1695	竖	shù	동 똑바로 세우다. 형 수직의. 세로의.
1696	数额	shù'é	명 일정한 수. 액수.
1697	耍	shuǎ	동 수단을 부리다. 놀리다.
1698	衰老	shuāilǎo	형 노쇠하다.
1699	衰退	shuāituì	동 쇠퇴하다. 쇠약해지다.
1700	率领	shuàilǐng	동 인솔하다. 이끌다.
1701	涮火锅	shuàn huǒguō	샤부샤부를 하다. 샤부샤부를 먹다.
1702	双胞胎	shuāngbāotāi	명 쌍둥이.
1703	爽快	shuǎngkuài	형 시원시원하다. 호쾌하다.
1704	水利	shuǐlì	명 수리. 수리사업.
1705	水龙头	shuǐlóngtóu	명 수도꼭지.
1706	水泥	shuǐní	명 시멘트.
1707	瞬间	shùnjiān	명 순간. 눈 깜짝하는 사이. N
1708	司法	sīfǎ	명 사법.
1709	司令	sīlìng	명 사령. 사령관.
1710	私自	sīzì	부 사적으로. 비밀리에.
1711	思念	sīniàn	동 그리워하다.
1712	思索	sīsuǒ	동 사색하다.

1713	思维 sīwéi	명 사유.
1714	斯文 sīwen	형 우아하다. 고상하다. 점잖다.
1715	死亡 sǐwáng	명 사망. 멸망. 동 죽다. 사망하다.
1716	四肢 sìzhī	명 사지. 수족.
1717	寺庙 sìmiào	명 사원. 절. **L5**
1718	饲养 sìyǎng	동 사육하다. 먹이다.
1719	肆无忌惮 sìwú jìdàn	성 제멋대로 굴고 전혀 거리낌이 없다.
1720	耸 sǒng	동 치솟다. 어깨를 추키다.
1721	艘 sōu	양 척.(선박을 셀 때 쓰임)
1722	苏醒 sūxǐng	동 소생하다. 되살아나다.
1723	俗话 súhuà	명 속담. 옛말.
1724	诉讼 sùsòng	동 소송하다. 고소하다.
1725	素食 sùshí	명 채식. **C**
1726	素质 sùzhì	명 소양. 자질.
1727	塑造 sùzào	동 빚어서 만들다. 조소하다.
1728	算数 suànshù	동 말한 대로 하다. 인정하다.
1729	随即 suíjí	부 바로. 즉각.
1730	随意 suíyì	부 마음대로. 뜻대로.

1731	岁月 suìyuè	명 세월.
1732	隧道 suìdào	명 굴. 터널.
1733	损坏 sǔnhuài	동 손상시키다. 훼손시키다.
1734	索取 suǒqǔ	동 요구하다. 달라고 하다. 구하다. **C**
1735	索性 suǒxìng	부 차라리. 아예.

新HSK6급 **T**

1736	塌 tā	동 꺼지다. 무너지다. 내려앉다.
1737	踏实 tāshi	형 마음이 놓이다. 편안하다. 착실하다.
1738	塔 tǎ	명 탑. **L5**
1739	台风 táifēng	명 태풍.
1740	太空 tàikōng	명 우주.
1741	泰斗 tàidǒu	명 권위자. 일인자. 대가.
1742	贪婪 tānlán	형 탐욕스럽다. 만족할 줄 모르다.
1743	贪污 tānwū	동 탐오하다. 횡령하다.
1744	摊 tān	명 노점.
1745	瘫痪 tānhuàn	동 (신체가) 마비되다. 동 (교통 등이) 마비되다. 정지되다.

1746	弹性 tánxìng	몡 탄성. 탄력성.
1747	坦白 tǎnbái	휑 담백하다. 솔직하다. 동 숨김없이 고백하다.
1748	叹气 tànqì	동 탄식하다. 한숨쉬다.
1749	探测 tàncè	동 탐지하다. 관측하다.
1750	探索 tànsuǒ	동 탐색하다. 찾다.
1751	探讨 tàntǎo	동 연구 토론하다.
1752	探望 tànwàng	동 방문하다. 문안하다. 살피다.
1753	倘若 tǎngruò	접 만일 ~한다면.
1754	掏 tāo	동 꺼내다. 끄집어내다.
1755	滔滔不绝 tāotāo bùjué	성 끊임없이 계속되다.
1756	陶瓷 táocí	몡 도자기.
1757	陶醉 táozuì	동 도취하다. **N**
1758	淘汰 táotài	동 도태하다. 탈락되다. 추려내다.
1759	讨好 tǎohǎo	동 비위를 맞추다. 환심을 사다. **N**
1760	特长 tècháng	몡 특기. 장기.
1761	特定 tèdìng	휑 특정한. 일정한.
1762	特意 tèyì	뷔 특별히. 일부러. **L5**

1763	提拔 tíbá	동 발탁하다. 등용하다.
1764	提炼 tíliàn	동 추출하다. 정련하다.
1765	提示 tíshì	동 일러주다. 힌트를 주다.
1766	提议 tíyì	동 제의하다. 몡 제의.
1767	题材 tícái	몡 제재. 소재.
1768	体裁 tǐcái	몡 체재. 장르. **N**
1769	体积 tǐjī	몡 체적. **L5**
1770	体谅 tǐliàng	동 이해하다. 양해하다.
1771	体面 tǐmiàn	몡 체면. 체통. 휑 예쁘다. 아름답다.
1772	体系 tǐxì	몡 시스템. 체계.
1773	天才 tiāncái	몡 천재. 타고난 재능.
1774	天赋 tiānfù	동 천부적이다. 타고나다. 몡 타고난 자질. **N**
1775	天伦之乐 tiānlún zhīlè	성 가족이 누리는 단란함.
1776	天然气 tiānránqì	몡 천연가스.
1777	天生 tiānshēng	휑 타고난. 선천적인.
1778	天堂 tiāntáng	몡 천당. 천국.
1779	天文 tiānwén	몡 천문. 천문학.

1780	田径 tiánjìng	몡 육상경기.
1781	田野 tiányě	몡 논밭과 들판. 들. **L5**
1782	舔 tiǎn	동 핥다.
1783	挑剔 tiāoti	동 지나치게 트집 잡다. 따지다.
1784	条款 tiáokuǎn	몡 조항.
1785	条理 tiáolǐ	몡 조리. 순서.
1786	条约 tiáoyuē	몡 조약.
1787	调和 tiáohé	동 골고루 섞다. 중재하다. 조정하다. 타협하다.
1788	调剂 tiáojì	동 조절하다. 조정하다.
1789	调节 tiáojié	동 조절하다.
1790	调解 tiáojiě	동 조정하다. 중재하다.
1791	调料 tiáoliào	몡 조미료. 양념.
1792	挑拨 tiǎobō	동 이간시키다. 부추기다. 충동질하다.
1793	挑衅 tiǎoxìn	동 도발하다. 분쟁을 일으키다.
1794	跳跃 tiàoyuè	동 뛰어오르다. 도약하다.
1795	亭子 tíngzi	몡 정자.
1796	停泊 tíngbó	동 (배가) 정박하다. 머물다.
1797	停顿 tíngdùn	몡 쉼. 멈춤. 동 중지되다. 멈추다.
1798	停滞 tíngzhì	동 정체되다. 침체하다.
1799	挺拔 tǐngbá	형 우뚝하다. 곧추 솟다.
1800	通货膨胀 tōnghuò péngzhàng	몡 통화팽창. 인플레이션.
1801	通缉 tōngjī	동 지명수배하다. **N**
1802	通俗 tōngsú	형 통속적이다.
1803	通讯 tōngxùn	몡 통신 **L5**
1804	通用 tōngyòng	동 통용되다. 보편적으로 사용하다.
1805	同胞 tóngbāo	몡 교포. 동포. 친형제자매.
1806	同志 tóngzhì	몡 동지.
1807	铜 tóng	몡 구리. 동. **C**
1808	童话 tónghuà	몡 동화.
1809	统筹兼顾 tǒngchóu jiāngù	성 여러 방면의 일을 총괄적으로 계획하고 두루 살피다.
1810	统计 tǒngjì	동 통계하다. 합산하다. 몡 통계.
1811	统统 tǒngtǒng	부 전부. 모두. 다.
1812	统治 tǒngzhì	동 통치하다. 몡 통치. **L5**
1813	投机 tóujī	형 견해가 일치하다.
1814	投票 tóupiào	동 투표하다.

1815	投诉 tóusù	동	호소하다. 고발하다. 신고하다. **N**
1816	投降 tóuxiáng	동	투항하다. 항복하다.
1817	投掷 tóuzhì	동	던지다. 투척하다.
1818	透露 tòulù	동	드러나다. 내비치다. 암시하다. **N**
1819	秃 tū	형	머리카락이 없다. 앙상하다.
1820	突破 tūpò	동	돌파하다. 극복하다.
1821	图案 tú'àn	명	도안.
1822	徒弟 túdì	명	제자.
1823	途径 tújìng	명	경로. 길. 방법.
1824	涂抹 túmǒ	동	칠하다. 바르다.
1825	土壤 tǔrǎng	명	토양. 흙.
1826	团结 tuánjié	동	단결하다. 뭉치다.
		형	우호적이다. 화목하다.
1827	团体 tuántǐ	명	단체. 집단.
1828	团圆 tuányuán	동	흩어졌다가 다시 모이다.
1829	推测 tuīcè	동	추측하다. 헤아리다.
1830	推翻 tuīfān	동	뒤집어엎다. 전복시키다.
1831	推理 tuīlǐ	명	추리.
		동	추리하다.
1832	推论 tuīlùn	동	추론하다.
1833	推销 tuīxiāo	동	판로를 확장하다. 판매하다.
1834	吞吞吐吐 tūntūn tǔtǔ	형	(말을) 얼버무리다. 우물쭈물하다. **N**
1835	托运 tuōyùn	동	탁송하다. 운송을 위탁하다.
1836	拖延 tuōyán	동	끌다. 지연하다. 연기하다.
1837	脱离 tuōlí	동	떠나다. 이탈하다.
1838	妥当 tuǒdang	형	타당하다. 알맞다. 적절하다.
1839	妥善 tuǒshàn	형	나무랄 데 없다. 알맞다.
1840	妥协 tuǒxié	동	타협하다. 타결되다.
1841	椭圆 tuǒyuán	명	타원. 타원형.
1842	唾弃 tuòqì	동	혐오하다. 경멸하다. 깔보다. **C**

新HSK6급 **W**

1843	挖掘 wājué	동	캐다. 파다.
1844	哇 wā	의성	엉엉. 앙앙.(우는 소리를 나타냄)
	wa	조	'啊'가 'u' 또는 'ao'로 끝나는 앞 음절의 영향을 받아 음이 변한 것.
1845	娃娃 wáwa	명	어린애. 인형.

1846	瓦解 wǎjiě	동 분열하다. 무너지다. 붕괴하다.
1847	歪曲 wāiqū	동 왜곡하다. 곡해하다.
1848	外表 wàibiǎo	명 겉모습. 외모.
1849	外行 wàiháng	명 문외한. 비전문가. 형 문외한이다. 비전문가이다.
1850	外界 wàijiè	명 외계. 외부.
1851	外向 wàixiàng	형 외향적이다.
1852	丸 wán	명 알. 환(丸).
1853	完备 wánbèi	형 모두 갖추다. 완비되어 있다.
1854	完毕 wánbì	동 끝내다. 마치다.
1855	玩弄 wánnòng	동 우롱하다. 희롱하다. 가지고 놀다.
1856	玩意儿 wányìr	명 물건. 사물. 완구. 장난감.
1857	顽固 wángù	형 완고하다. 고집스럽다.
1858	顽强 wánqiáng	형 완강하다. 억세다.
1859	挽回 wǎnhuí	동 만회하다. 돌이키다.
1860	挽救 wǎnjiù	동 구해내다. 구제하다.
1861	惋惜 wǎnxī	동 애석해하다. 안타까워하다.
1862	万分 wànfēn	부 대단히. 극히.
1863	往常 wǎngcháng	명 평소. 평상시.
1864	往事 wǎngshì	명 지난 일. 옛일.
1865	妄想 wàngxiǎng	동 망상하다. 공상하다. 명 망상. (실현될 수 없는) 계획.
1866	危机 wēijī	명 위기. 고비.
1867	威风 wēifēng	형 당당한. 위엄이 있는. 명 위엄. 위풍.
1868	威力 wēilì	명 위력.
1869	威望 wēiwàng	명 위세와 명망.
1870	威信 wēixìn	명 위신. 신망.
1871	微不足道 wēibù zúdào	성 하찮아서 말할(언급할) 가치도 없다.
1872	微观 wēiguān	형 미시의. 미시적이다.
1873	为难 wéinán	형 난처하다. 난감하다. 동 난처하게 하다.
1874	为期 wéiqī	동 기한으로 하다.
1875	违背 wéibèi	동 위반하다. 위배하다.
1876	唯独 wéidú	부 오직. 홀로.
1877	维持 wéichí	동 유지하다. 지키다.
1878	维护 wéihù	동 유지하고 보호하다. L5
1879	维生素 wéishēngsù	명 비타민.

1880	伪造 wěizào	동 위조하다. 날조하다.
1881	委托 wěituō	동 위탁하다. 의뢰하다. **L5**
1882	委员 wěiyuán	명 위원.
1883	卫星 wèixīng	명 위성.
1884	未免 wèimiǎn	부 ~을(를) 면할 수 없다.
1885	畏惧 wèijù	동 두려워하다. 무서워하다.
1886	喂 wèi	동 기르다. (동물에게) 먹이를 주다. **N**
1887	蔚蓝 wèilán	형 (맑은 하늘처럼) 짙푸른. 짙은 남색의. **N**
1888	慰问 wèiwèn	동 위문하다.
1889	温带 wēndài	명 온대. 온대지방.
1890	温和 wēnhé	형 온화하다. 부드럽다.
1891	文凭 wénpíng	명 졸업증서.
1892	文物 wénwù	명 문물.
1893	文献 wénxiàn	명 문헌.
1894	文雅 wényǎ	형 품위가 있다.
1895	文艺 wényì	명 문예. 문학과 예술.
1896	问世 wènshì	동 세상에 나오다. 출시되다.
1897	窝 wō	명 둥지. 둥우리. 은신처. 소굴.
1898	乌黑 wūhēi	형 새까맣다. 아주 검다.
1899	污蔑 wūmiè	동 모독하다. 중상하다.
1900	诬陷 wūxiàn	동 (사실을 날조하여) 모함하다.
1901	无比 wúbǐ	형 비할 바가 없다. 매우 뛰어나다.
1902	无偿 wúcháng	형 무상의.
1903	无耻 wúchǐ	형 염치없다. 뻔뻔스럽다.
1904	无动于衷 wúdòng yúzhōng	성 당연히 관심이 있어야 할 일에 전혀 무관심하다.
1905	无非 wúfēi	부 단지 ~할 뿐이다.
1906	无辜 wúgū	형 무고하다. 죄가 없다. **N**
1907	无精打采 wújīng dǎcǎi	성 맥이 풀리다. 기운이 없다.
1908	无赖 wúlài	명 무뢰한. 형 무뢰하다. 막돼먹다.
1909	无理取闹 wúlǐ qǔnào	성 아무런 까닭 없이 남과 다투다.
1910	无能为力 wúnéng wéilì	성 힘을 제대로 쓰지 못하다. 능력이 없다.
1911	无穷无尽 wúqióng wújìn	성 무궁무진하다.
1912	无微不至 wúwēi búzhì	성 배려하고 보살핌이 세심하고 주도면밀하다.

1913	无忧无虑 wúyōu wúlǜ	성 아무런 근심이 없다.
1914	无知 wúzhī	형 무지하다. 사리에 어둡다.
1915	武器 wǔqì	명 무기. **L5**
1916	武侠 wǔxiá	명 무협.
1917	武装 wǔzhuāng	동 무장하다. 명 군사력.
1918	侮辱 wǔrǔ	명 모욕. 동 모욕하다.
1919	舞蹈 wǔdǎo	명 무도. 무용.
1920	务必 wùbì	부 반드시. 꼭.
1921	物美价廉 wùměi jiàlián	성 상품의 질이 좋고 값도 저렴하다.
1922	物业 wùyè	명 (가옥 등의) 부동산. **N**
1923	物资 wùzī	명 물자.
1924	误差 wùchā	명 오차.
1925	误解 wùjiě	명 오해. 동 오해하다.

新HSK6급 X

1926	夕阳 xīyáng	명 석양.
1927	昔日 xīrì	명 옛날. 이전.
1928	牺牲 xīshēng	동 희생하다. 대가를 치르다.
1929	溪 xī	명 개울. 개천.
1930	熄灭 xīmiè	동 꺼지다. 소멸하다.
1931	膝盖 xīgài	명 무릎.
1932	习俗 xísú	명 풍속. 습속.
1933	袭击 xíjī	동 습격하다. 기습하다.
1934	媳妇 xífù	명 며느리.
1935	喜闻乐见 xǐwén lèjiàn	성 기쁜 마음으로 듣고 보다.
1936	喜悦 xǐyuè	형 기쁘다. 즐겁다.
1937	系列 xìliè	명 시리즈. 계열.
1938	细胞 xìbāo	명 세포.
1939	细菌 xìjūn	명 세균.
1940	细致 xìzhì	형 세밀하다. 정교하다.
1941	峡谷 xiágǔ	명 협곡.
1942	狭隘 xiá'ài	형 좁다.
1943	狭窄 xiázhǎi	형 비좁다. 협소하다.
1944	霞 xiá	명 노을.
1945	下属 xiàshǔ	명 부하. 하급관리.

#	단어	병음	품사	뜻
1946	先进	xiānjìn	형	선진의. 진보적인.
1947	先前	xiānqián	명	이전. 예전.
1948	纤维	xiānwéi	명	섬유.
1949	掀起	xiānqǐ	동	불러 일으키다. 들어올리다. 솟구치다.
1950	鲜明	xiānmíng	형	명확하다. 뚜렷하다. 선명하다.
1951	闲话	xiánhuà	명	잡담. 한담.
1952	贤惠	xiánhuì	형	(여자가) 품성이 곱다.
1953	弦	xián	명	현. 줄. 선. 활시위.
1954	衔接	xiánjiē	동	맞물리다. 이어지다.
1955	嫌	xián	동	싫어하다. 불만스럽게 생각하다.
1956	嫌疑	xiányí	명	혐의. 의심.
1957	显著	xiǎnzhù	형	현저하다. 뚜렷하다.
1958	现场	xiànchǎng	명	현장
1959	现成	xiànchéng	형	원래부터 있는. 이미 갖추어져 있는.
1960	现状	xiànzhuàng	명	현상. 현황.
1961	线索	xiànsuǒ	명	실마리. 단서.
1962	宪法	xiànfǎ	명	헌법.
1963	陷害	xiànhài	동	모함하다. 남을 해치다.
1964	陷阱	xiànjǐng	명	함정.
1965	陷入	xiànrù	동	빠지다. 떨어지다.
1966	馅儿	xiànr	명	소.(만두 등에 넣는 각종 재료)
1967	乡镇	xiāngzhèn	명	소도시. 지방도시.
1968	相差	xiāngchà	동	서로 차이가 나다.
1969	相等	xiāngděng	동	같다. 대등하다.
1970	相辅相成	xiāngfǔ xiāngchéng	성	서로 보완하고 도와서 일을 완성하다.
1971	相应	xiāngyìng	동	상응하다. 호응하다.
1972	镶嵌	xiāngqiàn	동	끼워 넣다. 박아 넣다.
1973	响亮	xiǎngliàng	형	(소리가) 크고 맑다. 우렁차다.
1974	响应	xiǎngyìng	동	호응하다. 응답하다.
1975	想方设法	xiǎngfāng shèfǎ	성	온갖 방법을 다 생각하다.
1976	向导	xiàngdǎo	명 동	가이드. 안내자. 길을 안내하다.
1977	向来	xiànglái	부	줄곧. 종래.
1978	向往	xiàngwǎng	동	갈망하다. 열망하다.

1979 巷 xiàng 　 명 골목.

1980 相声 xiàngsheng 　 명 만담. 재담. Ⓝ

1981 削 xiāo 　 동 깎다. 벗기다. Ⓝ

1982 消除 xiāochú 　 동 해소하다. 풀다. 없애다.

1983 消毒 xiāodú 　 동 소독하다.

1984 消防 xiāofáng 　 명 소방.

1985 消耗 xiāohào 　 동 소모하다. 소비하다.

1986 消灭 xiāomiè 　 동 없애다. 소멸시키다. Ⓛ5

1987 销毁 xiāohuǐ 　 동 소각하다.

1988 潇洒 xiāosǎ 　 형 멋스럽다. 대범하다. 시원스럽다. Ⓝ

1989 小心翼翼 xiǎoxīn yìyì 　 성 엄숙하고 경건하다. 매우 조심스럽다.

1990 肖像 xiàoxiàng 　 명 초상. 사진.

1991 效益 xiàoyì 　 명 효과와 이익. 성과.

1992 协会 xiéhuì 　 명 협회.

1993 协商 xiéshāng 　 동 협상하다. 협의하다.

1994 协调 xiétiáo 　 형 조화롭다. 동 조화롭게 하다. Ⓛ5

1995 协议 xiéyì 　 명 협의. 동 협의하다.

1996 协助 xiézhù 　 동 협조하다. 보조하다.

1997 携带 xiédài 　 동 휴대하다. 지니다.

1998 泄露 xièlòu 　 동 새다. 누설하다. 폭로하다.

1999 泄气 xièqì 　 동 자신감을 잃다. 기가 죽다.

2000 屑 xiè 　 명 부스러기. 찌꺼기. 형 자질구레하다. 동 ～할만한 가치가 있다고 여기다.

2001 谢绝 xièjué 　 동 사절하다.

2002 心得 xīndé 　 명 소감. 느낌. 체득.

2003 心甘情愿 xīngān qíngyuàn 　 성 기꺼이 원하다. Ⓒ

2004 心灵 xīnlíng 　 명 심령. 마음.

2005 心态 xīntài 　 명 심리 상태.

2006 心疼 xīnténg 　 동 몹시 아끼다. 아까워하다. 애석해하다.

2007 心血 xīnxuè 　 명 심혈.

2008 心眼儿 xīnyǎnr 　 명 내심. 마음속. 마음씨.

2009 辛勤 xīnqín 　 형 부지런하다. 근면하다.

2010 欣慰 xīnwèi 　 형 기쁘고 안심이 되다.

2011 欣欣向荣 xīnxīn xiàngróng 　 성 활기차게 발전하다. 번영하다.

2012	新陈代谢 xīnchén dàixiè	몡 신진대사.
2013	新郎 xīnláng	몡 신랑.
2014	新娘 xīnniáng	몡 신부.
2015	新颖 xīnyǐng	혱 새롭다. 신선하다.
2016	薪水 xīnshui	몡 봉급. 임금.
2017	信赖 xìnlài	동 신뢰하다. 신임하다.
2018	信念 xìnniàn	몡 신념. 믿음.
2019	信仰 xìnyǎng	몡 신앙.
2020	信誉 xìnyù	몡 신망. 신용.
2021	兴隆 xīnglóng	혱 창성하다. 흥성하다.
2022	兴旺 xīngwàng	혱 창성하다. 번창하다.
2023	腥 xīng	혱 비린내가 나다.
2024	刑事 xíngshì	몡 형사.
2025	行政 xíngzhèng	몡 행정.
2026	形态 xíngtài	몡 형태.
2027	兴高采烈 xìnggāo cǎiliè	성 매우 기쁘다.
2028	兴致勃勃 xìngzhì bóbó	성 흥미진진하다.

2029	性感 xìnggǎn	혱 섹시하다.
2030	性命 xìngmìng	몡 목숨. 생명.
2031	性能 xìngnéng	몡 성능.
2032	凶恶 xiōng'è	혱 흉악하다.
2033	凶手 xiōngshǒu	몡 살인범. 살인자.
2034	汹涌 xiōngyǒng	혱 물이 용솟음치다. N
2035	胸怀 xiōnghuái	몡 마음. 심정. 도량. 포부. 가슴. 흉부.
2036	胸膛 xiōngtáng	몡 가슴. 흉부.
2037	雄厚 xiónghòu	혱 풍부하다. 충분하다.
2038	雄伟 xióngwěi	혱 웅장하다. L5
2039	修复 xiūfù	동 수리하여 복원하다.
2040	修建 xiūjiàn	동 건축하다. 건설하다.
2041	修养 xiūyǎng	동 수양하다. 교양이나 학식을 쌓다. N
2042	羞耻 xiūchǐ	혱 수줍다. 부끄럽다.
2043	绣 xiù	동 수놓다. 자수하다.
2044	嗅觉 xiùjué	몡 후각. 분별력. 감각.
2045	须知 xūzhī	몡 주의사항. 규정.

2046	虚假 xūjiǎ	혱 거짓의. 허위의.
2047	虚荣 xūróng	몡 허영. 헛된 영화.
2048	虚伪 xūwěi	혱 허위의. 거짓의.
2049	需求 xūqiú	몡 수요. 필요.
2050	许可 xǔkě	됨 허가하다. 승낙하다.
2051	序言 xùyán	몡 서문.
2052	畜牧 xùmù	됨 축산하다. 목축하다.
2053	酗酒 xùjiǔ	됨 주정하다. 취해서 함부로 행동하다.
2054	宣誓 xuānshì	됨 선서하다.
2055	宣扬 xuānyáng	됨 선양하다. 널리 알리다.
2056	喧哗 xuānhuá	혱 떠들썩하다. 요란하다. 시끄럽다. N
2057	悬挂 xuánguà	됨 걸다. 매달다.
2058	悬念 xuánniàn	몡 서스펜스. 됨 염려하다.
2059	悬殊 xuánshū	혱 차이가 크다. 동떨어져 있다. N
2060	悬崖峭壁 xuányá qiàobì	성 깎아지른 듯한 절벽.
2061	旋律 xuánlǜ	몡 선율. 멜로디.
2062	旋转 xuánzhuǎn	됨 돌다. 회전하다.
2063	选拔 xuǎnbá	됨 선발하다.
2064	选举 xuǎnjǔ	됨 선거하다. L5
2065	选手 xuǎnshǒu	몡 선수.
2066	炫耀 xuànyào	됨 밝게 비추다. 자랑하다. 과시하다. N
2067	削弱 xuēruò	됨 약화시키다. 약해지다.
2068	学说 xuéshuō	몡 학설.
2069	学位 xuéwèi	몡 학위.
2070	雪上加霜 xuěshàng jiāshuāng	성 설상가상. 엎친 데 덮치다.
2071	血压 xuèyā	몡 혈압.
2072	熏陶 xūntáo	몡 영향. 훈도. 됨 훈도하다.
2073	寻觅 xúnmì	됨 찾다.
2074	巡逻 xúnluó	됨 순찰하다. 순시하다.
2075	循环 xúnhuán	됨 순환하다.
2076	循序渐进 xúnxù jiànjìn	성 순차적으로 진행하다.

2077	压迫 yāpò	동 억압하다.
2078	压岁钱 yāsuìqián	명 세뱃돈.
2079	压缩 yāsuō	동 압축하다. 축소하다.
2080	压抑 yāyì	형 답답하다. 억압하다.
2081	压榨 yāzhà	동 압착하다. 착취하다.
2082	压制 yāzhì	동 억제하다. 제지하다.
2083	鸦雀无声 yāquè wúshēng	성 매우 고요하다. 쥐 죽은 듯이 조용하다. N
2084	亚军 yàjūn	명 제2위. 준우승.
2085	烟花爆竹 yānhuā bàozhú	명 불꽃놀이. 폭죽.
2086	淹没 yānmò	동 잠기다. 수몰되다.
2087	延期 yánqī	동 연장하다. 늘리다.
2088	延伸 yánshēn	동 펴다. 늘이다.
2089	延续 yánxù	동 계속하다. 지속하다.
2090	严寒 yánhán	형 추위가 심하다. 아주 춥다.
2091	严禁 yánjìn	동 엄금하다.
2092	严峻 yánjùn	형 중대하다. 심각하다. 엄숙하다.
2093	严厉 yánlì	형 매섭다. 호되다.
2094	严密 yánmì	형 빈틈없다. 긴밀하다.
2095	言论 yánlùn	명 언론. 의견.
2096	岩石 yánshí	명 암석. 바위.
2097	炎热 yánrè	형 무덥다. 찌는 듯하다.
2098	沿海 yánhǎi	명 연해. 바닷가 근처 지방.
2099	掩盖 yǎngài	동 위에서 덮어 씌우다. 감추다. 숨기다.
2100	掩护 yǎnhù	동 엄호하다. 몰래 보호하다.
2101	掩饰 yǎnshì	동 덮어 숨기다. 감추다.
2102	眼光 yǎnguāng	명 안목. 식견. 시선. 눈길.
2103	眼色 yǎnsè	명 윙크. 눈짓. 눈치.
2104	眼神 yǎnshén	명 눈빛. 눈의 표정.
2105	演变 yǎnbiàn	동 변화 발전하다.
2106	演习 yǎnxí	동 훈련하다. 연습하다.
2107	演绎 yǎnyì	동 벌여 놓다.
2108	演奏 yǎnzòu	동 연주하다.
2109	厌恶 yànwù	동 혐오하다.
2110	验收 yànshōu	동 검수하다.

2111	验证 yànzhèng	동 검증하다.
2112	氧气 yǎngqì	명 산소.
2113	样品 yàngpǐn	명 샘플. 견본.
2114	谣言 yáoyán	명 유언비어. 헛소문. 뜬소문.
2115	摇摆 yáobǎi	동 흔들거리다. 동요되다.
2116	摇滚 yáogǔn	명 로큰롤.
2117	遥控 yáokòng	동 원격조종하다.
2118	遥远 yáoyuǎn	형 요원하다. 아득히 멀다.
2119	要点 yàodiǎn	명 요점. 요지. 거점.
2120	要命 yàomìng	부 엄청. 아주. 동 귀찮아 죽겠다.
2121	要素 yàosù	명 요소.
2122	耀眼 yáoyǎn	명 (광선이나 색채가 강렬하여) 눈부시다.
2123	野蛮 yěmán	형 야만적이다. 미개하다. 잔인하다.
2124	野心 yěxīn	명 야심.
2125	液体 yètǐ	명 액체. L5
2126	一度 yídù	부 한때. 한동안. 명 한 번. 한 차례.
2127	一帆风顺 yìfān fēngshùn	성 일이 순조롭게 진행되다.
2128	一贯 yíguàn	형 한결같다. 일관되다.
2129	一举两得 yìjǔ liǎngdé	성 일거양득. 일석이조.
2130	一流 yīliú	형 최상급의. 일류의.
2131	一目了然 yímù liǎorán	성 일목요연하다.
2132	一如既往 yìrú jìwǎng	성 지난날과 다름없다.
2133	一丝不苟 yìsī bùgǒu	성 조금도 소홀히 하지 않다.
2134	一向 yíxiàng	부 줄곧. 종래.
2135	衣裳 yīshang	명 의상. 의복.
2136	依旧 yījiù	부 여전히.
2137	依据 yījù	동 의거하다. 근거하다. 명 근거.
2138	依靠 yīkào	동 의존하다.
2139	依赖 yīlài	동 의존하다.
2140	依托 yītuō	동 의지하다. 기대다.
2141	仪器 yíqì	명 측정기구.
2142	仪式 yíshì	명 의식.
2143	遗产 yíchǎn	명 유산.

2144	遗传 yíchuán	동 유전하다.
2145	遗留 yíliú	동 남겨 놓다. 남아 있다.
2146	遗失 yíshī	동 유실하다. 잃어버리다.
2147	疑惑 yíhuò	동 의심하다. 의심을 품다.
2148	以便 yǐbiàn	접 ~하기 위하여.
2149	以免 yǐmiǎn	접 ~하지 않도록.
2150	以往 yǐwǎng	명 종전. 이전.
2151	以至 yǐzhì	접 ~에 이르기까지. ~에까지.
2152	以致 yǐzhì	접 ~이 되다. ~을 초래하다.
2153	亦 yì	부 ~도 역시. 또한.
2154	异常 yìcháng	형 심상치 않다. 이상하다.
2155	意料 yìliào	동 예상하다. 예측하다.
2156	意识 yìshí	명 의식.
2157	意图 yìtú	명 의도. 기도.
2158	意味着 yìwèizhe	동 의미하다. 뜻하다.
2159	意向 yìxiàng	명 의향. 의도. 의사.
2160	意志 yìzhì	명 의지.
2161	毅力 yìlì	명 굳센 의지. 끈기.
2162	毅然 yìrán	부 의연히. 결연히.
2163	翼 yì	명 날개. 깃.
2164	阴谋 yīnmóu	명 음모. 동 음모를 꾸미다.
2165	音响 yīnxiǎng	명 음향.
2166	引导 yǐndǎo	동 인도하다. 지도하다.
2167	引擎 yǐnqíng	명 엔진.
2168	引用 yǐnyòng	동 인용하다.
2169	饮食 yǐnshí	명 음식.
2170	隐蔽 yǐnbì	동 은폐하다. 가리다.
2171	隐患 yǐnhuàn	명 잠복해 있는 병.
2172	隐瞒 yǐnmán	동 숨기다. 속이다.
2173	隐私 yǐnsī	명 사적인 비밀.
2174	隐约 yǐnyuē	형 희미하다. 흐릿하다.
2175	英明 yīngmíng	형 현명하다. 뛰어나게 슬기롭고 총명하다.
2176	英勇 yīngyǒng	형 용맹하다. 용감하다.
2177	婴儿 yīng'ér	명 영아. 젖먹이. 갓난아기.
2178	迎面 yíngmiàn	명 맞은편. 부 정면으로.

2179	盈利 yínglì	명	이윤. 이익.
2180	应酬 yìngchou	동	응대하다. 접대하다.
2181	应邀 yìngyāo	동	초청에 응하다.
2182	拥护 yōnghù	동	옹호하다. 지지하다.
2183	拥有 yōngyǒu	동	보유하다. 소유하다.
2184	庸俗 yōngsú	형	범속하다. 비속하다.
2185	永恒 yǒnghéng	형	영원히 변하지 않다.
2186	勇于 yǒngyú	동	용감하게 ~하다.
2187	涌现 yǒngxiàn	동	한꺼번에 나타나다. 대량으로 생겨나다.
2188	踊跃 yǒngyuè	형	열렬하다. 활기차다. 적극적이다.
		동	펄쩍 뛰어오르다.
2189	用户 yònghù	명	사용자. 가입자.
2190	优胜劣汰 yōushèng liètài	성	우수한 것은 살아남고, 나쁜 것은 도태하다.
2191	优先 yōuxiān	동	우선하다.
		부	우선적으로.
2192	优异 yōuyì	형	특히 우수하다.
2193	优越 yōuyuè	형	우월하다. 우량하다.
2194	忧郁 yōuyù	형	우울하다. 침울하다.
2195	犹如 yóurú	동	마치 ~와[과] 같다.

2196	油腻 yóunì	형	기름지다. 느끼하다.
2197	油漆 yóuqī	명	페인트.
		동	(페인트 등을) 칠하다.
2198	有条不紊 yǒutiáo bùwěn	성	조리 있고 질서 정연하다.
2199	幼稚 yòuzhì	형	유치하다. 수준이 낮다.
2200	诱惑 yòuhuò	동	끌어들이다. 유도하다. 유혹하다.
2201	渔民 yúmín	명	어민.
2202	愚蠢 yúchǔn	형	우둔하다. 어리석다.
2203	愚昧 yúmèi	형	우매하다.
2204	舆论 yúlùn	명	여론.
2205	与日俱增 yǔrì jùzēng	성	날이 갈수록 많아지다. 날로 번창하다.
2206	宇宙 yǔzhòu	명	우주. **L5**
2207	羽绒服 yǔróngfú	명	다운재킷
2208	玉 yù	명	옥. **C**
2209	预料 yùliào	동	예상하다.
		명	예상. 예측.
2210	预期 yùqī	동	예기하다. 미리 기대하다.
2211	预算 yùsuàn	명	예산.
		동	예산하다.

2212	预先 yùxiān	부 사전에. 미리.
2213	预言 yùyán	동 예언하다.
2214	预兆 yùzhào	동 조짐을 보이다. 명 전조. 징조.
2215	欲望 yùwàng	명 욕망.
2216	寓言 yùyán	명 우언. 우화.
2217	愈 yù	부 ~하면 ~할수록 ~하다.
2218	冤枉 yuānwang	형 억울하다. 동 억울한 누명을 씌우다.
2219	元首 yuánshǒu	명 국가 원수.
2220	元素 yuánsù	명 요소. 원소.
2221	元宵节 Yuánxiāo Jié	명 정월 대보름.
2222	园林 yuánlín	명 정원. 조경 풍치림.
2223	原告 yuángào	명 원고.
2224	原理 yuánlǐ	명 원리.
2225	原始 yuánshǐ	형 원시의. 최초의.
2226	原先 yuánxiān	명 종전. 이전.
2227	圆满 yuánmǎn	형 원만하다.
2228	缘故 yuángù	명 연고. 원인. **L5**

2229	源泉 yuánquán	명 원천. 근원.
2230	约束 yuēshù	동 단속하다. 규제하다.
2231	乐谱 yuèpǔ	명 악보.
2232	岳母 yuèmǔ	명 장모. **C**
2233	孕育 yùnyù	동 내포하다. 낳아 기르다. 생육하다.
2234	运算 yùnsuàn	동 연산하다.
2235	运行 yùnxíng	동 운행하다.
2236	酝酿 yùnniàng	동 사전에 미리 준비하다. 술을 빚다.
2237	蕴藏 yùncáng	동 잠재하다. 매장되다.
2238	熨 yùn	동 다리다. 다림질하다.

2239	杂技 zájì	명 잡기. 곡예.
2240	杂交 zájiāo	동 교잡하다. 교배하다.
2241	砸 zá	동 찧다. 박다. 깨뜨리다.
2242	咋 zǎ	대 어째서. 어떻게.
2243	灾难 zāinàn	명 재난. 재해.

2244	栽培 zāipéi	동	배양하다. 재배하다.
2245	宰 zǎi	동	죽이다. 도살하다.
2246	再接再厉 zàijiē zàilì	성	더욱더 힘쓰다.
2247	在意 zàiyì	동	마음에 두다.
2248	攒 zǎn	동	쌓다. 모으다.
2249	暂且 zànqiě	부	잠시. 잠깐.
2250	赞叹 zàntàn	동	찬탄하다.
2251	赞助 zànzhù	동	찬조하다. 지지하다.
2252	遭受 zāoshòu	동	입다. 당하다.
2253	遭殃 zāoyāng	동	재난을 입다. 재앙을 당하다.
2254	遭遇 zāoyù	동	(불행한 일 등을) 만나다.
2255	糟蹋 zāotà	동	낭비하다. 짓밟다.
2256	造型 zàoxíng	명	조형. 이미지. 형상.
		동	형상화하다.
2257	噪音 zàoyīn	명	소음.
2258	责怪 zéguài	동	원망하다. 나무라다.
2259	贼 zéi	명	도둑. 도적.
2260	增添 zēngtiān	동	더하다. 늘리다.
2261	赠送 zèngsòng	동	증정하다. 주다.
2262	扎 zhā	동	찌르다.
2263	扎实 zhāshi	형	견실하다. 견고하다.
2264	渣 zhā	명	찌꺼기. 침전물.
2265	眨 zhǎ	동	깜박거리다. 깜짝이다.
2266	诈骗 zhàpiàn	동	속이다. 갈취하다.
2267	摘要 zhāiyào	명	적요. 개요.
		동	적요하다.
2268	债券 zhàiquàn	명	채권.
2269	沾光 zhānguāng	동	득을 보다. 덕을 보다.
2270	瞻仰 zhānyǎng	동	우러러보다.
2271	斩钉截铁 zhǎndīng jiétiě	성	맺고 끊다. 과단성이 있고 머뭇거리지 않다.
2272	展示 zhǎnshì	동	전시하다. 드러내다.
2273	展望 zhǎnwàng	동	먼 곳을 보다. 전망하다.
2274	展现 zhǎnxiàn	동	드러내다. 나타나다.
2275	崭新 zhǎnxīn	형	참신하다. 아주 새롭다.
2276	占据 zhànjù	동	점거하다. 점유하다.
2277	占领 zhànlǐng	동	점령하다.

2278	战斗 zhàndòu	몡 전투. 동 전투하다. 싸우다.
2279	战略 zhànlüè	몡 전략.
2280	战术 zhànshù	혱 전술의. 전술적인. 몡 전술.
2281	战役 zhànyì	몡 전역. 전투.
2282	章程 zhāngchéng	몡 장정. 규정. 조례.
2283	帐篷 zhàngpeng	몡 장막. 천막. 텐트.
2284	障碍 zhàng'ài	몡 장애물. 방해물. 동 방해하다.
2285	招标 zhāobiāo	동 입찰하다. ⓒ
2286	招收 zhāoshōu	동 모집하다.
2287	朝气蓬勃 zhāoqì péngbó	성 생기가 넘쳐흐르다.
2288	着迷 zháomí	동 몰두하다. 사로잡히다.
2289	沼泽 zhǎozé	몡 늪. 습지.
2290	照样 zhàoyàng	부 여전히. 변함없이. 동 양식에 따라 쓰다.
2291	照耀 zhàoyào	동 밝게 비추다.
2292	折腾 zhēteng	동 고통스럽게 하다.
2293	遮挡 zhēdǎng	동 막다. 차단하다.

2294	折 zhé	동 꺾다. 끊다.
2295	折磨 zhémó	동 고통스럽게 하다. 괴롭히다.
2296	侦探 zhēntàn	몡 탐정. 스파이. 간첩. 동 정담하다.
2297	珍贵 zhēnguì	혱 진귀하다. 귀중하다.
2298	珍稀 zhēnxī	혱 진귀하고 드물다.
2299	珍珠 zhēnzhū	몡 진주.
2300	真理 zhēnlǐ	몡 진리. L5
2301	真相 zhēnxiàng	몡 진상. 실상.
2302	真挚 zhēnzhì	혱 성실하다. 참되다.
2303	斟酌 zhēnzhuó	동 다듬다. 헤아리다. 짐작하다.
2304	枕头 zhěntou	몡 베게. L5
2305	阵地 zhèndì	몡 진지. 일선.
2306	阵容 zhènróng	몡 진용. 라인업.
2307	振奋 zhènfèn	혱 분기하다. 진작시키다.
2308	振兴 zhènxīng	동 진흥시키다.
2309	震撼 zhènhàn	동 진동시키다. 뒤흔들다. Ⓝ
2310	震惊 zhènjīng	혱 깜짝 놀라게 하다. 경악하게 하다.

2311	镇定 zhèndìng	형 차분하다. 태연하다.
2312	镇静 zhènjìng	형 냉정하다. 침착하다.
2313	正月 zhēngyuè	명 정월. 음력 1월.
2314	争端 zhēngduān	명 분쟁의 실마리. 싸움의 발단.
2315	争夺 zhēngduó	동 쟁탈하다. 다투다.
2316	争气 zhēngqì	동 잘하려고 애쓰다. 지지 않으려고 애쓰다.
2317	争先恐后 zhēngxiān kǒnghòu	성 뒤질세라 앞을 다투다.
2318	争议 zhēngyì	동 쟁의하다.
2319	征服 zhēngfú	동 정복하다.
2320	征收 zhēngshōu	동 징수하다.
2321	挣扎 zhēngzhá	동 발버둥치다.
2322	蒸发 zhēngfā	동 증발하다.
2323	整顿 zhěngdùn	동 정돈하다. 바로잡다.
2324	正当 zhèngdāng	동 마침 ~에 처하다.
2325	正负 zhèngfù	명 플러스 마이너스.
2326	正规 zhèngguī	형 정규의. 표준의.
2327	正经 zhèngjing	형 정직하다. 곧다. 정당하다.
2328	正气 zhèngqì	명 공명정대한 태도.
2329	正义 zhèngyì	명 정의.
2330	正宗 zhèngzōng	형 정통의. 진정한. N
2331	证实 zhèngshí	동 실증하다. 사실을 증명하다.
2332	证书 zhèngshū	명 증서. 증명서.
2333	郑重 zhèngzhòng	형 정중하다.
2334	政策 zhèngcè	명 정책. L5
2335	政权 zhèngquán	명 정권.
2336	症状 zhèngzhuàng	명 증상. 증후.
2337	之际 zhījì	명 (일이 발생한) 때. 즈음. N
2338	支撑 zhīchēng	동 버티다. 지탱하다.
2339	支出 zhīchū	동 지출하다. 명 지출.
2340	支流 zhīliú	명 지류.
2341	支配 zhīpèi	동 안배하다. 분배하다. 지배하다.
2342	支援 zhīyuán	명 지원. 지지. 동 지원하다. 지지하다.

2343	支柱 zhīzhù	명 지주. 받침대.
2344	枝 zhī	양 가지.(가늘고 긴 물건을 셀 때 쓰임)
2345	知觉 zhījué	명 지각. 감각.
2346	知足常乐 zhīzú chánglè	성 만족할 줄 알면 즐겁다.
2347	脂肪 zhīfáng	명 지방.
2348	执行 zhíxíng	동 집행하다. 수행하다. **L5**
2349	执着 zhízhuó	형 집착하다. 고집스럽다. **N**
2350	直播 zhíbō	동 생방송을 하다.
2351	直径 zhíjìng	명 직경. 지름. **N**
2352	侄子 zhízi	명 조카. **N**
2353	值班 zhíbān	동 당번이 되다. 당직을 맡다.
2354	职能 zhínéng	명 직능. 직책과 기능.
2355	职位 zhíwèi	명 직위.
2356	职务 zhíwù	명 직무.
2357	殖民地 zhímíndì	명 식민지.
2358	指标 zhǐbiāo	명 목표. 지표. 수치.
2359	指定 zhǐdìng	동 지정하다. 확정하다.

2360	指甲 zhǐjia	명 손톱.
2361	指令 zhǐlìng	명 지령. 동 지시하다. 명령하다.
2362	指南针 zhǐnánzhēn	명 나침반. 지침.
2363	指示 zhǐshì	동 가리키다. 지시하다. 명 명령. 지시.
2364	指望 zhǐwàng	동 기대하다. 바라다. 명 기대. 가망. 희망.
2365	指责 zhǐzé	동 지적하다. 비난하다.
2366	志气 zhìqì	명 패기. 기개.
2367	制裁 zhìcái	동 제재하다.
2368	制服 zhìfú	명 제복.
2369	制约 zhìyuē	동 제약하다.
2370	制止 zhìzhǐ	동 제지하다. 저지하다.
2371	治安 zhì'ān	명 치안.
2372	治理 zhìlǐ	동 다스리다. 정비하다. 치수하다.
2373	致辞 zhìcí	동 인사말을 하다. 축사를 하다.
2374	致力 zhìlì	동 진력하다. 애쓰다. 힘쓰다. **C**
2375	致使 zhìshǐ	동 ~를 초래하다.

2376	智力 zhìlì	똉 지력. 지능.
2377	智能 zhìnéng	똉 지능.
2378	智商 zhìshāng	똉 지능지수.
2379	滞留 zhìliú	똉 ～에 머물다. 체류하다.
2380	中断 zhōngduàn	똉 중단하다. 중단되다.
2381	中立 zhōnglì	똉 중립. 똉 중립을 지키다.
2382	中央 zhōngyāng	똉 중앙. 정부의 최고 기관.
2383	忠诚 zhōngchéng	똉 충성하다. 충실하다.
2384	忠实 zhōngshí	똉 충실하다. 진실하다.
2385	终点 zhōngdiǎn	똉 종착점. 종점.
2386	终究 zhōngjiū	똉 결국. 어쨌든.
2387	终身 zhōngshēn	똉 평생. 종신.
2388	终止 zhōngzhǐ	똉 마치다. 정지하다.
2389	衷心 zhōngxīn	똉 충심의. 진심인.
2390	肿瘤 zhǒngliú	똉 종양.
2391	种子 zhǒngzi	똉 종자. 열매.
2392	种族 zhǒngzú	똉 종족. 인종.
2393	众所周知 zhòngsuǒzhōuzhī	똉 모든 사람이 다 알고 있다.
2394	种植 zhòngzhí	똉 재배하다. 씨를 뿌리고 묘목을 심다. N
2395	重心 zhòngxīn	똉 중심. 무게 중심. 핵심.
2396	舟 zhōu	똉 배.
2397	州 zhōu	똉 주. 자치 주.
2398	周边 zhōubiān	똉 주변. 주위.
2399	周密 zhōumì	똉 조밀하다. 꼼꼼하다.
2400	周年 zhōunián	똉 주년.
2401	周期 zhōuqī	똉 주기.
2402	周折 zhōuzhé	똉 우여곡절.
2403	周转 zhōuzhuǎn	똉 융통하다. 회전시키다. 돌리다.
2404	粥 zhōu	똉 죽.
2405	昼夜 zhòuyè	똉 낮과 밤.
2406	皱纹 zhòuwén	똉 주름.
2407	株 zhū	똉 그루.(나무를 세는 단위)
2408	诸位 zhūwèi	똉 제위. 여러분.

2409	逐年 zhúnián	閉 해마다. 매년.	
2410	主办 zhǔbàn	동 주최하다.	
2411	主导 zhǔdǎo	명 주도. 주도적인 것. 동 주도하다. 형 주도의. 주도적인.	
2412	主管 zhǔguǎn	동 주관하다. 명 책임자. 주관자.	
2413	主流 zhǔliú	명 주류. 주된 추세.	
2414	主权 zhǔquán	명 주권.	
2415	主义 zhǔyì	명 주의.	N
2416	拄 zhǔ	동 짚다. 몸을 지탱하다.	
2417	嘱咐 zhǔfù	동 분부하다. 당부하다.	L5
2418	助理 zhùlǐ	형 보조하다. 명 비서. 보조원.	
2419	助手 zhùshǒu	명 비서. 보조. 조수.	
2420	住宅 zhùzhái	명 주택.	
2421	注射 zhùshè	동 주사하다.	
2422	注视 zhùshì	동 주시하다. 지켜보다.	
2423	注释 zhùshì	동 주석하다. 명 주석.	
2424	注重 zhùzhòng	동 중시하다.	
2425	驻扎 zhùzhā	동 주둔하다. 주재하다.	
2426	著作 zhùzuò	명 저서. 저작. 동 저작하다.	
2427	铸造 zhùzào	동 주조하다.	
2428	拽 zhuài	동 잡아당기다. 끌다.	
2429	专长 zhuāncháng	명 특기. 특수 기능.	
2430	专程 zhuānchéng	閉 특별히.	
2431	专利 zhuānlì	명 특허권.	
2432	专题 zhuāntí	명 특별한 주제. 특정한 테마.	
2433	砖 zhuān	명 벽돌.	C
2434	转达 zhuǎndá	동 전달하다. 전하다.	
2435	转让 zhuǎnràng	동 양도하다. 넘겨주다.	
2436	转移 zhuǎnyí	동 이동하다. 옮기다.	
2437	转折 zhuǎnzhé	동 방향이 바뀌다. 전환하다.	
2438	传记 zhuànjì	명 전기.	
2439	庄稼 zhuāngjia	명 작물. 농작물.	N
2440	庄严 zhuāngyán	형 장엄하다. 엄숙하다.	
2441	庄重 zhuāngzhòng	형 장중하다.	

2442	装备 zhuāngbèi	명 장비. 설비. 동 탑재하다. 장치하다.
2443	装卸 zhuāngxiè	동 하역하다. 조립하고 해체하다.
2444	壮观 zhuàngguān	형 장관이다.
2445	壮丽 zhuànglì	형 웅장하고 아름답다.
2446	壮烈 zhuàngliè	형 장렬하다.
2447	幢 zhuàng	양 동. 채.(건물을 셀 때 쓰임)
2448	追悼 zhuīdào	동 추도하다. 추모하다.
2449	追究 zhuījiū	동 추궁하다. 따지다. 규명하다.
2450	坠 zhuì	동 떨어지다. 추락하다. 매달리다. ⓝ
2451	准则 zhǔnzé	명 준칙. 규범.
2452	卓越 zhuóyuè	형 탁월하다. 출중하다.
2453	着手 zhuóshǒu	동 착수하다.
2454	着想 zhuóxiǎng	동 생각하다. 고려하다.
2455	着重 zhuózhòng	동 치중하다. 강조하다.
2456	琢磨 zhuómó	동 탁마하다. 다듬다.
2457	姿态 zītài	명 자태. 모습. 자세.
2458	资本 zīběn	명 자본. 자금. 밑천.
2459	资产 zīchǎn	명 자산. 재산.
2460	资深 zīshēn	형 경력이 오래된. 베테랑의.
2461	资助 zīzhù	동 (경제적으로) 돕다.
2462	滋润 zīrùn	형 습윤하다. 촉촉하다. 동 촉촉하게 적시다. 축이다. ⓒ
2463	滋味 zīwèi	명 맛. 기분. 심정.
2464	子弹 zǐdàn	명 총알.
2465	自卑 zìbēi	형 스스로 남보다 못하다고 느끼다.
2466	自发 zìfā	형 자발적인.
2467	自力更生 zìlì gēngshēng	성 자력갱생하다.
2468	自满 zìmǎn	형 자만하다.
2469	自主 zìzhǔ	동 자주적이다.
2470	宗教 zōngjiào	명 종교. ⓛ5
2471	宗旨 zōngzhǐ	명 취지. 목적.
2472	棕色 zōngsè	명 갈색. 다갈색.
2473	踪迹 zōngjì	명 종적. 자취.
2474	总而言之 zǒng'ér yánzhī	성 총괄적으로 말하면.

2475	总和 zǒnghé	몡 총체. 총계.
2476	纵横 zònghéng	혱 종횡의. 가로세로.
2477	走廊 zǒuláng	몡 복도. 회랑.
2478	走漏 zǒulòu	동 누설하다.
2479	走私 zǒusī	동 밀수하다.
2480	揍 zòu	동 때리다. 치다.
2481	租赁 zūlìn	동 임차하다. 빌리다.
2482	足以 zúyǐ	부 충분히[족히] ~할 수 있다.
2483	阻碍 zǔ'ài	동 방해하다. 가로막다.
2484	阻拦 zǔlán	동 저지하다. 막다.
2485	阻挠 zǔnáo	동 가로막다. 차단하다.
2486	祖父 zǔfù	몡 조부. 할아버지.
2487	祖国 zǔguó	몡 조국. **L5**
2488	祖先 zǔxiān	몡 선조. 조상. **L5**
2489	钻研 zuānyán	동 깊이 연구하다.
2490	钻石 zuànshí	몡 금강석. 다이아몬드.
2491	嘴唇 zuǐchún	몡 입술.
2492	罪犯 zuìfàn	몡 범인. 죄인. **L5**
2493	尊严 zūnyán	몡 존엄. 존엄성. / 혱 존엄하다.
2494	遵循 zūnxún	동 따르다.
2495	作弊 zuòbì	동 법이나 규정을 어기다. 부정 행위를 하다.
2496	作废 zuòfèi	동 폐기하다.
2497	作风 zuòfēng	몡 기풍. 풍격. 태도.
2498	作息 zuòxī	동 일하고 휴식하다.
2499	座右铭 zuòyòumíng	몡 좌우명.
2500	做主 zuòzhǔ	동 주인이 되다. 주관하다.

MEMO
MEMO

첫걸음 베스트 1위!

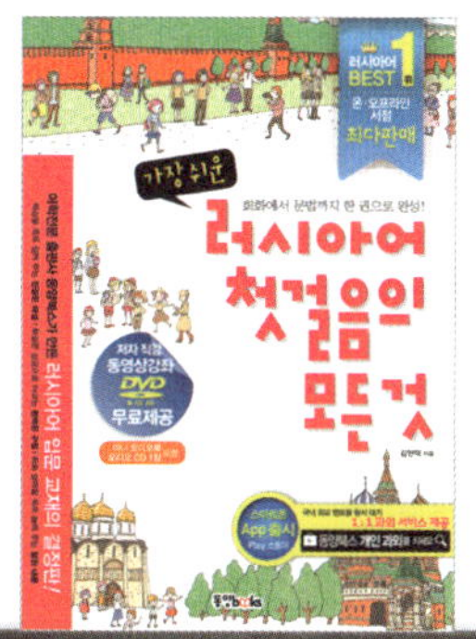

가장 쉬운
러시아어 첫걸음의 모든 것
16,000원

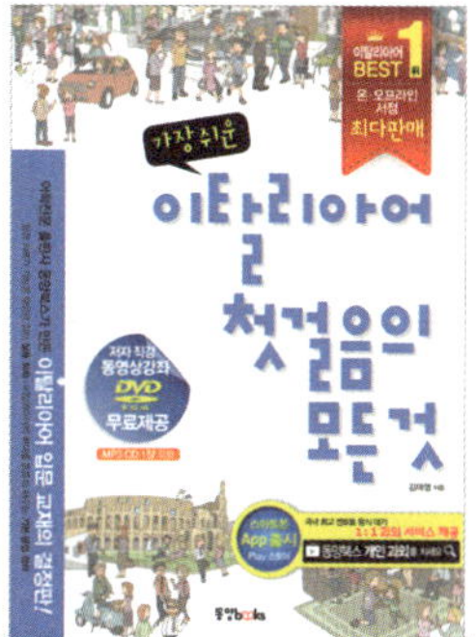

가장 쉬운
이탈리아어 첫걸음의 모든 것
17,500원

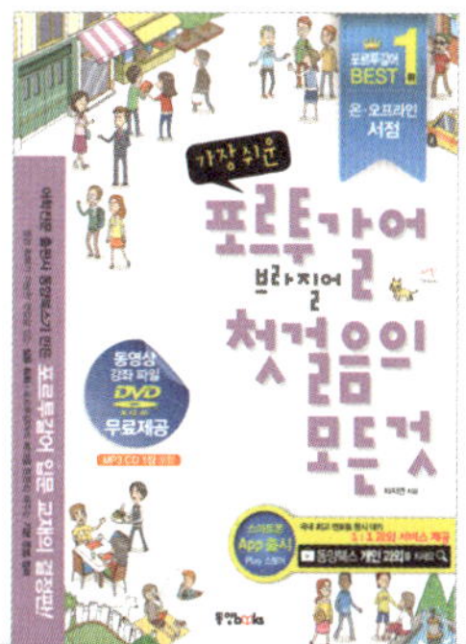

가장 쉬운
포르투갈어 첫걸음의 모든 것
18,000원

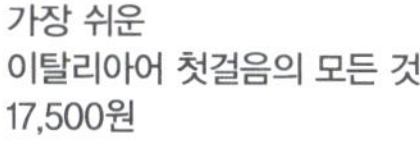

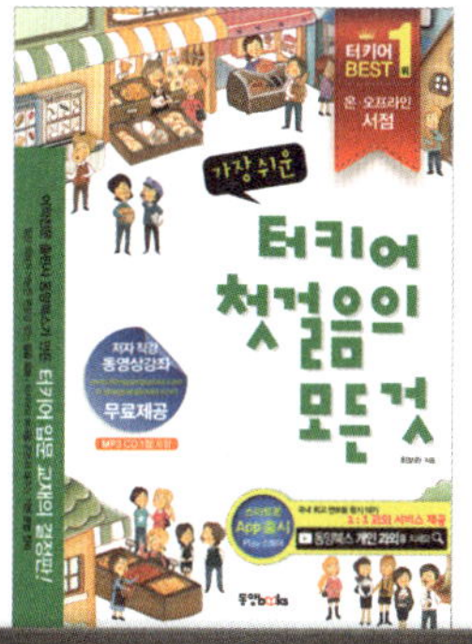

가장 쉬운
터키어 첫걸음의 모든 것
16,500원

버전업! 가장 쉬운
아랍어 첫걸음
18,500원

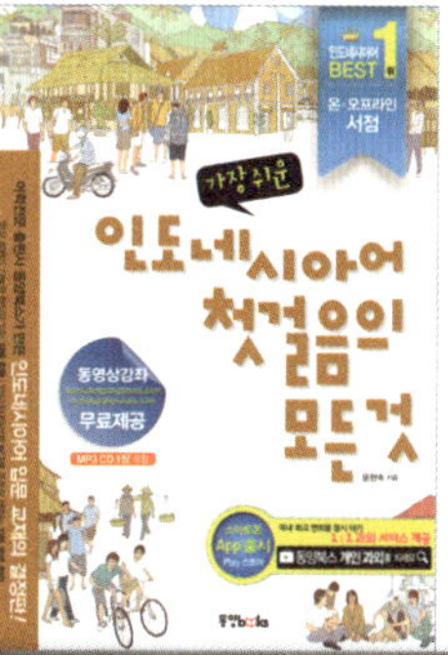

가장 쉬운
인도네시아어 첫걸음의 모든 것
18,500원

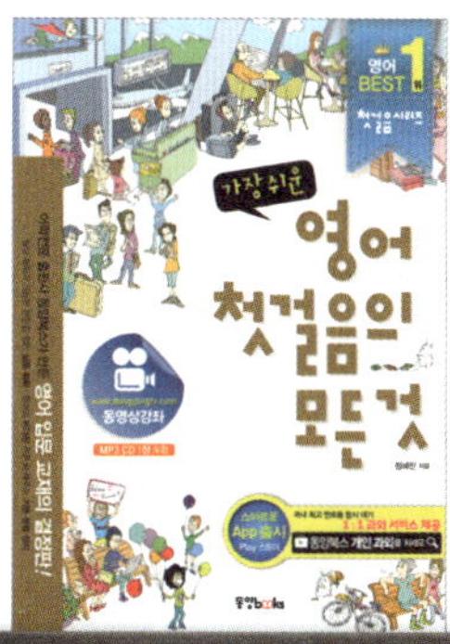

가장 쉬운
영어 첫걸음의 모든 것
16,500원

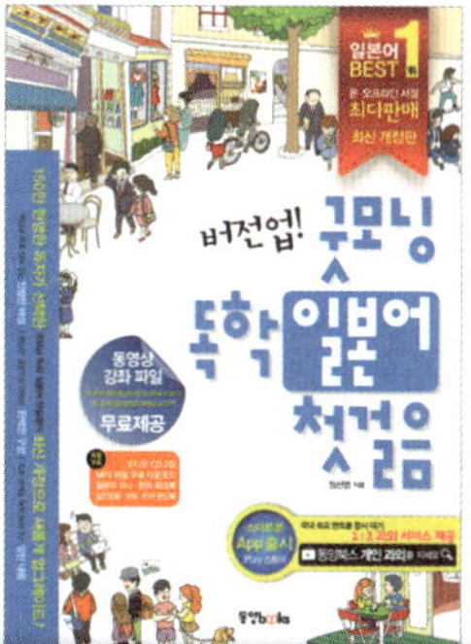

버전업! 굿모닝
독학 일본어 첫걸음
14,500원

가장 쉬운
중국어 첫걸음의 모든 것
14,500원

오늘부터는 팟캐스트로 공부하자!

팟캐스트 무료 음성 강의

▶1 iOS 사용자

Podcast 앱에서
'동양북스' 검색

▶2 안드로이드 사용자

플레이스토어에서 '팟빵' 등
팟캐스트 앱 다운로드,
다운받은 앱에서
'동양북스' 검색

▶3 PC에서

팟빵(www.podbbang.com)에서
'동양북스' 검색
애플 iTunes 프로그램에서
'동양북스' 검색

◉ **현재 서비스 중인 강의 목록** (팟캐스트 강의는 수시로 업데이트 됩니다.)

- 가장 쉬운 독학 일본어 첫걸음
- 페이의 적재적소 중국어
- 가장 쉬운 독학 중국어 첫걸음
- 중국어 한글로 시작해
- 가장 쉬운 독학 베트남어 첫걸음

매일 매일 업데이트 되는 동양북스 SNS! 동양북스의 새로운 소식과 다양한 정보를 만나보세요.

 blog.naver.com/dymg98    instagram.com/dybooks    facebook.com/dybooks   twitter.com/dy_books

HSK 전문 출제위원이 직접 출제한
북경어언대
新 HSK 6급
합격
모의고사

초판 5쇄 | 2018년 2월 10일

지은이 | 徐昌火
해 설 | 문정아
발행인 | 김태웅
편집장 | 강석기
편 집 | 권민서, 정지선, 김효수, 김다정
디자인 | 방혜자, 이미영, 김효정, 서진희
마케팅 | 서재욱, 김귀찬, 이종민, 오승수, 조경현
온라인 마케팅 | 김철영, 양윤모
제 작 | 현대순
총 무 | 전민정, 안서현, 최여진, 강아담
관 리 | 김훈희, 이국희, 김승훈, 이규재

발행처 | 동양북스
등 록 | 제10-806호(1993년 4월 3일)
주 소 | 서울시 마포구 동교로22길 12 (04030)
전 화 | (02)337-1737
팩 스 | (02)334-6624

http://www.dongyangbooks.com

ISBN 978-89-8300-847-3 14720
      978-89-8300-846-6 (세트)

HSK 전문 출제위원이 직접 출제한
북경어언대
新
HSK
6급
합격
모의고사
徐昌火 지음   문정아 해설
문제집

　　중국 국가한판(中国国家汉办)이 발표한 新HSK 요강에 따르면, 新HSK는 '시험과 교육의 결합' 원칙과 '시험으로 가르침을 촉진시키고, 시험으로 배움을 촉진시킨다'는 목적 아래, 중국어를 모국어로 사용하지 않는 응시자가 생활·학습·업무에서 중국어로 의사 소통하는 능력을 중점적으로 측정합니다.

　　新HSK는 필기시험과 구술시험으로 나뉘며, 필기시험은 1~6급까지 총 6개 등급이 있습니다. 그중 新HSK 6급에서 요구하는 어휘량은 5,000개 이상이고, 6급에 합격한 응시자는 중국어로 듣거나 읽은 정보를 쉽게 이해하고, 중국어를 사용해 회화나 서면 형식으로 자신의 견해를 유창하게 표현할 수 있습니다. 국가한판이 공포한 6급 예제의 난이도로 볼 때, 중국의 대학교에서 2~3년간 정규 대외한어교육을 받은 학습자라면 일반적으로 新HSK 6급 시험에 참가할 수 있습니다.

　　구HSK와 비교했을 때, 新HSK의 문제 난이도는 대폭 낮아졌으며, 문제 유형과 문제 수에도 새로운 변화가 생겼습니다. 이 책은 新HSK의 난이도와 시험 유형의 구체적인 변화에 근거하여, 응시자의 실제 수요를 만족시키기 위해, 외국 학생의 초·중·고급 중국어를 가르친 현장 경험을 토대로, 기존의 관련 자료를 참고하여 집필하였습니다. 총 4회 분량의 모의고사 문제로 구성되어 있고, 듣기 영역의 MP3 녹음과 녹음 스크립트, 참고 답안이 제공됩니다.

　　이 책에 실린 모의고사로 듣기·독해·쓰기 영역을 반복하여 강화 훈련하면, 新HSK의 문제 유형, 난이도, 자주 출제되는 지식 등의 전반적인 내용을 이해할 수 있을 뿐만 아니라, 단기간에 문제 유형과 주제, 속도, 난이도, 문제 수 등에 적응할 수 있고, 실제 시험에서도 좋은 성적을 거둘 수 있을 것입니다.

　　집필에는 有宫辰, 刘亚娟, 李莎, 张宇, 路畅, 屠妍慧 선생님이 참여하였습니다. 수업 외 시간을 이용해 짧은 기간 안에 만들어졌고, 또 어쩔 수 없는 한계로 인해 부족한 부분이 있을 수 있습니다. 독자 여러분의 많은 지도편달 부탁드립니다.

　　끝으로 이 책의 출간을 위한 북경어언대학출판사의 노고에 감사드리며, 남경대학교 해외교육대학 程爱民 원장님의 성원에도 감사드립니다.

徐昌火 드림

2010년, 기존의 HSK 시험이 新HSK로 바뀌면서 여러 출판사에서 다양한 학습 자료가 출시되고 있습니다. 그럼에도 불구하고 新HSK 관련 강사들은 더 적중률 높은 책을 만들어내기 위해 밤낮없이 연구를 계속하고 있습니다. 이 책의 원서인 〈核心HSK新汉语水平考试模拟试题集〉(북경어언대학출판사)는 HSK 단골 출제위원으로 유명한 徐昌火 교수님이 직접 저술한 新HSK 모의고사 문제집입니다. 저자는 오랜 기간 HSK 연구·교육 및 시험문제 출제에 참여해오며 HSK에 대한 예리한 통찰력과 노하우를 축적했으므로, 이 책에 수록된 모의고사는 徐 교수님의 전문성이 가장 잘 집약된 新HSK 문제들이라고 할 수 있습니다. 저는 이 최고의 문제에 버금가는 최고의 해설을 하기 위해, 제가 10년간 국내에서 HSK를 강의하며 얻은 맞춤형 노하우와 팁을 이 책에 아낌없이 쏟아부었습니다.

합격을 넘어 고득점까지

이 책에 수록된 문제들은 중국 국가한판(中国国家汉办)에서 발표한 新HSK 요강(新汉语水平考试大纲)을 기초로 출제된, 총 4회분 404문제 분량입니다. 해설집은 풍부한 단어 정리로 사전 찾는 시간을 최소화하였고, 학습자의 빠르고 정확한 이해를 위해 해석 하나하나에도 심혈을 기울였습니다. HSK 전문 강의 10년 노하우를 토대로 新HSK 문제 풀이에 필요한 요령과 고득점 팁도 빠짐없이 담아 초보 학습자와 고득점 목표자 모두에게 유용하게 구성했습니다.

철저한 시간 관리와 복습

여러분은 이 책을 통해 新HSK의 문제 유형과 영역별 문제 풀이 방법, 고득점 팁까지 학습하게 됩니다. 문제를 풀 때에는 실전과 동일하게 시간을 관리하는 연습을 하고, 틀린 문제는 반드시 복습하여 같은 실수를 반복하지 않도록 합니다. '행동의 가치는 그 행동을 끝까지 이루는 데 있다'고 합니다. 여러분 스스로 목표를 세워, 노력을 멈추지 말고 인내심 있게 이뤄나가면, 반드시 본인의 실력을 충분히 발휘할 수 있습니다. 이 책을 공부하는 여러분 모두가 멋진 미래와 함께 하시길 기원합니다.

문정아 드림

新HSK는 국제 중국어능력 표준화 시험으로, 중국어가 모국어가 아닌 수험생의 생활·학습·업무 중 중국어를 이용하여 교제를 진행하는 능력을 중점적으로 측정한다.

1. 구성 및 용도

新HSK는 필기시험과 구술시험으로 나누어지며, 각 시험은 서로 독립되어 있다. 또한 新HSK는 ① 대학의 신입생 모집·분반·수업 면제·학점 수여 ② 기업의 인재채용 및 양성·진급 ③ 중국어 학습자의 중국어 응용능력 이해 및 향상 ④ 중국어 교육 기관의 교육 성과 파악 등의 참고 기준으로 사용할 수 있다.

필기시험	구술시험
新HSK 6급 (구 고등 HSK에 해당)	新HSK 고급
新HSK 5급 (구 초중등 HSK에 해당)	
新HSK 4급 (구 초중등 HSK에 해당)	新HSK 중급
新HSK 3급 (구 기초 HSK에 해당)	
新HSK 2급 (신설)	新HSK 초급
新HSK 1급 (신설)	

※구술시험은 녹음 형식으로 이루어진다.

2. 등급

新HSK 각 등급과 〈국제 중국어 능력 기준〉, 〈유럽 언어 공통 참고규격(CEF)〉의 대응 관계는 아래와 같다.

新HSK	어휘량	국제 중국어 능력 기준	유럽 언어 공통 참고규격(CEF)
6급	5,000 이상	5급	C2
5급	2,500		C1
4급	1,200	4급	B2
3급	600	3급	B1
2급	300	2급	A2
1급	150	1급	A1

新 HSK 1급	매우 간단한 중국어 단어와 문장을 이해하고 사용할 수 있으며, 구체적인 의사소통 요구를 만족시키고 진일보한 중국어 능력을 구비한다.
新 HSK 2급	익숙한 일상 화제에 대해 중국어로 간단하고 직접적인 교류를 할 수 있으며, 초급 중국어의 우수 수준이라 할 수 있다.
新 HSK 3급	중국어로 일상생활·학습·업무 등 방면에서 기본 의사소통이 가능하며, 중국에서 여행할 때 대부분의 의사소통이 가능하다.
新 HSK 4급	비교적 넓은 영역의 화제에 대해 중국어로 토론할 수 있으며, 원어민과 비교적 유창하게 대화할 수 있다.
新 HSK 5급	중국어로 된 신문과 잡지를 읽고 영화와 TV 프로그램을 감상할 수 있으며, 중국어로 비교적 완전한 연설을 할 수 있다.
新 HSK 6급	중국어로 된 정보를 가볍게 듣고 이해할 수 있으며, 회화 또는 서면 형식으로 자신의 견해를 유창하게 표현할 수 있다.

3. 접수

① **인터넷 접수** : HSK 홈페이지(www.hsk.or.kr)에서 접수
② **우 편 접 수** : 구비서류(응시원서+반명함판 사진+응시비 입금영수증)를 동봉하여 HSK한국사무국으로 등기 발송
③ **방 문 접 수** : HSK한국사무국 또는 서울공자아카데미(HSK한국사무국 2층)에서 접수
                    [접수시간] 평일- 오전 10시~12시, 오후 1시~5시 / 토요일- 오전 10시~12시
                    [준비물] 응시원서, 사진 3장(3×4cm 반명함판 컬러 사진, 최근 6개월 이내 촬영)

4. 시험 당일 준비물

수험표, 2B 연필, 지우개, 신분증
※유효한 신분증:
    18세 이상- 주민등록증, 운전면허증, 기간만료 전의 여권, 주민등록증 발급신청확인서
    18세 미만- 기간만료 전의 여권, 청소년증, HSK 신분확인서
    주의! 학생증, 사원증, 의료보험증, 주민등록등본, 공무원증은 인정되지 않음

5. 성적조회, 성적표 수령

시험일로부터 1개월 후 중국고시센터 홈페이지(www.hanban.org)에서 개별 성적 조회가 가능하며, 성적표는 시험일로부터 40일경에 발송된다.

1. 新 HSK 6급 소개

- **어휘 수** : 5,000개 이상
- **수 준** : 중국어로 된 정보를 가볍게 듣고 이해할 수 있으며, 회화 또는 서면 형식으로 자신의 견해를 유창하게 표현할 수 있다.
- **대 상** : 5,000개 또는 그 이상의 상용어휘 및 관련 어법지식을 가지고 있는 학습자를 대상으로 한다.

2. 시험 구성

시험 과목	문제 형식	문항 수		시간
듣기	제1부분	15	50	약 35분
	제2부분	15		
	제3부분	20		
듣기 답안지 작성 시간				5분
독해	제1부분	10	50	50분
	제2부분	10		
	제3부분	10		
	제4부분	20		
쓰기	작문	1		45분
합계		101		약 135분

※총 시험 시간은 140분이다.(개인정보 작성 시간 5분 포함)

3. 영역별 문제 유형

듣기	제1부분 (15문제)	**단문 듣고 일치하는 내용 고르기** 단문을 듣고 들려준 내용과 일치하는 답안을 시험지에 제시된 4개의 보기 중에서 고른다. (녹음은 1번 들려준다.)
	제2부분 (15문제)	**인터뷰 듣고 질문에 답하기** 3개의 인터뷰(취재 내용)와 인터뷰당 5개의 문제로 구성된다. 인터뷰를 듣고 들려주는 문제에 알맞은 답안을 시험지에 제시된 4개의 보기 중에서 고른다. (녹음은 1번 들려준다.)
	제3부분 (20문제)	**장문 듣고 질문에 답하기** 장문과 지문당 3~4개의 문제로 구성된다. 장문을 듣고 들려주는 문제에 알맞은 답안을 시험지에 제시된 4개의 보기 중에서 고른다. (녹음은 1번 들려준다.)

독해	제1부분 (10문제)	**틀린 문장 고르기** 한 문제당 4개의 문장이 주어진다. 4개의 문장 중 어법 또는 논리적으로 잘못된 문장을 고른다.
	제2부분 (10문제)	**빈칸에 알맞은 단어 조합 고르기** 지문마다 몇 개의 빈칸이 있다(한 지문당 3~5개). 문맥을 파악하여 빈칸에 알맞은 단어의 조합을 보기에서 고른다.
	제3부분 (10문제)	**빈칸에 알맞은 문장 고르기** 2개의 지문과 지문당 5개의 빈칸이 있다. 문맥을 파악하여 빈칸에 알맞은 문장을 보기에서 고른다.
	제4부분 (20문제)	**장문 독해하고 질문에 답하기** 한 지문당 몇 개의 문제가 나온다. 지문을 읽고 제시된 질문에 알맞은 답을 보기에서 고른다.
쓰기	1문제	**장문 읽고 요약하기** 약 1,000자 분량의 지문 한 편을 읽고(제한시간 10분), 400자 내외로 요약한다(제한시간 35분). 지문을 읽는 동안 베끼거나 기록할 수 없으며, 요약문을 쓸 때에도 지문을 다시 볼 수 없다. 요약문의 제목은 스스로 정하고, 지문의 내용을 요약할 뿐 자기의 의견을 첨가해서는 안 된다.

4. 성적

성적표는 듣기, 독해, 쓰기 세 영역의 점수 및 총점이 기재되며, 총점이 180점을 넘어야 합격이다.

	만점	점수
듣기	100	
독해	100	
쓰기	100	
총점	300	

※HSK성적은 시험일로부터 2년간 유효하다.

国家汉办/孔子学院总部
Hanban/Confucius Institute Headquarters

新 汉 语 水 平 考 试
Chinese Proficiency Test

HSK（六级）成绩报告
HSK (Level 6) Examination Score Report

姓名：________________________________
Name

性别：__________　国籍：________________________________
Gender　　　　　　Nationality

考试时间：________________ 年 __________ 月 ________ 日
Examination Date　　　　　　Year　　　Month　　　Day

编号：________________________________
No.

	满分（Full Score）	你的分数（Your Score）
听力（Listening）	100	
阅读（Reading）	100	
书写（Writing）	100	
总分（Total Score）	300	

总分180分为合格（Passing Score：180）

主 任　　　　　　　　　　国家汉办
Director ________________　Hanban
　　　　　　　　　　　　　HANBAN

中国 • 北京
Beijing • China

차례 

MEMO

모의고사

북경어언대
新HSK 합격 모의고사 6급

新汉语水平考试
HSK(六级)
模拟试题 1

注　意

一、HSK(六级)分三部分：

    1．听力(50题，约35分钟)

    2．阅读(50题，50分钟)

    3．书写(1题，45分钟)

二、全部考试约140分钟。

    (含考生填写个人信息时间5分钟、填写答题卡时间5分钟。)

中国　北京　　　　　　　　　　XXXX/XXXXXX　　编制

一、听　力

第 一 部 分

第1–15题：请选出与所听内容一致的一项。

1. A 阿凡提口渴得厉害
   B 老板的房子着火了
   C 老板要请阿凡提喝水
   D 大家对阿凡提很热情

2. A 药膳就是怎么吃中药
   B 美味的食品就是药膳
   C 药膳是多学科的研究成果
   D 所有的食物都有药用价值

3. A 人类破坏了环境
   B 天鹅得到了保护
   C 天鹅大部分都老了
   D 天鹅保护区面积很小

4. A 发脾气就是一种病态
   B 人们发脾气时会选对象
   C 人们发脾气的原因相同
   D 发脾气给人带来安全感

5. A 那位学生非常谦虚
   B 那位学生特别得意
   C 那位学生不愿上台领奖
   D 那位学生没听见他的名字

6. A 诸葛亮精通音乐
   B 诸葛亮研究古文字
   C 诸葛亮的书法风格独特
   D 诸葛亮从政后不再写书法

7. A "民工潮"的方向是从北到南
   B "民工潮"持续时间为半个月
   C "民工潮"多发生于春节前后
   D 民工多乘坐火车、汽车和轮船

8. A 这个成语是一个贬义词
   B 这个成语常用于成年人
   C 文艺作品的标题常用这个成语
   D 描写春天的景色常用这个成语

9. A 哈尔滨将举行亚运会
   B 哈尔滨建筑风格多样
   C 哈尔滨正举办冰雪文化节
   D 哈尔滨和巴黎是友好城市

10. A 我们只跑了三四家楼盘
    B 这套房子的价格是120万
    C 我们计划用30年还完贷款
    D 这套房子的首付款为20多万

11. A 老百姓寒食节期间扫墓
    B 清明节的时候不吃冷菜
    C 寒食节的时候天气变冷
    D 寒食节一直就是清明节

12. A 邻居偷了他的牛
    B 邻居把牛找回来了
    C 他认为邻居是小偷
    D 他跑去和邻居吵架了

13. A 朱赢椿是著名作家
    B 中国有14本书获奖
    C 《之后》获得特别制作奖
    D 图书评选活动已举办多次

14. A 信用卡在60年代出现
    B 欧洲社会不欢迎信用卡
    C 信用卡最先在美国使用
    D 信用卡的发展比较缓慢

15. A 电话聊天儿时应多谈工作
    B 电话聊天儿时要避免沉默
    C 电话聊天儿时要用三分钟谈时事
    D 电话聊天儿时要用大约两分钟去笑

第 二 部 分

第16-30题：请选出正确答案。

16. A 营销商
    B 经济学家
    C 奥委会官员
    D 参加过长征的人

17. A 十三天
    B 十六天
    C 整整七年
    D 十几个小时

18. A 奥运会共拥有62个合作伙伴
    B 奥运会是最有影响力的品牌
    C 赞助商得到了使用五环的权利
    D 得到了中国所有顶级企业的赞助

19. A 10亿美元
    B 12亿美元
    C 26亿美元
    D 46亿美元

20. A 国际奥委会
    B 当地的组织者
    C 各个国家的奥委会
    D 电视转播的组织者

21. A 商人
    B 官员
    C 学者
    D 经济学家

22. A 男的的形象标志
    B 男的的领结偏好
    C 男的采取的经济政策
    D 男的如何应对金融危机

23. A 1997年8月
    B 1998年8月
    C 1997年10月
    D 1998年10月

24. A 失望
    B 痛苦
    C 叛逆
    D 冷静

25. A 香港经济好转
    B 男的的支持率上升
    C 学者、商界纷纷指责他
    D 国际炒家撤离香港市场

26. A 仅限于墨西哥和美国
    B 疫情发病快且传播广
    C 疫情致死率相对较高
    D 疫情已经蔓延到全球

27. A 已有700多年的历史
    B 是一种呼吸道传染病
    C 缺乏对其的应对经验
    D 早期病死率相对较高

28. A 是一种新发的传染病
    B 出现了重症和死亡病例
    C 疫情突如其来，预防不足
    D 人群普遍易感，传染性较强

29. A 治愈已感人群
    B 积极研制疫苗
    C 提高公共卫生意识
    D 宣传自我保护措施

30. A 医院病房
    B 校园讲座
    C 疾病研讨会
    D 新闻发布会

第 三 部 分

第31-50题：请选出正确答案。

31. A 国王
    B 大臣
    C 将军
    D 王子

32. A 爬过巨石
    B 划船过去
    C 从水里游过去
    D 把石头推开走过去

33. A 要开动脑筋
    B 要勇于尝试
    C 要相信自己
    D 要使用技巧

34. A 自己的名字
    B 同学的名字
    C 喜欢的人的名字
    D 讨厌的人的名字

35. A 高兴
    B 有趣
    C 沮丧
    D 痛恨

36. A 生活是很痛苦的
    B 不要一直痛恨别人
    C 土豆发霉后很难闻
    D 随身带着土豆不方便

37. A 营养过剩
    B 智力下降
    C 消耗热量
    D 大脑兴奋

38. A 肠胃消化神经
    B 语言思维区域
    C 记忆想象区域
    D 大脑沟回褶皱

39. A 大脑的构造
    B 贪吃容易兴奋
    C 大脑活动的方式
    D 贪吃和智力的关系

40. A 委屈
    B 抱怨
    C 愤怒
    D 感慨

41. A 心情一直很糟糕
    B 垃圾一直没有人扔
    C 正好和女儿吵架了
    D 清洁工没来收垃圾

42. A 要及时扔掉垃圾
    B 要有包容的心态
    C 每个人心里都有垃圾
    D 要换一个角度看问题

43. A 柯南
    B 机器猫
    C 喜羊羊
    D 米老鼠

44. A 欧美动画
    B 日本动画
    C 国产动画
    D 韩国动画

45. A 资金
    B 创意
    C 企业
    D 人才

46. A 令人感动
    B 令人担忧
    C 多为低水平重复
    D 有了跨越式发展

47. A 家长倾向于选择前景好的专业
    B 所有考生都从兴趣出发选择专业
    C 所有家长都重视专业的就业前景
    D 考生倾向于选择回报率高的专业

48. A 大学教师
    B 政府官员
    C 报社记者
    D 考生家长

49. A 物理专业
    B 地理专业
    C 工科专业
    D 法律专业

50. A 活动的主办单位
    B 活动的结束时间
    C 考生和家长的重视程度
    D 就业专家咨询团的组成

二、阅 读

第 一 部 分

第51-60题：请选出有语病的一项。

51.　A　如果今天比昨天做得很差，那么明天怎么会更美好？

　　　B　过去的一年，民营书业在很多方面的变化都令人振奋。

　　　C　据了解，人体所需的矿物质4%左右是由饮用水提供的。

　　　D　记者在采访中发现，不少民众已经养成了睡前阅读的习惯。

52.　A　在她的一再鼓动下，丈夫辞职去了一家私营企业。

　　　B　我最近新租的房子从公司很远，要转两趟车才能到。

　　　C　结婚数年，所有的温情都被生活抹去，剩下的只有油盐酱醋。

　　　D　徐小斌是第一个被邀请到美国的"作家之家"进行跨文化交流的中国作家。

53.　A　要学会快乐，必须始终保持一颗童心。

　　　B　不到10分钟，黑板上的大字就被擦得非常干干净净。

　　　C　阿里山上的红桧有3000多年的历史，但还算不上世界第一。

　　　D　桥下的流水在"哗哗"地作响，一艘艘搭着花棚的竹竿木船穿洞而过。

54.　A　有人在书中寻求力量，也有人在书中得到放松。

　　　B　科学家告诉我们，金钱和青春未必总是让我们快乐。

　　　C　今天是休息日，天下鹅毛大雪着，这几年都没有下过这样的大雪了。

　　　D　小时候我是个内心充满恐惧的小孩儿，特别容易受惊吓，但又老爱找刺激。

55.　A　京郊小汤山在地质历史上曾经是一个湖。

　　　B　当上帝把一扇门关的时候，另一扇门将会打开。

　　　C　小男孩儿面对我们惊奇的目光，显得有些不自然。

　　　D　我宁愿回乡下老家去，也不愿在受人怀疑的情况下继续留在这里！

56. A 对肥胖症患者来说，最重要的是控制饮食和适当地锻炼。

    B 对夫妻感情产生影响的首要因素是夫妻之间的相互沟通状况。

    C 孩子们是如此反感唠叨，而父母却往往喜欢唠叨，可以说矛盾突出。

    D 不仅你要把吸收的知识储存在脑子里，而且要进一步思考它，有自己的看法
      和见解。

57. A 藏原羚一般以莎草科和禾本科植物为主要食物。

    B 在正式社交场合，男女须穿西装、礼服，忌衣冠不整、举止失措和大声喧哗。

    C 我对做生意一窍不通，看看书写写文章还可以，最主要的是我感兴趣历史研究。

    D 我们每天都高喊着"黄金时代"的到来，可我们却感觉它似乎永远都没有来
      到过。

58. A 对于有利于百姓购房实惠、有利于楼市健康发展的举措，我们一定支持。

    B 当您学会这些良好的习惯并且调整好思想之后，您的心态便会随时处于积极
      状态。

    C 对于城市中等收入的家庭来说，定期定额基金是筹备子女教育资金的最好方
      式之一。

    D 大学的职责不仅在于向学生灌输知识和动手能力，更在于给学生一定的思想
      文化素养的熏陶。

59. A 我看起来李庆是真的打算和慧兰结婚生孩子，否则他就不会如此郑重地对待
      这场恋爱。

    B 尼尼近乎杂技表演般完美的冲浪动作，获得了沙滩上的满堂喝彩，数万观众
      和游客掌声雷动。

    C 放弃想要控制别人的念头，在这个念头摧毁您之前先摧毁它，把您的精力转
      而用来控制您自己。

    D 业委会在签订合同、分配收益时，需要全体委员的签名，从而防止个人利用
      集体的名义做出不负责任的行为。

60.　A　这个世界并不是没文化就可以为所欲为的，也不是有文化就必须谨小慎微的。

　　　B　过去召开业主大会都是从物业公司头上扒钱，现在规定让开发商掏钱，心里
舒服多了。

　　　C　21世纪是人才竞争的时代，谁拥有高科技人才，谁就会在经济、军事、科技
创造奇迹。

　　　D　我徜徉在滴水的屋檐下，亲近感油然而生，也许，这周围的一切，都是令人
再熟悉不过的了。

第 二 部 分

第61-70题：选词填空。

61. 人各有志，人一辈子只能做一件事。弃了笔的作家，也许值得＿＿＿＿，但我以
    为＿＿＿＿不值得怜悯，因为他这样做就已经＿＿＿＿他一生没有力量完成文学这件
    事。

    A 悲哀　　　省得　　　提醒
    B 惭愧　　　不免　　　答应
    C 可怜　　　免得　　　欺骗
    D 羡慕　　　未尝　　　承认

62. 其实她根本不懂烹饪，却跟我大谈各种美味，并且＿＿＿＿说要亲自下厨给我做。
    结果她做了一盘烧糊了的炸牛排，没能＿＿＿＿我的胃口，却＿＿＿＿了我的心。

    A 兴致勃勃　　　服务　　　感动
    B 一丝不苟　　　满意　　　震动
    C 知足常乐　　　征服　　　触动
    D 口口声声　　　满足　　　打动

63. 传统中医药是人类文明的一个重要＿＿＿＿部分，中药以自然界的动植物＿＿＿＿药
    物，数千年来救治了亿万病人，为中华民族的繁衍昌盛做出了＿＿＿＿的贡献。

    A 构成　　　当成　　　不择手段
    B 组成　　　作为　　　不可磨灭
    C 合成　　　叫做　　　不相上下
    D 达成　　　成为　　　不可思议

64. 科举制度是指朝廷_____普通士人和官员可以_____向官府报名，_____分科考
试，依照成绩从中选取人才和授给官职的一种制度。

A 批准　　　志愿　　　利用
B 允许　　　自愿　　　经过
C 同意　　　自动　　　采用
D 赞同　　　主动　　　通过

65. 两个月的婴儿挥动小拳头，拍打巴掌，他不断地_____着这些动作，这已经是他
在以后一生中要做的不计其数的、_____的游戏的前奏了。他在做这些动作时身
体产生的快感是否和幼儿园里的小朋友在院子里追逐、嬉戏时所体验到的快感
一样？人们永远无法用直接的_____来回答这个问题。

A 反复　　　力所能及　　　凭据
B 进行　　　喜闻乐见　　　语言
C 重复　　　丰富多彩　　　证据
D 开展　　　日新月异　　　材料

66. 国际物业顾问公司戴德梁行昨日的最新研究报告称，中国住宅市场调整仅是
_____，整个房地产投资市场调整的趋势难以_____。_____中国房地产市场过去
较好的回报率，外资基金目前正耐心等待市场的恢复，并且将_____放回京沪等
一线城市。

A 开端　　　转换　　　由于　　　重点
B 序幕　　　扭转　　　基于　　　焦点
C 首次　　　扭曲　　　至于　　　终点
D 局部　　　更换　　　在于　　　起点

67. 随着生产力的发展，人类认识自然、＿＿＿自然的能力有了进一步的提高，笼罩在天地万物之上的＿＿＿面纱逐渐揭除。人类认识到了自己的力量，人的主体地位开始得到＿＿＿。伴随着这一过程，人类的信仰形式也发生了变化。自然崇拜不再占＿＿＿地位，取而代之的是对具有社会职能的人格化诸神的崇拜。

A 改善　　神气　　确定　　优势
B 改造　　神秘　　确立　　主导
C 改变　　神奇　　确实　　重要
D 改正　　神化　　确认　　首要

68. 自从被"收编"那天起，涂鸦就成了＿＿＿艺术的宣传工具。＿＿＿速度最快的要算是时尚工业，从＿＿＿大牌、牛仔裤到运动鞋，几乎都与涂鸦"亲密接触"。"跨界"风潮流行的几年里，很多涂鸦大师顺势与大牌合作，设计推出了极具个性的产品，＿＿＿受市场青睐。

A 上层　　动作　　超级　　特
B 主流　　反应　　奢侈　　颇
C 一流　　行动　　时髦　　挺
D 上乘　　反映　　流行　　满

69. 对于涉及多数人安全的地方和有高度危险的＿＿＿，人类社会通过大量的教训和＿＿＿，总结并＿＿＿了多方面、多层次、多＿＿＿的防范管理体系。

A 行为　　实践　　形成　　环节
B 行动　　体验　　产生　　步骤
C 行径　　经验　　导致　　程序
D 行程　　实际　　致使　　阶层

70. 从某种意义上来说，女强人＿＿＿＿上还是弱势群体，＿＿＿＿我们就无法理解为什
么女强人依然＿＿＿＿着一个比她还要优秀还要强大的臂膀。女强人外表再强，
＿＿＿＿里还是个弱女子，还是对男强女弱的婚恋模式执迷不悟。

A	本质	否则	憧憬	骨子
B	本来	不然	渴望	肚子
C	本领	要不	奢求	心眼
D	本人	除非	期盼	头脑

第71–80题：选句填空。

71–75.

相传，中国古时候有一种叫"年"的怪兽，头长触角，凶猛异常。"年"长年深居海底，每到除夕才爬上岸，吞食牲畜伤害人命。因此，每到除夕这天，(71)＿＿＿＿＿＿＿＿＿＿，以躲避"年"兽的伤害。

这年除夕，桃花村的人们正扶老携幼上山避难，从村外来了个乞讨的老人，只见他手拄拐杖，臂搭袋囊，银须飘逸，目若朗星。乡亲们有的封窗锁门，有的收拾行装，有的牵牛赶羊，到处人喊马嘶，(72)＿＿＿＿＿＿＿＿＿＿。这时，谁还有心关照这位乞讨的老人。只有村东头一位老婆婆给了老人些食物，并劝

他快上山躲避"年"兽，那老人捋髯笑道：婆婆若让我在你家待一夜，我一定把"年"兽撵走。老婆婆惊目细看，见他鹤发童颜，精神矍铄，气宇不凡。可她还是不放心仍然继续劝说，乞讨老人笑而不语。婆婆无奈，只好把家撇给老人，上山避难去了。

半夜时分，"年"兽闯进村，(73)＿＿＿＿＿＿＿＿＿＿：村东头老婆婆家，门贴大红纸，屋内灯火通明。"年"兽浑身一抖，怪叫了一声。"年"朝婆婆家怒视片刻，随即狂叫着扑过去。将近门口时，(74)＿＿＿＿＿＿＿＿＿＿，"年"浑身战栗，再不敢往前凑了。原来，"年"最怕红色、火光和炸响。这时，婆婆的家门大开，只见院内一位身披红袍的老人在哈哈大笑。"年"大惊失色，狼狈逃窜了。

第二天是正月初一，避难回来的人们见村里安然无恙，十分惊奇。这时，老婆婆才恍然大悟，赶忙向乡亲们述说了乞讨老人的许诺。乡亲们一齐拥向老婆婆家，只见婆婆家门上贴着红纸，院里一堆未燃尽的竹子仍在"啪啪"炸响，(75)＿＿＿＿＿＿＿＿＿＿。欣喜若狂的乡亲们为庆贺吉祥的来临，纷纷换新衣戴新帽，到亲友家道喜问好。这件事很快在周围的村子传开了，人们都知道了驱兽的办法。从此每年除夕，家家贴红对联、燃放爆竹；户户烛火通明、守更待岁。初一一大早，还要走亲串友道喜问好。这风俗越传越广，成了中国民间最

隆重的传统节日。

A　一片匆忙恐慌景象

B　发现村里气氛与往年不同

C　屋内几根红蜡烛还发着余光

D　院内突然传来"噼里啪啦"的炸响声

E　村村寨寨的人们都要扶老携幼逃往深山

　　13年来，英国研究人员简·古多尔一直在坦桑尼亚从事有关大自然中猩猩的研究。她连续数小时守候在高温的热带森林里，(76)______________。她的耐心终于得到了回报：她首次看到一个大猩猩使用工具。它将细树枝伸进白蚁巢口，捕捉巢内的白蚁，然后津津有味地舔食爬在树枝上的白蚁。

　　这是一个了不起的发现！因为能使用工具，(77)______________。它们懂得伸进蚁巢需要用一个细而长的工具，它们找到了解决这个问题的方法。

　　有关研究人员还发现，黑猩猩同样也会寻找一些工具。例如，当一个黑猩猩想摘取它够不着的香蕉时，(78)______________，先将它折断、剥去树皮，再用它去摘香蕉。

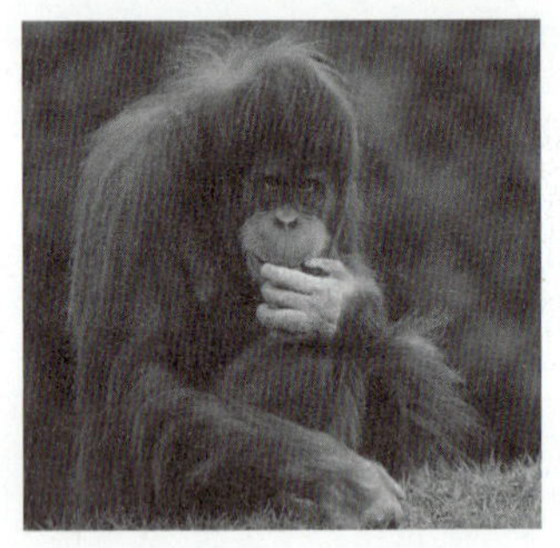

　　人们也曾看到，一些雌猩猩用树叶制造类似海绵的物质，(79)______________，在手中揉搓，然后团成瓷实的"海绵"球。它们用这种"海绵"球蘸取嘴够不到的如树凹处的水，再将"海绵"球拿到口中按压，于是就将水喝到了。有时它们还用这些"海绵"球来清洗粘在小猩猩毛皮上的脏物。

　　不同的猩猩群体会制造不同的工具，使用方式也不同。例如，为了捕捉白蚁，有些猩猩将小树枝放在白蚁通道上来回移动，等待着白蚁爬到小树枝上。

　　当猩猩发现解决一个问题的办法时，它就将那个好办法传给小猩猩。其实在自然界中，就群体而言，动物个体是不会表现出创造性的。

　　然而，有时某个动物个体会比其他的要奇特些、灵巧些，(80)______________。这时，群体中的其他成员会模仿它并接受这种办法。

　　在日本，有一只雌猕猴把甘薯浸在海水中清洗，很快它那个群体的其他成员都模仿了这个做法。同样，自从一只贪吃又大胆的蓝山雀发现了获得新鲜奶油的最佳方法以后，所有英国的蓝山雀都能像它那样做：将每天早上放置在英国人家门口的奶油瓶的铝膜包装皮啄破。幸好它们没有飞越英吉利海峡，法国的蓝山雀还不知道这种办法。

A　先将树叶扯碎

B　会选择一根树枝

C　就证明大猩猩是能够思考的

D　观察猩猩群体的行为和动作

E　能发现新的解决问题的方法

第 四 部 分

第81-100题：请选出正确答案。

81-84.

有时，即使是一张纸巾，也可以改变一个人的一生。

婚礼上，她的泪纷纷而下，不只是新娘必有的喜泪。

当初她坚持要举行的盛大的婚宴，不是没有一点儿补偿心理的。

他是留美的医学博士，经营一家药品公司，家财万贯，学富五车。第一次见面，给她讲手术室的笑话，自己笑得"呵呵"的，她也附和地浅笑，可实际上根本没听懂那一大堆专业术语。

他对她很好，但对于他，她始终是高山仰止，敬而远之。可她周围所有的人都动了心——这样的男人不嫁，还要等什么样的男人？最后她还是嫁了，只是泪不由自主地往下流。在豪华的奔驰车里，他一路用纸巾细细地为她拭泪，淡淡的茉莉清香笼了她的脸。

安逸的日子里，她遇到了那个男孩儿，在一次笔会上认识的。那个晚上，月光满山都是。她倚着靠山的栏杆，听着远处舞会里的舞曲人声。这时，他从她身边走过，停了停，低低吟了一句："明月何时初照人？"她惊得直起身来：莫非他听得见她心里的声音？后来的谈话他们总是这样：一句话，她说了上半句，他便很自然地接出了下一半。笔会结束后，他们回到了各自的城市，却仍旧借助电话与邮递员，谈诗说文，然后谈情说爱，终至于——谈婚论嫁。

不自觉地将男孩儿的信揉成了一团，她整个人都愣住了。也许，她一直都知道有这样的结果，只是……她看见丈夫在电脑前专注的身影，犹豫了。

每次见到男孩儿，她都下决心回家后立刻和丈夫摊牌。可是，怎么说出口？他对她，一直是那么好。

她想起自己的诸般委屈，不由得落了泪。男孩儿慌了，翻遍全身才摸出一张纸巾递给她。

　　那纸巾颜色灰蒙蒙的，坚硬粗糙，她想起他为她拭泪时那带着淡淡的茉莉清香的纸巾，柔软细腻而轻盈，仿如他给她的日子：舒适，温存，清洁。如果不是遇上他，她不可能在两年内连出两本书，也不可能至今还保留一份少女不谙世事的纯净，男孩儿给了她爱情，他却给了她一个女人一生中差不多最为重要的东西——安全感。

　　不知不觉地，她的泪止住了，她将男孩儿的纸巾还给了他，静静地说："我自己有。"

81.　女子为什么会嫁给这个医学博士？

　　　A　她对他非常崇拜　　　　　　B　她和他有共同爱好

　　　C　她的家人逼她嫁给他　　　　D　他能给她安定的生活

82.　女子为什么在结婚时哭泣？

　　　A　因为她非常高兴

　　　B　因为她非常犹豫

　　　C　因为婚姻并不如她所愿

　　　D　因为婚礼办得不够豪华

83.　"莫非他听得见她心里的声音"说明了什么？

　　　A　男孩儿偷听女子说话

　　　B　男孩儿非常善解人意

　　　C　女子和男孩儿心灵相通

　　　D　女子和男孩儿谈诗说文

84.　文章的结尾说明了什么？

　　　A　女子喜欢精致的纸巾

　　　B　女子是个独立坚强的人

　　　C　女子选择了嫁给男孩儿

　　　D　女子选择维持原来的婚姻

85-88.

胡椒在历史上曾被人们视为珍品，占有极其重要的地位。

胡椒是一种有着独特气味的调味品，出产于热带地区。由于古代交通落后，环境闭塞，所以胡椒"物以稀为贵"，身价居高不下。古罗马人和古希腊人对胡椒都十分偏爱，他们不惜花费大量的金钱从东方收购。当他们得知胡椒产于印度，并发现如何利用季风航行于红海和印度马拉巴尔海岸之后，便开辟了进口胡椒的贸易航线。

公元476年，古罗马帝国灭亡，胡椒在欧洲变得更加珍贵，因连年战乱，胡椒几乎在欧洲绝迹。当时，欧洲人只能用洋葱、大蒜和其他香料作为胡椒的替代品。

对于北欧人，特别是惯于食用大量肉食的上层人物来说，没有胡椒简直难以忍受。当时，保存肉食的方法只能是晒干或用盐腌，这种肉食如果没有胡椒调味，简直是乏味难咽。因此，欧洲人一方面设法多方发展商业贸易，增加运到欧洲的胡椒数量；另一方面则积极地寻找胡椒的新产地。

北欧贵族在耶路撒冷意外地发现了胡椒，这一发现使他们欣喜若狂，立即把胡椒奉若神明。胡椒甚至成了人的社会地位的象征，那时，社会上常以"他没有胡椒"来形容无足轻重的人。胡椒还可用做嫁妆、租税和对士兵的奖赏。

中世纪时，欧洲的胡椒主要是由威尼斯人运送的。但是，1499年葡萄牙航海家带着胡椒回到里斯本，压价出售，占领了大部分的市场，威尼斯人惊恐不已，担心胡椒贸易的控制权从此易手。

著名航海家哥伦布在第二次航海时，特意带上了植物学家同行，不过，最终只发现了一种类似胡椒的植物，缺少胡椒的香味。

而如今，胡椒早已不是什么稀罕之物了，价格也很便宜了。

85. 在古代为什么胡椒价格很高？

    A 有着独特的气味   B 出产于热带地区

    C 古代的交通落后   D 胡椒的数量很少

86. 根据文章推断，在欧洲什么人对胡椒的需求量最大？

    A 罗马人

    B 航海家

    C 威尼斯人

    D 北欧贵族

87. 哥伦布为什么要带植物学家同行？

    A 帮助他发现胡椒

    B 帮助他顺利地航行

    C 帮助他发展商业贸易

    D 帮他寻找胡椒的替代品

88. 本文主要讲了什么？

    A 胡椒的贸易

    B 胡椒的用途

    C 胡椒的历史

    D 胡椒的价格

89-92.

姜子牙，渭水钓鱼的老翁，帮周武王打败纣王的军师，神话《封神演义》里呼风唤雨的姜半仙。说实话，年轻时我真没把他当回事儿。没想到，有把子年纪，又人生屡屡受挫后，我对姜老先生越来越嫉妒了，他的运气实在太好了。

他本是殷纣王宫中一个小吏，跟纣王干了不少年，也就是说是个"出身"不好，有"历史污点"的人，且大有潜伏特务嫌疑。可是，弃暗投明后，在周文王那里不仅丝毫不受歧视，不被怀疑，反而被委以重任，掌管大权。

从各种历史记载来看，他既没有名师指教，也非名校毕业；既没有任何学位，在网上也查不到他的学历证书，最多算是个"自学成才"的准知识分子。然而，他却没有因此被拒之门外，而是被充分信任，拜相入将，高举帅旗，运筹帷幄。

谁都知道，对当官的来说，"年龄是个宝"，如果年龄一过线，任你有天大的本事，也得退休下岗。可姜子牙在渭水河畔遇到周文王时，已年过八旬，发白齿落，老态龙钟，重孙子都会打酱油了。人家周文王依然恭恭敬敬地把他当宝贝一样，封高官，居帅位。

众所周知，能在朝中翻云覆雨，掌控局面者，无不有门有派，有多年经营的小圈子，有互为奥援的关系网，舍此便孤掌难鸣，寸步难行，迟早垮台。姜子牙偏偏是与谁都无瓜葛，他是"净身"入仕，但却能在朝中站得住，得到各种人才相助，毫无孤立之感，终于成就千秋大业。

89. 作者对姜子牙是什么态度？

    A 羡慕

    B 赞扬

    C 怀疑

    D 嘲讽

90. 作者说姜子牙"出身"不好，"出身"在文中指的是：

    A　私人财产

    B　职业经历

    C　家族背景

    D　出生地点

91. 下列哪一项不是姜子牙的特点？

    A　学历不高

    B　无门无派

    C　年龄很大

    D　为人仗义

92. 作者写本文的目的是什么？

    A　介绍历史

    B　歌颂名人

    C　借古讽今

    D　神话鉴赏

  古老的风筝，已经不仅仅是娱乐玩具，在科学技术高度发达的今天，风筝同样在为人类做贡献！

  风筝又名纸鸢，最早发源于中国，至今已有2000多年历史。据说巧匠鲁班就曾"削竹为鹊，成而飞之"，应当说这是风筝的前身。五代时期的李邺，曾在宫中以线放纸鸢为游戏，又别出心裁地在纸鸢的头部安装竹笛，风入竹哨，听上去像是在弹奏古筝，因此得名"风筝"。英国著名学者李约瑟把风筝列为中华民族的重大科学发明之一。美国华盛顿国家航空和空间博物馆中有一块说明牌上也醒目地写着：最早的飞行器是中国的风筝和火箭。

  风筝的发明，对科学技术的发展产生了深远的影响：1749年，美国一位名叫威尔逊的天文学家，研制出世界上第一台空中试验仪。他用6只风筝将天文仪器吊到700多米的高空中进行科学试验，第一次测到了大气的温度，并获得了一些重要的理论数据，推动了天文学的发展。1752年，美国科学家富兰克

林曾在风筝上挂一只铁钥匙，在雷电交加时，把风筝送上天，引来雷电，从而证明了雷电也是一种放电现象，避雷针也由此发明。1804年，英国的乔治格雷爵士用两只风筝作机翼，研制出了一架5英尺长的滑翔机。1894年，英国科学家设计了一只供战场观察的军用风筝，其作用犹如当今的卫星电视转播……

  最近，科学家提出了利用风筝发电的新方法。据估计，风筝风力发电机获得每千度电的成本仅有15欧元。而欧洲国家每千度电的发电成本平均为43欧元。据报道，俄罗斯物理学家在这方面作过探索。他们将50个巨大的风筝，放到空中从上至下排成一串。每个风筝伸展开来有足球场那么大，而牵扯这些风筝的绳索就有6000米长。

  此外，科学家还设计建造了家用式的高空风力发电设备。房主可以把这样的设备安装在自家房顶上，或许还可以替代太阳能电池。这些小型风筝梯子只需100米或者200米高，就足够为一户人家提供几千瓦的电力。

93. 关于风筝的叙述，下列哪一项是正确的？

  A 风筝大多有足球场那么大

  B 风筝可以测量大气的温度

  C 风筝在古代是一种娱乐玩具

  D 英国和美国也曾发明了风筝

94. 文章第三段是想说明：

  A 风筝是现代科技发展的产物

  B 风筝推动了科学技术的发展

  C 风筝使天文学取得较大进步

  D 战争时风筝可用于观察战场

95. 未来风筝发电的最大优点应该是：

  A 工艺简单

  B 花费低廉

  C 风筝的展开面积大

  D 可代替太阳能电池

96. 下列哪项最适合做本文的题目？

  A 风筝与火箭

  B 风筝的制作

  C 风筝中的科学

  D 风筝如何发电

　　两天前，住在胜泰路的邵先生在楼下人行道上偶然发现，地上有很多蚂蚁，黑压压地聚集在一起，"会不会是蚂蚁开会啊？"好奇的邵先生俯身观察。"我看了才知道，蚂蚁是在'打仗'，那架势我从来没有见过！"邵先生是昆虫爱好者，马上回家拿来了摄像机拍摄。过了一天，他再次经过，蚁群之战仍在继续，而人行道的沟缝里已经填满了蚂蚁尸体，足有近20米长，数量惊人！只见人行道上、绿化带边，到处是黑压压的蚂蚁，凑近观察，就可以看到一只只蚂蚁舞动着爪子，在蚁群之中相互撕咬，有头咬头的，有从后面咬住肚子，直至将对方肚子撕开的，有被残忍地分成几段横尸疆场的，看起来很血腥。"别看乱哄哄的，蚂蚁们可是<u>对垒分明</u>！"邵先生说，蚁群内部可是高度团结的，发生对抗的是一种黑头蚂蚁和一种黄头蚂蚁，"你看，这只黑头蚂蚁咬死一只黄头蚂蚁后，立即又加入另一场战斗，两只黑头攻击一只黄头！"邵先生用草去拨一对厮打的蚂蚁，竟然无法拨开，两方死死咬在一起。此情此景使人想起电影中的机器人大战，被输入指令的机器人义无反顾地反复攻击对方阵营。被打死的蚂蚁

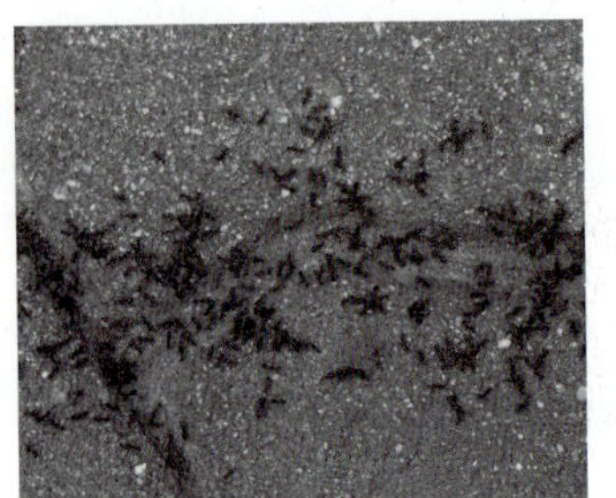

立即被其他蚂蚁拖到了地砖的缝隙中，20米长的沟缝里堆满了蚂蚁尸体，还有蚂蚁在尸堆里面爬来爬去，邵先生说："这是蚂蚁在检查有没有没死掉的，这叫清理战场！""已经持续两天了，现在还打得难分难解呢！"对此，邵先生啧啧称奇。

　　专家认为，蚂蚁也是分族群的，这应该是两个族群之间为了争地盘和食物而发生的战争。虽然经过战争后，蚂蚁族群会损失惨重，但是蚁后的繁殖能力很强，很快就会使其族群重新壮大起来。另外，发现这种普通蚂蚁的地方，有一个好处就是不会有白蚁，因为白蚁也会被这些蚂蚁所消灭。

97. 下面哪种说法正确？

A 蚂蚁开会非常常见　　　　　　B 蚂蚁打仗非常血腥

C 邵先生是昆虫学专家　　　　　D 邵先生是昆虫爱好者

98. "对垒分明"在文中的意思是：

   A 蚂蚁在土堆上打仗

   B 蚁群内部分工明确

   C 蚁群双方明显敌对

   D 蚂蚁打仗残酷血腥

99. 本文没有提到蚂蚁打仗的哪个方面？

   A 打仗原因

   B 打仗形式

   C 战斗结果

   D 持续时间

100. 为什么蚂蚁之间会发生战争？

   A 为了争夺水、面包等食物

   B 为了证明自己的种群更强

   C 为了获得更有利的生存条件

   D 为了争夺蚁后繁衍更多蚂蚁

三、书 写

第101题：缩写。

> (1)　仔细阅读下面这篇文章，时间为10分钟，阅读时不能抄写、记录。
>
> (2)　10分钟后，监考收回阅读材料，请你将这篇文章缩写成一篇短文，时间为35分钟。
>
> (3)　标题自拟。只需复述文章内容，不需加入自己的观点。
>
> (4)　字数为400左右。
>
> (5)　请把作文直接写在答题卡上。

　　世界年轻时，天空曾有十个太阳。他们的母亲是东方天帝的妻子。她常把十个孩子放在世界最东边的东海洗澡。洗完澡后，他们像小鸟那样栖息在一棵大树上，因为每个太阳的中心是只鸟。九个太阳栖息在长得较矮的树枝上，剩下的一个太阳则栖息在树梢上，每夜一换。

　　当黎明来临时，栖息在树梢的太阳便坐着两轮车穿越天空。十个太阳每天一换，轮流穿越天空，给大地万物带去光明和热量。

　　那时候，人们在大地上生活得非常幸福和睦。人和动物像邻居和朋友那样生活在一起。动物将它们的后代放在窝里，不必担心人会伤害它们。农民把谷物堆在田野里，不必担心动物会把它们偷走。人们按时作息，日出而耕，日落而息，生活美满。人和动物彼此以诚相见，互相尊重对方。那时候，人们感恩于太阳给他们带来了时辰、光明和欢乐。

　　可是，有一天，这十个太阳想到要是他们一起周游天空肯定很有趣。于是，当黎明来临时，十个太阳一起爬上车，踏上了穿越天空的征程。这一下，大地上的人们和万物遭殃了。十个太阳像十个火团，他们放出的热量烤焦了大地。

　　森林着火了，树木烧成了灰烬，许多动物也被烧死了。那些没有被大火烧死的动物流窜到人群之中，发疯似的寻找食物。

　　河流干枯了，大海也干涸了。所有的鱼都死了，水中的怪物便爬上岸偷窃食物。许多人和动物渴死了。农作物和果园枯萎了，供给人和家畜的食物也断绝了。一些人出门觅食，被太阳的高温活活烧死；另外一些人成了野兽的食物。人们在火海里挣扎着生存。

这时，来了个年轻英俊的英雄，叫做后羿，他是个神箭手，箭法超群，百发百中。他看到人们生活在苦难中，便决心帮助人们脱离苦海，射掉那多余的九个太阳。

于是，后羿爬过了九十九座高山，迈过了九十九条大河，穿过了九十九个峡谷，来到了东海边。他登上了一座大山，山脚下就是茫茫的大海。后羿拉开了万斤力弓弩，搭上千斤重利箭，瞄准天上火辣辣的太阳，"嗖"地一箭射去，一个太阳被射落了。后羿又拉开弓弩，搭上利箭，"嗡"地一声射去，同时射落了两个太阳。这下，天上还有七个太阳瞪着红彤彤的眼睛。后羿感到这些太阳仍很灼热，又狠狠地射出了第三支箭。这一箭射得很有力，一箭射落了四个太阳。其他的太阳吓得全身打颤，团团乱转。就这样，后羿一支接一支地把箭射向太阳，无一虚发，射掉了九个太阳。中了箭的九个太阳一个接一个地死去。他们的羽毛纷纷落在地上，他们的光和热一个接一个地消失了。大地越来越暗，直到最后只剩下一个太阳。

这个剩下的太阳害怕极了，在天上摇摇晃晃，慌慌张张，很快就躲进大海里去了。

天上没有了太阳，世界立刻变成了一片黑暗。万物得不到阳光的哺育，毒蛇猛兽到处横行，人们无法生活下去。他们便请求天帝，唤第十个太阳出来，让人类和万物繁衍下去。

一天早上，东边的海面上，透射出五彩缤纷的朝霞，接着一轮金灿灿的太阳露出了海面。

人们看到了太阳的光辉，高兴得手舞足蹈，齐声欢呼。

从此，这个太阳每天从东方的海边升起，挂在天上，温暖着人间，禾苗得以生长，万物得以生存。

后羿因为射杀太阳，拯救了万物，功劳盖世，被天帝赐封为天将。后与仙女嫦娥结为夫妻，生活得美满幸福。

MEMO

모의고사

북경어언대
新HSK 합격 모의고사 6급

新汉语水平考试
HSK(六级)
模拟试题 2

注　意

一、HSK(六级)分三部分：

　　1．听力(50题，约35分钟)

　　2．阅读(50题，50分钟)

　　3．书写(1题，45分钟)

二、全部考试约140分钟。

　　(含考生填写个人信息时间5分钟、填写答题卡时间5分钟。)

中国　北京　　　　　　　　　　　　ＸＸＸＸ/ＸＸＸＸＸＸ　　编制

一、听 力

第 一 部 分

第1-15题：请选出与所听内容一致的一项。

1. A 吕不韦担心书写得不好
   B 三千门客合写了一本书
   C 吕不韦要给每个人一斤黄金
   D 书的内容是研究汉字的用法

2. A 猜拳是一种武术的名字
   B 猜拳时要先后伸出手指
   C 猜拳输了的人应该喝酒
   D 猜拳主要看数学水平的高低

3. A 中山装是最近流行起来的
   B 中山装的四个口袋都没有袋盖
   C 中山装综合了东西方服饰的特点
   D 中山装是在西方专家指导下设计的

4. A 门童拦住了杨时
   B 杨时很尊敬老师
   C 老师不想见杨时
   D 杨时后来没出息

5. A 月光族都是年轻人
   B 月光族会更加健康
   C 月光族收入比较低
   D 月光族都长得漂亮

6. A 马拉多纳多次获得金球奖
   B 马拉多纳的守门水平也很高
   C 马拉多纳是一名有争议的教练
   D 马拉多纳的足球技术比较全面

7. A 这里的平均海拔在5000米以上
   B 这里的野生动物种群不到300种
   C 这里因为太热成为了"无人区"
   D 藏羚羊是这里最有名的野生动物

8. A 安静的房间对病人有益
   B 唠叨的人都是一片善心
   C 关心他人也许会带去麻烦
   D 人痛苦时需要和别人聊天儿

9. A 《海阔天空》内容是多元化的
   B 《海阔天空》是一张日语专辑
   C 《海阔天空》展现了爱情的忧伤
   D 制作《海阔天空》花了十年时间

10. A 蛇身上的虫卵不多
    B 吃火锅会感染疾病
    C 吃蛇有很大的危害
    D 没人真的喜欢吃蛇

11. A 古代的寓言故事说的是盗钟
    B 并不是所有事情都掩盖不住
    C 捂住自己的耳朵别人就听不见
    D 欺骗别人实际上就是欺骗自己

12. A 她们常受到病痛的折磨
    B 她们都是乡村音乐歌手
    C 她们有相同的兴趣爱好
    D 她们的头骨是连在一起的

13. A 云南的夏天不太热
    B 昆明冬季温暖夏季凉爽
    C 昆明位于一个高山下面
    D 昆明一年四季温度很低

14. A 这里的服务员很狡猾
    B 我们点的都是很贵的菜
    C 我差点儿丢了自己的票
    D 服务员多收了我120块钱

15. A 幻想小说可以分为两大类
    B 科幻小说有一定的科学基础
    C 《科学怪人》是诗人雪莱的作品
    D 《科学怪人》是第一部魔幻小说

第 二 部 分

第16-30题：请选出正确答案。

16. A 篮球训练营
    B 亚洲巡回赛
    C 篮球知识讲座
    D 篮球选秀大赛

17. A 参加公益活动有助于事业发展
    B 获得总冠军主要是球星的功劳
    C 要培养运动员的团队合作精神
    D 美国孩子和中国孩子没有区别

18. A 从NBA退役的外线投手
    B 本年度NBA冠军队队员
    C 即将成为NBA篮球巨星
    D NBA目前最佳的三分球投手

19. A 强壮的身体
    B 热爱篮球运动
    C 团队合作精神
    D 语言沟通能力

20. A 一定要热爱篮球运动
    B 一定要适应球队风格
    C 一定要熟练运用技巧
    D 一定要利用身高优势

21. A 1902年
    B 1985年
    C 1995年
    D 2002年

22. A 培养优秀教师
    B 世界高水平大学
    C 进入"211工程"
    D 培养人文科学优势

23. A 心理学是最好的专业
    B 只培养教师方面的人才
    C 历史学是主要特色之一
    D 自然科学竞争力全国第三

24. A 科技创新的成果
    B 北师大的专业介绍
    C 与国外交流的形式
    D 北师大的学校历史

25. A 北师大的校训学风
    B 北师大的地理位置
    C 北师大的科研情况
    D 北师大的招生计划

26. A 某公司财务部主任
    B 某在线游戏开发商
    C 某大学法学院教授
    D 互联网产品销售员

27. A 互联网无线游戏
    B 互联网门户网站
    C 互联网的安全监控
    D 线下与线上的结合

28. A 可以更加熟悉业务
    B 可以降低流程成本
    C 可以使心态更平和
    D 可以密切结合实际

29. A 是重大的机遇
    B 仅能当做尝试
    C 会有很大回报
    D 予以全面否定

30. A 无线游戏的设计理念
    B 互联网未来发展趋势
    C 以往创业的失败经历
    D 技术创新的主要方式

第 三 部 分

第31-50题：请选出正确答案。

31.　A　太累了想休息一天
　　　B　想换一个好的主人
　　　C　不想在这里干活儿了
　　　D　抱怨主人给的活儿太多

32.　A　伤心
　　　B　仇恨
　　　C　愤怒
　　　D　同情

33.　A　要惩罚背叛者
　　　B　不要对人抱怨
　　　C　要认真听别人讲话
　　　D　传言会让事情变坏

34.　A　不知道自己是谁
　　　B　自己会不会成功
　　　C　自己是天才还是笨蛋
　　　D　别人对他有不同看法

35.　A　酿成酒
　　　B　做成粽子
　　　C　做成饼干
　　　D　做成味精

36.　A　抬高自己
　　　B　贬低自己
　　　C　相信自己
　　　D　看轻自己

37.　A　学习成绩一直很差
　　　B　优秀的同学都嘲笑他
　　　C　对学习不好十分介意
　　　D　老师不问情况就教训他

38.　A　自卑感是天生的
　　　B　所有人都会自卑
　　　C　性格会导致自卑感
　　　D　自卑者都有心理创伤

39.　A　自卑的严重性
　　　B　自卑产生的原因
　　　C　什么时候会自卑
　　　D　自卑的人性格怎样

40.　A　银色轿车
　　　B　黑色轿车
　　　C　白色面包车
　　　D　银色面包车

41. A 喝了很多酒
　　B 怕老母亲担心
　　C 在饭店门口撞死了人
　　D 怕警方查出之前的车祸

42. A 他叫张应新
　　B 他住寒亭镇
　　C 他已经结婚了
　　D 他主动坦白了一切

43. A 怎样去找份好工作
　　B 签合同的注意事项
　　C 应征时的注意事项
　　D 怎样做个自信的人

44. A 五点
　　B 六点
　　C 七点
　　D 八点

45. A 简洁的简历
　　B 整洁的外表
　　C 提合适的问题
　　D 提前十分钟到

46. A 尽可能少说话
　　B 尽量不要紧张
　　C 不要主动问工资
　　D 适当了解具体情况

47. A 离婚率的变化
　　B 家庭幸福的条件
　　C "80后"的个性特点
　　D "80后"的离婚现象

48. A 二分之一
　　B 三分之一
　　C 四分之一
　　D 五分之一

49. A 父母
　　B 男方
　　C 女方
　　D 说不清

50. A 经验不足
　　B 思想开放
　　C 能够吃苦
　　D 心理不成熟

二、阅 读

第 一 部 分

第51-60题：请选出有语病的一项。

51. A 听着听着，我的泪水就不由得滑落了下来。

    B 茶楼坚持每天清晨五点半到八点半为老茶客营业。

    C 如果你辞职这家公司，能找到更好的工作岗位吗？

    D 户外运动的着装不是以美观为主，而是首先要考虑到实用性。

52. A 告诉你的那几位朋友们，我们随时在这里恭候。

    B 无论你在天南海北，水乡的船只都将送你抵达另一个彼岸。

    C 即使对方做错了什么，只要心是真诚的，就应该重动机而轻结果。

    D 不过目前在大多数江河中中华鲟已绝迹，仅在长江中现存数量略多。

53. A 近来，禽流感又在亚洲十多个国家和地区流行。

    B 除了他的日常生活绘画以外，基本上被茶所占据。

    C 灭鼠方法的落后与不科学，是近年来我国老鼠密度增加的重要原因之一。

    D 你现在在学术上已经超过我，回你的祖国效力去吧，科学是不分国界的。

54. A 临走那天，我提前一个小时就到车站大厅去等她。

    B 我国森林的这种状况带来了一系列的国内生态环境问题。

    C 这样的母爱真的能给孩子创造更好的成长空间和条件吗？

    D 学习、居住和生活环境在时空位置上的接近，易使人建立优秀的人际关系。

55. A 没有钱并不代表连零花钱都拿不出手。

    B 名人创作和刚毕业的学生创作完全是两回事。

    C 我一直觉得，无论别人这么看，咱们自己要看得起自己。

    D 女儿除了吃饭的时间有点儿自由，其余的时间早让作业给占满了。

56. A 我从小晕车得厉害，现在还不敢坐长途汽车。

B 一把牙刷不能长期使用，如果发现刷毛弯曲就应该及时更换牙刷。

C 1908年，源于太平洋岛屿的冲浪运动正式传到英国和欧美很多国家。

D 网络的普及和数字出版物的增加，对人们特别是青少年的阅读习惯产生很大影响。

57. A 被后人称为"茶仙、茶圣"的陆羽一生的经历极富传奇色彩。

B 西湾街上建于清同治年间的"祖荫堂"，是历史文化名人叶楚伧的祖居。

C 国立巴黎美术学院在中国也名声斐然，中国著名油画家徐悲鸿等就毕业这所学校。

D "五一"假期时，高成林本想带全家人去旅游，但一万多元的旅游费最后全花在书上了。

58. A 事实上，今天的人已经越来越发现，人类依靠科学来提升自己的生活已越来越接近极限。

B 将军一向以生活简朴著称，对生活腐化者和违纪者非常严厉，对下级干部和战士非常关心。

C 购房券的发放不仅仅让开发商受益，对于真正要买房的购房者来说，也提供了巨大的优惠，让他们省了不少钱。

D 国际乒联出台对于11分制、比赛用球增大、无遮挡发球等规则，唯一目的就是要让"乒乓球像足球一样在世界流行"。

59. A 为未来有一份好工作而上大学，从职业生涯规划看，这是十分理性的。

B 你要让孩子在努力的过程中不断提升自身的价值，同时学会自己管理自己。

C 我的家族并无早生华发的遗传史，我的白发是我对电影用了许多心力的证明。

D 香港队直到近几天就定下阵容，并一改上两届以东方队球员为核心的做法，变成以南华队、快译通队球员为主。

60. A 爱与死，战争与和平，是文艺作品永恒的主题，而战争片则是观众最喜爱的
影片类型。

B 俗话说"远亲不如近邻"，这是指在形成密切的人际关系的时，"交往距离"
成为一个重要条件。

C 千万不要等到退休后才考虑如何养老，退休前就应多想想退休后去哪里度
假，或者发展哪些兴趣爱好。

D 家长必须对孩子多一些正面的指导和评价，这样才有利于孩子自信心的建
立，才有利于孩子的健康成长。

第 二 部 分

第 61－70 题：选词填空。

61. 每当星期日，我总要路过县城十字街的一个老字号羊杂碎店铺，闻到那诱人的香味＿＿＿嗅嗅鼻子，可摸摸口袋里仅有的几个省下来的伙食钱，想想还有急需＿＿＿的几本书等着我去读，＿＿＿把迈出的脚抽回来。

    A 巴不得　　　检索　　　尴尬
    B 舍不得　　　出卖　　　紧张
    C 不见得　　　征订　　　混乱
    D 不由得　　　购买　　　慌忙

62. 烹调在中国早已超越了维持生存的＿＿＿，它的目的不仅是为了获得肉体的存在，而且是为了满足人的精神＿＿＿快感的需求。它是人们积极的＿＿＿的人生的表现，和美术、音乐等有着同样的提高人生境界的意义。

    A 地位　　　至于　　　充分
    B 作用　　　对于　　　充实
    C 性质　　　在于　　　充满
    D 性能　　　关于　　　充足

63. 快乐这东西煞是奇怪，你招它引它求它，它＿＿＿不来。你摆出满不＿＿＿的样子，它却来依你偎你就你。和快乐交手，要＿＿＿欲擒故纵的策略。

    A 明明　　　喜欢　　　采用
    B 渐渐　　　愿意　　　采纳
    C 时时　　　介意　　　采集
    D 偏偏　　　在乎　　　采取

64. 你们的时间有限，所以不要浪费时间活在别人的生活里。不要被信条所惑，
_____信条就是活在别人思考的结果里。不要让别人的意见_____了你内在的心
声。最重要的，拥有跟随内心与直觉的_____，你的内心与直觉_____已经知道
你真正想要成为什么样的人。任何其他事物都是次要的。

A 听从　　掩盖　　决心　　早晚
B 服从　　遮住　　才华　　迟早
C 遵从　　淡化　　胆量　　左右
D 盲从　　淹没　　勇气　　多少

65. 以减负为_____，上海市教委取消了全市范围内所有小学的期中考试，让孩子们
进一步从课业压力中_____出来。不可否认，取消期中考试可以减轻孩子们的
课业负担和心理负担。但由此认为减少考试次数就能为孩子"大松绑"，让孩子
_____放下"心理包袱"，这种想法就_____有些天真了。

A 目的　　放松　　根本　　难免
B 动机　　解救　　干脆　　不免
C 原则　　救助　　索性　　以免
D 宗旨　　解放　　彻底　　未免

66. 据记者了解，"呈现中国——外国作曲家写中国"_____活动由法国国家电台、
北欧作曲家协会、加拿大魁北克当代音乐协会和上海文广新闻传媒集团_____打
造，音乐会将于5月11日献演_____上海大剧院，八位才情横溢的北美作曲家通
过一年前在中国的实地采风，把自己对于中国传统音乐的初_____化作淙淙音符
与中外观众共享。

A 连串　　一并　　在　　感受
B 连续　　携手　　到　　领悟
C 系列　　共同　　于　　体验
D 并列　　联合　　给　　理解

67. _____重要的是，大学的教师们已经部分实现了远程教学的_____，例如俄克拉荷马大学利用网络让学生到东海岸和欧洲_____实地旅行，_____博物馆，观看航天飞机发射。

A 尤其　　　设计　　　虚构　　　拜访
B 特别　　　设施　　　虚荣　　　访问
C 更加　　　设想　　　虚拟　　　参观
D 特殊　　　设置　　　虚设　　　参与

68. 可是，如此_____的泥塑手艺并没有带来多大的销量。一方面，对于注册商标和在外面开店经营，二老_____。_____那需要很大的一笔费用，即使泥塑能点石成金，但那点儿金也太_____了。

A 精致　　　有备无患　　　终究　　　微不足道
B 精湛　　　有心无力　　　毕竟　　　微乎其微
C 精细　　　有求必应　　　到底　　　若即若离
D 精巧　　　有利可图　　　究竟　　　若隐若现

69. 他像是飘在大地上的风一样，随意地往前行走。他经过的_____村庄与集镇，尽管有着百般_____，然而却以同样_____的树木，同样_____的房屋组成，同样的街道上走着同样的人。

A 无数　　　姿态　　　颜色　　　形状
B 无限　　　形态　　　色泽　　　模样
C 无穷　　　姿势　　　色彩　　　外形
D 无边　　　形势　　　彩色　　　外貌

70. 现在好绿茶之所以______，很大程度是因为体制造成的，专家和茶厂基本都追求产量，很少有专心______老茶种和老工艺的。而各地最好的那批绿茶数量稀少，有很多历史名茶现在都只有几百斤的产量，又通过各种______进了送礼的单项通道，所以市场上难以______到最好的那批绿茶。

A 减少　　保存　　管道　　寻找
B 稀少　　保留　　渠道　　寻觅
C 缺少　　保管　　门道　　发现
D 短少　　保护　　交道　　发觉

第 三 部 分

第71-80题：选句填空。

71-75.

三国时期，曹操率大军想要征服东吴，孙权、刘备联合抗曹。

孙权手下有位大将叫周瑜，智勇双全，可是心胸狭窄，很妒忌诸葛亮(字孔明)的才干。因水中交战需要箭，周瑜要诸葛亮在十天内负责赶造十万支箭，哪知诸葛亮只要三天，还愿立下军令状，(71)__________________。周瑜想，三天不可能造出十万支箭，正好利用这个机会来除掉诸葛亮。于是他一方面叫军匠们不要把造箭的材料准备齐全，另一方面叫大臣鲁肃去探听诸葛亮的虚实。

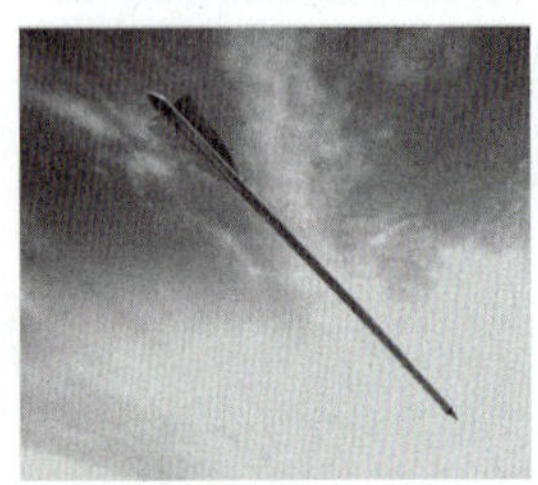

鲁肃见了诸葛亮。诸葛亮说："这件事要请你帮我的忙。希望你能借给我20只船，每只船上30个军士，船要用青布幔子遮起来，还要一千多个草把子，排在船两边。不过，(72)__________________。"鲁肃答应了，并按诸葛亮的要求把东西准备齐全。

两天过去了，不见诸葛亮有一点儿动静。到第三天四更的时候，诸葛亮秘密地请鲁肃一起到船上去，说是一起去取箭。鲁肃很纳闷儿。(73)__________________。那天江上大雾迷漫，对面都看不见人。当船靠近曹军水寨时，诸葛亮命船"一"字摆开，(74)__________________。曹操以为对方来进攻，又因雾大怕中埋伏，就派六千名弓箭手朝江中放箭，雨点般的箭纷纷射在草把子上。过了一会儿，诸葛亮又命船掉过头来，让另一面受箭。太阳出来了，雾要散了，(75)__________________。这时船两边的草把子上密密麻麻地插满了箭，每只船上至少五六千支，总共超过了十万支。

鲁肃把借箭的经过告诉周瑜时，周瑜感叹地说："诸葛亮神机妙算，我不如他啊！"

A　叫士兵擂鼓呐喊

B　完不成任务甘受处罚

C　诸葛亮令船赶紧往回开

D　这事千万不能让周瑜知道

E　诸葛亮吩咐士兵把船用绳索连起来向对岸开去

76-80.

许多动物本身就有"空调设备"。(76)＿＿＿＿＿＿＿＿＿，难以散热，但它们都各怀"特技"。

以鳄鱼为例。在炎热的天气里，它们常常长时间地待在岸边，张大嘴巴，通过急促地一呼一吸，将热空气排出去。(77)＿＿＿＿＿＿＿＿＿。

猴子要是感到太热了，它们就用自己潮湿的舌头，去舔自己两条毛茸茸的手臂。这种方法产生的作用，就像在它们的手臂上盖上两条凉爽的毛巾似的。

河马自有它们自己的防止太阳毒晒的方法。当它们不待在水里求凉，(78)＿＿＿＿＿＿＿＿＿，它们就利用自己的"防晒霜"。原来它们的皮脂腺能够分泌出一种红色的黏液。黏液干燥后，像一块遮阳板一样，保护它们敏感的皮肤不受紫外线的伤害。海象则尽量钻进沙堆里，用它们的鳍把潮湿的沙子拨盖在自己的身上，借沙子来防晒和纳凉。

非洲和印度的鹤鸟驱热和纳凉的方法是，不时将清凉的水喷洒在自己身上，把泥浆涂在自己的脚上。松鼠身上常有极佳的"遮阳伞"，那就是它们粗大的尾巴。它们将尾巴直竖起来，像一把伞一样遮住自己的身体，太阳光很难穿过它们浓密的尾毛，照射在它们的皮肤上。因此，是它们的尾巴，(79)＿＿＿＿＿＿＿＿＿。

老鹰常常用自己的身子，小心翼翼地盖在它们的幼鸟身上，以此来保护它们的孩子不受太阳的毒晒。因为幼鸟身上只有细细的绒毛，(80)＿＿＿＿＿＿＿＿＿。

兔子有自己的良好"空调器"，那就是它们那两只长长的、血液流畅的大耳朵。耳朵起着导热器的作用，不断地将兔子身上的热量排出体外，从而使兔子免受炎热之苦。

A 给它们带来一片阴凉

B 它们的皮肤上虽然没有汗腺

C 也不在泥沼里舒服地伸展四肢时

D 娇嫩的皮肤容易受到灼热的阳光的伤害

E 它们就是以这种手段来求得自身的凉爽的

第 四 部 分

第81-100题：请选出正确答案。

81-84.

　　头发对人来说，是司空见惯的。但头发却拥有奇妙的变化。在世界上，人的头发由于种族和地区的不同，有乌黑、金黄、红褐、红棕、淡黄、灰白，甚至还有绿色和红色的。科学研究证明：头发的颜色同头发里所含的金属元素的不同有关。黑发含有等量的铜、铁和黑色素，当镍的含量增多时，就会变成灰白色。金黄色头发含有钛，红褐色头发含有钼，红棕色的除含铜、铁之外，还有钴，绿色头发则是含有过多的铜。在非洲一些国家，有些孩子的头发呈红色，是严重缺乏蛋白质造成的。

　　一般人的头发约有10万根左右。在正常情况下，头发每日生长约0.3毫米，3天长1毫米左右。阳光照射能加速头发生长。每根头发的寿命一般为2至4年，最长的可达6年。假如连续50年不理发的话，头发可长至6米以上。据说，印度有一个僧侣院院长史华美，头发竟长至7.9米，是世界上头发最长的人。

　　头发除了使人增加美感之外，最重要的它还是头脑的"天然卫士"。夏天可防烈日，冬天可御寒冷。细软蓬松的头发具有弹性，可以抵挡较轻的碰撞，还可以帮助头部汗液的蒸发。

　　如头发大量脱落，就是一种病态，而且大多发生在有全身性疾病的情况下，如得了急性传染病，像伤寒、猩红热，或患了慢性病如结核病、贫血、糖尿病和内分泌紊乱，以及局部皮肤发生病变，如斑秃、脂溢性皮炎等，都可引起脱发。

81.　普通人对于头发：

　　A　非常关注　　　　　　　　B　漠不关心

　　C　平常对待　　　　　　　　D　十分好奇

82. 各种颜色的头发差异在于：

A　元素构成不同

B　营养物质不同

C　元素含量不同

D　颜色成分不同

83. 头发一个月大约可以长多长？

A　1厘米

B　1毫米

C　3毫米

D　0.3毫米

84. 头发最主要的作用是：

A　抵御寒冷

B　防止皮炎

C　增加美感

D　防止头部受创

马，它魁梧的身躯，奔驰千里的英姿，一直为人们所赞颂。可是马并不是生来就是这个样子的。单从形体大小来说，大约经过了5000多万年的由小到大的变化，它才由其貌不扬的小兽，变成了今天剽悍雄健的马。

世界上最早的马，是5000多万年以前的始祖马，它只有一尺左右高，相貌和现代的狐狸差不多，尾巴很细，脖子不长，背部隆起，有马鬃。到了距今3500万年以前时，始祖马进化成中马，但中马也只有1.5尺多高，和现代的羊或狼相似。到距今2500万年前，出现了住在草原上的草原古马，也只有现代的山驴那么大。大约在100多万年前，才出现了现代马。

世界上曾经生活过350多种野马，可是现在只剩一种了。它们生活在中国甘肃西北、新疆乌鲁木齐东北到哈密以北一带。因它们曾经生活在与蒙古交界的地方，有人叫它们"蒙古野马"；又因俄国探险家普尔热瓦尔斯基于1878年在新疆准噶尔盆地狩猎到一只，为了纪念他的功绩，将它们定名为"普氏野马"。

自从野马被发现以后，许多外国探险家纷纷到中国新疆来捕猎。从1898年到1901年，就捕到过50多只。现在，全世界80多个动物园里，饲养着的400多匹，就是那些野马的七到十世孙。

中国养马已有五六千年的历史，是世界上养马最悠久的国家，比其他国家要早一两千年。马和我们的炎黄祖先早就有了相依为命的关系。黄河流域，地势平坦，黄土松软，马是最重要的交通工具。在孔子的课程表上就有"骑射"这一科，而且是必修课，骑术成了读书人必备的技术。在以后的几个世纪中，马一直是战争的重要工具。

马和人虽然维系了近万年的主仆关系，但是到了19世纪末，由于汽车的发明，特别是当汽车首次出现在纽约市的街道上，并与当时当道的马车并驾齐驱之时，《纽约时报》马上发表社论，称赞汽车是一种安静而干净的交通工具，而且预言汽车将会逐渐取代马车。自此之后，马的身价便开始在人的社会里下降了。

85. 本文主要讲了什么?

    A 马的作用

    B 马的地位

    C 马的演变

    D 马的种类

86. 关于"普氏野马",哪一种说法是正确的?

    A 主要生活在蒙古

    B 全部生活在野外

    C 有五千年的历史

    D 是用探险家的名字命名的

87. 上文没有提到以下哪一项?

    A "始祖马"的身高

    B "中马"的出现年代

    C "草原古马"的生活领地

    D "蒙古野马"的繁殖特性

88. 马的身价在人的社会里下降的原因是什么?

    A 因为马不干净

    B 因为马没用了

    C 因为发明了汽车

    D 因为汽车与马并行

　　鲜花与掌声从来就是年轻人全力追逐的目标，在茶楼当过跑堂，在电子厂当过工人的周星驰也不例外。然而现实与梦想之间的距离总是很遥远，周星驰第一个工作是电影剧组的杂役，根本没有机会参加演出。

　　三年之后，周星驰才开始饰演一些仅有几句台词或根本就没有台词的小角色。在今天仔细观看电视剧《射雕英雄传》，就会在里面找到他的影子：一个只在画面上闪现了几秒钟的无名侍卫，最后以死亡结束了匆匆的亮相。

　　没有导演看中外形瘦弱另类的周星驰，在失落之余他转行做儿童节目主持人，一做就是四年。他以独特的风格赢得了孩子们的喜爱。但是当时有记者写了一篇《周星驰只适合做儿童节目主持人》的报道，讽刺他只会做鬼脸、瞎蹦乱跳，根本没有演电影的天赋。这篇报道深深刺激了周星驰，他把报道贴在墙头，时刻提醒和勉励自己一定要演一部像样的电影。

　　1987年，他真正意义参演了第一部剧集《生命之旅》，虽然还是跑龙套，但是终于有了飞翔的空间。从此，他开始用一身小人物的卑微与善良演绎自己的人生传奇。

　　经历过最底层的挣扎，拍完五十多部喜剧作品之后，周星驰成为大众心目中的"喜剧之王"。

　　在央视专访节目中，周星驰不无自嘲地回忆了自己走过的路程："有些人说我最辛酸的经历是扮演《射雕英雄传》里面一个被人打死的小兵，但是我记得这好像不是最小的，还有更小的角色。当时镜头只拍到我的帽子与后脑勺。那种感觉对我来说相当重要，因为这使我对小人物的百情百味刻骨铭心。"

　　没有人生下来就是大明星，也没有人刚开始工作就能如愿以偿。饱尝世事辛酸最后终于站在自己梦想舞台巅峰之上的周星驰，用他的经历告诉我们：卑微是人生的第一堂课，只有上好这一堂课，才有机会使自己的人生光彩夺目。对于刚毕业的大学生们来说，他就是一本很好的教材。

89. 周星驰追求的目标是什么？

   A 鲜花

   B 掌声

   C 喜剧

   D 成功

90. 为什么周星驰开始只饰演一些小角色？

   A 他是电影剧组的杂役

   B 他自己就是一个小人物

   C 他只适合做儿童节目主持人

   D 没有导演看中他的外形和个性

91. 周星驰接受央视采访时的心态是怎样的？

   A 辛酸

   B 痛苦

   C 兴奋

   D 乐观

92. 作者写这篇文章的目的是什么？

   A 鼓励人们

   B 讽刺周星驰

   C 赞美周星驰

   D 嘲笑小人物

93-96.

　　在我们每天消费的新闻中，总能发现一些"废词"，这些词语像牙缝里的肉屑一样没有营养。下面就是一组例子。

　　可能是为了吸引读者眼球的缘故，近年来，"竟然"这个词在新闻报道尤其是标题中频频出现，一些记者离开"竟然"竟然都不会说话了。如果一件事出乎所有人的意料，用"竟然"可以，但问题是，现在很多新闻并不值得去"竟然"。比如，"某女明星竟然也吸烟"，这有什么好"竟然"的，明星还有吸毒的呢。再比如"医院门口竟然卸下四车垃圾"，去掉这个"竟然"对这条新闻毫无影响。现在读者"竟然"看得实在太多了，你不用"竟然"，新闻反而更有人看。与这个词相"媲美"的还有一个"惊现"，也同样是诈诈呼呼，大惊小怪。

　　"不堪设想"也是新闻中用烂了的一个词。仔细想想，这个词几乎没有承载任何有用的信息。一件事的后果要么难以预料，要么可以预料，真正"不堪设想"的后果是没有的。且看这个例句："若不是消防人员及时赶到，后果不堪设想。"有什么"不堪设想"的，大不了全烧光，这结果不难设想。

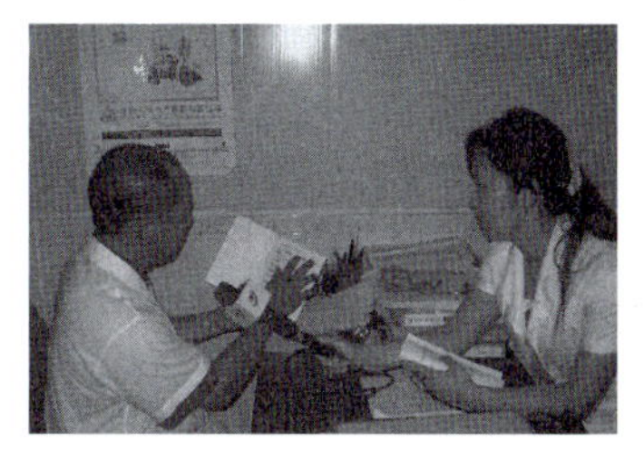

　　以前的记者等新闻，现在的记者抓新闻，有人就觉得这是一件多么了不起的事，在作报道时，总忘不了提一句："记者火速赶到现场"或者"记者专程飞到某地"。实地采访、亲临现场这是记者的职责，有什么好标榜的？至于"火速"，你有多"火"？你有多"速"？总不会乘火箭去吧？至于是不是"专程"，是不是乘飞机去，这些读者根本就不关心！只要你写的新闻报道有价值又好看，哪怕你是坐牛车顺便采访回来的，又有何妨呢？

　　新闻报道中的"废词"远不止上述几个，限于篇幅，就先拿这几个开刀吧，剩下的，我们以后再梳理。

93.　本文的作者是什么态度？

　　A　失望　　　　　　　　　　B　怀疑

　　C　愤怒　　　　　　　　　　D　批判

94. 文中第二段画线的句子是什么意思?

    A 现在很多新闻不值得报道

    B 现在很多新闻不值得去关注

    C 很多新闻根本不必用"竟然"

    D 所有新闻都不需要用"竟然"

95. 作者为什么觉得"火速"是一个"废词"?

    A 写新闻时不需要写报道速度

    B 记者的交通工具没必要报道

    C 及时报道新闻是记者的职责

    D 新闻的简洁才是读者需要的

96. 作者一共列举了几个他所认为的新闻中的"废词"?

    A 6个

    B 5个

    C 4个

    D 3个

　　候风地动仪是汉代科学家张衡的又一传世杰作。在张衡所处的东汉时代，地震比较频繁。据《后汉书·五行志》记载，自和帝永元四年(公元92年)到安帝延光四年(公元125年)的30多年间，共发生了26次大的地震。地震区有时大到几十个郡，引起地裂山崩、江河洪水泛滥、房屋倒塌，造成了巨大的损失。张衡对地震有不少亲身体验。为了掌握全国地震动态，他经过长年研究，终于在阳嘉元年(公元132年)发明了候风地动仪——世界上第一架地震仪。

　　据《后汉书·张衡传》记载，候风地动仪"以精铜铸成，圆径八尺"，"形似酒樽"，上有隆起的圆盖，仪器的外表刻有篆文以及山、龟、鸟、兽等图形。仪器的内部中央立着一根铜质"都柱"，柱旁有八条通道，称为"八道"。道中安有"牙机"。仪体外部周围铸有八条龙，按东、南、西、北、东南、东北、西

南、西北八个方向布列。龙头和内部通道中的发动机关相连，每个龙头嘴里都衔有一个铜球。对着龙头，八个蟾蜍蹲在地上，个个昂头张嘴，准备承接铜球。当某个地方发生地震时，地动仪内部的"都柱"就发生倾斜，触动牙机，使发生地震的方向的龙头张开嘴，吐出铜球，落到铜蟾蜍的嘴里，发生很大的声响。于是人们就可以知道地震发生的方向。

　　汉顺帝永和三年(公元138年)二月初三日，地动仪的一个龙机突然发动，吐出铜球，掉进了蟾蜍的嘴里。当时在京城的人们却丝毫没有感觉到地震的迹象，于是有人开始议论纷纷，责怪地动仪不灵验。没过几天，陇西(今甘肃省东南部)有人飞马来报，证实那里前几天确实发生了地震，于是人们开始对张衡的高超技术极为信服。陇西距洛阳有一千多里，地动仪标示无误，说明它的<u>测震灵敏度</u>是比较高的。

　　据学者们考证，张衡在当时已经利用了力学上的惯性原理，"都柱"实际上起到的正是惯性摆的作用。同时张衡对地震波的传播和方向性也一定有所了解，这些成就在当时来说是十分了不起的，而欧洲直到1880年，才制成类似的仪器，比起张衡的发明足足晚了1700多年。

97. 人们根据什么来判断地震的方向？

    A 都柱

    B 八道

    C 牙机

    D 铜球

98. 测震灵敏度指的是什么？

    A 方向标示的准确性

    B 感知地震的灵敏性

    C 预测地震的准确性

    D 感知地震的技术水平

99. 为什么说张衡的成就在当时来说是了不起的？

    A 张衡的发明比欧洲早

    B 地震仪的测震灵敏度高

    C 地震仪体现的技术水平高

    D 张衡发现并应用了科学规律

100. 关于张衡，下列说法正确的是哪一项？

    A 张衡接受过力学的教育

    B 地动仪是张衡唯一的作品

    C 人们可通过史书了解张衡

    D 人们一直不相信张衡的技术

三、书 写

第 101 题：缩写。

(1)　仔细阅读下面这篇文章，时间为 10 分钟，阅读时不能抄写、记录。

(2)　10 分钟后，监考收回阅读材料，请你将这篇文章缩写成一篇短文，时间为 35 分钟。

(3)　标题自拟。只需复述文章内容，不需加入自己的观点。

(4)　字数为 400 左右。

(5)　请把作文直接写在答题卡上。

　　从前，有个孩子名叫马良。父亲母亲早就死了，他靠打柴、割草过日子。他从小喜欢画画儿，可是，他穷得连一支笔也没有！

　　一天，他走过一个学馆门口，看见学馆里的老师拿着一支笔，正在画画儿。他不自觉地走了进去，对老师说："我很想学画儿，借给我一支笔可以吗？"老师瞪了他一眼，"呸！"一口唾沫啐在他脸上，骂道："穷娃子想拿笔，还想学画儿？做梦！"说完，就将他撵出大门。马良是个有志气的孩子，他说："我偏不相信，怎么穷孩子连画儿也不能学了！"

　　从此，他下决心学画儿，每天用心苦练。他到山上打柴时，就折一根树枝，在沙地上学着描飞鸟。他到河边割草时，就用草根蘸蘸河水，在岸石上学着描游鱼。晚上，回到家里，又拿一块木炭，在窑洞的壁上，把白天描过的东西一件一件再画一遍。没有笔，他照样学画画儿。

　　时间一年一年地过去，马良学画儿从没有一天间断过。他的窑洞四壁，麻麻花花全是画儿了。当然，他的进步也很快，真是画出的鸟就差不会叫了，画出的鱼就差不会游了。一次，他在村口画了只小母鸡，村口的上空就成天有老鹰打转。一次，他在山后画了只黑毛狼，吓得牛羊不敢在山后吃草。但是马良还是没有一支笔啊！他想，自己能有一支笔该多么好啊！

　　有一个晚上，马良躺在窑洞里，因为他整天地干活儿、学画儿，非常疲倦，一躺下来，就迷迷糊糊地睡着了。

　　不知道什么时候，窑洞里出现了一阵五彩的光芒，还来了个白胡子的老人，把一支笔送给了他："这是一支神笔，要好好用它！"马良接过来一看，那笔金光灿灿的；

拿在手上，沉甸甸的。他喜得蹦起来："谢谢你，老爷爷，……"马良的话没有说完，白胡子老人已经不见了。

马良一惊，醒了过来，揉揉眼睛，原来是个梦！可又不是梦啊！那支笔真在自己的手里！

他十分高兴，就奔了出来，挨家挨户去敲门，把伙伴都叫醒，告诉他们："我有支笔啦！"他用笔画了一只鸟，鸟扑扑翅膀，飞到天上去，对他叽叽喳喳地唱起歌来；他用笔画了一条鱼，鱼弯弯尾巴，游进水里去，对他一摇一摆地跳起舞来。他乐极了，说："这神笔，多好呀！"马良有了这支神笔，天天替村里的穷人画画儿：谁家没有犁耙，他就给他画犁耙；谁家没有耕牛，他就给他画耕牛；谁家没有水车，他就给他画水车；谁家没有石磨，他就给他画石磨……

天下没有不透风的墙，消息很快地传进了邻近村一个大财主的耳朵里。这财主马上派两个家丁来把他抓去，逼他画画儿。

马良年纪虽小，却生来是个硬性子。他看透财主的坏心肠，任凭财主怎样哄他、吓他，要他画个金元宝，他就是不肯画。财主就把他关在一间马厩里，也不给他饭吃。

傍晚，雪纷纷扬扬地落着，地上已经积起了厚厚一层。财主想，马良这一下不是饿死，也准冻死了。他走过马厩门口，只见门缝里透出红红的亮光，还闻到一股香喷喷的味道。他觉得奇怪，凑近眼去，从门缝往里一看，啊！马良不但没有死，反而还烧起了一个大火炉，一面烤着火，一面正吃着热烘烘的饼子呢！财主知道，这火炉和饼子一定是马良用神笔画的，就气呼呼地去叫家丁来，要他们把马良杀死，夺下那支神笔。十多个凶猛的家丁冲进了马厩，却不见马良，只见东面墙壁上，靠着一架梯子。马良趁着天黑，攀上这梯子，翻墙走了。财主急忙攀上梯子去追，没爬上三步，就摔下来了。原来，这梯子是马良用神笔画的。

马良逃出了财主的家，他知道在村里是不能住了，他向自己的村庄挥了挥手，默默地说了一句："伙伴们，再见啦！"马良用神笔画了一匹大骏马，跳上马背，向大路上奔去。没有走出多少路，只听见后面一阵喧哗，回头一看，火把照得通明，财主骑着匹快马，手执一把明晃晃的钢刀，带着一二十个家丁，追上来了。

眼看就要追着了，马良不慌不忙，用神笔画了一张弓，一支箭。箭一上弦，"飕"的一声，正射中财主的咽喉，财主翻身跌下了马。马良拍拍大骏马，大骏马飞一样地向前驰去了。

모의고사

북경어언대
新HSK 합격 모의고사 6급

新汉语水平考试
HSK(六级)
模拟试题 3

注　意

一、 HSK(六级)分三部分：

1．听力(50题，约35分钟)

2．阅读(50题，50分钟)

3．书写(1题，45分钟)

二、 全部考试约140分钟。

(含考生填写个人信息时间5分钟、填写答题卡时间5分钟。)

中国　北京　　　　　　　　　　　ＸＸＸＸ/ＸＸＸＸＸＸ　　编制

一、听　力

第　一　部　分

第1–15题：请选出与所听内容一致的一项。

1.　A 那天时间太晚
　　B 大雾影响交通
　　C 前面的车坏了
　　D 小李要去别人家

2.　A 我从小就长得很帅
　　B 我象棋水平排第二
　　C 我不喜欢夸奖自己
　　D 地位高的自由就少

3.　A 这种人的记忆力不好
　　B 坏习惯是很难改掉的
　　C 准备好了做事就有条理
　　D 没有事先准备肯定会失败

4.　A 明天有冷空气来临
　　B 本周的周末温度最高
　　C 明天的温度和今天一样
　　D 下周可能会出现雷阵雨

5.　A 涂鸦受到道德的批判
　　B 涂鸦已成为旅游景点
　　C 涂鸦不注重艺术加工
　　D 涂鸦是一种街头文化

6.　A 每个月工资是800块
　　B 顾客和收入关系不大
　　C 老板有时跟顾客吵架
　　D 员工的服务相当糟糕

7.　A 这部电影的男主角是陈凯歌
　　B 这部电影的改编者是李碧华
　　C 这部电影不太受老百姓欢迎
　　D 这部电影曾获国际电影节大奖

8.　A 珠宝就是指首饰
　　B 金银比珠宝价值大
　　C 珠宝和宝石不一样
　　D 珠宝由天然材料制成

9.　A 亚健康有器质性病变
　　B 中青年亚健康的人较多
　　C 亚健康人群全都在城市
　　D 女性比男性更容易生病

10.　A 方向比其他条件重要
　　B 故事的作者是楚国人
　　C 没有人告诉他方向错了
　　D 应坚持最初选择的方向

11.
A 明朝沿用了元代的服饰
B 官员和老百姓的衣服不同
C 朱元璋设计了自己的服饰
D 明朝的服饰使用了二十多年

12.
A 低碳需要消耗大量能源
B 低碳经济很难真正达到
C 低碳经济能够保护环境
D 低碳不用排放温室气体

13.
A 丰收的年份才吃腊八粥
B 腊八节要在门上涂稀粥
C 不能给鸡羊牛吃腊八粥
D 腊八粥可天天吃人人吃

14.
A 香槟显得很神秘
B 香槟只适合宴会
C 香槟比混合酒好喝
D 香槟的价格太高了

15.
A 回族在唐朝的时候最终形成
B 回族在元朝的时候开始产生
C 回族是中国分布最广的少数民族
D 回族是中国人口最多的少数民族

第 二 部 分

第 16-30 题：请选出正确答案。

16.　A 电视
　　　B 电台
　　　C 网络
　　　D 录音

17.　A 男的的新专辑
　　　B 男的的创作风格
　　　C 男的的写作过程
　　　D 男的的个人偏好

18.　A 适合K歌
　　　B 浪漫复古
　　　C 适合小众
　　　D 旋律轻松

19.　A 他是北京人
　　　B 他出了四张专辑
　　　C 他更喜欢英文歌曲
　　　D 他生于六七十年代

20.　A 对男的的专辑的评价
　　　B 男的写中文词的技巧
　　　C 恋爱对男的创作的影响
　　　D 男的未来的打算和方向

21.　A 经济发展前景
　　　B 振兴东北政策
　　　C 股票市场行情
　　　D 奥运会一周年

22.　A 暂时观望
　　　B 买进国电
　　　C 抛出中体
　　　D 立刻离开

23.　A 8月18号
　　　B 10月1号
　　　C 奥运会结束一周年
　　　D 奥运倒计时一周年

24.　A 最近北京旅游一直在跌
　　　B 绩优蓝筹比不过奥运主题
　　　C 有一些小的损失不必在意
　　　D 具体操作时应该高价跟进

25.　A 中国烟草
　　　B 中国石油
　　　C 中国电信
　　　D 中国船舶

26. A 因为冬天海水过于寒冷
    B 因为那时候深圳十分特别
    C 因为所有的亲朋好友都反对
    D 因为即将面对一个未知的环境

27. A 她喜欢原来的工作
    B 她愿意接受新事物
    C 她支持丈夫的决定
    D 现在是一名处级干部

28. A 没有找到投资的人
    B 互联网行业不景气
    C 管理层只有两个人
    D 经营品种过于单一

29. A 美商网
    B 8848网
    C 中国企业网
    D 深圳地产网

30. A 1999年
    B 2000年
    C 2001年
    D 2002年

第 三 部 分

第31-50题：请选出正确答案。

31. A 不甘平凡
    B 想要锻炼
    C 拥有地位
    D 变得强壮

32. A 兴奋
    B 坚决
    C 迷惑
    D 轻松

33. A 要勇于挑战高目标
    B 要拥有自己的优势
    C 做一件事要坚持不懈
    D 成功的标准不能降低

34. A 惊讶
    B 高兴
    C 难过
    D 骄傲

35. A 学生都不聪明
    B 老师是普通老师
    C 这些学生是最聪明的
    D 这位老师是最优秀的

36. A 没有人是天才
    B 人人都可以是天才
    C 天才都是靠自己努力
    D 成功要发掘自身潜力

37. A 一个小时
    B 四个小时
    C 五个小时
    D 一个半小时

38. A 汤里放了很多油
    B 熬的时间比较长
    C 脂肪微粒让汤美味
    D 缺乏蛋白质等营养

39. A 营养丰富
    B 没有价值
    C 是不健康的饮食
    D 能带来精神享受

40. A 正在加班很忙
    B 自己的心情不好
    C 觉得妻子请客不对
    D 觉得妻子不体谅他

41. A 停下来不说话
    B 做出直接的反应
    C 事后再去跟人讲话
    D 跳出自己的情绪回应

42. A 如何回答问题
    B 怎样控制不发脾气
    C 如何正确地回应别人
    D 怎么体谅自己的家人

43. A 包装食品
    B 游艺摊位
    C 饮食摊位
    D 百货摊位

44. A 100人
    B 300人
    C 500人
    D 1500人

45. A 没带身份证
    B 没交保证金
    C 没有经营权
    D 没打电话预约

46. A 体育
    B 娱乐
    C 经济
    D 生活

47. A 题材相对集中
    B 经济效益欠佳
    C 数量多质量高
    D 数量少质量高

48. A 军旅题材剧
    B 农村题材剧
    C 都市情感剧
    D 长篇历史剧

49. A 故事情节真实感人
    B 演员的表演轻松幽默
    C 反映和关注社会的现实
    D 顺应观众和时代的需要

50. A 题材更加广泛
    B 制作数量增加
    C 制作机构增加
    D 海外发行顺利

二、阅 读

第 一 部 分

第 51－60 题：请选出有语病的一项。

51. A 爱的力量最强大，远远胜过说教和管教。

    B 沿着青青的石板路，我不停地在巷子里徘徊。

    C 一个人的错误，有可能侥幸地成为另一个人的发现。

    D 自从他大学毕业以后，秦阿姨已经给他介绍三个对象过了。

52. A 参加一般的户外活动，旅游鞋是较明智的选择。

    B 我是一个喜欢努力的人，我喜欢把每一件事情都做到极致。

    C 你去中山陵观光的时候，不妨走多几步，顺便去音乐台看看。

    D 一项调查表明，有孩子的夫妻要比无子女的夫妻感受到的压力小。

53. A 任何一点点的小问题，都足以让我们大吵特吵。

    B 交往和沟通的技巧不仅仅是一门学问，而且是一种艺术。

    C "胜利2号"钻井船的船体结构和"胜利1号"复杂得多。

    D 那天，乔冠华每隔一小时就叫办公室打电话问机场，他们那次航班起飞没有。

54. A 比起其他猴类来，金丝猴的确是非常漂亮。

    B 她透露，《记忆之花》是一部与她以往作品不同的小说。

    C 对于善意的批评应采取接受的态度，而不应采取消极的反应。

    D 尽管是有钱人还是穷人，有病的时候都是我的患者，我当然应该一视同仁。

55. A 这样只会对有意愿购房的消费者起到一定的刺激作用。

    B 随时随地都应表现出真实的自己，没有人会相信骗子的。

    C 大脑控制着眼睛只看想看的东西，只关注具有魅力的东西。

    D 这是人类与自然环境的关系两个方面，缺少一个就会给人类带来灾难。

56. A 古典音乐毕竟不同于流行音乐，自身的实力比商业运作更重要。

    B 能源消费国一直最关心的是有没有足够的能源供应来满意自身的需要。

    C 列宾学院每年约招收135名学生，其中外国留学生基本占到总名额的25%。

    D 沿着河岸，我来到了富安桥东塬南侧的南市街上，寻找着属于周庄沈氏的荣
      耀与辉煌。

57. A 他会习惯性地使用当年自己父亲对付自己的法子来对待孩子。

    B 赵本山的出现，带给东北人内心的温暖与慰藉，是外地人所不能了解的。

    C 对方公司各方面的负债越来越多，我方不否认他们近期之内没有破产的可能
      性。

    D 为子女创业或结婚买房筹备资金，以便减轻子女的生活压力，这是为人父母
      的一片苦心。

58. A 一旦一票难求的问题解决了，票贩子就没有市场了，火车票实名制也就没有
      必要了。

    B 但也有一些业内人士认为，指导规则毕竟缺乏强制性，能起到多大效果还存
      在疑问。

    C 现在地球周围已经有数不清的垃圾需要处理了，若不及时进行处理它们，宇
      宙航行的悲剧就会发生。

    D 这也是人类第一次有能力在宇宙深处探索恒星周围的可居住带，它有可能带
      领我们发现另一个地球。

59. A 由于钱三强卓有成效的工作，他刚去法国居里实验室一年多，便为华夏学子
      争得了荣誉。

    B 为了上艺术培训班，刘露只能挤出休息时间完成学校作业，周末两天有时要
      写作业写到深夜12点。

    C 大人的一言一行、一举一动，都在给孩子树立样板，都在孩子的精神世界烙
      上了永远的印记和影响。

    D 如果一位教师不会利用电脑扩充知识、信息和自己的难题，过不了多久他可
      能会发现自己已落后于时代的发展。

60. A 别的动物的嘴只会吃东西，人类的嘴除了吃东西还会说话。

B 从文字学的角度来说，甲骨文和金文具有通过字形了解含义的功能，隶体字的这种功能已经衰减。

C 通常认为，雷雨云是在一定大地和大气条件下，由强大潮湿热气流不断上升进入稀薄大气层冷凝的结果。

D 五四运动时的中国正处在社会大变动时期，徘徊在十字路口，反映不同政治势力的各种新旧思潮异常活跃，斗争异常激烈极了。

第 二 部 分

第61-70题：选词填空。

61. 世界各地＿＿＿着许许多多有关花的故事传说，正是由于受花语的＿＿＿，各地
    区因风土人情不同，各有自己特别喜爱的花。法国的国花百合，表示宁静和
    谐；希腊的国花油橄榄，则是传说中和平之神手握的花枝，＿＿＿和平。

    A　流行　　　启事　　　比喻
    B　时兴　　　反映　　　引申
    C　流传　　　启示　　　象征
    D　播出　　　反应　　　表示

62. 如果冲突情境长期不能解决，不仅会出现＿＿＿性反应，严重时还会导致神经症
    等严重的心理＿＿＿。很多研究的结果＿＿＿，大部分神经症，尤其是神经＿＿＿
    的产生，往往是由于长期的内心矛盾冲突造成的。

    A　防守　　　阻碍　　　表示　　　衰败
    B　防护　　　妨碍　　　表现　　　衰老
    C　防御　　　障碍　　　表明　　　衰弱
    D　防治　　　碍事　　　表达　　　衰退

63. 在农耕社会里，农作物是最重要的植物，因而最受＿＿＿，并形成了自己的专门
    的神。据考证，稷(粟)可能是我国北方最早＿＿＿的农作物，稷神的＿＿＿也要早
    于黍、稻、麦、菽等农作物的神灵。所以当农作物诸神＿＿＿为一神时，稷神就
    成为必然的出任者。

    A　崇高　　　种植　　　形成　　　统一
    B　崇拜　　　栽培　　　产生　　　综合
    C　崇尚　　　养育　　　萌芽　　　集中
    D　崇敬　　　培育　　　引进　　　组织

64. 侦查人员在讯问犯罪嫌疑人的时候，应当首先讯问犯罪嫌疑人是否有犯罪＿＿＿＿，让他＿＿＿＿有罪的情节或者无罪的＿＿＿＿，然后向他提出问题。犯罪嫌疑人对侦查人员的提问，应当如实回答。但是对与本案无关的问题，有拒绝回答的＿＿＿＿。

A 行径　　　表达　　　辩论　　　权力
B 事实　　　叙说　　　辩护　　　权益
C 行为　　　陈述　　　辩解　　　权利
D 活动　　　说明　　　辩白　　　权限

65. 民间崇拜的历史人物中，有＿＿＿＿一部分是因为生前有功于社会，为民众做了好事，或者是在外敌入侵之＿＿＿＿，挺身卫国的民族英雄。民众崇拜他们的业绩，往往奉祀以示纪念，随后又将他们神化。如药王孙思邈，本来是唐代一位著名的医生。他医术＿＿＿＿，民间钦佩感激，于是将他神化，＿＿＿＿他为"药王"。

A 比较　　　时　　　杰出　　　封
B 非常　　　刻　　　高明　　　评
C 格外　　　后　　　突出　　　敬
D 相当　　　际　　　高超　　　尊

66. 白蛇与许仙，在中国是一个＿＿＿＿的传说，写这故事的有好几种书，我最爱《警世通言》上的"白娘子"。从那故事＿＿＿＿，白娘子是个极富人情也极有人性的＿＿＿＿的女性，她爱许仙，嫁给许仙，后来被法海收服；文情简单＿＿＿＿，使人感到一丝淡淡的无名的悲哀，是中国短篇小说中的杰作。

A 德才兼备　　　来说　　　一般　　　素质
B 众所周知　　　说来　　　经常　　　质朴
C 家喻户晓　　　看来　　　平凡　　　朴素
D 古为今用　　　来看　　　日常　　　朴实

67. 我在北京京翰学校上课的时候，常常听到一些孩子_____，他们嘴里常常喊着自己的春天逝去了，不会再来了。_____听到这些，我都把它看成是一种学习疲劳期的_____。可是回过头来想想，我们又有多少个这样的黄金_____呢。

A 怨恨　　　各各　　　休息　　　时刻
B 抱怨　　　每每　　　喘息　　　时代
C 埋怨　　　各次　　　安息　　　时候
D 牢骚　　　每次　　　叹息　　　时机

68. 自负在人际交往中表现为傲气轻狂，_____，只关心个人的需要，强调自己的感受而_____他人。与同伴相处，高兴时海阔天空，_____；不高兴时乱发脾气，很少考虑对方的感受。与熟识的人相处，常过高地估计彼此的_____程度，使对方出于心理防卫而疏远。

A 雪上加霜　　　歧视　　　风风火火　　　亲热
B 无动于衷　　　无视　　　呼风唤雨　　　亲切
C 轻而易举　　　轻视　　　大手大脚　　　亲爱
D 居高临下　　　忽视　　　手舞足蹈　　　亲密

69. 有研究结果表明，如果母亲过于_____、粗暴惩罚、对孩子表现出过度的_____和失望，那么有可能影响孩子对他人的感情关注。青少年可能表现为_____对父母和他人的照顾和同情。相反如果母亲用_____的方式教育孩子，则有助于_____孩子对他人的感情关注。

A 严厉　　　愤怒　　　缺乏　　　温和　　　维持
B 严肃　　　悲哀　　　缺少　　　温暖　　　坚持
C 严格　　　沮丧　　　缺口　　　温情　　　保持
D 严谨　　　灰心　　　缺陷　　　温柔　　　劫持

70. 不尊重艺术的特质，也就不可能达到艺术效果，＿＿＿了艺术规律就会受到惩罚。这原是文艺学的基本＿＿＿，而我们是＿＿＿了一段相当长的时期，而且付出了＿＿＿的代价以后，对这些基本原理才有了＿＿＿的体会的。

A　违反　　原理　　通过　　沉重　　深切
B　违背　　道理　　走过　　郑重　　深刻
C　违犯　　定理　　经过　　严重　　深浅
D　违抗　　条理　　越过　　庄重　　深远

第 三 部 分

第71-80题：选句填空。

71-75.

　　齐国的大将田忌，很喜欢赛马。有一回，他和齐威王约定，要进行一场比赛。他们商量好，(71)________________。比赛的时候，要上马对上马，中马对中马，下马对下马。

　　由于齐威王每个等级的马都比田忌的马强得多，所以比赛了几次，田忌都失败了。田忌觉得很扫兴，比赛还没有结束，(72)________________。看赛马的人群中有个人是田忌的好朋友孙膑，他见田忌要走，便招呼田忌过来，拍着他的肩膀说："我刚才看了赛马，威王的马比你的马快不了多少呀。"孙膑还

没有说完，田忌瞪了他一眼："想不到你也来挖苦我！"孙膑说："我不是挖苦你，我是说你再同他赛一次，我有办法准能让你赢了他。"田忌疑惑地看着孙膑："你是说另换一匹马来？"孙膑摇摇头说："连一匹马也不需要更换。"田忌毫无信心地说："那还不是照样得输！"孙膑胸有成竹地说："你就按照我的安排办吧。"

　　齐威王屡战屡胜，正在得意洋洋地夸耀自己马匹的时候，看见孙膑陪着田忌迎面走来，便站起来讥讽地说："怎么，莫非你还不服气？"田忌说："当然不服气，咱们再赛一次！"说着，"哗啦"一声把一大堆银钱倒在桌子上，作为他下的赌钱。齐威王一看，心里暗暗觉得好笑，于是吩咐手下，(73)________________，另外又加了一千两黄金，也放在桌子上。齐威王轻蔑地说："那就开始吧！"

　　一声锣响，比赛开始了。孙膑先以下等马对齐威王的上等马，第一局输了。齐威王站起来说："想不到赫赫有名的孙膑先生，(74)________________。"孙膑不去理他。接着进行第二场比赛。孙膑拿上等马对齐威王的中等马，获胜了一局。齐威王有点儿心慌意乱了。第三局比赛，孙膑拿中等马对齐威王的下等马，又战胜了一局。这下，齐威王目瞪口呆了。比赛的结果是三局两胜，当然是田忌赢了齐威王。还是同样的马匹，(75)________________，就得到转败为

胜的结果。

A　竟然想出这样拙劣的对策

B　把各自的马分成上中下三等

C　由于调换了比赛的出场顺序

D　把前几次赢得的银钱全部抬来

E　就垂头丧气地打算离开赛马场

从前晋朝有个做官的人叫乐广。他有位好朋友，一有空儿就要到他家里来聊天儿。

有一段时间，他的朋友一直没有露面。乐广十分惦念，就登门拜望。只见朋友半坐半躺地倚在床上，脸色蜡黄。乐广这才知道朋友生了重病，(76)＿＿＿＿＿＿＿＿＿＿＿＿。朋友支支吾吾不肯说。(77)＿＿＿＿＿＿＿＿＿＿＿＿，朋友才说："那天在您家喝酒，看见酒杯里有一条青皮红花的小蛇在游动。当时恶心极了，想不喝吧，您又再三劝饮，出于礼貌，不好拒绝你的好意，只好十分不情愿地饮下了酒。从此以后，就总是觉得肚子里有条小蛇在乱窜，想要呕吐，(78)＿＿＿＿＿＿＿＿＿＿＿＿。到现在病了快半个月了。"

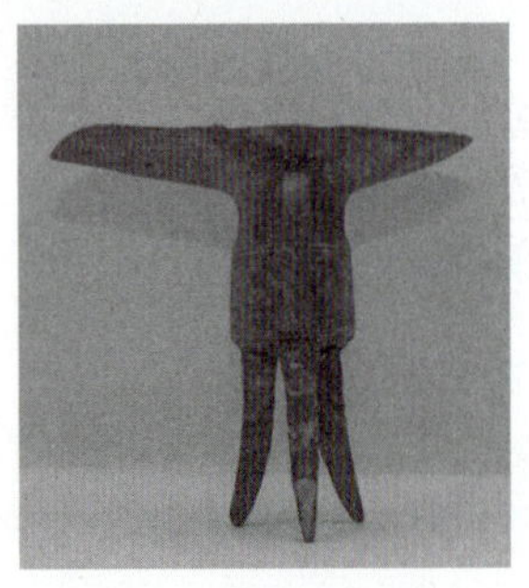

乐广心生疑惑，酒杯里怎么会有小蛇呢？但他的朋友又分明看见了，这是怎么回事儿呢？回到家中，他在殿内里踱步，分析原因。他看见墙上挂着一张青漆红纹的雕弓，灵机一动：是不是这张雕弓在捣鬼？于是，他斟了一杯酒，放在桌子上，移动了几个位置，终于看见那张雕弓的影子清晰地投映在酒杯中，(79)＿＿＿＿＿＿＿＿＿＿＿＿，真像一条青皮红花的小蛇在游动。

为了解除朋友的疑惑，乐广马上用轿子把朋友接到家中。请他仍旧坐在上次的位置上，仍旧用上次的酒杯为他斟了满满一杯酒，问道："您再看看酒杯中有什么东西？"那个朋友低头一看，立刻惊叫起来："蛇！蛇！又是一条青皮红花的小蛇！"乐广哈哈大笑，指着壁上的雕弓说："您抬头看看，那是什么？"朋友看看雕弓，再看看杯中的蛇影，恍然大悟，(80)＿＿＿＿＿＿＿＿＿＿＿＿，心病也全消了。

A　经过再三追问

B　随着酒液的晃动

C　顿时觉得浑身轻松

D　什么东西也吃不下去

E　就问他的病是怎么得的

第 四 部 分

第81-100题：请选出正确答案。

81-84.

中国的词语有时相当地精确。譬如说："谈恋爱"这三个字，概括了一般从介绍认识到结婚的男女之间感情发展的全过程。

开始是"谈"，双方一方面要向对方介绍自己、表白心意，一方面又要从对方的话中尽量捕捉信息。在这个阶段，双方一般都是比较紧张的，唯恐一句话说错给对方留下坏印象，又怕太谨慎让对方觉得不真诚。往往一方像做报告一样眼睛望着前方讲得起劲，另一方头点得起劲，谈两个小时回家头颈都很酸。

第二个阶段是"恋"，语言在那时失去了主要地位，对方是好是坏已经在整体上有了把握，而且往往都把对方看得没有十全十美，也至少有九全九美。两个人只要坐在一起，就充满了幸福感。双方身体任何部分的接触，都能比话语传达出多得多的情意。两个人只要呆在一起，只希望呆在一起的时候地球停止转动。

第三个阶段是"爱"，头脑发热的时候过去了，双方都冷静了；各自的缺点也显露出来了，小冲突、小口角也有了。那时候，产生了种种不满意、失望，甚至想摆脱，结果却发现骨子里两个人已经连在一起了，其实是找不到比对方更理想的人了，那就是"爱"。

81. 谈恋爱的第一阶段在心理上的主要特点是什么？

    A 紧张

    B 激动

    C 失望

    D 谨慎

82. 为什么说在第二阶段，语言失去了主要地位？

    A 已经对对方失去兴趣，不需要再交谈

    B 语言表达的情意在这一阶段失去作用

    C 已经了解对方，在一起就能体会幸福

    D 双方都已经冷静下来，不被语言蒙骗

83. 在什么时候"恋"变成了"爱"？

    A 热情冷却，却无法分离

    B 热情高涨，已难舍难分

    C 头脑冷静，想摆脱对方

    D 头脑发热，缺点被遮盖

84. 为什么说"谈恋爱"这个词体现了中国用语的精确？

    A 词语的含义很深刻

    B 爱情是不断发展的

    C 每个字代表一个阶段

    D 高度概括爱情发展过程

谈到网络游戏，青少年网瘾问题是不容回避的。这并不是因为成人不上瘾，一个成年人沉迷游戏或者沉迷麻将或者沉迷爱情，是他个人的事情，自己想办法解决就是了，而青少年则更需要全社会的关怀和帮助。

网络游戏容易成瘾，是因为在虚拟的游戏环境下最容易满足一个人的基础情感快乐需求。人的基础情感快乐需求，主要来自团体，来自团体其他成员对个人的认可、竞争中的胜出、公平竞争的过程，等等。网络游戏在虚拟的环境下，首先提供了一个公平竞争的开始。不管你出生在哪里，有什么家庭背景，进入游戏后，所有的游戏在开始的时候都非常简单，你只要和最基础的敌人对抗一下，马上就会看到你的成就。比如：你获得了基本的服装，盖了个小房子，等等。游戏对你的奖励立刻就得到兑现，你做得越多兑现得就越多。现实中的孩子们呢？做不完作业、跟不上功课的自然得不到表扬，做得好一些的也很少得到表扬或奖励，老师与家长总有更高的要求等着你。对比之下，电脑所给予的那一点儿虚拟的奖励，却给孩子们带来了最直接的心理基础快乐。

接下来再看网游。网游中玩儿家都是在一次次挫败中反复多次，直至取得胜利的。这个过程和学习中遇到困难直至克服困难的过程很相似。但在游戏中，玩儿家就会自觉地一次次努力，在学习中很多孩子就退缩了。最直接的心理原因，大概是玩儿游戏时孩子们不需要面对老师和家长的期待，打不过就继续。在游戏中打不过怪物很正常，没有玩儿家嘲笑你，他们会告诉你一些方法，甚至借给你道具，等等，帮助无处不在。而在学习中你学不会，那意味着你是拖后腿的，老师同学都不待见你，等待你的是一轮轮的批评教育和"帮助"。

目前的教育制度，不是我们一般人可以改变的。但是对待自己的子女，家长们要认识到孩子们需要的不仅仅是吃饱穿暖有钱花，不能一味责怪孩子喜欢网络游戏而不愿意和家长交流，而是要学会真正地关心孩子的心理成长需求。

85. 作者认为孩子在游戏中反复努力而在学习中退缩的原因是什么?

    A　游戏更有趣

    B　学习太难了

    C　游戏压力小

    D　喜欢玩儿游戏

86. 青少年在玩儿网络游戏时没有感觉到:

    A　失败的打击

    B　别人的帮助

    C　及时的奖励

    D　公平的竞争

87. 家长们对孩子玩儿网游的态度是:

    A　不闻不问

    B　理解支持

    C　批评责备

    D　严厉打击

88. 作者写这篇文章的目的是什么?

    A　推广网络游戏

    B　帮助孩子克服网瘾

    C　改革现有教育制度

    D　纠正家长的教育方式

89-92.

在一个偏僻贫困的小村庄，有一所小小的学校。

有一天，上课必需的粉笔用完了，女教师便想了一个办法。她找了杯清水，然后对孩子们说："来，老师蘸着水在黑板上写，上课——"

孩子们认真地点了点头，答应了。

于是，她一笔一画地教，孩子们一笔一画地学。

当然了，这需要速度——因为，只要教得慢了点儿，或者记得慢了点儿，那用水写的字就立刻干了，看不见了。

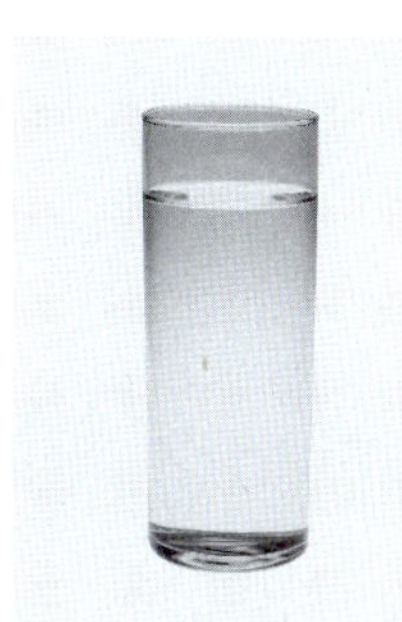

这以后，每当没有粉笔的时候，女教师就以水代笔；而可怜的孩子们，也渐渐地适应了这种奇怪的上课方式。

一天，女教师哭了。她——一位亭亭玉立的女教师却要用那纤纤玉指蘸着水在黑板上写字，在冰凉冰凉的黑板上耕耘！

可她想想，又笑了。磨秃了自己的手指头，却丰富了孩子们的心灵，值得。

她从容，坦然，一如既往。

有一天，她走进教室，正准备上课，突然发现杯子里的水已全部漏完。——也难怪，那盛水的杯子太陈旧了，陈旧得让人想起这个古老民族的沉重的历史。

没水，怎么板书？没水，怎么上课？

也就在这山穷水尽的时刻，女教师突然感到，从她右手的手指尖上，正在不断地渗水——亮晶晶的水珠——水！有水就能上课！

女教师猛地转身，在黑板上飞快地写了起来。

她写得飞快。孩子们也记得飞快。

就这样，每当她转身板书的时候，那指尖上的水珠也就恰到好处地冒了出来。

天！她从此有了特异功能！

日复一日，年复一年。

这种古怪教育的奇异结果，便是造就了一批可以高速理解、高速记忆、高速运算的神童。也正是由于这种神奇的高速度，这批神童被一所著名的大学破格录取了。

那么，从女教师的手指上奔涌而出的那些液体，究竟是什么呢？

有人化验过，那水，与泪水的化学成分一模一样……

89. 女教师为什么要用清水写字？

    A　用清水写字速度很快

    B　锻炼孩子的记录速度

    C　村里很穷买不起粉笔

    D　用清水写字不用擦黑板

90. 当女教师说要用清水写字时孩子们是什么反应？

    A　气愤

    B　悲伤

    C　同意

    D　高兴

91. 这些孩子为什么成为了神童？

    A　记笔记的速度非常快

    B　能高速理解记忆运算

    C　被一所著名大学录取

    D　他们都具有特异功能

92. 这个故事主要想告诉我们什么？

    A　女教师非常坚强

    B　孩子们非常聪明

    C　奇怪的教学方法

    D　爱可以产生奇迹

本公司最新推出一条西藏旅游线路。此线路到拉萨后先去林芝，正好可以慢慢适应高原反应，对缓解高原反应有很大的好处。报名者请将姓名、人数及联系电话等相关资料用e-mail或传真或电话的方式通知我社，以便安排旅游。您的报名得到确认后，请汇1500元的定金到本公司账号(只有收到您的定金，才能最后确认您的报名)。本公司有权根据情况前后调整或取消行程。由此多发生的费用由游客自行承担，费用已交但行程取消时相关费用退还给游客。

由于是在高原行驶，人烟稀少，常有车辆在路上抛锚情况及其他各种意外，如发生此情况，本公司不负责赔偿(除非是本公司人为因素所造成)。高原气候白天及夜晚温差较大，白天较热，早晚较凉，请自备防寒衣物。建议自备以下物品：衣物、太阳镜、相机、胶卷、防晒霜、防晒唇膏、太阳伞、水壶、常用药、抗高原反应药品、有效证件等。在四川及西藏旅行有一定的危险性，请游客充分考虑这一点，若发生安全事故，造成人身伤害或财产损失，将按有关保险条例由保险公司进行赔偿；本公司不承担另外的赔偿责任。防止高原反应请看注意事项。

93. 为什么到拉萨后要先去林芝？

    A 可以减少高原上的费用

    B 避免汽车在山路上抛锚

    C 高原上的住宿安排不过来

    D 适应高原反应需要一个过程

94. 姓名、人数、联系电话等资料可以通过几种方式通知旅行社？

    A 一种

    B 两种

    C 三种

    D 四种

95. 什么条件下旅行社负责赔偿?

    A 汽车在高原上行驶中抛锚

    B 旅行社取消某项旅游行程

    C 汽车在高原上发生安全事故

    D 旅行社人为因素造成意外损失

96. 下列符合原文意思的说法是：

    A 旅行社预备了游客的防寒衣物

    B 这条线路的旅游费用多退少补

    C 高原地区上午和下午温差较大

    D 定金没有收到也可确认报名完成

新疆达坂城风力发电厂坐落在达坂城山口，东西长约80公里，南北宽约20公里，是南北疆气流活动的主要通道，来自西伯利亚的冷风与大沙漠蒸腾的热气激烈对流，汇聚成风吹向达坂城。

达坂城拥有百里风带，这里一年到头只刮一场风，从年初一到年三十。为了不让这资源白白浪费，政府在那儿建起了中国最大的风力发电厂。无数个大风车一般的风力发电机挺立在百里风带上，迎风旋转，颇为壮观。不愧为亚洲最大的风力发电厂。

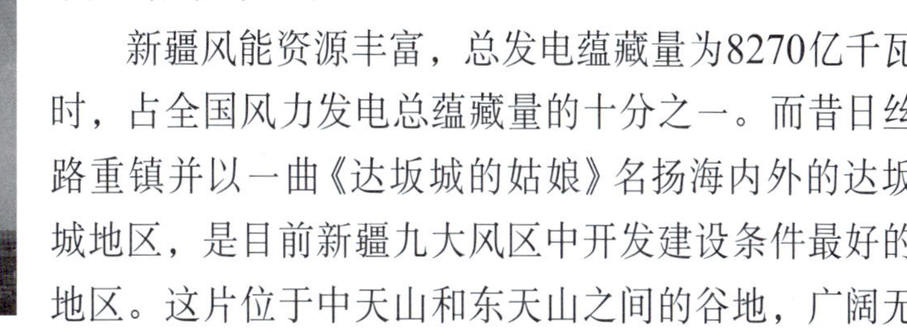

新疆风能资源丰富，总发电蕴藏量为8270亿千瓦时，占全国风力发电总蕴藏量的十分之一。而昔日丝路重镇并以一曲《达坂城的姑娘》名扬海内外的达坂城地区，是目前新疆九大风区中开发建设条件最好的地区。这片位于中天山和东天山之间的谷地，广阔无人，可安装风力发电机的面积在1000平方公里以上，年风能储藏量250亿千瓦时，可装机容量达2500兆瓦。同时，风速分布较为平均，破坏性风速和不可利用风速极少发生。一年内，12个月均可开机发电。此外，达坂城地区距乌鲁木齐电网的负荷中心仅40公里，输出的电能沿线损耗小。区域内地势平坦，地质坚硬，312国道吐乌高等级公路及兰新铁路从中穿越，运输及施工建设条件优良。

1985年，新疆开始了风力发电的研究、试验和推广工作。1986年，从丹麦引进区内第一台风力发电机，在柴窝堡湖边高高竖起，试运行成功，为新疆风能资源的开发和利用奠定了基础。1988年，利用丹麦政府赠款，新疆完成了达坂城风力发电厂第一期工程。这是自治区最早的风力发电厂，也是全国规模开发风能最早的实验场。

此后，发电厂不断扩大，至2000年底，新疆风能公司达坂城风力发电厂备有风力发电机32台，装机容量11100千瓦。

在引进风力发电机的基础上，新疆还迈开了风力发电机组国产化的步伐。1998年7月，新疆风能公司自行设计制造的首批两台600千瓦风力发电机安装成功，现已投入运行，发电机国产化率分别达到33.4％和36.5％，成为我国600千瓦风力发电机实施国产化最早的风力发电厂。风力发电机的国产化，大大降低了风力发电的成本，对于加速我国风能资源的开发、提高风能利用的技术水

平，具有重要意义,也推动了我国的环保事业，促进了人与自然的和谐。在能源
紧张的趋势下，为我国经济的可持续发展注入了一剂强心针。

97.　为什么达坂城会有丰富的风力资源？
　　　A　位于沙漠之中
　　　B　远离西伯利亚
　　　C　处在冷热气流交汇处
　　　D　位于南北疆的中间地带

98.　关于达坂城地区，下列说法错误的是：
　　　A　有穿越该地区的铁路
　　　B　经常有可怕的破坏性风速
　　　C　有亚洲最大的风力发电厂
　　　D　中国最早用风力发电的地区

99.　风力发电的优点是什么？
　　　A　节能环保
　　　B　技术要求低
　　　C　可以引进国外资金
　　　D　发电机组全部国产

100.　新疆风力发电厂的发展经历了怎样的过程？
　　　A　一直独立开发
　　　B　由国营变为私营
　　　C　由依靠变为独立
　　　D　由亏本转为赢利

三、书 写

第101题：缩写。

(1)　　仔细阅读下面这篇文章，时间为10分钟，阅读时不能抄写、记录。

(2)　　10分钟后，监考收回阅读材料，请你将这篇文章缩写成一篇短文，时间为35分钟。

(3)　　标题自拟。只需复述文章内容，不需加入自己的观点。

(4)　　字数为400左右。

(5)　　请把作文直接写在答题卡上。

七夕节始终和牛郎织女的传说相连，这是一个美丽的、千古流传的爱情故事，已成为我国四大民间爱情传说之一。

相传在很早以前，南阳城西牛家庄有个聪明、忠厚的小伙子，父母早亡，只好跟着哥哥嫂子度日，嫂子马氏为人狠毒，经常虐待他，逼他干很多的活儿。一年秋天，嫂子逼他去放牛，给他九头牛，却让他等有了十头牛时才能回家，牛郎无奈只好赶着牛出了村。

牛郎独自一人赶着牛进了山，在草深林密的山上，他坐在树下伤心，不知道何时才能赶着十头牛回家。这时，有位须发皆白的老人出现在他的面前，问他为何伤心，当得知他的遭遇后，笑着对他说："别难过，在伏牛山里有一头病倒的老牛，你去好好喂养它，等老牛病好以后，你就可以赶着它回家了。"

牛郎翻山越岭，走了很远的路，终于找到了那头有病的老牛。他看到老牛病得厉害，就去给老牛打来一捆捆草，一连喂了三天，老牛吃饱了，才抬起头告诉他：自己本是天上的灰牛大仙，因触犯了天规被贬下天来，摔坏了腿，无法动弹。自己的伤需要用百花的露水洗一个月才能好，牛郎不畏辛苦，细心地照料了老牛一个月，白天为老牛采花接露水治伤，晚上依偎在老牛身边睡觉，到老牛病好后，牛郎高高兴兴地赶着十头牛回了家。

回家后，嫂子对他仍旧不好，曾几次要加害他，都被老牛设法相救，嫂子最后恼羞成怒把牛郎赶出家门，牛郎只要了那头老牛相随。

一天，天上的织女和诸仙女一起下凡游戏，在河里洗澡，牛郎在老牛的帮助下认识了织女，二人互生情意，后来织女便偷偷下凡，来到人间，做了牛郎的妻子。织女还把从天上带来的天蚕分给大家，并教大家养蚕、抽丝，织出又光又亮的绸缎。

　　牛郎和织女结婚后，男耕女织，情深意重，他们生了一男一女两个孩子，一家人生活得很幸福。但是好景不长，这事很快便让天帝知道了，王母娘娘亲自下凡来，强行把织女带回天上，恩爱夫妻被拆散。

　　牛郎上天无路，还是老牛告诉牛郎，在它死后，可以用它的皮做成鞋，穿着就可以上天。牛郎按照老牛的话做了，穿上牛皮做的鞋，拉着自己的儿女，一起腾云驾雾上天去追织女，眼见就要追到了，岂料王母娘娘拔下头上的金簪一挥，一道波涛汹涌的天河就出现了，牛郎和织女被隔在两岸，只能相对哭泣流泪。他们忠贞的爱情感动了喜鹊，千万只喜鹊飞来，搭成鹊桥，让牛郎织女走上鹊桥相会，王母娘娘对此也无奈，只好允许两人在每年七月七日于鹊桥相会。

　　后来，每到农历七月初七，相传牛郎织女鹊桥相会的日子，姑娘们就会来到花前月下，抬头仰望星空，寻找银河两边的牛郎星和织女星，希望能看到他们一年一度的相会，乞求上天能让自己像织女那样心灵手巧，祈祷自己能有如意称心的美满婚姻，由此形成了七夕节。

모의고사

북경어언대
新HSK 합격 모의고사 6급

新汉语水平考试
HSK(六级)
模拟试题 4

注　意

一、 HSK(六级)分三部分：

　　1． 听力(50题，约35分钟)

　　2． 阅读(50题，50分钟)

　　3． 书写(1题，45分钟)

二、 全部考试约140分钟。

　　(含考生填写个人信息时间5分钟、填写答题卡时间5分钟。)

中国　北京　　　　　　　　　×××× / ××××××　　编制

一、听　力

第　一　部　分

第1-15题：请选出与所听内容一致的一项。

1. A 秘书把会议弄错了
   B 经理的记忆力不好
   C 经理没有参加会议
   D 秘书没有提醒经理

2. A 竹雕是竹刻的一种
   B 竹雕的历史很悠久
   C 竹雕比甲骨文晚出现
   D 竹雕在唐代成为艺术

3. A 猴子喜欢抽烟
   B 耍猴人很得意
   C 猴子能模仿人
   D 猴子怕耍猴人

4. A 我讨厌班主任老师
   B 妈妈向我倒了一盆冷水
   C 我没计划好暑假做什么
   D 暑假大部分时间要去上课

5. A 沙尘暴能见度很低
   B 沙尘能到达高空100米
   C 沙暴中沙粒被卷到高空
   D 沙暴和尘暴形成的原因相同

6. A 地坛书市5月9日结束
   B 书市提供以书换书服务
   C 刘震云是百家讲坛主持人
   D 本次书市由孔夫子旧书网主办

7. A 鲨鱼肚子里都是刺
   B 鳄鱼可以杀死鲨鱼
   C 鳄鱼对刺球毫无办法
   D 鲨鱼讨厌吃鳄鱼的肉

8. A 雷锋要去沈阳
   B 大嫂的钱用光了
   C 雷锋真名叫解放军
   D 大嫂是从山东来的

9. A 干杯的时候一定要碰杯
   B 爱尔兰人都很喜欢面包
   C 干杯的时候要用烤面包
   D 干杯曾经有不同的意思

10. A 面试时最重要的是人的外貌
    B 面试时最重要的是人的才能
    C 面试时最重要的是所说的话
    D 面试时最重要的是专业知识

11.　A　孟母最初住在学宫之旁
　　　B　孟子的母亲搬了两次家
　　　C　"三"不能表示"三次"
　　　D　成语中的"三"是"一些"

12.　A　西安的建筑就好像一本书
　　　B　西安在中国历史上很重要
　　　C　古丝绸之路的终点是西安
　　　D　西安的历史遗迹被震坏了

13.　A　华南北部气温更高
　　　B　南方天气越来越暖和
　　　C　春分时节不适合种树
　　　D　三月底全国开始种水稻

14.　A　邓丽君出生于80年代
　　　B　邓丽君的唱片卖得很火
　　　C　邓丽君很受外国人欢迎
　　　D　邓丽君影响了所有明星

15.　A　葡萄酒是一种红酒
　　　B　苦艾酒中有白兰地
　　　C　雪莉酒中加入了树皮
　　　D　香槟属于气泡葡萄酒

第 二 部 分

第16-30题：请选出正确答案。

16. A 足球教练员
    B 业余围棋选手
    C 专业桥牌高手
    D 资深足球球迷

17. A 不应该有时间限制
    B 会降低棋手的实力
    C 有助于围棋的推广
    D 点错时应允许悔棋

18. A 足协请来的教练殴打了球迷
    B 四国赛的时候对手不太投入
    C 国奥队四国赛的成绩比较好
    D 奥运会中国足球队基本没戏

19. A 令人绝望
    B 值得赞赏
    C 令人欣慰
    D 功过参半

20. A 恨铁不成钢
    B 虚假比赛太多
    C 国奥队是希望
    D 只能靠天才球星

21. A 认汉字
    B 弹钢琴
    C 学英语
    D 学唐诗

22. A 会使孩子变得更加聪明
    B 会使孩子更富有创造力
    C 对孩子来说是一种伤害
    D 对孩子来说是很公平的

23. A 让四五岁的孩子背唐诗
    B 教三四岁的孩子弹钢琴
    C 教四五岁的孩子数学知识
    D 让四五岁的孩子随便玩儿

24. A 这是孩子在学习
    B 这是孩子的权利
    C 这说明孩子太傻
    D 这说明孩子聪明

25. A 儿童什么时候开始学习
    B 为什么莫扎特是一个天才
    C 练习钢琴主要有哪些技巧
    D 什么时候开始教儿童知识

26. A 现在在英特尔公司工作
    B 有一家属于自己的公司
    C 很少替别的公司招聘人才
    D 没做过除招聘以外的工作

27. A 是人力资源部最为普通的工作
    B 按时完成任务还算是很轻松的
    C 这项工作可以挑战吉尼斯记录
    D 快速找到合适的人难度比较大

28. A 15个
    B 20个
    C 91个
    D 4000个

29. A 躺在床上
    B 喝杯咖啡
    C 写面试记录
    D 看面试记录

30. A 是北京大学的毕业生
    B 是替猎头公司招聘的
    C 是金融方面的研究生
    D 是口才特别好的女生

第 三 部 分

第31–50题：请选出正确答案。

31. A 高兴
    B 疑惑
    C 很期待
    D 不相信

32. A 5元钱
    B 10元钱
    C 100元钱
    D 没有给钱

33. A 小男孩儿让他道谢
    B 小男孩儿就是不走
    C 认为小男孩儿很贪心
    D 小男孩儿没要他的钱

34. A 两个人监控
    B 用风扇检查
    C 设计X光设备
    D 调查各个部门

35. A 包装部门出了差错
    B 工程师工作很辛苦
    C 使用的设备很简单
    D 没找到产生空盒的部门

36. A 仔细的检查
    B 简单的方法
    C 巧妙的方法
    D 聪明的头脑

37. A 愉快
    B 悲伤
    C 紧张
    D 丑陋

38. A 实验很快有了结果
    B 孩子们表情更活泼
    C 孩子们的眼神很奇怪
    D 每天睡前让儿童听音乐

39. A 表情是怎么改变的
    B 如何让孩子健康成长
    C 常听音乐让孩子变漂亮
    D 喜怒哀乐对表情的影响

40. A 气恼愤怒
    B 原谅对方
    C 耐心等待
    D 感到失望

41. A 对方脸上有恶意
    B 别人不再爱我们
    C 确定自己是受害者
    D 别人无动于衷的态度

42. A 不要随便对人生气
    B 无心和故意的区别
    C 确定自己是否是受害者
    D 心情随着思维模式改变

43. A 使人消除杂念
    B 使人身体更好
    C 提高生活热情
    D 满足人生需要

44. A 大夫
    B 作家
    C 教育家
    D 运动员

45. A 放松心情，培养兴趣
    B 心理平衡，充满激情
    C 兴趣所在，情趣所在
    D 热爱生活，关心他人

46. A 会意
    B 坚持
    C 努力
    D 随意

47. A 旅行社的发展现状
    B 外出旅游的黄金期
    C 假期调整带来的变化
    D 取消"五一"长假的好处

48. A 长途旅行将被取消
    B 短途旅游更为灵活
    C 不再存在住宿问题
    D 利润将会大大减少

49. A 元旦
    B 清明
    C 端午
    D 中秋

50. A "五一"仍是旅游热点
    B 春节很少有人出国旅游
    C 周末景区将会限制流量
    D 今后长途游将大大增加

二、阅　读

第 一 部 分

第51-60题：请选出有语病的一项。

51.　A　她和他就这样过着，她不指望会有怎样的变化。

　　　B　天安门广场今年的庆祝活动比往年还要盛大极了。

　　　C　在能力相当的情况下，做学问其实就靠一个人的态度了。

　　　D　以适合您生理和心理的方式生活，别浪费时间，以免落在他人之后。

52.　A　爸爸答应在他出差去莫斯科时带我一起去。

　　　B　事实上，越是担心自己考不好，越就不能发挥出自己的水平。

　　　C　虽然爱迪生只接受过三个月的正规教育，但他却是最伟大的发明家。

　　　D　我们报社现在规模还比较小，所以需要跟网站合作来扩大我们的影响力。

53.　A　随着因特网的日益普及，网站被攻击的现象频繁发生。

　　　B　平时要注重锻炼身体，提高抵抗力，要防止着凉和疲劳。

　　　C　丈夫认为妻子不支持自我的事业，所以有时难免发生争吵。

　　　D　大脑需要不断接触新鲜事物来保持兴奋状态，来维持正常工作。

54.　A　受灾群众都说，只要看到了解放军，他们就踏实多了心里。

　　　B　在周庄，不得不提一个人的名字，那就是曾经富可敌国的沈万三。

　　　C　德国的科研人员发现，儿童打鼾会直接影响到他们在学校的表现。

　　　D　实验证明，如果不加复习就接着学习新知识，结果只能是学得快，忘得也快。

55.　A　在自然界，也有一些动物会发出类似人类和灵长类的笑声。

　　　B　随着生活水平的提高，维生素的作用越来越受到人们的重视。

　　　C　这些经历，引起了后来我对神秘文化的好奇，也影响了我的写作。

　　　D　我们可以这样下个定义："不爱运动"是最可怕的人类一种不良的习惯。

56. A 突然，几位节目主持人好像事先商量好了似的，一齐鼓掌起来。

    B 笑鸟是生活在澳大利亚森林里的一种鸟，当地人称为"库卡巴拉"。

    C 从自然的角度出发，人在经过了漫长的进化后形成了现在的状态。

    D 老年人最懂得时间的无情，因而有许多回忆和感慨急于向后人倾诉。

57. A 764年，他终于写了成世界上第一部茶叶专著《茶经》初稿。

    B 豆浆，人称"植物牛奶"，其总热量和蛋白质含量与牛奶相接近。

    C 以我的认识，克莱夫·贝尔把艺术定义为"有意味的形式"，用来解释书法
      是恰当的。

    D 比起上千元一张的音乐会门票，电视可算是便宜的文化消费了，一次投资，
      全家老小长年受益。

58. A 相信无穷智慧的存在，它会使您产生为掌控思想和导引思想而奋斗所需要的
      任何力量。

    B 只有强烈的欲望才会给您驱动力，而且只有积极心态才能供给产生驱动力所
      需的燃料。

    C 在朱自清的全部散文中，《春》是风格演变特别明显的一篇，毕竟是哪些原
      因促成了这种演变？

    D 1996年，她受邀到美国讲学，谈了许多中国女性的话题，感触很深，回国
      后便开始动笔写作这本书。

59. A 我国粮食年人均占有量从1996年的414公斤下降到达2003年的333公斤。

    B 农历一般19年有7次闰月，每隔2年到3年，就必须增加1个月，增加的这个
      月叫闰月。

    C 当您很难找到解决问题的答案时，不妨帮助他人解决他的问题，并从中找寻
      您所需要的答案。

    D 9个月后，新成立的清华大学出土文献研究与保护中心于4月25日对外公布
      了初步的研究成果。

60. A 如果这些重要的事项给最高管理层被汇集，管理层便能在对环境深入了解的
　　　基础上制定战略。

　　B 此锅不仅造型独特、样式美观，更具有高超的工艺和艺术价值，浓缩了那个
　　　时代所特有的人文情怀。

　　C 他们"望子成龙，望女成凤"心切，总希望自己的孩子是全班或者全年级甚
　　　至全校、全世界最优秀的。

　　D 中药在欧洲销售的时候，通常不是作为药品来销售，而是作为食品、保健品
　　　甚至是作为农副产品在市场上流通的。

第 二 部 分

61. 生命如同香蕉一般。开始时是生涩的，然后＿＿＿＿时间的推移而变黄变软。有些人希望自己只是香蕉，另一些人则希望自己成为上等的香蕉。你必须谨慎小心，不要被香蕉皮滑倒；＿＿＿＿，你必须努力剥去香蕉皮，才能＿＿＿＿香蕉的美味。

    A 顺着   何况   丰收
    B 沿着   接着   培育
    C 凭着   甚至   欣赏
    D 随着   此外   享受

62. 在才智＿＿＿＿，我平生最佩服两种人：一是有非凡记忆力的人；一是有＿＿＿＿口才的人。也许这两种才能原是一种，能言善辩是以博闻强记为＿＿＿＿的。

    A 情况   敏锐   基础
    B 角度   快捷   根本
    C 层次   杰出   根基
    D 方面   出色   前提

63. 不错，王朔的痞子文学、余秋雨的文化散文乃至于周星驰的无厘头，都曾经在年轻人中＿＿＿＿，甚至可以说形成了独特的文化现象。但是，从＿＿＿＿和深度来看，他们仍然没有脱离流行文化的范畴，不能成就深刻的思想，更不用说能影响历史进程，绝对无法与鲁迅的《狂人日记》和《呐喊》＿＿＿＿。

    A 大有可为   内幕   相安无事
    B 大包大揽   内容   相辅相成
    C 大红大紫   内因   相得益彰
    D 大行其道   内涵   相提并论

64. 夏康伟利用业余时间，在一家市场性报社_____职，用他自己的话说"混得也不错"。"你现在需要一笔钱吗？那就找工作吧，心态要_____，少挑三拣四。你现在想读书？那就认真准备，好好复习，挑一个力所能及的专业，_____考上去。你又想读研又需要钱？这也好办：就像我一样，边读研边工作，既增加了工作经验，又丰富了知识储备。"

A 兼　　　　端正　　　　一鼓作气
B 挂　　　　摆正　　　　一举两得
C 任　　　　立正　　　　一往无前
D 就　　　　转正　　　　一帆风顺

65. 教育大学生放低姿态这样的_____导向当然是必要的，但是如果_____把大学生们当做自己的孩子来考虑问题，还是会感到_____，_____鼓励大学生去那些不需要高等教育的岗位工作，也是很大的资源浪费。

A 评论　　　就地取材　　　蛮不讲理　　　而且
B 舆论　　　设身处地　　　美中不足　　　何况
C 理论　　　因地制宜　　　漠不关心　　　况且
D 谈论　　　先入为主　　　怀才不遇　　　何必

66. _____千余名朝气_____、渴望求知的北大学生，陆登庭发表了约一个小时的演讲。他说，尽管中美文化背景不同，但_____、尊重教育，则是两国人民共同的_____。

A 面向　　　洋溢　　　崇拜　　　希望
B 朝着　　　四溢　　　尊崇　　　愿望
C 对着　　　充满　　　羡慕　　　渴望
D 面对　　　蓬勃　　　崇尚　　　信念

67. 人们也往往乐于接受新鲜的消息，而不愿_____。所以，在人际交往中，人们总
是对新闻感兴趣，老友相_____总是先把自己的新情况和新消息告诉对方。而
且，人们也容易接受具有_____性的信息，以及乐于知道_____社会和他人禁锢
的信息。

A 街谈巷议　　遇　　威信　　将
B 刨根问底　　见　　威严　　叫
C 老生常谈　　逢　　权威　　被
D 老调重弹　　晤　　助威　　让

68. 有不少慕名参加签售会的读者也纷纷表示，_____"官场小说"_____一味地抒
发不满、愤懑的情绪，他们_____喜欢看，"我们_____希望看到写得比较真实、
_____、客观的'官场小说'"。

A 如果　　只有　　不一定　　依然　　细微
B 万一　　只要　　不得不　　仍旧　　细节
C 一旦　　仅仅　　禁不住　　或者　　细致
D 倘若　　仅是　　未见得　　还是　　细腻

69. 玛雅文化中的蓝色颜料，色泽_____并能够长久保持，它们_____于玛雅遗址
中，至今为止仍然存在于_____有人知的古代世界的遗迹中。在玛雅文化中它具
有特殊的意义，它常出现在与神灵相关的各种祭祀活动，并且在其他_____中经
常使用，其中也_____在表达对雨神的敬畏之情时。

A 秀丽　　分布　　少　　典礼　　包涵
B 艳丽　　分散　　鲜　　仪式　　包括
C 华丽　　分解　　寡　　礼拜　　包裹
D 壮丽　　分配　　寥　　祭祀　　包含

70. 如果以提高古诗文＿＿＿为目的，在取得相关部门＿＿＿的前提下，设立一个教学点从事教学，是对古汉语和古典文化学习的一个补充，在目前是应该予以肯定的。至于教学点叫什么名字、老师和学生穿什么衣服、怎么布置教室环境，则值得＿＿＿。如果让人感觉＿＿＿复古，有作秀之＿＿＿，则难以达到好的教学效果。

A　修养　　许可　　商榷　　刻意　　嫌
B　教养　　允许　　商议　　有意　　才
C　培养　　批准　　商讨　　故意　　感
D　休养　　同意　　商量　　蓄意　　所

第 三 部 分

第71-80题：选句填空。

71-75.

炎帝的女儿女娃十分乖巧，炎帝把她视为掌上明珠。炎帝不在家时，女娃便独自玩耍，她非常想让父亲带她出去，到东海——太阳升起的地方去看一看。可是因为父亲忙于公事，总是不能带她去。这一天，女娃没告诉父亲，便一个人驾着一只小船向东海太阳升起的地方划去。不幸的是，海上突然起了狂风大浪，像山一样的海浪把女娃的小船打翻了，女娃不幸落入海中，终被无情的大海吞没了，永远回不来了。炎帝固然痛念自己的小女儿，但却不能使她死而复生，(71)＿＿＿＿＿＿＿＿＿＿＿。

女娃死了，她的精魂化作了一只小鸟，花脑袋，白嘴壳，光着脚，发出"精卫、精卫"的悲鸣，所以，人们便叫此鸟为"精卫"。

精卫痛恨无情的大海夺去了自己年轻的生命，她要报仇雪恨。因此，她一刻不停地从她住的发鸠山上衔起一粒粒小石子，展翅高飞，一直飞到东海。她在波涛汹涌的海面上悲鸣着，(72)＿＿＿＿＿＿＿＿＿＿，想把大海填平。

大海奔腾着，咆哮着，嘲笑她："小鸟儿，算了吧，你就是干一百万年，也休想把我填平！"

精卫在高空答复大海："哪怕是干上一千万年，一万万年，干到宇宙的尽头，世界的末日，我终将把你填平的！"

"你为什么这么恨我呢？"

"因为你夺去了我年轻的生命，你将来还会夺去许多年轻无辜的生命。我要永无休止地干下去，(73)＿＿＿＿＿＿＿＿＿＿。"

精卫飞翔着，鸣叫着，离开大海，又飞回发鸠山去衔石子和树枝。她衔呀，扔呀，成年累月，往复飞翔，从不停息。后来，一只海燕飞过东海时无意间看见了精卫，(74)＿＿＿＿＿＿＿＿＿＿，但了解了事情的起因之后，海燕为精卫大无畏的精神所打动，就与其结成了夫妻，生出许多小鸟，雌的像精卫，雄的像海燕。小精卫和她们的妈妈一样，也去衔石填海。直到今天，她们还在做着这项工作。

精卫锲而不舍的精神，善良的愿望，宏伟的志向，受到人们的尊敬。晋代诗人陶潜在诗中写道："精卫衔微木，将以填沧海。"(75)＿＿＿＿＿＿＿＿＿。后世人们也常常以"精卫填海"比喻志士仁人所从事的艰巨卓越的事业。

A 把石子和树枝投下去

B 也只有独自神伤嗟叹了

C 为她的行为感到困惑不解

D 总有一天会把你填成平地

E 热烈赞扬精卫小鸟悲壮的战斗精神

　　那个冬天的周末，艾伦和母亲遇见了狼——这种只有在童话故事里她才听到过的动物。在那次惊心动魄的战争后，(76)＿＿＿＿＿＿＿＿＿＿＿。

　　那年艾伦8岁，同母亲住在阿拉斯加的一个叫伊莎诺丁的丘陵地区。母亲长着一副高大结实的身材和一双像男人一样打着厚茧的手，除了在这双手抚着她入睡时，(77)＿＿＿＿＿＿＿＿＿＿。

　　那个周末下午放学后，艾伦因玩耍而忘了时间，直到母亲找遍了她所有能去的地方，最后在离学校不远的一座杂草垛里，才把艾伦同其他几个年龄稍大的小家伙揪了出来，这时艾伦才发现，原来天色已晚了。

　　伴着月光，艾伦牵着母亲的手走过一处处低矮的灌木丛，正当她们离家越来越近，已经可以看到家里的灯光的时候，一只母狼领着它的幼崽出现在她们眼前。

　　母亲拔出了砍刀，高高举过头顶。终于，母亲首先向母狼和狼崽发动了袭击，母狼躲过了母亲的砍刀，而狼崽却被孔武有力的母亲牢牢抓住了头部，难以动弹。正当母亲举刀准备抹向狼崽的脖子时，(78)＿＿＿＿＿＿＿＿＿＿。

　　母狼猛地向艾伦扑了过来，小艾伦惊恐地大叫一声倒在地上，紧闭双眼，头脑里一片空白。那时艾伦可以感到母狼有力的前爪按在她的胸上和肩上，狼口喷出热热的腥味。

　　突然，奇迹发生了，母狼的口猛地离开了艾伦的颈窝。它没有向艾伦下口。艾伦慢慢睁开双眼，看到母狼用喷着绿火的眼睛紧盯着母亲和狼崽，母亲也用一种绝望的眼神盯着她和母狼。母亲手中的砍刀紧贴着狼崽的后颈，在砍刀露出的部分，(79)＿＿＿＿＿＿＿＿＿＿。那是狼崽的血！这是一场动物与人的母性的较量，无论谁先动手，迎来的都将是失子的惨烈代价。

　　对峙足足持续了5分钟。终于，母狼放开了艾伦，原先高耸着的狼毛趴了下来，它一边大口大口喘气，一边用一种奇特的眼光看着母亲，母亲慢慢地撤了刀，把狼崽向远处一抛，马上把艾伦揽入怀中。母狼没有再次进攻，它长嚎一声，带着狼崽消失在丛林中。

　　母亲背着艾伦飞快地朝家里跑去，刚入家门，(80)＿＿＿＿＿＿＿＿＿＿，她那打着老茧的手还死死地搂着背上的艾伦。

A　最可怕的一幕发生了

B　她便脚一软摔倒在地昏了过去

C　她对母亲的所有看法全然改写

D　艾伦很难认同母亲是一个纯粹的女人

E　有一条像墨线一样细细的东西缓慢流动着

第 四 部 分

第81-100题：请选出正确答案。

81-84.

　　2010年元旦期间，市民将看到皎洁的明月被"咬掉"一小块。新年第一天发生月偏食，这在近千年来可是头一回。

　　2009-2010年，月亮、地球、太阳三个天体刚好运行到容易发生天象的位置，因此这两年天文奇观多发。

　　此次月偏食将从1月2日凌晨2时51分开始，3时22分达到月食的最大值，3时54分结束，整个过程将持续一个小时。

　　观看月食无须采取减光措施，只要天气晴好，直接用肉眼观看即可。需要提醒的是，在月食开始前一个小时，因为地球影子的覆盖，月亮处在半影里，月色会黯淡下来，不如往常明亮。月食结束之后的一个多小时，同样也会出现这样的情况。若是摄影爱好者，在这段时间，要适当增加曝光时间。

　　欣赏完"天狗食月"，紧接着市民又可以欣赏一个古老星座的流星雨了。象限仪座，与天龙星座毗邻，平时很少被提及。3日晚八时至十二时，预计该星座有一个短暂且强烈的流星雨爆发时段。这段时间，每小时流量在120颗左右。

　　在1月15日傍晚，还有一场日环食。这是中国22年以来的首次日环食，也是全球未来1000年持续时间最长的日环食。我国最早看到日环食的是云南省，然后经贵州、四川、重庆、湖南、陕西、湖北、河南、安徽、江苏，最后是在山东半岛太阳落山，一共经过11个省市。因为环带特别宽，持续时间也特别长，非常罕见。

81.　这段话总共谈到了几种天文现象?

    A　2种

    B　3种

    C　4种

    D　5种

82.　"天狗食月"的最大值是什么时候?

    A　2时51分

    B　3时22分

    C　3时54分

    D　20:00-24:00

83.　日环食观测点不包括:

    A　陕西

    B　湖南

    C　河北

    D　山东

84.　以下说法哪一项是正确的?

    A　2009-2010年太阳、月亮和地球连成一线

    B　这次月偏食是中国千年以来第一次月偏食

    C　本次日环食是至今1000年中持续时间最长的

    D　象限仪座是一个古老的很少被人知道的星座

　　"师傅，请配合做一个测试！"上海浦东交警支队民警赵文越左手拿着酒精呼吸快速检测仪，右手敬礼，径直向一辆迎面驶来的银白色标致车走去。交通协管员迅速将手中的反光锥放至离标致车不远的道路中央。47岁的上海市民周先生缓缓将车停稳，一边尴尬地称"抱歉，刚喝了几口啤酒"，一边怯生生地从车窗探出头来，朝着民警递上的快速检测仪吹了几口气。2秒钟后，检测仪上亮出红灯，意味着"呼气含酒精"。随后，周先生被民警赵文越带至路边一辆警车附近，接受酒精测试仪的精确测试，酒精浓度：0.849毫克/毫升，属醉酒驾车。

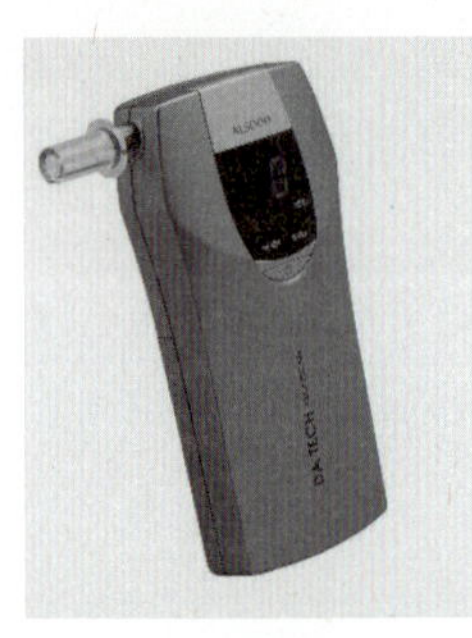

　　紧接着，民警将周先生的车和驾驶证暂扣，并开出酒后驾车处理通知书：罚款2000元，扣证6个月，行政拘留15天……半小时后，周先生被接走，等待他的是15天的行政拘留。

　　25日晚间，记者在浦东新区上南路外环内圈上匝道看到，该道口共有4名民警和6名交通协管员，他们从晚上8时至10时一直在此守候，"地毯式"检测过往车辆司机是否存在酒后驾车行为。记者在现场看到，由于酒精呼吸快速检测仪每两秒钟即可灵敏感应呼气是否含有酒精，故这个道口双车道车辆通行并未出现拥堵现象。

　　据目测，两个小时内此道口约有1000辆车经过，交警共查处酒后驾车4人，其中醉酒驾车2人。"经过一段时间的严厉整顿，我已明显感觉到查处的酒后驾车人数比以往少了近5成。"赵文越说。他还说，从目前查获的酒后驾车情况来看，大客车和货车司机酒后驾车比例相对较低，小客车、小轿车司机所占比例较大，尤其是高档小轿车司机酒后驾车的较多。

　　上海市民刘志红为公安机关集中力量严厉打击酒后驾车行为拍手称好。他说，司机酒后驾车无异于"马路杀手"，既不尊重自己的生命也将他人的生命视为儿戏，"对这种损人不利己的事情一定要严厉查处，最终营造一个尊重生命、杜绝酒驾的良好的交通人文环境。"

　　据悉，上海卢湾区交警还根据辖区酒后驾车呈现"凌晨化"的特点，在安排警力前往辖区部分餐饮、娱乐场所做好劝导提醒服务的基础上，在新天地酒吧周边重点道路设置检查点，并将检查时间顺延至深夜或凌晨，确保整治工作高效有序地展开。

85. 这段话的主题是什么?
    A 上海交通测试工作
    B 严查酒后驾车行为
    C 营造良好交通环境
    D 酒后驾车危害市民

86. 周先生的话表明他:
    A 只喝了一点儿啤酒
    B 觉得给交警添麻烦
    C 想逃避醉酒的惩罚
    D 非常害怕将被拘留

87. 以下不是酒精呼吸检测仪特点的是:
    A 测试精确
    B 反应很快
    C 耗时很短
    D 体积庞大

88. 本次专项行动带来的结果是:
    A 造成道口交通拥堵
    B 酒后驾车人数减少
    C 交警工作时间延长
    D 没收多辆高档轿车

　　绘本，也叫图画书，是那种文字量少的书籍，在欧美、日本甚至非洲，都是最受儿童欢迎的出版物。

　　然而这样一种广受全世界儿童欢迎的读物，在中国却不受青睐。随便翻开一个月的儿童读物销售排行榜，名列前茅的不是《哈利·波特》系列，就是《儿童百科全书》、《儿童学唐诗》，以及《安徒生童话》、《十万个为什么》等老读物，几乎找不到绘本的踪迹。

　　是绘本没有价值吗？当然不是。绘本"图的语言，语言的图画"的特征，使其具备了拓展儿童想象力、深入浅出地向孩子们介绍各种知识的功能，《唐诗选画读本》、《丁丁历险记》等是公认的、启迪心智的健康读物。

　　是国内引进得少吗？也不是。像《小熊布迪》系列、《林格伦作品选》等引进中国已有多年，《列那狐的故事》、《丁丁历险记》等的引进更可以上溯好几代人。中国自己的绘本，如《动脑筋爷爷》问世也已经20来年了。

　　是价钱太贵了吗？似乎仍不是。绘本价钱的确不菲，但因为书的篇幅都不长，每本的价格也不过10元、20元。相比之下，《儿童百科全书》每套120元，引进版《可怕的科学》每套近600元，而《少儿版资治通鉴》每套竟需1500元。这些更"贵族"的书的销量几乎都不错。

　　问题其实很简单：读书固然是孩子们的事，买书却是家长们的事。家长们当然愿意孩子们多读书，也绝不吝惜在这方面花钱，但有个前提，即孩子们应该读"有用的书"，与此相比，绘本这种"猫猫狗狗的图画书"既不能具体提高孩子的某项特长，又不能让孩子学会特定的东西，孩子读多了还可能被别人认为不够成熟，自然只能列为可有可无，甚至从书单中删除了。

　　事实上，这种只让孩子学"有用"东西的倾向，几乎渗透到中国家长对子女教育的每一个环节。他们不怕为孩子大把花钱，但只愿把钱花在"有用"的地方。

　　儿童成长有其自然规律，过于功利的教育模式，势必束缚他们的天性，对他们的成熟、健全产生不良影响。因此作为家长，应把"对孩子适合"放在"对孩子有用"之前，对孩子少一些功利，多一些天真，把图画、游戏和自由还给孩子。

89. 在中国受欢迎的是什么书？

    A 《丁丁历险记》

    B 《动脑筋爷爷》

    C 《唐诗选画读本》

    D 《哈利·波特》系列

90. 文章对绘本不受欢迎做了几个方面的分析？

    A 2个

    B 3个

    C 4个

    D 5个

91. 绘本的作用是什么？

    A 教儿童写字

    B 教儿童画画儿

    C 拓展儿童想象力

    D 培养儿童的特长

92. 家长对孩子买书持什么样的观点？

    A 要买国外的

    B 要买昂贵的

    C 要买有趣的

    D 要买有用的

93-96.

> 　　1909年，德国一位名叫理查德·斯奇曼的教师在带领学生出游途遇大雨无处住宿后，萌发了建立青年旅馆的想法。1912年，世界上第一个青年旅馆在德国一个废弃古堡中诞生，并奠定了青年旅舍的基本结构，即以"安全、经济、卫生、隐私"为特点，室内设备简朴，备有高架床、个人储藏柜、公共浴室和洗手间，有的还有自助餐厅、公共活动室。近一个世纪后，深圳第一家国际青年旅馆于1999年10月在欢乐谷成立。深圳欢乐谷国际青年旅馆现已成为全球约五千家青年旅馆之一，主要为家庭、青年团体、企事业单位提供经济、清洁、安全的住宿。
>
> 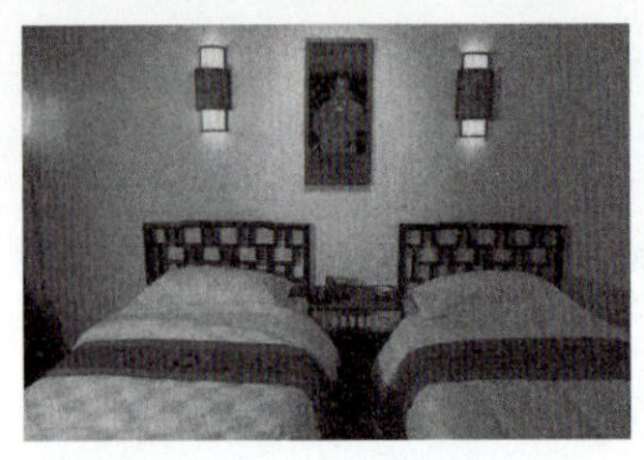
>
> 　　欢乐谷国际青年旅馆位于深圳旅游中心的华侨城，与欢乐谷主题公园隔墙而邻，是远道而来的旅游者的理想选择。欢乐谷国际青年旅馆各类房间内均设有空调、卫生间、浴室等设施。两、三人间设有电视。拥有青年旅馆高级会员卡的朋友可享受每天每床5元的优惠和优先入住权，入住时请在前台领优惠卡。园区消费可享受：华侨城四大主题公园(欢乐谷、世界之窗、锦绣中华、民俗村)门票9.5折优惠，欢乐谷园区内餐饮、相片冲洗消费以及购买旅游纪念品9折优惠。欢乐谷国际青年旅馆内设网吧、乒乓球室、阅览室、棋牌室、自助餐厅、洗衣房、小卖部，周到的服务为旅途劳顿的您提供各种娱乐设施，供您放松身心，为您踏上下一段旅程加油充电。

93.　关于世界上第一家青年旅馆，下面哪一项正确？

　　A　建立的时间是1999年

　　B　建立者是一名青年教师

　　C　地址是在一个废弃工厂内

　　D　和后来的青年旅馆结构相似

94. 根据本文，我们可以知道：

    A 青年旅馆只面向青年团队

    B 所有的青年旅馆都装有空调

    C 青年旅馆的住宿费都比较便宜

    D 所有的青年旅馆都有自助餐厅

95. 关于欢乐谷国际青年旅馆，说法正确的是：

    A 位于欢乐谷主题公园内

    B 特点是安全、经济、卫生

    C 内设网吧、酒吧和小卖部

    D 是中国第一家国际青年旅馆

96. 本文最可能是选自：

    A 华侨城的简介

    B 欢乐谷的简介

    C 青年旅馆的广告

    D 青年旅馆的回忆录

　　"七夕"情人节刚过，广东肇庆的女白领小张依旧"宅"在家里，看电视吃泡面。二十七岁的她坦然对媒体说，想嫁有点儿难。

　　男大当婚，女大当嫁。但在肇庆从事婚介事务的张女士透露，她的婚介所，今年的业务增加了两至三成，大多是三十岁以下的年轻人，"85后"已经不稀罕，有两家婚介所甚至亮出"90后"会员档案。

　　白领小张说，找对象真的这么难吗？她搞不懂，选择爱情还是选择条件？

　　在肇庆，"求婚"人数的增多并没有降低"成婚"的难度，婚介经常陷入"选择多合适少"的尴尬局面。当地婚介所称，每个人对"对象"都能提出一大堆要求，面面俱到，却又回回失望，婚介所可谓苦苦撑着。

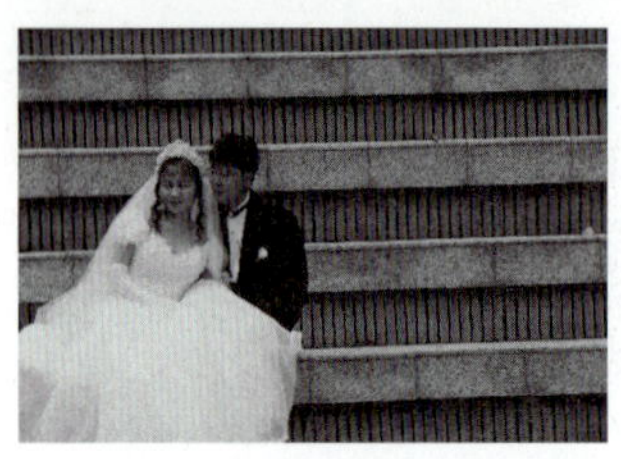

　　业内人士分析认为，现代青年生存压力及竞争压力大，精力几乎都用于工作，认识朋友、经营感情的时间较少，基本是"两点成一线"，下班就躲回家成"宅男""宅女"，而"80后"又普遍比较自我，不肯轻易让步，习惯被照顾，结果导致互相排斥。

　　曾经有媒体让韩寒写"这一代人"。韩寒说，这一代人其实也是相当传统的，离婚率居高不下，是因为很多人嫁给了岁数，嫁给了住房，而不是嫁给了爱人。

　　一位1988年出生的女客对肇庆婚介所说，她家里条件不错，想找个依靠，让她过悠闲的生活，婚后不用工作，在家弹琴看书，年纪大一点儿也没关系，四十多岁都可以接受。而据调查，此类女客在肇庆婚介中日渐增多，大有现实才是"王道"，爱情走向"没落"的趋势。

　　三十四岁的梁先生在国企上班，收入可观，形象健康，是婚介所里的"黄金单身汉"。"十年前我找的是爱情，十年后我找的是条件；从前我选的是一个人，现在我选的是一家人。"梁先生承认自己"现实"。他说，婚姻是两家人的事情，如果可以选择，为什么不选择一条容易点儿的路呢。

　　业内人士透露，婚姻"市场"女多男少已成定势，一般都是六比四，甚至更高。根据当地婚介的集体经验，女客人的选择范围与自己的年龄正好成反比，年龄越小，可选择的范围越大，女方一旦超过三十五岁的"警戒线"，婚介会劝告她"最好选择年长七岁以上的男士，成功率会比较高"。

97.　为什么有那么多人去婚介所找对象?

　　A　婚介所里的人条件好

　　B　婚介所里的人年纪轻

　　C　没时间自己认识朋友

　　D　比现实中有更多选择

98.　在婚介所找对象不容易成功的原因是什么?

　　A　选择范围太狭窄

　　B　彼此的竞争激烈

　　C　对现实条件要求高

　　D　经营感情的时间少

99.　为什么现代人离婚率高?

　　A　注重金钱

　　B　女少男多

　　C　长相不好

　　D　家庭阻碍

100.　以下哪一种人是婚介所里比较抢手的?

　　A　90后的女性

　　B　三十五岁的女性

　　C　国企上班的男性

　　D　四十多岁的男性

三、书 写

第 101 题：缩写。

(1)　仔细阅读下面这篇文章，时间为 10 分钟，阅读时不能抄写、记录。

(2)　10 分钟后，监考收回阅读材料，请你将这篇文章缩写成一篇短文，时间为 35 分钟。

(3)　标题自拟。只需复述文章内容，不需加入自己的观点。

(4)　字数为 400 左右。

(5)　请把作文直接写在答题卡上。

　　秀萍真的有些吃惊，若非亲眼所见，她怎么也不会相信平时穿戴寒酸、生活节俭的罗明会有这么多存款。虽然每张存折上仅有区区一千元，但加起来也十好几万呢。秀萍又重新打量一下罗明租来的这间小屋，屋里只有一张破旧的单人床，两只已露出海绵的破沙发，再就是水桶、水盆之类的生活用具了。会不会是假的？她又翻了翻那些存折，经验告诉她绝对不是假的，这些存折几乎囊括了全市所有的大小储蓄所，而且有些是三四年前存的，户名一律是罗明。她想象得出，罗明是平时省吃俭用，一张一张攒起来的，但她对罗明将钱存在这么多家储蓄所表示不解。

　　面对询问，罗明耸耸肩说，我喜欢这样，这样特有成就感，你想呀，整个城市，我走到哪儿都能取钱，大街小巷的所有储蓄所都有我的钱，这是多么大的成就呀，再说，这样也比较安全。

　　罗明是三年多以前开始追秀萍的。两人分别来自不同的偏远县城，在一家公司打工，而且在一间办公室坐对桌。罗明追秀萍追得很紧，但秀萍却不为他所动。其实，并非秀萍不喜欢罗明，只是秀萍不想找一个穷打工仔，她想以自己的美貌找一个本市人，而且想找家道殷实的人家。她把自己的意思也委婉地对罗明表露过，但罗明却依然我行我素，紧锣密鼓地穷追不舍。一晃，三年过去了，秀萍却没能如愿找到本市的男友，虽然也见过几个，但不是人家嫌她没户口，就是她嫌人家长得太差，总之，没能对上号。

　　这一次，罗明死活拉秀萍来他租住的小屋做客，目的就是为了让秀萍看看他的存折。一张张红色的、蓝色的存折，使秀萍对罗明有了一种全新的认识和感觉。她忽然觉得，嫁给罗明未尝不是一件好事，罗明各方面都不差，又爱她，又有经济基础，十几万元钱，买一套房子绰绰有余。买了房子就可以将两人的户口迁过来，这是本市的规定。这样她就可以名正言顺地成为本市人了……打定主意后，秀萍便不再拒绝罗明，很快就和罗明开始了同居生活。和很多同居者一样，两人先是偷偷摸摸的，慢慢就公开化了，还经常领公司的同事来这间出租屋里聚餐。

待两人的感情有了一定基础后，秀萍开始催促罗明买房子。罗明却是一副沉得住气的大将风度，说是等两人领了结婚证后再买不迟。

两人领了结婚证的第二天，恰逢公司派罗明到另一个城市出差。就在这一天，秀萍的母亲和妹妹忽然出现在秀萍面前。原来，秀萍的父亲得了食道癌，是早期，如果开刀，再活个三年五载的没问题。但秀萍家里没能把钱凑够，就来找秀萍了。秀萍一听父亲得了绝症，焦急万分，她倾尽所有的积蓄，仍然离那个数字有很大的距离。万般无奈的秀萍，只好撬开罗明的写字台抽屉，拿了30张存折。她准备待罗明回来后再向他解释，凭借两个人的感情，她相信罗明不会怪她的。

秀萍一边暗暗庆幸自己找了罗明才可以解今天的燃眉之急，一边打了一辆出租车去各个储蓄所里取钱。

秀萍万万想不到的是，罗明的存折全部是挂过失的，早已经作废了。连续跑了10家储蓄所得到同样的答复后，她幡然醒悟：罗明是拿着一千元钱到处存，存上后再挂失，用身份证将钱取出来，然后再存入另一家……如此反复，他才积累了一百多张存折。想明白了以后，秀萍问自己：我该怎么办？和他吹吧，结婚证都领了，已经成为法律上的夫妻，尤其是她和罗明的同居关系周围的人都已经知道了，这个时候分手，以后自己怎么在公司做人？……秀萍越想脑袋越乱，她歇斯底里地狂喊了一声"存折"，就在大街上奔跑起来……

MEMO

녹음 스크립트

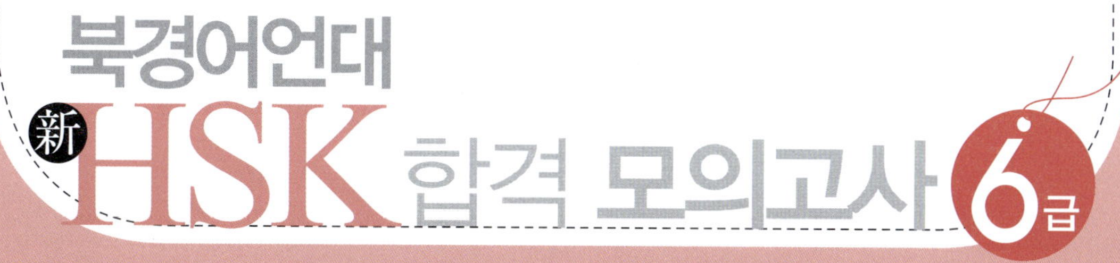

<h1 style="text-align:center">〈제1회〉 녹음 스크립트</h1>

CD-01 （音乐，30秒，渐弱）

大家好! 欢迎参加 HSK(六级)考试。
大家好! 欢迎参加 HSK(六级)考试。
大家好! 欢迎参加 HSK(六级)考试。

HSK(六级)听力考试分三部分，共50题。
请大家注意，听力考试现在开始。

<h2 style="text-align:center">第 一 部 分</h2>

第1到15题，请选出与所听内容一致的一项。现在开始第1题：

1. 有一次，阿凡提住在饭店里，觉得嗓子发干，好像嘴里燃烧着一团火。喊了几声问有水没有，可没人理会。他灵机一动，大声喊道："火! 火!"老板以为房子着火了，立即提着一桶水出现在阿凡提面前。

2. 药膳是在中医学、烹饪学和营养学理论指导下，严格按药膳配方，将中药与某些具有药用价值的食物相配伍，采用我国独特的饮食烹调技术和现代科学方法制作而成的具有一定色、香、味、形的美味食品。

3. 在一个天鹅自然保护区内，有三个天鹅湖，天鹅的栖息地面积非常大。但近几年来天鹅死亡数不断增加。是因为它们年老了吗? 是因为它们之间相互残杀吗? 都不是! 是因为我们人类破坏了天鹅栖息地的环境。

4. 每个人发脾气都有各自特别的原因。人们发脾气时所选择的对象，大多是能够接受、承受或忍受我们的"疾风暴雨"的人。正因为在他们面前有安全感，我们才敢于发脾气，才敢于释放紧张不安的情绪。从这种意义上说，发脾气不是"麻烦"，而是"康复"。

5. 毕业典礼上，校长宣布全年级第一名的同学上台领奖，可是连续叫了好几声之后，那位学生才慢慢地走上台。后来，老师问那位学生说："怎么了？是不是生病了？还是刚才没听清楚？"学生回答说："不是的，我是怕其他同学没听清楚。"

6. 诸葛亮喜爱书法，在青少年时代就进行过刻苦的训练，能写多种字体，篆书、八分、草书都写得很出色。从政之后，诸葛亮在繁忙的政务和军事活动中，也始终不忘书法。另外，诸葛亮还精通音律，喜欢操琴吟唱，有很高的音乐修养。

7. "民工潮"是农民纷纷外出打工所形成的潮流。每年农历正月前后，浩浩荡荡的民工大军南下北上，东奔西跑，铁路、公路车流如水，交织成一股逾月不退的"春运潮"。过去人们总说农村是个大海绵，如今"民工潮"浪打浪地涌出来，拍打着城市的门户。

8. 青梅竹马最初是成语。青梅，意思是青色的梅子，竹马，意思是把竹竿当马骑。这个成语形容小儿女天真无邪玩耍游戏的样子。现在一般指男女幼年时亲密无间，"青梅竹马"的时代就是天真无邪的时代。后来很多电影、电视剧、小说、音乐专辑都以此为名。

9. 哈尔滨俗称"冰城"，以冰雪文化运动而出名，第三届亚洲冬季运动会曾在这里进行。这里的冰灯游园会、松花江冬泳、雪雕、冰雪游乐在国内外享有盛誉。中国传统的文庙、西方古典建筑、造型奇特的教堂，将市区装扮得多姿多彩，有"东方小巴黎"之称。

10. 前前后后跑了十多家楼盘，我们才最后决定买下这套面积为120平方米的三居室，价格大概是80多万。我们打算采用按揭的方式支付房款，先付30%，也就是24万，剩下的将近60万从银行贷款，我们计划用20年还完贷款，每月大概要还3500多元。

11. 清明最开始是一个很重要的节气，清明一到，气温升高，正是春耕春种的大好时节。后来，由于清明与寒食的日子接近，而寒食是民间禁火扫墓的日子，渐渐地，寒食与清明就合二为一了。寒食既是清明的别称，也成了清明的一个习俗，所以清明之日不动烟火，只吃凉的食品。

12. 有一个人，经常与邻居发生争执，彼此之间嫌恶。有一天，这个人的牛丢失了，于是便怀疑是邻居偷了。他左想右想，越看邻居越像是偷牛的人。过了几天，牛居然自己跑回来了。于是他再看那位邻居，样子好像又不是偷牛的人了。

13. 此次"世界最美的书"评选，最终评出了14本"世界最美的书"，《中国记忆》是唯一入选的中国书。去年以《之后》和《蚁呓》分别获得荣誉奖和特别制作奖的设计家朱赢椿，今年又有《不哭》、《私想着》两本书参评，但未能获奖。

14. 1959年，美国的美洲银行在加利福尼亚州发行了美洲银行卡。此后，许多银行加入了发卡银行的行列。到了20世纪60年代，银行信用卡受到社会各界的普遍欢迎，并迅速发展，信用卡不仅在美国，而且在英国、日本、加拿大以及欧洲各国也盛行起来。

15. 最近英国的专家在经过调查研究之后总结出了完美的电话聊天儿方程式。他们发现，应该用3分钟来聊家人、朋友的新闻，1分钟来谈个人的麻烦事，再用1分钟聊学校或工作，42秒谈时事，24秒谈天气。电话聊天儿时，笑声应该占1分55秒，还要沉默12秒。

第 二 部 分

第16到20题是根据下面一段采访：

女：让我们用掌声欢迎我们今天的嘉宾，被称做"国际奥委会的经济大管家"海博格先生。

男：你好。

女：你好。刚才你出场的时候，我们看到短片里有一个你戴着八角帽的形象，你喜欢照片当中的你吗？

男：是的，非常喜欢。从很多方面来说，奥运和长征有相通的地方，毛主席用长征团结中国人民，我们要用奥运会把中国人民再度团结起来。

女：听说海博格先生也创下了一个纪录，是重走长征路当中的年纪最大的一位。其实聊完了刚才重走长征路这一段的时候，大家一定非常好奇，海博格先生为什么一定要去走长征路呢？它和你从事的奥运营销之间有关系吗？

男：有的。我认为这是一种很好的理念，纪念中国历史发展中极为重要的一个事件，我们觉得把奥运会带到中国来是把13亿中国人民都团结起来的一种很好的方式。过去的这16天北京奥运会的日子，对我来说真是非常棒的一次经历。

女：所有的中国人都记得2001年7月13日，我们申奥成功的那一天，其实2001年对于海博格先生也有着特殊的意义，他在这一年的年底加入了奥委会。海博格先生走长征路大概只是十几个小时的事情，但是和中国走过的这一段奥运营销的路，却走了整整7年。在北京举行的第29届奥运会我们有大概62个合作伙伴，他们花了高价钱买来的是什么？

男：他们得到的是一种使用五环的权利，而且这种权利是受到我们国际奥委会保护的，因为奥运会应该说是世界上最有影响力的品牌，这样就使得赞助商能够获得一些优势。

女：您觉得这次的营销成功吗？

男：我觉得这是一次极大的成功，我们几乎是获得了中国所有顶级企业的赞助。

女：我在互联网上看到，有人说大概超过了26亿美元，是这样吗？

男：实际的金额远远超过这个，光电视转播权就获得了26亿美元，中国的公司赞助了10亿美元，此外我们还有一些国际上的大公司，一共12家，他们的赞助总额和中国公司的赞助差不多。

女：国际奥委会经营着世界上最知名的品牌，营利能力相当可观，十几天可能就有大约二十几亿、三十几亿收入。那么所有的这些钱该怎么花呢？

男：50%给当地的组织者，40%是给参加奥运会的205个国家的奥委会，电视转播权的50%也是给组织者，国际奥委会只保留收入的7%。

16. 男的是什么身份？

17. 男的重走长征路花了多长时间？

18. 为什么男的说29届奥运会是一次成功的营销？

19. 这次奥运会获利多少？

20. 奥运会的大部分收入给了谁？

第21到25题是根据下面一段采访：

女：在香港市民眼中，您最醒目的形象标志无疑是您的领结：在任何公开场合亮相，您总是戴着蝴蝶型的领结，从不戴领带。按您自己的说法，这是因为系领结速度快、效率高，而且不会使自己显得太矮。是这样吗？

男：可以这么说。这些领结我摆在一起，4个架子，一个架子25个，一共100个。如果我有重要的场合，我就喜欢带比较鲜艳，红色、绿色的东西。

女：1998年的金融风暴中，要击退国际炒家的时候，您有没有特别挑选一个幸运的颜色？

男：战斗的颜色。

女：什么颜色？

男：红色。

女：1997年8月，亚洲金融危机蔓延到香港，1998年8月，"金融大鳄"再次发动大规模抛售港元行动，您的仕途陷入危机。这是您从政以来遇到的第一个大的挑战。现在回想起当时的那几天，心里有什么样的感慨？

男：很痛苦，很痛苦。第一我要克服的是，是不是当时的市场已经破坏了，不会正常地运作，这是最重要的，我感觉是的，可能不能做生意了，还有香港最后的结果什么样我不清楚，可能是很惨的。香港一直奉行自由经济政策，不直接干预金融市场是历届政府恪守的"金科玉律"。国际炒家由此认定，香港政府不会采取直接措施救市，并宣称："港府必败"。最后关头，作为港府财政司司长的我决定动用外汇储备，入市对抗金融炒家，并声明：愿承担一切责任。入市不久，学者、商界纷纷指责特区政府破了先例，我更是众矢之的。在与"金融大鳄"较量且输赢未卜的那些天，我曾几度失眠、几度落泪。

女：您也说过当时决定要动用储备资金入市干预的时候，经过了很激烈的思想的斗争。一个方面有金融的风险在，另一个方面背离了香港政府一贯的政策，是一种叛逆吗？

男：没有办法了，当时我感觉这是唯一的方法。

女：经过两个星期的较量，国际炒家撤离香港市场，香港经济转危为安。在这场"胜者为王，败者为寇"的金融大战中，您一战成名，将香港经济带出谷底，在市民中的支持率迅速上升。可以说，是您强硬果断又善于应变、内敛低调又敢于承担的行事风格，成就了这桩得民心之举。

21. 男的是什么身份？

22. 这段采访的主要话题是什么？

23. 男的的仕途第一次遇到危机是什么时候？

24. 男的在遭遇金融危机的时候心情是怎样的？

25. 男的采取入市干预政策后两个星期，没有产生什么结果？

第26到30题是根据下面一段采访：

女：您怎样看这次的甲型H1N1流感疫情？

男：这次流感的最大特征是发病突然，传播迅猛。4月24日世界卫生组织首次公布信息时，疫情仅局限于墨西哥和美国两国。截止到5月10日12时，疫情已蔓延到全球25个国家和地区，确诊病例已达4293例，死亡53人。

女：一听到又有大范围疫情暴发，我们很多人都会联想到几年前的非典肆虐，同为传播性疾病，非典和甲型H1N1流感有什么相同点？

男：两者引起的都是急性呼吸道传染病，可以通过咳嗽、打喷嚏等传播，因为传播快，其影响的范围就很大；第二个相同点，都是新发的、人类对它没有免疫力的传染病。

女：那它们又有什么不同点呢？

男：根据现有资料，非典病死率相对高，早期病死率甚至高达10%以上，这次流感根据截止到5月8日上午的数据，病死率是2%，所以它对人类生命的威胁不如非典；第二，非典是从未见过，突如其来的；而流感据最早记载至少已有700多年的历史，分离出流感病毒也已有70多年了，对流感病毒的研究已经非常深入，在分子基因水平上也已经研究得很清楚了。同时人类应对流感也积累了大量经验，而对非典则没有经验。

女：总结一下，您认为本次甲型流感流行的特点是什么？

男：根据目前掌握的信息，这次流感流行已呈现如下特点：(1) 人群普遍易感，已出现跨国、跨洲传播。(2) 已经出现了人传染人病例。(3) 墨西哥出现了较多的重症和死亡病例。(4) 有些人感染后不发病，但仍然具有传染性。

女：那么我们应该做哪些准备？

男：抓紧疫苗研制是重中之重。然而，在没有有效的疫苗之前，提高大众的健康意识和公共卫生意识是最有效的。每个人都充分认识这次流感，并能采取适当的自我保护措施，便可以有效地控制流感的传播。

26. 这次流感的最大特征是什么？

27. 关于非典，说法错误的是哪一项？

28. 为什么这次流感的传播范围比较广？

29. 控制流感最重要的措施是什么？

30. 这段对话最有可能是在什么场合说的？

第 三 部 分

第31到33题是根据下面一段话：

　　国王决定从他的十位王子中选出一位做继承人。他吩咐一位大臣在一条两旁临水的大道上放置了一块"巨石"，任何人想要通过这条路，只能把它推开或绕过去。国王让王子们通过那条大路，把一封信送到一个将军手里。王子们很快完成了任务。国王问："你们是怎么把信送到的？"

　　一个说："我是划船过去的。"

　　一个说："我是从水里游过去的。"

　　小王子说："我是从大路上走过去的。我用手使劲一推那块石头，它就滚到河里去了。"

　　"这么大的石头，你怎么想用手去推呢？"

　　"我不过试了试，"小王子说，"谁知我一推，它就动了。"

　　原来，那块"巨石"是国王和大臣用很轻的材料做成的。自然，这位善于尝试的王子继承了王位。

31. 选继承人的主意是谁出的？

32. 小王子是怎么把信送到的？

33. 这段话主要想告诉我们什么？

第34到36题是根据下面一段话：

　　一个幼儿园老师让孩子们玩儿一个游戏，每人带一个口袋，里面装上土豆。每个土豆上写上自己讨厌的同学的名字，讨厌的人越多土豆的数量也就越多。

　　第二天，每个孩子都特地带来了一些土豆。有的是两个，有的是三个，最多的是五个。老师告诉孩子们，无论到什么地方都要带着袋子。孩子们觉得游戏很有趣。

　　一个星期后，孩子们开始抱怨，发霉的土豆散发出难闻的气味。他们不愿意再随身带着沉重的袋子。

　　老师问他们："在这一周里，你们对随身带着土豆有什么感觉？"孩子们纷纷沮丧地表示，带着土豆袋子行动不方便，土豆发霉后的气味很难闻。

　　老师说："这些发霉的土豆就是你们心里痛恨的人。如果无论到什么地方都要带着它们，你们的一生将会变得非常痛苦。"

34. 老师让孩子们在土豆上写什么？

35. 一周后孩子们对每天带着土豆有什么感觉？

36. 这段话主要想告诉我们什么？

第37到39题是根据下面一段话：

　　吃得过饱，尤其是进食过量高营养食品，食入的热量就会大大超过消耗的热量，使热能转变成脂肪留在体内。若脑组织的脂肪过多，就会引起"肥胖脑"。人的智力与大脑沟回褶皱多少有关，大脑的沟回越明显，褶皱越多，智力水平越高。而肥胖脑使沟回紧紧靠在一起，褶皱消失，大脑皮层呈平滑样，所以，智力水平就会降低。

　　人的大脑活动方式是兴奋和抑制相互诱导的，即大脑某些部位兴奋了，其相邻部位的一些区域就处于抑制状态，兴奋越加强，周围部位的抑制就越加深。因此，若主管肠胃消化的神经中枢因为吃了过量食物而长时间兴奋，这就必然引起邻近的语言、思维、记忆、想象等大脑区域的抑制。这些区域如经常处于抑制状态，智力会越来越差。

37. 吃得过饱会产生什么后果？

38. 如果吃了过量的食物，大脑哪个部位是兴奋的？

39. 这段话主要讲了什么？

第40到42题是根据下面一段话：

　　一楼住户丢出来一堆垃圾。星期一上班时，我就看见了，心里觉得委屈。按卫生条例，住户的生活垃圾应该装袋，让清洁工回收。可这家人图自己方便，把垃圾扔到窗外了事。

　　星期二，我从那堆垃圾旁走过，想：好吧，我就不扫，让你自己受罪。

　　星期三，我想如果他们还不扫，就让这堆垃圾留到月底，让他们家脏一个月。

　　星期四，那堆垃圾还在。这天，我和女儿吵架了，内心生出许多感慨。换一个角度去看问题，发现我们都少了宽容的心态。我想到了那堆垃圾，想到自己每天见到这堆垃圾时心里的斗争、埋怨、愤怒。我们在抱怨别人的时候，其实也给自己种下了糟糕的心情。

　　每个人心里都会有一堆垃圾，扔出来时自己不知道。我每天面对着那堆垃圾，何尝不是面对自己的心灵呢？

40. 一开始发现那堆垃圾，说话人感觉怎么样？

41. 说话人为什么星期四发出许多感慨？

42. 说话人想要告诉我们什么？

第43到46题是根据下面一段话：

　　究竟哪些卡通形象是中国观众最喜欢的呢？本次调查选取了喜羊羊、功夫熊猫、擎天柱、柯南、流川枫、加菲猫、樱桃小丸子、米老鼠、阿童木、白雪公主、哪吒、机器猫、一休、蓝精灵、阿凡提、葫芦娃一共18个卡通形象，让1100名被调查者进行选择。调查结果是：10到20岁的人群最喜欢的是机器猫，20到30岁最喜欢的是柯南，30岁到40岁和40到50岁的人最喜欢的都是米老鼠。

　　在1100名被调查者中，51.9%的人喜欢看外国动画片，23.5%的人喜欢看国产动画片，24.4%的人表示不确定，凭兴趣。值得注意的是，在10到30岁的年轻人群中，有近60%的人明确表示，喜欢看欧美的。我们刚才看到了这样的一个调查结果，可能让我们在座所有国内从事动画产业的人，心里有一点儿压力了。究竟从这样的一个数字当中，我们可以读到一些什么样的信息？作为一个动画来讲，它是一个系统工程，需要资金、需要原创、需要创意，那么我们的市场缺资金吗？缺原创吗？缺制作企业吗？我们最缺的是整合资源的人才。这份问卷提出了一个非常严峻的问题，我们的优秀动画是否能够实现跨越式发展，从而走出国门，与美国的观众见面，与欧洲的观众见面，与日本的观众见面？希望在座的诸位在未来几年能给我们一个肯定的答复。但目前看来，还是任重而道远。

43.　中老年人最喜欢的卡通形象是哪个？

44.　年轻人最喜欢看哪种动画？

45.　中国动画缺少的是什么？

46.　说话人认为目前的中国动画怎么样？

第47到50题是根据下面一段话：

　　面对成百上千的学校和专业，考生多从自己的兴趣出发，更为关注专业；而大部分家长则显得较为现实，将来的就业前景与发展情况成了他们更为关注的重点。这是我们近日在南京国展中心举行的江苏省2010年高等院校招生咨询会上发现的一个新现象。

　　这次活动的主办方江苏省高校招生就业指导服务中心的刘小梅主任接受了本报记者钱林林的采访。刘主任表示，考生如果成绩优秀并且希望将来继续深造，就应该选学术研究型的高校与专业；如果希望毕业立即就业，则应该选择就业前景好的专业，而不是单纯关注学校的名声。

　　南京考生小孙正和陪同他前来咨询的父亲激烈地争论着。小孙喜欢物理，想填报物理专业，他父亲认为物理专业属于纯理科，将来就业较难，应该学工科。后来两人来到主办方设在现场为"准大学生"进行就业指导的就业专家咨询团"仲裁"。专家为他们提供了一个两全其美的办法，就是填报和物理相关的工科专业。据了解，就业专家咨询团由省市就业指导机构及有关高校就业工作部门的专家组成。咨询台前人头攒动，足以说明考生及家长对将来就业的关注程度。

47.　关于填报专业，短文告诉我们什么?

48.　刘小梅是什么人?

49.　南京考生小孙的家长希望他报考什么专业?

50.　关于这场高等院校招生咨询会，文中没有提到什么?

听力考试现在结束。

〈제2회〉 녹음 스크립트

CD-04　（音乐，30秒，渐弱）

大家好! 欢迎参加 HSK(六级)考试。
大家好! 欢迎参加 HSK(六级)考试。
大家好! 欢迎参加 HSK(六级)考试。

HSK(六级)听力考试分三部分，共50题。
请大家注意，听力考试现在开始。

第 一 部 分

第1到15题，请选出与所听内容一致的一项。现在开始第1题：

1. 吕不韦养了三千门客，作为他的智囊。这些人把各自的见解和心得汇集起来，写成了一本二十多万字的书，名字叫《吕氏春秋》。吕不韦在秦国首都咸阳公布了《吕氏春秋》的内容，并且说如果有人能在书中增加一字或减少一字，就赏赐这个人一斤黄金。

2. 猜拳，也叫划拳，是中国民间喝酒时玩儿的一种游戏，为的是增加喝酒的乐趣。据记载，中国早在唐朝时就已经有这种游戏了。猜拳时，喝酒的两人同时伸出手指，并各说一个数，谁说的数跟双方所伸手指的总数相符，谁就算赢，输的人要接受惩罚，一般是罚喝酒。

3. 中山装是在广泛吸收欧美服饰优点的基础上形成的。中国革命先行者孙中山综合了西式服装与中式服装的特点，设计出了一种直翻领有袋盖的四贴袋男用套装，定名为中山装，此后几十年，中山装大为流行，成为中国男子喜欢的标准服装。

4. 古时有位名叫杨时的学生，有一天他有一个问题不懂，特地赶去请教老师。谁知老师正在睡午觉，他就让看门的门童不要打扰老师，自己冒着鹅毛大雪站在门外等老师睡醒，再问老师。杨时是一个尊师的典范。后来，杨时有了很大的成就，成了一位学者。

5. "月光族"是一个新名词，指将每月赚的钱都用光、花光的人，正所谓"吃光用光，身体健康"。月光族都是年轻一代，他们与父辈勤俭节约的消费观念不同，喜欢追逐新潮，只要吃得开心，穿得漂亮，想买就买，根本不在乎钱财。

6. 马拉多纳是一位前阿根廷足球运动员，被认为是足球史上最优秀亦最具争议的球员之一。马拉多纳可以踢前场任何位置，用左脚踢球，其盘带技术可以说是举世无双，射门技术亦是顶级水平，曾凭借"上帝之手"获得1986年世界杯冠军和金球奖。

7. 可可西里位于青藏高原，它的平均海拔在4800米至5000米之间，气候寒冷，人类在这里难以长期生活，所以被称做"无人区"。但是，这里却是地球上最大、最高的天然野生动物之乡，野生动物的种群在300种以上，其中藏羚羊是最有名、最活跃的野生动物。

8. 有时候别人过度的关心反而会帮了倒忙。因为，一个人在承受痛苦时，通常可能需要的是疗伤的空间，"请让我静一静好吗？"在这个时候，没有比别人在耳边唠唠叨叨的更叫人心烦的了。

9. 《海阔天空》是黄家驹为彼岸乐队成立十周年而制作的音乐专辑，再现了他们十年来的心路历程。有意气风发，有疲倦无奈，也有奋战不懈。这张专辑很特殊，有粤语的歌词、也有国语的和日语的。黄家驹再次展现了他个人的才华与魅力——日语歌唱得也同样十分出色。

10. 蛇是人们常食的野生动物，那么蛇类的状况究竟如何呢？蛇身上有多种寄生虫，人们在饮食制作过程中，特别是吃火锅的过程中，虫卵和虫体并不能完全被杀死。这些虫卵和虫体一旦进入人体内，危害很大，可使人感染各种疾病，严重时会危及生命。

11. 成语"掩耳盗铃"意思是偷钟怕被别人听见而捂住自己的耳朵，明明掩盖不住的事情偏要想法子掩盖，比喻自己欺骗自己，有自欺欺人的意思。出自《吕氏春秋·自知》里的一则寓言故事，原文为盗钟，后来钟演变成为铃，掩耳盗钟反而不常用了。

12. 在美国，有一对连体姐妹，她们共同生活了40年。她俩一个叫洛里，一个叫丽巴，她俩有各自的大脑，但是头骨却是连在一起的。所以40年来，她们过着"你去哪儿我也去哪儿"的生活。她们有不同的爱好，洛里喜欢留长发，丽巴则愿意留短发。她们有不同的职业，一个在医院工作，一个是乡村音乐歌手。

13. 我国云南省的昆明冬季温和，最冷时的平均气温约8℃；最高的温度不高于32℃。昆明处于云贵高原，海拔足有2000米。众人皆知，在离地面10千米的高度内，海拔越高，气温就越低，因此，昆明的夏季特别凉快，被称为"春城"。

14. 上周末我和爱人请几位朋友一起吃饭，点了七八样家常菜，谁知道一结账，将近300块。我拿出钱包正准备付款，我爱人却让服务员把账单拿来我们再仔细算算，过了一会儿服务员回来，说："真不好意思，刚才计算器出问题了，应该是180块。"事后，爱人对我说："你看，你就是只顾面子，差点儿丢了票子。"

15. 幻想文学分为两大类，即幻想小说与童话。就幻想小说而言，又分为三大类，即科幻小说、魔幻小说和奇幻小说。科幻小说是人们所熟知的，其幻想是建立在科学之上。世界上第一部科学幻想小说是英国著名诗人雪莱的夫人玛丽·雪莱1818年出版的《科学怪人》。

第 二 部 分

> **第16到30题，请选出正确答案。现在开始第16到20题：**

第16到20题是根据下面一段采访：

女：格伦·莱斯先生，您这次来中国是作为这个公益活动的特邀嘉宾。那么您为什么要参加这次活动呢？

男：我觉得这对我的事业是一个长久、长期的帮助。所以，我很热衷于参加这样的活动。

女：我们知道您在洛杉矶湖人队曾经拿到过一个总冠军奖杯。作为篮球明星，当您拿到总冠军之后，和以往几个赛季相比，心态上发生了怎么样的变化？

男：非常高兴，在湖人队拿到这个总冠军，可以跟很多球星一起打球，是非常过瘾的事情。而且，你也许可以体会到，获得总冠军的感觉是很不一样的。

女：我们也知道在您来到中国之后，已经先后参加了两站的训练营的活动了，您觉得和美国同龄人相比，中国青少年的篮球基础如何？

男：我这次来中国的原因之一就是要参加"2007北京之夏篮球训练营"。我想教他们怎么强身健体，怎么样有一个好的团队精神。我不觉得美国的孩子和中国的孩子有区别。打篮球方面、经验方面没有任何区别。打篮球关键是热爱这项运动本身，不需要其他的一些附加条件在里面。我在中国也看到很多年轻人，他们

非常有才华，他们打得非常好，我相信他们有一天会进入NBA，会成为一个真
正的篮球明星。

女：作为一名优秀的外线射手，在您退役之后，您觉得联盟现役这些球员当中谁是
最好的外线射手？

男：我想我自己曾经就是一个最优秀的三分球投手，如果让我谈起现在在NBA三分
线外线的投手的话，应该是卡梅罗·安东尼。

女：对于新秀，尤其是来自于美国大陆之外的，特别是亚洲的新秀，当他们刚刚登
陆NBA之后，作为一个征战NBA多年的球员，有没有忠告或者建议要告诉他
们？

男：作为一个国际球员的话，想来NBA打球，我认为下面几点最重要：在NBA首先
你要适应各个球队的风格，因为他们打球的风格很不一样；其次我觉得是语言
的障碍，因为很多球员并不会讲英文。总的来说，适应球队风格、还有了解语
言是必要的。

16.　格伦·莱斯来中国以后参加了什么活动？

17.　下面哪种说法不是格伦·莱斯的观点？

18.　关于格伦·莱斯，说法正确的是哪一项？

19.　在格伦·莱斯看来，打篮球最重要的是什么？

20.　对于登陆NBA的亚洲球员，格伦·莱斯有什么建议？

第21到25题是根据下面一段采访：

女：大家好，现在您关注的是"决策者在线"节目，今天"考生与院校面对面"的院校
是一所重点培养教师的摇篮。这所学校就是北京师范大学，今天有幸请来北京
师范大学招生办公室主任虞立洪老师。

男：主持人好，各位网友好，感谢这个节目关注北师大，给关注北师大的考生提供
在线交流机会，也希望今天的交流对考生有所帮助。

女：谢谢虞老师，我知道北京师范大学是一所拥有百年历史的重点高等学府，有着
"学为人师、行为世范"的校训，今年北师大是以什么面貌呈现在大家面前呢？

男：我概括一下，百年名校北师大是教育部直属重点大学，是以哲学、经济学、法
学、历史学、文理科学为主要特色的学府。面向新世纪，北师大确立了综合性、
有特色研究型世界高水平大学的奋斗目标。北师大在1985年就被国家确立为首批
重点建设的十所大学之一，1995年被列入"211工程"，2002年百年校庆之际，教
育部和北京市决定共同建设北京师范大学。

女：我想知道咱们学校在学科建设方面，分为哪些门类呢？

男：今天北师大拥有哲学、经济学、法学、历史学、文学、理学、医学等11个学科。

女：好多中学家长都认为北师大就是培养教师的摇篮，对于其他专业了解得并不是很多，但是现在听虞老师的介绍以后，我们知道北京师范大学不只是培养教师方面的人才，而是一所综合性的大学，那么北师大在科研方面有什么特色吗？

男：北京师范大学有国家重点实验室4个，教育部工程研究中心是4个，北京市重点实验室5个。另外北京师范大学人文社会科学的研究优势是非常突出的，根据2007年中国科学评价中心公布的评估结果，北京师范大学社会科学研究竞争力位居全国高校第三。另外我们学校还是科技创新的一支重要力量。

女：学生如果选择心理学的话，在北师大学习期间就可以和国外专家进行交流，对吗？

男：对。学生跟国外交流有两种渠道：一种是请进来，学校把在专业领域比较有影响力的国外专家请进来做学术交流，也可以给学生讲授一些课程，这样学生可以了解到国际前沿的研究情况；另外学生可以走出去，我们有很多合作项目，支持学生到国外进行学习交流。

21. 北京师范大学是哪年建校的？

22. 北师大的奋斗目标是什么？

23. 下列对于北师大的描述哪一项是正确的？

24. 以下哪一项是虞老师没有介绍的？

25. 他们接下来一定会说到什么？

第26到30题是根据下面一段采访：

女：现在互联网领域不断地涌现新的机会，您能不能给出三个目前您觉得比较有发展前景的方向？

男：如果是特别具体的，第一个建议，我还是建议你做你自己熟悉的事情，无论你原来是不是在互联网领域，其实到今天为止我们看到很多的模式是传统行业和互联网行业结合的成功，如果你不在互联网行业，首先我给你的建议就是你做你熟悉的事情，对于你不熟悉的事情你看到的永远是表面。第二，如果我们真的去看机会的话，大机会我就不想谈了，什么3G呀，包括无线游戏呀，Web2.0这些，我觉得都太空泛了，我看好的，今天我觉得还很有机会的，是今天在互联网转型过程里，我们发现有更多实际的社会应用，原来在线下的应用跟线上可以结合了。因为什么？我刚才说了，个人有两个特点在转变，一个是互联网越来越真实化，就是互联网上的人，无论是心态还是实际用户越来越真实化。第二就是互联网付费的通道越来越丰富，所以如果让我推荐大家考虑问题的话，大家都去想一想今天有什么服务我们在线下做了，一旦我们把它在线上线下结合可以产生更大的效果，或者产生新的服务模式，我觉得这是我比较推荐的。所以给建议我给两点，第一是做你熟悉的事情，第二是选跟实际结合更紧密的事情，用互联网的方式来降低流程成本，产生新的增值。这是我的建议。

女：你怎么看待学生创业？能给创业的学生一些建议吗？

男：从我个人的态度来讲，第一，在学生时代，如果你不是技术创新，我不是特别建议大家去创业的。如果是非常新的技术创新，我觉得学生创业是有机会的。如果是商业模式创新，比如想了什么新点子或者新方法，我觉得你还是当成一个磨炼，去试试，虽然你可能也选择了创业模式去做了，但是我还是建议大家保持一个很好的心态，把它当成一个锻炼的机会，而不是当成"这就是我的未来"。就是说，要全心去做，但是不要有过高的预期。但如果你有一个很新的技术，我觉得可以有预期，而且是可以下决心去做的。

女：今天我们访谈只剩下最后一个问题了，我想问一个个人的问题，我看了您的简历，您也说过，经手的公司多，感悟也多。能不能请您跟大家分享一下您的感悟；另外，经历这么多的亏损公司，这些对您现在管理这家大公司会有一些影响吧？

26. 男的最有可能是什么身份？

27. 男的最看好哪一种互联网应用项目？

28. 在男的看来，互联网模式在哪个方面优于传统模式？

29. 对大学生依靠商业模式创新创业，男的是怎么看的？

30. 接下来男的最有可能谈论什么内容？

第 三 部 分

第31到50题，请选出正确答案。现在开始第31到33题：

第31到33题是根据下面一段话：

牛耕田回来，疲惫地喘着粗气，狗跑过来看它。
"我实在太累了。"牛诉苦，"明天我真想歇一天。"
狗对猫说："牛说它实在太累了，想歇一天。主人给它的活儿太多太重了。"
猫对羊说："牛抱怨主人给它的活儿太多，明天不想干活儿了。"

羊对鸡说："牛不想给主人干活儿了。不知道别的主人对他的牛是不是好一点儿。"

鸡对鸭说："牛不准备给主人干活儿了，想去别人家。主人让它干那么多活儿，还用鞭子抽打它。"

鸭对主妇说："牛说它不愿再给主人干活儿了，嫌活儿太重太多太脏太累。还要离开主人。"

主妇对主人说："牛想背叛你，它想换一个主人。你准备怎么处置它？"

"对待背叛者，杀无赦！"主人咬牙切齿地说道。

于是，勤劳而实在的牛，就这样被传言"杀"死了。

31. 牛的本意是什么？

32. 主妇说了牛的问题之后，主人什么感受？

33. 这段话主要想告诉我们什么？

第34到36题是根据下面一段话：

一个青年向一位禅师求教。

"大师，有人赞我是天才，将来必有一番作为，但也有人骂我是笨蛋，一辈子不会有多大出息。依您看呢？"

"你是如何看待自己的？"禅师反问。

青年摇摇头，一脸茫然。

"比如同样的一斤米，用不同的眼光去看，它的价值也就迥然不同。在农民看来，它最多值1元钱；在卖粽子人的眼里，包成粽子后只可卖出3元钱；在制饼者看来，它能被加工成饼干卖5元钱；在味精厂家眼中，它可提炼出味精，卖8元钱；在制酒商看来，它能酿成酒卖40元钱。不过，米还是那斤米。"

大师顿了顿，接着说："同样一个人，有人将你抬得很高，有人把你贬得很低，其实，你就是你。你究竟有多大出息，取决于你到底怎样看待自己。"

青年豁然开朗。

34. 青年最大的疑惑是什么？

35. 同样的一斤米怎么样卖价值最大？

36. 听了大师的话，青年可能会怎样看待自己？

第37到39题是根据下面一段话：

　　自卑感强的人往往有过心理创伤。有个学生成绩很差，但之前都是无忧无虑的。某天他与同学正在踢足球，有个成绩很好的同学故意捣蛋，他提出了抗议，对方竟大吵大骂起来。这时有位老师经过，将他们劝开，但老师一直在教训他，却安慰那个优秀的同学，并对他说："不好好读书，只知道玩儿！"过去，他不怎么介意学习不好的问题，这时却意识到问题的严重性，并产生了自卑感。但同样的心理创伤，并非所有人都会产生自卑感，因为心理创伤并不是完全是因为外部的刺激，还有主观原因，即性格。自卑感较强的人具有小心、内向、孤独、偏见等特征。现代社会是个充满竞争的社会，这也是造成某些人自卑的重要原因。自卑感往往在入学考试、招聘面试、体育比赛等场合产生。

37.　那个学生为什么后来产生了自卑感？

38.　关于自卑感，下列哪项正确？

39.　这段话主要讲了什么？

第40到42题是根据下面一段话：

　　11月20日下午3时，房山公安局接到群众报案称：在西潞街道大鸭梨饭店门前，有人驾车撞人后逃逸。民警立即赶赴现场。
　　在西潞路车站附近，民警发现一辆白色面包车正用车前侧顶住一辆银色面包车尾部，企图将前车顶开后逃跑。原来白色面包车撞人逃跑后又撞车了。
　　民警用警车顶住白色车的前部，命令司机下车。司机加大油门将警车撞开，强行掉头，驶入左侧便道，造成主路的多部车辆紧急避让，行人纷纷躲到马路以外。
　　肇事车由于车速过快，又与一辆黑色轿车相撞，白色面包车失控撞向路中央的护栏，车辆侧翻。护栏受挤压变形后将对面车道正常行驶的一辆银色轿车撞坏。司机从车中爬出逃跑。民警随后追赶，将其抓获。男子自称叫张应新，洋河镇人，撞人后怕母亲担心才逃跑，家里还有妻子和孩子。
　　两天后民警调查发现洋河镇并无此人，男子其实为郑某，寒亭镇人，未婚，家中只有年迈的父亲。在饭店吃饭后不听朋友劝阻，明知自己醉酒还坚持驾车，撞人后闯下一系列车祸。经查明，郑某竟是三年前一起交通事故的肇事者，事后逃跑至今。郑某再次撞人后怕被警察查出，所以驾车疯狂逃窜，被抓后还企图编造谎言蒙骗民警。

40.　肇事车是什么车？

41.　肇事司机为什么要逃跑？

42.　关于肇事司机，我们可以知道什么？

第43到46题是根据下面一段话：

怎样才能做个自信、成熟的应征者？下面就是我——一个主试官的建议。

首先，你的简历要简要、干净，没有任何夸大的形容词。文笔流畅，没有错别字和病句。

其次，面试时仪表很重要，头发干净，穿着整洁，坐直一点儿，说话时注视对方。

第三，多带一些有关工作或有助于谈话的资料。

第四，带一本书。早到的话可以看书，这表示你很准时，但不是无所事事。假如主试者迟到了，你手上有书，正好可以全神贯注地看书，显出丝毫没注意的样子。

还有，想办法掩饰紧张的心情。万一没有一个办法有用，有一句比较管用的话："我好久没参加过面试了，所以有点儿紧张。"

另外，多说事实，避免笼统、琐碎的词句。"我有创造力"或者"我喜欢做有意义的工作"都太含混，比较好的说法是"我有做策划的能力"或者"我写东西很快"。

最后，要会问问题。你可以问："这份工作非常有意思，可有什么缺点？""我想知道你认为我适不适合干这项工作？"你不要问："你准我们请多少天病假？"或者"你给我多少工资？"你应该说："我不想浪费你的时间谈工作的细节，可是我想稍微了解一下工作的环境，以及种种有关的事。"

43. 这段话主要谈了什么内容？

44. 这段话一共谈到了几点建议？

45. 这段话没有提到以下哪一个方面？

46. 以下哪一个说法是错误的？

第47到50题是根据下面一段话：

近几年，"80后""闪婚"的热气刚过，又开始忙着"闪离"。

先来看看"80后"的离婚潮。以北京为例：2006年，北京共有24952对夫妻办理离婚登记，其中有五分之一的婚姻关系维持不到3年；有三分之一在5年内离婚；结婚不到1年就离婚的有970对；有52对离婚的夫妻结婚还不到1个月。在这些离婚夫妻中，80后出生的人占了相当大的比例。

当一个天天玩儿网络游戏的丈夫，遇到一个不会烧菜、不会打扫的妻子，再加上双方父母的过度干预，"80后"离婚率飙升，但是这究竟是谁的过错却很难分得清。

一位民政部门的工作人员这样分析，在父母家蹭饭的独生子女都是离婚的高危人群。他们的弱点是"以自我为中心、社会经验不足、生活自理能力差、缺乏忍耐和包容"。同时，随着时代的发展，这一代人对婚姻感情质量的要求更高了。对平淡生活的不满，使得他们不愿意"凑合"，一些由生活琐事引发的"婚姻死亡"现象越来越多。

　　他们是第一代独生子女，恰恰就是这个"独"字成了他们婚姻的最大障碍。生理成熟了，心理却没有断奶。"80后"的想法很前卫也很放得开，但是他们的承受力却往往很差，处于一种"大人身、儿童心"的状态。

47.　这段话主要讲的是什么？

48.　北京结婚不到5年就离婚的人占多大比例？

49.　"80后"离婚率升高，说话人认为这主要是谁的错？

50.　以下哪一项不是"80后"的特点？

听力考试现在结束。

〈제3회〉 녹음 스크립트

CD-07 （音乐，30秒，渐弱）

大家好! 欢迎参加 HSK(六级)考试。
大家好! 欢迎参加 HSK(六级)考试。
大家好! 欢迎参加 HSK(六级)考试。

HSK(六级)听力考试分三部分，共50题。
请大家注意，听力考试现在开始。

第 一 部 分

第1到15题，请选出与所听内容一致的一项。现在开始第1题：

1. 那天大雾，小李开车看不清路，可有要紧事要办，这时看见前面一辆车的灯光，就跟着走，可是走了一阵前面车不走了，他等了一会儿，有点儿不耐烦，下车就喊："前面的车为什么不走?"前面来人说："我到家了。"小李一看人家的车已经进车库了。

2. 从小我就十分喜欢下象棋，不是我自夸，我下棋的水平在班级里要算第二，没有人敢说第一。随着年龄的增长，我对象棋也有了更深的认识。比如说"帅"，它在全部棋子中地位最高，但它也是最缺乏行动自由的。

3. "丢三落四"的人基本上都是做事情缺乏条理。有的是因为事先不准备，事到临头一团糟，所以容易丢三落四。只要养成做事情有条理的习惯，"丢三落四"的习惯自然就会改掉。

4. 目前已经到了三月中旬，天气回暖是总体的大趋势。未来一周，本市基本上都是好天气，温度也会以平均每天2~3度的速度向上升。而到了周末，本市的最高气温可能会达到25度左右。但是从下周一开始，北方来的冷空气又将影响我市，届时很有可能出现大风降温天气。

5. 1996年左右，涂鸦作为街头文化的一部分，开始出现在北京。最初的一批涂鸦者，在大拆大建的北京胡同里找到了自己宣泄的出口，而随着城市的发展，涂鸦也逐渐艺术化和商业化，它不仅见证着这个城市的变迁，也在成为北京这样的城市建筑中一道新的风景。

6. 每个月拿1000块还是800块，是老板决定的，工资也是老板发的。好一点儿的餐馆儿，老板通常会以一套服务规范来要求员工，但只要你不打碎盘子，只要不是服务太糟糕惹恼了某位顾客跳起来吵架，那么吃饭的人通常跟你的收入毫无关系。

7. 陈凯歌导演的电影《霸王别姬》是中国电影之中雅俗共赏的典范作品，也是大陆和港台电影人合作拍片最成功的代表作，曾获戛纳国际电影节金棕榈奖，作品改编自香港女作家李碧华原著小说。

8. 一般习惯将金银等金属之外的天然材料制成的、具有一定价值的首饰、工艺品或其他珍藏统称为珠宝，故有"金银珠宝"的说法。科学地说，"珠宝"与广义的"宝石"的概念是相同的。

9. 世界卫生组织将机体无器质性病变，但是有一些功能改变的状态称为"第三状态"，我国称为"亚健康状态"。根据调查发现，处于亚健康状态的患者年龄多在18至45岁之间，其中城市白领，尤其是女性占多数。

10. 寓言故事《南辕北辙》讲述了一个商人要乘车到楚国去，由于选择了相反的方向又不听别人的劝告，所以离楚国越来越远。这个故事告诉我们，无论做什么事，都要首先看准方向，才能充分发挥自己的有利条件；如果方向错了，那么有利条件只会起到相反的作用。

11. 明朝开国皇帝朱元璋废除了元代的服饰制度，从皇帝、文武百官到老百姓，服装都有不同的规定。大臣们参考周、汉、唐、宋的服饰形式，加以修改，先后试用了二十多年，才在1393年确立了基本的款式。

12. 所谓低碳经济，是指在可持续发展理念指导下，通过技术创新、制度创新、产业转型、新能源开发等多种手段，尽可能地减少煤炭、石油等高碳能源消耗，减少温室气体排放，达到经济社会发展与生态环境保护双赢的一种经济发展形态。

13. "腊八粥，吃不完，吃了腊八粥，农业大丰收"。农历腊月初八，是中国民间的传
    统节日"腊八节"。关中一带到了这一天，家家户户都要煮上一锅"腊八粥"，美餐一
    顿。不光大人、娃娃吃，还要给牲口、鸡、狗喂一些，在门上、墙上、树上抹一些，
    图个吉利。

14. "香槟"一词，与快乐、欢笑和高兴同义。它是一种庆祝佳节用的酒，也是葡萄酒中
    之王。历史上没有任何酒可比美香槟的神秘性。香槟酒的味道醇美，适合任何时刻饮
    用。举行大的宴会，用香槟比其他混合酒还恰当。它也是第一流的调酒配料，而且价
    格也不太贵。

15. 在中国历史上，从唐朝到元朝先后从阿拉伯、波斯等国家来了很多信仰伊斯兰教的
    人，他们经过与汉、蒙古、维吾尔等民族的不断融合，到了明朝产生了一个新的民
    族，这就是回族。回族目前有人口1000多万，是中国少数民族中分布最广的一个民
    族。

第 二 部 分

第16到30题，请选出正确答案。现在开始第16到20题：

第16到20题是根据下面一段采访：

> 女：各位朋友大家好，这里是央视网明星在线，今天来到我们演播室的是方大同。
> 你好。
>
> 男：你好，大家好。
>
> 女：首先我跟你坦诚一下，编导告诉我做你节目的时候，我真的是没有听过你的
> 歌，然后上网搜了一下，真的是特别好听，很特别，很耐听。
>
> 男：谢谢。
>
> 女：最近大家都很关注你，北京的天气比较干燥，你是不是有点儿不太舒服。
>
> 男：最近几天鼻子一直很敏感，今天好多了。
>
> 女：下面进入正题，赶紧给我们推荐一下《橙月》。
>
> 男：我希望在这张专辑里，无论是质感上，还是表达的故事状态，都希望给大家一
> 个经典歌曲的感觉。
>
> 女：就是表现很浪漫的情怀?

男：对。比较复古的歌曲。

女：也有很多的朋友想知道，你说你的歌不太适合K歌，这张呢?

男：也不算适合K歌，但是我觉得比之前的三张要好一些。这次的歌曲，为什么选择六七十年代的感觉，因为那个时候的歌曲主旋律非常的清晰，咬字非常的清楚，但是现在的音乐，是玩弄音乐的方式，有很多因素，未必是专注于主旋律。

女：我听了里面的歌曲，觉得还是很适合大众的。有很多网友说你是小众的歌手，作为我个人来说，如果把其中的一首歌练会，K歌的话还是很个性的。

男：谢谢你。

女：这位网友问你会不会自己在写的时候，越写越陷入到恋爱的漩涡中?

男：也不会，其实我就是创作者，我从头开始想做的是一个整体的概念，写的过程中我会觉得蛮开心，我觉得全部的歌曲都算是比较成熟，一般最新的专辑都是最成熟的那一张，这次的歌曲就非常满意。

女：这次的歌曲当中除了主打歌，我最喜欢的是《每个人都会》。

男：谢谢。

女：我们也注意到你这张专辑当中，如果从第一首听到最后一首，会发现第一首和最后一首是一样的。

男：一个是英文版，一个是中文版。我一般写的时候是英语词，然后再写中文版，但是这一次觉得英文版比中文版好听，然后英文版定为第一首，最后还有一个中文版，后来大家说也是英文版好听。

女：英文歌大家那么喜欢，而且你也说了，更喜欢的是英文版的，有没有考虑过，将来出一张英文专辑?

男：其实从我刚刚出道就想过出英文专辑。

16. 这段访谈是通过什么播放出来的?

17. 这段访谈的主题是什么?

18. 男的认为《橙月》的特点是什么?

19. 关于男的，以下哪一种说法是正确的?

20. 接下来两人最有可能谈论什么话题?

第21到25题是根据下面一段采访：

男：今天我们看到盘中东北概念涨幅不错，黑龙江、吉林、辽宁板块，这与国家振兴东北政策有一定关系，请问曹经理，这方面有一定投资机会吗？

女：虽然大家知道这个事，批准也不是马上就可以见效的，当然不存在不批准的可能。但是现在这个市场当中，说明这个市场保持的是强势。第二我觉得国家对东北的投入会在十一五期间加大，东北老重工业基地，都是很好的企业，本身走势很好。普涨以后，什么东西真正获利呢？这是一种思路方法，还要看趋势强弱。如果真是觉得这个可能是一个中线投资，或者是稳健投资人，比如像原来的国电应该也没有什么问题。

男：今天是奥运倒计时一周年，8月8号，我的中体就快要跌停了，怎么回事？

女：典型的中国式，现在不要太紧张，为什么呢？这个道理是这样的，我从另一个角度来说这个意思，第一呢，我每次都说今年奥运肯定是主题，这个坚信没有什么太大问题。第二就是说今天倒计时一周年，应该有一个表现，其实昨天你看了，昨天就有表现了。

男：昨天北京旅游有一个涨停。

女：大家都在抢。其实很多事就是这样，今天表现好了你想跑，一定有比你跑得早的。如果今天买进了，今天就想挣了跑，这种判断有一定的误差，但是这个主题还会继续强化的，不要太紧张。我觉得它可能有一些变化，但我觉得，毕竟奥运主题盖不过绩优蓝筹，而且走到现在，市场仍然处于犹豫状态，看这两天成交量这么大，不是主题充分展开的阶段。一个时间偏早，再一个不要看太短。如果今天下跌了，可能会失望，可能一两天就起来了，这个主题没做完，不要太紧张了，还是应该可以继续做，小的损失从策略上没有问题，从具体操作层面来讲，注意把握高抛低吸这个理论，价格太高了，就要考虑什么时候抛。

男：周一有一个股票被大家提及，600150中国船舶，前天冲到200元，当然最后没站住，这也是中国股市有史以来第一个200元的股票，您对这件事怎么看？

21. 这段对话讨论的主题是什么？

22. 在女的看来，一个稳健的投资者应该怎么做？

23. 这段对话可能发生在什么时间？

24. 下面哪种说法是正确的？

25. 接下来女的会就什么内容发表看法？

第26到30题是根据下面一段采访：

女：刚刚您说到自己是最早一批下海知识分子，那时候做这个决定容易吗？

男：不容易。那个时候多数人考虑的是稳定、饭碗，也就是职业稳定性和发展前景，那个时候真的离开国家公职，离开比较好的、稳定的环境去探索一个未知的环境，或者是前途未卜的环境，有的时候是比较难的。我大概是最早去深圳的，在70年代末，那个时候看到的深圳是跟内地完全不一样的经济环境，对我触动特别大，对我最后下决心也产生了很大的影响。

女：您后来做出这个决定的时候，家人同意吗？

男：当然有很多的困难。比如说我太太，她当时在国家机关工作，是最早的最年轻的一批处级干部，她对自己的工作也很喜欢，也很投入。最后我很坚决地告诉她，这条路是一条光明大道，你走也得走，不走也得走。最后全家一起走上了这样一条路。我的太太比较容易接受新事物，她接受新事物的能力很强，当我们就这个问题达成共识以后，她跟我一起跳到水里面去了。

女：引入投资伙伴的时候，你跟投资伙伴预计一年之后，当营业额达到一定规模时上市，在一年、两年、三年没有上市的情况下，你们对上市的问题怎么看？

男：因为泡沫来了，冬天来了，谁都知道这个事实。有一段时间投资人就不管这个企业了。既然上不了市，这个企业就由我和我爱人管理和经营。我们的理念是这个企业一定可以发展，这个企业将来一定可以上市的。所以我们就沉下心来一点儿一点儿地扩张。那段时间里，我们的竞争对手不多，2000年、2001年可能有一点儿，到2002、2003年就很少了。没有人肯这么辛辛苦苦经营企业。我记得当时媒体给我们的一些评论，就是叫做"吃别人不愿意吃的苦，做别人不愿意做的事，赚别人赚不到的钱"，这是当时中国企业网的写照。但是同行业内的公司呢，深圳有美商网，在北京有8848，当时很有名的，美商网办公室就在我们旁边，人家半版的广告。我们业务员出去感觉压力很大，客户就问，你们中国企业网有什么啊？人家美商网，买了8.8万的会员，马上有电话打回来给你谈生意，你有吗？确实感觉压力很大。

26. 为什么男的说当初决定下海不容易？

27. 关于男的的妻子，下列哪种说法不正确？

28. 男的的公司一开始为什么没能上市？

29. 男的的企业叫什么名字？

30. 男的的企业什么时候竞争对手最少？

第31到50题，请选出正确答案。现在开始第31到33题：

第31到33题是根据下面一段话：

有一群鲤鱼不甘心在浅滩平凡地过完一生，于是它们成群结队地来到龙门，一个个想要跳过去，成为龙。但龙门非常高，瘦小而缺乏锻炼的鲤鱼们费尽力气却根本跳不过去。于是，鲤鱼转而找到了龙王，要求龙王降低龙门的高度，龙王拒绝了。但一心想要出人头地的鲤鱼们态度很坚决，它们集体跪在龙宫外面，不管刮风下雨从不后退。龙王动了恻隐之心，大幅度降低了龙门高度。这下，大部分的鲤鱼都轻而易举地跳过了龙门，一个个兴高采烈。

但不久，这种兴奋劲儿就不见了。因为这群鲤鱼发现，虽然自己变成了龙，但原来的同伴儿也变成了龙，自己和别人比较起来，依然没有什么优势可言，一切还是老样子。鲤鱼们又去找龙王，向他倾吐心中的迷惑。

龙王微笑着对鲤鱼们说："真正的龙门是不能降低标准的。"

31. 鲤鱼为什么想要跳过龙门？

32. 鲤鱼们刚跳过龙门之后是什么感觉？

33. 这篇文章主要想告诉我们什么？

第34到36题是根据下面一段话：

新学期开始，校长把一位教师叫进办公室，说："你是本校最优秀的老师。因此，我特意挑选了50名全校最聪明的学生让你教。这些学生的智商比其他孩子都高，希望你让他们取得更好的成绩。"这位老师高兴地表示一定尽力。

一年之后，这个班的学生成绩果然排在整个学校的前列。

这时，校长告诉了老师真相：这些学生并不是刻意选出来的最优秀的学生，只不过是随机抽出的最普通的学生。

老师非常惊讶，但还是认为自己的教学水平确实很高。

这时，校长说出了另一个真相：他也不是被特意挑选出的全校最优秀的教师，也是随机抽调的普通老师罢了。

世上本没有什么天才，成功就是靠自己的努力，发掘出自身内在的潜力，从而改变自己的命运。

34. 听到自己要教最聪明的学生，这位老师什么感觉？

35. 校长说出的真相是什么？

36. 校长这么做是想说明什么？

第37到39题是根据下面一段话：

传统的老火靓汤是要煲4~5个小时的，这样煲出来的汤味道的确好，原因是蛋白质、纤维素、维生素等全部都被破坏了，而只有脂肪遗留在汤里，这些脂肪微粒让汤变得美味，道理同炒菜时放的油多就美味一样。然而，由于长时间的熬制，其他的营养就变得无法吸收，因此，喝老火靓汤只是味道好而已，没有多少营养作用。

如果想保持汤里的营养元素，熬制的时间最好在一个半小时左右，熬制出来的汤渣也该吃，这样可以吸收更多的蛋白质、纤维素、维生素等营养物质。

虽然早夜茶、老火汤不科学，缺乏营养，但这种生活方式已经成了一种"文化"，即便缺乏了蛋白质、维生素、纤维素，但喝茶、饮汤所带来的那种精神享受，也可能比这些营养素更利于健康。

37. 熬汤熬多久比较科学？

38. 传统的老火靓汤为什么很美味？

39. 作者认为老火汤怎么样？

第40到42题是根据下面一段话：

我在公司不耐烦地加班，接到妻子的电话，抱怨今天晚上请客，客人都在等我。
我发脾气道："是你约了他们来吃饭，别怪到我头上。"
挂上电话，我突然意识到，自己犯了错。她的问题很合理，处境也很尴尬。我不但不体谅她，反而做出冲动的回答。其实我内心不愿出现这种不愉快的感觉。如果我更有耐心，更了解、更体谅她，而不是在那种环境下对她发脾气，结果会大不相同。
但当时我没有想到这一点，我深陷在不好的情绪里。
当我们处于不好的情绪中，很容易做出直接的反应。有时你跳不出当时的情绪，说了不该说的话，做了不该做的事，事后会想"只要我当时停下来想一想，就不会有那种反应，不会那样做"。
人们若能依据内心深处的感受做出回应，跳出当时的情绪再回应，家庭生活会更加美满。

40. 说话人为什么要对妻子发脾气？

41. 如果跟人讲话时你处于不好的情绪中，应该怎么办？

42. 这段话主要讲了什么？

第43到46题是根据下面一段话：

今天是地坛庙会摊位拍卖的第一天，记者从拍卖登记处了解到，地坛的拜坛内将不会再设摊位，经营包装食品的摊位将会留到整体拍卖后进行单独招商。

上午9时，记者在地坛公园摊位拍卖登记处了解到，许多竞拍者提前1小时就来到公园门口等待登记，打电话咨询的已超过千人，其中有三分之一的人是20到30岁之间的年轻人。截止到上午11时，已经有30多人登记了经营权。记者发现，将近一半的竞拍者都由于没有随身携带营业执照副本或者身份证，而最终无法办理登记。登记处的工作人员表示，竞拍者必须携带营业执照或副本以及身份证前往登记。登记后，百货类摊位竞拍者需要现场交纳保证金1500元，而饮食类摊位竞拍者则需交纳保证金2万元。

据了解，糖果、巧克力、干果等包装食品的摊位将不在12月8日、9日进行拍卖，而是等拍卖会后择期招商。游艺类摊位的经营权则会整体招标，个人单独经营的低档次套圈、射击等将不会出现在地坛庙会上。另外，地坛庙会还为"百工坊"等老字号百货预留了18个精品摊位，老字号不用参加竞拍就可以入驻。

43. 哪一类摊位将在拍卖会后单独招商？

44. 可能参加竞拍的年轻人大约有多少人？

45. 为什么有些竞拍者无法办理登记？

46. 这则报道最有可能出现在报纸的哪一版？

第47到50题是根据下面一段话：

2006年，是中国电视剧作品丰收的一年。军旅题材剧、都市情感剧、农村题材剧、长篇历史剧等各种题材的电视剧精彩纷呈，赢得了观众的好评。

近几年来，军旅题材的电视剧深受欢迎。《亮剑》、《历史的天空》、《长征》等电视剧张扬了民族的阳刚之气，显示了军事题材作品的独特魅力。在都市情感剧方面，《浪漫的事》、《结婚十年》、《搭错车》打动了很多观众，成为现实题材电视剧中的重要力量；电视剧传递的需要宽容、需要善良、需要爱的理念，在观众中引起共鸣。在农村题材剧方面，《刘老根》、《马大帅》、《圣水湖畔》等展示了现实的农村新气象，演员表演轻松幽默，受到观众喜爱。《汉武大帝》、《乔家大院》等长篇电视剧，以其对历史的解析、对现实的关照，给观众留下了深刻印象。

　　符合时代的需要、符合观众的口味和需求，是电视剧受欢迎的重要原因。正是源于对现实生活的关心，国产电视剧赢得了观众的心，也因此获得了巨大的发展。近年来国产电视剧以每年近一千集的速度增长，制作数量从几千集增加到了一万多集，制作机构由几百家发展到几千家。电视剧的海外发行也取得了不错的成绩，国产电视剧已经发行到亚洲、欧洲、北美等40多个国家和地区。

　　国产电视剧力推精品，注重经济效益与社会效益并进，为弘扬社会正气、推动社会进步、丰富人们的精神生活，发挥了独特的作用。

47. 2006年的中国电视剧是怎样的情况？

48. 演员表演轻松幽默的是哪一类电视剧？

49. 电视剧受欢迎的原因是什么？

50. 关于国产电视剧的快速发展，文中没有提到哪一项？

听力考试现在结束。

〈제4회〉 녹음 스크립트

CD-10 （音乐，30秒，渐弱）

大家好! 欢迎参加 HSK(六级)考试。

大家好! 欢迎参加 HSK(六级)考试。

大家好! 欢迎参加 HSK(六级)考试。

HSK(六级)听力考试分三部分，共50题。

请大家注意，听力考试现在开始。

第 一 部 分

第1到15题，请选出与所听内容一致的一项。现在开始第1题：

---

1. 一位公司总经理对秘书说："八月二十日的会议十分重要，请你记着提醒我。"秘书说："这是前天的事了。"总经理说："天啊! 我居然忘记了参加会议!"秘书说："您已经去过了。"

2. 竹雕也称竹刻，通常是将宫室、人物、山水、花鸟等纹饰刻在器物之上。我国的竹雕艺术源远流长，远在纸墨笔砚发明之前，先民们已经学会用刀在柱子上刻字记事。这种最原始的竹雕，应该先于甲骨文。竹雕成为一种艺术始于六朝，唐代时受到民众的喜爱。

3. 有一只猴子被耍猴人捉住了，心里很愤怒。谁知耍猴人却给它穿上红袍，戴上纱帽，教它抬起前脚直立着走路，又教它坐在椅子上抽旱烟，模仿人的模样与动作。猴子学了几天，很快就学会了，猴子感到很得意。

4. 暑假到了，我为这两个月的空闲时间做了一个很详细的计划，旅游、运动、学习，样样都安排得井井有条。可是，昨天妈妈却给我当头泼了一盆冷水，她告诉我已经找了我们班主任老师，给我报了几个补习班。这意味着我一个假期的时间又得乖乖地坐在教室里，真讨厌。

5. 沙尘暴是沙暴和尘暴两者兼有的总称，是指强风把地面大量沙尘物质吹起并卷入空中，使空气特别浑浊，水平能见度小于100米的严重风沙天气现象。沙暴是指大风把大量沙粒吹入近地层所形成的风暴；尘暴则是大风把大量尘埃及其他细粒物质卷入高空所形成的风暴。

6. 百家讲坛的易中天等主讲人5月2日将集体在地坛书市亮相，而作家刘震云也将于5月9日在书市签售其新作《一句顶一万句》。除此之外，本次书市在图书一区还设立了孔夫子旧书网展位，将展示明清刻本，同时还将推出旧书收购、以书换书、旧书鉴定等服务。

7. 南美洲海洋中有一种很小的鳄鱼，它的外皮很疏松，浑身长满了尖锐的刺。当大鲨鱼把它吞进肚子里时，它就会缩成一个刺球，用身上的刺一边到处乱刺乱撞，一边啃吃鲨鱼肉，鲨鱼虽然很疼痛，可毫无办法，只能听之任之，最后一命呜呼。

8. 一次雷锋外出在沈阳车站换车的时候，发现一群人围看一个背着小孩儿的中年妇女，原来她从山东去吉林看丈夫，车票和钱丢了。雷锋用自己的津贴费买了一张火车票塞到她手里。大嫂含着眼泪说："大兄弟，你叫什么名字，是哪个单位的？"雷锋说："我叫解放军，就住在中国。"

9. "干杯"一词起源于16世纪的爱尔兰，原意是烤面包。当时的爱尔兰人常把一片烤面包放入一杯酒中，以改善酒的味道。到了18世纪，"干杯"这个名词才有了今天的含义，并且发展成为祝贺颂辞。干杯时，人们往往还要互相碰杯。

10. 面试主要并不是看你这个人有多少才能。面试看的首先是这个人的谈吐，其次仪表也很重要。关键是健谈和注意礼貌。有时在面试场内会有一些小考验。如一个纸团在地上，杯子里的水快完了，这都是考验。当然，专业知识也得适当准备一点儿。

11. "孟母三迁"的"三"字的意思为"多次、屡次"，而不是简单的"三次"的意思，因为孟子的母亲先后在三个地方之间搬迁，即：居住之所近于墓、近于屠、学宫之旁，搬迁的次数实际上是两次。"三"字类似的用法还有如"韦编三绝"等。

12. 西安，是著名的古丝绸之路的起点。这座永恒的城市，就像一部活的史书，一幕幕，一页页记录着中华民族的沧桑巨变。西安是一个充满神奇和活力的地方，走近它，你会为历史遗存的完美博大所震撼！

13. 春分以后，中国南方大部分地区气温继续回升，越冬作物进入春季生长阶段。3月下旬，华南北部平均气温多为13℃至15℃，华南南部多为15℃至16℃，有利于水稻、玉米等作物播种，植树造林也非常适宜。

14. 作为80年代国际华语乐坛的天王巨星，邓丽君歌声甜美，形象高贵而亲切，在华人社会具有巨大的影响力。在新中国"最具影响力文化人物"评选当中，邓丽君被选为港台最有影响力的艺人。据统计，邓丽君的唱片销售量已超过4800万张。

15. 葡萄酒种类繁多，一般分为不起泡葡萄酒及气泡葡萄酒两大类。不起泡葡萄酒又分白酒、红酒及玫瑰红酒三种；气泡葡萄酒则以香槟为代表。另外，添加白兰地的雪莉酒；加入草根、树皮，采用传统药酒酿造法制成的苦艾酒，都是葡萄酒的同类品。

第 二 部 分

第16到30题，请选出正确答案。现在开始第16到20题：

第16到20题是根据下面一段采访：

女：大家都知道，除了围棋之外，您最大的爱好是打桥牌，甚至有传闻称，您现在用于打桥牌的时间已经远远超过了围棋。

男：我现在的生活重心还是围棋，桥牌只能算是业余爱好。虽然我学桥牌的时间很早，但水平一直停留在业余阶段，只能说是围棋圈里打桥牌不错的，但和专业的桥牌选手比起来我还太业余。

女：现在很多年轻人无论下棋还是打桥牌都愿意在网上进行，但时间长了发现自己的棋艺和牌技并没有得到提高，这是为什么？

男：其实我也经常在网上下棋、打牌，应该说网络对围棋的发展还是有很大帮助的。我想棋艺没有提高可能与下棋的速度太快有关，因为在网上下棋是有时间限制的，没有更多的思考空间，所以造成棋下得太快、太糙。但这也是可以避免的，你可以在30秒规定的时间内沉下心来仔细思考，不要随意按鼠标。在网上下棋还有一个致命弱点就是用鼠标时可能出现点错的情况，你想悔棋时对方又不肯同意，但现实中就不太可能出现这种情况。不过，总的来说，网络对围棋的推广和帮助还是利大于弊。

女：除了围棋和桥牌，大家都知道您这位九段高手最大的爱好就是看足球比赛，您怎么评价现在的国奥队和刚刚从亚洲杯铩羽而归的国家队？

男：我知道国奥队正在沈阳打四国赛，战绩还不错，应该说，国奥队有很大的上升空间。但我也想和球迷说一声，不要把这次比赛的成绩太当真，明年奥运会时，对手水平和对手对比赛的投入程度肯定要比现在高得多，所以也不要有太多幻想。说到国足，身为球迷的我这么多年来已经被摧残得遍体鳞伤，毫不夸张地说，国足就是中国足球和中国体育的"罪人"，它让我们蒙受了太多的耻辱。国家队现任主教练无论是战术，还是临场应变指挥能力都差得一塌糊涂。不过，最让我奇怪的是，国足丢人都丢到家了，可为什么直到今天，也没有人站出来承担责任。这样下去，中国足球毫无希望。

16. 男的可能是什么身份？
17. 男的对网上下围棋有什么看法？
18. 根据对话，下面哪一种说法不正确？
19. 男的觉得国家队现任主教练怎么样？
20. 男的对中国足球有什么看法？

第21到25题是根据下面一段采访：

女：柳教授，您看我今天特地请您这个大专家来，其实是因为我给我儿子的发展制定了一个宏伟的目标。您看，现在我儿子是十个月，我已经在家里门框上贴一个大字"门"，瓶子上标一个小标语"瓶子"，我觉得他应该到一岁多的时候就可以认字，两岁我就可以教他念唐诗，三岁可以学英语，四岁可以弹钢琴。您觉得这样发展下去，我孩子是不是能成为一个德智体美劳全面发展的孩子？

男：不会，他会成为一个比较愚笨的孩子，而且是没有自我、没有创造力的孩子。

女：您别这么打击我，这怎么可能啊，您想我们不能让孩子输在起跑线上，从小就得教育啊。

男：那你一定会想，你生下一个孩子就是让他成为一个竞争者、一个战士、一个赛跑者，那对他是不公平的，他是一个人。

女：但是我不让他竞争，将来社会也得让他竞争啊，别的小朋友都在这么学啊，他们都在学唐诗，都在学弹钢琴不是吗？

男：所有的小朋友都这么学，也不能断定这就是正确的，因为在这个地球上，也有很多人没有这样，只有一部分人这样，我觉得这没有遵循儿童成长的自然法则。

女：那您说吧，我儿子现在十个月，该让他学什么？

男：头六年儿童不需要学什么特别的知识。

女：您的说法就是教育孩子，前六年就让他自己傻玩儿，不用教他知识。这我不信，这傻玩儿的孩子将来有啥出息呀？

男：好，我们来说你的宝宝。你刚才不是说了吗，他看一个地方的时候，他就特别专注地看，是不是？你不知道他在看什么。

女：我不知道，有时候就一片墙，你说这有啥好看的，一片白墙，他就盯着看，你想这么小的孩子，他能盯五六分钟一动不动，我就琢磨，他在盯什么呢？

男：好，那我就告诉你，儿童从妈妈的肚子里出来的时候，他对这个世界是一无所知的，所以他最早的时候，有一个视觉的敏感期，他会盯着明暗相间的地方看，这是他了解世界的开始，你怎么能说他没有学习呢。

女：这个恐怕有道理，但是我得问您另一个问题。比如您说这莫扎特，他要没学过钢琴，他能成为大师吗？

21. 女的计划让孩子三岁时开始做什么？

22. 专家是怎么评价女的的计划的？

23. 根据专家的观点，下面哪种做法是正确的？

24. 女的的孩子好几分钟盯着墙看，专家是怎么分析的？

25. 对话人接下来会谈到什么问题？

第26到30题是根据下面一段采访：

女：您觉得招聘是一个什么样的活儿？

男：我当时在猎头公司任职的时候，做得最多的也是招聘。说到感受，所有这些公司都面临一个困难：要快速地找到合适的人。一个公司如果招这么多人，往往不能百分之百都招到。人力资源部里面的其他的工作，除招聘以外的其他的工作，我都可以做好，而只有招聘往往做不出来。讲到招聘，我个人认为这是蛮具有挑战性的工作。不管我给客户招聘也好，还是给我自己的公司招聘也好，都是这样。

女：您还记得那一段时间，您大概面试了多少人吗？

男：我面试最多的时间其实是我们公司和英特尔签了一个合约，也就是我在替英特尔公司工作的时候。两三年下来，我可能面试了两千多个人，从我1991年开始在公司做招聘来讲，可能到2000年的时候，我自己粗略算了一下，有四千人。

女：我想如果管您叫"面试张"应该是可以的。

男：那个时候确实算是蛮多的。我那个时候一天最多面试二十个人。我们是前期做一个简历的筛选，筛选完简历之后做电话沟通，我们见面的时候，就只谈我在电话中没有谈到的问题，所以每个人控制在15分钟，我得留出三到五分钟的时间记录，谈的时候没有办法记录，否则就会忘掉。比如说上午，我谈到最后一个的时候，可能第一个我都忘掉了，这一天谈下来，可能只剩下最后两个人我还有印象。那个时候我记得，我们约候选人都约得很紧张，然后候选人没有来的时候，我们是在酒店房间里面，是套间嘛，赶快躺在床上，待五分钟，然后马上又是下一场，下一位候选人又过来了，就是这样的。

女：在您面试的四千人中间，有没有让您印象特别深刻的？

男：也有，我忘了是替哪个公司招聘的，是北京大学的，我忘了是哪个系的，反正是金融方面的研究生，那个我印象最深刻。

女：为什么？

男：特别优秀的女孩子，在整个面试过程中，她展示得很充分，而且所有问题她都完全是根据她在学校里面的经历来讲的，而且讲得很生动。

26. 关于男的，我们可以知道什么？

27. 关于招聘，男的持什么观点？

28. 男的最多一天面试了多少人？

29. 下一位候选人还没进来的时候，男的一般做什么？

30. 关于男的最后提到的那位应聘者，说法错误的是哪一项？

第 三 部 分

第31到50题，请选出正确答案。现在开始第31到33题：

第31到33题是根据下面一段话：

一大群人围着一辆高档轿车。轿车旁的男人在喊："你们谁帮我爬进车底拧一下螺丝啊？"他的车油路出了问题，这里离最近的加油站也有上百公里，难怪他急得像热锅上的蚂蚁。

他想："重赏之下，必有勇夫！"于是赶紧掏出一张百元大钞："谁帮我拧紧，这钱就是他的了！"大伙儿都觉得有钱人的话不可信。

这时一个小孩儿走了过去，说："我来吧。"

操作很简单，一分钟不到就拧好了，爬出来后他就用期待的眼神看着那人，男人想：这么简单的事，给他5元已经够多了，于是递过去5元钱。小孩儿摇了摇头。男人又加了5

元，小孩儿还是摇头，男人有些生气了："你嫌少？那这10块钱也不给你啦。"

"不，我没有嫌少，帮人是不要报酬的！"

男人疑惑了："那你怎么还不走？"

小孩儿说："我在等你跟我说谢谢！"

31. 男人说愿意出100元钱让人拧螺丝，大家是什么态度？

32. 男人最后给了小孩儿多少钱？

33. 男人为什么会生气？

第34到36题是根据下面一段话：

　　一家大型化妆品公司接到了一位顾客的投诉，说他买的一盒肥皂是空的。于是，这家公司立刻停止了生产，从包装部门一直调查到销售部门，直到找出肥皂到底是在哪一环节遗失的。

　　很快，工程师设计了一个X光设备，它需要两个人来监控通过生产线的肥皂盒，以保证其中没有空盒。他们很成功，但也很辛苦。

　　一家小型化妆品公司也遇到了同样的情况，但是一名普通雇员用另一种方法解决了这个问题。他没有使用X光监视器，也没有使用其他昂贵的设备，而是买了一个大功率的风扇。他把风扇摆在生产线旁，肥皂盒一个个在风扇前通过，只要有空盒子便会被吹离生产线。

　　显然，工程师很努力，但是小公司雇员的方法更巧妙。

34. 小公司是怎么解决空盒子问题的？

35. 关于大公司的方法，以下哪一项说法正确？

36. 比努力更重要的是什么？

第37到39题是根据下面一段话：

　　科学研究发现，常听音乐能改变儿童的容貌，使孩子的脸孔变漂亮。

　　人的喜、怒、哀、乐都是通过接受外界的资讯而产生的，资讯通过耳朵、眼睛等传递到大脑，大脑再经过处理让脸上某个部位的神经发生变化。常接收悲伤、恐惧、惊吓、不愉快的资讯，与常接收愉快、喜悦、快乐的资讯比较，儿童面部的某些肌肉有着根本的差别。大脑神经使脸上某些肌肉长期处于紧张状态，久而久之愉快或悲伤的面部表情就会固定下来。

　　经常让幼儿听些欢快的乐曲，用音乐来刺激神经会使幼儿的身心得到健康的成长。

有一个实验，每天上午、下午、晚上给一组儿童播放莫扎特的小夜曲。一开始没有什么改变，但四个月以后，这些孩子的面孔发生了很大变化，表情比一般孩子活泼，就连眼神都与一般孩子有了根本区别。

37. 常接收悲伤、恐惧等资讯的儿童面部表情会怎样？

38. 关于实验，下列哪个选项正确？

39. 这段话主要想表明什么？

第40到42题是根据下面一段话：

假如你正在耐心地等公共汽车，突然有个人从后面推了你一把，你会有什么感觉？如果你认为这个人是有意推你，你一定会很气恼，甚至愤怒；但是当你转过身来，发现那个推你的人戴着墨镜，挂着一根拐杖，在你认定他是个盲人的时候，你肯定对自己当初的态度感到惭愧；然而你把他扶上车，帮他找到座位时，这个人却摘下墨镜，开始读报，你的感觉又将如何？当你的思维模式发生变化时，心情也就随之发生变化。

当你确定自己是受害者的时候，你极容易从对方脸上看到恶意，把他的无心当成故意，我们就是用这样的思维模式让自己的心情更加糟糕。如果你在做饭的时候不小心划了手，你跑出来，正在看足球的丈夫只说创可贴在写字台里的时候，看着他那无动于衷的脸，你绝不会认为他只是对自己喜欢的节目过于着迷，而肯定会认为他不再爱你并因此怒火中烧。

40. 如果发现一个盲人不小心推了你，你会怎么样？

41. 我们为什么会让自己的心情更加糟糕？

42. 这段话主要讲了什么？

第43到46题是根据下面一段话：

如果从养生的角度来说，我体会，读书要解决三个问题：一是为什么读书？二是读什么样的书？三是怎样个读书法？

为什么读书？不为名，不为利，不为写文章，也不为做官。读书，完全是一种人生的需要，就像植物需要阳光雨露一样。全国著名医学专家洪昭光提出了养生的四大基石：合理膳食，适量运动，戒烟戒酒，心理平衡。这其中，"心理平衡"就可以通过读书来达到。读书是消除杂念，保持心平气和状态的最好途径之一。

读什么样的书？不强求一定要读什么名著经典，读点儿闲书也是蛮好的。兴趣所在，情趣所在就可以了。让我们保持对生活的热情，让我们关怀身边的人们。

怎个读书法？有人认为饭要天天吃，书也要天天读，持之以恒，寒暑不断，这是其一。其二是，随便翻翻，不必太讲究。喝茶时，顺手拿起放在茶几底下的书翻翻；上床时，随便掏出枕边的书看看。其三是，不求甚解，不钻牛角尖。对于书中内容看过就行了，会意就行了，不必强求完全理解。

读书之余，拉拉二胡，吹吹笛子，弹弹秦琴，下下棋，跳跳舞，生活就是这么简单快乐。这就是我的"养生法"。

43.　说话人认为为什么要读书？

44.　洪昭光是什么人？

45.　读闲书的好处是什么？

46.　说话人认为读书的方法不包括下列哪一项？

第47到50题是根据下面一段话：

对于中国的旅游企业来说，今年是休假制度调整后首个没有"五一"黄金周的一年。清明、端午、中秋将成为新的法定假日，形成了"两个7天长假、5个3天小长假"的格局。

从旅行社反馈的信息来看，产品格局上的调整将是长途游明显减少，短途游产品占据主导，有了灵活经营的自主性，让其不再受制于高峰时期住宿、交通、景区限流量等供应紧张的情况。

"五一"黄金周的取消，将游客挤压到另外两个黄金周，对"十一"和春节黄金周旅游市场起到了极大的推动作用。从今年元旦出游市场来看，放假3天的大周末已经让旅游市场提前享受到"小黄金周"，北京地区短途旅游市场火暴异常。

旅行社方面认为，春节是出游的第一大高点，其次是暑期，然后是"十一"、年底的年假旅游和商务旅游。"五一"排在各大旅游热点的最后，因此取消"五一"黄金周并不会对旅行社的利润造成太大影响。消费者的消费习惯会形成一种惯性，今年"五一"仍将是出游高峰。此外，新增的3个小长假，除清明节不太适合旅游外，端午、中秋如果和周末连休，很可能成为出游的黄金时段。

47.　这段话主要讲的是什么？

48.　假期的调整会给旅行社带来什么影响？

49.　下面四个假期，哪一个假期外出旅游的人数最少？

50.　下面哪种说法是正确的？

听力考试现在结束。

정답
Answer

북경어언대
新 HSK 합격 모의고사 6급

〈제1회〉 정답

一、听力

第一部分

1. A	2. C	3. A	4. B	5. B
6. A	7. C	8. C	9. B	10. D
11. A	12. C	13. D	14. C	15. D

第二部分

16. C	17. D	18. D	19. D	20. B
21. B	22. D	23. B	24. B	25. C
26. B	27. A	28. D	29. B	30. D

第三部分

31. A	32. D	33. B	34. D	35. C
36. B	37. B	38. A	39. D	40. A
41. C	42. B	43. D	44. A	45. D
46. B	47. A	48. B	49. C	50. B

二、阅读

第一部分

51. A	52. B	53. B	54. C	55. B
56. D	57. C	58. D	59. A	60. C

第二部分

61. D	62. D	63. B	64. B	65. C
66. B	67. B	68. B	69. A	70. A

第三部分

| 71. E | 72. A | 73. B | 74. D | 75. C |
| 76. D | 77. C | 78. B | 79. A | 80. E |

第四部分

81. D	82. C	83. C	84. D	85. C
86. D	87. A	88. C	89. A	90. B
91. D	92. C	93. C	94. B	95. B
96. C	97. D	98. C	99. C	100. C

三、书写

101. **모범답안**

后羿射日

　　世界年轻时有十个太阳，他们都是东方天帝的孩子。每天天快要亮的时候，都会有一个太阳坐着两轮车穿越天空，给人们带去光明和热量。

　　可是有一天出了问题。这十个太阳一起来到了天上。这一下可糟了。十个太阳像十个火团，他们一起放出的热量烤焦了大地，许多动物被烧死了，所有的鱼都死了，人也都没东西吃，几乎快要饿死。这时候，出现了一位英雄后羿。这个小伙子长得很帅，是一个神箭手。他看到人们生活在苦难中，就决心把多余的九个太阳射下来。他走过千山万水，来到东海边的一座大山上，拉开一万多斤重的弓，把一千多斤重的箭朝着天上的太阳射去。被射中的太阳都掉下来死了。后羿一连射下了九个太阳，最后一个太阳因为害怕躲进了大海。天上一个太阳也没有了，世界变成了一片黑暗，人们无法生活下去。

　　在天帝的帮助下，剩下的一个太阳从东边升起，给世界带来光明，人们都非常高兴。后来后羿和嫦娥结了婚，过上了幸福的生活。

〈제2회〉 정답

一、听力

第一部分

1.　B	2.　C	3.　C	4.　B	5.　A
6.　D	7.　D	8.　C	9.　A	10.　C
11.　A	12.　D	13.　B	14.　A	15.　B

第二部分

16.　A	17.　B	18.　A	19.　B	20.　B
21.　A	22.　B	23.　C	24.　A	25.　D
26.　B	27.　D	28.　B	29.　B	30.　C

第三部分

31.　A	32.　C	33.　D	34.　B	35.　A
36.　C	37.　D	38.　C	39.　B	40.　C
41.　D	42.　B	43.　C	44.　C	45.　D
46.　A	47.　D	48.　B	49.　D	50.　C

二、阅读

第一部分

51. C	52. A	53. B	54. D	55. C
56. A	57. C	58. D	59. D	60. B

第二部分

61. D	62. B	63. D	64. D	65. D
66. C	67. C	68. B	69. A	70. B

第三部分

| 71. B | 72. D | 73. E | 74. A | 75. C |
| 76. B | 77. E | 78. C | 79. A | 80. D |

第四部分

81. C	82. A	83. A	84. D	85. C
86. D	87. D	88. C	89. D	90. D
91. D	92. A	93. D	94. C	95. C
96. B	97. D	98. B	99. D	100. C

三、书写

101. 모범답안

神笔马良

　　马良喜欢画画儿，但是因为家里很穷，他连一支画笔也没有。别人都不愿意借笔给他，不过马良很有志气，下决心要自己学会画画儿。马良没有笔，就用树枝、草根、木炭来画鱼、画鸟、画狼，画各种各样的东西。因为他每天用心苦练，进步很快，画出来的东西和真的一样。

　　一天晚上，马良梦见一位白胡子老爷爷给了自己一支神笔。梦醒后发现自己真的有了一支神笔。有了这支神笔，马良画什么就有什么。他帮穷人画画儿，让很多穷人过上了好生活。

　　后来邻村的大财主把马良抓了起来，命令马良给他画金元宝。马良看透了他的坏心肠，死活不肯画，结果被关在马房里。天气很冷，财主觉得马良不是饿死就是冻死了，没想到马良不仅给自己画了火炉和吃的，还画了梯子逃出了马房。大财主十分生气，想要把马良杀死，夺下那支神笔。他想爬上马良用神笔画的梯子却摔了下来，于是带着人去追马良。马良刚出村庄没多久，财主就追了上来。这时，马良用神笔画了弓箭，射死了财主，又骑着用神笔画的骏马飞驰而去。

〈제3회〉정답

一、听力

第一部分

1. B	2. D	3. C	4. B	5. D
6. B	7. D	8. D	9. B	10. A
11. B	12. C	13. B	14. A	15. C

第二部分

16. C	17. A	18. B	19. B	20. D
21. C	22. B	23. D	24. C	25. D
26. D	27. D	28. B	29. C	30. D

第三部分

31. A	32. A	33. D	34. B	35. B
36. D	37. D	38. C	39. D	40. B
41. D	42. C	43. A	44. B	45. A
46. C	47. C	48. B	49. D	50. A

二、阅读

第一部分

51. D	52. C	53. C	54. D	55. D
56. B	57. C	58. C	59. D	60. D

第二部分

61. C	62. C	63. B	64. C	65. D
66. C	67. B	68. D	69. A	70. A

第三部分

| 71. B | 72. E | 73. D | 74. A | 75. C |
| 76. E | 77. A | 78. D | 79. B | 80. C |

第四部分

81. A	82. C	83. A	84. D	85. C
86. A	87. C	88. D	89. C	90. C
91. B	92. D	93. D	94. C	95. D
96. B	97. C	98. B	99. A	100. C

三、书写

101. 모범답안

七夕节的传说

　　七夕节源于牛郎织女的爱情故事，这个故事是中国四大民间爱情传说之一。

　　很久以前，牛郎被嫂子刁难，给他放九头牛，却让他带十头牛回家。在好心人的指点下，他找到一头病倒的老牛。那头老牛是神仙变的，但是腿摔坏了，需要救治。牛郎不怕辛苦，照顾老牛大仙。老牛知恩图报，多次救了牛郎，并帮助牛郎娶了仙女织女为妻。牛郎和织女结婚后感情很好，生了一男一女两个孩子，一家人生活得很幸福。但是好景不长，这事很快便让天帝知道了，王母娘娘亲自下凡来，强行把织女带回了天上。牛郎在老牛的帮助下，用老牛的皮做成鞋子，带着儿女腾云驾雾追赶织女，却被王母娘娘用金簪划出的一道银河阻隔，无法渡过。牛郎织女在银河两岸相望哭泣，他们的爱情感动了喜鹊。于是，每年农历七月初七，都会有千万只喜鹊飞来搭成一座鹊桥让两人相会。

　　后来，每年的这一天，姑娘们都会寻找天上的牛郎星和织女星，希望看到他们两人相会，并祈求自己像织女一样心灵手巧，有美满的爱情和婚姻，由此形成了七夕节。

<제4회> 정답

一、听力

第一部分

1. B	2. B	3. C	4. D	5. A
6. B	7. B	8. D	9. D	10. C
11. B	12. B	13. B	14. B	15. D

第二部分

16. D	17. C	18. A	19. A	20. A
21. C	22. C	23. D	24. A	25. D
26. B	27. D	28. B	29. A	30. B

第三部分

31. D	32. D	33. C	34. B	35. B
36. C	37. B	38. B	39. C	40. B
41. C	42. D	43. D	44. A	45. D
46. C	47. C	48. B	49. B	50. A

二、阅读

第一部分

51. B	52. B	53. C	54. A	55. D
56. A	57. A	58. C	59. A	60. A

第二部分

61. D	62. D	63. D	64. A	65. B
66. D	67. C	68. D	69. B	70. A

第三部分

71. B	72. A	73. D	74. C	75. E
76. C	77. D	78. A	79. E	80. B

第四部分

81. B	82. B	83. C	84. D	85. B
86. C	87. D	88. B	89. D	90. C
91. C	92. D	93. D	94. C	95. B
96. C	97. C	98. C	99. A	100. C

三、书写

101. 모범답안

存折

　　罗明和秀萍都从外地来到大城市的一家公司打工。罗明三年多以前开始追秀萍，但秀萍却想靠着自己的美貌找一个本市的有钱人。秀萍把自己的意思告诉了罗明，但罗明还是穷追不舍。

　　有一天，罗明拉秀萍来他租的小屋，目的就是让她看看他的存折。这些存折有一百多张，每张都只有一千元，但加起来也有十几万，秀萍对罗明有这么多的存款感到吃惊，也对把钱存在一百多张存折上有些不理解。罗明解释说这样存款比较安全。

　　这些存折让秀萍觉得嫁给罗明也是一件好事。二人同居之后，秀萍开始催促罗明买房子，罗明却说等两人领了结婚证后再买。领结婚证的第二天，罗明出差。就在这一天，秀萍得知父亲得了重病，要花很多钱。她只好拿了罗明的30张存折去取钱。

　　但让秀萍意想不到的是，存折全部都是挂失过的。她突然明白过来，罗明是拿着一千元钱到处存，然后挂失，用身份证将钱取出，再存入另一家，如此反复，他才有了那么多存折。想明白了以后，她喊了一声"存折"，就在大街上跑起来。

新 汉 语 水 平 考 试
HSK（六级）答题卡

姓名

国籍 [0] [1] [2] [3] [4] [5] [6] [7] [8] [9]
[0] [1] [2] [3] [4] [5] [6] [7] [8] [9]
[0] [1] [2] [3] [4] [5] [6] [7] [8] [9]

性别　　　男 [1]　　　女 [2]

序号
[0] [1] [2] [3] [4] [5] [6] [7] [8] [9]
[0] [1] [2] [3] [4] [5] [6] [7] [8] [9]
[0] [1] [2] [3] [4] [5] [6] [7] [8] [9]
[0] [1] [2] [3] [4] [5] [6] [7] [8] [9]
[0] [1] [2] [3] [4] [5] [6] [7] [8] [9]

考点
[0] [1] [2] [3] [4] [5] [6] [7] [8] [9]
[0] [1] [2] [3] [4] [5] [6] [7] [8] [9]
[0] [1] [2] [3] [4] [5] [6] [7] [8] [9]

年龄
[0] [1] [2] [3] [4] [5] [6] [7] [8] [9]
[0] [1] [2] [3] [4] [5] [6] [7] [8] [9]

你是华裔吗?
是 [1]　　　不是 [2]

学习汉语的时间:

2年以下 [1]　　2年－3年 [2]　　3年－4年 [3]　　4年－5年 [4]　　5年以上 [5]

注意　请用 2B 铅笔这样写: ■

一、听力

1. [A] [B] [C] [D]　　6. [A] [B] [C] [D]　　11. [A] [B] [C] [D]　　16. [A] [B] [C] [D]　　21. [A] [B] [C] [D]
2. [A] [B] [C] [D]　　7. [A] [B] [C] [D]　　12. [A] [B] [C] [D]　　17. [A] [B] [C] [D]　　22. [A] [B] [C] [D]
3. [A] [B] [C] [D]　　8. [A] [B] [C] [D]　　13. [A] [B] [C] [D]　　18. [A] [B] [C] [D]　　23. [A] [B] [C] [D]
4. [A] [B] [C] [D]　　9. [A] [B] [C] [D]　　14. [A] [B] [C] [D]　　19. [A] [B] [C] [D]　　24. [A] [B] [C] [D]
5. [A] [B] [C] [D]　　10. [A] [B] [C] [D]　　15. [A] [B] [C] [D]　　20. [A] [B] [C] [D]　　25. [A] [B] [C] [D]

26. [A] [B] [C] [D]　　31. [A] [B] [C] [D]　　36. [A] [B] [C] [D]　　41. [A] [B] [C] [D]　　46. [A] [B] [C] [D]
27. [A] [B] [C] [D]　　32. [A] [B] [C] [D]　　37. [A] [B] [C] [D]　　42. [A] [B] [C] [D]　　47. [A] [B] [C] [D]
28. [A] [B] [C] [D]　　33. [A] [B] [C] [D]　　38. [A] [B] [C] [D]　　43. [A] [B] [C] [D]　　48. [A] [B] [C] [D]
29. [A] [B] [C] [D]　　34. [A] [B] [C] [D]　　39. [A] [B] [C] [D]　　44. [A] [B] [C] [D]　　49. [A] [B] [C] [D]
30. [A] [B] [C] [D]　　35. [A] [B] [C] [D]　　40. [A] [B] [C] [D]　　45. [A] [B] [C] [D]　　50. [A] [B] [C] [D]

二、阅读

51. [A] [B] [C] [D]　　56. [A] [B] [C] [D]　　61. [A] [B] [C] [D]　　66. [A] [B] [C] [D]　　71. [A] [B] [C] [D] [E]
52. [A] [B] [C] [D]　　57. [A] [B] [C] [D]　　62. [A] [B] [C] [D]　　67. [A] [B] [C] [D]　　72. [A] [B] [C] [D] [E]
53. [A] [B] [C] [D]　　58. [A] [B] [C] [D]　　63. [A] [B] [C] [D]　　68. [A] [B] [C] [D]　　73. [A] [B] [C] [D] [E]
54. [A] [B] [C] [D]　　59. [A] [B] [C] [D]　　64. [A] [B] [C] [D]　　69. [A] [B] [C] [D]　　74. [A] [B] [C] [D] [E]
55. [A] [B] [C] [D]　　60. [A] [B] [C] [D]　　65. [A] [B] [C] [D]　　70. [A] [B] [C] [D]　　75. [A] [B] [C] [D] [E]

76. [A] [B] [C] [D] [E]　　81. [A] [B] [C] [D]　　86. [A] [B] [C] [D]　　91. [A] [B] [C] [D]　　96. [A] [B] [C] [D]
77. [A] [B] [C] [D] [E]　　82. [A] [B] [C] [D]　　87. [A] [B] [C] [D]　　92. [A] [B] [C] [D]　　97. [A] [B] [C] [D]
78. [A] [B] [C] [D] [E]　　83. [A] [B] [C] [D]　　88. [A] [B] [C] [D]　　93. [A] [B] [C] [D]　　98. [A] [B] [C] [D]
79. [A] [B] [C] [D] [E]　　84. [A] [B] [C] [D]　　89. [A] [B] [C] [D]　　94. [A] [B] [C] [D]　　99. [A] [B] [C] [D]
80. [A] [B] [C] [D] [E]　　85. [A] [B] [C] [D]　　90. [A] [B] [C] [D]　　95. [A] [B] [C] [D]　　100. [A] [B] [C] [D]

三、书写

101.

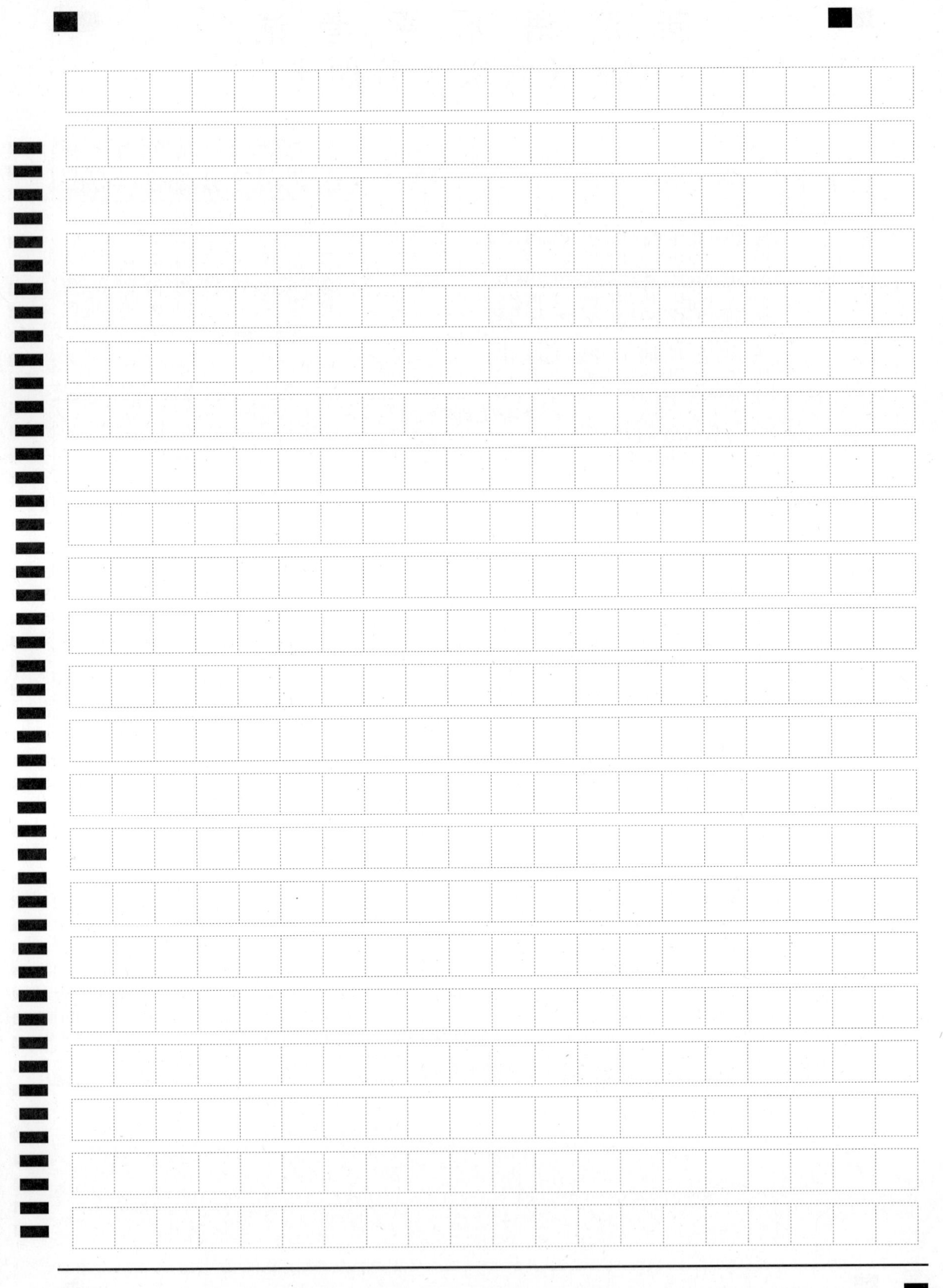

新 汉 语 水 平 考 试
HSK （六级） 答题卡

姓名

序号

[0] [1] [2] [3] [4] [5] [6] [7] [8] [9]
[0] [1] [2] [3] [4] [5] [6] [7] [8] [9]
[0] [1] [2] [3] [4] [5] [6] [7] [8] [9]
[0] [1] [2] [3] [4] [5] [6] [7] [8] [9]
[0] [1] [2] [3] [4] [5] [6] [7] [8] [9]

年龄

[0] [1] [2] [3] [4] [5] [6] [7] [8] [9]
[0] [1] [2] [3] [4] [5] [6] [7] [8] [9]

国籍

[0] [1] [2] [3] [4] [5] [6] [7] [8] [9]
[0] [1] [2] [3] [4] [5] [6] [7] [8] [9]
[0] [1] [2] [3] [4] [5] [6] [7] [8] [9]

性别　　　男 [1]　　　　女 [2]

考点

[0] [1] [2] [3] [4] [5] [6] [7] [8] [9]
[0] [1] [2] [3] [4] [5] [6] [7] [8] [9]
[0] [1] [2] [3] [4] [5] [6] [7] [8] [9]

你是华裔吗?

是 [1]　　　　不是 [2]

学习汉语的时间:

2年以下 [1]　　　2年－3年 [2]　　　3年－4年 [3]　　　4年－5年 [4]　　　5年以上 [5]

注意　请用 2B 铅笔这样写: ■

一、听力

1. [A] [B] [C] [D]　　6. [A] [B] [C] [D]　　11. [A] [B] [C] [D]　　16. [A] [B] [C] [D]　　21. [A] [B] [C] [D]
2. [A] [B] [C] [D]　　7. [A] [B] [C] [D]　　12. [A] [B] [C] [D]　　17. [A] [B] [C] [D]　　22. [A] [B] [C] [D]
3. [A] [B] [C] [D]　　8. [A] [B] [C] [D]　　13. [A] [B] [C] [D]　　18. [A] [B] [C] [D]　　23. [A] [B] [C] [D]
4. [A] [B] [C] [D]　　9. [A] [B] [C] [D]　　14. [A] [B] [C] [D]　　19. [A] [B] [C] [D]　　24. [A] [B] [C] [D]
5. [A] [B] [C] [D]　　10. [A] [B] [C] [D]　　15. [A] [B] [C] [D]　　20. [A] [B] [C] [D]　　25. [A] [B] [C] [D]

26. [A] [B] [C] [D]　　31. [A] [B] [C] [D]　　36. [A] [B] [C] [D]　　41. [A] [B] [C] [D]　　46. [A] [B] [C] [D]
27. [A] [B] [C] [D]　　32. [A] [B] [C] [D]　　37. [A] [B] [C] [D]　　42. [A] [B] [C] [D]　　47. [A] [B] [C] [D]
28. [A] [B] [C] [D]　　33. [A] [B] [C] [D]　　38. [A] [B] [C] [D]　　43. [A] [B] [C] [D]　　48. [A] [B] [C] [D]
29. [A] [B] [C] [D]　　34. [A] [B] [C] [D]　　39. [A] [B] [C] [D]　　44. [A] [B] [C] [D]　　49. [A] [B] [C] [D]
30. [A] [B] [C] [D]　　35. [A] [B] [C] [D]　　40. [A] [B] [C] [D]　　45. [A] [B] [C] [D]　　50. [A] [B] [C] [D]

二、阅读

51. [A] [B] [C] [D]　　56. [A] [B] [C] [D]　　61. [A] [B] [C] [D]　　66. [A] [B] [C] [D]　　71. [A] [B] [C] [D] [E]
52. [A] [B] [C] [D]　　57. [A] [B] [C] [D]　　62. [A] [B] [C] [D]　　67. [A] [B] [C] [D]　　72. [A] [B] [C] [D] [E]
53. [A] [B] [C] [D]　　58. [A] [B] [C] [D]　　63. [A] [B] [C] [D]　　68. [A] [B] [C] [D]　　73. [A] [B] [C] [D] [E]
54. [A] [B] [C] [D]　　59. [A] [B] [C] [D]　　64. [A] [B] [C] [D]　　69. [A] [B] [C] [D]　　74. [A] [B] [C] [D] [E]
55. [A] [B] [C] [D]　　60. [A] [B] [C] [D]　　65. [A] [B] [C] [D]　　70. [A] [B] [C] [D]　　75. [A] [B] [C] [D] [E]

76. [A] [B] [C] [D] [E]　　81. [A] [B] [C] [D]　　86. [A] [B] [C] [D]　　91. [A] [B] [C] [D]　　96. [A] [B] [C] [D]
77. [A] [B] [C] [D] [E]　　82. [A] [B] [C] [D]　　87. [A] [B] [C] [D]　　92. [A] [B] [C] [D]　　97. [A] [B] [C] [D]
78. [A] [B] [C] [D] [E]　　83. [A] [B] [C] [D]　　88. [A] [B] [C] [D]　　93. [A] [B] [C] [D]　　98. [A] [B] [C] [D]
79. [A] [B] [C] [D] [E]　　84. [A] [B] [C] [D]　　89. [A] [B] [C] [D]　　94. [A] [B] [C] [D]　　99. [A] [B] [C] [D]
80. [A] [B] [C] [D] [E]　　85. [A] [B] [C] [D]　　90. [A] [B] [C] [D]　　95. [A] [B] [C] [D]　　100. [A] [B] [C] [D]

三、书写

101.

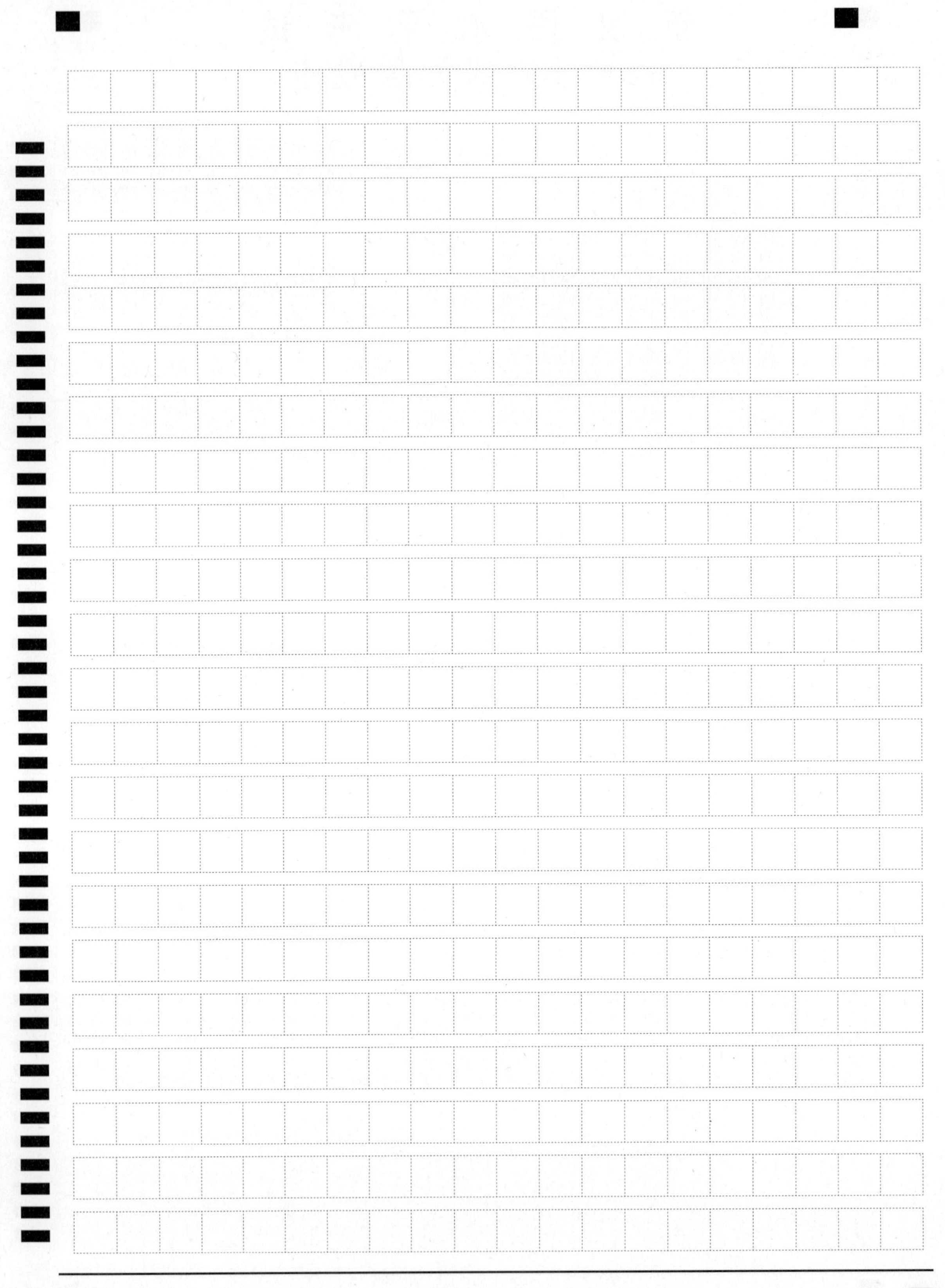

新 汉 语 水 平 考 试
HSK （六级）答题卡

姓名	

序号
[0] [1] [2] [3] [4] [5] [6] [7] [8] [9]
[0] [1] [2] [3] [4] [5] [6] [7] [8] [9]
[0] [1] [2] [3] [4] [5] [6] [7] [8] [9]
[0] [1] [2] [3] [4] [5] [6] [7] [8] [9]
[0] [1] [2] [3] [4] [5] [6] [7] [8] [9]

年龄
[0] [1] [2] [3] [4] [5] [6] [7] [8] [9]
[0] [1] [2] [3] [4] [5] [6] [7] [8] [9]

国籍
[0] [1] [2] [3] [4] [5] [6] [7] [8] [9]
[0] [1] [2] [3] [4] [5] [6] [7] [8] [9]
[0] [1] [2] [3] [4] [5] [6] [7] [8] [9]

性别　　　男 [1]　　　　女 [2]

考点
[0] [1] [2] [3] [4] [5] [6] [7] [8] [9]
[0] [1] [2] [3] [4] [5] [6] [7] [8] [9]
[0] [1] [2] [3] [4] [5] [6] [7] [8] [9]

你是华裔吗?
是 [1]　　　　不是 [2]

学习汉语的时间:

2年以下 [1]　　2年－3年 [2]　　3年－4年 [3]　　4年－5年 [4]　　5年以上 [5]

注意　请用 2B 铅笔这样写: ■

一、听力

1. [A] [B] [C] [D]	6. [A] [B] [C] [D]	11. [A] [B] [C] [D]	16. [A] [B] [C] [D]	21. [A] [B] [C] [D]
2. [A] [B] [C] [D]	7. [A] [B] [C] [D]	12. [A] [B] [C] [D]	17. [A] [B] [C] [D]	22. [A] [B] [C] [D]
3. [A] [B] [C] [D]	8. [A] [B] [C] [D]	13. [A] [B] [C] [D]	18. [A] [B] [C] [D]	23. [A] [B] [C] [D]
4. [A] [B] [C] [D]	9. [A] [B] [C] [D]	14. [A] [B] [C] [D]	19. [A] [B] [C] [D]	24. [A] [B] [C] [D]
5. [A] [B] [C] [D]	10. [A] [B] [C] [D]	15. [A] [B] [C] [D]	20. [A] [B] [C] [D]	25. [A] [B] [C] [D]
26. [A] [B] [C] [D]	31. [A] [B] [C] [D]	36. [A] [B] [C] [D]	41. [A] [B] [C] [D]	46. [A] [B] [C] [D]
27. [A] [B] [C] [D]	32. [A] [B] [C] [D]	37. [A] [B] [C] [D]	42. [A] [B] [C] [D]	47. [A] [B] [C] [D]
28. [A] [B] [C] [D]	33. [A] [B] [C] [D]	38. [A] [B] [C] [D]	43. [A] [B] [C] [D]	48. [A] [B] [C] [D]
29. [A] [B] [C] [D]	34. [A] [B] [C] [D]	39. [A] [B] [C] [D]	44. [A] [B] [C] [D]	49. [A] [B] [C] [D]
30. [A] [B] [C] [D]	35. [A] [B] [C] [D]	40. [A] [B] [C] [D]	45. [A] [B] [C] [D]	50. [A] [B] [C] [D]

二、阅读

51. [A] [B] [C] [D]	56. [A] [B] [C] [D]	61. [A] [B] [C] [D]	66. [A] [B] [C] [D]	71. [A] [B] [C] [D] [E]
52. [A] [B] [C] [D]	57. [A] [B] [C] [D]	62. [A] [B] [C] [D]	67. [A] [B] [C] [D]	72. [A] [B] [C] [D] [E]
53. [A] [B] [C] [D]	58. [A] [B] [C] [D]	63. [A] [B] [C] [D]	68. [A] [B] [C] [D]	73. [A] [B] [C] [D] [E]
54. [A] [B] [C] [D]	59. [A] [B] [C] [D]	64. [A] [B] [C] [D]	69. [A] [B] [C] [D]	74. [A] [B] [C] [D] [E]
55. [A] [B] [C] [D]	60. [A] [B] [C] [D]	65. [A] [B] [C] [D]	70. [A] [B] [C] [D]	75. [A] [B] [C] [D] [E]
76. [A] [B] [C] [D] [E]	81. [A] [B] [C] [D]	86. [A] [B] [C] [D]	91. [A] [B] [C] [D]	96. [A] [B] [C] [D]
77. [A] [B] [C] [D] [E]	82. [A] [B] [C] [D]	87. [A] [B] [C] [D]	92. [A] [B] [C] [D]	97. [A] [B] [C] [D]
78. [A] [B] [C] [D] [E]	83. [A] [B] [C] [D]	88. [A] [B] [C] [D]	93. [A] [B] [C] [D]	98. [A] [B] [C] [D]
79. [A] [B] [C] [D] [E]	84. [A] [B] [C] [D]	89. [A] [B] [C] [D]	94. [A] [B] [C] [D]	99. [A] [B] [C] [D]
80. [A] [B] [C] [D] [E]	85. [A] [B] [C] [D]	90. [A] [B] [C] [D]	95. [A] [B] [C] [D]	100. [A] [B] [C] [D]

三、书写

101.

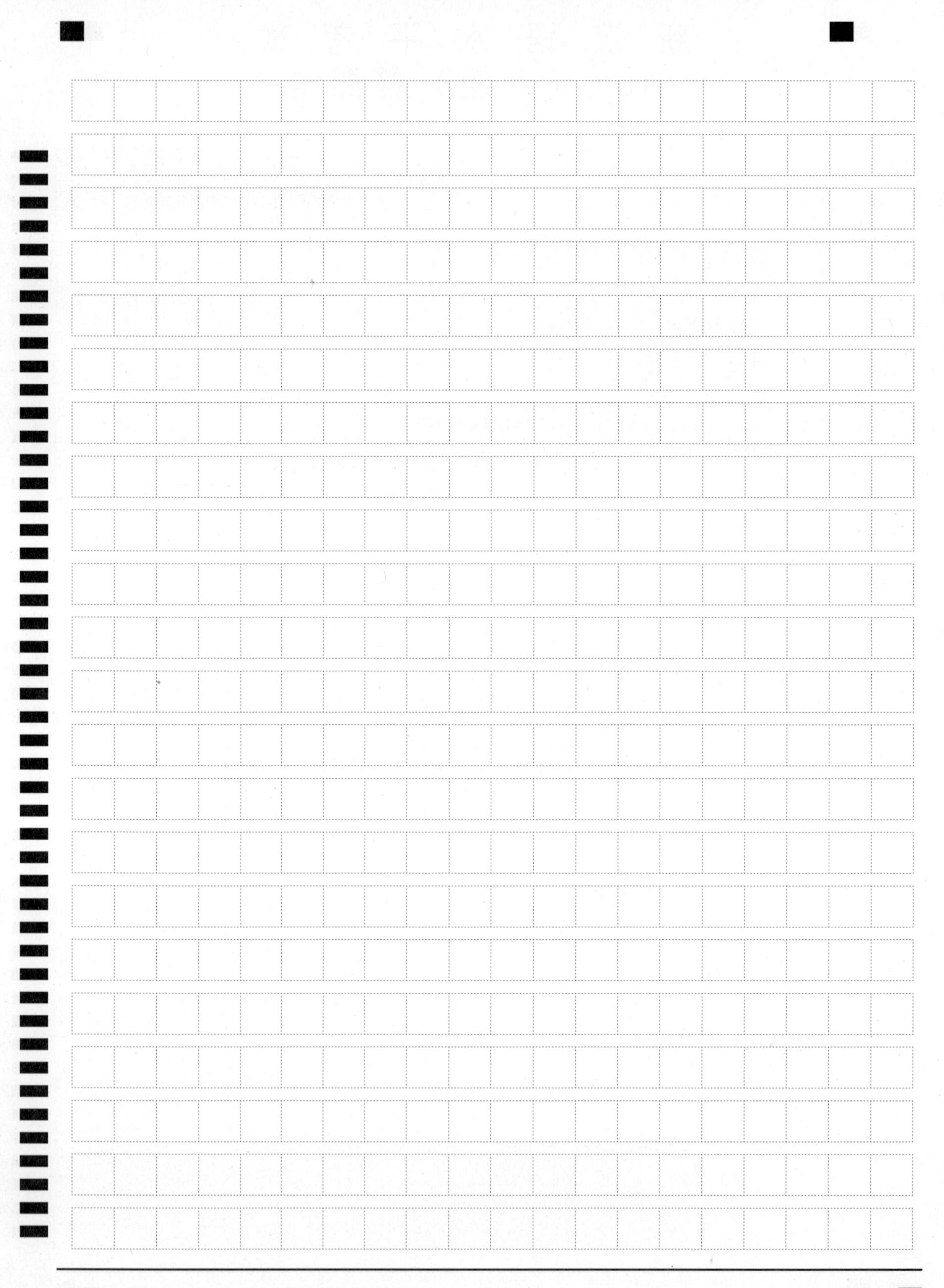

新 汉 语 水 平 考 试
HSK （六级） 答题卡

姓名	

序号

| [0] [1] [2] [3] [4] [5] [6] [7] [8] [9] |
| [0] [1] [2] [3] [4] [5] [6] [7] [8] [9] |
| [0] [1] [2] [3] [4] [5] [6] [7] [8] [9] |
| [0] [1] [2] [3] [4] [5] [6] [7] [8] [9] |
| [0] [1] [2] [3] [4] [5] [6] [7] [8] [9] |

年龄

| [0] [1] [2] [3] [4] [5] [6] [7] [8] [9] |
| [0] [1] [2] [3] [4] [5] [6] [7] [8] [9] |

国籍

| [0] [1] [2] [3] [4] [5] [6] [7] [8] [9] |
| [0] [1] [2] [3] [4] [5] [6] [7] [8] [9] |
| [0] [1] [2] [3] [4] [5] [6] [7] [8] [9] |

性别　　　男 [1]　　　　女 [2]

考点

| [0] [1] [2] [3] [4] [5] [6] [7] [8] [9] |
| [0] [1] [2] [3] [4] [5] [6] [7] [8] [9] |
| [0] [1] [2] [3] [4] [5] [6] [7] [8] [9] |

你是华裔吗?

是 [1]　　　　不是 [2]

学习汉语的时间:

2年以下 [1]　　2年－3年 [2]　　3年－4年 [3]　　4年－5年 [4]　　5年以上 [5]

注意　请用 2B 铅笔这样写: ▬

一、听力

1. [A] [B] [C] [D]　　6. [A] [B] [C] [D]　　11. [A] [B] [C] [D]　　16. [A] [B] [C] [D]　　21. [A] [B] [C] [D]
2. [A] [B] [C] [D]　　7. [A] [B] [C] [D]　　12. [A] [B] [C] [D]　　17. [A] [B] [C] [D]　　22. [A] [B] [C] [D]
3. [A] [B] [C] [D]　　8. [A] [B] [C] [D]　　13. [A] [B] [C] [D]　　18. [A] [B] [C] [D]　　23. [A] [B] [C] [D]
4. [A] [B] [C] [D]　　9. [A] [B] [C] [D]　　14. [A] [B] [C] [D]　　19. [A] [B] [C] [D]　　24. [A] [B] [C] [D]
5. [A] [B] [C] [D]　　10. [A] [B] [C] [D]　　15. [A] [B] [C] [D]　　20. [A] [B] [C] [D]　　25. [A] [B] [C] [D]

26. [A] [B] [C] [D]　　31. [A] [B] [C] [D]　　36. [A] [B] [C] [D]　　41. [A] [B] [C] [D]　　46. [A] [B] [C] [D]
27. [A] [B] [C] [D]　　32. [A] [B] [C] [D]　　37. [A] [B] [C] [D]　　42. [A] [B] [C] [D]　　47. [A] [B] [C] [D]
28. [A] [B] [C] [D]　　33. [A] [B] [C] [D]　　38. [A] [B] [C] [D]　　43. [A] [B] [C] [D]　　48. [A] [B] [C] [D]
29. [A] [B] [C] [D]　　34. [A] [B] [C] [D]　　39. [A] [B] [C] [D]　　44. [A] [B] [C] [D]　　49. [A] [B] [C] [D]
30. [A] [B] [C] [D]　　35. [A] [B] [C] [D]　　40. [A] [B] [C] [D]　　45. [A] [B] [C] [D]　　50. [A] [B] [C] [D]

二、阅读

51. [A] [B] [C] [D]　　56. [A] [B] [C] [D]　　61. [A] [B] [C] [D]　　66. [A] [B] [C] [D]　　71. [A] [B] [C] [D] [E]
52. [A] [B] [C] [D]　　57. [A] [B] [C] [D]　　62. [A] [B] [C] [D]　　67. [A] [B] [C] [D]　　72. [A] [B] [C] [D] [E]
53. [A] [B] [C] [D]　　58. [A] [B] [C] [D]　　63. [A] [B] [C] [D]　　68. [A] [B] [C] [D]　　73. [A] [B] [C] [D] [E]
54. [A] [B] [C] [D]　　59. [A] [B] [C] [D]　　64. [A] [B] [C] [D]　　69. [A] [B] [C] [D]　　74. [A] [B] [C] [D] [E]
55. [A] [B] [C] [D]　　60. [A] [B] [C] [D]　　65. [A] [B] [C] [D]　　70. [A] [B] [C] [D]　　75. [A] [B] [C] [D] [E]

76. [A] [B] [C] [D] [E]　　81. [A] [B] [C] [D]　　86. [A] [B] [C] [D]　　91. [A] [B] [C] [D]　　96. [A] [B] [C] [D]
77. [A] [B] [C] [D] [E]　　82. [A] [B] [C] [D]　　87. [A] [B] [C] [D]　　92. [A] [B] [C] [D]　　97. [A] [B] [C] [D]
78. [A] [B] [C] [D] [E]　　83. [A] [B] [C] [D]　　88. [A] [B] [C] [D]　　93. [A] [B] [C] [D]　　98. [A] [B] [C] [D]
79. [A] [B] [C] [D] [E]　　84. [A] [B] [C] [D]　　89. [A] [B] [C] [D]　　94. [A] [B] [C] [D]　　99. [A] [B] [C] [D]
80. [A] [B] [C] [D] [E]　　85. [A] [B] [C] [D]　　90. [A] [B] [C] [D]　　95. [A] [B] [C] [D]　　100. [A] [B] [C] [D]

三、书写

101.

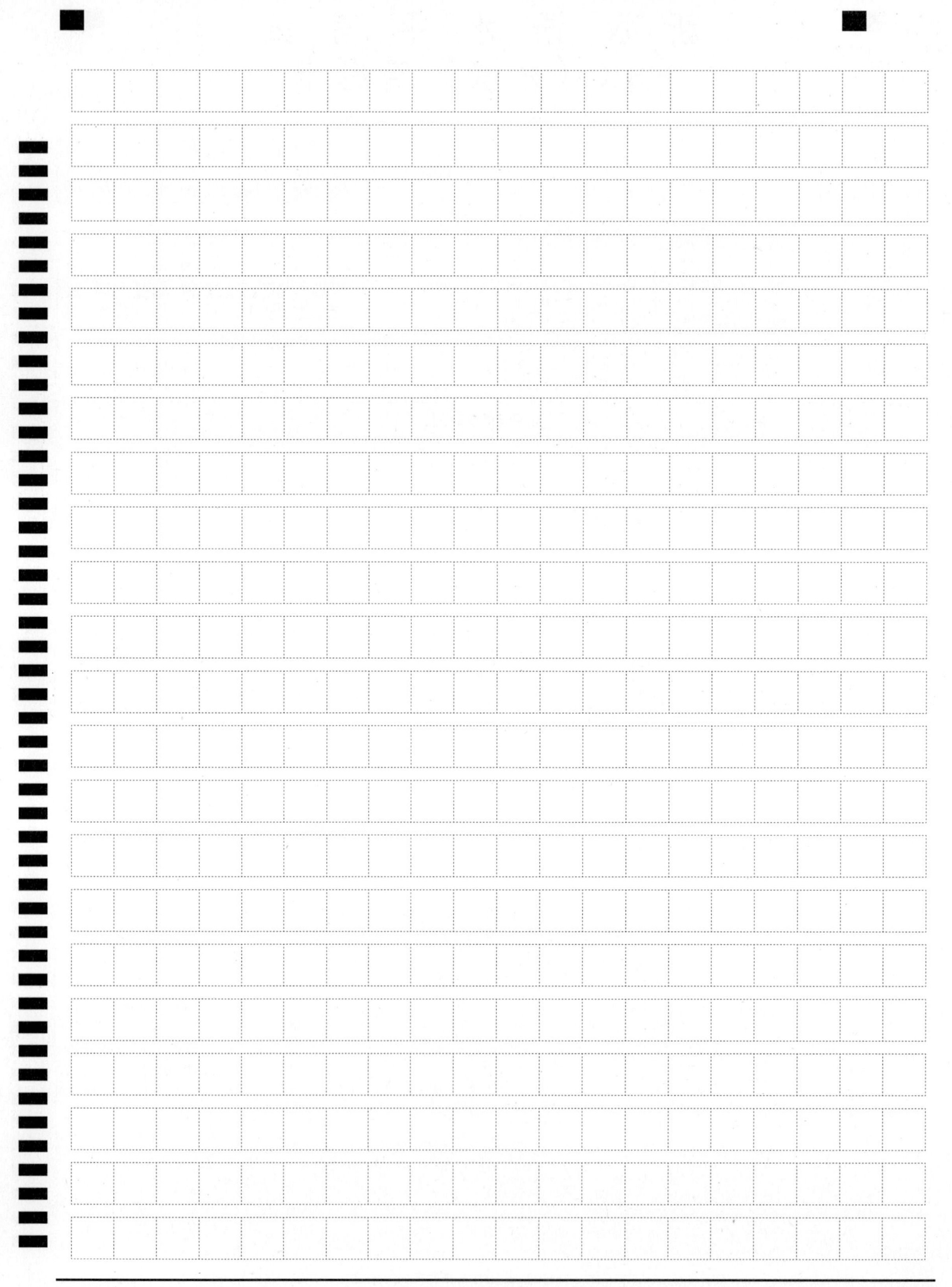

동양북스 新HSK 수험서 시리즈

新HSK 汉办(한반) 공식
개정단어 최초 반영!

동양북스 新HSK 전 교재 국내 최초!!
개정단어 100% 반영 전격출시!!

버전업! 新HSK 한 권이면

3급 진윤영 지음 | 25,000원
(新HSK 3급 개정 VOCA 단어장 + MP3 CD 1장 포함)

4급 한선영 · 김명자 지음 | 24,000원
(新HSK 4급 개정 VOCA 단어장 + MP3 CD 1장 포함)

5급 한선영 지음 | 27,000원
(新HSK 5급 개정 VOCA 단어장 + MP3 CD 1장 포함)

6급 최은정 · 후위 지음 | 27,000원
(新HSK 6급 개정 VOCA 단어장 + MP3 CD 1장 포함)

www.dongyangbooks.com

외국어 출판 40년의 신뢰
외국어 전문 출판 그룹
동양북스가 만드는 책은 다릅니다.

40년의 쉼 없는 노력과 도전으로 책 만들기에 최선을 다해온 동양북스는
오늘도 미래의 가치에 투자하고 있습니다.
대한민국의 내일을 생각하는 도전 정신과 믿음으로 최선을 다하겠습니다.

동양북스

동양북스 추천 교재

회화 코스북

일본어뱅크 다이스키
STEP 1·2·3·4·5·6·7·8

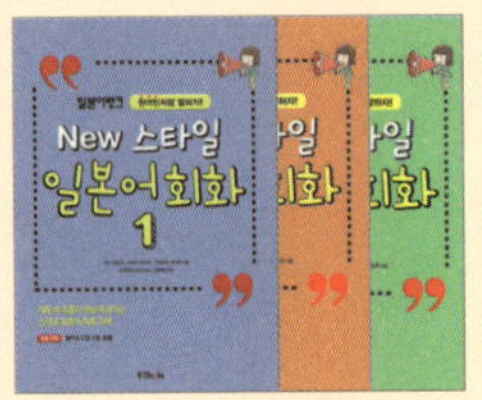

일본어뱅크
New 스타일 일본어 회화
1·2·3

일본어뱅크 도모다찌
STEP 1·2·3

분야서

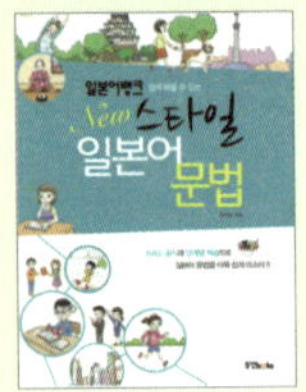

일본어뱅크
NEW 스타일 일본어 문법

일본어뱅크
일본어 작문 초급

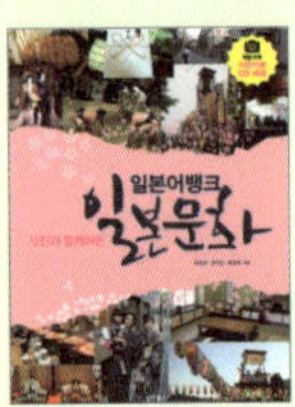

일본어뱅크
사진과 함께하는
일본 문화

일본어뱅크
항공 서비스 일본어

가장 쉬운 독학
일본어 현지회화

수험서

일취월장 JPT
독해·청해

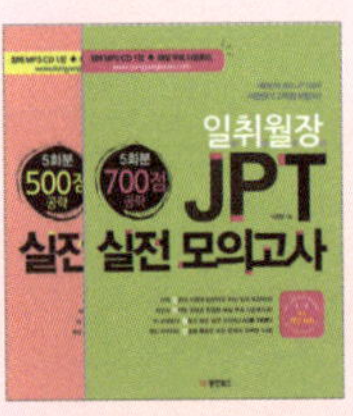

일취월장 JPT
실전 모의고사 500·700

新일본어능력시험
실전적중 문제집 문자·어휘 N1·N2
실전적중 문제집 문법 N1·N2

新일본어능력시험
실전적중 문제집 독해 N1·N2
실전적중 문제집 청해 N1·N2

단어·한자

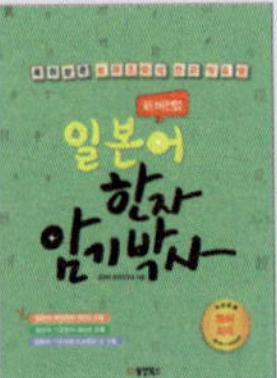

新버전업
일본어 한자 암기박사

일본어 상용한자 2136
이거 하나면 끝!

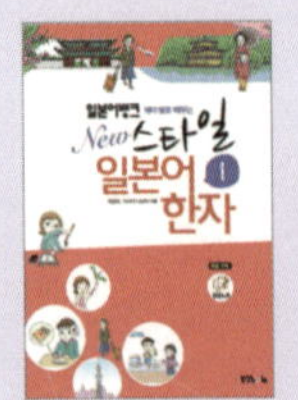

일본어뱅크
New 스타일 일본어 한자 1·2

가장 쉬운 독학
일본어 단어장

중국어뱅크 북경대학 한어구어
1·2·3·4·5·6

중국어뱅크 스마트중국어
STEP 1·2·3·4

중국어뱅크 뉴스타일중국어
STEP 1·2

중국어뱅크
문화중국어 1·2

중국어뱅크
관광 중국어 1·2

중국어뱅크
여행 중국어

중국어뱅크
호텔 중국어

중국어뱅크
판매 중국어

중국어뱅크
항공 서비스 중국어

중국어뱅크
의료관광 중국어

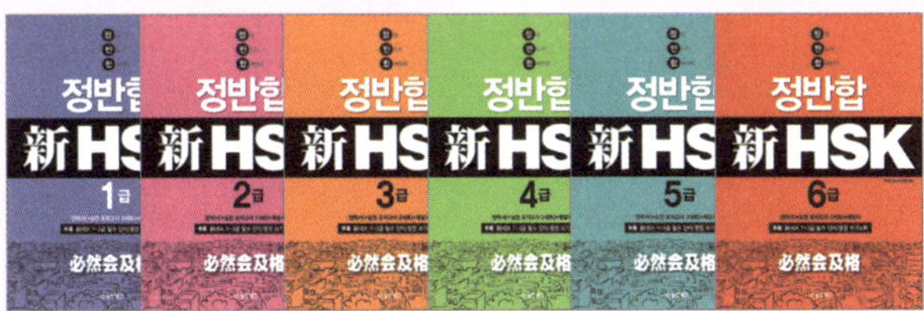

정반합 新HSK
1급·2급·3급·4급·5급·6급

버전업! 新HSK 한 권이면 끝
3급·4급·5급·6급

버전업! 新HSK VOCA 5급·6급

가장 쉬운 독학 중국어 단어장

중국어뱅크
중국어 간체자 1000

新버전업
중국어 한자 암기박사

14720
9 788983 008473
ISBN 978-89-8300-847-3
ISBN 978-89-8300-846-6 (세트)

www.dongyangbooks.com

새로운 도서, 다양한 자료
동양북스 홈페이지에서 만나보세요!

홈페이지 활용하여 외국어 실력 두 배 늘리기!

500만 독자가 선택한

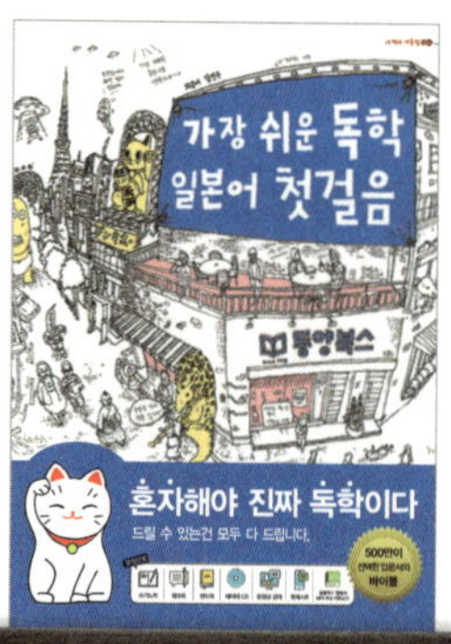

가장 쉬운
독학 일본어 첫걸음
14,000원

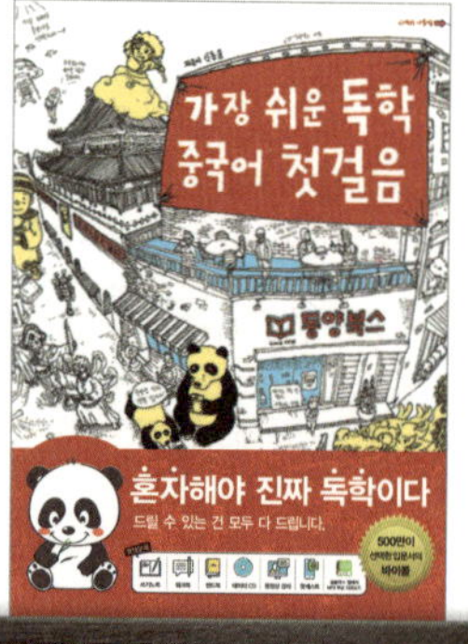

가장 쉬운
독학 중국어 첫걸음
14,000원

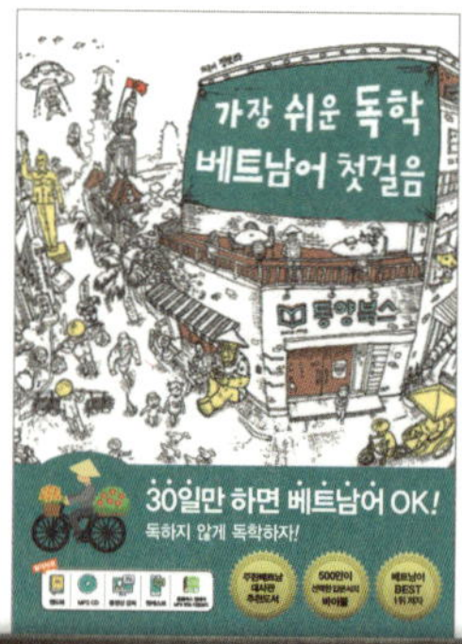

가장 쉬운
독학 베트남어 첫걸음
15,000원

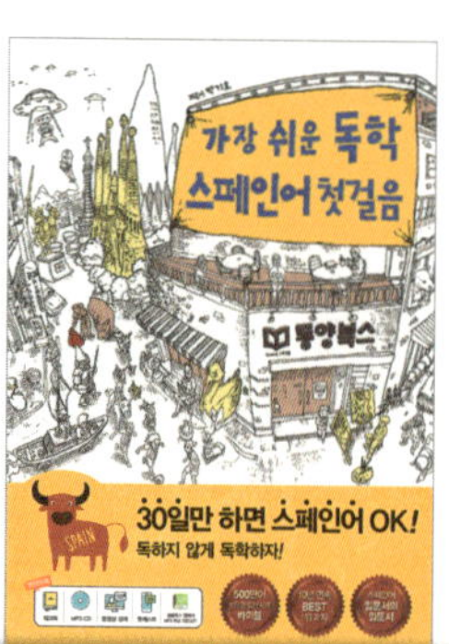

가장 쉬운
독학 스페인어 첫걸음
15,000원

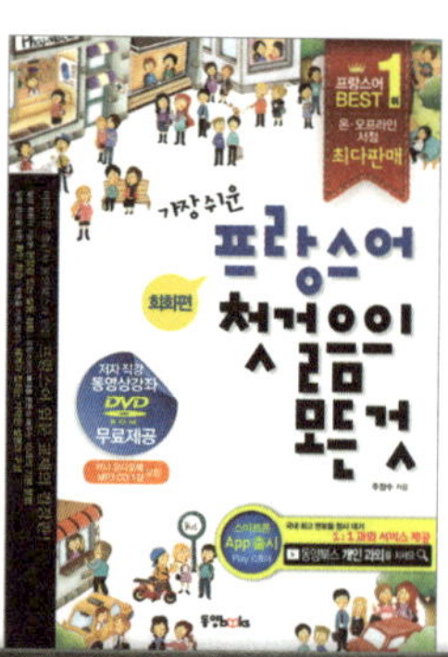

가장 쉬운
프랑스어 첫걸음의 모든 것
17,000원

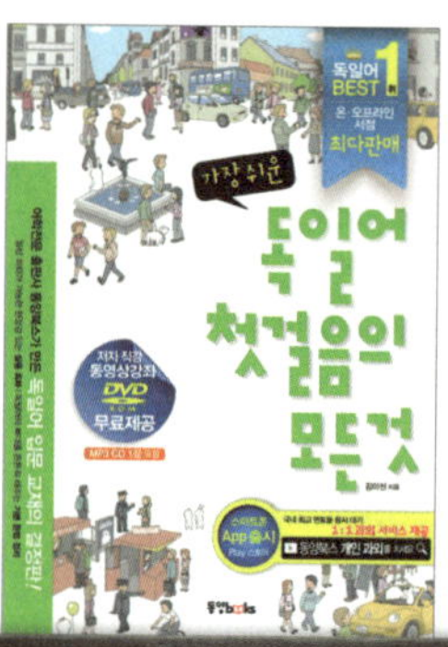

가장 쉬운
독일어 첫걸음의 모든 것
18,000원

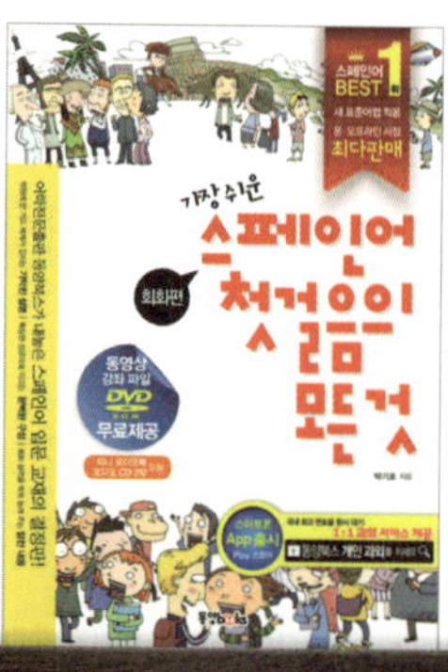

가장 쉬운
스페인어 첫걸음의 모든 것
14,500원

버전업! 가장 쉬운
베트남어 첫걸음
16,000원

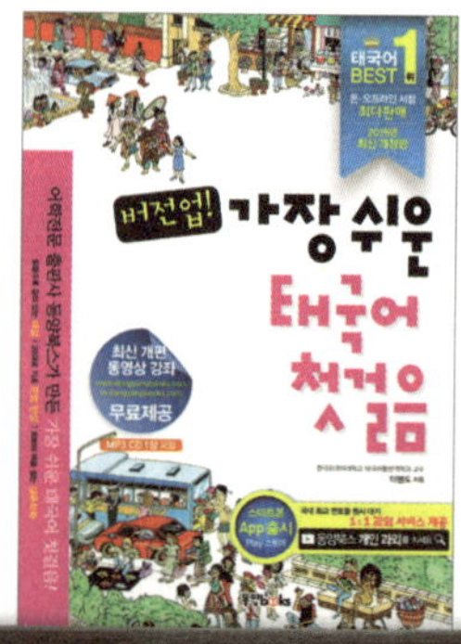

버전업! 가장 쉬운
태국어 첫걸음
16,800원

HSK 전문 출제위원이 직접 출제한
북경어언대
新 HSK 6급
합격
모의고사
徐昌火 지음   문정아 해설   해설집

북경어언대
新 HSK 6급
합격
모의고사 해설집

초판 5쇄 | 2018년 2월 10일

지은이 | 徐昌火
해 설 | 문정아
발행인 | 김태웅
편집장 | 강석기
편 집 | 권민서, 정지선, 김효수, 김다정
디자인 | 방혜자, 이미영, 김효정, 서진희
마케팅 | 서재욱, 김귀찬, 이종민, 오승수, 조경현
온라인 마케팅 | 김철영, 양윤모
제 작 | 현대순
총 무 | 전민정, 안서현, 최여진, 강아담
관 리 | 김훈희, 이국희, 김승훈, 이규재

발행처 | 동양북스
등 록 | 제10-806호(1993년 4월 3일)
주 소 | 서울시 마포구 동교로22길 12 (04030)
전 화 | (02)337-1737
팩 스 | (02)334-6624

http://www.dongyangbooks.com

ISBN 978-89-8300-847-3 14720
     978-89-8300-846-6 (세트)

徐昌火 編著 2011年
本作品原由北京语言大学出版社出版。韩文版经由北京语言大学出版社授权DongYang Books
于全球独家出版发行，保留一切权利。未经书面许可，任何人不得复制、发行。

차례

一、听力 듣기

제1부분

총 15문제가 출제된다. 단문을 듣고 시험지에 제시된 4개의 보기 중에서 단문의 내용과 일치하는 것을 고르는 문제로, 모든 문제는 한 번씩 들려준다.

예제 1. 有一次，阿凡提住在饭店里，觉得嗓子发干，好像嘴里燃烧着一团火。喊了几声问有水没有，可没人理会。他灵机一动，大声喊道："火！火！"老板以为房子着火了，立即提着一桶水出现在阿凡提面前。

    A 阿凡提口渴得厉害 ✓
    B 老板的房子着火了
    C 老板要请阿凡提喝水
    D 大家对阿凡提很热情

📖 합격 비법

비법 1   보기를 통해 문제를 유추하라.

제1부분은 녹음 지문의 길이가 짧아서, 주의를 집중하지 않으면 녹음 지문이 금방 지나가므로 답을 놓칠 수 있다. 녹음을 듣기 전에 보기를 통해 내용을 유추해본다. 주어진 보기가 녹음 지문과 완전히 일치할 수도 있지만, 전체적인 문맥을 이해해야 풀 수 있는 경우가 있으므로, 보기 분석이 반드시 필요하다.

비법 2   첫 문장과 마지막 문장에 주의하라.

녹음 지문의 첫 문장, 혹은 마지막 문장에서 답이 언급될 가능성이 높다. 그러므로 성우가 문제 번호를 낭독할 때부터 주의 깊게 듣는 훈련을 해야 한다. 마지막 문장까지도 놓치지 말자.

제2부분

총 15문제로, 인터뷰를 듣고 시험지에 제시된 4개의 보기 중에서 질문에 알맞은 답을 고르는 문제다. 총 3개의 인터뷰로 구성되며, 인터뷰마다 5개의 질문이 제시된다. 모든 문제는 한 번씩 들려준다.

16-20.

女：让我们用掌声欢迎我们今天的嘉宾，被称做"国际奥委会的经济大管家"海博格先生。

男：你好。

女：你好。刚才你出场的时候，我们看到短片里有一个你戴着八角帽的形象，你喜欢照片当中的你吗？

男：是的，非常喜欢。从很多方面来说，奥运和长征有相通的地方，毛主席用长征团结中国人民，我们要用奥运会把中国人民再度团结起来。

女：听说海博格先生也创下了一个纪录，是重走长征路当中的年纪最大的一位。其实聊完了刚才重走长征路这一段的时候，大家一定非常好奇，海博格先生为什么一定要去走长征路呢？它和你从事的奥运营销之间有关系吗？

男：有的。我认为这是一种很好的理念，纪念中国历史发展中极为重要的一个事件，我们觉得把奥运会带到中国来是把13亿中国人民都团结起来的一种很好的方式。过去的这16天北京奥运会的日子，对我来说真是非常棒的一次经历。

女：所有的中国人都记得2001年7月13日，我们申奥成功的那一天，其实2001年对于海博格先生也有着特殊的意义，他在这一年的年底加入了奥委会。海博格先生走长征路大概只是十几个小时的事情，但是和中国走过的这一段奥运营销的路，却走了整整7年。在北京举行的第29届奥运会我们有大概62个合作伙伴，他们花了高价钱买来的是什么？

男：他们得到的是一种使用五环的权利，而且这种权利是受到我们国际奥委会保护的，因为奥运会应该说是世界上最有影响力的品牌，这样就使得赞助商能够获得一些优势。

女：您觉得这次的营销成功吗？

男：我觉得这是一次极大的成功，我们几乎是获得了中国所有顶级企业的赞助。

女：我在互联网上看到，有人说大概超过了26亿美元，是这样吗？

男：实际的金额远远超过这个，光电视转播权就获得了26亿美元，中国的公司赞助了10亿美元，此外我们还有一些国际上的大公司，一共12家，他们的赞助总额和中国公司的赞助差不多。

女：国际奥委会经营着世界上最知名的品牌，营利能力相当可观，十几天可能就有大约二十几亿、三十几亿收入。那么所有的这些钱该怎么花呢？

男：50%给当地的组织者，40%是给参加奥运会的205个国家的奥委会，电视转播权的50%也是给组织者，国际奥委会只保留收入的7%。

16. 男的是什么身份？

    A 营销商

    B 经济学家

    C 奥委会官员 ✓

    D 参加过长征的人

17. 男的重走长征路花了多长时间？

    A 十三天

    B 十六天

    C 整整七年

    D 十几个小时 ✓

비법 1   사회자의 질문에 유의하라.

인터뷰에서 사회자가 묻는 내용이 그대로 문제로 나올 수 있다. 그러므로 사회자가 취재 대상에게 어떠한 질문을 하는지, 취재 대상은 어떻게 대답하는지 확실히 기억해둔다.

비법 2   메모하는 습관을 길러라.

제2부분은 긴 지문으로, 지문당 5문제를 풀어야 한다. 그러므로 녹음 지문을 듣기 전에 미리 보기를 읽고 질문의 내용을 유추한다. 또한 녹음을 들을 때는 보기를 순서대로 보면서 들려주는 내용과 관련된 사항에 맞으면 O, 틀리면 X를 표시한다. 숫자나 시간과 관련된 보기가 있다면, 해당하는 보기 옆에 관련 내용을 짧고 간단하게 적어둔다. 이때는 한글, 병음, 기호 등 자신이 쉽게 알아볼 수 있는 표시를 다양하게 활용하는 것이 좋다.

제3부분

총 20문제가 출제된다. 여러 편의 지문으로 구성되며, 4개의 보기 중에서 질문에 알맞은 답을 고른다. 지문당 3~4개의 질문이 출제되고, 모든 문제는 한 번씩 들려준다.

예제   **31-33.**

　　国王决定从他的十位王子中选出一位做继承人。他吩咐一位大臣在一条两旁临水的大道上放置了一块"巨石"，任何人想要通过这条路，只能把它推开或绕过去。国王让王子们通过那条大路，把一封信送到一个将军手里。王子们很快完成了任务。国王问："你们是怎么把信送到的？"

　　一个说："我是划船过去的。"

　　一个说："我是从水里游过去的。"

　　小王子说："我是从大路上走过去的。我用手使劲一推那块石头，它就滚到河里去了。"

　　"这么大的石头，你怎么想用手去推呢？"

　　"我不过试了试，"小王子说，"谁知我一推，它就动了。"

　　原来，那块"巨石"是国王和大臣用很轻的材料做成的。自然，这位善于尝试的王子继承了王位。

31. 选继承人的主意是谁出的？

A 国王 ✓

B 大臣

C 将军

D 王子

32. 小王子是怎么把信送到的？

A 爬过巨石

B 划船过去

C 从水里游过去

D 把石头推开走过去 ✓

비법 1 문제를 지문 단위로 묶어라.

녹음을 듣기 전에 보기를 보고 몇 개의 문제가 한 지문에 포함될 것인지 파악한다. 녹음이 시작되면 몇 번부터 몇 번까지의 녹음 지문인지 반드시 표시해두었다가 정확하게 메모하며 듣는다.

비법 2 소거법을 활용하라.

제3부분에서는 전체 지문에서 언급되었거나, 혹은 언급되지 않은 것을 찾는 문제가 많이 나온다. 그러므로 녹음을 들으면서 해당 여부를 꼭 메모해두고, 메모에 근거하여 소거해나가는 방식으로 답을 선택한다.

 듣기 영역 학습법

❶ 인터뷰 듣기 실력을 키우기 위해서는 중국의 토크쇼나 뉴스를 보는 것도 좋다.

❷ 가장 좋은 방법은 받아쓰기(听写)다. 어떤 지문이라도 받아쓰는 훈련을 하면 듣기 실력에 큰 도움이 된다. 느린 속도에서 빠른 속도로 조절하면서 듣고 받아쓰는 훈련을 한다.

二、阅读 독해

제1부분

총 10문제가 출제된다. 제시된 4개의 보기 중, 잘못된 문장을 고르는 문제다.

예제 **51.**　A 如果今天比昨天做得很差，那么明天怎么会更美好？ ✓
　　　　　　B 过去的一年，民营书业在很多方面的变化都令人振奋。
　　　　　　C 据了解，人体所需的矿物质4%左右是由饮用水提供的。
　　　　　　D 记者在采访中发现，不少民众已经养成了睡前阅读的习惯。

제2부분

총 10문제가 출제된다. 모든 문제는 3~5개의 빈칸이 있는 단문으로 구성되고, 지문의 빈칸에 알맞은 답을 보기에서 찾아야 한다.

예제 **61.**　人各有志，人一辈子只能做一件事。弃了笔的作家，也许值得 ＿＿＿ ，但我以为 ＿＿＿ 不值得怜悯，因为他这样做就已经 ＿＿＿ 他一生没有力量完成文学这件事。

　　　　　A 悲哀　　　省得　　　提醒
　　　　　B 惭愧　　　不免　　　答应
　　　　　C 可怜　　　免得　　　欺骗
　　　　　D 羡慕　　　未尝　　　承认 ✓

📖 합격 비법 (제1·2부분)

비법 1　어법 지식을 충분히 숙지하라.

제1·2부분을 풀기 위해서는 정확한 어법 지식을 가지고 있어야 한다. 고정격식의 호응 파악 유형, 주어·술어·목적어 등 부족한 문장 성분을 찾는 유형, 접속사 파악 유형 등이 출제되므로 다양한 어법 지식을 동원하여 문제를 풀어야 한다. 자주 출제되는 유형을 중심으로 어법 지식을 쌓는다.

비법 2　문장에 대한 어감을 익혀라.

평소에 중국인들이 많이 쓰는 표현 위주로 답을 선택한다. 정답은 종종 우리가 많이 들어온 표현들 중에 있다. 이를 위해서는 유의어나 고정격식을 정확히 알고 있어야 한다. 특히 제2부분에서는 보기를 하나하나 소거하면서 푸는 소거법을 활용하는 것이 효과적이다.

제3부분

총 10문제가 출제된다. 2개의 지문에 각각 5개의 빈칸이 있고, 지문의 앞뒤 내용에 근거하여 주어진 보기에서 빈칸에 알맞은 답을 고르는 문제다.

예제 **71-75.**

　　相传，中国古时候有一种叫"年"的怪兽，头长触角，凶猛异常。"年"长年深居海底，每到除夕才爬上岸，吞食牲畜伤害人命。因此，每到除夕这天，(71)＿＿＿ E ＿＿＿，以躲避"年"兽的伤害。

　　这年除夕，桃花村的人们正扶老携幼上山避难，从村外来了个乞讨的老人，只见他手拄拐杖，臂搭袋囊，银须飘逸，目若朗星。乡亲们有的封窗锁门，有的收拾行装，有的牵牛赶羊，到处人喊马嘶，(72)＿＿＿ A ＿＿＿。这时，谁还有心关照这位乞讨的老人。只有村东头一位老婆婆给了老人些食物，并劝他快上山躲避"年"兽，那老人捋髯笑道：婆婆若让我在你家待一夜，我一定把"年"兽撵走。老婆婆惊目细看，见他鹤发童颜，精神矍铄，气宇不凡。可她还是不放心仍然继续劝说，乞讨老人笑而不语。婆婆无奈，只好把家撇给老人，上山避难去了。

　　半夜时分，"年"兽闯进村，(73)＿＿＿ B ＿＿＿：村东头老婆婆家，门贴大红纸，屋内灯火通明。"年"兽浑身一抖，怪叫了一声。"年"朝婆婆家怒视片刻，随即狂叫着扑过去。将近门口时，(74)＿＿＿ D ＿＿＿，"年"浑身战栗，再不敢往前凑了。原来，"年"最怕红色、火光和炸响。这时，婆婆的家门大开，只见院内一位身披红袍的老人在哈哈大笑。"年"大惊失色，狼狈逃窜了。

　　第二天是正月初一，避难回来的人们见村里安然无恙，十分惊奇。这时，老婆婆才恍然大悟，赶忙向乡亲们述说了乞讨老人的许诺。乡亲们一齐拥向老婆婆家，只见婆婆家门上贴着红纸，院里一堆未燃尽的竹子仍在"啪啪"炸响，(75)＿＿＿ C ＿＿＿。欣喜若狂的乡亲们为庆贺吉祥的来临，纷纷换新衣戴新帽，到亲友家道喜问好。这件事很快在周围的村子传开了，人们都知道了驱兽的办法。从此每年除夕，家家贴红对联、燃放爆竹；户户烛火通明、守更待岁。初一一大早，还要走亲串友道喜问好。这风俗越传越广，成了中国民间最隆重的传统节日。

A　一片匆忙恐慌景象

B　发现村里气氛与往年不同

C　屋内几根红蜡烛还发着余光

D　院内突然传来"噼里啪啦"的炸响声

E　村村寨寨的人们都要扶老携幼逃往深山

합격 비법

비법 1 보기를 먼저 분석하라.

보기의 내용이 긍정적인지 부정적인지 미리 파악하고, 긍정적인 내용에는 '+'를, 부정적인 내용에는 '-'를
표시해둔다. 지문을 읽으면서 문맥상 긍정적인 내용이 들어가야 할지, 부정적인 내용이 들어가야 할지 파악하며
정답을 찾는다.

비법 2 문장 부호에 주의하라.

빈칸 앞뒤의 문장 부호에 주의하며 문제를 푼다. 마침표, 따옴표, 줄표 등의 쓰임새를 정확하게 알고 있다면,
문맥을 이해하기가 쉬워지므로 답을 찾는 데 많은 도움이 된다. 독해 영역에서 가장 무난한 부분이지만, 처음에
답을 잘못 고르면 연쇄적으로 틀리기 쉬운 부분이므로, 실수하지 않도록 주의한다.

제4부분

총 20문제가 출제된다. 지문을 읽고 질문에 알맞은 답을 고르는 문제다.

예제 81-84.

有时，即使是一张纸巾，也可以改变一个人的一生。

婚礼上，她的泪纷纷而下，不只是新娘必有的喜泪。

当初她坚持要举行的盛大的婚宴，不是没有一点儿补偿心理的。

他是留美的医学博士，经营一家药品公司，家财万贯，学富五车。第一次见面，给她讲手术
室的笑话，自己笑得"呵呵"的，她也附和地浅笑，可实际上根本没听懂那一大堆专业术语。

他对她很好，但对于他，她始终是高山仰止，敬而远之。可她周围所有的人都动了心——
这样的男人不嫁，还要等什么样的男人？最后她还是嫁了，只是泪不由自主地往下流。在豪华
的奔驰车里，他一路用纸巾细细地为她拭泪，淡淡的茉莉清香笼了她的脸。

安逸的日子里，她遇到了那个男孩儿，在一次笔会上认识的。那个晚上，月光满山都是。
她倚着靠山的栏杆，听着远处舞会里的舞曲人声。这时，他从她身边走过，停了停，低低吟了
一句："明月何时初照人？"她惊得直起身来：莫非他听得见她心里的声音？后来的谈话他们总
是这样：一句话，她说了上半句，他便很自然地接出了下一半。笔会结束后，他们回到了各自
的城市，却仍旧借助电话与邮递员，谈诗说文，然后谈情说爱，终至于——谈婚论嫁。

不自觉地将男孩儿的信揉成了一团，她整个人都愣住了。也许，她一直都知道有这样的结
果，只是……她看见丈夫在电脑前专注的身影，犹豫了。

每次见到男孩儿，她都下决心回家后立刻和丈夫摊牌。可是，怎么说出口？他对她，一直
是那么好。

她想起自己的诸般委屈，不由得落了泪。男孩儿慌了，翻遍全身才摸出一张纸巾递给她。

那纸巾颜色灰蒙蒙的，坚硬粗糙，她想起他为她拭泪时那带着淡淡的茉莉清香的纸巾，柔

软细腻而轻盈，仿如他给她的日子：舒适，温存，清洁。如果不是遇上他，她不可能在两年内连出两本书，也不可能至今还保留一份少女不谙世事的纯净，男孩儿给了她爱情，他却给了她一个女人一生中差不多最为重要的东西——安全感。

不知不觉地，她的泪止住了，她将男孩儿的纸巾还给了他，静静地说："我自己有。"

81. 女子为什么会嫁给这个医学博士？

    A 她对他非常崇拜   B 她和他有共同爱好

    C 她的家人逼她嫁给他   D 他能给她安定的生活 ✓

82. 女子为什么在结婚时哭泣？

    A 因为她非常高兴   B 因为她非常犹豫

    C 因为婚姻并不如她所愿 ✓   D 因为婚礼办得不够豪华

 **합격 비법**

비법 1   지문을 다 읽으려고 하지 마라.

짧은 시간 내에 20문제를 풀어야 한다. 그러므로 문제를 먼저 읽고, 지문에서 문제와 관련된 내용을 찾아 그 부분만 읽으면서 답을 찾는다.

비법 2   모르는 단어에 집착하지 마라.

문제를 읽다가 모르는 단어가 나오면 당황하는 경우가 많다. 新HSK 6급은 5,000개의 기본 단어를 중심으로 출제된다. 간혹 그 외의 단어가 출현하기도 하지만, 이는 정답과는 무관한 경우가 많다. 그러므로 모르는 단어는 생략하면서 읽거나, 문맥에 따라 유추하면서 읽어도 무방하다.

독해 영역 학습법

❶ 평소에 독해 지문을 읽을 때는, 문장마다 주어·술어·목적어 등의 문장 성분을 분석하며 읽는다. 모든 문장을 분석하는 것은 어렵겠지만, 하루에 5문장씩이라도 꼼꼼히 문장 분석을 해서 실력을 키워나간다.

❷ 자주 나오는 고정격식과 동사구를 정리하여 수시로 암기한다. 처음에는 고정격식이나 동사구를 찾는 것이 힘들 수도 있으나, 이것이 쌓이면 문제 풀이가 용이해진다.

❸ 단어 실력이 밑바탕이 되어야 독해 속도가 빨라진다. 그러므로 6급 필수 어휘 5,000개는 꼭 암기해야 한다. 하루에 많은 양을 한꺼번에 외우려 하지 말고, 약 60~100개씩만이라도 꾸준히 외우는 것이 더 중요하다.

❹ 평소에 시간을 제한해두고 문제를 푸는 습관을 기른다. 평소에 시간 관리를 잘해야 실전에서도 긴장하지 않고 제한된 시간 안에 문제를 풀 수 있다.

총 1문제로, 10분 동안 약 1,000자로 구성된 지문을 읽고, 35분 동안 읽은 내용을 400자 내외로 요약하는 문제다. 반드시 원문에 충실하게 서술해야 하며 자신의 관점이 들어가서는 안 된다.

예제 **101.**

　　世界年轻时，天空曾有十个太阳。他们的母亲是东方天帝的妻子。她常把十个孩子放在世界最东边的东海洗澡。洗完澡后，他们像小鸟那样栖息在一棵大树上，因为每个太阳的中心是只鸟。九个太阳栖息在长得较矮的树枝上，剩下的一个太阳则栖息在树梢上，每夜一换。

　　当黎明来临时，栖息在树梢的太阳便坐着两轮车穿越天空。十个太阳每天一换，轮流穿越天空，给大地万物带去光明和热量。

　　那时候，人们在大地上生活得非常幸福和睦。人和动物像邻居和朋友那样生活在一起。动物将它们的后代放在窝里，不必担心人会伤害它们。农民把谷物堆在田野里，不必担心动物会把它们偷走。人们按时作息，日出而耕，日落而息，生活美满。人和动物彼此以诚相见，互相尊重对方。那时候，人们感恩于太阳给他们带来了时辰、光明和欢乐。

　　可是，有一天，这十个太阳想到要是他们一起周游天空肯定很有趣。于是，当黎明来临时，十个太阳一起爬上车，踏上了穿越天空的征程。这一下，大地上的人们和万物遭殃了。十个太阳像十个火团，他们放出的热量烤焦了大地。

　　森林着火了，树木烧成了灰烬，许多动物也被烧死了。那些没有被大火烧死的动物流窜到人群之中，发疯似的寻找食物。

　　河流干枯了，大海也干涸了。所有的鱼都死了，水中的怪物便爬上岸偷窃食物。许多人和动物渴死了。农作物和果园枯萎了，供给人和家畜的食物也断绝了。一些人出门觅食，被太阳的高温活活烧死；另外一些人成了野兽的食物。人们在火海里挣扎着生存。

　　这时，来了个年轻英俊的英雄，叫做后羿，他是个神箭手，箭法超群，百发百中。他看到人们生活在苦难中，便决心帮助人们脱离苦海，射掉那多余的九个太阳。

　　于是，后羿爬过了九十九座高山，迈过了九十九条大河，穿过了九十九个峡谷，来到了东海边。他登上了一座大山，山脚下就是茫茫的大海。后羿拉开了万斤力弓弩，搭上千斤重利箭，瞄准天上火辣辣的太阳，"嗖"地一箭射去，一个太阳被射落了。后羿又拉开弓弩，搭上利箭，"嗡"地一声射去，同时射落了两个太阳。这下，天上还有七个太阳瞪着红彤彤的眼睛。后羿感到这些太阳仍很灼热，又狠狠地射出了第三支箭。这一箭射得很有力，一箭射落了四个太阳。其他的太阳吓得全身打颤，团团乱转。就这样，后羿一支接一支地把箭射向太阳，无一虚发，射掉了九个太阳。中了箭的九个太阳一个接一个地死去。他们的羽毛纷纷落在地上，他们的光和热一个接一个地消失了。大地越来越暗，直到最后只剩下一个太阳。

　　这个剩下的太阳害怕极了，在天上摇摇晃晃，慌慌张张，很快就躲进大海里去了。

　　天上没有了太阳，世界立刻变成了一片黑暗。万物得不到阳光的哺育，毒蛇猛兽到处横行，人们无法生活下去。他们便请求天帝，唤第十个太阳出来，让人类和万物繁衍下去。

一天早上，东边的海面上，透射出五彩缤纷的朝霞，接着一轮金灿灿的太阳露出了海面。

人们看到了太阳的光辉，高兴得手舞足蹈，齐声欢呼。

从此，这个太阳每天从东方的海边升起，挂在天上，温暖着人间，禾苗得以生长，万物得以生存。

后羿因为射杀太阳，拯救了万物，功劳盖世，被天帝赐封为天将。后与仙女嫦娥结为夫妻，生活得美满幸福。(답안 생략)

 **합격 비법**

비법 1 단락을 나누어 요약하라.

약 1,000자의 지문을 400자 내외로 요약하는 것은 그리 쉽지 않지만, 내용에 따라서는 단락을 구분하여 요약하면 좀 더 수월할 수 있다. 일반적으로 '처음-중간-끝'이나 '원인-과정-결과' 등의 세 문단으로 나누는 연습을 하고, 전체적인 내용에 따라 중요한 부분은 좀 더 자세히, 필요 없는 내용은 과감히 생략하며 요약하는 훈련을 한다.

비법 2 틀린 글씨 없이, 예쁘게 써라.

요약을 할 때는 읽을 줄 아는 글자도 막상 쓰려고 하면 생각나지 않는 경우가 있다. 그러므로 지문을 읽는 10분 동안, 잘 모르는 글자는 정확하게 암기해야 한다. 또한 채점자도 사람이기 때문에 예쁘게 쓴 글씨에 좋은 점수를 주게 되기 마련이다. 그러므로 글자를 쓸 때는 알아보기 힘들게 흘려 쓰지 말고, 한 글자 한 글자 또박또박 쓴다.

비법 3 원고지 사용법을 준수하라.

문단을 시작할 때 두 칸을 띄고 쓰는 것 등의 중국어 원고지 사용법을 숙지해야 한다. 문장부호 중에서는 마침표 표기에 주의한다. 평소에 연습할 때도 항상 원고지에 작성하는 습관을 들여, 원고지 사용법 미숙으로 감점되지 않도록 주의해야 한다.

쓰기 영역 학습법

많은 학생들은 요약문의 모범답안은 한 번만 읽어보고, 성급히 자신만의 정답을 만들어보려고 한다. 모범답안을 암기하는 것은 매우 중요하다. 모범답안을 내 것으로 만든다는 생각으로 암기하고, 그 내용을 원고지에 꼭 써본다.

여기에 당신의 목표 점수를 적어보세요.

新HSK 6급 　　　점

지금부터 4회분의 모의고사를 공부하는 동안

날마다 잊지 말고 이 점수를 되뇌어보세요.

당신은 할 수 있습니다.

加油!!

해설

제1회

북경어언대
新HSK 합격 모의고사 6급

听力

第 一 部 分

1-15

★☆☆ |**유형**| 세부 내용 파악

01

有一次，阿凡提住在饭店里，觉得嗓子发干，好像嘴里燃烧着一团火。喊了几声问有水没有，可没人理会。他灵机一动，大声喊道："火! 火!"老板以为房子着火了，立即提着一桶水出现在阿凡提面前。

A 阿凡提口渴得厉害
B 老板的房子着火了
C 老板要请阿凡提喝水
D 大家对阿凡提很热情

어느 날 호텔에 머무르고 있던 아판디는 마치 입안이 불에 타고 있는 것처럼 목이 마르다고 느꼈다. 물이 있는지 몇 번을 소리쳐 외쳤지만, 관심을 갖는 사람이 없었다. 그는 기지를 발휘하여 큰 소리로 외쳤다. "불이야! 불이야!" 사장은 방에 불이 났다고 여겨 즉시 한 통의 물을 들고 아판디 앞에 나타났다.

A 아판디는 매우 목이 마르다
B 사장의 집에 불이 났다
C 사장은 아판디에게 물을 마시도록 청했다
D 모두가 아판디에게 매우 친절하다

단어 嗓子 sǎngzi 명 목, 목구멍, 인후 | 发干 fāgān 통 마르다, 건조하다 | 燃烧 ránshāo 통 연소하다 | 一团火 yì tuán huǒ 불 한 덩어리 | 理会 lǐhuì 통 거들떠보다, 아랑곳하다, 관심을 가지다 | 灵机 língjī 명 기지, 재치 | 喊 hǎn 통 큰 소리로 외치다, 소리를 지르다 | 着火 zháohuǒ 통 화재가 발생하다, 불이 나다 | 厉害 lìhai 형 심하다, 사납다, 격렬하다, 대단하다

해설 觉得嗓子发干，好像嘴里燃烧着一团火는 '목이 몹시 마르다'는 뜻이므로 정답은 A다. 아판디가 큰 소리로 '불이야! 불이야!' 하고 외친 것은 주의를 끌기 위해서지 결코 집에 불이 났기 때문이 아니므로 B는 답이 될 수 없다. 또한 사장이 물을 들고 아판디 앞에 나타난 것은 불을 끄기 위해서지 아판디에게 물을 주기 위해서가 아니므로 C도 답이 될 수 없다. 물을 마시고 싶었지만 그에게 신경 쓰는 사람이 없다는 것은 호텔 사람들이 친절하지 않다는 뜻이므로 D도 답이 될 수 없다.

Tip⁺
• 立即[=马上]는 부사로 '즉시, 당장, 곧, 바로'라는 뜻이다. 立刻와 뜻이 같으나, 立刻는 구어와 서면어에 모두 쓰이고, 立即는 주로 서면어에 쓰인다.
• 桶[tǒng]은 통을 세는 단위로, 우리말의 '통'처럼 비교적 크기가 큰 것을 셀 때 쓰는 양사다. 예를 들면 一桶石油(석유 한 통), 一桶水(물 한 통), 一桶牛奶(우유 한 통) 등이 있다.

★★☆ |**유형**| 전체 내용 파악

02

药膳是在中医学、烹饪学和营养学理论指导下，严格按药膳配方，将中药与某些具有药用价值的食物相配伍，采用我国独特的饮食烹调技术和现代科学方法制作而成的具有一定色、香、味、形的美味食品。

A 药膳就是怎么吃中药
B 美味的食品就是药膳
C 药膳是多学科的研究成果
D 所有的食物都有药用价值

한방 식품은 중의학, 위병학, 영양학 이론의 지도하에 엄격하게 한방 식품의 배합 방법에 따라, 한약을 약용가치가 있는 음식물과 서로 배합하여 중국 특유의 음식 조리기술과 현대의 과학 방법을 사용해 만들어진, 일정한 색·향·맛·모양을 가진 맛있는 식품이다.

A 한방 식품은 한약을 먹는 방법이다
B 맛있는 식품이 바로 한방 식품이다
C 한방 식품은 여러 학문 분야의 연구성과다
D 모든 음식물은 전부 약용가치가 있다

단어 药膳 yàoshàn 명 한방 약재를 섞은 자양 강장 식품 | 中医学 zhōngyīxué 명 중의학 | 烹饪学 pēngrènxué 명 위병학 | 营养学 yíngyǎngxué 명 영양학 | 理论 lǐlùn 명 이론 | 指导 zhǐdǎo 통 지도하다, 가르치다 | 配方 pèifāng 명 배합 방법, 제조 방법 | 配伍 pèiwǔ 통 약물을 배합하여 동시에 사용하다 | 烹调 pēngtiáo 통 (음식을) 만들다, 요리하다, 조리하다 | 美味 měiwèi 명 좋은 맛

해설 한방 식품은 중의학, 위병학, 영양학 이론에 기초해, 중국 특유의 조리 기술과 현대 과학 방법을 사용해 만들어졌다고 언급했으므로, 이는 여러 학문 분야의 연구성과라고 유추할 수 있다. 따라서 정답은 C다. 한방 식품은 한약을 약용가치가 있는 음식물과 서로 배합한 것이지, 한약을 어떻게 먹는지를 이야기하는 것이 아니므로 A는 답이 될 수 없다. 한방 식품은 맛있는 음식이지만 맛있는 식품이 모두 한방 식품은 아니므로 B도 답이 될 수 없다. 한방 식품에 대해서만 언급하고 있을 뿐, 음식물의 약용가치에 대해서는 언급하지 않았으므로 D도 답이 될 수 없다.

Tip⁺ 具有는 '가지다, 구비하다, 갖추다'라는 뜻의 동사로, 일반적으로 추상적인 사물에 쓴다. 주로 意义, 素质, 条件, 特色, 风味, 能力, 吸引力, 影响力 등의 단어와 호응한다.

★☆☆ |유형| 전체 내용 파악

03

在一个天鹅自然保护区内，有三个天鹅湖，天鹅的栖息地面积非常大。但近几年来天鹅死亡数不断增加。是因为它们年老了吗？是因为它们之间相互残杀吗？都不是！<u>是因为我们人类破坏了天鹅栖息地的环境。</u>

A 人类破坏了环境
B 天鹅得到了保护
C 天鹅大部分都老了
D 天鹅保护区面积很小

백조 자연보호 구역 안에는 세 개의 백조호수가 있으며, 백조의 서식지 면적은 매우 크다. 그러나 최근 몇 년 동안 백조의 사망수는 계속 증가했다. 그들이 늙었기 때문일까? 그들이 서로 잔인하게 죽여서일까? 모두 아니다! 우리 인류가 백조 서식지의 환경을 파괴했기 때문이다.

A 인류가 환경을 파괴했다
B 백조는 보호를 받았다
C 백조는 대부분 모두 늙었다
D 백조 보호 구역 면적은 매우 작다

단어 天鹅 tiān'é 명 백조, 고니 | 栖息地 qīxīdì 명 서식지 | 残杀 cánshā 동 잔인하게 죽이다, 살해하다 | 破坏 pòhuài 동 (건축물 등을) 파괴하다, 훼손하다

해설 백조의 사망수가 부단히 증가하는 것은 백조가 늙어서가 아니고, 인류가 백조 서식지의 환경을 파괴했기 때문이라고 했으므로 C는 답이 될 수 없으며, A가 정답이다. 백조 서식지의 환경이 파괴되었다는 말은 백조가 보호를 받지 못하였다는 것과 일맥상통하므로 B도 답이 될 수 없다. 백조 자연보호 구역 안에는 세 개의 백조호수가 있으며 백조의 서식지 면적은 매우 크다고 했으므로, D도 답이 될 수 없다.

Tip⁺ 是因为는 '～한 이유는, ～한 까닭은'의 뜻으로, 인과 관계 문장에서 원인이나 이유를 나타낸다. 대개 '之所以…, 是因为…' 형식으로, 앞 구절에서 설명이 필요한 사항을 제기하고 뒤 구절에서 그 원인을 설명하는데, 이 문장에서는 之所以 부분이 생략되었다.

★☆☆ |유형| 세부 내용 파악

04

每个人发脾气都有各自特别的原因。<u>人们发脾气时所选择的对象，大多是能够接受、承受或忍受我们的"疾风暴雨"的人。</u>正因为在他们面前有安全感，我们才敢于发脾气，才敢于释放紧张不安的情绪。从这种意义上说，发脾气不是"麻烦"，而是"康复"。

A 发脾气就是一种病态
B 人们发脾气时会选对象
C 人们发脾气的原因相同
D 发脾气给人带来安全感

사람들이 화를 내는 데에는 각각의 특별한 이유가 있다. 사람들이 화를 낼 때 선택하는 대상은 대부분 자신의 '맹렬한 기세'를 충분히 받아주고 감당할 수 있거나 참아 낼 수 있는 사람이다. 왜냐하면 그들 앞에서는 편안함을 느끼기 때문에, 우리가 감히 화를 내고, 긴장되고 불안한 기분을 푸는 것이다. 이러한 의미에서 말하자면, 화를 내는 것은 '말썽'이 아니라 '건강을 회복하는 것'이다.

A 화를 내는 것은 일종의 병적인 상태다
B 사람들은 화를 낼 때 대상을 고른다
C 사람들이 화를 내는 이유는 모두 같다
D 화를 내는 것은 사람에게 편안함을 준다

단어 发脾气 fā píqi 화를 내다, 성질을 내다 | 接受 jiēshòu 동 (어떤 사물을 거절하지 않고) 받아들이다, 포용하다 | 承受 chéngshòu 동 참다, 견디다, 감당하다 | 忍受 rěnshòu 동 (고통·어려움·불행 등을) 견디다, 버티다, 참다 | 疾风暴雨 jífēng bàoyǔ 질풍과 폭우, 맹렬하면서 격렬한 투쟁 | 安全感 ānquángǎn 명 안전한 느낌, 편안한 느낌 | 释放 shìfàng 동 방출하다 | 康复 kāngfù 동 (건강을) 되찾다, 회복하다 | 病态 bìngtài 명 병적 상태

 사람들이 화를 낼 때 선택하는 대상이 대부분 자신의 '맹렬한 기세'를 충분히 받아주고 감당할 수 있거나 참아낼 수 있는 사람이라고 했으므로 정답은 B다. 끝 부분에서 화를 내는 것이 '건강을 회복하는 것'이라고 했으므로 A는 답이 될 수 없다. 도입 부분에서 사람들이 화를 내는 데에는 각각의 특별한 이유가 있다고 했으므로 C도 답이 될 수 없다. 편안함을 주는 사람들에게 화를 낸다고 했으므로 D도 답이 될 수 없다.

- 发脾气는 '성질을 내다, 화를 내다'라는 뜻으로, 일이 뜻대로 되지 않아서 투덜대거나 욕하는 것을 가리킨다. 여기서 发는 '(감정을) 드러내다, 표출하다'라는 의미다.
- 敢于[gǎnyú]는 '감히 ~하다, ~할 용기를 가지다'라는 뜻의 동사로, '敢于+쌍음절 동사'의 형식으로만 쓰이며, 주로 서면어에 사용된다.
- '不是…而是…'는 '~가 아니고 ~이다'라는 뜻의 선택 관계 접속사로, 앞부분은 부정하고, 뒷부분은 긍정하는 의미를 나타낸다.

★☆☆ |**유형**| 전체 내용 파악

05

毕业典礼上，校长宣布全年级第一名的同学上台领奖，可是连续叫了好几声之后，那位学生才慢慢地走上台。后来，老师问那位学生说："怎么了？是不是生病了？还是刚才没听清楚？"学生回答说："不是的，我是怕其他同学没听清楚。"

A 那位学生非常谦虚
B 那位学生特别得意
C 那位学生不愿上台领奖
D 那位学生没听见他的名字

졸업식에서 교장 선생님은 전 학년 1등인 학생에게 강단으로 올라와 상을 받으라고 발표했다. 그러나 몇 번을 계속해서 부르고서야, 그 학생은 천천히 걸어와 강단에 올랐다. 후에 선생님이 그 학생에게 물었다. "왜 그래? 아픈 거니? 아니면 아까 제대로 못 들었어?" 학생은 대답했다. "아니요, 다른 학생들이 제대로 듣지 못했을까 봐요."

A 그 학생은 매우 겸손하다
B 그 학생은 대단히 득의양양하다
C 그 학생은 강단에 올라가 상을 받고 싶어하지 않는다
D 그 학생은 자신의 이름을 듣지 못했다

 典礼 diǎnlǐ 圆 의식, 식 | 宣布 xuānbù 图 공표하다, 선언하다, 발표하다 | 领奖 lǐngjiǎng 图 상품을 타다 | 谦虚 qiānxū 圆 겸허하다, 겸손하다 | 得意 déyì 圆 마음에 들다, 만족하다, 득의양양하다

 그는 다른 사람에게 과시하고픈 마음에 사람들이 자신의 이름을 제대로 듣기를 바랐다. 그러므로 그가 겸손하다는 A가 답이 아니라 B가 정답이다. 그가 천천히 걸어가 강단에 오른 것은 다른 사람들에게 자신이 전 학년 1등이라는 사실을 알리고 싶어서지, 상을 받고 싶지 않은 것은 아니므로 C는 답이 될 수 없다. 후에 선생님이 그에게 제대로 못 들었냐고 물었을 때, 그는 '아니요'라고 대답했으므로 D도 답이 될 수 없다.

- 宣布는 '선포하다, 공표하다, 발표하다'라는 뜻의 동사로, 유의어로는 宣告가 있다. 宣告는 '선고하다, 선포하다'라는 뜻으로, 주로 서면어에 쓰인다. 공식적인 상황에서 사용하며 일반적으로 중대한 소식이나 사건 등이 그 대상이 된다. 예를 들어 无罪, 成立, 无效, 结束 등과 자주 호응한다. 그러나 宣布에는 이러한 제한이 없다.
- 连续는 '연속하다, 계속하다'라는 뜻으로, 동작이 여러 차례 발생하는 것, 또는 사물이 여러 차례 출현하는 것을 나타낸다. 뒤에 시량보어와 동량보어를 쓸 수 있다.

★☆☆ | **유형** | 전체 내용 파악

06

　　诸葛亮喜爱书法，在青少年时代就进行过刻苦的训练，能写多种字体，篆书、八分、草书都写得很出色。从政之后，诸葛亮在繁忙的政务和军事活动中，也始终不忘书法。另外，诸葛亮还精通音律，喜欢操琴吟唱，有很高的音乐修养。

A 诸葛亮精通音乐
B 诸葛亮研究古文字
C 诸葛亮的书法风格独特
D 诸葛亮从政后不再写书法

제갈량은 서예를 좋아했다. 청소년 시기에 각고의 훈련을 하여 여러 서체를 쓸 수 있었고, 전서, 팔분, 초서에 모두 능했다. 정계에 입문한 후 제갈량은 바쁜 정치업무와 군사활동 중에도 항상 서예를 잊지 않았다. 그 밖에, 제갈량은 음률에도 정통했고, 거문고 연주와 시가 읊조리기를 좋아했으며 매우 뛰어난 음악적 소양을 가지고 있었다.

A 제갈량은 음악에 정통했다
B 제갈량은 고문자를 연구했다
C 제갈량의 서예 스타일은 독특하다
D 제갈량은 정계에 들어간 후 더 이상 서예를 하지 않았다

단어 诸葛亮 Zhūgě Liàng [고유] 제갈량[181~234, 삼국 시대 촉(蜀)나라의 정치가·군사전략가로 자(字)는 공명(孔明)임] | 书法 shūfǎ [명] 서도, 서예의 필법 | 刻苦 kèkǔ [형] 고생을 견디다, 애를 쓰다 | 训练 xùnliàn [동] 훈련하다 | 字体 zìtǐ [명] 글자체, 자체 | 篆书 zhuànshū [명] 전서 | 八分 bāfēn [명] 팔분 [한나라 때 통용됐던 예서의 별칭] | 草书 cǎoshū [명] 초서 | 繁忙 fánmáng [형] (일이 많아서) 바쁘다, 여유가 없다 | 政务 zhèngwù [명] 정무 | 精通 jīngtōng [동] 정통하다 | 音律 yīnlǜ [명] 음률 | 操琴 cāoqín [동] 거문고나 호금 등을 연주하다 | 吟唱 yínchàng [동] 음창하다, (시가 등을) 소리 높여 읊다 | 修养 xiūyǎng [명] 교양 | 古文字 gǔwénzì [명] 고문자, 옛날 문자 | 独特 dútè [형] 독특하다

해설 제갈량은 취미인 서예 외에도 음률에 정통하였고 음악적 소양이 있었다고 했으므로 A가 정답이다. 제갈량은 청소년 시기에 각고의 훈련을 하여 여러 서체를 쓸 수 있었고 전서, 팔분, 초서에 모두 능했지만, 고대 문자를 연구한 것은 아니므로 B는 답이 될 수 없다. 또한 제갈량의 서예 스타일이 독특하다고는 언급하지 않았으므로 C도 답이 될 수 없다. 이 밖에도 제갈량은 정계에 들어선 후 항상 서예를 잊지 않았다고 했으므로 D도 오답이다.

Tip⁺ '在…中'은 범위와 과정을 나타낼 때 자주 쓰이는 고정격식이다.

★★★ | **유형** | 세부 내용 파악

07

　　"民工潮"是农民纷纷外出打工所形成的潮流。每年农历正月前后，浩浩荡荡的民工大军南下北上，东奔西跑，铁路、公路车流如水，交织成一股逾月不退的"春运潮"。过去人们总说农村是个大海绵，如今"民工潮"浪打浪地涌出来，拍打着城市的门户。

A "民工潮"的方向是从北到南
B "民工潮"持续时间为半个月
C "民工潮"多发生于春节前后
D 民工多乘坐火车、汽车和轮船

'민공조'는 농민들이 잇달아 외지로 나가 노동을 하면서 형성된 풍조다. 매년 음력 정월 전후, 규모가 크고 기세가 웅장한 많은 농민들이 남하하고 북상하면서 여기저기 분주하게 다닌다. 철도와 도로의 차량 흐름이 물과 같이 교차하여 한 달이 넘게 물러가지 않는 '설날의 운송 흐름'을 이룬다. 과거 사람들은 항상 농촌은 큰 스펀지 같다고 말했다. 지금 '민공조'는 파도치듯 쏟아져 나와 도시의 문을 두드리고 있다.

A '민공조'의 방향은 북쪽에서 남쪽이다
B '민공조'가 지속되는 시간은 보름이다
C '민공조'는 설 전후에 많이 발생한다
D 농민은 기차, 자동차와 기선을 많이 탄다

단어 民工潮 míngōngcháo [명] 농민의 도시 유입 현상 | 纷纷 fēnfēn [부] (많은 사람이나 사물이) 잇달아, 끊이지 않고, 계속하여 | 外出 wàichū [동] 외출하다, 출타하다 | 潮流 cháoliú [명] 조류 | 浩浩荡荡 hàohàodàngdàng [성어] 규모가 크고 기세가 웅장하다 | 民工 míngōng [명] 농민 근로자 | 东奔西跑 dōngbēnxīpǎo 동분서주하다, 여기저기 분주하게 다니다 | 车流 chēliú [명] 차량의 흐름 | 交织 jiāozhī [동] 교차하다, 뒤섞이다 | 逾 yú [동] 넘다, 지나다, 초과하다 | 海绵 hǎimián [명] 스펀지 | 拍打 pāida [동] 가볍게 두드리다, 살짝 치다 | 持续 chíxù [동] 지속하다, 이어지다 | 轮船 lúnchuán [명] 기선

해설 '민공조'는 매년 음력 정월 전후에 많이 발생한다고 했으므로 정답은 C다. '민공조'는 남하하고 북상하면서 여기저기에서 분주하게 다닌다고 언급했으므로, 북쪽에서 남쪽으로만 향한다고 한 A는 답이 될 수 없다. 또한 '민공조'가 닥칠 때 철도와 도로의 유동량이 매우 많다고는 했으나 기선에 대해서는 언급하지 않았으므로 D도 답이 될 수 없다. '민공조'가 몰려왔을 때 한 달 넘게 물러가지 않는다는 것은 한 달을 초과한다는 뜻이므로 B도 오답이다.

★☆☆ |**유형**| 세부 내용 파악

08

青梅竹马最初是成语。青梅，意思是青色的梅子，竹马，意思是把竹竿当马骑。这个成语形容小儿女天真无邪玩耍游戏的样子。现在一般指男女幼年时亲密无间，"青梅竹马"的时代就是天真无邪的时代。<u>后来很多电影、电视剧、小说、音乐专辑都以此为名。</u>

A 这个成语是一个贬义词
B 这个成语常用于成年人
C 文艺作品的标题常用这个成语
D 描写春天的景色常用这个成语

청매죽마는 원래 성어다. 청매는 청색의 매실의 의미이고, 죽마는 대나무 장대를 말로 여겨 탄다는 의미다. 이 성어는 어린 남녀가 천진하고 악의 없이 놀고 장난치는 모습을 형용한다. 지금은 일반적으로 남녀가 어린 시절에 사이가 매우 좋은 것을 가리키며, '청매죽마'의 시절이란 천진하고 사심 없는 시기를 말한다. 후에 많은 영화, 드라마, 소설, 음악앨범에서 이를 이름으로 삼았다.

A 이 성어는 부정적인 의미를 가진 어휘다
B 이 성어는 성인에게 자주 쓴다
C 문예작품의 제목에 이 성어를 자주 쓴다
D 봄의 경치를 묘사하는 데 이 성어를 자주 쓴다

단어 青梅竹马 qīngméizhúmǎ 〔성어〕 청매죽마, (남녀가) 어린 시절부터 가깝게 지내다 ｜ 最初 zuìchū 〔명〕 최초, 처음 ｜ 竹竿 zhúgān 〔명〕 대나무 장대, 죽간 ｜ 天真 tiānzhēn 〔형〕 천진하다, 순진하다, 꾸밈없다 ｜ 无邪 wúxié 〔형〕 악의가 없다, 사심이 없다 ｜ 玩耍 wánshuǎ 〔동〕 놀다, 장난하다 ｜ 亲密无间 qīnmìwújiàn 〔성어〕 아주 친밀하여 조금의 격의도 없다, 매우 사이가 좋아 조금의 틈도 없다 ｜ 专辑 zhuānjí 〔명〕 전집, 앨범 ｜ 贬义词 biǎnyìcí 〔명〕 부정적인 의미를 가진 어휘(말) ｜ 标题 biāotí 〔명〕 제목, 주제, 타이틀 ｜ 景色 jǐngsè 〔명〕 경치, 경관, 풍경

해설 많은 영화, 드라마, 소설, 음악에서 이 성어를 이름으로 사용했다고 했으므로 정답은 C다. 이 성어는 남녀가 어린 시절에 사이가 매우 좋은 것을 나타내므로 A는 답이 될 수 없다. 또한 봄의 경치와는 관계가 없으므로 D도 답이 될 수 없다. 성인에게 자주 쓰는 성어라고는 언급하지 않았으므로 B도 오답이다.

★★☆ |**유형**| 세부 내용 파악

09

哈尔滨俗称"冰城"，以冰雪文化运动而出名，第三届亚洲冬季运动会曾在这里进行。这里的冰灯游园会、松花江冬泳、雪雕、冰雪游乐在国内外享有盛誉。<u>中国传统的文庙、西方古典建筑、造型奇特的教堂，将市区装扮得多姿多彩，有"东方小巴黎"之称。</u>

A 哈尔滨将举行亚运会
B 哈尔滨建筑风格多样
C 哈尔滨正举办冰雪文化节
D 哈尔滨和巴黎是友好城市

하얼빈은 속칭 '얼음 도시'라고 불린다. 빙설문화와 스포츠로 유명하다. 제3회 동계 아시안게임이 일찍이 이곳에서 진행되었다. 이곳의 빙등 원유회, 송화강 동계 수영, 눈 조각, 빙설놀이는 국내외에서 유명세를 누리고 있다. <u>중국 전통의 문묘, 서양의 고전 건축물, 조형이 색다른 예배당이 시내 지역을 다채롭게 꾸미며 '동양의 작은 파리'라는 이름을 가지고 있다.</u>

A 하얼빈은 곧 아시안게임을 개최한다
B 하얼빈의 건축물 스타일은 다양하다
C 하얼빈은 빙설문화제를 거행하고 있다
D 하얼빈과 파리는 우호도시다

단어 哈尔滨 Hā'ěrbīn 〔명〕 하얼빈 ｜ 俗称 súchēng 〔동〕 통속적으로 부르다, 속칭하다 ｜ 冰雪 bīngxuě 〔명〕 얼음과 눈 ｜ 冰灯 bīngdēng 〔명〕 (얼음으로 조각한) 얼음등 ｜ 游园会 yóuyuánhuì 〔명〕 원유회, 가든파티 ｜ 冬泳 dōngyǒng 〔동〕 겨울철에 수영하다, 동계에 수영하다 ｜ 雪雕 xuědiāo 〔명〕 눈 조각 ｜ 游乐 yóulè 〔동〕 재미있게 놀다, 놀며 즐기다, 즐겁게 지내다 ｜ 享有 xiǎngyǒu 〔동〕 (사회에서 권리나 명성·명예 등을) 얻다, 누리다, 향유하다 ｜ 盛誉 shèngyù 〔명〕 영예 ｜ 文庙 wénmiào 〔명〕 공자에게 제를 올리는 사당, 문묘 ｜ 造型 zàoxíng 〔명〕 조형 ｜ 奇特 qítè 〔형〕 기묘하다, 색다르다 ｜ 教堂 jiàotáng 〔명〕 교회, 예배당 ｜ 市区 shìqū 〔명〕 시가 지역, 시내 지역 ｜ 装扮 zhuāngbàn 〔동〕 단장하다, 장식하다 ｜ 巴黎 Bālí 〔명〕 파리 ｜ 亚运会 Yàyùnhuì 〔명〕 아시아경기대회, 아시안게임 ｜ 风格 fēnggé 〔명〕 스타일 ｜ 多样 duōyàng 〔형〕 (모양이나 양식 등이) 다양하다

해설 중국 전통의 문묘, 서양의 고전 건축물과 조형이 색다른 예배당이 하얼빈 시내 지역을 다채롭게 꾸민다고 했으므로 정답은 B다. 제3회 동계 아시안게임이 일찍이 하얼빈에서 개최되었다고 했으므로 A는 답이 될 수 없다. 또한 하얼빈은 빙설문화제로 유명하지만 지금 열리고 있는 것은 아니므로 C도 답이 될 수 없다. 하얼빈은 '동양의 파리'라 불리지만, 파리와 우호도시인지에 대해서는 언급하지 않았으므로 D도 오답이다.

Tip⁺ '有…之称'은 상용하는 고정격식으로, '~라는 칭호를 가지고 있다. ~라는 명칭이 있다. ~라고 불리다'라는 뜻이다.

★★☆ |**유형**| 세부 내용 파악

10

前前后后跑了十多家楼盘，我们才最后决定买下这套面积为120平方米的三居室，价格大概是80多万。我们打算采用按揭的方式支付房款，<u>先付30%，也就是24万</u>，剩下的将近60万从银行贷款，我们计划用20年还完贷款，每月大概要还3500多元。

A 我们只跑了三四家楼盘
B 这套房子的价格是120万
C 我们计划用30年还完贷款
D 这套房子的首付款为20多万

우리는 십여 개의 매물을 둘러본 후, 결국 120평방미터 면적의 방이 세 개인 이 집으로 결정했다. 가격은 대략 80여 만 위엔이다. 우리는 대출하는 방식으로 방값을 지불할 생각이다. 먼저 30%인 24만 위엔을 지불하고, 나머지 60만 위엔 정도는 은행에서 대출해서, 20년간 대출을 다 갚는 것으로 계획하여 매달 대략 3500여 위엔을 갚아야 한다.

A 우리는 서너 개의 매물만 보러 다녔다
B 이 집의 가격은 120만 위엔이다
C 우리는 30년간 대출을 다 갚을 계획이다
D 이 집의 선지불액은 20여 만 위엔이다

단어 前前后后 qiánqiánhòuhòu 몡 앞뒤, 전부 | 楼盘 lóupán 몡 매물 | 居室 jūshì 몡 방 | 按揭 ànjiē 통 (부동산을 담보로 하여) 대출하다 | 支付 zhīfù 통 (돈을) 지불하다 | 贷款 dàikuǎn 통 대부하다, 대출하다

해설 방값의 30%인 24만 위엔을 먼저 지불한다고 했으므로, 선지불금이 20여 만 위엔이라는 사실을 알 수 있다. 따라서 정답은 D다. 화자는 서너 개가 아닌, 십여 개의 매물을 보러 다녔다고 했으므로 A는 답이 될 수 없다. 이 집의 가격은 80여 만 위엔이므로 B도 답이 될 수 없다. 또한 20년간 대출을 갚을 계획이라고 했으므로 C도 오답이다.

Tip⁺ 将近은 '거의 ~에 근접하다, 거의 ~에 이르다'라는 뜻의 부사로, 시간이나 수량 등이 어느 한도에 매우 가까움을 나타낸다.

★★☆ |**유형**| 세부 내용 파악

11

清明最开始是一个很重要的节气，清明一到，气温升高，正是春耕春种的大好时节。后来，由于清明与寒食的日子接近，<u>而寒食是民间禁火扫墓的日子</u>，渐渐地，寒食与清明就合二为一了。寒食既是清明的别称，也成了清明的一个习俗，所以清明之日不动烟火，只吃凉的食品。

A 老百姓寒食节期间扫墓
B 清明节的时候不吃冷菜
C 寒食节的时候天气变冷
D 寒食节一直就是清明节

청명절은 맨 처음에는 매우 중요한 절기였다. 청명절이 되면 기온이 상승하여, 봄갈이와 봄철 파종을 하기 딱 좋은 계절이다. 그 후, 청명절과 한식이 날짜가 가깝고, <u>한식은 민간에서는 불 때는 것을 금지하고 성묘를 하는 날이었기에</u>, 차츰 한식과 청명절은 하나로 합쳐지게 되었다. 한식은 청명절의 별칭이기도 하고 청명절의 풍속이 되기도 하였다. 그래서 청명절에는 불을 피우지 않고 차가운 음식만 먹는다.

A 사람들은 한식 기간에 성묘를 한다
B 청명절 때 차가운 음식을 먹지 않는다
C 한식 때 날씨가 추워진다
D 한식은 줄곧 청명절이었다

단어 清明 Qīngmíng 몡 청명절 | 节气 jiéqì 몡 절기, 시령 | 气温 qìwēn 몡 기온, 대기의 온도 | 升高 shēnggāo 통 (지위·정도·수준 등이) 상승하다, 높게 오르다, 향상되다 | 春耕 chūngēng 통 (봄에 씨를 뿌리기 전에) 봄갈이하다 | 春种 chūnzhòng 몡 봄철 파종 | 时节 shíjié 몡 계절, 철, 시절, 절기 | 寒食 Hánshí 몡 한식 [명절의 하나, 청명의 하루 전날로 이날부터 삼일간 불을 때어서 밥을 하지 않는다고 함] | 禁火 jìnhuǒ 통 한식 때 부엌에 불 때는 일을 금하다, 금화하다 | 扫墓 sǎomù 통 성묘하다 | 别称 biéchēng 몡 별칭 | 习俗 xísú 몡 습속, 습관과 풍속 | 烟火 yānhuǒ 몡 연기와 불

 한식은 불 때는 것을 금지하고 성묘를 하는 날이었다고 언급했으므로 정답은 A다. 본래 청명절과 한식은 두 개의 명절이었으나 날짜가 가까워서 후에 하나로 합쳐진 것이라고 했으므로 D는 답이 될 수 없다. 또한 청명절이 되면 기온이 상승한다고 했으므로 C도 답이 될 수 없다. 청명절 때는 불을 피우지 않고 차가운 음식만 먹는다고 했으므로 B도 오답이다.

Tip⁺ '由于…而…'는 인과 관계 접속사로, '~때문에 ~하다'라는 뜻이다. 같은 뜻으로는 '因…而…'가 있다.

★☆☆ | **유형** | 행위 파악

12

有一个人，经常与邻居发生争执，彼此之间嫌恶。有一天，这个人的牛丢失了，于是便怀疑是邻居偷了。他左想右想，越看邻居越像是偷牛的人。过了几天，牛居然自己跑回来了。于是他再看那位邻居，样子好像又不是偷牛的人了。

A 邻居偷了他的牛
B 邻居把牛找回来了
C 他认为邻居是小偷
D 他跑去和邻居吵架了

한 사람이 자주 이웃과 말다툼을 하고 서로 미워하였다. 하루는 이 사람의 소가 없어졌다. 그래서 이웃이 훔쳤다고 의심했다. 그는 이리저리 생각해도 이웃을 보면 볼수록 소를 훔친 사람 같았다. 며칠이 지나고, 소가 갑자기 스스로 뛰어 돌아왔다. 그래서 그가 그 이웃을 다시 보니, 모습이 또 소를 훔친 사람 같지 않았다.

A 이웃이 그의 소를 훔쳤다
B 이웃이 소를 찾아왔다
C 그는 이웃이 도둑이라고 생각했다
D 그는 뛰어가서 이웃과 싸웠다

단어 争执 zhēngzhí 图 말다툼하다, 논쟁하다 | 嫌恶 xiánwù 图 혐오하다, 싫어하다 | 怀疑 huáiyí 图 의심하다 | 居然 jūrán 图 뜻밖에 | 小偷 xiǎotōu 몡 좀도둑

해설 소를 잃어버린 후에 이웃을 보면 볼수록 소를 훔친 사람 같았다고 했으므로 이웃이 도둑이라고 생각했다는 내용과 일맥상통한다. 그러므로 C가 정답이다. 이 사람의 소가 없어졌다가 나중에 스스로 뛰어 돌아왔다는 내용에서 결과적으로 이웃이 훔친 것이 아니므로 A는 답이 될 수 없다. 소가 스스로 뛰어 돌아온 것이지 이웃이 소를 찾아온 것이 아니므로 B도 답이 될 수 없다.

Tip⁺
• 이 지문에서 恶는 '싫어하다, 증오하다, 혐오하다'라는 뜻으로, 'wù'라고 읽는다. 반의어는 好[hào]다. 恶는 총 세 가지 발음(恶[wù], 恶[wū], 恶[è])이 있으므로, 읽을 때 주의해야 한다.
• '左…右…'는 '이렇게도 ~하고 저렇게도 ~하다, 이리저리 ~하다, 계속해서 빈번히 ~하다'라는 뜻으로, 같은 행위의 반복을 강조한다.

★★☆ | **유형** | 전체 내용 파악

13

此次"世界最美的书"评选，最终评出了14本"世界最美的书"，《中国记忆》是唯一入选的中国书。去年以《之后》和《蚁吽》分别获得荣誉奖和特别制作奖的设计家朱赢椿，今年又有《不哭》、《私想着》两本书参评，但未能获奖。

A 朱赢椿是著名作家
B 中国有14本书获奖
C《之后》获得特别制作奖
D 图书评选活动已举办多次

이번 '세계에서 가장 아름다운 책' 선정에서는 최종으로 14권의 '세계에서 가장 아름다운 책'이 뽑혔다. 『중국기억』은 유일하게 입선한 중국책이다. 작년 『그 후』와 『개미 잠꼬대』로 각각 영예상과 특별제작상을 받은 디자이너 주잉춘은 올해 또 『울지 않는다』, 『사상착』 두 권으로 평가에 참가했지만 입상하지 못했다.

A 주잉춘은 저명한 작가다
B 중국에는 상을 받은 14권의 책이 있다
C 『그 후』는 특별제작상을 받았다
D 도서 선정 활동은 이미 여러 번 개최되었다

단어 评选 píngxuǎn 图 비교·평가하여 뽑다, 심사하여 뽑다 | 获得 huòdé 图 획득하다, 얻다 | 荣誉 róngyù 몡 영예 | 设计家 shèjìjiā 몡 설계자, 디자이너 | 未能 wèinéng 图 ~하지 못하다, ~할 수 없다 | 获奖 huòjiǎng 图 입상하다

해설 도서 선정 활동은 적어도 작년과 올해 모두 거행된 것이므로 D가 정답이다. 주잉춘은 디자이너지, 작가가 아니므로 A는 답이 될 수 없다. 또한 이번에 최종 선정된 14권의 책 중, 『중국기억』은 유일하게 입선한 중국책이라고 했으므로 B도 답이 될 수 없다. 주잉춘은 작년에 『그 후』로 영예상을, 『개미 잠꼬대』로 특별제작상을 받았으므로 C도 오답이다.

Tip⁺
- 唯一는 '유일한, 유일무이한, 오직 하나밖에 없는'이라는 뜻의 형용사다. 같은 뜻으로는 惟一가 있지만, 현대 중국어에서는 일반적으로 唯一로 표기한다.
- 未能은 조동사로, '～하지 못하다, ～할 수 없다'라는 뜻이다. 주로 서면어에 사용되며, 没有能과 같은 의미다.

★☆☆ |유형| 세부 내용 파악

14

　　1959年，美国的美洲银行在加利福尼亚州发行了美洲银行卡。此后，许多银行加入了发卡银行的行列。到了20世纪60年代，银行信用卡受到社会各界的普遍欢迎，并迅速发展，信用卡不仅在美国，而且在英国、日本、加拿大以及欧洲各国也盛行起来。

A　信用卡在60年代出现
B　欧洲社会不欢迎信用卡
C　信用卡最先在美国使用
D　信用卡的发展比较缓慢

　　1959년, 미국의 미주은행은 캘리포니아주에서 미주은행 카드를 발행했다. 이후 많은 은행이 카드를 발급하는 은행의 행렬에 들어섰다. 20세기 60년대가 되어 은행 신용카드는 사회 각계에서 널리 환영을 받아 신속하게 발전했다. 신용카드는 미국에서뿐만 아니라, 영국, 일본, 캐나다 및 유럽 각국에서도 성행하기 시작했다.

A　신용카드는 60년대에 출현했다
B　유럽사회는 신용카드를 환영하지 않는다
C　신용카드는 제일 먼저 미국에서 사용되었다
D　신용카드의 발전은 비교적 느리다

단어 美洲 Měizhōu 명 아메리카 대륙, 미주 | 加利福尼亚 Jiālìfúníyà 명 캘리포니아 | 发行 fāxíng 동 (채권·서적·영화·화폐 등) 발행하다 | 行列 hángliè 명 (사람이나 사물의) 행렬, 대열 | 普遍 pǔbiàn 형 보편적이다, 널리 알려져 있다 | 迅速 xùnsù 형 신속하다, 재빠르다 | 盛行 shèngxíng 동 성행하다, 광범위하게 유행하다 | 缓慢 huǎnmàn 형 느리다, 완만하다

해설 미국의 미주은행은 1959년 최초의 신용카드인 미주은행 카드를 발행하였으므로 정답은 C다. 신용카드는 50년대에 처음 발행한 것이므로 A는 답이 될 수 없다. 신용카드는 영국, 일본, 캐나다 및 유럽 각국에서 모두 성행하기 시작하였으므로 B도 답이 될 수 없다. 20세기 60년대에 와서 신용카드는 널리 환영을 받아 신속하게 발전했으므로 D도 오답이다.

Tip⁺
- 行列는 '행렬, 대열'이라는 뜻의 명사로, '加入…行列', '进入…行列' 형식으로 자주 사용된다.
- '不仅…而且…'는 점층 관계 접속사로, '～할 뿐만 아니라 ～하다'라는 의미다.
- 以及는 '및, 그리고, 아울러'라는 뜻의 접속사로 앞에는 주된 것을 놓고, 뒤에는 부차적인 것을 놓는다.

★★☆ |유형| 세부 내용 파악

15

　　最近英国的专家在经过调查研究之后总结出了完美的电话聊天儿方程式。他们发现，应该用3分钟来聊家人、朋友的新闻，1分钟来谈个人的麻烦事，再用1分钟聊学校或工作，42秒谈时事，24秒谈天气。电话聊天儿时，笑声应该占1分55秒，还要沉默12秒。

A　电话聊天儿时应多谈工作
B　电话聊天儿时要避免沉默
C　电话聊天儿时要用三分钟谈时事
D　电话聊天儿时要用大约两分钟去笑

　　최근 영국의 전문가가 조사연구를 통해 완벽한 전화 대화 방정식을 도출해냈다. 3분 동안 가족과 친구의 소식을 나누고, 1분 동안 개인의 골칫거리를 말하고, 또 1분 동안 학교 혹은 일에 대해 이야기하며, 42초 동안 시사 얘기를, 24초 동안 날씨 얘기를 해야 함을 알아냈다. 전화로 대화할 때 웃음소리는 1분 55초를 차지해야 하고, 12초 동안은 침묵해야 한다.

A　전화로 대화할 때 일에 대해 많이 이야기해야 한다
B　전화로 대화할 때 침묵을 피해야 한다
C　전화로 대화할 때 3분 동안 시사 얘기를 해야 한다
D　전화로 대화할 때 대략 2분 동안 웃어야 한다

단어 总结 zǒngjié 동 총결하다 | 完美 wánměi 형 완벽하다, 완전하다 | 方程式 fāngchéngshì 명 방정식 | 笑声 xiàoshēng 명 웃음소리 | 沉默 chénmò 동 침묵하다

第 二 部 分

16-20

女：让我们用掌声欢迎我们今天的嘉宾，16(C)被称做"国际奥委会的经济大管家"海博格先生。

男：你好。

女：你好。刚才你出场的时候，我们看到短片里有一个你戴着八角帽的形象，你喜欢照片当中的你吗？

男：是的，非常喜欢。从很多方面来说，奥运和长征有相通的地方，毛主席用长征团结中国人民，我们要用奥运会把中国人民再度团结起来。

女：听说海博格先生也创下了一个纪录，是重走长征路当中的年纪最大的一位。其实聊完了刚才重走长征路这一段的时候，大家一定非常好奇，海博格先生为什么一定要去走长征路呢？它和你从事的奥运营销之间有关系吗？

男：有的。我认为这是一种很好的理念，纪念中国历史发展中极为重要的一个事件，我们觉得把奥运会带到中国来是把13亿中国人民都团结起来的一种很好的方式。过去的这16天北京奥运会的日子，对我来说真是非常棒的一次经历。

女：所有的中国人都记得2001年7月13日，我们申奥成功的那一天，其实2001年对于海博格先生也有着特殊的意义，他在这一年的年底加入了奥委会。17(D)海博格先生走长征路大概只是十几个小时的事情，但是和中国走过的这一段奥运营销的路，却走了整整7年。在北京举行的第29届奥运会我们有大概62个合作伙伴，他们花了高价钱买来的是什么？

男：他们得到的是一种使用五环的权利，而且这种权利是受到我们国际奥委会保护的，因为奥运会应该说是世界上最有影响力的品牌，这样就使得赞助商能够获得一些优势。

女：您觉得这次的营销成功吗？

男：18(D)我觉得这是一次极大的成功，我们几乎是获得了中国所有顶级企业的赞助。

여: 우리 박수로 오늘의 귀빈 16(C)'국제올림픽위원회의 경제 대관리자'라고 불리는 하이버그 선생님을 환영합시다.

남: 안녕하세요.

여: 안녕하세요. 방금 당신이 무대에 오를 때, 저희는 짧은 영상에서 팔각모를 쓴 당신의 모습을 보았어요. 당신은 사진 속의 당신을 좋아하나요?

남: 네, 매우 좋아합니다. 여러 측면에서, 올림픽과 대장정은 서로 통하는 곳이 있어요. 마오 주석은 대장정으로 중국 인민을 단결시켰습니다. 우리는 올림픽으로 중국 인민을 다시 단결시켜야 합니다.

여: 하이버그 선생님 역시 기록을 하나 세웠다고 하시던데요, 대장정 다시 걷기를 하는 사람 중에 나이가 가장 많으셨다고 합니다. 사실 방금 대장정 다시 걷기를 얘기했을 때 모두가 분명히 매우 궁금했을 겁니다. 하이버그 선생님은 왜 꼭 대장정의 길을 걸어야 했을까요? 그것과 당신이 종사하는 올림픽 경영 마케팅 간에 관계가 있나요?

남: 있습니다. 저는 이것이 아주 좋은 이념이며, 중국역사의 발전 과정 중에 매우 중요한 사건을 기념한다고 생각합니다. 우리는 올림픽이 13억 중국인 모두를 단결시키는 훌륭한 방법을 중국에 가져왔다고 생각합니다. 지난 16일 동안의 베이징올림픽 기간은 저에게 있어 정말 매우 대단한 경험이었습니다.

여: 모든 중국인이 우리가 올림픽 경기의 주최권을 얻는 데 성공한 2001년 7월 13일을 기억하고 있습니다. 사실 2001년은 하이버그 선생님에게도 특별한 의미가 있습니다. 그는 이 해의 연말에 올림픽위원회에 가입했습니다. 17(D)하이버그 선생님은 대장정의 길을 단지 십여 시간 정도만 걸었지만, 중국과 걸은 이 올림픽 경영 마케팅의 길은 오히려 꼬박 7년이 걸렸습니다. 베이징에서 거행된 제29회 올림픽에서 우리는 대략 62개의 협력 파트너가 있었습니다. 그들이 고액의 돈을 써서 사온 것은 무엇일까요?

남: 그들이 얻은 것은 오륜을 사용하는 권리입니다. 게다가 이러한 권리는 우리 국제올림픽위원회의 보호를 받습니다. 왜냐하면 올림픽은 세계에서 가장 영향력 있는 브랜드이기 때문에 이렇게 하면 후원자들이 약간의 우세를 얻을 수 있습니다.

여: 당신은 이번의 경영과 마케팅이 성공했다고 생각하십니까?

남: 18(D)저는 대단히 성공적이라고 생각합니다. 저희는 중국의 거의 모든 최고 기업의 후원을 받았습니다.

女: 我在互联网上看到，有人说大概超过了26亿美元，是这样吗？

男: 实际的金额远远超过这个，[19(D)]光电视转播权就获得了26亿美元，中国的公司赞助了10亿美元，此外我们还有一些国际上的大公司，一共12家，他们的赞助总额和中国公司的赞助差不多。

女: 国际奥委会经营着世界上最知名的品牌，营利能力相当可观，十几天可能就有大约二十几亿、三十几亿收入。那么所有的这些钱该怎么花呢？

男: [20(B)]50%给当地的组织者，40%是给参加奥运会的205个国家的奥委会，电视转播权的50%也是给组织者，国际奥委会只保留收入的7%。

여: 저는 인터넷에서 어떤 사람이 말하는 것을 본 적이 있는데, 대략 26억 달러를 넘었다던데, 사실인가요?

남: 실제 금액은 이를 훨씬 넘었습니다. [19(D)]텔레비전 중계권만 해도 26억 달러를 획득하였고, 중국 회사는 10억 달러를 후원했습니다. 이 외에 우리는 국제적인 대기업이 전부 12곳이 있습니다. 그들의 후원 총액은 중국 회사의 후원과 거의 비슷합니다.

여: 국제올림픽위원회는 세계에서 가장 유명한 브랜드를 경영하고 있습니다. 이윤을 추구하는 능력이 매우 대단한데요, 십여 일 만에 아마 대략 이십 몇 억, 삼십 몇 억의 수입이 있을 것입니다. 그러면 이러한 모든 돈은 어떻게 써야 하나요?

남: [20(B)]50%는 현지 주최측에게 주고, 40%는 올림픽에 참가하는 205개국의 올림픽위원회에 줍니다. 텔레비전 중계방송권의 50% 역시 주최측에게 주고, 국제올림픽위원회는 수입의 7%만 남겨 놓습니다.

단어 掌声 zhǎngshēng 몡 박수 소리 | 嘉宾 jiābīn 몡 귀빈, 귀한 손님 | 短片 duǎnpiàn 몡 단편영화 | 八角帽 bājiǎomào 몡 팔각모 [중국 인민 혁명 군대가 홍군 시기에 쓰던 군모] | 长征 chángzhēng 몡 대장정 [1934~1935년까지 중국 공농홍군(工農紅軍)이 장시성에서 산시성 북부까지 전투를 하면서 2만 5천 리를 걸어서 이동한 행군] | 相通 xiāngtōng 통 (사물 간에) 서로 통하다, 상통하다 | 团结 tuánjié 통 단결하다, 결속하다 | 再度 zàidù 튀 다시, 재차 | 创 chuàng 통 ~를 하기 시작하다, (처음으로) ~하다 | 营销 yíngxiāo 통 경영하고 판매하다, 영업하고 판매하다 | 理念 lǐniàn 몡 사상, 관념 | 极为 jíwéi 튀 극히, 대단히 | 整整 zhěngzhěng 튀 꼭, 꼬박 | 伙伴 huǒbàn 몡 동료, 파트너 | 五环 wǔhuán 몡 오륜 | 品牌 pǐnpái 몡 상표, 브랜드 | 赞助 zànzhù 통 찬조하다, 협찬하다 | 优势 yōushì 몡 우세, 우위 | 顶级 dǐngjí 톙 (수준·등급이) 최고의, 가장 뛰어난 | 转播 zhuǎnbō 통 중계 방송하다, 중계하다 | 总额 zǒng'é 몡 (비용의) 총액

★☆☆ | **유형** | 직업 및 신분 파악

16 男的是什么身份？

A 营销商
B 经济学家
C 奥委会官员
D 参加过长征的人

남자의 신분은?

A 경영판매자
B 경제학자
C 올림픽위원회 관원
D 대장정에 참가해본 사람

해설 인터뷰 도입부에 여자는 남자를 '국제올림픽위원회의 경제 대관리자'라고 소개했다. 이는 그가 올림픽위원회에서 올림픽을 경영하고 판매하는 역할을 맡고 있는 올림픽위원회의 관원이라는 것을 뜻하므로 정답은 C다. '대장정 다시 걷기'는 단지 그가 한 하나의 활동이지, 실제 대장정에 참가한 것은 아니므로 D는 답이 아니다. 또한 그가 경영판매자나 경제학자도 아니므로 A와 B도 답이 될 수 없다.

★☆☆ | **유형** | 시간 파악

17 男的重走长征路花了多长时间？

A 十三天
B 十六天
C 整整七年
D 十几个小时

남자는 대장정 다시 걷기에 시간이 얼마나 걸렸는가?

A 13일
B 16일
C 꼬박 7년
D 십여 시간

해설 인터뷰 중반에 여자가 '하이버그 선생님은 대장정의 길을 단지 십여 시간 정도만 걸었지만'이라고 했으므로 정답은 D다. 7년은 올림픽 주최권을 획득하고, 올림픽위원회가 올림픽 경영 마케팅을 한 시간이고, 16일은 올림픽이 열리는 기간이므로 C와 B는 모두 답이 될 수 없다.

★★☆ | **유형** | 인과 관계 파악

18

为什么男的说29届奥运会是一次成功的营销?

A 奥运会共拥有62个合作伙伴
B 奥运会是最有影响力的品牌
C 赞助商得到了使用五环的权利
D 得到了中国所有顶级企业的赞助

왜 남자는 29회 올림픽이 성공한 경영 마케팅이라고 하는가?

A 올림픽은 모두 62개의 협력 파트너가 있다
B 올림픽은 제일 영향력 있는 브랜드다
C 후원자는 오륜 사용의 권리를 얻었다
D 중국의 모든 최고 기업의 후원을 받았다

 인터뷰 중후반에 남자는 '저는 대단히 성공적이라고 생각합니다. 저희는 중국의 거의 모든 최고 기업의 후원을 받았습니다'라고 말했으므로 정답은 D다.

Tip⁺ 이와 같은 인과 관계 파악 문제는 대부분 왜 그렇게 되었는지 이유를 묻는 것이 많다. 보기를 미리 읽고, 그것이 어떤 사실에 대한 이유를 나열하고 있다면, 인과 관계를 파악하는 유형일 경우가 많다. 그러므로 为什么, 因为, 所以 등과 같은 단어를 유의해서 듣는다. 특히 因为, 所以 등의 단어가 나오면, 그 접속사 뒤의 내용이 문제의 답이 되는 경우가 많으므로 반드시 메모하도록 하자.

★★☆ | **유형** | 수량 파악

19

这次奥运会获利多少?

A 10亿美元
B 12亿美元
C 26亿美元
D 46亿美元

이번 올림픽에서 얻은 이익은 얼마인가?

A 10억 달러
B 12억 달러
C 26억 달러
D 46억 달러

 인터뷰 후반에 텔레비전 중계방송권으로 26억 달러를 얻었고, 중국 회사가 10억 달러를 후원하였으며, 국제적인 대기업의 후원 총액은 중국 회사의 후원과 비슷하다고 했다. 이를 더하면 46억 달러이므로 정답은 D다.

Tip⁺ 보기가 모두 숫자로 구성되어 있다. 이러한 문제는 보기와 관련된 지문을 듣게 되면 바로 옆에 그와 관련된 내용(대상, 금액 등)을 적어야 한다. 17번 문제처럼 답이 한눈에 보이는 경우도 있지만, 이 문제처럼 약간의 가감승제가 필요한 경우도 있으므로, 숫자와 그와 관련된 항목을 정확히 들어야 한다.

★☆☆ | **유형** | 세부 내용 파악

20

奥运会的大部分收入给了谁?

A 国际奥委会
B 当地的组织者
C 各个国家的奥委会
D 电视转播的组织者

올림픽 수입의 대부분은 누구에게 주는가?

A 국제올림픽위원회
B 현지 주최측
C 각국의 올림픽위원회
D 텔레비전 중계방송의 주최측

해설 남자는 인터뷰 마지막에 수입의 50%를 현지 주최측에게 주고, 40%는 올림픽에 참가하는 205개국 올림픽위원회에 주며, 텔레비전 중계방송권의 50% 역시 주최측에게 주고, 국제올림픽위원회는 수입의 7%만 남겨 놓는다고 하였다. 따라서 정답은 B다.

女: 在香港市民眼中，您最醒目的形象标志无疑是您的领结：在任何公开场合亮相，您总是戴着蝴蝶型的领结，从不戴领带。按您自己的说法，这是因为系领结速度快、效率高，而且不会使自己显得太矮。是这样吗？

男: 可以这么说。这些领结我摆在一起，4个架子，一个架子25个，一共100个。如果我有重要的场合，我就喜欢带比较鲜艳，红色、绿色的东西。

女: 1998年的金融风暴中，要击退国际炒家的时候，您有没有特别挑选一个幸运的颜色？

男: 战斗的颜色。

女: 什么颜色？

男: 红色。

女: 1997年8月，亚洲金融危机蔓延到香港，<u>23(B)1998年8月，"金融大鳄"再次发动大规模抛售港元行动，您的仕途陷入危机</u>。这是您从政以来遇到的第一个大的挑战。现在回想起当时的那几天，心里有什么样的感慨？

男: <u>24(B)很痛苦，很痛苦</u>。第一我要克服的是，是不是当时的市场已经破坏了，不会正常地运作，这是最重要的，我感觉是的，可能不能做生意了，还有香港最后的结果什么样我不清楚，可能是很惨的。香港一直奉行自由经济政策，不直接干预金融市场是历届政府恪守的"金科玉律"。国际炒家由此认定，香港政府不会采取直接措施救市，并宣称："港府必败"。最后关头，<u>21(B)作为港府财政司司长的我</u> <u>22(D)决定动用外汇储备，入市对抗金融炒家，并声明：愿承担一切责任</u>。入市不久，学者、商界纷纷指责特区政府破了先例，我更是众矢之的。在与"金融大鳄"较量且输赢未卜的那些天，我曾几度失眠、几度落泪。

여: 홍콩시민의 눈에 가장 시선을 끄는 구체적인 당신의 이미지는 두말할 것 없이 당신의 나비넥타이인데요. 어떠한 공개 장소에 나타나건 당신은 항상 나비모양의 넥타이를 매고 일반 넥타이는 매지 않습니다. 당신의 말에 따르면, 이는 나비넥타이 매는 것이 속도가 빠르고 효율적이며 게다가 자신을 너무 작아 보이지 않게 하기 때문이라고 하셨는데, 그렇습니까?

남: 그렇다고 할 수 있죠. 이러한 나비넥타이를 함께 놓으면, 선반 4개로, 한 선반에 25개 전부 100개입니다. 중요한 자리가 있으면, 빨강색과 녹색 같은 비교적 선명한 것을 좋아합니다.

여: 1998년 금융 폭풍에서 국제 투기꾼을 격퇴하려 했을 때, 당신은 특별히 행운의 색깔을 고르지 않았나요?

남: 전투의 색깔입니다.

여: 무슨 색깔입니까?

남: 빨강색입니다.

여: 1997년 8월 아시아 금융위기가 홍콩까지 널리 퍼지고, <u>23(B)1998년 8월, '금융대가'가 다시 대규모로 홍콩달러를 투매하려고 행동했을 때 당신의 관직 생활이 위기에 빠졌습니다.</u> 이것은 당신이 정치에 참여한 이후에 만난 첫 번째 큰 도전이었습니다. 지금 당시 그날을 돌이켜 보면 마음이 어떠한가요?

남: <u>24(B)매우 괴롭고도 괴롭습니다.</u> 첫 번째로 제가 극복해야 할 것은, 당시 시장이 이미 붕괴되었는지, (그래서) 정상적으로 기능할 수 없는지였습니다. 이는 가장 중요한 문제였습니다. 저는 그렇다고 생각했고, 아마 사업을 못할 수도 있다고 느꼈습니다. 게다가 홍콩의 최후 결과가 어떨지는 저도 분명하지 않았습니다. 아마도 매우 비참했을 것입니다. 홍콩은 줄곧 자유 경제정책을 시행해왔습니다. 직접적으로 금융시장에 개입하지 않는 것은 역대 정부가 엄수하는 '변경할 수 없는 규율'이었습니다. 국제적인 투기꾼은 이로 인해 홍콩정부가 직접적으로 시장을 구제하는 조치를 취하지 않을 것이라고 확신하고 '홍콩정부는 반드시 패한다'고 공언하였습니다. 마지막 중대 시점에서 <u>21(B)홍콩정부 재정국 국장으로서 저는</u> <u>22(D)비축해 둔 외국환을 사용하기로 결정하였으며, 장에 들어가 금융 투기꾼에 대항하여 모든 책임을 지겠노라고 공개적으로 발표하였습니다.</u> 장에 들어선 지 얼마 안 되어서 학자, 상업계가 잇달아 특구 정부가 선례를 깼다고 지적하였습니다. 저는 더욱 뭇사람의 비난의 대상이 되었습니다. '금융대가'와 겨루고 승리를 예측할 수 없는 그날들 동안 몇 번이고 잠을 이루지 못하고 눈물을 흘렸습니다.

女：您也说过当时决定要动用储备资金入市干预的时候，经过了很激烈的思想的斗争。一个方面有金融的风险在，另一个方面背离了香港政府一贯的政策，是一种叛逆吗？

男：没有办法了，当时我感觉这是唯一的方法。

女：[25(A)(D)]经过两个星期的较量，国际炒家撤离香港市场，香港经济转危为安。在这场"胜者为王，败者为寇"的金融大战中，您一战成名，将香港经济带出谷底，[25(B)]在市民中的支持率迅速上升。可以说，是您强硬果断又善于应变、内敛低调又敢于承担的行事风格，成就了这桩得民心之举。

여: 당신도 당시에 비축해 둔 자금으로 시장에 들어가 관여하기로 결정했을 때, 매우 치열한 사상적 투쟁을 겪었다고 하셨습니다. 한편으로는 금융의 위험이 있고, 다른 한편으로는 홍콩정부의 일관된 정책을 위반하는 것이었는데, 이는 일종의 반역이었습니까?

남: 방법이 없었습니다. 당시에 저는 이것이 유일한 방법이라고 생각했습니다.

여: [25(A)(D)]2주간의 대결을 거쳐 국제 투기꾼들이 홍콩시장을 떠나고 홍콩 경제도 위험에서 벗어나 안전해졌습니다. '승자는 왕이 되고, 패자는 역적이 된다'는 금융대전쟁에서 당신은 한 번의 전쟁으로 유명해졌습니다. 홍콩 경제를 밑바닥에서 나오게 하여 [25(B)]시민의 지지율이 빠르게 상승했습니다. 당신은 굳세고 결단력 있으면서도 임기응변에 능하고, 신중하고 조용하면서도 책임감 있게 일을 처리해, 민심을 얻게 되었다고 할 수 있습니다.

단어　醒目 xǐngmù 동 (글·그림 등이) 주의를 끌다. 시선을 끌다 | 标志 biāozhì 명 표지, 상징 | 无疑 wúyí 동 의심할 여지없다. 두말 할 것 없다 | 领结 lǐngjié 명 나비넥타이 | 亮相 liàngxiàng 동 공개적으로 모습을 드러내다. 공연하다 | 蝴蝶 húdié 명 나비 | 领带 lǐngdài 명 넥타이 | 摆 bǎi 동 놓다. 배열하다 | 鲜艳 xiānyàn 형 (색이) 선명하고 아름답다 | 炒家 chǎojiā 명 투기꾼 | 金融危机 jīnróng wēijī 명 금융 위기 | 蔓延 mànyán 동 널리 퍼지다. 널리 번지다 | 大鳄 dà'è 명 힘이 막강한 사람. 힘이 막강한 것 | 抛售 pāoshòu 동 헐값으로 팔다. 투매하다. 덤핑하다 | 仕途 shìtú 명 벼슬하는 길. 관리가 되는 길 | 陷入 xiànrù 동 (어떤 불리한 상황이나 국면으로) 빠지다. 놓이다 | 感慨 gǎnkǎi 동 감개하다 | 破坏 pòhuài 동 훼손하다. 손상되다 | 惨 cǎn 형 (차마 눈 뜨고 볼 수 없을 만큼) 비참하다 | 奉行 fèngxíng 동 봉행하다. 받들어 시행하다 | 干预 gānyù 동 (남의 일에) 관여하다. 참견하다 | 历届 lìjiè 명 이제까지의 매회. 과거 각 회 | 恪守 kèshǒu 동 (규칙·명령·약속 등을) 엄격하게 지키다. 엄수하다 | 金科玉律 jīnkēyùlǜ 성어 변경할 수 없는 신조. 변경할 수 없는 법률 조문 | 宣称 xuānchēng 동 (말이나 글로) 발표하다. 공언하다 | 关头 guāntóu 명 중요한 때. 결정적인 때. 중대한 시점 | 财政 cáizhèng 명 재정 | 司长 sīzhǎng 명 국장 | 动用 dòngyòng 동 (공금이나 물자 등을) 사용하다. 운용하다 | 外汇 wàihuì 명 외환, 외화, 외국환 | 储备 chǔbèi 동 (급할 때 쓰려고 물자를) 비축하다 | 入市 rùshì 동 (시장에) 참여하다 | 对抗 duìkàng 동 대항하다. 저항하다 | 承担 chéngdān 동 부담하다. 담당하다 | 纷纷 fēnfēn 부 (많은 사람이나 사물이) 잇달아. 계속하여 | 特区 tèqū 명 특구 | 破 pò 동 (규정·관습·사상·기록 등을) 깨다. 타파하다 | 先例 xiānlì 명 선례, 전례 | 众矢之的 zhòngshǐzhīdì 성어 (사람들의) 공격의 대상 | 较量 jiàoliàng 동 (힘이나 기량 등을) 겨루다. 대결하다. 경쟁하다 | 输赢 shūyíng 명 승패, 승리와 패배 | 未卜 wèibǔ 동 예측할 수 없다. 알 수 없다 | 失眠 shīmián 동 잠을 이루지 못하다 | 背离 bèilí 동 어기다. 위배하다 | 叛逆 pànnì 동 반역하다. 배반하다 | 撤离 chèlí 동 철수하다. 떠나다 | 转危为安 zhuǎnwēiwéi'ān 성어 (형세나 병세 등이) 위험한 상태를 벗어나 평안하게 되다 | 谷底 gǔdǐ 명 최저한도, 최저점 | 支持 zhīchí 동 지원하다. 지지하다 | 强硬 qiángyìng 형 강경하다. 강력하다 | 果断 guǒduàn 형 과단성이 있다. 결단성이 있다. 주저하지 않다 | 应变 yìngbiàn 동 응변하다. 임기응변하다 | 内敛 nèiliǎn 형 (성격·사상·감정 등이) 깊다. 신중하다 | 低调 dīdiào 형 부드럽고 조용하다

★☆☆ ｜**유형**｜ 직업 및 신분 파악

21　男的是什么身份？　　남자의 신분은?

A　商人	A　상인
B　官员	B　관원
C　学者	C　학자
D　经济学家	D　경제학자

해설　인터뷰 중반에 남자가 '홍콩정부 재정국 국장으로서 저는'이라는 말로, 그가 재정부 국장이라는 사실을 알 수 있다. 즉 국장은 관원을 뜻하므로 정답은 B다.

Tip⁺　보통 인터뷰 문제에서는 사회자가 초반에 취재 대상의 신분을 소개하기도 하지만, 이 문제처럼 취재 대상의 말을 통해서 신분을 유추할 수도 있다. 취재 대상이 어떠한 사람인지는 사회자의 말과 취재 대상의 대답을 통해서 알 수 있으므로, 항상 주의를 기울이고 문제를 풀도록 한다.

22

这段采访的主要话题是什么?

A 男的的形象标志
B 男的的领结偏好
C 男的采取的经济政策
D 男的如何应对金融危机

이 인터뷰의 주요 화제는 무엇인가?

A 남자의 이미지를 나타내는 표지
B 남자의 나비넥타이 선호
C 남자가 채택한 경제정책
D 남자가 어떻게 금융위기에 대응하였는가

해설 인터뷰에서 중점적으로 말하는 것은 남자가 어떻게 1998년 금융위기에 대응하여, 홍콩이 위기에서 벗어났는지다. 따라서 정답은 D다.

23

男的的仕途第一次遇到危机是什么时候?

A 1997年8月
B 1998年8月
C 1997年10月
D 1998年10月

남자의 관직 생활에서 처음 위기를 만났을 때는 언제인가?

A 1997년 8월
B 1998년 8월
C 1997년 10월
D 1998년 10월

해설 인터뷰 초중반에 남자는 '1998년 8월……관직 생활이 위기에 빠졌습니다'라고 말했으므로 정답은 B다.

24

男的在遭遇金融危机的时候心情是怎样的?

A 失望
B 痛苦
C 叛逆
D 冷静

남자가 금융위기를 만났을 때의 심정은?

A 실망했다
B 고통스러웠다
C 반역했다
D 침착했다

해설 인터뷰 중반에 남자는 금융위기를 만났을 때 매우 괴로웠다고 표현했으므로, 정답은 B다.

25

男的采取入市干预政策后两个星期，没有产生什么结果?

A 香港经济好转
B 男的的支持率上升
C 学者、商界纷纷指责他
D 国际炒家撤离香港市场

남자가 시장에 참여하는 정책을 채택하고 난 2주 뒤의 결과가 아닌 것은?

A 홍콩 경제가 호전되었다
B 남자의 지지율이 상승했다
C 학자, 상경계가 연달아 그를 지적했다
D 국제 투기꾼들이 홍콩시장을 떠났다

해설 대화의 마지막 부분에서 여자가 '2주간의 대결을 거쳐 국제 투기꾼들이 홍콩시장을 떠나고 홍콩 경제도 위험에서 벗어나 안전해졌습니다. ……시민의 지지율이 빠르게 상승했습니다'라고 말한 것으로 보아, A, B, D는 모두 2주 뒤의 결과임을 알 수 있다. 따라서 정답은 C다.

女：您怎样看这次的甲型H1N1流感疫情？

男：26(B)这次流感的最大特征是发病突然，传播迅猛。4月24日世界卫生组织首次公布信息时，疫情仅局限于墨西哥和美国两国。截止到5月10日12时，疫情已蔓延到全球25个国家和地区，确诊病例已达4293例，死亡53人。

女：一听到又有大范围疫情暴发，我们很多人都会联想到几年前的非典肆虐，同为传播性疾病，非典和甲型H1N1流感有什么相同点？

男：两者引起的27(B)都是急性呼吸道传染病，可以通过咳嗽、打喷嚏等传播，因为传播快，其影响的范围就很大；第二个相同点，都是新发的、人类对它没有免疫力的传染病。

女：那它们又有什么不同点呢？

男：根据现有资料，27(D)非典病死率相对高，早期病死率甚至高达10%以上，这次流感根据截止到5月8日上午的数据，病死率是2%，所以它对人类生命的威胁不如非典；第二，非典是从未见过，突如其来的；而27(A)流感据最早记载至少已有700多年的历史，分离出流感病毒也已有70多年了，对流感病毒的研究已经非常深入，在分子基因水平上也已经研究得很清楚了。同时人类应对流感也积累了大量经验，27(C)而对非典则没有经验。

女：总结一下，您认为本次甲型流感流行的特点是什么？

男：根据目前掌握的信息，这次流感流行已呈现如下特点：(1) 28(D)人群普遍易感，已出现跨国、跨洲传播。(2)已经出现了人传染人病例。(3)墨西哥出现了较多的重症和死亡病例。(4)有些人感染后不发病，但仍然具有传染性。

女：那么我们应该做哪些准备？

여：당신은 이번 신종 인플루엔자 발생상황을 어떻게 보십니까?

남：26(B)이번 유행성 감기의 제일 큰 특징은 갑작스럽게 병이 나는 것과 빠르게 퍼진다는 것입니다. 4월 24일 세계보건기구가 처음으로 소식을 공포할 때, 전염병 발생상황이 멕시코와 미국 두 개 국가에만 국한되어 있었습니다. 5월 10일 12시까지, 발생상황은 이미 전 지구의 25개 국가와 지역에 퍼졌습니다. 병례로 확정한 것이 이미 4293건이었고 53명이 사망하였습니다.

여：또다시 대규모의 전염병 상황이 갑자기 발생한 것을 듣자마자 많은 사람들은 모두 몇 년 전 사스가 위력을 떨쳤던 일을 떠올릴 것입니다. 같은 전염성 질병으로서, 사스와 신종 인플루엔자는 어떤 공통점이 있습니까?

남：두 개가 야기하는 것은 27(B)모두 급성 호흡기 전염병입니다. 기침, 재채기 등을 통해 퍼지며 빠르게 전염되기 때문에 그 영향 범위가 매우 큽니다. 두 번째 공통점은 모두 새롭게 발생한 것으로, 인류가 그에 대한 면역력을 가지고 있지 않다는 점입니다.

여：그러면 그것들은 무슨 차이점이 있습니까?

남：현재 있는 자료에 의하면, 27(D)사스로 죽는 비율이 상대적으로 높은데, 조기에 병으로 죽는 비율은 심지어 10% 이상에 달했습니다. 이번 유행성 감기는 5월 8일 오전 데이터에 의하면 사망률이 2%입니다. 따라서 인류생명에 대한 위협이 사스만큼은 아닙니다. 두 번째, 사스는 보지 못했던 것으로 갑자기 발생한 것입니다. 그러나 27(A)유행성 감기는 제일 일찍 기록되어 있는 것이 최소한 이미 700여 년의 역사가 있습니다. 유행성 감기 바이러스로 분리되어 나온 것도 이미 70여 년이 됩니다. 유행성 감기 바이러스에 대한 연구는 이미 매우 깊이 들어갔습니다. 분자 유전자 수준에서 이미 연구가 잘 되어 있습니다. 동시에 인류는 유행성 감기에 대해 많은 경험을 쌓았습니다. 27(C)그러나 사스에 대한 경험은 없습니다.

여：정리해봅시다. 당신은 이번 신종 인플루엔자 유행의 특징이 무엇이라고 생각합니까?

남：현재 파악한 정보에 의하면, 이번 유행성 감기의 유행은 이미 아래와 같은 특징을 나타내고 있습니다. (1) 28(D)사람들이 보편적으로 쉽게 걸리며, 이미 나라와 대륙을 초월하여 퍼졌습니다. (2) 이미 사람이 사람에게 전염시키는 사례가 출현했습니다. (3) 멕시코에 비교적 많은 중증과 사망 사례가 나타났습니다. (4) 어떤 사람들은 감염 후 발병하지는 않았지만 여전히 전염성을 가지고 있습니다.

여：그러면 우리는 어떠한 대비를 해야 하나요?

男： ^{29(B)}抓紧疫苗研制是重中之重。然而，在没有
有效的疫苗之前，提高大众的健康意识和公共
卫生意识是最有效的。每个人都充分认识这次
流感，并能采取适当的自我保护措施，便可
以有效地控制流感的传播。

남： [29(B)] 백신연구를 급히 하는 것이 가장 중요합니다. 그러
나 효과가 있는 백신이 있기 전에는 대중의 건강의식과
공공위생 의식을 높이는 것이 가장 효과적입니다. 모든
사람들이 이번 유행성 감기를 잘 알고 적절하게 스스로
를 보호하는 조치를 취한다면 유행성 감기가 퍼지는 것
을 효과적으로 막을 수 있습니다.

단어 甲型 H1N1流感 jiǎxíng H1N1 liúgǎn 명 신종 인플루엔자 | 疫情 yìqíng 명 전염병 발생과 확산 상황 | 传播 chuánbō 동 전파하다.
퍼뜨리다 | 迅猛 xùnměng 형 빠르고 맹렬하다 | 局限 júxiàn 동 (어떤 범위 내에서) 한정하다. 국한하다 | 墨西哥 Mòxīgē 명 멕시
코 | 截止 jiézhǐ 동 (일정 기한이 되어) 마감하다. 멈추다 | 蔓延 mànyán 동 널리 퍼지다. 만연하다 | 暴发 bàofā 동 (어떤 일이) 갑자
기 일어나다. 갑자기 나타나다 | 非典 fēidiǎn 명 사스(SARS) | 肆虐 sìnüè 동 위력을 떨치다. 기승을 부리다 | 呼吸道 hūxīdào 명
기도, 호흡 기관 | 咳嗽 késou 동 기침하다 | 打喷嚏 dǎpēntì 동 재채기를 하다. 기침을 하다 | 免疫力 miǎnyìlì 명 면역력 | 病
死率 bìngsǐlǜ 명 질병 사망률 | 威胁 wēixié 동 (어떤 무력이나 권세로) 협박하다. 위협하다 | 突如其来 tūrúqílái 성어 갑자기 발생하
다. 갑자기 닥쳐오다. 뜻밖에 나타나다 | 基因 jīyīn 명 유전자, 유전인자 | 呈现 chéngxiàn 동 나타나다. 드러나다 | 病例 bìnglì 명 병
례 | 疫苗 yìmiáo 명 백신

★☆☆ │ **유형** │ 세부 내용 파악

26 这次流感的最大特征是什么？

　A　仅限于墨西哥和美国
　B　疫情发病快且传播广
　C　疫情致死率相对较高
　D　疫情已经蔓延到全球

이번 유행성 감기의 제일 큰 특징은 무엇인가？

　A　멕시코와 미국에만 국한되어 있다
　B　전염병 발생이 빠르고 넓게 퍼진다
　C　전염병 발생으로 치사율이 상대적으로 높다
　D　전염병 발생은 이미 전 세계에 퍼졌다

단어 致死率 zhìsǐlǜ 명 치사율

해설 남자가 인터뷰 처음에 '이번 유행성 감기의 제일 큰 특징은 갑작스럽게 병이 나는 것과 빠르게 퍼진다는 것입니다'라고
말했으므로 정답은 B다.

★★☆ │ **유형** │ 세부 내용 파악

27 关于非典，说法错误的是哪一项？

　A　已有700多年的历史
　B　是一种呼吸道传染病
　C　缺乏对其的应对经验
　D　早期病死率相对较高

사스에 대해 잘못 말한 것은 어느 것인가？

　A　이미 700여 년의 역사가 있다
　B　호흡기 전염병이다
　C　그것에 대한 대응 경험이 부족하다
　D　조기에 병으로 사망하는 비율이 비교적 높다

해설 A는 유행성 감기에 대한 묘사지 사스에 관한 설명이 아니므로, 사스에 대해 잘못 말한 것은 A다. 사스와 유행성 감기
모두 급성 호흡기 전염병을 야기하고, 사스에 대한 인류의 경험은 없다고 했으므로, B와 C는 올바른 설명이며, 사스
로 인한 조기 사망률이 10% 이상이라고 했으므로, D도 맞는 내용이다.

★☆☆ │ **유형** │ 인과 관계 파악

28 为什么这次流感的传播范围比较广？

　A　是一种新发的传染病
　B　出现了重症和死亡病例
　C　疫情突如其来，预防不足
　D　人群普遍易感，传染性较强

왜 이번 유행성 감기의 전염 범위가 비교적 넓은가？

　A　새롭게 발생한 전염병이어서
　B　중증과 사망사례가 출현해서
　C　전염병 상황이 예상치 못하게 갑자기 발생하여 예
　　방이 부족해서
　D　사람들이 보편적으로 쉽게 걸리고 전염성이 비교
　　적 강해서

해설　남자가 인터뷰 후반에 유행성 감기의 특징을 말하면서, '사람들이 보편적으로 쉽게 걸리며, 이미 나라와 대륙을 초월하여 퍼졌습니다'라고 한 것에서 알 수 있듯이 정답은 D다.

★☆☆ ｜유형｜ 세부 내용 파악

29 控制流感最重要的措施是什么?　유행성 감기를 막는 제일 중요한 조치는 무엇인가?

A 治愈已感人群　　　　　A 이미 감염된 사람들을 치유한다
B 积极研制疫苗　　　　　B 적극적으로 백신을 연구 개발한다
C 提高公共卫生意识　　　C 공공위생 의식을 높인다
D 宣传自我保护措施　　　D 자아보호조치를 선전한다

단어　治愈 zhìyù 동 치유하다, 완치하다

해설　남자의 마지막 대답에서 백신을 연구하는 것이 가장 중요하다고 했으므로, 백신을 적극적으로 연구 개발한다는 B가 정답이다.

★★★ ｜유형｜ 장소 및 위치 파악

30 这段对话最有可能是在什么场合说的?　이 대화는 어느 곳에서 말했을 가능성이 가장 큰가?

A 医院病房　　　　A 병원 병실
B 校园讲座　　　　B 캠퍼스 강좌
C 疾病研讨会　　　C 질병 연구토론회
D 新闻发布会　　　D 기자 회견

단어　研讨会 yántǎohuì 명 연구 토론회 [研究讨论会의 줄임말]

해설　이 인터뷰는 유행성 감기에 대한 취재 내용이다. 따라서 기자 회견일 가능성이 가장 높으므로 정답은 D다.

31-33

国王决定从他的十位王子中选出一位做继承人。³¹⁽ᴬ⁾他吩咐一位大臣在一条两旁临水的大道上放置了一块"巨石"，任何人想要通过这条路，只能把它推开或绕过去。国王让王子们通过那条大路，把一封信送到一个将军手里。王子们很快完成了任务。国王问："你们是怎么把信送到的？"

一个说："我是划船过去的。"

一个说："我是从水里游过去的。"

小王子说："我是从大路上走过去的。³²⁽ᴰ⁾我用手使劲一推那块石头，它就滚到河里去了。"

"这么大的石头，你怎么想用手去推呢？"

"我不过试了试，"小王子说，"谁知我一推，它就动了。"

原来，那块"巨石"是国王和大臣用很轻的材料做成的。自然，³³⁽ᴮ⁾这位善于尝试的王子继承了王位。

국왕은 그의 열 명의 왕자 중에서 한 명의 계승자를 뽑기로 했다. ³¹⁽ᴬ⁾그는 한 명의 대신에게 양쪽에 물이 맞닿은 큰 길에 '커다란 돌'을 놓아두라고 분부했다. 누구든지 이 길을 통과하고 싶은 사람은 그것을 밀어내거나 혹은 돌아갈 수밖에 없었다. 국왕은 왕자들에게 그 길을 통과해서 한 통의 편지를 한 장군의 수중으로 보내게 하였다. 왕자들은 매우 빠르게 임무를 완성했다. 국왕은 물었다. "너희들은 어떻게 편지를 보냈느냐?"

한 왕자가 말했다. "저는 배를 젓고 지나갔습니다."

한 왕자가 말했다. "저는 물속을 헤엄쳐 갔습니다."

어린 왕자가 말했다. "저는 큰길로 걸어갔습니다. ³²⁽ᴰ⁾손으로 힘껏 돌을 밀었더니 돌이 강 속으로 굴러갔습니다."

"그렇게 큰 돌을 너는 어떻게 손으로 밀어낼 생각을 하였느냐?

"저는 단지 시도해 보았을 뿐입니다." 어린 왕자가 말했다. "제가 한번 밀었더니 그게 바로 움직일 줄 누가 알았겠습니까?"

원래, 그 '커다란 돌'은 국왕과 대신이 매우 가벼운 재료로 만든 것이었다. 당연히 ³³⁽ᴮ⁾도전을 즐기는 이 왕자가 왕위를 계승하였다.

단어 选出 xuǎnchū 동 선출하다 | 继承人 jìchéngrén 명 상속인, 상속자 | 吩咐 fēnfù 동 (말로) 분부하다, 지시를 내리다 | 放置 fàngzhì 동 내버려두다, 방치하다 | 推开 tuīkāi 동 밀어내다, 밀어젖히다 | 绕 rào 동 돌아가다, 우회하다 | 划船 huáchuán 동 (노 등으로) 배를 젓다 | 使劲 shǐjìn 동 힘을 쓰다 | 滚 gǔn 동 구르다, 뒹굴다

★☆☆ │ **유형** │ 세부 내용 파악

31 选继承人的主意是谁出的？

계승자를 고르는 아이디어는 누가 낸 것인가?

A 国王
B 大臣
C 将军
D 王子

A 국왕
B 대신
C 장군
D 왕자

해설 국왕이 대신에게 길 위에 커다란 돌을 놓아 왕자들을 시험하라고 분부한 것이므로 정답은 A다.

★☆☆ │ **유형** │ 세부 내용 파악

32 小王子是怎么把信送到的？

어린 왕자는 어떻게 편지를 보냈는가？

A 爬过巨石
B 划船过去
C 从水里游过去
D 把石头推开走过去

A 거대한 돌을 기어 넘어갔다
B 배를 저어 갔다
C 물속을 헤엄쳐 갔다
D 돌을 밀어내고 지나갔다

해설 듣기 지문 중반에 어린 왕자는 손으로 돌을 밀어내고 지나갔다고 언급했으므로 정답은 D다. 배를 저어가거나, 헤엄쳐 간 사람은 다른 왕자들이므로, B와 C는 답이 아니다.

33 这段话主要想告诉我们什么?

A 要开动脑筋
B 要勇于尝试
C 要相信自己
D 要使用技巧

이 대화는 주로 우리에게 무엇을 알려주는가?

A 머리를 써야 한다
B 용감히 시도해야 한다
C 자신을 믿어야 한다
D 기술을 써야 한다

단어 开动脑筋 kāidòng nǎojīn 연구하다, 머리를 쓰다 | 勇于 yǒngyú (동) 용감하다, 과감하다 | 技巧 jìqiǎo (명) 기교, 수법

해설 마지막에 도전을 즐기는 왕자가 왕위를 계승하였다고 말하였으므로, 정답은 B다.

34-36

一个幼儿园老师让孩子们玩儿一个游戏, 每人带一个口袋, 里面装上土豆。34(D)每个土豆上写上自己讨厌的同学的名字, 讨厌的人越多土豆的数量也就越多。

第二天, 每个孩子都特地带来了一些土豆。有的是两个, 有的是三个, 最多的是五个。老师告诉孩子们, 无论到什么地方都要带着袋子。孩子们觉得游戏很有趣。

一个星期后, 孩子们开始抱怨, 发霉的土豆散发出难闻的气味。他们不愿意再随身带着沉重的袋子。

老师问他们:"在这一周里, 你们对随身带着土豆有什么感觉?"35(C)孩子们纷纷沮丧地表示, 带着土豆袋子行动不方便, 土豆发霉后的气味很难闻。

36(B)老师说:"这些发霉的土豆就是你们心里痛恨的人。如果无论到什么地方都要带着它们, 你们的一生将会变得非常痛苦。"

한 유치원 선생님이 아이들에게 각자 주머니를 가지고 그 안에 감자를 담게 하는 게임을 하게 했다. 34(D)각 감자에 자신이 싫어하는 학우의 이름을 쓰게 했고 싫어하는 사람이 많을수록 감자의 개수도 점점 많아졌다.

둘째 날, 모든 아이들이 특별히 감자를 가져왔다. 누구는 2개이고 누구는 3개였다. 제일 많은 것이 5개였다. 선생님은 아이들에게 어디를 가더라도 꼭 주머니를 갖고 다니라고 말했다. 아이들은 게임이 매우 재미있다고 생각하였다.

일주일 후, 아이들은 썩은 감자가 내는 고약한 냄새를 불평하기 시작했다. 그들은 더 이상 무거운 주머니를 몸에 지니고 다니고 싶지 않았다.

선생님이 그들에게 물었다. "이 일주일 동안, 너희들은 몸에 지녔던 감자에 대해 어떤 느낌이 들었니?"35(C)아이들은 잇달아 우울한 기색으로 감자 주머니를 가지고 다니니 행동하기 불편하고 감자 썩은 냄새가 너무 고약하다고 했다.

36(B)선생님은 말했다. "이 썩은 감자는 바로 너희들이 마음속으로 매우 미워하는 사람이야. 만약에 어디를 가든지 항상 그것들을 가지고 다닌다면 너희들의 일생은 매우 고통스러울 거야."

단어 幼儿园 yòu'éryuán (명) 유아원, 유치원 | 口袋 kǒudai (명) (천·종이·가죽 등으로 만든) 포대, 자루 | 抱怨 bàoyuàn (동) 불평하다, 탓하다 | 发霉 fāméi (동) 곰팡이가 피다, 변질되다 | 气味(儿) qìwèi(r) (명) 냄새 | 随身 suíshēn (동) 몸에 지니다, 곁에 두다 | 沉重 chénzhòng (형) (무게가) 무겁다 | 袋子 dàizi (명) 주머니, 자루, 포대 | 痛恨 tònghèn (동) 몹시 미워하다, 매우 원망하다

34 老师让孩子们在土豆上写什么?

A 自己的名字
B 同学的名字
C 喜欢的人的名字
D 讨厌的人的名字

선생님은 아이들에게 감자 위에 무엇을 쓰라고 하였는가?

A 자신의 이름
B 학우의 이름
C 좋아하는 사람의 이름
D 싫어하는 사람의 이름

해설 지문 초반에 선생님이 아이들에게 자신이 싫어하는 학우의 이름을 감자에 쓰라고 했으므로, 정답은 D다.

35　一周后孩子们对每天带着土豆有什么感觉?

일주일 후 아이들은 매일 가지고 다니던 감자에 대해 어떤 느낌이었는가?

A 高兴
B 有趣
C 沮丧
D 痛恨

A　기쁘다
B　재미있다
C　우울하다
D　미워한다

해설 듣기 지문 후반에 일주일 동안 몸에 지니고 있던 감자에 대해 어떤 느낌이 들었냐는 선생님의 질문에, 아이들은 잇달아 우울한 기색으로 불편하고 냄새가 너무 고약하다고 말했으므로, 아이들이 매우 우울해했음을 알 수 있다. 따라서 C가 정답이다.

36　这段话主要想告诉我们什么?

이 이야기가 우리에게 말하고자 하는 것은 무엇인가?

A 生活是很痛苦的
B 不要一直痛恨别人
C 土豆发霉后很难闻
D 随身带着土豆不方便

A　생활은 매우 힘든 것이다
B　다른 사람을 계속 미워하지 마라
C　감자가 썩으면 냄새가 매우 고약하다
D　몸에 감자를 지니고 다니면 불편하다

해설 선생님은 감자를 자신이 미워하는 사람에 빗대어, 미워하는 사람이 많을수록 마음이 더욱 무거워져 아이들의 일생을 매우 고통스럽게 한다는 점을 알려주었다. 즉, 사람을 미워하지 말라는 교훈을 가르쳐 주려고 했다. 따라서 정답은 B다.

吃得过饱，尤其是进食过量高营养食品，食入的热量就会大大超过消耗的热量，使热能转变成脂肪留在体内。若脑组织的脂肪过多，就会引起"肥胖脑"。人的智力与大脑沟回褶皱多少有关，大脑的沟回越明显，褶皱越多，智力水平越高。而肥胖脑使沟回紧紧靠在一起，褶皱消失，大脑皮层呈平滑样，所以，^{37(B)}智力水平就会降低。

人的大脑活动方式是兴奋和抑制相互诱导的，即大脑某些部位兴奋了，其相邻部位的一些区域就处于抑制状态，兴奋越加强，周围部位的抑制就越加深。因此，^{38(A), 39(D)}若主管肠胃消化的神经中枢因为吃了过量食物而长时间兴奋，这就必然引起邻近的语言、思维、记忆、想象等大脑区域的抑制。这些区域如经常处于抑制状态，智力会越来越差。

지나치게 배부르게 먹으면, 특히 고영양 음식을 과다하게 먹으면, 섭취한 열량이 소모하는 열량보다 크게 초과하여 열에너지가 지방으로 바뀌어 체내에 남게 된다. 만약에 뇌조직의 지방이 너무 많으면 '비만 뇌'를 야기할 수 있다. 사람의 지능과 대뇌 뇌회 주름은 어느 정도 관계가 있다. 대뇌의 뇌회가 선명할수록 주름은 더 많고 지능 수준이 높다. 그러나 비만 뇌는 뇌회를 바싹 달라붙게 하여 주름이 없어지고, 대뇌 피질이 평평하고 매끈한 모양이 되어서, ^{37(B)}지능 수준이 떨어질 수 있다.

사람의 대뇌 활동 방식은 흥분과 억제가 서로 유도하는 것이다. 즉, 대뇌의 어떤 부분이 흥분하게 되면, 서로 인접하는 부분의 일부 구역이 억제 상태에 처하게 된다. 흥분이 강할수록 주위 부분의 억제는 더욱 심해지게 된다. 따라서 ^{38(A), 39(D)}소화기관의 소화를 주관하는 신경중추가 과식으로 인해 오랜 시간 흥분하면, 반드시 인접하는 언어, 사유, 기억, 상상 등 대뇌구역의 억제를 일으킨다. 이러한 구역이 만약 자주 억제 상태에 놓이게 되면 지능은 점점 떨어진다.

단어　进食 jìnshí ⑤ 식사하다, 밥을 먹다 | 消耗 xiāohào ⑤ (정신·힘·물건·시간 등을) 써서 없애다, 소모하다 | 热能 rènéng ⑲ 열량 | 脂肪 zhīfáng ⑲ 지방 | 肥胖 féipàng ⑱ 뚱뚱하다 | 智力 zhìlì ⑲ 지능, 지력 | 沟回 gōuhuí ⑲ 뇌회 | 褶皱 zhězhòu ⑲ 주름 | 平滑 pínghuá ⑱ 평평하고 미끄럽다, 매끈매끈하다 | 抑制 yìzhì ⑤ (행동이나 욕망 등을) 억제하다, 억누르다 | 诱导 yòudǎo ⑤ 유도하다 | 肠胃 chángwèi ⑲ 소화기관 | 神经 shénjīng ⑲ 신경 | 中枢 zhōngshū ⑲ 중추

★☆☆　│**유형**│ 세부 내용 파악

37　吃得过饱会产生什么后果?

지나치게 많이 먹으면 어떠한 결과가 발생하는가?

A 营养过剩　　　　　　　　　　　A 영양이 과잉된다
B 智力下降　　　　　　　　　　　B 지능이 떨어진다
C 消耗热量　　　　　　　　　　　C 열량을 소모한다
D 大脑兴奋　　　　　　　　　　　D 대뇌가 흥분한다

단어　过剩 guòshèng ⑤ 지나치다, 초과하다

해설　듣기 지문 중반에 지나치게 배부르게 먹으면 지능 수준이 떨어질 수 있다는 것을 논증하고 있다. 따라서 정답은 B다.

★★☆　│**유형**│ 세부 내용 파악

38　如果吃了过量的食物，大脑哪个部位是兴奋的?

만약 과식을 하면 대뇌의 어느 부분이 흥분하는가?

A 肠胃消化神经　　　　　　　　　A 소화기관의 소화 신경
B 语言思维区域　　　　　　　　　B 언어 사유 구역
C 记忆想象区域　　　　　　　　　C 기억 상상 구역
D 大脑沟回褶皱　　　　　　　　　D 대뇌 뇌회 주름

해설　듣기 지문 마지막에서 소화기가 소화하는 것을 주관하는 신경중추가 과식을 하여 오랜 시간 흥분하면, 반드시 인접하는 언어, 사유, 기억, 상상 등 대뇌구역의 억제를 일으킨다고 하였으므로, 정답은 A다.

39

这段话主要讲了什么?

A　大脑的构造
B　贪吃容易兴奋
C　大脑活动的方式
D　贪吃和智力的关系

이 글은 주로 무엇을 설명하고 있는가?

A　대뇌의 구조
B　식탐하면 쉽게 흥분한다
C　대뇌 활동의 방식
D　식탐과 지능의 관계

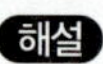 贪吃 tānchī 图 식탐하다. 욕심부려 먹다

 이 글은 식탐이 어떻게 지능 수준에 영향을 주는지에 대해 설명하고 있다. 결과는 지나치게 많이 먹으면 지능이 떨어진다는 것이다. 따라서 정답은 D다.

Tip⁺ 이러한 설명문은 전문용어가 등장하여 학습자들이 많이 어렵다고 느끼는 문제 중 하나다. 그러나 전문용어에 당황하지 말자. 전문용어가 문제를 푸는 데 어려움을 주지는 않으므로 중요 내용은 메모하자. 중국어로 적으려 하지 말고, 한글로 간단하게 메모하는 것도 하나의 방법이다.

40-42

一楼住户丢出来一堆垃圾。星期一上班时，我就看见了，40(A)心里觉得委屈。按卫生条例，住户的生活垃圾应该装袋，让清洁工回收。可这家人图自己方便，把垃圾扔到窗外了事。

星期二，我从那堆垃圾旁走过，想：好吧，我就不扫，让你自己受罪。

星期三，我想如果他们还不扫，就让这堆垃圾留到月底，让他们家脏一个月。

星期四，那堆垃圾还在。41(C)这天，我和女儿吵架了，内心生出许多感慨。42(B)换一个角度去看问题，发现我们都少了宽容的心态。我想到了那堆垃圾，想到自己每天见到这堆垃圾时心里的斗争、埋怨、愤怒。我们在抱怨别人的时候，其实也给自己种下了糟糕的心情。

每个人心里都会有一堆垃圾，扔出来时自己不知道。我每天面对着那堆垃圾，何尝不是面对自己的心灵呢?

1층 거주자가 한 무더기의 쓰레기를 버렸다. 월요일에 출근할 때 보고 40(A)마음속으로 짜증이 났다. 위생 규정에 따르면 거주자의 생활쓰레기는 반드시 봉투에 넣어 청소부가 회수하도록 해야 한다. 그러나 이 사람은 자신의 편리를 위해 쓰레기를 창밖으로 버렸다.

화요일, 나는 그 쓰레기 더미 옆으로 지나가며 생각했다. '좋아. 나도 그럼 청소를 안 할테니, 당신도 당해 봐.'

수요일, 나는 만약에 그들이 여전히 청소를 하지 않았다면, 이 쓰레기를 월말까지 남겨두어 그들의 집을 한 달 동안 더럽히겠다고 생각했다.

목요일, 그 쓰레기 더미가 아직 있었다. 41(C)그날, 나는 딸과 다투고, 마음속에 많은 감회가 생겼다. 42(B)관점을 바꾸어 문제를 보니, 우리 모두 관용의 마음가짐이 부족했다는 것을 발견했다. 나는 그 쓰레기 더미가 생각났다. 내가 매일 그 쓰레기 더미를 보았을 때 느끼는 마음속의 갈등, 원망, 분노를 떠올렸다. 우리가 다른 사람을 원망할 때 사실은 엉망인 기분을 스스로에게 심는 것이다.

모든 사람의 마음속에는 쓰레기 더미가 있을 것이며, 버릴 때는 자신도 모른다. 내가 매일 그런 쓰레기 더미를 대면하고 있다면 어찌 자신의 영혼과 대면하는 것이 아니겠는가?

단어 住户 zhùhù 圐 가정. 세대 | 委屈 wěiqu 圀 괴롭다. 속상하고 분하다 | 条例 tiáolì 圐 조례. 규정 | 装 zhuāng 图 (물품을) 집어넣다. 담다 | 袋 dài 圐 주머니. 봉투 | 清洁工 qīngjiégōng 圐 환경미화원 | 了事 liǎoshì 图 (일을 확실하게 마무리하지 못하고) 접다. 끝마치다. 종결짓다 | 受罪 shòuzuì 图 고통을 받다. 괴로움을 당하다. 고생하다 | 月底 yuèdǐ 圐 월말 | 脏 zāng 圀 지저분하다. 더럽다 | 感慨 gǎnkǎi 图 감개하다 | 宽容 kuānróng 图 관용하다. 너그럽다 | 埋怨 mányuàn 图 (일이 여의치 못해) 불평하다. 원망하다 | 愤怒 fènnù 图 분노하다. 성내다 | 糟糕 zāogāo 圀 (일이나 상황 등이) 엉망이다. 야단나다 | 何尝 hécháng 몡 언제 ~한 적이 있는가. 결코 ~가 아니다

★☆☆ │**유형**│ 심정 파악

40 一开始发现那堆垃圾，说话人感觉怎么样？

처음 그 쓰레기 더미를 발견했을 때, 화자의 감정은 어떠했는가?

A 委屈
B 抱怨
C 愤怒
D 感慨

A 짜증스럽다
B 원망한다
C 분노한다
D 감격스럽다

해설 화자는 듣기 지문 초반에 쓰레기 더미를 발견하고는 마음이 괴로웠다고 하였으므로 정답은 A다.

★☆☆ │**유형**│ 인과 관계 파악

41 说话人为什么星期四发出许多感慨？

화자는 왜 목요일 날 많은 감회가 생겼는가？

A 心情一直很糟糕
B 垃圾一直没有人扔
C 正好和女儿吵架了
D 清洁工没来收垃圾

A 기분이 계속 엉망이었다
B 줄곧 쓰레기를 버리는 사람이 없었다
C 마침 딸과 다퉜다
D 청소부가 쓰레기를 수거하러 오지 않았다

해설 듣기 지문 중후반에 쓰레기 더미가 그대로 있던 그날, 마침 딸과 다퉈서 내심 많은 감회가 생겼다고 했으므로, 정답은 C다.

★★☆ │**유형**│ 주제 파악

42 说话人想要告诉我们什么？

화자는 우리에게 무엇을 알려주려 하는가？

A 要及时扔掉垃圾
B 要有包容的心态
C 每个人心里都有垃圾
D 要换一个角度看问题

A 제때 쓰레기를 버려야 한다
B 포용하는 마음가짐을 가져야 한다
C 모든 사람들은 마음속에 쓰레기를 지니고 있다
D 관점을 바꿔서 문제를 보아야 한다

단어 包容 bāoróng 동 포용하다

해설 듣기 지문 마지막 부분에서 관점을 달리하여 문제를 보니, 관용의 마음가짐이 부족했음을 알게 되었다고 말했다. 따라서 우리에게 좀 더 포용력 있는 마음가짐을 가지라고 말하려는 것임을 알 수 있다. 그러므로 정답은 B다.

究竟哪些卡通形象是中国观众最喜欢的呢？本次调查选取了喜羊羊、功夫熊猫、擎天柱、柯南、流川枫、加菲猫、樱桃小丸子、米老鼠、阿童木、白雪公主、哪吒、机器猫、一休、蓝精灵、阿凡提、葫芦娃一共18个卡通形象，让1100名被调查者进行选择。调查结果是：10到20岁的人群最喜欢的是机器猫，20到30岁最喜欢的是柯南，43(D)30岁到40岁和40到50岁的人最喜欢的都是米老鼠。

在1100名被调查者中，51.9%的人喜欢看外国动画片，23.5%的人喜欢看国产动画片，24.4%的人表示不确定，凭兴趣。值得注意的是，44(A)在10到30岁的年轻人群中，有近60%的人明确表示，喜欢看欧美的。我们刚才看到了这样的一个调查结果，可能让我们在座所有国内从事动画产业的人，心里有一点儿压力了。究竟从这样的一个数字当中，我们可以读到一些什么样的信息？作为一个动画来讲，它是一个系统工程，需要资金、需要原创、需要创意，那么我们的市场缺资金吗？缺原创吗？缺制作企业吗？45(D)我们最缺的是整合资源的人才。这份问卷提出了一个非常严峻的问题，我们的优秀动画是否能够实现跨越式发展，从而走出国门，与美国的观众见面，与欧洲的观众见面，与日本的观众见面？希望在座的诸位在未来几年能给我们一个肯定的答复。但46(B)目前看来，还是任重而道远。

대체 어느 애니메이션 캐릭터를 중국 시청자가 제일 좋아할까? 이번 조사에서 시양양, 쿵푸팬더, 트랜스포머, 코난, 슬램덩크, 가필드, 치비 마루코짱, 미키마우스, 아톰, 백설공주, 나타, 도라에몽, 이슈, 스머프, 아판디, 후루와 등 총 18개의 애니메이션 캐릭터를 뽑아 1100명의 설문자들에게 선택하게 하였다. 조사 결과는 열 살에서 스무 살의 사람들이 가장 좋아하는 것은 도라에몽, 스무 살에서 서른 살이 가장 좋아하는 것은 코난, 43(D)서른 살에서 마흔 살, 마흔 살에서 쉰 살의 사람들 모두 가장 좋아하는 것은 미키마우스였다.

1100명의 설문자 중에서 51.9%의 사람은 외국 애니메이션을 보길 좋아하고, 23.5%의 사람은 국산 애니메이션을 보길 좋아하며, 24.4%의 사람은 확실하지 않고 재미에 따라 다르다고 했다. 주의할 만한 것은 44(A)열 살에서 서른 살의 젊은 사람들 중에서 60%의 가까운 사람들이 유럽과 미국의 것을 보길 좋아한다고 명확히 나타냈다. 우리가 방금 본 이러한 조사결과는 아마도 이 자리에 계신 국내 애니메이션 산업 종사자들로 하여금 심리적 스트레스를 생기게 할 것이다. 이러한 수치로 우리는 도대체 어떤 정보를 읽을 수 있을까? 한 편의 애니메이션으로 얘기하자면, 그것은 시스템 공학으로, 자금이 필요하고 창작이 필요하며 창의가 필요하다. 그렇다면 우리의 시장은 자금이 부족한가? 창작이 부족한가? 제작기업이 부족한가? 45(D)우리가 가장 부족한 것은 자원들을 통합하는 인재다. 이번 설문은 매우 심각한 문제를 제기하였다. 우리의 우수한 애니메이션은 비약적인 발전을 실현하여 국외로 나가 미국의 관객과 만나고 유럽의 관객과 만나고 일본의 관객과 만날 수 있을까? 자리에 있는 여러분들이 향후 몇 년 후 우리에게 긍정적인 대답을 주기를 희망한다. 그러나 46(B)지금으로서는 여전히 임무가 과중하고 갈 길이 멀다.

단어　动画片 dònghuàpiàn 몡 만화영화, 애니메이션 | 凭 píng 젠 ~을 근거로 해서, ~에 따라 | 系统工程 xìtǒng gōngchéng 몡 시스템 공학 | 原创 yuánchuàng 동 처음으로 만들다, 최초로 창작하다, 창시하다 | 创意 chuàngyì 몡 창의, 창조적인 생각, 창조적인 구상 | 缺 quē 동 (물건 또는 사람이) 부족하다, 모자라다, 넉넉하지 않다 | 问卷 wènjuàn 몡 설문지 | 严峻 yánjùn 톙 심각하다 | 跨越 kuàyuè 동 (지역·시기 등을) 뛰어넘다, 초월하다 | 答复 dáfù 동 대답하다, 회답하다

★☆☆　|**유형**| 세부 내용 파악

43

中老年人最喜欢的卡通形象是哪个？

A 柯南
B 机器猫
C 喜羊羊
D 米老鼠

중·노년이 가장 좋아하는 애니메이션 캐릭터는 무엇인가?

A 코난
B 도라에몽
C 시양양
D 미키마우스

해설　지문 초반에서 30세부터 50세 사이의 사람들이 가장 좋아하는 것이 미키마우스라고 했다. 따라서 정답은 D다.

 보기는 모두 애니메이션 캐릭터에 관한 내용이다. 이러한 단어들은 처음 들었을 때는 매우 생소하다. 그러므로 보기의 내용을 들을 때 보기 옆에 표시를 하여 어떠한 연령대가 좋아하는지를 파악해야 한다. 보기의 뜻까지 알면 문제를 푸는 데 많은 도움이 되겠지만, 뜻을 모른다고 당황하지 말자. 이러한 문제일수록 쉬운 경향이 있다.

★☆☆ | 유형 | 세부 내용 파악

44 年轻人最喜欢看哪种动画?

A 欧美动画	
B 日本动画	
C 国产动画	
D 韩国动画	

젊은 사람들은 어느 애니메이션을 가장 좋아하는가?

A 유럽과 미국 애니메이션
B 일본 애니메이션
C 국산 애니메이션
D 한국 애니메이션

해설 지문 중반에서 '열 살에서 서른 살의 젊은 사람들 중에서 60% 가까운 사람들이 유럽과 미국의 것을 보길 좋아한다'고 말했으므로 정답은 A다.

★☆☆ | 유형 | 세부 내용 파악

45 中国动画缺少的是什么?

A 资金
B 创意
C 企业
D 人才

중국 애니메이션이 부족한 것은 무엇인가?

A 자금
B 창의
C 기업
D 인재

해설 지문 후반에서 '우리가 가장 부족한 것은 자원들을 통합하는 인재다'라고 말했다. 따라서 정답은 D다.

★☆☆ | 유형 | 세부 내용 파악

46 说话人认为目前的中国动画怎么样?

A 令人感动
B 令人担忧
C 多为低水平重复
D 有了跨越式发展

화자는 지금의 중국 애니메이션이 어떻다고 여기는가?

A 감동적이다
B 걱정된다
C 대부분 낮은 수준이 되풀이된다
D 비약적인 발전이 있다

해설 듣기 지문 마지막 부분에서 '여전히 임무가 과중하고 갈 길이 멀다'고 말하고 있으므로, 정답은 B다.

 이런 문제는 지문과 보기의 내용이 100% 일치하지 않더라도, 전체 문맥을 이해하고 보기에서 가장 합당한 답을 찾는 것이 중요하다.

面对成百上千的学校和专业，考生多从自己的兴趣出发，更为关注专业；而 [47(A)]大部分家长则显得较为现实，将来的就业前景与发展情况成了他们更为关注的重点。这是我们近日在南京国展中心举行的江苏省2010年高等院校招生咨询会上发现的一个新现象。

[48(B), 50(A)]这次活动的主办方江苏省高校招生就业指导服务中心的刘小梅主任接受了本报记者钱林林的采访。刘主任表示，考生如果成绩优秀并且希望将来继续深造，就应该选学术研究型的高校与专业；如果希望毕业立即就业，则应该选择就业前景好的专业，而不是单纯关注学校的名声。

南京考生小孙正和陪同他前来咨询的父亲激烈地争论着。小孙喜欢物理，想填报物理专业，[49(C)]他父亲认为物理专业属于纯理科，将来就业较难，应该学工科。后来两人来到主办方设在现场为"准大学生"进行就业指导的就业专家咨询团"仲裁"。专家为他们提供了一个两全其美的办法，就是填报和物理相关的工科专业。据了解，[50(D)]就业专家咨询团由省市就业指导机构及有关高校就业工作部门的专家组成。[50(C)]咨询台前人头攒动，足以说明考生及家长对将来就业的关注程度。

수천 수백에 달하는 학교와 전공에 직면한 수험생들은 대부분 자신의 흥미에서 출발한 전공에 더욱 관심을 가진다. 그러나 [47(A)]대부분의 학부모들은 비교적 현실적이어서, 장래의 취업전망과 발전 상황이 관심의 중점이다. 이것은 우리가 지금 난징국제전시센터에서 거행하는 쟝쑤성 2010년 단과 대학과 종합 대학의 신입생 모집 설명회에서 발견한 새로운 현상이다.

[48(B), 50(A)]이번 활동의 주최측인 쟝쑤성 대학교 신입생 모집 취업지도 서비스센터의 리우샤오메이 주임을 본지 기자 첸린린이 인터뷰했다. 리우 주임은 수험생이 만약 성적이 우수하고 장래에 계속 깊이 공부하기를 희망한다면 마땅히 학술연구형의 대학교와 전공을 선택해야 하며, 만약에 졸업 후 즉시 취업을 원한다면 취업전망이 좋은 전공을 선택해야지, 단순히 학교의 명성에 관심을 기울여서는 안 된다고 말했다.

난징의 수험생 샤오쑨은 마침 그와 함께 자문을 하러 온 아버지와 격렬하게 논쟁을 하고 있었다. 샤오쑨은 물리를 좋아해서 물리학과를 지원하고 싶었다. [49(C)]그의 아버지는 물리학과는 순수 이과라서 장래 취업이 비교적 어려우므로 공과를 공부해야 한다고 여겼다. 후에 두 사람은 주최측이 '예비 대학생'에게 취업지도를 진행해주기 위해 현장에 설치한 취업전문자문단에 와서 '중재'했다. 전문가는 그들을 위해 서로에게 좋은 방법을 제공했다. 바로 물리와 상관있는 공과 전공을 지원하는 것이다. 조사에 따르면, [50(D)]취업전문자문단은 성과 시의 취업지도기구 및 대학교 취업 업무 관련 부서의 전문가로 구성되었다. [50(C)]자문팀 앞에 수많은 사람들이 빼곡한 것으로 수험생과 학부모의 장래 취업에 대한 관심을 설명하기에 충분하다.

단어 关注 guānzhù 동 관심을 가지다 │ 较为 jiàowéi 부 비교적 │ 就业 jiùyè 동 (직장을) 얻다, 취업하다, 취직하다 │ 前景 qiánjǐng 명 전경 │ 重点 zhòngdiǎn 명 중점 │ 招生 zhāoshēng 동 (학교에서) 신입생을 모집하다, 학생을 모집하다 │ 咨询 zīxún 동 자문하다, 의견을 구하다, 의견을 묻다, 컨설팅하다 │ 主办 zhǔbàn 동 주최하다 │ 指导 zhǐdǎo 동 지도하다, 가르치다, 지시하다 │ 主任 zhǔrèn 명 주임 │ 深造 shēnzào 동 깊이 공부하다 │ 单纯 dānchún 형 단순하다, 복잡하지 않다 │ 争论 zhēnglùn 동 논쟁하다 │ 填报 tiánbào 동 (표를) 채워서 보고하다 │ 仲裁 zhòngcái 동 중재하다 │ 攒动 cuándòng 동 (많은 사람들이) 빼곡하게 밀치며 이동하다 │ 足以 zúyǐ 동 충분히(완전히) ~할 수 있다, ~하기에 족하다

47 关于填报专业，短文告诉我们什么?

A 家长倾向于选择前景好的专业
B 所有考生都从兴趣出发选择专业
C 所有家长都重视专业的就业前景
D 考生倾向于选择回报率高的专业

전공을 지원하는 것에 대해, 글은 우리에게 무엇을 알려 주는가?

A 학부모는 전망이 좋은 전공을 선택하는 경향이 있다
B 모든 수험생은 전부 흥미에서 출발해 전공을 선택한다
C 모든 학부모는 전부 전공의 취업전망을 중시한다
D 수험생은 투자수익률이 높은 전공을 선택하는 경향이 있다

해설 듣기 지문 도입부에 '대부분의 학부모들은 비교적 현실적이어서, 장래의 취업전망과 발전 상황이 관심의 중점이다'라고 말하고 있다. 따라서 정답은 A다. 모든 수험생이 흥미에서 출발해 전공을 선택하는 것도 아니고, 모든 학부모가 전공의 취업전망을 보는 것도 아니다. 단지 그중의 대부분이 그렇다는 말이므로 B와 C는 답이 될 수 없다.

★☆☆ | 유형 | 직업 및 신분 파악

48 刘小梅是什么人?

A 大学教师
B 政府官员
C 报社记者
D 考生家长

리우샤오메이는 어떤 사람인가?

A 대학 교수
B 정부 관원
C 신문사 기자
D 수험생 학부모

해설 듣기 지문 중반에서 '쟝쑤성 대학교 신입생 모집 취업지도 서비스센터의 리우샤오메이 주임'이라고 말하고 있으므로, 보기 중에서 가장 적합한 답은 정부 관원이다. 우리나라와 달리 중국은 대학교 신입생 모집 취업지도 서비스센터를 정부에서 운영하므로, 정부 관원이 답으로 가장 적합하다. 따라서 정답은 B다.

★☆☆ | 유형 | 세부 내용 파악

49 南京考生小孙的家长希望他报考什么专业?

A 物理专业
B 地理专业
C 工科专业
D 法律专业

난징 수험생 샤오쑨의 학부모는 그가 무슨 과에 지원하기를 희망하는가?

A 물리 전공
B 지리 전공
C 공과 전공
D 법률 전공

해설 듣기 지문 후반에 '그의 아버지는 물리학과는 순수 이과라서 장래 취업이 비교적 어려우므로 공과를 공부해야 한다고 여겼다'고 했다. 따라서 정답은 C다.

★★☆ | 유형 | 세부 내용 파악

50 关于这场高等院校招生咨询会，文中没有提到什么?

A 活动的主办单位
B 活动的结束时间
C 考生和家长的重视程度
D 就业专家咨询团的组成

이번 대학교 신입 모집 설명회에 대해 지문에서 언급되지 않은 것은?

A 활동의 주최기관
B 활동이 끝나는 시간
C 수험생과 학부모의 중시 정도
D 취업전문자문단의 구성

해설 활동의 주최측은 쟝쑤성 대학교 신입생 모집 취업지도 서비스센터이며, 많은 학부모와 학생들이 몰려들었다고 했으므로, 이것으로 보아 그들의 관심도를 알 수 있다. 따라서 A와 C는 답이 될 수 없다. 또한 취업전문자문단의 구성에 대해서도 언급했으므로 D도 답이 될 수 없다. 그러나 활동이 끝나는 시간은 지문에서 언급하지 않았으므로 정답은 B다.

阅读

第一部分

51-60

★☆☆ | **유형** | 문장 성분 파악

51

A 如果今天比昨天做得很差，那么明天怎么会更美好？

B 过去的一年，民营书业在很多方面的变化都令人振奋。

C 据了解，人体所需的矿物质4%左右是由饮用水提供的。

D 记者在采访中发现，不少民众已经养成了睡前阅读的习惯。

A 만약에 오늘이 어제보다 잘 못했으면, 내일이 어찌 더 아름다울 수 있겠는가?

B 과거 1년 동안, 민영출판업의 여러 방면의 변화가 사람을 고무시켰다.

C 조사에 따르면, 인체가 필요로 하는 광물질의 4% 정도는 식수가 제공하는 것이다.

D 기자는 인터뷰에서 적지 않은 사람들이 취침 전에 책을 읽는 습관을 길렀다는 것을 발견했다.

단어 振奋 zhènfèn 휑 (정신이)고무적이다. 활기차다 | 矿物质 kuàngwùzhì 휑 광물질 | 饮用水 yǐnyòngshuǐ 휑 식수. 먹는 물

해설 A의 앞 절은 比자 비교문이다. 比자를 사용한 비교문에는 很, 特别, 十分, 非常, 尤其, 比较, 有点儿과 같은 정도부사를 쓸 수 없다. 따라서 很差를 更差 또는 还差로 바꿔야 한다. 그러므로 올바른 문장은 '如果今天比昨天做得还差…'이다.

Tip⁺ 比자를 사용한 비교문은 更, 还와 같은 부사를 사용하여 한층 더 깊은 정도에 이르렀음을 나타낸다. 습관적으로 很, 非常과 같은 정도부사를 쓰면 안 된다. 다음의 예시를 꼭 기억하자.

예 我的个子比他很矮。(×) → 我的个子比他更矮。(○) 나의 키는 그보다 훨씬 작다.

我的口语比他非常好。(×) → 我的口语比他还好。(○) 나는 그보다 회화를 더 잘한다.

★★☆ | **유형** | 문맥에 적합한 의미 파악

52

A 在她的一再鼓动下，丈夫辞职去了一家私营企业。

B 我最近新租的房子从公司很远，要转两趟车才能到。

C 结婚数年，所有的温情都被生活抹去，剩下的只有油盐酱醋。

D 徐小斌是第一个被邀请到美国的"作家之家"进行跨文化交流的中国作家。

A 그녀가 여러 차례 부추기자 남편은 퇴직을 하고 민영 기업으로 갔다.

B 내가 최근에 새로 빌린 집은 회사에서 멀어서 두 번 차를 갈아타야 도착할 수 있다.

C 결혼한 지 수년이 되어 모든 온정은 전부 생활에 의해 지워졌고, 남은 것은 단지 생활필수품 같은 단조로움이다.

D 쉬샤오빈은 처음으로 미국의 '작가의 집'에 초청되어 다국적 문화교류를 진행한 중국작가다.

단어 鼓动 gǔdòng 동 선동하다. 부채질하다. 부추기다 | 辞职 cízhí 동 사직하다. 그만두다 | 转 zhuǎn 동 (방향·위치·형세·상황 등을) 바꾸다. 돌리다, 전환하다 | 抹 mǒ 동 지우다, 없애다, 제거하다 | 油盐酱醋 yóuyánjiàngcù 성어 조미료, 생활필수품

해설 B의 '从…很远'을 '离…很远'으로 바꾸어야 한다. 일반적으로 거리의 원근을 나타낼 때는 离를 사용한다. 따라서 올바른 문장은 '我最近新租的房子离公司很远…'이다.

Tip⁺ ・ 고정격식 从…来说/来看/上说 : ～의 방면에서 말하자면

예 从法律的角度来说，你那样做，就是不对的。 법률적인 관점에서 말하자면, 네가 그렇게 하는 것은 잘못이다.

从这张照片来看，她很像淑女。 이 사진으로 보아, 그녀는 매우 숙녀 같다.

从道理上说，我们应该帮助他。 도리상으로 말하면, 우리는 마땅히 그를 도와주어야 한다.

★☆☆ | **유형** | 형용사 중첩과 부사의 관계 파악

53

A 要学会快乐，必须始终保持一颗童心。

B 不到10分钟，黑板上的大字就被擦得非常干干净净。

C 阿里山上的红桧有3000多年的历史，但还算不上世界第一。

D 桥下的流水在"哗哗"地作响，一艘艘搭着花棚的竹竿木船穿洞而过。

A 즐거움을 배우려면 반드시 항상 동심을 유지해야 한다.

B 10분이 안 되어서 칠판의 큰 글자가 매우 깨끗하게 지워졌다.

C 아리산의 개측백나무는 3000여 년의 역사가 있지만 세계 제일이라고는 할 수 없다.

D 다리 밑의 흐르는 물이 '졸졸' 소리를 내고 있었고 한 척 한 척 꽃모양의 천막이 처진 죽간 목선은 굴을 지나가고 있었다.

단어 颗 kē 양 알, 알갱이 | 童心 tóngxīn 명 동심 | 擦 cā 동 닦다 | 红桧 hóngguì 명 개측백나무 | 艘 sōu 양 선박을 셀 때 쓰는 단위 | 搭 dā 동 (부드러운 물건을 지지대에) 걸치다, 널다 | 棚 péng 명 천막 | 竹竿 zhúgān 명 대나무 장대, 죽간 | 木船 mùchuán 명 나무배, 목선 | 穿洞 chuān dòng 구멍·동굴을 지나가다

해설 B 문장에서 뒤 절의 非常을 없애거나, 干干净净을 干净으로 바꿔야 한다. 여기서 干干净净은 형용사 AABB 중첩 형식으로, AABB 중첩형식 앞에는 很, 特别, 十分, 非常, 尤其, 比较, 有点儿과 같은 정도부사가 올 수 없다. 그러므로 올바른 문장은 '…黑板上的大字就被擦得非常干净'이다.

**Tip⁺**
- 형용사와 동사 중첩의 차이점
  형용사와 동사는 모두 중첩할 수 있다. 그러나 그 의미가 다음과 같이 다르다.

형용사 중첩	동사 중첩
일반적으로 정도가 강해지고, 감정적 색채를 갖게 된다.	'시도하다'의 의미를 나타낸다. (~해보다) 동작의 시간이 짧음을 나타낸다. (잠시 ~하다) 말투를 부드럽게 만든다. (좀 ~하다)

★★☆ | **유형** | 동태조사의 위치 파악

54

A 有人在书中寻求力量，也有人在书中得到放松。

B 科学家告诉我们，金钱和青春未必总是让我们快乐。

C 今天是休息日，天下鹅毛大雪着，这几年都没有下过这样的大雪了。

D 小时候我是个内心充满恐惧的小孩儿，特别容易受惊吓，但又老爱找刺激。

A 어떤 사람은 책 속에서 힘을 찾고, 어떤 사람은 책 속에서 여유로움을 얻는다.

B 과학자들은 금전과 청춘이 반드시 항상 우리를 즐겁게 해 주는 것은 아니라고 말한다.

C 오늘은 휴일이다. 하늘에서 거위털 같은 함박눈이 내리고 있다. 최근 몇 년 동안 이렇게 큰 눈은 내린 적이 없었다.

D 어렸을 적에 나는 마음속이 두려움으로 가득 찬 어린아이였다. 아주 쉽게 놀랐지만 그럼에도 항상 자극을 즐겨 찾았다.

단어 寻求 xúnqiú 동 찾다, 구하다, 탐구하다 | 放松 fàngsōng 동 느슨하게 하다, 늦추다 | 未必 wèibì 부 반드시 ~한 것은 아니다, 꼭 그렇다고는 할 수 없다 | 休息日 xiūxīrì 명 휴일, 휴식일, 쉬는 날 | 恐惧 kǒngjù 형 무섭다, 두렵다, 겁내다 | 惊吓 jīngxià 동 놀라다, 놀라서 두려워하다 | 刺激 cìjī 명 (정신적인) 자극

해설 C의 天下鹅毛大雪着를 天下着鹅毛大雪로 바꾸어야 한다. 동태조사 着는 일반적으로 동사 뒤, 목적어 앞에 위치하기 때문이다. 따라서 올바른 문장은 '今天是休息日，天下着鹅毛大雪…'이다.

55

A 京郊小汤山在地质历史上曾经是一个湖。
B 当上帝把一扇门关的时候，另一扇门将会打开。
C 小男孩儿面对我们惊奇的目光，显得有些不自然。
D 我宁愿回乡下老家去，也不愿在受人怀疑的情况下继续留在这里！

A 베이징시 교외의 샤오탕산은 지질 역사상 예전에 호수였다.
B 하느님이 한 짝의 문을 닫을 때 다른 한 짝의 문은 열 것이다.
C 어린 남자아이가 신기해하는 우리의 눈빛과 마주치자 조금 부자연스러워 보였다.
D 나는 차라리 시골 고향에 돌아갈지언정, 의심받는 상황에서 계속 여기에 남고 싶지는 않다!

단어 京郊 Jīngjiāo 몡 베이징시 교외 [北京市郊区의 줄임말] | 小汤山 Xiǎotāngshān 몡 샤오탕산 | 扇 shàn 양 짝, 장 [문이나 창문 등을 셀 때 쓰는 단위] | 惊奇 jīngqí 혱 이상하게 여기다, 의아해하다 | 目光 mùguāng 몡 눈빛, 눈초리 | 宁愿 nìngyuàn 囝 차라리 | 怀疑 huáiyí 동 의심하다

해설 B의 把자문에서 동사 뒤에는 일반적으로 보어나 了, 着와 같은 기타성분이 와야 한다. 따라서 이 문장에서는 동사 关 뒤에 결과보어 上을 붙여야 한다. 그러므로 올바른 문장은 '当上帝把一扇门关上的时候…'이다.

Tip+ 把자문은 목적어를 '把+명사' 형식으로 만들어 술어 앞으로 전치시켜 행동을 가함을 강조한다. 把의 술어는 동사 혼자 쓰일 수 없고, 뒤에 기타성분이 와야 한다. 일반적으로 동사가 중첩되거나, 동사 뒤에 了, 着가 추가되거나, 결과보어나 방향보어가 오는 경우가 많다.

주어	시간명사/시간부사/부정부사/조동사	把+명사	(给)술어	기타성분
你	快	把作业	做	完。
너 빨리 숙제를 다 해라.				
我	没	把这件事	放	在心里。
나는 이 일을 마음에 담아두지 않았다.				

56

A 对肥胖症患者来说，最重要的是控制饮食和适当地锻炼。
B 对夫妻感情产生影响的首要因素是夫妻之间的相互沟通状况。
C 孩子们是如此反感唠叨，而父母却往往喜欢唠叨，可以说矛盾突出。
D 不仅你要把吸收的知识储存在脑子里，而且要进一步思考它，有自己的看法和见解。

A 비만환자에게 제일 중요한 것은 식욕을 억제하는 것과 적절한 단련이다.
B 부부 사이의 애정에 영향을 주는 가장 중요한 요소는 부부간의 상호 소통 상태다.
C 아이들은 이렇게 잔소리를 싫어하는데, 부모는 오히려 항상 잔소리하는 것을 좋아하니, 갈등이 뚜렷하다고 할 수 있다.
D 너는 흡수한 지식을 머릿속에 저장해놓아야 할 뿐만 아니라 한 걸음 더 나아가 그것을 숙고해서 자신의 생각과 견해가 생겨야 한다.

단어 肥胖症 féipàngzhèng 몡 비만증 | 患者 huànzhě 몡 환자 | 控制 kòngzhì 동 통제하다, 제어하다 | 感情 gǎnqíng 몡 (사람이나 사물에 대한)감정, 애정 | 首要 shǒuyào 혱 제일 중요한 | 沟通 gōutōng 동 교류하다, 소통하다, 통하게 하다 | 反感 fǎngǎn 혱 불만스럽다, 혐오하다 | 唠叨 láodao 동 되풀이하여 말하다, 잔소리하다 | 矛盾 máodùn 몡 모순, 갈등 | 突出 tūchū 혱 두드러지다, 뚜렷하다 | 储存 chǔcún 동 (물자를)저장하다 | 见解 jiànjiě 몡 견해

해설 D 문장은 주어가 한 개이므로, 不仅你를 你不仅으로 바꾸어야 한다. 복문에서 앞 절과 뒤 절의 주어가 일치할 때는 주어가 不仅 앞에 쓰이며, 일치하지 않을 때는 주어가 不仅 뒤에 쓰인다. 不仅과 비슷한 뜻을 지닌 접속사 不但, 不光 등도 마찬가지다.
예 他不但会唱英文歌，而且会跳街舞。 그는 영문 노래를 부를 수 있을 뿐만 아니라 B-boy 댄스도 출 줄 안다.
不但他会唱英文歌，而且他的弟弟也会唱英文歌。 그는 영문 노래를 부를 수 있을 뿐만 아니라 그의 남동생도 역시 영문 노래를 부를 수 있다.

57

A 藏原羚一般以莎草科和禾本科植物为主要食物。

B 在正式社交场合，男女须穿西装、礼服，忌衣冠不整、举止失措和大声喧哗。

C 我对做生意一窍不通，看看书写写文章还可以，最主要的是我感兴趣历史研究。

D 我们每天都高喊着"黄金时代"的到来，可我们却感觉它似乎永远都没有来到过。

A 티베트 황양은 일반적으로 금방동사닛과와 포아풀을 주식으로 삼는다.

B 정식 사교장소에서 남녀는 반드시 양복과 예복을 입어야 하며 옷차림이 단정하지 않거나 행동거지가 바르지 않거나 큰 소리로 떠드는 것은 피해야 한다.

C 나는 사업에 대해 조금도 아는 것이 없지만 책을 보거나 글을 쓰는 것은 그래도 좀 괜찮다. 제일 중요한 것은 내가 역사 연구에 매우 흥미가 있다는 것이다.

D 우리는 매일 '황금시대'의 도래를 외친다. 하지만 오히려 그것은 영원히 오지 않을 것처럼 보인다.

│단어│ 藏原羚 zàngyuánlíng 몡 티베트 황양 │ 莎草 suōcǎo 몡 금방동사니 [사초과의 한해살이풀] │ 禾本科植物 héběnkē zhíwù 몡 포아풀 │ 社交 shèjiāo 몡 사교 │ 西装 xīzhuāng 몡 양복 │ 忌 jì 동 (적당하다고 생각하지 않아서) 꺼리다, 피하다 │ 衣冠 yīguān 몡 옷과 관, 의관, 옷차림, 복장 │ 整 zhěng 혱 정돈되다, 단정하다, 반듯하다 │ 举止 jǔzhǐ 몡 거동, 행동거지 │ 失措 shīcuò 동 (행동이 정상적이지 않고) 어찌할 바를 모르다 │ 喧哗 xuānhuá 동 떠들어 대다, 시끄럽게 굴다 │ 一窍不通 yíqiàobùtōng 성어 조금도 알지 못하다, 아무것도 모르다 │ 高喊 gāohǎn 동 큰 소리로 외치다 │ 黄金时代 huángjīn shídài 몡 황금시대, 황금기

│해설│ C의 我感兴趣历史研究를 我对历史研究感兴趣로 바꾸어야 한다. 感兴趣는 '흥미를 느끼다, 흥미를 가지다'라는 뜻으로, 일반적으로 '对…感兴趣'의 형태로 쓰며, 뒤에는 목적어를 가질 수 없다. 따라서 명사 历史 앞에 对를 추가해야 한다.

58

A 对于有利于百姓购房实惠、有利于楼市健康发展的举措，我们一定支持。

B 当您学会这些良好的习惯并且调整好思想之后，您的心态便会随时处于积极状态。

C 对于城市中等收入的家庭来说，定期定额基金是筹备子女教育资金的最好方式之一。

D 大学的职责不仅在于向学生灌输知识和动手能力，更在于给学生一定的思想文化素养的熏陶。

A 서민들의 집 구매에 경제적으로 이롭고 부동산 시장의 건전한 발전에 이로운 조치에 대해 우리는 반드시 지지할 것이다.

B 당신이 이러한 좋은 습관을 배우고 생각을 조정한 후에는 당신의 마음은 언제나 긍정적인 상태에 처하게 될 것이다.

C 도시의 중간 수입의 가정에서는 정기정액펀드가 자녀교육자금을 준비하는 제일 좋은 방식 중 하나다.

D 대학의 책임은 학생에게 지식과 실천 능력을 심어주는 것뿐 아니라 더 나아가 학생에게 어느 정도의 사상적, 문화적 소양을 길러주는 것에 있다.

│단어│ 实惠 shíhuì 몡 실리, 실제의 이익 │ 楼市 lóushì 몡 부동산 시장 │ 举措 jǔcuò 몡 행동거지, 거동 │ 支持 zhīchí 동 지원하다, 지지하다 │ 调整 tiáozhěng 동 조정하다, 조절하다 │ 状态 zhuàngtài 몡 상태 │ 定额 dìng'é 몡 정액, 정원, 배당량 │ 基金 jījīn 몡 기금, 펀드 │ 筹备 chóubèi 동 사전에 준비하다 │ 灌输 guànshū 동 (사상이나 지식 등을)심다, 주입하다 │ 熏陶 xūntáo 동 훈도하다

│해설│ D의 동사 灌输는 뒤의 명사 知识와는 호응할 수 있지만, 动手能力와는 호응할 수 없다. 따라서 动手能力 앞에 동사 培养을 추가해야 한다. 그러므로 올바른 문장은 '…向学生灌输知识、培养他们的动手能力…'이다.

59

A 我看起来李庆是真的打算和慧兰结婚生孩子，否则他就不会如此郑重地对待这场恋爱。

B 尼尼近乎杂技表演般完美的冲浪动作，获得了沙滩上的满堂喝彩，数万观众和游客掌声雷动。

C 放弃想要控制别人的念头，在这个念头摧毁您之前先摧毁它，把您的精力转而用来控制您自己。

D 业委会在签订合同、分配收益时，需要全体委员的签名，从而防止个人利用集体的名义做出不负责任的行为。

A 내가 보기에 리칭은 정말 후이란과 결혼하고 아이를 낳으려는 것 같다. 그렇지 않으면 그가 이렇게 진지하게 연애를 할 리가 없다.

B 니니의 곡예공연에 가까운 완벽한 서핑동작은 백사장을 가득 채운 갈채를 받았다. 수만 관중과 여행객들이 우레와 같이 박수를 쳤다.

C 다른 사람을 통제하고 싶은 생각을 포기해라. 그 생각이 당신을 파괴하기 전에 먼저 그것을 파괴하고 당신의 힘을 당신을 통제하는 데 써라.

D 업주위원회가 계약을 체결하고 수익을 분배할 때 전체위원의 서명이 필요하다. 이로써 개인이 집단의 명의로 책임감 없는 행동을 하는 것을 방지할 수 있다.

단어 郑重 zhèngzhòng 웹 정중하다, 엄숙하고 진지하다 | 恋爱 liàn'ài 명 연애 | 近乎 jìnhū 동 ~에 가깝다 | 杂技 zájì 명 서커스, 곡예 | 冲浪 chōnglàng 동 서핑을 하다, 파도타기를 하다 | 满堂 mǎntáng 동 홀에 가득 차다 | 喝彩 hècǎi 동 갈채하다, 큰 소리로 좋다고 외치다 | 掌声 zhǎngshēng 명 박수 소리 | 雷动 léidòng 동 (소리가) 우레처럼 울리다, 우레처럼 진동하다 | 摧毁 cuīhuǐ 동 (강대한 힘으로) 파괴하다, 쳐부수다 | 业委会 yèwěihuì 명 업주위원회 [业主委员会의 줄임말] | 签订 qiāndìng 동 체결하다, 맺다, 조인하다, 서명 날인하다 | 合同 hétong 명 계약, 협정 | 分配 fēnpèi 동 분배하다, 할당하다, 배당하다 | 收益 shōuyì 명 수익, 이득, 수입 | 签名 qiānmíng 명 서명 | 防止 fángzhǐ 동 (나쁜 일을) 방지하다 | 集体 jítǐ 명 집단, 단체 | 名义 míngyì 명 명의

해설 A의 我看起来를 我看 또는 我觉得, 看起来로 바꾸는 것이 좋다. 看起来는 일반적으로 주어 我의 뒤에 나올 수 없다. 따라서 올바른 문장은 '我看(觉得)李庆是…'가 된다.

60

A 这个世界并不是没文化就可以为所欲为的，也不是有文化就必须谨小慎微的。

B 过去召开业主大会都是从物业公司头上扒钱，现在规定让开发商掏钱，心里舒服多了。

C 21世纪是人才竞争的时代，谁拥有高科技人才，谁就会在经济、军事、科技创造奇迹。

D 我徜徉在滴水的屋檐下，亲近感油然而生，也许，这周围的一切，都是令人再熟悉不过的了。

A 이 세계는 결코 무식하다고 해서 하고 싶은 대로 할 수 있는 것도 아니고 문화소양이 있다고 해서 반드시 자질구레한 것에 신경을 써야 하는 것도 아니다.

B 과거 업주 회의를 여는 것은 모두 관리신탁사로부터 돈을 끌어모은 것이었다. 지금은 개발업체에게 돈을 투자하도록 규정하여 마음이 훨씬 편해졌다.

C 21세기는 인재경쟁의 시대다. 누군가 고급의 과학기술 인재를 가지고 있다면 곧 경제, 군사, 과학기술 방면에서 기적을 만들어낼 것이다.

D 나는 물이 떨어지는 처마 아래를 한가롭게 거닐면 친근감이 저절로 생긴다. 아마도 이 주위의 모든 것들이 더할 나위 없이 익숙하게 만드는 것 같다.

단어 为所欲为 wéisuǒyùwéi 성어 제멋대로 하다, 하고 싶은 대로 하다 | 谨小慎微 jǐnxiǎoshènwēi 성어 아무것도 아닌 일에 지나치게 신중하다 | 召开 zhàokāi 동 (사람들을 소집하여 회의 등을) 열다 | 业主 yèzhǔ 명 업주, 영업주 | 物业公司 wùyègōngsī 명 관리신탁사 | 扒钱 pá qián (부정하게) 돈을 수중에 끌어모으다, 돈을 긁어모으다 | 开发商 kāifāshāng 명 개발상, 개발업체 | 掏 tāo 동 (손이나 도구를 써서) 물건을 꺼내다, 끌어내다, 끄집어내다 | 奇迹 qíjì 명 기적 | 徜徉 chángyáng 동 한가롭게 거닐다, 한가하게 다니다 | 滴水 dīshuǐ 동 물이 한 방울씩 떨어지다 | 屋檐 wūyán 명 처마 | 亲近 qīnjìn 웹 (서로 사이가) 가깝다, 친하다, 친밀하다, 친근하다 | 油然 yóurán 웹 생각이나 감정이 저절로 일어나는 모양

해설 C의 '在经济、军事、科技'를 '在经济、军事、科技上/方面'으로 바꾸어야 한다. '在…上'은 방면, 측면, 공간적·추상적 범위를 나타낼 때 자주 쓰이는 고정격식이다. 일반적으로 '在+추상명사+上/方面' 형식으로 쓰인다. 经济, 军事, 科技 모두 추상명사이므로, 올바른 문장은 '…谁就会在经济、军事、科技上创造奇迹'다.

 **Tip⁺**

• 在와 방위명사의 결합

在…上	방면, 측면, 공간적·추상적 범위, 조건에 있어서	在历史上 역사상 在心理上 심리상 在舞台上 무대에서
在…中	범위, 과정 중에서	在男歌手中 남자 가수 중에 在学习中 공부하는 중에
在…下	범위, 상황, 조건하에서	在恶劣条件下 나쁜 조건하에서 在老师的帮助下 선생님의 도움으로

61-70

★☆☆ |유형| 문맥에 적합한 의미 파악

61

　　人各有志，人一辈子只能做一件事。弃了笔的作家，也许值得＿＿＿＿，但我以为＿＿＿＿不值得怜悯，因为他这样做就已经＿＿＿＿他一生没有力量完成文学这件事。

A 悲哀　　省得　　提醒
B 惭愧　　不免　　答应
C 可怜　　免得　　欺骗
D 羡慕　　未尝　　承认

　　사람은 저마다 자신만의 포부가 있어, 평생 단지 한 가지 일만 할 수 있다. 글쓰기를 포기한 작가는, 어쩌면 부럽다고 할만 하지만, 그러나 나는 <u>결코</u> 불쌍하게 여기지 않을만한 것은 아니라고 생각한다. 왜냐하면 그가 이렇게 하는 것은 이미 그의 인생에서 문학이란 일을 완성할 힘이 없다는 것을 인정한 것이기 때문이다.

A 슬프다 / 일어나지 않도록 / 일깨우다
B 부끄럽다 / 면할 수 없다 / 대답하다
C 가련하다 / ~하지 않도록 / 속이다
D 부러워하다 / 결코 ~인 것은 아니다 / 인정하다

|단어| 人各有志 réngèyǒuzhì |성어| 사람은 저마다 자신만의 포부가 있다 | 弃 qì |동| 버리다, 포기하다, 방치하다 | 怜悯 liánmǐn |동| (불행을 당한 사람을) 불쌍하게 여기다, 동정하다 | 悲哀 bēi'āi |형| 슬프다, 상심하다 | 省得 shěngde |접| (어떤 좋지 않은 일이) 일어나지 않도록, 일어나지 않게 하기 위해서 | 提醒 tíxǐng |동| 일깨우다, 깨우치다, 주의를 주다 | 惭愧 cánkuì |형| (결점이나 잘못으로 인해) 부끄럽다, 수치스럽다 | 不免 bùmiǎn |부| 면할 수 없다, 벗어날 수 없다 | 免得 miǎnde |접| ~하지 않도록 | 欺骗 qīpiàn |동| (허위적인 말과 행동으로) 속이다, 기만하다 | 未尝 wèicháng |부| ~라고 할 수 없다, ~이지 않다

|해설| 첫째 칸: 앞의 值得와 호응하면서, 뒤의 值得怜悯과 상반되는 뜻을 가진 단어가 와야 한다. 이는 이들 중간에 전환 관계 접속사 但이 있기 때문이다. 따라서 羡慕만 가능하다.
둘째 칸: 未尝은 '반드시 ~인 것은 아니다, 결코 ~(이)지 않다'라는 뜻으로 부정사 앞에 쓰여 이중 부정을 나타낸다. 빈칸 뒤에 不值得가 있는 것으로 보아 빈칸에는 未尝이 적합함을 알 수 있다.
셋째 칸: 뒤의 목적어절 他一生没有力量完成文学这件事를 수식할 수 있는 술어가 와야 하는데, 여기에서는 承认만 가능하다.

★☆☆ |유형| 문맥에 적합한 어휘 파악

62

　　其实她根本不懂烹饪，却跟我大谈各种美味，并且＿＿＿＿说要亲自下厨给我做。结果她做了一盘烧糊了的炸牛排，没能＿＿＿＿我的胃口，却＿＿＿＿了我的心。

A 兴致勃勃　　服务　　感动
B 一丝不苟　　满意　　震动
C 知足常乐　　征服　　触动
D 口口声声　　满足　　打动

　　사실 그녀는 요리를 전혀 모르지만, 나와 각종 맛있는 음식에 대해 입에 침이 마르도록 얘기하였으며, 게다가 <u>입만 열면</u> 직접 부엌에 가서 나에게 요리를 해줄 것이라고 말했다. 결국 그녀는 탄 비프커틀릿을 만들었고, 나의 입맛을 <u>만족시키지</u> 못했지만 나의 마음을 <u>움직였다</u>.

A 흥미진진하다 / 근무하다 / 감동하다
B 일 처리가 철저하다 / 만족하다 / 진동하다
C 만족함을 알면 항상 즐겁다 / 정복하다 / 부딪치다
D 입만 열면 / 만족시키다 / 움직이다

|단어| 烹饪 pēngrèn |명| 요리, 조리 | 美味 měiwèi |명| 맛 좋은 음식 | 下厨 xiàchú |동| 부엌에 가서 일하다 | 烧糊 shāohú |동| 눈(게 하)다, 태우다 | 炸牛排 zháníúpái |명| 비프커틀릿 | 胃口 wèikǒu |명| 입맛, 식성 | 兴致勃勃 xìngzhìbóbó |성어| 흥취가 넘쳐흐르다, 흥미진진하다 | 一丝不苟 yìsībùgǒu |성어| (조금의 소홀함도 없이) 일 처리가 철저하다, 일 처리가 빈틈없다 | 震动 zhèndòng |동| 진동하다, 흔들리다, 흔들다, 뒤흔들다 | 知足常乐 zhīzúchánglè |성어| 만족을 알면 항상 즐겁다 | 征服 zhēngfú |동| 정복하다, 매료시키다 | 触动 chùdòng |동| 부딪치다, 들이받다, 건드리다 | 口口声声 kǒukoushēngshēng |성어| 입만 열면, 입만 떼면, 말끝마다 | 打动 dǎdòng |동| (마음을) 울리다, 움직이다, 감동시키다

해설　첫째 칸: 뒤의 **说**와 호응할 수 있는 성어는 **兴致勃勃**와 **口口声声**이 있지만, 빈칸 뒤의 전체 내용과 호응할 수 있는
　　　　것은 **口口声声**뿐이다.

　　　　둘째 칸: 뒤의 **胃口**와 호응할 수 있는 단어가 와야 하는데, 보기에서는 **满足**만 가능하다. **满足胃口**는 자주 쓰는 표현
　　　　이므로 기억하자.

　　　　셋째 칸: 뒤의 **我的心**과 어울리는 단어가 와야 한다. 보기에서는 **打动**이 문맥상 가장 적합하다. **打动我的心** 또한 자
　　　　주 쓰는 구문이므로 꼭 암기하자.

★☆☆　|유형|　고정격식 파악

63　　　传统中医药是人类文明的一个重要＿＿＿
部分，中药以自然界的动植物＿＿＿药物，数
千年来救治了亿万病人，为中华民族的繁衍昌
盛做出了＿＿＿的贡献。

A　构成　　当成　　不择手段
B　组成　　作为　　不可磨灭
C　合成　　叫做　　不相上下
D　达成　　成为　　不可思议

전통 중의학은 인류문명의 중요한 <u>구성</u> 부분이다. 한
약은 자연계의 동식물을 약물로 여겨, 수천 년 동안 억만
환자를 치료하였으며, 중화민족의 번영과 흥성을 위해 <u>길
이 남는</u> 공헌을 하였다.

A　형성하다 / ~으로 여기다 / 수단과 방법을 가리지 않
　다
B　구성하다 / ~로 여기다 / 길이 남다
C　합성하다 / ~라고 불리다 / 막상막하다
D　이르다 / ~으로 되다 / 불가사의하다

단어　救治 jiùzhì 통 (환자 또는 부상자를) 위험에서 벗어나도록 치료하다 ｜ 病人 bìngrén 명 환자 ｜ 繁衍 fányǎn 통 번영하다,
번성하다 ｜ 昌盛 chāngshèng 형 번창하다, 흥성하다 ｜ 贡献 gòngxiàn 통 공헌하다, 이바지하다 ｜ 构成 gòuchéng
통 구성하다, 형성하다, 조성하다 ｜ 不择手段 bùzéshǒuduàn 성어 (목적을 이루기 위해) 수단과 방법을 가리지 않다 ｜ 组成
zǔchéng 통 구성하다, 조성하다 ｜ 作为 zuòwéi 통 ~로 삼다, ~로 여기다 ｜ 不可磨灭 bùkěmómiè 성어 지워 버릴 수
없다, 불멸하다 ｜ 合成 héchéng 통 합성하다 ｜ 不相上下 bùxiāngshàngxià 성어 막상막하다, 서로 우열을 가릴 수 없다
｜ 达成 dáchéng 통 (주로 상담 후, 어떤 결과에) 이르다, 얻다, 달성하다 ｜ 不可思议 bùkěsīyì 성어 불가사의하다, 상상할 수
없다, 이해할 수 없다

해설　첫째 칸: 뒤의 **部分**과 호응할 수 있는 단어는 **组成**밖에 없다.

　　　　둘째 칸: 앞의 **以**를 발견했다면, 빈칸에 어떤 단어가 올지 금방 알 수 있다. '**以…作为**'는 고정격식으로 '~을 ~로 여
　　　　기다, 간주하다'라는 뜻이다. 같은 표현으로는 '**把…当成/作为**'가 있다.

　　　　셋째 칸: 뒤의 **贡献**과 호응할 수 있는 성어는 **不可磨灭**만 가능하다. **不可磨灭**는 '영원히 지워지지 않다, 불멸하다'라
　　　　는 뜻으로, 종종 **贡献**, **功劳** 등과 호응한다.

★☆☆　|유형|　문맥에 적합한 의미 파악

64　　　科举制度是指朝廷＿＿＿普通士人和官员
可以＿＿＿向官府报名，＿＿＿分科考试，依照
成绩从中选取人才和授给官职的一种制度。

A　批准　　志愿　　利用
B　允许　　自愿　　经过
C　同意　　自动　　采用
D　赞同　　主动　　通过

과거제도는 조정이 일반 선비와 관원이 <u>자원해서</u> 관
청에 지원할 수 있도록 허락하고, 분과시험을 통해, 성적
에 의거해 인재를 선발하여 관직을 수여하는 제도다.

A　승인하다 / 지원하다 / 이용하다
B　허락하다 / 자원하다 / 통과하다
C　동의하다 / 자동으로 / 채용하다
D　찬성하다 / 자발적인 / 통과하다

단어　科举制度 kējǔ zhìdù 명 과거 제도 ｜ 朝廷 cháotíng 명 조정 ｜ 士人 shìrén 명 (봉건시대의) 선비 ｜ 官员 guānyuán
명 관원, 버슬아치 ｜ 官府 guānfǔ 명 관청, 관아 ｜ 报名 bàomíng 통 (어떤 활동이나 조직에 참가를) 신청하다, 지원하다 ｜
分科 fēnkē 명 분과 ｜ 依照 yīzhào 전 ~에 의해, ~에 따라, ~에 비추어 ｜ 选取 xuǎnqǔ 통 골라 쓰다, 채택하다, 채용하다
｜ 授给 shòugěi 통 (~에게) 주다, 수여하다 ｜ 官职 guānzhí 명 관직 ｜ 批准 pīzhǔn 통 승인하다, 동의하다, 비준하다 ｜
志愿 zhìyuàn 통 지원하다, 자원하다 ｜ 允许 yǔnxǔ 통 허락하다, 윤허하다, 허가하다 ｜ 自愿 zìyuàn 통 자원하다, 스스로
원하다 ｜ 经过 jīngguò 통 (장소·시간·동작 등을) 지나다, 거치다, 경과하다 ｜ 采用 cǎiyòng 통 채용하다, 채택하다 ｜ 赞
同 zàntóng 통 동의하다, 찬성하다 ｜ 主动 zhǔdòng 형 자발적이다

 첫째 칸: 과거제도는 조정이 정한 제도다. 따라서 첫 번째 빈칸에는 '상급자나 상급기관에서 하급자나 하급기관의 의견·건의·요청 등을 승인하다'라는 뜻을 지닌 **批准, 允许**만 쓸 수 있다. 여기서는 조정이 상급자(**上级**), 일반 선비와 관원이 하급자(**下级**)를 뜻한다.

둘째 칸: **主动**과 **自愿**만 가능하다.

셋째 칸: 문맥적으로 '~를 통해'라는 의미를 지닌 단어가 와야 하는데, **经过, 通过**가 가능하다.

★☆☆ ｜**유형**｜ 어휘의 호응 관계 파악

65

两个月的婴儿挥动小拳头，拍打巴掌，他不断地＿＿＿着这些动作，这已经是他在以后一生中要做的不计其数的、＿＿＿的游戏的前奏了。他在做这些动作时身体产生的快感是否和幼儿园里的小朋友在院子里追逐、嬉戏时所体验到的快感一样？人们永远无法用直接的＿＿＿来回答这个问题。

두 달 된 영아가 작은 주먹을 흔들고 손바닥을 친다. 그는 쉬지 않고 이러한 동작을 되풀이한다. 이것은 이미 그가 이후에 한평생 동안 해야 할 부지기수의, 풍부하고 다채로운 놀이의 전주다. 그가 이러한 동작을 할 때에 신체가 만든 쾌감은 유치원의 어린 친구들이 정원에서 쫓고 쫓기며 장난칠 때 경험한 쾌감과 같을까? 사람들이 직접적인 증거로 이 문제에 답할 길은 영원히 없다.

A 反复　　力所能及　　凭据
B 进行　　喜闻乐见　　语言
C 重复　　丰富多彩　　证据
D 开展　　日新月异　　材料

A 반복하다 / 자신의 능력으로 해낼 수 있다 / 증거
B 앞으로 나아가다 / 즐겨 듣고 즐겨 보다 / 언어
C 되풀이하다 / 풍부하고 다채롭다 / 증거
D 전개시키다 / 매일 새롭고 매월 다르다 / 자료

 婴儿 yīng'ér 몡 영아, 젖먹이, 유아 ｜ 拳头 quántóu 몡 주먹 ｜ 拍打 pāida 동 가볍게 두드리다, 살짝 치다 ｜ 巴掌 bāzhang 몡 손바닥 ｜ 不计其数 bújìqíshù 성어 헤아릴 수가 없을 만큼 많다, 부지기수다 ｜ 游戏 yóuxì 몡 오락, 여가, 게임 ｜ 前奏 qiánzòu 몡 전주 ｜ 快感 kuàigǎn 몡 쾌감 ｜ 是否 shìfǒu 뷔 ~인지 아닌지 ｜ 幼儿园 yòu'éryuán 몡 유아원, 유치원 ｜ 追逐 zhuīzhú 동 쫓다, 뒤쫓다 ｜ 嬉戏 xīxì 동 (즐겁게) 놀다, 장난치다 ｜ 力所能及 lìsuǒnéngjí 성어 자신의 능력으로 해낼 수 있다 ｜ 凭据 píngjù 몡 증거, 근거 ｜ 喜闻乐见 xǐwénlèjiàn 성어 즐겨 듣고 즐겨 보다, 매우 환영을 받다 ｜ 重复 chóngfù 동 (똑같은 것이) 중복하다, 중복되다, 겹치다 ｜ 丰富多彩 fēngfùduōcǎi 성어 (내용이) 풍부하고 다채롭다, 풍부하고 종류가 많다 ｜ 证据 zhèngjù 몡 증거 ｜ 开展 kāizhǎn 동 (작은 범위에서 큰 범위로) 넓히다, 확대시키다, 전개시키다 ｜ 日新月异 rìxīnyuèyì 성어 매일 새롭고 매월 다르다, 진보가 빠르다

 첫째 칸: 앞의 **不断地**와 호응할 수 있는 단어가 와야 한다. 문법적으로 **不断地** 뒤에는 동사가 와야 하므로, 부사인 **反复**를 제외하고는 셋 다 가능하다. 하지만 빈칸 뒤의 **动作**와 호응할 수 있는지 여부도 봐야 하므로 셋 중 가능한 것은 **重复**밖에 없다.

둘째 칸: 문맥적으로 '풍부하고 종류가 많다'라는 뜻을 지닌 성어 **丰富多彩**만 가능하다.

셋째 칸: 문맥상 **证据**만 가능하다.

★★☆ ｜**유형**｜ 어휘의 호응 관계 파악

66

国际物业顾问公司戴德梁行昨日的最新研究报告称，中国住宅市场调整仅是＿＿＿，整个房地产投资市场调整的趋势难以＿＿＿。
＿＿＿中国房地产市场过去较好的回报率，外资基金目前正耐心等待市场的恢复，并且将＿＿＿放回京沪等一线城市。

국제부동산 자문회사 DTZ 데벤햄 티룽은 어제 최근 연구 보고에서, 중국의 주택시장 조정은 겨우 시작일 뿐이며, 모든 부동산 투자시장의 추세는 바꾸기 어렵다고 했다. 중국 부동산시장이 과거에 비교적 투자수익률이 좋았던 것에 근거하여 외자기금은 지금 인내심 있게 시장 회복을 기다리고 있으며 초점을 베이징, 상하이 등 일선 도시에 두었다.

A 开端　　转换　　由于　　重点
B 序幕　　扭转　　基于　　焦点
C 首次　　扭曲　　至于　　终点
D 局部　　更换　　在于　　起点

A 시작 / 바꾸다 / ~ 때문에 / 중점
B 시작 / 바꾸다 / ~에 근거하다 / 초점
C 처음 / 비틀리다 / ~에 관하여 / 종점
D 일부분 / 바꾸다 / ~에 있다 / 기점

단어 物业 wùyè 圏 (집·건물 등의) 부동산 | 顾问 gùwèn 圏 고문. (스포츠 중계 시의) 해설 | 昨日 zuórì 圏 어제 | 住宅 zhùzhái 圏 (규모가 비교적 큰) 주택 | 房地产 fángdìchǎn 圏 (토지·가옥 등의) 부동산 | 投资 tóuzī 통 투자하다 | 趋势 qūshì 圏 추세. 경향 | 难以 nányǐ 圏 ~하기 어렵다. ~하기 힘들다 [주로 쌍음절 동사나 형용사를 수식함] | 回报率 huíbàolǜ 圏 투자수익률 | 耐心 nàixīn 圏 참을성 있다. 인내심 있다. 끈기 있다 | 恢复 huīfù 통 회복하다. 회복되다 | 京 Jīng 圏 베이징 | 沪 Hù 圏 상하이의 다른 이름 | 一线 yíxiàn 圏 일선. 최전선. 최전방 | 开端 kāiduān 圏 시작. 발단 | 转换 zhuǎnhuàn 통 바꾸다. 전환하다 | 序幕 xùmù 圏 (중대한 사건·일 등의) 시작. 발단 | 扭转 niǔzhuǎn 통 (어떤 일의 발전 방향이나 눈앞의 상황을) 고치다. 바꾸다. 수정하다. 바로잡다 | 基于 jīyú 젠 ~에 근거하다. ~에 따르다 | 焦点 jiāodiǎn 圏 초점 | 首次 shǒucì 圏 처음. 첫 번째 | 扭曲 niǔqū 통 (어떤 사실이나 형상 등을) 뒤바꾸다. 왜곡하다 | 至于 zhìyú 젠 ~에 관하여. ~에 대하여 | 终点 zhōngdiǎn 圏 종점 | 局部 júbù 圏 (전체에서의) 일부분 | 更换 gēnghuàn 통 바꾸다. 대체하다 | 在于 zàiyú 통 ~에 있다 | 起点 qǐdiǎn 圏 기점. 출발점

해설 첫째 칸: '중국의 주택시장 조정은 겨우 ~일 뿐이며'라는 구문에 들어갈 수 있는 단어는 **开端, 序幕, 局部**가 가능하다.
둘째 칸: 앞의 **趋势**와 호응할 수 있는 단어는 **扭转**만 가능하다.
셋째 칸: 문맥상 '~에 근거하여'라는 뜻을 지닌 **基于**만 가능하다.
넷째 칸: 문맥상 **重点, 焦点**만 가능하다.

★★☆ |**유형**| 어휘의 호응 관계 파악

67

　　随着生产力的发展，人类认识自然、＿＿＿＿自然的能力有了进一步的提高，笼罩在天地万物之上的＿＿＿＿面纱逐渐揭除。人类认识到了自己的力量，人的主体地位开始得到＿＿＿＿。伴随着这一过程，人类的信仰形式也发生了变化。自然崇拜不再占＿＿＿＿地位，取而代之的是对具有社会职能的人格化诸神的崇拜。

생산력의 발전에 따라 인류가 자연을 인식하고 자연을 개조하는 능력이 진일보하게 향상되었으며, 천지만물을 덮고 있는 신비한 베일이 점차 벗겨졌다. 인류는 자신의 힘을 인식하고 인간의 주체적 지위가 확립되기 시작했다. 이 과정에 따라 인류의 신앙형식에도 변화가 생겼다. 자연 숭배는 더 이상 주도적인 위치를 차지하지 않았고, 사회적인 기능을 갖춘 인격화된 신의 숭배가 이를 대신하였다.

A 改善　神气　确定　优势
B 改造　神秘　确立　主导
C 改变　神奇　确实　重要
D 改正　神化　确认　首要

A 개선하다 / 기운이 있다 / 확정하다 / 우세
B 개조하다 / 신비하다 / 확립하다 / 주도적인
C 변하다 / 신기하다 / 확실하다 / 중요하다
D 개정하다 / 신격화하다 / 확인하다 / 제일 중요한

단어 笼罩 lǒngzhào 통 덮다. 뒤덮다 | 面纱 miànshā 圏 베일. 장막 | 揭 jiē 통 (덮어 씌운 것을) 열다. 벗기다 | 除 chú 통 완벽히 제거하다. 없애다 | 伴随 bànsuí 통 따르다. 동행하다. 좇다 | 信仰 xìnyǎng 통 믿다. 신앙하다 | 崇拜 chóngbài 통 숭배하다 | 取而代之 qǔ'érdàizhī 성어 (남의 자리를) 빼앗아 차지하다. 빼앗아 대신하다 | 职能 zhínéng 圏 기능. 작용. 효용 | 诸 zhū 때 온갖. 많은. 모든 | 改善 gǎishàn 통 개선하다 | 神气 shénqì 圏 기운이 있다. 생기가 있다. 활발하다 | 神秘 shénmì 圏 불가사의하다. 신비하다. 헤아리기 어렵다 | 确立 quèlì 통 (체계·견해·조직 등을) 확고하게 세우다. 확립하다 | 主导 zhǔdǎo 圏 주도적인 | 改变 gǎibiàn 통 변하다. 바뀌다 | 神奇 shénqí 圏 신기하다. 매우 기묘하다. 신비롭고 기이하다 | 确实 quèshí 閱 틀림없이. 확실히. 정말로 | 改正 gǎizhèng 통 개정하다. 바르게 고치다 | 神化 shénhuà 통 (사람이나 사물을) 신격화하다 | 确认 quèrèn 통 (어떤 사실이나 원칙 등을) 확실히 인정하다. 확인하다 | 首要 shǒuyào 圏 제일 중요한

해설 첫째 칸: 뒤의 **自然**과 호응하는 단어는 **改造**밖에 없다. 일반적으로 **改善**은 **条件**과, **改变**은 **想法**와, **改正**은 **错误**와 호응한다.
둘째 칸: 뒤의 **面纱**와 호응하는 단어가 와야 하는데, 보기에서는 **神秘**와 **神奇**가 모두 가능하다. **神气**는 일반적으로 사람을 형용할 때 쓰인다.
셋째 칸: **确立, 确认** 둘 다 가능하다. **确实**는 일반적으로 부사로 쓰이며 **真的, 的确**와 같은 뜻이라 여기에서는 쓸 수 없다.
넷째 칸: 뒤의 **地位**와 호응하는 단어가 와야 하는데, 여기서는 **优势, 主导, 重要, 首要** 모두 가능하다.

68

自从被 "收编" 那天起，涂鸦就成了_____ 艺术的宣传工具。_____ 速度最快的要算是时尚工业，从_____ 大牌、牛仔裤到运动鞋，几乎都与涂鸦 "亲密接触"。"跨界" 风潮流行的几年里，很多涂鸦大师顺势与大牌合作，设计推出了极具个性的产品，_____受市场青睐。

A	上层	动作	超级	特
B	主流	反应	奢侈	颇
C	一流	行动	时髦	挺
D	上乘	反映	流行	满

'받아들여지고 재편성'되던 그날부터, 그라피티는 주류 예술의 선전 도구가 되었다. 반응 속도가 가장 빨랐던 것이 유행하는 공업이라 할 수 있다. 사치스러운 명품과 청바지에서부터 운동화까지 거의 모두 그라피티와 '친밀하게 만나고 있다'. '경계를 뛰어넘는' 풍조가 몇 년간 유행하는 바람에 많은 그라피티 대가들은 거물급과 합작하였다. 매우 개성이 있는 제품을 설계해서 내놓아, 시장의 환영을 꽤 받았다.

A 상류 / 동작 / 극도의 / 특히
B 주류 / 반응 / 사치스러운 / 꽤
C 일류 / 행위 / 유행이다 / 매우
D 품질이 좋다 / 반영 / 유행하는 / 완전히

단어 收编 shōubiān 동 수용하여 재편성하다, 받아들여 개편하다 | 涂鸦 túyā 명 그라피티 [벽 · 창 · 화면 위에 마구 휘갈기거나, 페인트를 분무기에 넣고 뿌려서 그리는 그림] | 宣传 xuānchuán 동 (주장이나 어떤 사물의 존재 · 효능 등을) 선전하다 | 算是 suànshì 동 ~인 셈이다, ~라 할 수 있다 | 时尚 shíshàng 형 유행에 맞다 | 大牌 dàpái 명 거물급 | 牛仔裤 niúzǎikù 명 청바지, 블루진 | 跨 kuà 동 (일정한 수량 · 시간 · 지역 등의 한계를) 뛰어넘다, 초월하다 | 风潮 fēngcháo 명 풍조 | 推出 tuīchū 동 내다, 내놓다, 보이다, 선보이다 | 青睐 qīnglài 명 호감, 인기 | 上层 shàngcéng 명 상층, 상부, 상류 [주로 기구 · 조직 · 계층에 대해 쓰임] | 超级 chāojí 형 극도의, 극상의, 슈퍼, 훌륭한, 최고의 | 特 tè 부 특히, 유달리 | 主流 zhǔliú 명 주류, 본류 | 奢侈 shēchǐ 형 사치스럽다 | 颇 pō 부 꽤, 퍽, 상당히 | 一流 yìliú 형 일류의, 일등의 | 时髦 shímáo 형 유행이다, 현대적이다 | 上乘 shàngchéng 형 (사물의) 품질이 좋다, 수준이 높다 | 反映 fǎnyìng 동 반영하다, 보고하다, 알리다 | 满 mǎn 부 완전히, 전부, 충분히

해설 첫째 칸: 뒤의 艺术와 호응하는 단어가 와야 하는데, 보기에서는 主流만 가능하다. 上层의 경우는 일반적으로 建筑, 社会, 阶级와 호응하고, 一流는 设施, 高手 등과 호응한다. 또한 上乘은 功夫, 作品과 호응 관계를 이룬다.
둘째 칸: 反映을 제외하고는 모두 쓸 수 있다. 일반적으로 反映은 '반영하다, 알리다, 보고하다'의 의미로, 자주 쓰는 형식은 '…向…反映…情况/事实'다.
셋째 칸: 뒤의 大牌와 호응하는 단어가 들어가야 하는데, 超级, 奢侈가 가능하다.
넷째 칸: 부사 特, 颇, 挺, 满 모두 쓸 수 있다.

69

对于涉及多数人安全的地方和有高度危险的_____，人类社会通过大量的教训和_____，总结并_____了多方面、多层次、多_____的防范管理体系。

A	行为	实践	形成	环节
B	行动	体验	产生	步骤
C	行径	经验	导致	程序
D	行程	实际	致使	阶层

많은 사람들의 안전과 관련된 장소와 아주 위험한 행위에 대하여, 인류사회는 많은 교훈과 실천을 통해, 여러 방면과 여러 계층, 여러 부분의 경비 관리 시스템을 총괄하고 형성했다.

A 행위 / 실천하다 / 형성하다 / 부분
B 동작 / 체험하다 / 발생하다 / 절차
C 행동 / 몸소 경험하다 / 야기하다 / 순서
D 여정 / 실제의 / ~하여 ~하게 되다 / 계층

단어 涉及 shèjí 동 (힘 · 말 · 작용 등이) 관련되다, 미치다 | 危险 wēixiǎn 형 위험하다, 안전하지 못하다 | 总结 zǒngjié 동 총결하다 | 防范 fángfàn 동 방비하다, 대비하다, 경비하다, 경계하다 | 体系 tǐxì 명 체계, 체제, 시스템 | 环节 huánjié 명 일환, 부분 | 步骤 bùzhòu 명 (일 진행의) 순서, 차례, 단계, 절차 | 行径 xíngjìng 명 행동, 행실, 행위, 행동거지 | 导致 dǎozhì 동 야기하다, 초래하다 | 程序 chéngxù 명 (일을 할 때의) 순서 | 行程 xíngchéng 명 노정, 여정, 정도 | 实际 shíjì 형 실제의 | 致使 zhìshǐ 동 ~하여 ~하게 되다, ~한 탓으로 ~하다

해설 첫째 칸: 앞의 **危险的**와 호응하는 단어가 와야 한다. 보기에서는 **行为, 行动**만 가능하다. **行径**은 일반적으로 부정적인 의미로 쓰인다. **行程**은 주로 여행의 경로나 일정과 관련해서 쓰이기 때문에 여기에서는 쓰일 수 없다.

둘째 칸: '인류사회는 많은 교훈과 ~을 통해'라는 내용으로, 보기에서는 **体验, 实际**만 쓸 수 없다.

셋째 칸: '여러 방면과 여러 계층, 여러 부분의 경비 관리 시스템을 총괄하고 ~했다'라는 뜻으로, **形成, 产生**만 가능하다. 한편, **导致, 致使**는 결과가 뜻대로 되지 않았을 때만 쓸 수 있으므로 여기에서는 쓸 수 없다.

넷째 칸: 문맥상 **环节**만 가능하다.

★★☆ │ **유형** │ 문맥에 적합한 의미 파악

70

从某种意义上来说，女强人＿＿＿上还是弱势群体，＿＿＿我们就无法理解为什么女强人依然＿＿＿着一个比她还要优秀还要强大的臂膀。女强人外表再强，＿＿＿里还是个弱女子，还是对男强女弱的婚恋模式执迷不悟。

어떤 의미에서 말하자면, 유능한 여성은 본질적으로 여전히 약한 집단이다. 만약 <u>그렇지 않으면</u> 우리는 왜 유능한 여성이 그녀보다 더 뛰어나고 더 강한 어깨를 여전히 <u>동경하는지</u> 이해할 길이 없다. 유능한 여성의 외모가 아무리 강해도, <u>뼛속</u>은 여전히 약한 여자이며, 여전히 남자는 강하고 여자는 약하다는 결혼과 연애방식을 고집한다.

A 本质　否则　憧憬　骨子
B 本来　不然　渴望　肚子
C 本领　要不　奢求　心眼
D 本人　除非　期盼　头脑

A 본질 / 만약 그렇지 않으면 / 동경하다 / 뼈
B 본래 / 그렇지 않으면 / 갈망하다 / 복부
C 능력 / 그렇지 않으면 / 과분하게 요구하다 / 마음씨
D 본인 / 오직 ~해야만 ~하다 / 기대하다 / 두뇌

단어 女强人 nǚqiángrén 명 유능한 여성 [일처리 능력이 강하고 진취적이면서 사업에서 성과를 이룬 여성] │ 弱势 ruòshì 명 약세 │ 群体 qúntǐ 명 단체, 집단 │ 依然 yīrán 부 변함없이, 여전히, 예전 그대로 │ 优秀 yōuxiù 형 (품행·학문·성적 등이) 뛰어나다, 우수하다 │ 臂膀 bìbǎng 명 어깨 │ 婚恋 hūnliàn 명 결혼과 연애 │ 模式 móshì 명 표준 양식, 패턴, 유형 │ 执迷不悟 zhímíbúwù 성어 자기의 잘못된 길을 계속 가다, 깨닫지 못하다 │ 本质 běnzhì 명 본질 │ 否则 fǒuzé 접 만약 그렇지 않으면 │ 憧憬 chōngjǐng 동 동경하다, 지향하다 │ 骨子 gǔzi 명 살, 대, 뼈대 │ 不然 bùrán 접 그렇지 않으면 │ 渴望 kěwàng 동 간절히 바라다, 갈망하다 │ 本领 běnlǐng 명 기능, 능력, 기량 │ 要不 yàobù 접 그렇지 않으면 │ 奢求 shēqiú 동 과분하게 요구하다, 너무 높게 요구하다 │ 心眼 xīnyǎn 명 마음씨 │ 除非 chúfēi 접 오직 ~해야만 ~하다 │ 期盼 qīpàn 동 기대하다, 바라다, 희망하다

해설 첫째 칸: 빈칸 뒤의 방위명사 **上**과 호응할 수 있는 단어가 와야 한다. 보기에서는 **本质**만 가능하다. 이처럼 위치를 나타내는 방위명사는 일반명사와 결합하여 장소명사를 만들 수 있다.

둘째 칸: 문맥적으로 '그렇지 않으면'이라는 뜻이 와야 하므로, 같은 뜻을 지니고 있는 **否则, 不然, 要不** 셋 다 가능하다.

셋째 칸: '동경하다'라는 뜻을 지닌 **憧憬**과 '갈망하다'라는 뜻을 지닌 **渴望**만 가능하다.

넷째 칸: 앞의 **外表**와 상반되는 의미를 지닌 단어가 와야 한다. 보기에서는 **骨子**만 가능하다. **骨子里**는 비유적 표현으로, '속마음, 이면, 천상, 뼛속'이라는 뜻을 지니고 있다. 그러나 **心眼**은 단지 마음씨가 좋고 나쁨에만 쓸 수 있으므로 여기서는 제외된다.

　　相传，中国古时候有一种叫"年"的怪兽，头长触角，凶猛异常。"年"长年深居海底，每到除夕才爬上岸，吞食牲畜伤害人命。因此，每到除夕这天，(71)＿＿＿E＿＿＿，以躲避"年"兽的伤害。

　　这年除夕，桃花村的人们正扶老携幼上山避难，从村外来了个乞讨的老人，只见他手挂拐杖，臂搭袋囊，银须飘逸，目若朗星。乡亲们有的封窗锁门，有的收拾行装，有的牵牛赶羊，到处人喊马嘶，(72)＿＿＿A＿＿＿。这时，谁还有心关照这位乞讨的老人。只有村东头一位老婆婆给了老人些食物，并劝他快上山躲避"年"兽，那老人捋髯笑道：婆婆若让我在你家待一夜，我一定把"年"兽撵走。老婆婆惊目细看，见他鹤发童颜，精神矍铄，气宇不凡。可她还是不放心仍然继续劝说，乞讨老人笑而不语。婆婆无奈，只好把家撇给老人，上山避难去了。

　　半夜时分，"年"兽闯进村，(73)＿＿＿B＿＿＿：村东头老婆婆家，门贴大红纸，屋内灯火通明。"年"兽浑身一抖，怪叫了一声。"年"朝婆婆家怒视片刻，随即狂叫着扑过去。将近门口时，(74)＿＿＿D＿＿＿，"年"浑身战栗，再不敢往前凑了。原来，"年"最怕红色、火光和炸响。这时，婆婆的家门大开，只见院内一位身披红袍的老人在哈哈大笑。"年"大惊失色，狼狈逃窜了。

중국 고대에 머리에는 더듬이가 나고, 범상치 않게 사납게 생긴 '녠'이라 불리는 괴수가 있었다고 한다. '녠'은 오랫동안 바다 밑에 깊숙이 살았는데, 매년 섣달 그믐날이 되면 비로소 해안가로 올라와서 목축을 통째로 먹고 사람의 목숨을 해쳤다. 그리하여 매년 섣달 그믐 당일에는 71여러 마을 사람들이 노인을 부축하고 어린아이를 이끌어 깊은 산속으로 도망쳐서 '녠'의 폐해를 피했다.

이 해 섣달 그믐에, 복숭아꽃 마을의 사람들이 노인을 부축하고 어린아이를 이끌고 산으로 피난을 가고 있을 때, 마을 밖에서 구걸하는 노인이 왔다. 그는 손에는 지팡이를 짚고, 팔에는 주머니를 걸치고 있었으며, 은빛 수염은 바람에 날리고, 눈은 마치 밝은 별 같았다. 마을 사람들 중에서 어떤 사람은 창문과 문을 닫았고, 어떤 사람은 짐을 정리했고, 어떤 사람은 소와 양을 몰았으며, 도처에서 사람들이 아우성치고 말들은 울어 대는 등, 72바쁘고 당황한 모습이었다. 이때 누가 이 구걸하는 노인에게 관심을 가질 수 있겠는가? 마을 동쪽 끝의 할머니 한 분만이 노인에게 음식을 주고, 게다가 빨리 '녠'을 피해 산으로 가라고 타일렀다. 그 노인은 턱수염을 만지며 웃으면서 말했다. "만약 저를 당신 집에서 하룻밤만 대접해준다면 반드시 '녠'을 내쫓아주겠소." 할머니는 놀란 눈으로 세심히 관찰했다. 그는 혈색이 좋고 건강하며, 정신이 맑고 기개가 범상치 않았다. 그러나 할머니는 여전히 마음을 놓지 않고 계속해서 타일렀고, 구걸하는 노인은 웃으며 아무 말도 하지 않았다. 할머니는 어쩔 수 없이 집을 노인에게 내버려두고, 산으로 피난 갔다.

한밤중에 '녠'이 마을로 돌진해 왔을 때, 73마을의 분위기가 예전과 다르다는 것을 발견했다. 마을 동쪽 끝에 있는 할머니 집의 문에 붉은색 큰 종이가 붙어 있고 방 안의 등불이 아주 환했다. '녠'은 온몸을 부들부들 떨며 괴성을 질렀다. '녠'은 할머니 집을 향해 잠깐 노려보더니 바로 미친 듯이 소리를 지르며 달려들었다. 거의 입구에 가까워졌을 때 74뜰 안에서 갑자기 '탕탕' 하며 쟁쟁하고 우렁찬 소리가 들려왔다. '녠'은 온몸을 떨며 더 이상 앞으로 접근하지 못했다. 알고 보니, '녠'이 제일 두려워하는 것이 붉은색과 불빛, 그리고 높고 큰 소리였다. 이때, 할머니의 집 문이 활짝 열리고 뜰 안에 몸에 붉은색 두루마기를 걸친 노인이 크게 웃고 있었다. '녠'은 몹시 놀랐으며 궁지에 몰려 도망쳤다.

第二天是正月初一，避难回来的人们见村里安然无恙，十分惊奇。这时，老婆婆才恍然大悟，赶忙向乡亲们述说了乞讨老人的许诺。乡亲们一齐拥向老婆婆家，只见婆婆家门上贴着红纸，院里一堆未燃尽的竹子仍在"啪啪"炸响，(75)＿＿＿C＿＿＿。欣喜若狂的乡亲们为庆贺吉祥的来临，纷纷换新衣戴新帽，到亲友家道喜问好。这件事很快在周围的村子传开了，人们都知道了驱兽的办法。从此每年除夕，家家贴红对联、燃放爆竹；户户烛火通明、守更待岁。初一一大早，还要走亲串友道喜问好。这风俗越传越广，成了中国民间最隆重的传统节日。

A　一片匆忙恐慌景象
B　发现村里气氛与往年不同
C　屋内几根红蜡烛还发着余光
D　院内突然传来"噼里啪啦"的炸响声
E　村村寨寨的人们都要扶老携幼逃往深山

둘째 날은 정월 초하루였다. 피난에서 돌아온 사람들은 마을이 재난을 입고도 무사 평안한 모습을 보고 매우 놀라며 의아해했다. 이때, 할머니는 비로소 모든 것을 깨닫고 서둘러 마을 사람들에게 구걸하는 노인의 약속을 설명했다. 마을 사람들은 일제히 할머니의 집으로 몰려들어 할머니 집 문 위에 붙어 있는 붉은색 종이와 뜰 안에서 아직 다 타지 않은 대나무가 '땅땅' 소리를 내고 있는 모습과 ⁷⁵방 안의 붉은 초 몇 개가 아직 빛을 발하고 있는 것을 보았다. 기뻐서 어쩔 줄 모르는 마을 사람들은 행운의 도래를 경축하기 위해 잇달아 새로운 옷으로 바꿔 입고 새 모자를 썼으며 친척과 친구 집에 가서 축하하고 안부를 물었다. 이 일은 매우 빠르게 주변 마을로 퍼졌다. 사람들은 모두 짐승을 몰아내는 방법을 알게 되었다. 이때부터 매년 섣달 그믐날에는 집집마다 붉은색 대련을 붙이고 폭죽을 터뜨렸으며, 집집마다 등불을 밝히고 밤을 지새며 다음 해를 기다렸다. 초하루 날이 밝으면 또한 친척과 친구의 집에 가서 축복을 빌고 안부를 묻는다. 이 풍속은 점점 전파되어 중국 민간에서 제일 성대한 전통 명절이 되었다.

A　바쁘고 당황한 모습이었다
B　마을의 분위기가 예전과 다르다는 것을 발견했다
C　방 안의 붉은 초 몇 개가 아직 빛을 발하고 있었다
D　뜰 안에서 갑자기 '탕탕' 하며 쟁쟁하고 우렁찬 소리가 들려왔다
E　여러 마을 사람들이 노인을 부축하고 어린아이를 이끌어 깊은 산 속으로 도망쳐서

★★☆

71　E　村村寨寨的人们都要扶老携幼逃往深山　　　E　여러 마을 사람들이 노인을 부축하고 어린아이를 이끌어 깊은 산 속으로 도망쳐서

해설　빈칸 앞 문장을 보면 '녠'이라 불리는 괴수가 매년 섣달 그믐날이 되면 해안가로 올라와서 목축을 통째로 먹고 사람의 목숨을 해쳤다고 언급하고 있다. 따라서 빈칸에는 이 때문에 매년 섣달 그믐날이 되면 마을 사람들이 어떠한 행동을 취하는지에 대한 내용이 와야 한다. 그러므로 E가 가장 적합하다.

★☆☆

72　A　一片匆忙恐慌景象　　　A　바쁘고 당황한 모습이었다

해설　빈칸 앞 '乡亲们有的…有的…有的…' 구절에서 마을 사람들이 피난 준비를 하는 상황이 어떠한지를 열거 방식으로 묘사하고 있다. 따라서 빈칸에는 一片匆忙恐慌景象이 와서 앞 문장을 종합해야 하므로 A가 가장 적합하다.

★★☆

73　B　发现村里气氛与往年不同　　　B　마을의 분위기가 예전과 다르다는 것을 발견했다

해설　빈칸 앞 문장의 내용은 '녠'이 마을로 돌진해 들어왔을 때고, 빈칸 뒤에는 '마을 동쪽 끝에 할머니 집의 문에 붉은색의 큰 종이가 붙어 있고 방 안의 등불이 아주 환했다'라는 말이 나온다. 이러한 광경은 예전에는 전혀 볼 수 없었던 광경으로, 빈칸에는 분위기가 예전과 다르다는 내용이 나와야 한다. 따라서 문맥상 가장 적합한 것은 B다.

★☆☆

74　D　院内突然传来"噼里啪啦"的炸响声　　　D　뜰 안에서 갑자기 '탕탕' 하며 쟁쟁하고 우렁찬 소리가 들려왔다

해설　화면을 머릿속에 그려보면서 문제를 풀어야 답을 쉽게 찾을 수 있다. 빈칸 바로 앞에 '녠'이 할머니 집을 향해 달려들었고, 거의 입구에 가까워졌을 때라고 언급했다. 그러나 빈칸 바로 뒤의 이야기를 보면 '녠'은 더 이상 앞으로 접근하지 못했다고 했다. 따라서 빈칸에 어떠한 상황으로 인해 이러한 결과가 도출되었는지 예측할 수 있다. 그러므로 D가 정답이다.

★☆☆

75　C　屋内几根红蜡烛还发着余光　　　C　방 안의 붉은 초 몇 개가 아직 빛을 발하고 있었다

해설　빈칸 앞쪽에 가장 중요한 어휘인 只见이 있다. '婆婆家门上…, 院里…' 모두 只见의 목적어다. 家门上, 院里, 屋内에서의 상황들이 나열되는 것이 자연스럽다. 따라서 정답은 C다.

　　13年来，英国研究人员简·古多尔一直在坦桑尼亚从事有关大自然中猩猩的研究。她连续数小时守候在高温的热带森林里，(76)＿＿D＿＿。她的耐心终于得到了回报：她首次看到一个大猩猩使用工具。它将细树枝伸进白蚁巢口，捕捉巢内的白蚁，然后津津有味地舔食爬在树枝上的白蚁。

　　这是一个了不起的发现！因为能使用工具，(77)＿＿C＿＿。它们懂得伸进蚁巢需要用一个细而长的工具，它们找到了解决这个问题的方法。

　　有关研究人员还发现，黑猩猩同样也会寻找一些工具。例如，当一个黑猩猩想摘取它够不着的香蕉时，(78)＿＿B＿＿，先将它折断、剥去树皮，再用它去摘香蕉。

　　人们也曾看到，一些雌猩猩用树叶制造类似海绵的物质，(79)＿＿A＿＿，在手中揉搓，然后团成瓷实的"海绵"球。它们用这种"海绵"球蘸取嘴够不到的如树凹处的水，再将"海绵"球拿到口中按压，于是就将水喝到了。有时它们还用这些"海绵"球来清洗粘在小猩猩毛皮上的脏物。

　　不同的猩猩群体会制造不同的工具，使用方式也不同。例如，为了捕捉白蚁，有些猩猩将小树枝放在白蚁通道上来回移动，等待着白蚁爬到小树枝上。

　　当猩猩发现解决一个问题的办法时，它就将那个好办法传给小猩猩。其实在自然界中，就群体而言，动物个体是不会表现出创造性的。

　　然而，有时某个动物个体会比其他的要奇特些、灵巧些，(80)＿＿E＿＿。这时，群体中的其他成员会模仿它并接受这种办法。

　　在日本，有一只雌猕猴把甘薯浸在海水中清洗，很快它那个群体的其他成员都模仿了这个做法。同样，自从一只贪吃又大胆的蓝山雀发现了获得新鲜奶油的最佳方法以后，所有英国的蓝山雀都能像它那样做：将每天早上放置在英国人家门口的奶油瓶的铝膜包装皮啄破。幸好它们没有飞越英吉利海峡，法国的蓝山雀还不知道这种办法。

　　13년 동안 영국의 연구원 제인 구달은 탄자니아에서 자연 속의 오랑우탄과 관련된 연구에 종사했다. 그녀는 연속으로 몇 시간 동안 고온의 열대밀림을 지키며 76오랑우탄 집단의 행위와 동작을 관찰했다. 그녀의 인내심은 마침내 보상을 받았다. 그녀는 처음으로 고릴라가 도구를 사용하는 것을 보았다. 그는 얇은 나뭇가지를 흰개미집 입구로 넣어서 굴 안의 흰개미를 잡은 다음에 매우 맛있게 나뭇가지 위에 기어가는 흰개미를 혀로 핥아 먹었다.

　　이것은 정말 대단한 발견이다! 왜냐하면 도구를 사용할 수 있는 것은 77고릴라가 생각을 할 수 있다는 것을 증명하기 때문이다. 그들은 개미집에 넣기 위해서는 얇고 긴 도구가 필요하다는 것을 알고 문제를 해결하는 방법을 찾았다.

　　관련된 연구원은 침팬지 역시 도구를 찾을 수 있다는 것을 발견했다. 예를 들어, 침팬지는 잡을 수 없는 바나나를 따고 싶을 때 78나뭇가지를 선택할 것이다. 먼저 그것을 꺾어서 나무껍질을 벗긴 다음, 그것을 이용해 바나나를 딴다.

　　사람들도 일찍이 암컷 오랑우탄이 나뭇잎으로 스펀지와 비슷한 물질을 만드는 것을 보았다. 79먼저 나뭇잎을 찢고 손에서 비빈 다음 견고한 '스펀지' 공을 둥글게 만든다. 그들은 이 '스펀지' 공을 이용해 입이 닿지 않는, 예를 들어 나무의 오목한 부분의 물을 찍어 흡수한 다음 '스펀지' 공을 입속에서 눌러 물을 마신다. 가끔 그들은 이 '스펀지' 공으로 어린 오랑우탄의 털에 붙은 더러운 물질을 깨끗하게 닦는다.

　　다른 오랑우탄 집단은 다른 도구를 만들 것이며 사용방식도 다르다. 예를 들어, 흰개미를 잡기 위해 어떤 오랑우탄은 작은 나뭇가지를 흰개미의 통로 위에 놓고 왔다 갔다 이동하면서 흰개미가 작은 나뭇가지 위에 기어오를 때까지 기다린다.

　　오랑우탄이 문제를 해결하는 방법을 발견했을 때, 그는 그 좋은 방법을 어린 오랑우탄에게 물려준다. 사실 자연계에서 집단에 대해 말하자면 동물 개체는 창조성을 나타내지 않는다.

　　그러나 가끔 어떤 동물 개체는 다른 것보다 좀 별나고 뛰어나서 80문제를 해결하는 새로운 방법을 찾을 수 있다. 이때, 집단 중의 다른 구성원은 그것을 모방하며 이런 방법을 받아들인다.

　　일본의 암컷 짧은꼬리원숭이는 고구마를 바닷물 속에 담그어 씻는다. 빠르게 그 집단의 다른 구성원들은 모두 이 방법을 모방했다. 마찬가지로 먹는 것을 좋아하고 대담한 남색 곤줄박이가 신선한 버터를 얻는 제일 좋은 방법을 발견한 후로, 모든 영국의 남색 곤줄박이는 그처럼 할 수 있었다. (그것은) 매일 아침 영국인 집 입구에 놓인 버터병의 알루미늄 포장껍질을 쪼아 깨는 것이다. 다행히도 그들이 영국해협을 넘지 않아 프랑스의 남색 곤줄박이는 이 방법을 아직 모른다.

A 先将树叶扯碎
B 会选择一根树枝
C 就证明大猩猩是能够思考的
D 观察猩猩群体的行为和动作
E 能发现新的解决问题的方法

A 먼저 나뭇잎을 찢고
B 나뭇가지를 선택할 것이다
C 고릴라가 생각을 할 수 있다는 것을 증명하기 때문이다
D 오랑우탄 집단의 행위와 동작을 관찰했다
E 문제를 해결하는 새로운 방법을 찾을 수 있다

단어 坦桑尼亚 Tǎnsāngníyà 명 탄자니아 | 猩猩 xīngxing 명 오랑우탄 | 耐心 nàixīn 형 참을성 있다, 끈기 있다 | 巢 cháo 명 (새·곤충·짐승 등의) 둥지 | 捕捉 bǔzhuō 동 잡다, 붙잡다 | 津津有味 jīnjīnyǒuwèi 성어 (음식이) 매우 맛있다 | 舔食 tiǎnshí 동 혀로 핥아먹다 | 了不起 liǎobuqǐ 형 대단하다 | 摘取 zhāiqǔ 동 따다 | 折断 zhéduàn 동 절단하다 | 剥去 bāoqù 동 벗기다, 까다 | 雌 cí 형 암컷의 | 类似 lèisì 동 유사하다, 비슷하다 | 海绵 hǎimián 명 스펀지 | 揉搓 róucuo 동 (손으로) 비비다, 문지르다 | 团 tuán 동 둥글게 만들다, 주물러 뭉치다 | 瓷实 císhi 형 단단하다, 굳다 | 蘸 zhàn 동 (액체·가루·풀 등에) 찍다, 묻히다 | 凹 āo 형 오목하다 | 按压 ànyā 동 (안쪽이나 바깥쪽을 향해) 누르다 | 粘 zhān 동 (끈적한 물건이 다른 물체에) 달라붙다, 붙다 | 脏 zāng 형 지저분하다, 더럽다 | 通道 tōngdào 명 통로, 큰길 | 传给 chuángěi 동 물려주다 | 奇特 qítè 형 기묘하다, 이상하다 | 灵巧 língqiǎo 형 민첩하고 교묘하다 | 模仿 mófǎng 동 모방하다 | 猕猴 míhóu 명 (아시아나 아프리카 등지에 서식하는) 짧은꼬리원숭이 | 甘薯 gānshǔ 명 고구마 | 浸 jìn 동 (액체에) 담그다, 집어넣다 | 贪吃 tānchī 동 식탐하다 | 山雀 shānquè 명 곤줄박이 | 奶油 nǎiyóu 명 크림, 유지, 유피 | 铝 lǚ 명 알루미늄 | 膜 mó 명 막 | 包装 bāozhuāng 동 (상품을) 포장하다 | 啄 zhuó 동 (조류가 부리로 모이를) 쪼다 | 英吉利 Yīngjílì 명 잉글리시, 영국 | 海峡 hǎixiá 명 해협 | 扯碎 chěsuì 동 찢어 발기다, 갈가리 찢다

★☆☆

76 D 观察猩猩群体的行为和动作 D 오랑우탄 집단의 행위와 동작을 관찰했다

해설 빈칸 앞 문장에서 제인 구달은 13년 동안 탄자니아에서 오랑우탄과 관련된 연구에 종사했으며, 연속으로 몇 시간 동안 고온의 열대밀림을 지키며 무엇을 했을지를 추측할 수 있다. 그러므로 정답은 D다.

★☆☆

77 C 就证明大猩猩是能够思考的 C 고릴라가 생각을 할 수 있다는 것을 증명하기 때문이다

해설 앞 문장에서 고릴라가 도구를 이용할 수 있다는 것과 뒤 문장에서 그들은 문제를 해결하는 방법을 찾았다는 내용을 통해, 고릴라가 생각을 할 수 있다는 것을 알 수 있다. 따라서 정답은 C다.

★★☆

78 B 会选择一根树枝 B 나뭇가지를 선택할 것이다

해설 빈칸 뒤의 내용은 '먼저 그것을 꺾어서 나무껍질을 벗긴다', '그리고 그것을 이용해 바나나를 딴다'는 '先…, 再…' 형식의 문장이다. 따라서 빈칸에는 이러한 동작을 하기 전에 더 먼저 해야 할 일이 무엇인지 생각해보아야 한다. 그러므로 '나뭇가지를 선택한다'라는 B가 가장 적절함을 알 수 있다.

★☆☆

79 A 先将树叶扯碎 A 먼저 나뭇잎을 찢고

해설 이 문제는 빈칸 뒤의 선후 관계 접속사 **然后**를 발견했다면 쉽게 풀 수 있는 문제다. 일반적으로 **然后**는 '先…, 然后…' 구조로 사용된다. 따라서 정답은 A다.

★★☆

80 E 能发现新的解决问题的方法　　　　　　　　E 문제를 해결하는 새로운 방법을 찾을 수 있다

 **해설** 빈칸 앞의 단락 내용을 보면, 자연계에서 동물 개체는 창조성을 나타내지 않는다고 언급했다. 하지만 바로 뒤에 전환 관계 접속사 然而이 있는 것으로 보아 빈칸에는 이와 상반되는 이야기가 나올 것임을 유추할 수 있다. 빈칸 바로 앞 문장에서 '그러나 가끔 어떤 동물 개체는 다른 것보다 좀 별나고 뛰어나서……'라고 했으므로 이것에 대한 결론이 나올 것이므로 E가 적합하다.

81-84

有时，即使是一张纸巾，也可以改变一个人的一生。

婚礼上，她的泪纷纷而下，82(A)<u>不只是新娘必有的喜泪</u>。

当初她坚持要举行的盛大的婚宴，不是没有一点儿补偿心理的。

他是留美的医学博士，经营一家药品公司，家财万贯，学富五车。第一次见面，给她讲手术室的笑话，自己笑得"呵呵"的，她也附和地浅笑，81(B)<u>可实际上根本没听懂那一大堆专业术语</u>。

他对她很好，82(C)<u>但对于他，她始终是高山仰止，敬而远之</u>。可她周围所有的人都动了心——这样的男人不嫁，还要等什么样的男人？最后她还是嫁了，只是泪不由自主地往下流。在豪华的奔驰车里，他一路用纸巾细细地为她拭泪，淡淡的茉莉清香笼了她的脸。

安逸的日子里，她遇到了那个男孩儿，在一次笔会上认识的。那个晚上，月光满山都是。她倚着靠山的栏杆，听着远处舞会里的舞曲人声。这时，83(C)<u>他从她身边走过，停了停，低低吟了一句："明月何时初照人？"她惊得直起身来：莫非他听得见她心里的声音？后来的谈话他们总是这样：一句话，她说了上半句，他便很自然地接出了下一半</u>。笔会结束后，他们回到了各自的城市，却仍旧借助电话与邮递员，谈诗说文，然后谈情说爱，终至于——谈婚论嫁。

不自觉地将男孩儿的信揉成了一团，她整个人都愣住了。也许，她一直都知道有这样的结果，只是……她看见丈夫在电脑前专注的身影，犹豫了。

每次见到男孩儿，她都下决心回家后立刻和丈夫摊牌。可是，怎么说出口？他对她，一直是那么好。

她想起自己的诸般委屈，不由得落了泪。男孩儿慌了，翻遍全身才摸出一张纸巾递给她。

가끔 한 장의 티슈라도 한 사람의 인생을 바꿀 수 있다.

결혼식에서 그녀의 눈물은 쉬지 않고 흘렀다. 82(A)신부에게 반드시 있어야 하는 기쁨의 눈물만은 아니었다.

처음에 그녀는 성대한 결혼식 피로연을 거행해야 한다고 고집했다. 보상심리가 조금도 없는 것은 아니었다.

그는 미국에서 유학한 의학박사였다. 한 약품회사를 운영하고 있었고 재산이 매우 많았으며 책을 많이 읽어 학식이 풍부했다. 처음 만났을 때 그녀에게 수술실의 재밌는 얘기를 해주며 스스로 '하하' 하고 웃었다. 그녀도 따라서 미소를 지었다. 그러나 81(B)사실 그 많은 전문 용어들을 이해하지 못했다.

그는 그녀에게 매우 잘했지만 82(C)그녀는 그를 대함에 항상 우러러 사모하고 존경은 하지만 가까이할 수는 없었다. 그러나 그녀 주위의 모든 사람들은 이런 남자에게 시집가지 않으면 어떤 남자를 기다리는 거냐며 마음에 들어 했다. 결국 그녀는 시집을 갔다. 단지 눈물이 자기도 모르게 흘러내렸다. 호화로운 벤츠 안에서 그는 티슈로 세심하게 그녀를 위해 눈물을 닦아 주었다. 옅은 재스민 향기가 그녀의 얼굴을 뒤덮었다.

편안하고 한가로운 나날 속에, 그녀는 문예교류회에서 알게 된 그 사내아이를 만났다. 그날 밤, 달빛이 온 산에 가득했다. 그녀는 산을 끼고 있는 난간에 기대어 멀리 무도회에서의 음악과 사람 소리를 듣고 있었다. 이때, 83(C)그가 그녀의 주변으로 지나가다 잠시 멈추더니 낮은 소리로 읊었다. "밝은 달은 언제 처음으로 사람을 비추는가?" 그녀는 놀라서 몸을 곧게 일으켰다. 설마 그가 그녀의 마음속 소리를 듣는단 말인가? 훗날 그들의 대화는 항상 이러했다. 한마디 중 그녀가 반 문장을 말하면, 그는 곧 매우 자연스럽게 나머지 절반을 받았다. 문예교류회가 끝나고 나서, 그들은 각자의 도시로 돌아갔다. 하지만 여전히 전화와 우편집배원의 도움을 받아 시와 문장을 얘기했다. 후에 남녀 간의 사랑을 속삭였고 결국 결혼 얘기를 하기에 이르렀다.

자기도 모르게 그 사내아이의 편지를 구겼다. 그녀는 멍해지기까지 했다. 아마도 그녀는 줄곧 이러한 결과가 있을 것을 알고 있었을 것이다. 단지……, 그녀는 남편이 컴퓨터 앞에서 집중하고 있는 모습을 보고 머뭇거렸다.

매번 그 사내아이를 만날 때마다 그녀는 집에 돌아간 후 즉시 남편과 결판을 내겠다고 결심했다. 그러나 어떻게 말을 꺼내겠는가? 그는 그녀에게 항상 너무 잘하는데 말이다.

그녀는 자신의 여러 가지 속상한 것들을 떠올리니 자신도 모르게 눈물이 흘러내렸다. 그 사내아이는 당황했고, 몸을 샅샅이 뒤져서야 겨우 티슈 한 장을 찾아내 그녀에게 주었다.

那纸巾颜色灰蒙蒙的，坚硬粗糙，她想起他为她拭泪时那带着淡淡的茉莉清香的纸巾，柔软细腻而轻盈，仿如他给她的日子：舒适，温存，清洁。如果不是遇上他，她不可能在两年内连出两本书，也不可能至今还保留一份少女不谙世事的纯净，男孩儿给了她爱情，81(D)他却给了她一个女人一生中差不多最为重要的东西——安全感。

不知不觉地，她的泪止住了，84(D)她将男孩儿的纸巾还给了他，静静地说："我自己有。"

그 티슈의 색깔은 어둑어둑하고 질기고 거칠었다. 그녀는 그가 그녀를 위해 눈물을 닦아줄 때 갖고 있던 재스민 향기가 어렴풋한 티슈를 떠올렸다. 부드럽고 매끄러웠으며 가벼워 마치 그가 그녀에게 준 시간들처럼 편안하고 따뜻하고 깨끗했다. 만약에 그를 만나지 못했다면 그녀는 2년 안에 2권의 책을 연이어 내지 못했을 것이며 소녀와 같이 세상일을 잘 모르는 순수함을 아직까지 가지고 있지 못했을 것이다. 그 사내아이는 그녀에게 사랑을 주었지만 81(D)남편은 오히려 그녀 인생에서 거의 가장 중요한 안정감을 주었다.

자기도 모르게 그녀의 눈물은 멈추었다. 84(D)그녀는 그 사내아이의 티슈를 돌려주면서 조용히 말했다. "저도 있어요."

단어 纸巾 zhǐjīn 명 (종이로 만든) 냅킨, 티슈 | 纷纷 fēnfēn 부 (많은 사람이나 사물이) 잇달아 | 盛大 shèngdà 형 (행사 등이) 성대하다 | 婚宴 hūnyàn 명 결혼식 피로연 | 补偿 bǔcháng 동 (손실·손해를) 보상하다 | 留美 liú Měi 미국에서 유학하다 | 博士 bóshì 명 박사 | 万贯 wànguàn 명 매우 많은 돈, 만금 | 学富五车 xuéfùwǔchē 성어 수레 다섯 개만큼의 책을 읽어 학식이 풍부하다 | 附和 fùhè 동 (자신의 주관 없이 남의 말이나 행동을) 따라하다 | 浅笑 qiǎnxiào 동 미소 짓다 | 堆 duī 양 추상명사에 쓰여 '많음'을 표시함 | 术语 shùyǔ 명 (어떤 학과·분야에서 쓰는) 전문 용어 | 高山仰止 gāoshānyǎngzhǐ 성어 숭고한 덕행을 몹시 앙모하다 | 敬而远之 jìng'éryuǎnzhī 성어 존경은 하지만, 가까이하기는 원치 않다 | 动心 dòngxīn 동 마음이 움직이다, 마음이 끌리다 | 不由自主 bùyóuzìzhǔ 성어 제 마음대로 되지 않다, 자기도 모르게 | 豪华 háohuá 형 (생활이) 호화스럽다, 사치스럽다 | 奔驰 Bēnchí 명 벤츠 | 拭泪 shìlèi 동 눈물을 닦다 | 淡淡 dàndàn 형 희미하고 어렴풋하다, (맛이) 진하지 않다 | 茉莉 mòlì 명 재스민 | 清香 qīngxiāng 명 은은한 향기, 담백한 향기 | 笼 lǒng 동 뒤덮다, 덮다 | 安逸 ānyì 형 편안하고 한가롭다, 안일하다 | 笔会 bǐhuì 명 문예교류회 | 倚 yǐ 동 기대다 | 靠山 kàoshān 동 산을 끼다, 산을 가까이하다 | 栏杆 lángān 명 난간 | 低吟 dīyín 동 낮은 소리로 읊다 | 何时 héshí 부 언제 | 莫非 mòfēi 부 설마 ~란 말인가, 혹시 ~이 아닌가 | 仍旧 réngjiù 부 여전히, 변함없이 | 借助 jièzhù 동 (다른 사람이나 사물 등의) 도움을 받다 | 邮递员 yóudìyuán 명 우편집배원, 우체부 | 揉 róu 동 뭉치다 | 团 tuán 양 뭉치, 덩어리 | 愣住 lèngzhù 동 멍해지다, 아연해지다 | 专注 zhuānzhù 형 (정신·정력 등을) 집중하다 | 犹豫 yóuyù 동 주저하다, 머뭇거리다 | 摊牌 tānpái 동 (손에 쥔 모든) 카드를 펼치다 | 诸般 zhūbān 형 여러 가지, 제반 | 委屈 wěiqu 형 (부당한 지적이나 대우를 받아 마음이) 괴롭다 | 不由得 bùyóude 부 저도 모르게 | 翻 fān 동 뒤집다, 뒤집히다, 펼치다 | 递给 dìgěi 동 건네주다, 내주다 | 灰蒙蒙 huīmēngmēng 형 어둑어둑하고 뚜렷하지 않다 | 粗糙 cūcāo 형 (재료·피부 등의 표면이) 거칠다, 투박하다 | 柔软 róuruǎn 형 유연하다, 부드럽다 | 细腻 xìnì 형 부드럽다, 매끄럽다 | 轻盈 qīngyíng 형 가볍다 | 温存 wēncún 형 따뜻하고 부드럽다 | 谙 ān 동 잘 알다, 능숙하다 | 纯净 chúnjìng 형 순수하다

★☆☆ | **유형** | 인과 관계 파악

81 女子为什么会嫁给这个医学博士?

여자는 왜 이 의학박사에게 시집을 가려 했는가?

A 她对他非常崇拜
B 她和他有共同爱好
C 她的家人逼她嫁给他
D 他能给她安定的生活

A 그녀는 그를 매우 숭배한다
B 그녀와 그는 공통적인 취미가 있다
C 그녀의 가족이 그에게 시집을 가라고 강요했다
D 그는 그녀에게 안정된 생활을 줄 수 있다

단어 崇拜 chóngbài 동 숭배하다 | 逼 bī 동 핍박하다, 압박하다, 조이다

해설 지문의 밑에서 두 번째 단락에서 '그는 오히려 그녀 인생에서 거의 가장 중요한 안정감을 주었다'고 했으므로 정답은 D다. '그녀가 근본적으로 그 많은 전문 용어들을 이해하지 못했다'고 하였으므로, 그녀와 박사 사이에 큰 차이점이 있으며 공통된 취미가 없다는 것을 알 수 있다. 따라서 B는 답이 될 수 없다.

82

女子为什么在结婚时哭泣?

A 因为她非常高兴
B 因为她非常犹豫
C 因为婚姻并不如她所愿
D 因为婚礼办得不够豪华

여자는 왜 결혼할 때 울었는가?

A 그녀는 매우 기뻤기 때문에
B 그녀는 매우 망설였기 때문에
C 혼인이 결코 그녀가 원하는 바가 아니었기 때문에
D 결혼식이 화려함이 부족했기 때문에

단어 哭泣 kūqì 통 흐느끼다, 훌쩍이다

해설 지문 초중반에 '그녀는 그를 대함에 항상 우러러 사모하고 존경은 하지만 가까이할 수는 없었다. 그러나 그녀 주위의 모든 사람들은 이런 남자에게 시집가지 않으면 어떤 남자를 기다리는 거냐며 마음에 들어 해서 결국 시집을 갔다'라고 했으므로, 그녀가 진심으로 결혼을 원했던 것이 아님을 알 수 있다. 따라서 정답은 C다. 두 번째 단락의 '신부에게 반드시 있어야 하는 기쁨의 눈물만은 아니었다'에서 그녀가 결코 매우 기뻐하는 것이 아님을 알 수 있으므로, A는 답이 될 수 없다. 또한 지문에서 그녀가 망설이고 있다는 내용이 언급되지는 않았으므로 B도 답이 될 수 없다. 세 번째 단락의 '성대한 결혼식 피로연'이라는 말을 통해, 결혼식이 매우 호화스러웠음을 알 수 있으므로 D도 오답이다.

83

"莫非他听得见她心里的声音"说明了什么?

A 男孩儿偷听女子说话
B 男孩儿非常善解人意
C 女子和男孩儿心灵相通
D 女子和男孩儿谈诗说文

'설마 그가 그녀의 마음속 소리를 듣는단 말인가?'는 무엇을 말하는가?

A 사내아이는 여자의 말을 몰래 엿듣고 있다
B 사내아이는 매우 사람의 생각을 잘 풀이한다
C 여자와 사내아이의 마음이 서로 통한다
D 여자와 사내아이는 시와 문장을 얘기한다

단어 偷听 tōutīng 통 몰래 엿듣다, 도청하다 | 善 shàn 통 (어떤 일에) 능하다, 뛰어나다 | 人意 rényì 명 사람의 뜻, 사람의 생각

해설 '마음의 소리'를 듣는 것은 두 사람의 마음이 서로 통한다는 것을 뜻하므로 정답은 C다. 사내아이가 그녀의 주변을 지나갔을 때 낮은 소리로 시를 읊은 것이지 여자의 말을 엿들은 것은 아니다. 게다가 여자는 당시에 말을 하고 있지 않았으므로 A는 답이 될 수 없다.

 **Tip⁺** 특정 어휘 혹은 문장의 뜻을 묻는 문제가 종종 나온다. 일반적으로 그 어휘 자체로 뜻을 확인하려 하지 말고, 어휘의 앞뒤 내용을 파악한다. 이 문제도 마찬가지로 해당 문단의 의미를 파악한다면 쉽게 문제를 풀 수 있다.

84

文章的结尾说明了什么?

A 女子喜欢精致的纸巾
B 女子是个独立坚强的人
C 女子选择了嫁给男孩儿
D 女子选择维持原来的婚姻

글의 결말은 무엇을 설명하는가?

A 여자는 정교한 티슈를 좋아한다
B 여자는 독립심이 강한 사람이다
C 여자는 사내아이에게 시집가는 것을 택했다
D 여자는 원래의 혼인을 유지하는 것을 택했다

단어 结尾 jiéwěi 명 (일의) 끝, 마지막 단계, 결말 | 精致 jīngzhì 혱 정밀하다, 정교하다, 세밀하다

해설 '사내아이는 그녀에게 사랑을 주었지만 남편은 그녀의 인생에서 거의 가장 중요한 안정감을 주었다'와 그녀가 사내아이의 티슈를 거절한 것으로 보아, 그녀가 안정감을 선택하고 원래의 혼인을 유지하기로 했음을 유추할 수 있으므로 D가 정답이다.

胡椒在历史上曾被人们视为珍品，占有极其重要的地位。

胡椒是一种有着独特气味的调味品，出产于热带地区。85(C)由于古代交通落后，环境闭塞，所以胡椒"物以稀为贵"，身价居高不下。古罗马人和古希腊人对胡椒都十分偏爱，他们不惜花费大量的金钱从东方收购。当他们得知胡椒产于印度，并发现如何利用季风航行于红海和印度马拉巴尔海岸之后，便开辟了进口胡椒的贸易航线。

88(C)公元476年，古罗马帝国灭亡，胡椒在欧洲变得更加珍贵，因连年战乱，胡椒几乎在欧洲绝迹。当时，欧洲人只能用洋葱、大蒜和其他香料作为胡椒的替代品。

86(D)对于北欧人，特别是惯于食用大量肉食的上层人物来说，没有胡椒简直难以忍受。当时，保存肉食的方法只能是晒干或用盐腌，这种肉食如果没有胡椒调味，简直是乏味难咽。因此，欧洲人一方面设法多方发展商业贸易，增加运到欧洲的胡椒数量；86(D)另一方面则积极地寻找胡椒的新产地。

北欧贵族在耶路撒冷意外地发现了胡椒，这一发现使他们欣喜若狂，立即把胡椒奉若神明。胡椒甚至成了人的社会地位的象征，那时，社会上常以"他没有胡椒"来形容无足轻重的人。胡椒还可用做嫁妆、租税和对士兵的奖赏。

88(C)中世纪时，欧洲的胡椒主要是由威尼斯人运送的。但是，1499年葡萄牙航海家带着胡椒回到里斯本，压价出售，占领了大部分的市场，威尼斯人惊恐不已，担心胡椒贸易的控制权从此易手。

著名航海家哥伦布在第二次航海时，87(A)特意带上了植物学家同行，不过，最终只发现了一种类似胡椒的植物，缺少胡椒的香味。

88(C)而如今，胡椒早已不是什么稀罕之物了，价格也很便宜了。

후추는 역사상 일찍이 사람들에게 진귀한 물건으로 여겨졌으며 매우 중요한 위치를 차지했다.

후추는 독특한 냄새를 갖고 있는 향신료로 열대 지역에서 생산된다. 85(C)고대에는 교통이 낙후되고 환경이 불편해서 후추는 '희소한 만큼 진귀한 물건'이었으며 몸값이 비싸 떨어질 줄 몰랐다. 고대 로마 사람들과 고대 그리스 사람들은 후추를 매우 편애하였다. 그들은 대량의 돈을 쓰는 것을 아까워하지 않고 동방에서 사들였다. 그들이 후추가 인도에서 생산되며 어떻게 계절풍을 이용해 홍해와 인도 말라바르 해안으로 항해하는지 알고 난 후, 후추를 수입하는 무역 항로를 개척했다.

88(C)기원전 476년, 고대 로마제국이 멸망하고 후추는 유럽에서 더욱 진귀해졌다. 여러 해 동안 계속된 전란으로, 후추는 거의 유럽에서 자취를 감추었다. 당시, 유럽인은 양파, 마늘과 기타 향료를 후추의 대체품으로 이용할 수밖에 없었다.

86(D)북유럽 사람, 특히 대량으로 육식을 먹는데 습관이 된 상류층 사람들에 대해 말하자면, 후추가 없는 것은 그야말로 참을 수 없었다. 당시, 육식을 보존하는 방법은 단지 볕에 말리거나 소금에 절이는 것이었다. 이러한 육식에 만약 후추로 맛을 내지 않는다면 그야말로 맛이 없어 삼키기 힘들다. 따라서, 유럽인은 한편으로는 다방면으로 상업무역을 발전시키는 방법을 세워 유럽으로 운반하는 후추의 수량을 늘리고, 86(D)다른 한편으로는 적극적으로 후추의 새로운 생산지를 찾았다.

북유럽 귀족은 의외로 예루살렘에서 후추를 발견했다. 이 발견은 그들을 미친 듯이 기쁘게 하였고, 곧바로 후추를 지극히 숭배하였다. 후추는 심지어 사람의 사회적 지위의 상징이 되었다. 당시 사회에서는 "그는 후추가 없어"라는 말로 중요하지 않은 사람을 형용하기도 했다. 후추는 또한 혼수품, 조세와 사병에 대한 상으로 쓸 수 있었다.

88(C)중세기에 유럽의 후추는 주로 베니스 사람에 의해 운송되었다. 그러나 1499년 포르투갈 항해가가 후추를 가지고 리스본에 와서 가격을 인하해 판매하여 대부분의 시장을 점령하였다. 베니스 사람들은 매우 놀랐으며 후추 무역의 지배권이 이로부터 넘어갈까 봐 걱정했다.

저명한 항해가 콜럼버스는 2차 항해 시, 87(A)일부러 식물학자를 데리고 갔다. 그러나 최종적으로는 단지 후추와 비슷한 식물만을 발견하였는데, 후추의 향이 부족했다.

88(C)그러나 현재, 후추는 이미 진귀한 물건이 아니며 가격도 매우 저렴하다.

단어 胡椒 hújiāo 명 후추 | 极其 jíqí 부 극히, 매우 | 调味品 tiáowèipǐn 명 향신료 | 落后 luòhòu 형 낙후되다, 뒤떨어지다 | 闭塞 bìsè 형 (교통이나 통풍 등이) 막히다, 불편하다 | 罗马 Luómǎ 명 로마 | 希腊 Xīlà 명 그리스 | 偏爱 piān'ài 동 한쪽만을 치우치게 사랑하다, 편애하다 | 收购 shōugòu 동 사들이다 | 印度 Yìndù 명 인도, 인디아 | 季风 jìfēng 명 계절풍 | 航行 hángxíng 동 (선박 또는 비행기가) 항행하다 | 红海 Hónghǎi 명 홍해 | 马拉巴尔海岸 Mǎlābā'ěr hǎi'àn 명 말라바르 해안 [인도 서남부에 위치한 연해지역] | 开辟 kāipì 동 (길을) 열다 | 航线 hángxiàn 명 (선박이나 비행기의) 항로 | 连年 liánnián 동 몇 해 동안 이어지다, 여러 해 동안 계속되다 | 战乱 zhànluàn 명 전란 | 绝迹 juéjì 동 종적이 끊기다, 종적을 감추다 | 洋葱 yángcōng 명 양파 | 大蒜 dàsuàn 명 마늘 | 替代品 tìdàipǐn 명 대체품 | 惯于 guànyú 동 ~에 익숙하다 | 肉食 ròushí 명 육식 | 忍受 rěnshòu 동 (고통·어려움·불행 등을) 견디다 | 晒干 shàigān 동 볕에 말리다 | 盐腌 yányān 동 소금에 넣어 숨을 죽이다, 절이다 | 调味 tiáowèi 동 맛을 내다 | 咽 yàn 동 (음식물 또는 다른 물건을) 넘기다, 삼키다 | 设法 shèfǎ 동 방법을 세우다 | 多方 duōfāng 부 다방면으로, 다각도로 | 耶路撒冷 Yēlùsālěng 명 예루살렘 | 欣喜 xīnxǐ 형 기뻐하다, 즐거워하다 | 奉若神明 fèngruòshénmíng 성어 (사람이나 사물을) 높이 받들어 숭배하다 | 无足轻重 wúzúqīngzhòng 성어 관계가 없다, 중요하지 않다 | 嫁妆 jiàzhuang 명 혼수, 혼수품 | 租税 zūshuì 명 조세 | 奖赏 jiǎngshǎng 동 상을 주다, 포상하다 | 威尼斯 Wēinísī 명 베네치아, 베니스 | 葡萄牙 Pútáoyá 명 포르투갈 | 航海家 hánghǎijiā 명 항해가 | 压价 yājià 동 (무리하게) 값을 깎다, 가격을 내리다 | 出售 chūshòu 동 팔다, 판매하다 | 占领 zhànlǐng 동 점령하다 | 控制权 kòngzhìquán 명 지배권 | 易手 yìshǒu 동 (재산·정권 등의) 소유자가 바뀌다, 점유자가 바뀌다 | 哥伦布 Gēlúnbù 고유 콜럼버스 | 稀罕 xīhan 형 드물다, 희한하다, 진귀하다

★☆☆ | **유형** | 인과 관계 파악

85 在古代为什么胡椒价格很高？

A 有着独特的气味
B 出产于热带地区
C 古代的交通落后
D 胡椒的数量很少

고대에는 왜 후추의 가격이 높았는가?

A 독특한 냄새를 가지고 있기 때문에
B 열대지역에서 생산되기 때문에
C 고대의 교통이 낙후되었기 때문에
D 후추의 수량이 적었기 때문에

해설 두 번째 단락의 '고대에는 교통이 낙후되고 환경이 불편해서 후추는……'에서 알 수 있듯이 후추의 가격이 높은 주요 원인은 고대의 교통이 낙후되었기 때문이다. 따라서 정답은 C다. A, B, D는 후추에 대한 설명으로는 맞으나, 후추 가격에 대한 원인은 아니다.

★★☆ | **유형** | 세부 내용 파악

86 根据文章推断，在欧洲什么人对胡椒的需求量最大？

A 罗马人
B 航海家
C 威尼斯人
D 北欧贵族

지문에 근거해, 유럽에서 후추에 대한 수요가 가장 많은 사람은?

A 로마인
B 항해가
C 베니스인
D 북유럽 귀족

해설 지문 중반에 '북유럽 사람, 특히 대량으로 육식을 먹는데 습관이 된 상류층 사람들에 대해 말하자면, 후추가 없는 것은 그야말로 참을 수 없었다'와 후추의 생산지를 발견하려는 북유럽 귀족의 여러 가지 노력으로 보아, 정답은 D다.

87 哥伦布为什么要带植物学家同行?

A 帮助他发现胡椒
B 帮助他顺利地航行
C 帮助他发展商业贸易
D 帮他寻找胡椒的替代品

콜럼버스는 왜 식물학자를 데리고 갔는가?

A 그가 후추를 발견하는 것을 돕게 하려고
B 그가 순조롭게 항해하는 것을 돕게 하려고
C 그가 상업무역을 발전시키는 것을 돕게 하려고
D 후추의 대체품을 찾는 것을 돕게 하려고

해설 지문 마지막 부분에 '일부러 식물학자를 데리고 갔다. 그러나 최종적으로는 단지 후추와 비슷한 식물만을 발견하였는데, 후추의 향이 부족했다'라는 말을 통해, 비록 최종적으로 후추를 찾지는 못했지만 콜럼버스가 식물학자를 데리고 간 목적은 후추를 찾기 위해서임을 알 수 있다. 따라서 정답은 A다. 보기 C는 과도하게 확대 해석하였다. 왜냐하면 식물학자가 후추를 발견해야지만, 콜럼버스가 비로소 후추를 이용해 상업무역을 할 수 있기 때문이다. 또한 콜럼버스의 초지는 후추를 발견하는 것이지, 후추의 대체품을 찾는 것이 아니었으므로 D도 답이 될 수 없다.

88 本文主要讲了什么?

A 胡椒的贸易
B 胡椒的用途
C 胡椒的历史
D 胡椒的价格

지문에서 주요하게 설명하는 것은 무엇인가?

A 후추의 무역
B 후추의 용도
C 후추의 역사
D 후추의 가격

단어 用途 yòngtú 명 용도

해설 '公元476年…中世纪时…而如今…' 등 시간을 나타내는 어휘들을 통해, 지문이 후추의 역사를 설명하고 있음을 알 수 있다. 따라서 정답은 C다. A, B, D는 지문에서 언급은 되었으나, 글의 일부분이지 주요 내용은 아니므로 답이 될 수 없다.

89-92

姜子牙, 渭水钓鱼的老翁, 帮周武王打败纣王的军师, 神话《封神演义》里呼风唤雨的姜半仙。说实话, 年轻时我真没把他当回事儿。没想到, 有把子年纪, 92(C)又人生屡屡受挫后, 89(A)我对姜老先生越来越嫉妒了, 他的运气实在太好了。

90(B)他本是殷纣王宫中一个小吏, 跟纣王干了不少年, 也就是说是个"出身"不好, 有"历史污点"的人, 且大有潜伏特务嫌疑。可是, 弃暗投明后, 在周文王那里不仅丝毫不受歧视, 不被怀疑, 反而被委以重任, 掌管大权。

강자아는 위수에서 낚시를 하는 노인으로, 주나라 무왕이 주왕의 군사를 물리치는 데 도움을 주었고 신화 『봉신연의』에서 자연을 마음대로 지배하는 반신선이다. 사실대로 말하자면, 젊었을 때 나는 그에게 신경을 쓰지 않았다. 생각지도 못하게 나이가 좀 들고 92(C)인생에서 수차례 좌절을 겪고 나니 89(A)나는 강자아에게 점점 샘이 났다. 그의 운수는 정말 너무 좋았다.

90(B)그는 원래 은나라 주왕 왕궁의 하급 관리여서 주왕과 오랫동안 일을 했다. 바로 '출신'이 좋지 않으며 '역사적 오점'이 있는 사람이라고 할 수 있다. 또한 잠복 간첩 혐의도 많았다. 그러나 암흑을 버리고 광명으로 돌아선 후 주나라 문왕이 있는 곳에서는 조금도 냉대를 받지도 않았고 의심을 받지도 않았으며 오히려 중책을 맡게 되어 대권을 관장하였다.

从各种历史记载来看，91(A)他既没有名师指教，也非名校毕业；既没有任何学位，在网上也查不到他的学历证书，最多算是个"自学成才"的准知识分子。然而，他却没有因此被拒之门外，而是被充分信任，拜相入将，高举帅旗，运筹帷幄。

谁都知道，对当官的来说，"年龄是个宝"，如果年龄一过线，任你有天大的本事，也得退休下岗。可姜子牙在渭水河畔遇到周文王时，91(C)已年过八旬，发白齿落，老态龙钟，重孙子都会打酱油了。人家周文王依然恭恭敬敬地把他当宝贝一样，封高官，居帅位。

众所周知，能在朝中翻云覆雨，掌控局面者，无不有门派，有多年经营的小圈子，有互为奥援的关系网，舍此便孤掌难鸣，寸步难行，迟早垮台。91(B)姜子牙偏偏是与谁都无瓜葛，他是"净身"入仕，但却能在朝中站得住，得到各种人才相助，毫无孤立之感，终于成就千秋大业。

각종 역사 기록을 보면, 91(A)그는 유명한 스승의 가르침도 없었고 저명한 학교를 졸업하지도 않았다. 어떠한 학위도 없었고 인터넷에서도 그의 학력증서를 찾을 수 없다. 기껏해야 독학으로 인재가 된 준지식인이라고 할 수 있다. 그러나 그는 그것 때문에 문밖으로 거절당한 적 없이 충분한 신임을 얻어 재상으로 임명되었고, 장군으로 들어가 사령기를 높이 들고 후방에서 책략을 모색했다.

누구나 아는 것처럼, 관리가 된 사람에 대해 말하자면, '나이가 보물이다'. 만약에 나이가 선을 넘으면 당신이 매우 큰 능력이 있더라도 퇴직하고 물러나야 한다. 그러나 강자아는 위수 강변에서 주나라 문왕을 만났을 때, 91(C)이미 나이가 팔순이었으며 백발에 이가 빠지고 늙어서 동작이 굼떠, 증손자가 간장을 뜰 정도였다. 주나라 문왕은 여전히 공손하게 그를 보배처럼 여기며 고관으로 봉하여 군대 최고 지휘관 자리에 있게 하였다.

모두 다 알고 있듯이, 조정에서 변덕을 부리고 국면을 장악하여 통제할 수 있는 자는 모두 당파가 있다. 여러 해 동안 계획하고 조직한 작은 울타리가 있으며, 서로 후원자가 되는 관계망이 있다. 그것을 버리고 혼자서는 일을 이루기 어렵고 행동하기 어려워 조만간 붕괴한다. 91(B)강자아는 유독 누구와도 연관이 없었다. 그는 '깨끗한 몸'으로 입사했으나 오히려 조정에서 일어설 수 있었다. 각종 인재의 도움을 받고 조금의 고립감도 없이 마침내 오래고 긴 세월의 대업을 성취했다.

[단어] 姜子牙 Jiāng Zǐyá [고유] 강자아 [주나라 시대 역사 인물로 강태공이라 불리며, 여상(呂尚) 혹은 여망(呂望)이라고도 함] | 渭水 Wèishuǐ [명] 위수 [간쑤성에서 발원하여 산시성을 거쳐 황허로 흘러가는 강의 이름] | 武王 Wǔwáng [고유] 무왕 | 打败 dǎbài [동] (적을) 물리치다 | 纣王 Zhòuwáng [고유] 주왕 | 呼风唤雨 hūfēnghuànyǔ [성어] (도사·법사가) 바람을 불게 하고 비가 내리게 하다, 자연을 마음대로 지배하다 | 当回事儿 dàng huí shìr 중시하다, 문제 삼다, 진지하게(심각하게) 여기다 | 屡屡 lǚlǚ [부] 자주, 누차, 종종, 수차례 | 受挫 shòucuò [동] 좌절당하다, 좌절을 겪다, 꺾이다, 패하다 | 嫉妒 jídù [동] (자신보다 나은 사람을) 질투하다, 샘내다 | 殷 Yīn [명] 은나라 | 小吏 xiǎolì [명] 하급 관리, 말단 관리 | 潜伏 qiánfú [동] (겉으로 드러나지 않게) 숨어 있다 | 特务 tèwu [명] 간첩, 스파이 | 嫌疑 xiányí [명] (어떤 범죄를 저질렀으리라는) 의심, 혐의 | 弃暗投明 qì'àntóumíng [성어] 어두운 곳을 떠나서 밝은 곳으로 향하다, 어두운 세력과 결별하고 바른 길을 걷다 | 丝毫 sīháo 극히 적은 수량, 조금 | 歧视 qíshì [동] 경시하다, 냉대하다 | 怀疑 huáiyí [동] 의심하다 | 委 wěi [동] 맡기다, 위임하다, 위탁하다 | 重任 zhòngrèn [명] 중임, 중책 | 掌管 zhǎngguǎn [동] 관장하다, 주관하다, 맡다 | 大权 dàquán [명] 대권 | 记载 jìzǎi [명] (어떤 일을 써 놓은) 문장, 기록 | 指教 zhǐjiào [동] 지적하며 지도하다, 지적하며 가르치다 | 准 zhǔn [형] 준하다 | 知识分子 zhīshifènzǐ [명] 지식인 | 拜相 bàixiàng [동] 과거, 재상으로 임명되다 | 高举 gāojǔ [동] 높이 들다, 추켜들다 | 帅旗 shuàiqí [명] 사령기, 장수기 | 运筹帷幄 yùnchóuwéiwò [성어] 후방에서 전술 전략을 세우다, 방법이나 정책을 정하다 | 任 rèn [접] ~든지 간에, ~에도 불구하고 | 本事 běnshi [명] 재능, 기능 | 退休 tuìxiū [동] 퇴직하다 | 下岗 xiàgǎng [동] 퇴직하다 | 河畔 hépàn [명] 하반, 강변, 강가 | 八旬 bāxún [명] 팔순 | 老态龙钟 lǎotàilóngzhōng [성어] 노쇠하여 동작이 굼뜨다, 늙어서 동작이 부자연스럽다 | 重孙子 chóngsūnzi [명] 증손자 | 恭敬 gōngjìng [형] 예의가 바르다, 공손하다 | 封 fēng [동] 봉하다 | 居 jū [동] (어떤 위치에) 있다, 자리하다 | 帅 shuài [명] 군대의 최고 지휘관 | 众所周知 zhòngsuǒzhōuzhī [성어] 모든 사람들이 다 알다 | 翻云覆雨 fānyúnfùyǔ [성어] 손바닥을 위로 하면 구름이 되고 아래로 하면 비가 된다, 이랬다저랬다 하다, 변덕스럽다 | 掌控 zhǎngkòng [동] 장악하여 통제하다 | 小圈子 xiǎoquānzi [명] 작은 울타리 [개인의 이익을 위해 서로 관계를 맺고 서로 이용하는 소집단] | 奥援 àoyuán [명] 뒷배, 믿는 구석, 후원자 [주로 나쁜 의미로 쓰임] | 舍 shě [동] 버리다, 포기하다 | 孤掌难鸣 gūzhǎngnánmíng [성어] 한쪽 손바닥으로는 소리를 내기 어렵다, 힘이 미약하기 때문에 혼자서는 일을 이루기 어렵다 | 寸步难行 cùnbùnánxíng [성어] 걷거나 행동하는 것이 어렵다, 어떤 부문의 일을 펼침에 첩첩산중이다 | 垮台 kuǎtái [동] 붕괴되다, 와해되다 | 瓜葛 guāgé [명] (일 사이의) 관련, 관계 | 净身 jìngshēn [동] 몸을 깨끗이 하다 | 入仕 rùshì [동] 입사하다 | 千秋 qiānqiū [명] 천추, 오래고 긴 세월

89 ★☆☆ | **유형** | 태도 파악

作者对姜子牙是什么态度?

A 羡慕
B 赞扬
C 怀疑
D 嘲讽

작가는 강자아에게 어떠한 태도인가?

A 부러워한다
B 찬양한다
C 의심한다
D 비웃으며 풍자한다

단어 嘲讽 cháofěng 통 비웃으며 풍자하다

해설 지문의 첫 번째 단락 '나는 강자아에게 점점 샘이 났다. 그의 운수는 정말 너무 좋았다'에서 작가가 강자아를 매우 부러워한다는 것을 알 수 있다. 따라서 정답은 A다. 작가는 결코 강자아 자체를 찬양한 것이 아니라, 단지 그의 외부 환경(운수)이 좋다고 말했으므로 B는 답이 될 수 없다. 또한 작가는 강자아의 능력을 의심하거나 강자아를 비웃으며 풍자한 적도 없으므로 C, D 모두 답이 될 수 없다.

90 ★★☆ | **유형** | 특정 어휘 파악 유형

作者说姜子牙"出身"不好，"出身"在文中指的是:

A 私人财产
B 职业经历
C 家族背景
D 出生地点

작가는 강자아의 '출신'이 좋지 않다고 하였는데, 글에서 '출신'이 가리키는 것은?

A 개인 재산
B 직업 경력
C 가족 배경
D 출생 장소

해설 두 번째 단락에서 '그는 원래 은나라 주왕 왕궁의 하급 관리여서 주왕과 오랫동안 일을 했다. 바로 '출신'이 좋지 않으며 '역사적 오점'이 있는 사람이라고 할 수 있다. 또한 잠복 간첩 혐의도 많았다'라는 말을 통해, '출신'이 가리키는 것은 강자아의 직업 경력이라는 사실을 알 수 있다. 따라서 정답은 B다.

91 ★☆☆ | **유형** | 세부 내용 파악

下列哪一项不是姜子牙的特点?

A 学历不高
B 无门无派
C 年龄很大
D 为人仗义

다음 중 강자아의 특징이 아닌 것은?

A 학력이 높지 않다
B 당파가 없다
C 나이가 많다
D 사람들과 잘 어울리고 의리를 중시한다

해설 글에서 강자아가 사람들과 잘 어울리고 의리를 중시한다는 말은 언급되지 않았다. 따라서 정답은 D다. '그는 유명한 스승의 가르침도 없었고 저명한 학교를 졸업하지도 않았다. 어떠한 학위도 없었고 인터넷에서도 그의 학력증서를 찾을 수 없다'에서 강자아의 학력이 높지 않음을 알 수 있다, 또한 '강자는 유독 누구와도 연관이 없었다. 그는 '깨끗한 몸'으로 입사했으나……'라는 말을 통해 강자아는 당파가 없다는 것을 알 수 있다. '이미 나이가 팔순이었으며 백발에 이가 빠지고 늙어서 동작이 굼떴다'로 강자아의 나이가 많다는 것을 알 수 있다. 그러므로 A, B, C 모두 강자아의 특징에 해당한다.

92 作者写本文的目的是什么?

A 介绍历史
B 歌颂名人
C 借古讽今
D 神话鉴赏

작가가 본문을 쓴 목적은 무엇인가?

A 역사를 소개하기 위해
B 명인을 찬양하기 위해
C 옛사람들의 시비곡직을 비평한다는 핑계로 현실을 풍자하기 위해
D 신화를 감상하기 위해

단어 歌颂 gēsòng (동)(노래·시가·말·문자 등으로) 찬미하다, 찬양하다 | 借古讽今 jiègǔfěngjīn (성어) 옛사람(옛일)들의 시비곡직을 비평한다는 핑계로 현실을 풍자하다 | 鉴赏 jiànshǎng (동)(예술 작품이나 문물 등을) 감상하다

해설 지문에서 작가는 실제로 자신이 인생에서 여러 번 좌절을 겪었음을 분개하면서, 역사적 오점이 있는 사람을 냉대하지 않고, 오히려 중책을 맡게 했던 과거와 비교해, 학력과 관계만을 중시하는 현대 사회의 좋지 않은 현상을 풍자하고 있다. 따라서 정답은 C다.

93-96

古老的风筝，已经不仅仅是娱乐玩具，在科学技术高度发达的今天，风筝同样在为人类做贡献！

风筝又名纸鸢，最早发源于中国，至今已有2000多年历史。据说巧匠鲁班就曾"削竹为鹊，成而飞之"，应当说这是风筝的前身。93(C)五代时期的李邺，曾在宫中以线放纸鸢为游戏，又别出心裁地在纸鸢的头部安装竹笛，风入竹哨，听上去像是在弹奏古筝，因此得名"风筝"。英国著名学者李约瑟把风筝列为中华民族的重大科学发明之一。美国华盛顿国家航空和空间博物馆中有一块说明牌上也醒目地写着：最早的飞行器是中国的风筝和火箭。

94(B)风筝的发明，对科学技术的发展产生了深远的影响：1749年，美国一位名叫威尔逊的天文学家，研制出世界上第一台空中试验仪。他用6只风筝将天文仪器吊到700多米的高空中进行科学试验，第一次测到了大气的温度，并获得了一些重要的理论数据，推动了天文学的发展。1752年，美国科学家富兰克林曾在风筝上挂一只铁钥匙，在雷电交加时，把风筝送上天，引来雷电，从而证明了雷电也是一种放电现象，避雷针也由此发明。1804年，英国的乔治格雷爵士用两只风筝作机翼，研制出了一架5英尺长的滑翔机。1894年，英国科学家设计了一只供战场观察的军用风筝，其作用犹如当今的卫星电视转播……

역사가 오래된 연은 이제 오락을 위한 장난감일 뿐만 아니라 과학기술이 고도로 발전한 오늘날에도 연은 여전히 인류를 위해 공헌한다!

연은 다른 이름으로는 '지연'이라고도 하는데, 제일 처음에 중국에서 기원하였으며 지금까지 이미 2000여 년의 역사를 가지고 있다. 장인 노반이 '대나무를 깎아 까치를 만들어 그것을 날렸다'라고 말한 것에 따르면 이것이 연의 전신이라고 할 수 있다. 93(C)오대의 이업은 궁에서 실로 연을 놓는 놀이를 하였다. 또 기발하게 연의 머리 부분에 대나무 피리를 설치했는데, 바람이 들어가면 대나무가 소리를 내 쟁을 퉁기는 것 같았다고 한다. 그리하여 '풍쟁'이라는 이름을 얻었다. 영국의 유명한 학자 조지프 니덤은 연을 중화민족의 중요한 과학 발명품 중의 하나로 꼽았다. 미국 워싱턴 국립항공우주박물관의 설명판에도 최초의 비행기는 중국의 연과 불화살이라고 눈에 띄게 쓰여 있다.

94(B)연의 발명은 과학기술의 발전에 깊은 영향을 끼쳤다. 1749년 미국의 윌슨이라고 불리는 천문학자는 세계에서 최초로 공중 시험기구를 연구제작했다. 그는 6개의 연으로 천문기기를 700여 미터의 고공에 매달아 과학 실험을 진행했다. 처음으로 대기의 온도를 측정하고 중요한 데이터를 얻었으며 천문학의 발전을 촉진하였다. 1752년 미국 과학자 프랭클린은 연 위에 쇠열쇠를 걸어 천둥과 번개가 동시에 나타날 때, 연을 하늘로 보내서 천둥과 번개를 끌어들였다. 그리하여 천둥과 번개 역시 방전현상이라는 것을 증명했고, 피뢰침도 이로 인해 발명되었다. 1804년, 영국의 기사 조지 그레이는 2개의 연으로 비행기의 날개를 만들어서 5피트 길이의 글라이더 한 대를 연구제작했다. 1894년, 영국의 과학자는 전쟁터를 관찰하는 데 사용하는 군용 연을 설계했다. 그 효과가 오늘날의 위성TV 중계와 같았다……

最近，科学家提出了利用风筝发电的新方法。据估计，95(B)风筝风力发电机获得每千度电的成本仅有15欧元。而欧洲国家每千度电的发电成本平均为43欧元。据报道，俄罗斯物理学家在这方面作过探索。他们将50个巨大的风筝，放到空中从上至下排成一串。每个风筝伸展开来有足球场那么大，而牵扯这些风筝的绳索就有6000米长。

此外，科学家还设计建造了家用式的高空风力发电设备。房主可以把这样的设备安装在自家房顶上，或许还可以替代太阳能电池。这些小型风筝梯子只需100米或者200米高，就足够为一户人家提供几千瓦的电力。

최근, 과학자들은 연을 이용해 전기를 일으키는 새로운 방법을 제시했다. 추측에 따르면 95(B)연 풍력발전기가 얻는 천 킬로와트당 전기의 원가는 단지 15유로다. 그러나 유럽 국가의 천 킬로와트당 전기의 원가는 평균 43유로다. 보도에 따르면 러시아 물리학자는 이 방면에 연구를 한 적이 있다. 그들은 50개의 거대한 연을 공중에 놓고 위에서 아래까지 한 줄로 배열했다. 모든 연이 펼쳐지면 축구장만큼 컸고 연에 연결된 밧줄의 길이만도 6000미터였다.

이 외에, 과학자는 가정용 고공 풍력발전설비를 설계해 만들었다. 집주인은 이러한 설비를 자신의 집 옥상에 설치하거나 태양열 전지를 대체할 수 있다. 이러한 소형 연 사다리는 100미터 혹은 200미터의 높이만 있어도 한 가정에 몇 천 와트의 전력을 제공하기에 충분하다.

단어 风筝 fēngzheng 명 연 | 纸鸢 zhǐyuān 명 지연, 연 | 巧匠 qiǎojiàng 명 솜씨가 뛰어난 장인 | 鲁班 Lǔ Bān 고유 노반 | 削 xiāo 동 (칼로 물체의 표층을) 제거하다. 깎다 | 鹊 què 명 까치 | 前身 qiánshēn 명 전신 | 李邺 Lǐ Yè 고유 이업 | 别出心裁 biéchūxīncái 성어 매우 좋은 구상을 생각해내다 | 安装 ānzhuāng 동 설치하다. 고정시키다 | 笛 dí 명 피리 | 哨 shào 동 (새가) 지저귀다. 울다 | 弹奏 tánzòu 동 (현악기를 손가락으로) 퉁기다 | 古筝 gǔzhēng 명 쟁 | 李约瑟 Lǐyuēsè 고유 조지프 니덤 [Joseph Needham, 1900~1995, 영국의 사회과학자] | 华盛顿 Huáshèngdùn 명 워싱턴 | 醒目 xǐngmù 동 (글·그림 등이) 주의를 끌다. 시선을 끌다. 눈에 띄다 | 火箭 huǒjiàn 명 미사일. 로켓. 불화살 | 威尔逊 Wēi'ěrxùn 고유 로버트 우드로 윌슨 [Robert Woodrow Wilson, 1936~. 미국의 전파천문학자] | 试验仪 shìyànyí 명 시험 측정 기구 | 吊 diào 동 걸다. 매달다 | 测 cè 동 측량하다. 재다 | 数据 shùjù 명 데이터. 수치 | 推动 tuīdòng 동 추진하다. 촉진하다 | 富兰克林 Fùlánkèlín 고유 벤자민 프랭클린 [Benjamin Franklin, 1706~1790. 미국의 과학자] | 雷电 léidiàn 명 천둥과 번개 | 交加 jiāojiā 동 (두 가지 것이) 동시에 나타나다. 한꺼번에 닥치다 | 避雷针 bìléizhēn 명 피뢰침 | 乔治格雷 Qiáozhìgéléi 고유 조지 그레이(George Grey) | 爵士 juéshì 명 기사 | 机翼 jīyì 명 기익, 비행기의 날개 | 英尺 yīngchǐ 양 피트 | 滑翔机 huáxiángjī 명 글라이더. 활공기 | 犹如 yóurú 동 ~와 같다 | 度 dù 양 킬로와트 [전력량의 단위] | 探索 tànsuǒ 동 탐색하다. 찾다 | 伸展 shēnzhǎn 동 (일정한 방향을 향해) 뻗다. 늘이다. 펼치다. 펴다 | 牵扯 qiānchě 동 연관되다. 관계되다 | 绳索 shéngsuǒ 명 로프. 굵은 밧줄 | 梯子 tīzi 명 사다리, 사닥다리 | 瓦 wǎ 양 와트

★★☆ **|유형|** 세부 내용 파악

93 关于风筝的叙述，下列哪一项是正确的? 연에 대한 설명 중 옳은 것은?

A 风筝大多有足球场那么大

B 风筝可以测量大气的温度

C 风筝在古代是一种娱乐玩具

D 英国和美国也曾发明了风筝

A 연은 대부분 축구장만큼 크다

B 연은 대기의 온도를 측량할 수 있다

C 연은 고대에 일종의 오락 도구였다

D 영국과 미국 역시 일찍이 연을 발명했다

해설 지문 초반에 '오대의 이업은 궁에서 실로 연을 놓는 놀이를 하였다'에서 알 수 있듯이, 연은 고대에 일종의 오락 도구였음을 알 수 있다. 따라서 정답은 C다. 지문에서 풍력 발전을 하는 데 쓰이는 연이어야만 축구장만큼 크지, 대다수의 연은 그렇게 크지 않다고 했으므로 A는 답이 될 수 없다.

★☆☆ **|유형|** 주제 파악

94 文章第三段是想说明: 글의 세 번째 단락이 설명하고자 하는 것은?

A 风筝是现代科技发展的产物

B 风筝推动了科学技术的发展

C 风筝使天文学取得较大进步

D 战争时风筝可用于观察战场

A 연은 현대 과학기술 발전의 산물이다

B 연은 과학기술의 발전을 촉진했다

C 연은 천문학이 비교적 크게 진보하도록 하였다

D 전쟁 중 연은 전쟁터를 관찰하는 데 쓰일 수 있다

단어 产物 chǎnwù 명 결과. 산물 [어떤 조건 아래에서 생겨난 것]

 세 번째 단락 도입부에 '연의 발명은 과학기술의 발전에 깊은 영향을 끼쳤다'라고 언급했고, 연과 천문학의 발전, 피뢰침의 발명, 글라이더 연구제작, 전쟁터 관찰은 모두 이와 관계가 있으므로 정답은 B다. 연은 현대의 과학기술이 아니라, 고대에 발명된 것이므로 A는 답이 될 수 없다.

★☆☆ │ **유형**│ 전체 내용 파악

95

未来风筝发电的最大优点应该是：	미래 연 발전(發電)의 가장 큰 장점은?
A 工艺简单	A 작업이 간단하다
B 花费低廉	B 비용이 저렴하다
C 风筝的展开面积大	C 연의 건축 면적이 크다
D 可代替太阳能电池	D 태양열 전지를 대체할 수 있다

단어 低廉 dīlián 〔형〕 (가격이) 싸다, 저렴하다 │ 展开面积 zhǎnkāi miànjī 〔명〕 건축 면적, 건평

해설 지문 후반에 '연 풍력 발전기가 얻는 천 킬로와트당 전기의 원가는 단지 15유로다. 그러나 유럽국가의 천 킬로와트당 전기의 원가는 평균 43유로다'라는 말을 통해 연이 전기를 내는 원가가 저렴하다는 사실을 알 수 있다. 따라서 정답은 B다.

★☆☆ │ **유형**│ 전체 내용 파악

96

下列哪项最适合做本文的题目?	아래에서 글의 제목으로 적합한 것은?
A 风筝与火箭	A 연과 불화살
B 风筝的制作	B 연의 제작
C 风筝中的科学	C 연 속의 과학
D 风筝如何发电	D 연은 어떻게 전기를 일으키는가

해설 C만이 지문의 내용을 개괄할 수 있다. 나머지 세 항목은 모두 글의 일부분일 뿐이다.

97-100

两天前，住在胜泰路的邵先生在楼下人行道上偶然发现，地上有很多蚂蚁，黑压压地聚集在一起，"会不会是蚂蚁开会啊？"好奇的邵先生俯身观察。"我看了才知道，蚂蚁是在'打仗'，那架势我从来没有见过！" 97(D)邵先生是昆虫爱好者，马上回家拿来了摄像机拍摄。过了一天，他再次经过，蚁群之战仍在继续，而人行道的沟缝里已经填满了蚂蚁尸体，足有近20米长，数量惊人！只见人行道上、绿化带边，到处是黑压压的蚂蚁，凑近观察，就可以看到一只只蚂蚁舞动着爪子，在蚁群之中相互撕咬，有头咬头的，有从后面咬住肚子，直至将对方肚子撕开的，有被残忍地分成几段横尸疆场的，看起来很血腥。"别看乱哄哄

2일 전, 성타이길에 사는 사오 선생이 아래층 인도에서 우연히 많은 개미가 땅 위에 새까맣게 모여 있는 것을 발견했다. "개미가 회의를 여는 것인가?" 호기심이 생긴 사오 선생은 몸을 구부려 관찰했다. "보니까 알겠군. 개미는 '전쟁'을 하고 있구나. 이 모습은 내가 여태껏 본 적이 없어!" 97(D)사오 선생은 곤충 애호가여서 곧바로 집에 가서 비디오카메라를 가져와 촬영을 했다. 하루가 지나, 그가 다시 지나갔는데 개미 무리의 전쟁이 아직도 계속되고 있었다. 그리고 인도의 틈 안에는 이미 개미 시체가 꽉 차 있었다. 거의 20미터의 길이에 달했고 수량은 사람을 놀라게 했다. 인도 위와 녹화 지대 곳곳이 새까만 개미였다. 가까이 가서 관찰하니 한 마리 한 마리가 발을 흔들고 있는 것을 볼 수 있었다. 개미들은 무리 속에서 서로 물어뜯었는데, 머리를 무는 것도 있었고 뒤에서 배를 물고 상대방의 배를 찢는 것도 있었으며 잔인하게 나뉘어져 전쟁터에서 횡사한 것도 있었다. 보고 있으니 피비린내가 나는 것 같았다. "어지럽게 보이지

的，^{99(B)}蚂蚁们可是对垒分明！"邵先生说，^{98(C)}蚁群内部可是高度团结的，发生对抗的是一种黑头蚂蚁和一种黄头蚂蚁，"你看，这只黑头蚂蚁咬死一只黄头蚂蚁后，立即又加入另一场战斗，两只黑头攻击一只黄头！"邵先生用草去拨一对厮打的蚂蚁，竟然无法拨开，两方死死咬在一起。此情此景使人想起电影中的机器人大战，被输入指令的机器人义无反顾地反复攻击对方阵营。被打死的蚂蚁立即被其他蚂蚁拖到了地砖的缝隙中，20米长的沟缝里堆满了蚂蚁尸体，还有蚂蚁在尸堆里面爬来爬去，邵先生说："这是蚂蚁在检查有没有没死掉的，这叫清理战场！""^{99(D)}已经持续两天了，^{99(C)}现在还打得难分难解呢！"对此，邵先生啧啧称奇。

专家认为，蚂蚁也是分族群的，这应该是两个族群之间^{99(A), 100(C)}为了争地盘和食物而发生的战争。虽然经过战争后，蚂蚁族群会损失惨重，但是蚁后的繁殖能力很强，很快就会使其族群重新壮大起来。另外，发现这种普通蚂蚁的地方，有一个好处就是不会有白蚁，因为白蚁也会被这些蚂蚁所消灭。

만 ^{99(B)}개미들의 대치가 명확합니다!" 사오 선생은 ^{98(C)}개미 무리 내부는 매우 단결되어 있으며, 저항이 생긴 것은 검은 머리 개미와 황색 머리 개미라고 말했다. "보세요. 이 검은 머리 개미가 황색 머리 개미를 죽이고 나서 즉시 다른 전투에 참가했어요. 이 두 검은 머리가 한 마리의 황색 머리를 공격합니다!" 사오 선생은 풀로 서로 맞잡고 붙어 싸우는 개미를 건드렸다. 뜻밖에도 떨어지지 않고 두 마리가 바짝 서로 물었다. 이 광경은 사람으로 하여금 명령이 입력된 로봇이 정의를 위해 용감하게 나아가 상대방의 진영을 반복해서 공격하는 영화 속 로봇전쟁을 생각나게 했다. 죽음을 당한 개미는 즉시 다른 개미에 의해 보도블록의 틈새로 끌려갔다. 20미터 길이의 골 틈에 개미 시체가 꽉 찼다. 또한 시체 더미 안을 기어 다니는 개미도 있었다. 사오 선생은 말했다. "이것은 개미가 죽지 않은 개미가 있는지 없는지 관찰하고 있는 거예요, 이것을 전쟁터를 청소한다고 하지요!" "^{99(D)}이미 이틀간 지속되었어요. ^{99(C)}현재 아직도 서로 맞붙어 떨어지지 않을 정도로 싸우고 있어요!" 이것에 대해 사오 선생은 칭찬이 자자했다.

전문가는 개미 역시 집단으로 나뉘며 마땅히 두 집단 사이에 ^{99(A), 100(C)}영역과 식량을 쟁취하기 위해 전쟁이 발생한다고 여겼다. 비록 전쟁을 겪은 후, 개미집단의 손실이 극심하지만 여왕개미의 번식능력이 강해서 매우 빨리 그 집단이 다시 강대해지게 될 것이다. 게다가 이런 보통 개미를 발견한 곳에는 한 가지 장점이 있는데 바로 흰개미가 없다는 점이다. 왜냐하면 흰개미 역시 이러한 개미들에 의해 소멸될 것이기 때문이다.

단어 蚂蚁 mǎyǐ 몡 개미 | 黑压压 hēiyāyā 휑 (사람이나 물건 등이 많이 밀집된 것을 나타내어) 새까맣다 | 聚集 jùjí 됭 한데 모이다(모으다), 집중하다 | 俯身 fǔshēn 됭 몸을 구부리다, 허리를 굽히다 | 架势 jiàshi 몡 자세, 모양 | 昆虫 kūnchóng 몡 곤충 | 摄像机 shèxiàngjī 몡 비디오카메라 | 拍摄 pāishè 됭 촬영하다, (사진을) 찍다 | 沟 gōu 몡 (도랑 같은) 얕은 홈, 고랑 | 填 tián 됭 채우다, 메우다, 막다 | 绿化带 lǜhuàdài 몡 녹화 지대 | 凑近 còujìn 됭 접근하다, 다가가다, 가까이 가다 | 爪子 zhuǎzi 몡 짐승의 발(톱) | 撕咬 sīyǎo 됭 물어뜯다 | 直至 zhízhì 됭 쭉 ~에 이르다 | 撕开 sīkāi 됭 찢다, 뜯다 | 残忍 cánrěn 휑 잔인하다, 악랄하다 | 横尸 hèngshī 몡 횡사, 뜻밖의 재앙으로 죽음 | 疆场 jiāngchǎng 몡 전쟁터 | 血腥 xuèxīng 휑 피비린내 나는 | 乱哄哄 luànhōnghōng 휑 왁자지껄하다, 웅성웅성하다 | 别看 biékàn 젭 ~라고 보지 마라, ~이긴 하지만 | 对垒 duìlěi 됭 격돌하다, 대치하다 | 对抗 duìkàng 됭 대항하다, 저항하다 | 战斗 zhàndòu 몡 전투, 투쟁 | 攻击 gōngjī 됭 공격하다, 진공하다 | 拨 bō 됭 움직이다, 밀다, 젖히다, 헤치다 | 厮打 sīdǎ 됭 서로 맞잡고 싸우다 | 机器人 jīqìrén 몡 로봇 | 输入 shūrù 됭 입력하다 | 指令 zhǐlìng 몡 명령 | 义无反顾 yìwúfǎngù 성어 정의를 위해 뒤돌아보지 않고 용감하게 나아가다, 조금도 주저하지 않고 정의를 위해 나아가다 | 阵营 zhènyíng 몡 진영 | 拖 tuō 됭 끌다, 끌어(잡아)당기다 | 地砖 dìzhuān 몡 보도블록 | 缝隙 fèngxì 몡 틈, 틈새, 갈라진 곳, 터진 자리 | 堆 duī 됭 쌓이다 | 难分难解 nánfēnnánjiě 성어 서로 맞붙어 떨어지지(양보하지) 않다 | 啧啧称奇 zézé chēngqí 칭찬이 자자하다 | 地盘 dìpán 몡 지반, 근거지 | 损失 sǔnshī 됭 잃어버리다, 손실되다 | 惨重 cǎnzhòng 휑 (손실이) 극심하다, 막급하다 | 蚁后 yǐhòu 몡 여왕개미 | 繁殖 fánzhí 됭 번식하다, 증가하다, 불어나다

97

下面哪种说法正确？

A 蚂蚁开会非常常见
B 蚂蚁打仗非常血腥
C 邵先生是昆虫学专家
D 邵先生是昆虫爱好者

다음 중 옳은 것은?

A 개미가 회의를 여는 것은 매우 자주 본다
B 개미가 싸우는 것은 피비린내가 난다
C 사오 선생은 곤충학 전문가다
D 사오 선생은 곤충 애호가다

해설 지문 초반에 '사오 선생은 곤충 애호가다'라고 언급했으므로 정답은 D다. '애호가'가 '전문가'를 뜻하는 것은 아니므로 C는 답이 될 수 없다. 또한 개미는 싸우고 있는 것이지 회의를 하고 있는 것이 아니므로 A도 답이 될 수 없다. '보고 있으니 피비린내가 나는 것 같았다'는 말은 개미들이 격렬하게 싸우는 장면을 묘사한 것이지, 실제로 개미가 싸울 때 피비린내가 났다는 말은 아니므로 B도 답이 될 수 없다.

98

"对垒分明"在文中的意思是:

A 蚂蚁在土堆上打仗
B 蚁群内部分工明确
C 蚁群双方明显敌对
D 蚂蚁打仗残酷血腥

지문의 '대치가 명확하다'의 의미는?

A 개미가 흙더미 위에서 싸우고 있다
B 개미 무리의 내부는 분업이 명확하다
C 개미 무리는 서로가 분명히 적대적이다
D 개미의 싸움은 잔혹하고 피비린내가 난다

해설 지문 중반에 '개미 무리 내부는 매우 단결되어 있으며 저항이 생긴 것은 검은 머리 개미와 황색 머리 개미'라고 말했으므로 C가 정답이다. 垒는 흙더미를 가리키는 것이 아니므로 A는 답이 될 수 없다.

99

本文没有提到蚂蚁打仗的哪个方面？

A 打仗原因
B 打仗形式
C 战斗结果
D 持续时间

지문에서 개미의 싸움에 대해 언급되지 않은 것은?

A 싸움의 원인
B 싸우는 형식
C 전투의 결과
D 지속된 시간

해설 지문 후반의 '서로 맞붙어 떨어지지 않을 정도로 싸우고 있다'에서 작가는 아직 전투의 결과를 모른다는 것을 알 수 있다. 따라서 언급되지 않은 것은 C다. 두 집단 간에 영역과 식량을 쟁취하기 위해 전쟁이 발생한다는 것으로 싸움의 원인을 알 수 있으므로 A는 언급되었다. 또한 '대치가 명확하다' 등은 싸움의 형식이므로 B도 맞으며, '이미 이틀간 지속되었다'고 했으므로 D도 언급되었다.

100

为什么蚂蚁之间会发生战争？

A 为了争夺水、面包等食物
B 为了证明自己的种群更强
C 为了获得更有利的生存条件
D 为了争夺蚁后繁衍更多蚂蚁

왜 개미 사이에 전쟁이 발생하였는가?

A 물, 빵 등 식량을 쟁탈하기 위해서
B 자신의 군체가 더 강하다는 것을 증명하기 위해서
C 더 유리한 생존 조건을 얻기 위해서
D 여왕개미를 빼앗아 더 많은 개미를 번식시키기 위해서

단어 争夺 zhēngduó 통 쟁탈하다, 다투다 | 繁衍 fányǎn 통 번식하다, 증가하다

해설 지문 후반부에 개미 간에 전쟁이 발생하는 것은 영역과 식량을 쟁취하기 위함이라고 했다. 이는 더 유리한 생존 조건을 얻기 위해서라는 것을 설명하므로 C가 정답이다. 보기 A는 식량이라는 생존 조건만 언급했고, 영역은 언급하지 않았으므로 답이 될 수 없다.

1 아래 텍스트를 자세히 읽을 것. 제한시간은 10분이며 읽는 동안 베끼거나 기록할 수 없음.

2 10분 후 감독관이 읽기 자료를 수거하면 이 텍스트를 짧은 글로 요약할 것. 제한시간은 35분.

3 제목은 스스로 정할 것. 지문 내용을 줄여 쓰기만 하고 자신의 의견은 첨가하지 말 것.

4 글자 수는 400자 내외로 할 것.

5 답안지에 직접 작성할 것.

101

世界年轻时，天空曾有十个太阳。他们的母亲是东方天帝的妻子。她常把十个孩子放在世界最东边的东海洗澡。洗完澡后，他们像小鸟那样栖息在一棵大树上，因为每个太阳的中心是只鸟。九个太阳栖息在长得较矮的树枝上，剩下的一个太阳则栖息在树梢上，每夜一换。

当黎明来临时，栖息在树梢的太阳便坐着两轮车穿越天空。十个太阳每天一换，轮流穿越天空，给大地万物带去光明和热量。

那时候，人们在大地上生活得非常幸福和睦。人和动物像邻居和朋友那样生活在一起。动物将它们的后代放在窝里，不必担心人会伤害它们。农民把谷物堆在田野里，不必担心动物会把它们偷走。人们按时作息，日出而耕，日落而息，生活美满。人和动物彼此以诚相见，互相尊重对方。那时候，人们感恩于太阳给他们带来了时辰、光明和欢乐。

可是，有一天，这十个太阳想到要是他们一起周游天空肯定很有趣。于是，当黎明来临时，十个太阳一起爬上车，踏上了穿越天空的征程。这一下，大地上的人们和万物遭殃了。十个太阳像十个火团，他们放出的热量烤焦了大地。

森林着火了，树木烧成了灰烬，许多动物也被烧死了。那些没有被大火烧死的动物流窜到人群之中，发疯似的寻找食物。

河流干枯了，大海也干涸了。所有的鱼都死了，水中的怪物便爬上岸偷窃食物。许多人和动物渴死了。农作物和果园枯萎了，供给人和家畜的食物也断绝了。一些人出门觅食，被太阳的高温活活烧死；另外一些人成了野兽的食物。人们在火海里挣扎着生存。

세상이 생긴 지 얼마 안 되었을 때 하늘에는 10개의 태양이 있었다. 그들의 어머니는 동쪽 천제의 부인이었다. 그녀는 10명의 아이들을 세상에서 제일 동쪽인 동해에 놓고 목욕을 시켰다. 목욕을 마친 뒤, 그들은 작은 새처럼 큰 나무 위에서 쉬었다. 왜냐하면 각 태양의 가운데는 새였기 때문이다. 9개의 태양이 비교적 낮은 나무 위에서 쉬고 나머지 하나는 나무 꼭대기 위에서 쉬었으며 밤마다 바꾸었다.

동틀 무렵에는, 나무 꼭대기에서 쉬던 태양이 이륜차를 타고 하늘을 가로질러 지나갔다. 10개의 태양이 매일 바꾸어 가며 교대로 하늘을 통과하여 대지의 만물에게 광명과 열에너지를 주었다.

그때, 사람들은 대지 위에서 매우 행복하고 화목하게 지냈다. 사람과 동물은 이웃과 친구처럼 같이 생활했다. 동물은 그들의 자손을 보금자리에 두고 사람이 그들을 해칠 것을 걱정하지 않았다. 농민은 곡물을 들판에 쌓아 놓고 동물이 그것들을 훔쳐갈 것을 걱정하지 않았다. 사람들은 제때 일하고 휴식하였으며 해가 뜨면 농사를 짓고 해가 지면 쉬었다. 생활이 아름답고 원만했다. 사람과 동물은 서로 진심으로 대했으며 서로 간에 상대방을 존중하였다. 그때, 사람들은 태양이 그들에게 시간과 광명, 즐거움을 가져다준 것에 감사했다.

그런데 어느 날 10개의 태양은 그들이 같이 하늘을 돌아다니면 분명 매우 재미있을 것이라고 생각했다. 그래서 동틀 무렵에, 10개의 태양은 같이 올라가서 하늘을 통과하는 노정을 밟았다. 그러자 대지 위의 사람들과 만물은 재앙을 만나게 되었다. 10개의 태양은 10개의 불덩어리 같았고 그들이 방출하는 열에너지가 대지를 불태웠다.

삼림에 불이 났다. 나무가 타서 재가 되었으며 많은 동물도 불에 타 죽었다. 큰불에 타지 않은 동물들이 사람들에게까지 도망쳐와서 미친 듯이 식량을 찾았다.

강이 말랐고 큰 바다도 말랐다. 물고기가 전부 죽어, 수중의 요괴가 해안으로 올라와 식량을 훔쳤다. 많은 사람들과 동물들이 목말라 죽었다. 농작물과 과수원이 시들어, 사람과 가축에게 제공되던 식량도 끊어졌다. 일부 사람들은 멀리 나가 먹을 것을 찾다가 태양의 높은 열에 의해 산 채로 타 죽었다. 그밖에 일부 사람들은 야수의 식량이 되었다. 사람들은 불바다에서 안간힘을 쓰며 생존하고 있었다.

这时，来了个年轻英俊的英雄，叫做后羿，他是个神箭手，箭法超群，百发百中。他看到人们生活在苦难中，便决心帮助人们脱离苦海，射掉那多余的九个太阳。

于是，后羿爬过了九十九座高山，迈过了九十九条大河，穿过了九十九个峡谷，来到了东海边。他登上了一座大山，山脚下就是茫茫的大海。后羿拉开了万斤力弓弩，搭上千斤重利箭，瞄准天上火辣辣的太阳，"嗖"地一箭射去，一个太阳被射落了。后羿又拉开弓弩，搭上利箭，"嗡"地一声射去，同时射落了两个太阳。这下，天上还有七个太阳瞪着红彤彤的眼睛。后羿感到这些太阳仍很灼热，又狠狠地射出了第三支箭。这一箭射得很有力，一箭射落了四个太阳。其他的太阳吓得全身打颤，团团乱转。就这样，后羿一支接一支地把箭射向太阳，无一虚发，射掉了九个太阳。中了箭的九个太阳一个接一个地死去。他们的羽毛纷纷落在地上，他们的光和热一个接一个地消失了。大地越来越暗，直到最后只剩下一个太阳。

这个剩下的太阳害怕极了，在天上摇摇晃晃，慌慌张张，很快就躲进大海里去了。

天上没有了太阳，世界立刻变成了一片黑暗。万物得不到阳光的哺育，毒蛇猛兽到处横行，人们无法生活下去。他们便请求天帝，唤第十个太阳出来，让人类和万物繁衍下去。

一天早上，东边的海面上，透射出五彩缤纷的朝霞，接着一轮金灿灿的太阳露出了海面。

人们看到了太阳的光辉，高兴得手舞足蹈，齐声欢呼。

从此，这个太阳每天从东方的海边升起，挂在天上，温暖着人间，禾苗得以生长，万物得以生存。

后羿因为射杀太阳，拯救了万物，功劳盖世，被天帝赐封为天将。后与仙女嫦娥结为夫妻，生活得美满幸福。

이때, 후예라고 불리는 젊고 영준한 영웅이 왔다. 그는 명사수로, 화살을 쏘는 방식이 평범함을 뛰어넘어 백발백중이었다. 그는 사람들이 고난 속에서 생활하는 모습을 보고 사람들이 곤경에서 벗어나도록 도와 남아도는 9개의 태양을 쏴버리겠다고 결심했다.

그래서 후예는 99개의 높은 산을 넘고 99개의 큰 강을 건너 99개의 골짜기를 통과해서 동쪽 해변으로 왔다. 그가 큰 산에 오르자, 산 밑은 아득한 대해였다. 후예는 만근의 무거운 활궁을 당겨서 천근의 무겁고 날카로운 화살을 얹고 하늘의 뜨거운 태양을 겨냥했다. '쉭' 하고 한 발이 나가자 한 개의 태양이 맞아 떨어졌다. 후예는 또 활궁을 당겨서 날카로운 화살을 얹고 '붕' 하고 한 발을 쏘았다. 동시에 두 개의 태양이 떨어졌다. 이때 하늘에는 아직 7개의 태양이 새빨간 눈을 뜨고 있었다. 후예는 이 태양들이 아직 매우 뜨겁다는 것을 느끼고 매섭게 세 번째 화살을 쏘았다. 이번엔 매우 힘있게 쏘아 한 번에 4개의 태양이 떨어졌다. 다른 태양은 전신을 떨 정도로 놀라며 빙빙 돌아다녔다. 이렇게 후예는 한 발 한 발씩 태양을 향해 화살을 쏘았다. 한 발도 헛방을 쏘지 않았고 9개의 태양을 쏘아 떨어뜨렸다. 화살을 맞은 9개의 태양은 하나하나 죽어갔다. 그들의 깃털이 끊임없이 땅으로 떨어졌다. 그들의 빛과 열도 조금씩 사라졌다. 대지가 점점 어두워졌고 마지막에 하나의 태양만이 남게 되었다.

이 남은 태양은 매우 두려워했다. 하늘에서 흔들거리고 동요하면서 매우 빠르게 큰 바다 속으로 숨었다.

하늘에 태양이 없어지니 세상이 즉시 어둠으로 변했다. 만물이 햇빛의 양육을 얻지 못했고 독사와 맹수가 도처에서 날뛰고 있었다. 사람들은 더 이상 살아갈 수 없었다. 그들은 하느님에게 부탁하며 열 번째 태양이 나와서 인류와 만물을 번영하게 해 달라고 외쳤다.

어느 날 아침, 동쪽의 해면 위에 오색찬란한 아침 노을이 비추었고 이어서 금빛 찬란한 태양이 해면에 드러났다.

사람들은 태양의 눈부신 빛을 보았고 기뻐서 어쩔 줄 몰라하며 이구동성으로 환호했다.

이때부터 이 태양은 매일 동쪽 해변에서 떠올라 하늘 위에 걸려서 인간세상을 따뜻하게 하였고 모종이 성장하고 만물이 생존할 수 있도록 했다.

후예는 태양을 쏴 죽여 만물을 구한 공이 커, 하느님에 의해 하늘 나라의 장군으로 봉해졌다. 후에 선녀 항아와 부부로 맺어져 아름답고 행복하게 지냈다.

단어 年轻 niánqīng 혱 (국가나 조직 따위가) 생긴 지 얼마 안 되다. 신생하다 | 栖息 qīxī 통 (주로 새가) 서식하다. 쉬다 | 黎明 límíng 몡 여명. 동틀 무렵 | 穿越 chuānyuè 통 (어떤 지역을) 통과하다. 지나가다 | 轮流 lúnliú 통 교대로 하다. 돌아가면서 하다 | 窝 wō 몡 둥지. 둥우리 | 堆 duī 통 (손이나 도구를 써서 물건을) 쌓다 | 作息 zuòxī 통 일하고 휴식하다 | 耕 gēng 통 (쟁기 따위로) 밭을 갈다. 농사짓다 | 感恩 gǎn'ēn 통 은혜에 감사하다. 감은하다 | 时辰 shíchen 몡 시각. 시기 | 征程 zhēngchéng 몡 노정. 여정 | 遭殃 zāoyāng 통 재앙을 만나다. 불행한 일을 당하다 | 火团 huǒtuán 몡 불덩어리 | 烤焦 kǎojiāo 통 불에 구워 태우다. 까맣게 눋다 | 灰烬 huījìn 몡 재 | 烧死 shāosǐ 통 타 죽다 | 流窜 liúcuàn 통 (도적이나 적이) 이리저리 달아나다. 도망치며 돌아다니다 | 发疯 fāfēng 통 미치다. 발광하다 | 干枯 gānkū 혱 (강·연못·저수지 등의) 물이 마르다 | 干涸 gānhé 혱 (강·연못·저수지 등의) 물이 마르다 | 偷窃 tōuqiè 통 훔치다. 절도하다. 도둑질하다 | 枯萎 kūwěi 혱 (꽃·잎이) 시들다. 마르다 | 家畜 jiāchù 몡 가축. 집짐승 | 断绝 duànjué 통 (연락이나 왕래를) 단절하다. 끊다 | 活活 huóhuó 분 산 채로. 멀쩡하게 | 挣扎 zhēngzhá 통 발버둥치다. 몸부림치다 | 英俊 yīngjùn 혱 영민하고 준수하다 | 羿 Yì 고유 예 [하(夏)나라 때 궁(穷)나라의 군주 이름] | 神箭手 shénjiànshǒu 몡 명사수 | 箭 jiàn 몡 화살 | 超群 chāoqún 통 보통을 뛰어넘다. 평범함을 뛰어넘다 | 百发百中 bǎifābǎizhòng 성어 백발백중이다 | 脱离 tuōlí 통 (어떤 환경이나 상황 등에서) 벗어나다. 이탈하다. 관계를 끊다 | 苦海 kǔhǎi 몡 매우 어려운 환경. 곤경 | 穿过 chuānguò 통 건너다. 통과하다 | 峡谷 xiágǔ 몡 (좁고 험한) 골짜기. 협곡 | 茫茫 mángmáng 혱 (끝이 보이지 않을 정도로) 넓고 멀다. 아득하다 | 搭上 dāshang 통 보태다. 첨가하다 | 重 zhòng 혱 (중량이나 비중 등이) 크다. 무겁다 | 利 lì 혱 날카롭다. 예리하다 | 瞄准 miáozhǔn 통 (총이나 활 등으로 목표물을) 겨누다. 겨냥하다 | 嗖 sōu 의성 (화살·탄알·공 등이) 매우 빨리 통과하거나 지나갈 때 나는 소리 | 弓弩 gōngnǔ 몡 활 | 嗡 wēng 의성 윙윙. 웽웽. 앵앵. 붕붕 | 红彤彤 hóngtōngtōng 혱 새빨갛다. 시뻘겋다 | 狠狠地 hěnhěnde 분 매섭게. 호되게. 잔인하게 | 打颤 dǎzhàn 통 (몸을) 떨다 | 团团 tuántuán 혱 빙빙 돌다. 둥글게 돌다 | 乱转 luànzhuàn 통 제멋대로 싸돌아다니다 | 虚发 xūfā 통 (총이나 화살로) 헛방을 쏘다 | 羽毛 yǔmáo 몡 깃털 | 摇摇晃晃 yáoyáohuànghuàng 혱 건들건들하다 | 慌慌张张 huānghuāngzhāngzhāng 혱 당황하다 | 躲 duǒ 통 피하다. 숨다 | 黑暗 hēi'àn 혱 (빛이 없어서) 어둡다. 깜깜하다 | 哺育 bǔyù 통 (사람이나 동물 등을) 양육하다. 먹여 기르다 | 毒蛇 dúshé 몡 독사 | 猛兽 měngshòu 몡 맹수 | 横行 héngxíng 통 (세력에 기대어) 나쁜 짓을 하다. 날뛰다 | 唤 huàn 통 (큰 소리로) 부르다. 외치다 | 繁衍 fányǎn 통 조금씩 늘어나다. 번영하다 | 透射 tòushè 통 투사하다 | 五彩缤纷 wǔcǎibīnfēn 성어 오색이 교차하다. 오색찬란하다 | 朝霞 zhāoxiá 몡 아침 노을 | 金灿灿 jīncàncàn 혱 금빛이 눈부시다. 금빛 찬란하다 | 光辉 guānghuī 몡 눈부신 빛 | 手舞足蹈 shǒuwǔzúdǎo 성어 손은 춤을 추고 발은 뛰다. 아주 기쁘다 | 齐声 qíshēng 분 이구동성으로. 한 목소리로 | 欢呼 huānhū 통 환호하다 | 禾苗 hémiáo 몡 (곡류 농작물의) 모. 모종 | 拯救 zhěngjiù 통 구하다. 구제하다. 구조하다 | 功劳 gōngláo 몡 공로. 공적 | 盖世 gàishì 통 (재능·공적 등이) 당대 으뜸이다. 그 시대 최고다 | 赐 cì 통 (왕이나 윗사람이 아랫사람에게 금품이나 도움 등을) 내리다. 베풀다 | 封 fēng 통 봉하다 | 天将 tiānjiàng 몡 (신화 속의) 신장. 하늘 나라의 장군 | 嫦娥 Cháng'é 고유 항아

后羿射日

　　世界年轻时有十个太阳，他们都是东方天帝的孩子。每天天快要亮的时候，都会有一个太阳坐着两轮车穿越天空，给人们带去光明和热量。

　　可是有一天出了问题。这十个太阳一起来到了天上。这一下可糟了。十个太阳像十个火团，他们一起放出的热量烤焦了大地，许多动物被烧死了，所有的鱼都死了，人也都没东西吃，几乎快要饿死。这时候，出现了一位英雄后羿。这个小伙子长得很帅，是一个神箭手。他看到人们生活在苦难中，就决心把多余的九个太阳射下来。他走过千山万水，来到东海边的一座大山上，拉开一万多斤重的弓，把一千多斤重的箭朝着天上的太阳射去。被射中的太阳都掉下来死了。后羿一连射下了九个太阳，最后一个太阳因为害怕躲进了大海。天上一个太阳也没有了，世界变成了一片黑暗，人们无法生活下去。

　　在天帝的帮助下，剩下的一个太阳从东边升起，给世界带来光明，人们都非常高兴。后来后羿和嫦娥结了婚，过上了幸福的生活。

〈후예가 태양을 쏘다〉

　　세상이 생긴 지 얼마 안 되었을 때는 10개의 태양이 있었다. 그들은 모두 동쪽 하느님의 자식이었다. 매일 날이 밝으려 할 때마다 하나의 태양이 이륜차를 타고 하늘을 통과하여 사람들에게 광명과 에너지를 가져다주었다.

　　그러나 하루는 문제가 생겼다. 10개의 태양이 함께 하늘 위로 올라온 것이다. 이러니 큰일이 났다. 10개의 태양은 10개의 불덩이 같았고 그들이 함께 방출한 열에너지는 대지를 불태웠다. 많은 동물들이 타 죽었고 물고기가 전부 죽었다. 사람들도 모두 먹지 못해서 굶어 죽을 것 같았다. 이때, 후예라는 영웅이 한 명 나타났다. 이 젊은이는 매우 잘생겼으며 명사수였다. 그는 사람들이 고난 속에서 사는 것을 보고는 남아도는 9개의 태양을 쏘기로 결심했다. 그는 멀고 험한 여정을 지나 동쪽 해변의 큰 산 위로 왔다. 무게가 만여 근이 되는 활을 당겨서 무게가 천여 근이 되는 화살을 하늘의 태양을 향해 쏘았다. 화살에 맞은 태양은 모두 떨어져 죽었다. 후예는 연속해서 9개의 태양을 쏘았다. 마지막에 태양 하나가 무서워서 큰 바다로 숨었다. 하늘에는 하나의 태양도 없었고 세상은 어둡게 변했으며 사람들은 생활을 할 수가 없었다.

　　하느님의 도움으로, 남은 태양 하나가 동쪽에서 떠올라 세상에 광명을 가져다주었고 사람들은 매우 기뻐했다. 후에 후예와 항아는 결혼하여 행복한 생활을 보냈다.

단어 　千山万水 qiānshānwànshuǐ [성어] 천 개의 산과 만 개의 내, 멀고 험난한 노정

지문 분석 　이 글은 중국의 유명한 신화다. 만약 이 신화의 내용을 들어 본 적이 있다면, 독해 시간을 줄일 수 있을 것이다. 평소에 중국의 전설이나 신화의 간단한 내용을 읽어 보는 것도 문제를 접할 때 도움이 된다. 그러나 모른다고 당황하지 마라. 당황하지 않고 꼼꼼히 읽어본다면 누구나 제한시간 안에 내용을 이해하고 요약할 수 있다. 그러나 **后羿**와 같은 고유 명사는 처음 보는 단어일 수 있으므로, 독해 시간 동안 쓸 수 있도록 미리 숙지해둔다.

요약 방법 　일반적으로 400자 요약은 3단락으로 나눈다. 그러므로 지문을 읽고 내용을 숙지했다면, 문단을 나누어 각 문단에 따라 내용을 요약한다.

원인 : 초기 세상이 생겼을 때의 모습이다. 10개의 태양이 번갈아 떠서, 사람들이 평화롭고 아름다운 생활을 할 수 있었다. 평화로운 세상의 모습이 지문에서는 길게 설명되어 있지만, 요약문에서는 되도록 간단하게 쓰도록 한다. 다음 문단의 내용이 자연스럽게 이루어질 수 있도록 요약한다.

경과 : 10개의 태양이 한번에 같이 떠올라서 세상에 많은 재앙이 닥쳤다. 그 재앙의 종류는 삼림의 불, 메마른 강, 물고기의 죽음 등 많다. 이러한 예시들을 세세하게 적을 필요는 없지만, 모두 생략해서는 안 된다. 또한 후예의 등장 이후의 내용을 요약한다. 후예는 태양을 쏘기 위해 어떠한 곳을 거쳐 갔는지, 어떠한 무기를 이용했는지, 화살을 쏘면서 태양이 어떻게 되었는지 등을 생각해본다. 그리고 후예가 태양을 쏜 후, 세상은 어떻게 되었는지 정리한다. 지문의 분량상 가장 많은 내용을 담고 있고, 가장 중요한 내용이므로 요약할 때도 가장 많은 비중을 차지하도록 작성한다. 그렇지만 구체적으로 적다보면 분량을 초과할 수 있으므로, 부사어와 관형어 같은 수식 성분은 삭제하고, '주어+술어+목적어'로 이루어진 간단한 문장을 만들도록 한다.

결과 : 전체적인 문단의 내용을 정리하고, 종결의 느낌이 나도록 글을 요약한다. 후예의 활약으로 사람들이 어떻게 지내게 되었는지, 후예는 결국 어떻게 되었는지 작성한다.

MEMO

해설

북경어언대
新HSK 합격 모의고사 6급

听力

第 一 部 分

1-15

★★☆ | **유형** | 세부 내용 파악

01

吕不韦养了三千门客，作为他的智囊。这些人把各自的见解和心得汇集起来，写成了一本二十多万字的书，名字叫《吕氏春秋》。吕不韦在秦国首都咸阳公布了《吕氏春秋》的内容，并且说如果有人能在书中增加一字或减少一字，就赏赐这个人一斤黄金。

A 吕不韦担心书写得不好
B 三千门客合写了一本书
C 吕不韦要给每个人一斤黄金
D 书的内容是研究汉字的用法

여불위는 삼천 문객을 양성해 자신의 지식 주머니로 삼았다. 이 사람들은 각자의 견해와 깨달음을 한데 모아 20여만 자의 책 한 권을 썼는데, 책 이름이 『여씨춘추』다. 여불위는 진나라 수도 함양에서 『여씨춘추』의 내용을 공포했다. 게다가 만약에 책에서 한 글자를 더하거나 뺄 수 있는 사람이 있으면, 그 사람에게 한 근의 황금을 하사하겠다고 말했다.

A 여불위는 책을 잘 못 쓴 것이 걱정되었다
B 삼천 문객과 함께 책 한 권을 저술하였다
C 여불위는 모든 사람에게 황금 한 근을 주려고 한다
D 책의 내용은 한자의 용법을 연구한 것이다

단어 吕不韦 Lǚ Bùwéi [고유] 여불위 | 门客 ménkè [명] 문객 | 智囊 zhìnáng [명] 지식 주머니 | 心得 xīndé [명] 심득 [업무나 학습 등의 활동 중에서 체험하거나 깨달은 지식ㆍ기술ㆍ사상적 인식 등을 가리킴] | 吕氏春秋 Lǚshì Chūnqiū [명] 여씨춘추 | 秦国 Qínguó [명] 진나라 | 咸阳 Xiányáng [명] 함양 | 赏赐 shǎngcì [동] 하사하다 | 黄金 huángjīn [명] 황금

해설 여불위는 삼천 문객을 양성했고 그들과 『여씨춘추』라는 책 한 권을 썼다고 했으므로 정답은 B다.

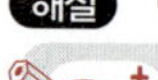

Tip⁺
- 이 이야기는 '一字千金(한 글자가 천금의 가치가 있다. 글씨나 문장이 매우 훌륭하다)'이라는 성어의 전고다. 중국의 성어에는 그 성어가 생성되기까지의 전고가 숨겨 있는 경우가 많다. 이처럼 문제를 통해 접하게 된 이야기를 기억해둔다면, 다른 문제를 풀 때 도움이 될 것이다.
- '如果…就…'는 '만약 ~하면, ~이다'라는 뜻으로, 가정을 나타낸다. 같은 뜻으로는 '要是…, 那么/便…'가 있다.
- 斤은 무게를 세는 단위로, 여기서는 黄金의 양사로 쓰였다.

★☆☆ | **유형** | 세부 내용 파악

02

猜拳，也叫划拳，是中国民间喝酒时玩儿的一种游戏，为的是增加喝酒的乐趣。据记载，中国早在唐朝时就已经有这种游戏了。猜拳时，喝酒的两人同时伸出手指，并各说一个数，谁说的数跟双方所伸手指的总数相符，谁就算赢，输的人要接受惩罚，一般是罚喝酒。

A 猜拳是一种武术的名字
B 猜拳时要先后伸出手指
C 猜拳输了的人应该喝酒
D 猜拳主要看数学水平的高低

화취엔이라고도 하는 차이취엔은 중국민간에서 술을 마실 때 하는 게임이다. 목적은 술을 마시는 흥취를 더하기 위함이다. 기록에 따르면, 중국은 일찍이 당나라 때 이미 이 게임이 있었다고 한다. 차이취엔을 할 때, 술을 마시는 두 사람은 동시에 손가락을 펼치고 각자 숫자 하나를 말한다. 누군가 말한 숫자가 상대방이 펼친 손가락의 총 개수와 부합하면 그 사람이 이긴 것이다. 진 사람은 벌을 받아야 하는데 일반적으로 벌로 술을 마신다.

A 차이취엔은 무술의 이름이다
B 차이취엔을 할 때 잇따라 손가락을 펼친다
C 차이취엔에 진 사람은 술을 마셔야 한다
D 차이취엔은 주로 수학 수준의 정도를 본다

단어 猜拳 cāiquán [동] 술을 마실 때, 두 사람이 동시에 손가락을 내밀어 각자 숫자를 말하여 말한 숫자가 양쪽이 내민 손가락 개수에 일치하는가를 알아맞히는 게임을 하다[여기서 진 사람은 대개 벌로 술을 마심] | 划拳 huáquán [동] 숫자 놀이 게임을 하다 | 唐朝 Tángcháo [명] 당조, 당 왕조 | 相符 xiāngfú [형] 서로 일치하다, 서로 부합하다 | 惩罚 chéngfá [동] 처벌하다, 징벌하다

 차이취엔을 할 때 진 사람은 벌을 받아야 하는데 일반적으로 벌로 술을 마신다고 했으므로 정답은 C다. 차이취엔은 중국 민간에서 술을 마실 때 하던 게임이지, 무술의 이름이 아니므로 A는 답이 될 수 없다. 또한 차이취엔을 할 때 두 사람이 동시에 손가락을 펼치지 차례로 펼치는 것이 아니므로 B도 답이 될 수 없다.

Tip⁺ 为的是는 '~하기 위해서다, ~때문이다'라는 뜻으로, 문장의 앞 절에 쓸 수 없으며 항상 문장의 뒤 절, 즉 복문의 두 번째 단문에만 쓰인다. 是为了와 같은 의미다.

★★☆ |**유형**| 세부 내용 파악

03

中山装是在广泛吸收欧美服饰优点的基础上形成的。中国革命先行者孙中山综合了<u>西式服装与中式服装的特点</u>，设计出了一种直翻领有袋盖的四贴袋男用套装，定名为中山装，此后几十年，中山装大为流行，成为中国男子喜欢的标准服装。

A 中山装是最近流行起来的
B 中山装的四个口袋都没有袋盖
C 中山装综合了东西方服饰的特点
D 中山装是在西方专家指导下设计的

중산복은 유럽과 미국 복식의 장점을 광범위하게 흡수한 기초 위에 형성된 것이다. 중국 혁명의 선구자 손중산은 서양식 복장과 중국식 복장의 특징을 종합해서 곧게 접은 옷깃과 주머니 덮개가 있는 4개의 패치 포켓의 남성용 슈트를 만들었으며 중산복이라 이름을 지었다. 그 후 몇 십년 동안 중산복은 크게 유행하였고 중국 남자들이 좋아하는 표준 복장이 되었다.

A 중산복은 최근에 유행하기 시작한 것이다
B 중산복의 4개의 주머니는 모두 주머니 덮개가 없다
C 중산복은 동서양 복식의 특징을 종합했다
D 중산복은 서양 전문가의 지도 아래 만든 것이다

 中山装 zhōngshānzhuāng 몡 중산복[손중산이 고안한 옷으로 윗옷에 네 개의 주머니와 다섯 개의 단추가 있음] | 服饰 fúshì 몡 옷과 장신구, 복식 | 先行者 xiānxíngzhě 몡 선구자 | 孙中山 Sūn Zhōngshān 고유 손중산(1866~1925년) | 翻领 fānlǐng 몡 접은 옷깃 | 贴袋 tiēdài 몡 패치 포켓 | 套装 tàozhuāng 몡 슈트 | 定名 dìngmíng 통 명칭을 정하다, 이름을 지어 붙이다, 명명하다 | 口袋 kǒudai 몡 호주머니, 포켓

 손중산은 서양식 복장과 중국식 복장의 특징을 종합해서 중산복을 만들었다고 했으므로 정답은 C다. 듣기 지문에서 손중산이 중산복을 만든 후 몇 십년 동안 중산복이 매우 유행했다고 말하였으므로, 최근에 유행하기 시작한 것이라고 한 A는 답이 될 수 없다. 또한 손중산이 만든 중산복은 주머니 덮개가 있는 4개의 패치 포켓의 남성 슈트이므로 B도 답이 될 수 없다. 손중산이 중산복을 만들 때 서양 전문가의 지도가 있었는지에 대해서는 언급하지 않았으므로 D도 오답이다.

Tip⁺ 定名은 '명칭을 정하다, 이름을 지어 붙이다, 명명하다'라는 뜻으로, 사람에게는 쓰지 않는다. 종종 定名 뒤에 전치사 为[wéi]가 함께 쓰인다.

★☆☆ |**유형**| 세부 내용 파악

04

古时有位名叫杨时的学生，有一天他有一个问题不懂，特地赶去请教老师。谁知老师正在睡午觉，他就让看门的门童不要打扰老师，自己冒着鹅毛大雪站在门外等老师睡醒，再问老师。<u>杨时是一个尊师的典范</u>。后来，杨时有了很大的成就，成了一位学者。

A 门童拦住了杨时
B 杨时很尊敬老师
C 老师不想见杨时
D 杨时后来没出息

옛날에 양시라고 불리는 학생이 있었는데, 하루는 그가 이해하지 못한 문제가 있어서 특별히 선생님을 찾아가 가르침을 청하였다. 선생님이 마침 낮잠을 자고 있을 줄 누가 알았겠는가. 그는 문을 지키는 아이에게 선생님을 방해하지 말라고 하고서는 혼자서 함박눈을 맞으며 문밖에 서서 선생님께서 잠에서 깨시기를 기다렸다가 선생님께 여쭸다. <u>양시는 선생님을 존경하는 본보기였다.</u> 후에 양시는 크게 성공하여 학자가 되었다.

A 문지기 아이가 양시를 막았다
B 양시는 선생님을 매우 존경한다
C 선생님은 양시를 보고 싶어하지 않았다
D 양시는 후에 출세하지 못했다

 请教 qǐngjiào 통 지도를 부탁하다, 가르침을 청하다 | 冒着 màozhe 통 무릅쓰다 | 鹅毛大雪 émáodàxuě 몡 함박눈 | 睡醒 shuìxǐng 통 잠에서 깨어나다, 잠이 깨다 | 尊师 zūnshī 선생님을 존경하다 | 典范 diǎnfàn 몡 모범, 본보기 | 拦住 lánzhù 통 꽉 막다, 차단하다 | 出息 chūxi 통 향상되다, 진보되다

제2회 해설 | 83

Tip⁺ 부사 特地는 '특별히, 일부러'라는 뜻으로 주어 뒤에만 쓸 수 있다. 같은 의미로는 特为, 特意가 있다.

★☆☆ | **유형** | 세부 내용 파악

05

"月光族"是一个新名词，指将每月赚的钱都用光、花光的人，正所谓"吃光用光，身体健康"。月光族都是年轻一代，他们与父辈勤俭节约的消费观念不同，喜欢追逐新潮，只要吃得开心，穿得漂亮，想买就买，根本不在乎钱财。

A 月光族都是年轻人
B 月光族会更加健康
C 月光族收入比较低
D 月光族都长得漂亮

'월광족'은 신조어로, 매달 번 돈을 모두 써버리는 사람을 뜻한다. 바로 이른바 '다 먹고, 다 쓰고, 건강하자'라는 것이다. 월광족은 모두 젊은 세대다. 그들은 아버지 세대의 근검절약하는 소비관념과는 달리 새로운 경향을 추구하며 단지 즐겁게 먹고 예쁘게 입으며 사고 싶으면 바로 사고 돈은 전혀 개의치 않는다.

A 월광족은 모두 젊은 사람이다
B 월광족은 더욱 건강할 것이다
C 월광족은 수입이 비교적 낮다
D 월광족은 모두 예쁘게 생겼다

단어 月光族 yuèguāngzú 명 월광족 [그 달 버는 돈을 남김없이 모두 다 지출하는 사람을 일컫는 신조어] | 父辈 fùbèi 명 아버지의 동년배 친구 | 勤俭 qínjiǎn 형 근검하다, 부지런하고 검소하다 | 新潮 xīncháo 명 새로운 조류, 새로운 경향 | 钱财 qiáncái 명 돈, 금전

Tip⁺ 이러한 중국의 신조어를 틈틈이 공부하는 것도 듣기 및 독해 문제를 풀 때 도움이 된다. 신조어는 현대에 들어서 새롭게 생성된 말로, 대표적으로 月光族, 晒工资(인터넷을 통해 익명으로 자신의 연봉을 공개하는 것) 등이 있다. 그러나 이러한 단어의 정확한 뜻을 몰라도 당황하지 말자. 대부분 지문을 통해 어떠한 뜻인지 파악할 수 있기 때문이다.

★★☆ | **유형** | 전체 내용 파악

06

马拉多纳是一位前阿根廷足球运动员，被认为是足球史上最优秀亦最具争议的球员之一。马拉多纳可以踢前场任何位置，用左脚踢球，其盘带技术可以说是举世无双，射门技术亦是顶级水平，曾凭借"上帝之手"获得1986年世界杯冠军和金球奖。

A 马拉多纳多次获得金球奖
B 马拉多纳的守门水平也很高
C 马拉多纳是一名有争议的教练
D 马拉多纳的足球技术比较全面

마라도나는 전 아르헨티나 축구선수다. 축구 역사상 가장 우수하고 가장 논쟁이 있는 축구선수 중 하나로 여겨진다. 마라도나는 패널티 에어리어 부근의 어느 위치에서도 공을 찰 수 있으며 왼발로도 공을 찰 수 있다. 드리블 기술은 세상에 둘도 없으며 슛을 날리는 기술 역시 최고 수준이다. '신의 손'으로 1986년 세계 챔피언과 골든볼상을 받았다.

A 마라도나는 여러 번 골든볼상을 받았다
B 마라도나의 골대를 지키는 수준 역시 높다
C 마라도나는 논쟁이 있는 코치다
D 마라도나의 축구기술은 비교적 전면적이다

단어 马拉多纳 Mǎlāduōnà [고유] 디에고 마라도나(Diego Maradona) | 阿根廷 Āgēntíng [명] 아르헨티나 | 前场 qiánchǎng [명] (축구의) 페널티 에어리어 부근 | 盘带 pándài [명] (축구 경기의) 드리블 | 举世无双 jǔshìwúshuāng [성어] 세상에 둘도 없다 | 射门 shèmén [동] (축구·핸드볼 등의 구기 종목에서) 슛을 날리다 | 顶级 dǐngjí [형] (수준·등급이) 가장 뛰어난. 최고의 | 凭借 píngjiè [동] ~에 기대다. ~에 의지하다 | 冠军 guànjūn [명] (운동 시합 등에서의) 우승. 챔피언 | 金球奖 jīnqiújiǎng [명] 골든볼상 [월드컵에서 최우수 선수에게 수여하는 상]

해설 마라도나는 패널티 에어리어 부근의 어느 위치에서도 공을 찰 수 있으며 드리블 기술과 슛을 날리는 기술이 모두 뛰어나다고 하였으므로, 그의 기술은 비교적 전면적이라고 할 수 있다. 따라서 정답은 D다. 마라도나는 1986년 골든볼상을 받았지만, 그 전에 이 상을 몇 번 받았는지는 언급하지 않았으므로 A는 답이 될 수 없다. 또한 이 지문에서는 마라도나의 슛 기술에 대해서만 말했으며, 골대를 지키는 기술은 언급하지 않았으므로 B도 답이 될 수 없다. '마라도나는 전 아르헨티나 축구선수이며 축구 역사상 가장 논쟁이 있는 축구선수 중 하나'라고 했으므로 코치는 아니다. 따라서 C도 오답이다.

Tip⁺
- 보기와 지문의 내용이 정확하게 일치하지 않는다. 이럴 때에는 들은 내용을 바탕으로 보기의 내용 중 가장 유사한 것을 골라야 한다. 그러므로 녹음 내용이 나오기 전에 미리 보기를 읽은 후, 지문의 내용을 유추해야 한다. 메모를 하면서 방송을 듣고, 그 후에는 전체적인 내용을 되새겨야 할 것이다.
- 亦[yì]는 '~도 역시, 또한, 마찬가지로'라는 뜻의 부사로, '也'에 상응한다.

★☆☆ │**유형**│ 세부 내용 파악

07

可可西里位于青藏高原，它的平均海拔在4800米至5000米之间，气候寒冷，人类在这里难以长期生活，所以被称做"无人区"。但是，这里却是地球上最大、最高的天然野生动物之乡，野生动物的种群在300种以上，其中藏羚羊是最有名、最活跃的野生动物。

A 这里的平均海拔在5000米以上
B 这里的野生动物种群不到300种
C 这里因为太热成为了"无人区"
D 藏羚羊是这里最有名的野生动物

칭짱고원에 위치한 커커시리는 평균 해발이 4800미터에서 5000미터 사이로 기후가 한랭해, 인류는 이곳에서 장기간 생활하기 어려워 '사람이 없는 지역'이라 불린다. 그러나 이곳은 지구에서 제일 크고 제일 높은 천연 야생동물의 고향으로, 야생동물의 종류는 300종 이상이며, 그 중 티베트 영양은 제일 유명하고 제일 활발한 야생동물이다.

A 이곳의 평균 해발은 5000미터 이상이다
B 이곳의 야생동물 종류는 300종이 되지 않는다
C 이곳은 너무 더워서 '사람이 없는 지역'이 되었다
D 티베트 영양은 이곳의 제일 유명한 야생동물이다

단어 可可西里 Kěkěxīlǐ [명] 커커시리 | 青藏高原 Qīngzàng gāoyuán [명] 칭짱고원 | 海拔 hǎibá [명] 해발 | 种群 zhǒngqún [명] 종군 | 藏羚羊 zànglíngyáng [명] 시짱 영양. 티베트 영양 | 活跃 huóyuè [형] (행동이) 활발하고 적극적이다

해설 티베트 영양은 커커시리에서 제일 유명하고 제일 활발한 야생동물이므로 D가 정답이다. 커커시리의 평균 해발은 4800미터에서 5000미터 사이지, 5000미터 이상이 아니므로 A는 답이 될 수 없다. 또한 이곳에서 생활하는 야생동물의 종군은 300종 이상이지, 300종이 되지 않는 것은 아니므로 B도 답이 될 수 없다. 커커시리는 '사람이 없는 지역'이라 불리는데, 이는 이곳의 기후가 추워서 인류가 이곳에서 장기간 생활할 수 없기 때문이다. 따라서 C도 오답이다.

Tip⁺
- 位于는 '~에 위치하다'라는 뜻으로, 뒤에는 장소를 나타내는 말이 온다.
- 难以는 '~하기 어렵다. ~하기 힘들다'라는 뜻의 동사로, 주로 쌍음절 동사나 형용사를 수식한다. 종종 想象, 形容, 接受 등과 호응한다.
- 부사 却는 '~지만, ~하지만'이라는 뜻으로, 역접을 나타내며 종종 却 앞에 전환 관계 접속사 但是가 쓰이기도 한다.

08

有时候别人过度的关心反而会帮了倒忙。因为，一个人在承受痛苦时，通常可能需要的是疗伤的空间，"请让我静一静好吗？"在这个时候，没有比别人在耳边唠唠叨叨的更叫人心烦的了。

A 安静的房间对病人有益
B 唠叨的人都是一片善心
C 关心他人也许会带去麻烦
D 人痛苦时需要和别人聊天儿

가끔 다른 사람이 과도하게 관심을 가지면 오히려 방해가 될 수 있다. 왜냐하면 한 사람이 고통을 이겨내고 있을 때, 일반적으로 필요한 것은 아마 상처를 치료하는 공간일 것이다. '나 좀 가만히 둘래?' 이런 상태일 때, 다른 사람이 귓가에서 잔소리하는 것보다 더 귀찮은 것은 없다.

A 조용한 방이 환자에게 이롭다
B 잔소리하는 사람은 모두 착하다
C 다른 사람에게 관심을 갖는 것도 성가시게 하는 것일 수 있다
D 괴로울 때는 다른 사람과 얘기하는 것이 필요하다

단어 帮倒忙 bāngdàománg 도우려다 오히려 방해가 되다 | 唠唠叨叨 láolaodāodāo 통 (끊임없이) 잔소리하다, 되풀이하여 말하다 | 心烦 xīnfán 형 성가시다, 번거롭다

해설 이 글에서 '가끔 다른 사람이 과도하게 관심을 가지면 오히려 방해가 될 수 있다'라고 했으므로 정답은 C다. '한 사람이 고통을 이겨내고 있을 때 일반적으로 필요한 것은 아마 상처를 치료하는 공간일 것이다'에서 공간은 결코 방을 가리키는 것은 아니다. 또한 이 말이 환자에게 조용한 방이 이롭다는 뜻은 아니므로 A는 답이 될 수 없다. 잔소리하는 사람이 착한 사람인지는 지문에서 언급하지 않았다. 따라서 B도 답이 될 수 없다. 고통스러울 때, 사람들이 아마도 '나 좀 가만히 둘래?'인 상태라는 것은 다른 사람과 얘기하고 싶지 않다는 뜻이다. 따라서 D도 오답이다.

Tip+ 反而은 '도리어, 오히려'라는 뜻의 역접을 나타내는 전환 관계 접속사로 뒤 문장에 쓰이며, 앞 문장과 상반되거나 뜻밖임을 나타낸다. 앞 구절에는 주로 不但, 不仅 등이 온다. 또한 反而은 反倒와 같은 뜻이나, 反倒보다 더 서면어적인 색채가 강하다.

09

《海阔天空》是黄家驹为彼岸乐队成立十周年而制作的音乐专辑，再现了他们十年来的心路历程。有意气风发，有疲倦无奈，也有奋战不懈。这张专辑很特殊，有粤语的歌词、也有国语的和日语的。黄家驹再次展现了他个人的才华与魅力——日语歌唱得也同样十分出色。

A 《海阔天空》内容是多元化的
B 《海阔天空》是一张日语专辑
C 《海阔天空》展现了爱情的忧伤
D 制作《海阔天空》花了十年时间

『해활천공』은 황쟈쥐가 비욘드밴드 결성 10주년을 위해 제작한 음악앨범으로 10년 동안 그들의 심경 변화 과정을 재현했다. 원기 왕성함과 고단해서 어쩔 수 없는 모습, 꾸준히 최선을 다하는 모습도 있다. 이 앨범은 매우 특수하게 광둥어 가사와 중국어 그리고 일본어 가사도 있다. 황쟈쥐는 다시 자신의 재능과 매력을 드러냈다. 일본어로 부른 노래도 마찬가지로 매우 뛰어나다.

A 『해활천공』의 내용은 다양하다
B 『해활천공』은 일본어로 된 앨범이다
C 『해활천공』은 사랑의 슬픔을 표현했다
D 『해활천공』을 제작하는 데 10년의 시간을 썼다

단어 海阔天空 hǎikuòtiānkōng 성어 (대자연 등이) 끝없이 넓다, 광활하다, (상상하거나 말하는 것이) 얽매이지 않고 끝없이 넓다 | 黄家驹 Huáng Jiājū 고유 황쟈쥐 | 彼岸乐队 Bǐ'àn yuèduì 명 비욘드밴드 | 专辑 zhuānjí 명 전집, 앨범 | 再现 zàixiàn 통 (과거의 일이) 다시 나타나다 | 心路 xīnlù 명 심리 변화의 과정 | 意气风发 yìqìfēngfā 성어 원기 왕성하고 기개가 늠름하다 | 奋战 fènzhàn 통 분전하다, 용감하게 싸우다, 최선을 다하다 | 不懈 búxiè 형 해이하지 않다, 느슨하지 않다 | 粤语 Yuèyǔ 명 (중국어 방언의 한 가지인) 광둥어 | 才华 cáihuá 명 (바깥으로 드러나는) 재능 | 多元化 duōyuánhuà 형 다원화된, 다양한

해설 이 앨범 안에는 원기 왕성함과 고단해서 어쩔 수 없는 모습, 꾸준히 최선을 다하는 모습 등 그들의 10년 동안의 심경 변화의 과정을 재현했다고 했으므로, 내용이 다양하다고 말할 수 있다. 따라서 정답은 A다. 『해활천공』 앨범 안에 광둥어, 중국어 그리고 일본어의 노래가 있는 것이지, 결코 일본어로 된 앨범이 아니므로 B는 답이 될 수 없다. 또한 이 앨범에 사랑의 슬픔이 표현되었는지에 대해서는 언급하지 않았으므로 C도 답이 될 수 없다. 비욘드밴드 결성 10주년을 위해 제작한 것이지, 이 앨범을 제작하는 데 10년을 소비했다고는 하지 않았으므로 D도 오답이다.

Tip⁺ 인과 관계 접속사 '为…而…'는 '~했다고 해서 ~하다. ~때문에 ~하다'라는 뜻으로, '因为…而…', '因…而…'와 같다.

★☆☆ │ **유형** │ 세부 내용 파악

10

蛇是人们常食的野生动物，那么蛇类的状况究竟如何呢？蛇身上有多种寄生虫，人们在饮食制作过程中，特别是吃火锅的过程中，虫卵和虫体并不能完全被杀死。这些虫卵和虫体一旦进入人体内，危害很大，可使人感染各种疾病，严重时会危及生命。

A 蛇身上的虫卵不多
B 吃火锅会感染疾病
C 吃蛇有很大的危害
D 没人真的喜欢吃蛇

뱀은 사람들이 자주 먹는 야생동물이다. 그러면 뱀의 상황은 도대체 어떠할까? 뱀의 몸에는 여러 종류의 기생충이 있다. 사람들이 음식을 만드는 과정 중에, 특히 훠궈를 먹을 때 벌레알과 벌레는 결코 완전히 죽지 않는다. 이러한 벌레알과 벌레가 사람의 체내에 들어가면 아주 위험하다. 사람들을 각종 질병에 걸리게 하고 심각할 때는 생명에 위험을 끼칠 수 있다.

A 뱀 몸의 벌레알은 많지 않다
B 훠궈를 먹으면 질병에 걸릴 것이다
C 뱀을 먹는 것은 매우 큰 위험이 있다
D 뱀을 먹는 것을 정말 좋아하는 사람은 없다

단어 寄生虫 jìshēngchóng 몡 기생충, 붙어살이 벌레 │ 虫卵 chóngluǎn 몡 벌레알 │ 杀死 shāsǐ 동 죽이다 │ 危及 wēijí 동 해가 미치다, 위험이 미치다

해설 뱀의 몸에는 여러 종류의 기생충이 있는데, 이러한 벌레알과 벌레가 사람의 체내에 들어가면 아주 위험하다고 했으므로 정답은 C다. 뱀 몸에는 다양한 기생충이 있다고 했으므로, 많은 벌레알이 있다는 것을 알 수 있다. 따라서 A는 답이 될 수 없다. 또한 만약에 뱀을 먹으면 각종 질병에 걸릴 수도 있다고 했지, 훠궈를 먹으면 모두 질병에 걸린다고 하지 않았으므로 B도 답이 될 수 없다. 뱀은 사람들이 자주 먹는 야생동물이라고 말했으므로 D도 오답이다.

Tip⁺
- 이 지문에서 究竟은 '도대체, 대관절'이라는 뜻의 부사적 용법으로 쓰였다. 의문문에 쓰여 캐묻는다는 뜻을 나타내며, 구절 끝에 조사 吗를 쓸 수 없다. 이때는 到底에 상당한다.
- '在…中'은 범위와 과정을 나타낼 때 자주 쓰이는 고정격식이다.
- 一旦은 '일단 ~한다면, 만약 ~한다면'이라는 뜻의 부사로, 아직 일어나지 않은 가정의 상황을 나타낸다. 뒤에 종종 就, 那么 등과 호응한다.

★☆☆ │ **유형** │ 세부 내용 파악

11

成语"掩耳盗铃"意思是偷钟怕被别人听见而捂住自己的耳朵，明明掩盖不住的事情偏要想法子掩盖，比喻自己欺骗自己，有自欺欺人的意思。出自《吕氏春秋·自知》里的一则寓言故事，原文为盗钟，后来钟演变成为铃，掩耳盗钟反而不常用了。

A 古代的寓言故事说的是盗钟
B 并不是所有事情都掩盖不住
C 捂住自己的耳朵别人就听不见
D 欺骗别人实际上就是欺骗自己

성어 '엄이도령'은 종을 훔치고 다른 사람에게 들릴까 봐 자신의 귀를 막아, 분명히 숨길 수 없는 일을 굳이 숨길 방법을 생각한다는 뜻이다. 자신이 자신을 속이는 것을 비유하며 자신도 속이고 다른 사람도 속인다는 의미도 가지고 있다. 『여씨춘추·자지』의 한 우화에서 나왔으며 원문은 종을 훔쳤다는 것인데, 후에 종이 방울로 바뀌어서 '엄이도종(귀를 막고 종을 훔치다)'은 자주 쓰지 않게 되었다.

A 고대의 우화가 말하는 것은 종을 훔치는 것이다
B 결코 모든 일을 숨길 수 없는 것은 아니다
C 자신의 귀를 막으면 다른 사람은 듣지 못한다
D 다른 사람을 속이는 것은 사실상 자신을 속이는 것이다

단어 掩耳盗铃 yǎn'ěrdàolíng 성어 귀를 막고 방울을 훔치다, 명백히 다 아는 사실을 숨기려고 하다 | 捂住 wǔzhù 통 꼭 막다, 단단히 가리다 | 掩盖 yǎngài 통 (어떤 일에 대한 진상을) 숨기다, 덮다, 감추다 | 欺骗 qīpiàn 통 (허위적인 말과 행동으로) 속이다, 기만하다 | 自欺欺人 zìqīqīrén 성어 자신도 믿기 힘든 말이나 수법으로 다른 사람을 속이다, 자신도 속이고 다른 사람도 속이다 | 寓言 yùyán 명 우화, 우언 | 盗 dào 통 훔치다, 도둑질하다 | 演变 yǎnbiàn 통 (시간이 비교적 오래 걸려) 변화하고 발전하다, 변천하다 | 掩耳 yǎn'ěr 통 귀를 (틀어) 막다

해설 이 성어는 고대의 한 우화에서 기원하였다. 본래의 의미는 종을 훔치고 다른 사람에게 소리가 들릴까 봐 자신의 귀를 막는다는 것이다. 후에 종이 방울로 바뀌었다고 했으므로 정답은 A다.

Tip⁺ 则는 '조항, 문제, 편, 토막'이라는 뜻으로, 조목으로 나누어진 것이나 단락을 이루는 문장의 수를 표시하는 데 쓰는 양사다. 여기에서는 故事의 양사로 쓰였다. 종종 新闻, 广告, 消息, 寓言 등의 양사로 많이 쓰인다.

★☆☆ │ 유형 │ 세부 내용 파악

12

在美国，有一对连体姐妹，她们共同生活了40年。她俩一个叫洛里，一个叫丽巴，她俩有各自的大脑，但是头骨却是连在一起的。所以40年来，她们过着"你去哪儿我也去哪儿"的生活。她们有不同的爱好，洛里喜欢留长发，丽巴则愿意留短发。她们有不同的职业，一个在医院工作，一个是乡村音乐歌手。

미국에 샴 쌍둥이 자매가 있었는데, 그녀들은 40년을 같이 살았다. 그녀 둘 중 한 명은 로리라 불렸고, 한 명은 리바라고 불렸다. 그녀 둘은 각자의 뇌가 있었지만 두개골은 오히려 같이 연결되어 있었다. 그래서 40년 동안 그녀들은 '네가 가는 곳에 나도 간다'라는 생활을 해왔다. 그녀들은 다른 취미가 있었다. 로리는 긴 머리를 좋아했고 리바는 오히려 짧은 머리를 좋아했다. 그녀들은 다른 직업을 가지고 있는데, 한 명은 병원에서 일하고, 한 명은 컨트리 음악 가수다.

A 她们常受到病痛的折磨
B 她们都是乡村音乐歌手
C 她们有相同的兴趣爱好
D 她们的头骨是连在一起的

A 그녀들은 자주 질병의 고통을 받는다
B 그녀들은 모두 컨트리 음악 가수다
C 그녀들은 같은 흥미와 취미가 있다
D 그녀들의 두개골은 같이 연결되어 있다

단어 连体 liántǐ 명 몸이 하나로 붙은 쌍둥이, 샴 쌍둥이 | 姐妹 jiěmèi 명 자매 | 洛里 Luòlǐ 고유 로리 | 丽巴 Lìbā 고유 리바 | 头骨 tóugǔ 명 머리뼈, 두개골 | 病痛 bìngtòng 명 병, 질병 | 折磨 zhémó 통 (육체적·정신적으로) 고통스럽게 하다, 고통 받게 하다

해설 그녀 둘은 각자의 뇌가 있었지만 두개골은 오히려 같이 연결되어 있었다고 언급했으므로 정답은 D다. 그녀들이 자주 질병의 고통을 받는지에 대해서는 언급하지 않았으므로 A는 답이 될 수 없다. 또한 그녀들 중 한 명은 컨트리 음악 가수이며, 다른 한 명은 병원에서 일한다고 했으므로 B도 답이 될 수 없다. 이 샴 쌍둥이 자매는 서로 다른 취미가 있으므로 C도 오답이다.

Tip⁺ 对는 '쌍, 짝'이라는 뜻으로, 둘씩 짝을 이룬 것을 셀 때 쓰는 단위다. 종종 眼睛, 耳环, 夫妻, 恋人 등의 양사로 쓰이며, 여기에서는 连体姐妹의 양사로 쓰였다.

13

　　我国云南省的**昆明冬季温和**，最冷时的平均气温约8℃；最高的温度不高于32℃。昆明处于云贵高原，海拔足有2000米。众人皆知，在离地面10千米的高度内，海拔越高，气温就越低，因此，**昆明的夏季特别凉快**，被称为"春城"。

A　云南的夏天不太热
B　昆明冬季温暖夏季凉爽
C　昆明位于一个高山下面
D　昆明一年四季温度很低

　　중국 윈난성의 **쿤밍은 겨울철에 따뜻하다.** 가장 추울 때의 평균기온이 8도이며, 가장 높은 온도가 32도 미만이다. 쿤밍은 윈구이고원에 위치해있고, 해발이 족히 2000미터는 된다. 모든 사람이 알다시피, 지면으로부터 10000미터의 고도에 있어서는 해발이 높을수록 기온은 낮다. 이 때문에 **쿤밍의 여름철은 매우 시원해서 '봄의 도시'**라고 불린다.

A　윈난의 여름은 그다지 덥지 않다
B　쿤밍의 겨울은 따뜻하고 여름은 시원하다
C　쿤밍은 고산 밑에 있다
D　쿤밍은 일년 사계절 온도가 매우 낮다

단어　云南省 Yúnnán Shěng 몡 윈난성 | 昆明 Kūnmíng 몡 쿤밍 [윈난성의 성 소재지] | 云贵高原 Yún Guì gāoyuán 몡 윈난성 동부에서 구이저우성 전역에 걸쳐져 있는 대고원 | 海拔 hǎibá 몡 해발 | 足 zú 閂 무려 | 众人皆知 zhòngrénjiē zhī 성어 모든 사람들이 다 알다

해설　쿤밍은 겨울철에 따뜻하고, 여름철에 매우 시원하다고 했으므로 정답은 B다. 이 듣기 지문에서 말하는 것은 윈난성 쿤밍시의 기후 특징이지, 결코 윈난성 전체의 날씨를 말하는 것이 아니므로 A는 답이 될 수 없다. 또한 쿤밍은 윈난성에서 구이저우성 전역에 걸쳐져 있는 대고원에 있으므로, 고산 밑에 위치한 것이 아니다. 따라서 C도 답이 아니다. 쿤밍은 겨울은 따뜻하고 여름은 시원한 곳이므로, 일년 사계절 온도가 매우 낮은 곳이 아니라는 것을 알 수 있다. 그러므로 D도 오답이다.

**Tip⁺**
- 高于에서 전치사 于는 '~보다, ~에 비해'라는 뜻으로, 비교의 뜻을 나타낸다.
- '越…越…'는 '~하면 할수록 ~하다'는 뜻으로, 상황에 따라 정도가 점점 가중됨을 나타낸다.

14

　　上周末我和爱人请几位朋友一起吃饭，点了七八样家常菜，谁知道一结账，将近300块。我拿出钱包正准备付款，**我爱人却让服务员把账单拿来我们再仔细算算，过了一会儿服务员回来，说："真不好意思，刚才计算器出问题了，**应该是180块。"事后，爱人对我说："你看，你就是只顾面子，差点儿丢了票子。"

A　这里的服务员很狡猾
B　我们点的都是很贵的菜
C　我差点儿丢了自己的票
D　服务员多收了我120块钱

　　지난주 주말 나는 아내와 몇 명의 친구를 초대해 같이 밥을 먹었다. 7, 8가지 가정 요리를 주문했는데 계산해보니 거의 300위엔에 달할 줄 누가 알았겠는가. 내가 지갑을 꺼내 막 돈을 내려고 준비하고 있을 때, 내 아내는 오히려 종업원에게 다시 자세히 계산하도록 명세서를 우리에게 가져오게 하였다. 잠시 후에 종업원이 돌아와서 말했다. "정말 죄송합니다. 방금 전자계산기에 문제가 생겼었습니다. 마땅히 180위엔이어야 합니다." 일이 발생한 후 아내는 나에게 말했다. "보세요, 당신은 단지 체면만 신경 써서 하마터면 돈을 잃을 뻔했잖아요."

A　이곳의 종업원은 매우 교활하다
B　우리가 주문한 것은 모두 매우 비싼 음식이다
C　나는 하마터면 표를 잃을 뻔했다
D　종업원은 120위엔을 더 받았다

단어　家常菜 jiāchángcài 몡 일상 가정 요리 | 结账 jiézhàng 동 장부를 결산하다 | 付款 fùkuǎn 동 돈을 지불하다, 돈을 내다, 계산하다 | 账单 zhàngdān 몡 계산서, 명세서 | 顾 gù 동 주의하다, 돌보다 | 票子 piàozi 몡 지폐, 지전 | 狡猾 jiǎohuá 톙 교활하다, 간사하다

 종업원이 처음에는 식사비가 300위엔이 나왔다고 말했으나, 부인이 명세서를 보자고 하자, 종업원은 말을 바꾸어, 전자계산기가 고장 나서 오류가 났었다며 실제 가격은 180위엔이라고 정정했다. 따라서 이곳의 종업원이 매우 교활함을 알 수 있으므로 정답은 A다. 화자와 그의 아내는 친구를 초청해 밥을 먹었고 주문한 것은 일상 가정 요리, 즉 매우 평범한 음식이었으므로, B는 답이 될 수 없다. 또한 지문에서 언급한 票子는 돈을 의미하는 것이지 표를 뜻하는 것이 아니므로 C도 답이 될 수 없다. 종업원은 결국 180위엔을 받았으므로, 결코 더 많이 받지 않았음을 알 수 있다. 그러므로 D도 오답이다.

Tip⁺

- 只顾는 '오직 ∼만 생각하다, 오로지 ∼에 정신이 팔리다'라는 뜻으로, 어떤 일에만 열중하여 다른 것들은 돌보지 않는 상황에서 쓰인다.
- 差点儿은 '하마터면, 자칫하면'이라는 뜻으로 쓰여, 희망하지 않은 일이 실현될 뻔했으나 다행히 실현되지 않았음을 나타낸다. 이처럼 바라지 않는 일이 발생될 뻔했으나, 결과적으로 발생되지 않았을 경우에는 동사가 긍정형이든 부정형이든 그 뜻은 같다는 것을 꼭 알아야 한다. 즉, 差点儿丢了票子와 差点儿没丢了票子는 같은 뜻이다.

〈참고〉差点儿의 또 다른 뜻
1) 화자가 실현되기를 희망했던 일이 거의 실현되지 못할 뻔했으나, 결국 다행스럽게도 실현되었을 경우에는 동사는 부정형을 쓴다.

  예 我差点儿没考上大学。 내가 하마터면 대학에 떨어질 뻔했다. (즉, 다행스럽게도 합격했다는 말임)

2) 화자가 실현되기를 희망했던 일이 유감스럽게도 실현되지 않았을 경우에는 긍정형을 쓰며, 자주 就와 호응한다.

  예 我差点儿就买到了。 내가 거의 살 수 있을 뻔했다. (즉, 유감스럽게도 사지 못했다는 말임)

★★☆ | **유형** | 세부 내용 파악

15

幻想文学分为两大类，即幻想小说与童话。就幻想小说而言，又分为三大类，即科幻小说、魔幻小说和奇幻小说。<u>科幻小说是人们所熟知的，其幻想是建立在科学之上</u>。世界上第一部科学幻想小说是英国著名诗人雪莱的夫人玛丽·雪莱1818年出版的《科学怪人》。

A 幻想小说可以分为两大类
B 科幻小说有一定的科学基础
C 《科学怪人》是诗人雪莱的作品
D 《科学怪人》是第一部魔幻小说

환상 문학은 두 부류로 나누어지는데, 바로 환상 소설과 동화다. 환상 소설에 대해 말하자면, 세 개의 부류로 나누어지는데 바로 공상 과학 소설, 마법 소설 그리고 판타지 소설이다. 공상 과학 소설은 사람들이 잘 알고 있는 것이며 그 환상이 과학을 바탕으로 형성되었다. 세계 최초 공상 과학 소설은 영국의 저명한 시인 셸리의 부인인 메리 셸리가 1818년에 출간한 『프랑켄슈타인』이다.

A 환상 소설은 두 부류로 나눌 수 있다
B 공상 과학 소설은 일정한 과학 기초가 있다
C 『프랑켄슈타인』은 시인 셸리의 작품이다
D 『프랑켄슈타인』은 최초의 마법 소설이다

 幻想文学 huànxiǎng wénxué 명 환상 문학 | 科幻小说 kēhuàn xiǎoshuō 명 공상 과학 소설 | 魔幻小说 móhuàn xiǎoshuō 명 마법 소설 | 奇幻小说 qíhuàn xiǎoshuō 명 판타지 소설 | 熟知 shúzhī 동 숙지하다, 잘 알다 | 雪莱 Xuělái 고유 셸리 [Percy Bysshe Shelley, 1792년∼1822년, 영국의 유명한 낭만파 서정 시인] | 玛丽·雪莱 Mǎlì Xuělái 고유 메리 셸리(Mary Shelley) | 科学怪人 Kēxué Guàirén 명 프랑켄슈타인

 공상 과학 소설의 환상은 과학을 바탕으로 형성되었다고 했으므로 정답은 B다. 환상 소설은 공상 과학 소설, 마법 소설 그리고 판타지 소설 세 부류로 나눌 수 있다고 했으므로 A는 답이 될 수 없다. 또한 『프랑켄슈타인』의 작가는 저명한 시인 셸리의 부인이지, 셸리 본인이 아니므로 C도 답이 될 수 없다. 『프랑켄슈타인』은 세계 최초의 공상 과학 소설이지, 마법 소설이 아니므로 D도 오답이다.

Tip⁺

- 即는 '바로 ∼이다, 곧 ∼이다, 즉 ∼이다'라는 뜻의 부사로, 就, 就是에 상당한다.
- '就⋯而言'은 '∼에 대해 말하(자)면, ∼에 근거해 보(자)면'이라는 뜻으로, 구체적인 예로 어떤 문제를 설명하고자 할 때 자주 쓰는 고정격식이다. '以⋯而论', '拿⋯来说'와 같은 의미이다. 전자는 서면체이고, 후자는 구어체다.

16-20

女：格伦·莱斯先生，您这次来中国是作为这个公益活动的特邀嘉宾。那么您为什么要参加这次活动呢？

男：17(A)我觉得这对我的事业是一个长久、长期的帮助。所以，我很热衷于参加这样的活动。

女：我们知道您在洛杉矶湖人队曾经拿到过一个总冠军奖杯。作为篮球明星，当您拿到总冠军之后，和以往几个赛季相比，心态上发生了怎么样的变化？

男：非常高兴，在湖人队拿到这个总冠军，可以跟很多球星一起打球，是非常过瘾的事情。而且，你也许可以体会到，获得总冠军的感觉是很不一样的。

女：16(A)我们也知道在您来到中国之后，已经先后参加了两站的训练营的活动了，您觉得和美国同龄人相比，中国青少年的篮球基础如何？

男：我这次来中国的原因之一就是要参加"2007北京之夏篮球训练营"。我想教他们怎么强身健体，17(C)怎么样有一个好的团队精神。17(D)我不觉得美国的孩子和中国的孩子有区别。打篮球方面、经验方面没有任何区别。19(B)打篮球关键是热爱这项运动本身，不需要其他的一些附加条件在里面。我在中国也看到很多年轻人，他们非常有才华，他们打得非常好，我相信他们有一天会进入NBA，会成为一个真正的篮球明星。

女：18(A)作为一名优秀的外线射手，在您退役之后，您觉得联盟现役这些球员当中谁是最好的外线射手？

男：我想我自己曾经就是一个最优秀的三分球投手，如果让我谈起现在在NBA三分线外线的投手的话，应该是卡梅罗·安东尼。

女：对于新秀，尤其是来自于美国大陆之外的，特别是亚洲的新秀，当他们刚刚登陆NBA之后，作为一个征战NBA多年的球员，有没有忠告或者建议要告诉他们？

여: 글렌 라이스 씨, 당신은 이번에 공익활동의 특별한 초대 손님으로 중국에 왔습니다. 그러면 당신은 왜 이번 활동에 참가하려고 합니까?

남: 17(A)저는 이것이 저의 사업에 장기적으로 도움이 되리라 생각합니다. 따라서 저는 이러한 활동에 매우 열심입니다.

여: 저희는 당신이 LA 레이커스팀에서 단체 종합 우승컵을 손에 넣은 적이 있다고 알고 있습니다. 농구 스타로서 단체 종합 우승컵을 손에 넣은 후 이전의 시즌과 비교했을 때 마음가짐에 있어 어떠한 변화가 생겼나요?

남: 매우 기뻤습니다. 레이커스팀에서 이 단체 종합 우승컵을 받고 매우 많은 유명 선수와 같이 공을 칠 수 있어서 매우 짜릿했습니다. 게다가 단체 종합 우승을 한 느낌은 매우 다르다는 것을 어쩌면 당신도 느낄 수 있을 것입니다.

여: 16(A)우리는 당신이 중국에 온 후 이미 잇따라 두 센터의 캠프 활동에 참가하였다는 것도 알고 있습니다. 미국의 같은 또래와 비교했을 때, 중국 청소년의 농구 기초는 어떻다고 생각하십니까?

남: 제가 중국에 온 이유 중 하나는 '2007 베이징 여름 농구 캠프'에 참가하기 위해서입니다. 저는 그들에게 어떻게 신체를 강건하게 하는지, 17(C)어떻게 해야 좋은 협동심이 생기는지 가르치고 싶습니다. 17(D)저는 미국의 아이들과 중국의 아이들이 다르다고 생각하지 않습니다. 농구와 경험 방면에서 어떠한 차이도 없습니다. 19(B)농구를 하는 것의 관건은 이 운동 자체를 열렬히 사랑하는 것입니다. 기타 부가 조건은 필요하지 않습니다. 저는 중국에서도 많은 젊은이들을 보았습니다. 그들은 매우 재능이 있고 농구를 매우 잘했습니다. 저는 그들이 언젠가 NBA에 들어갈 수 있고 진정한 농구스타가 될 것이라고 믿습니다.

여: 18(A)우수한 장거리 슈터로서, 당신이 은퇴한 후에 연맹 현역 선수 중 누가 가장 뛰어난 장거리 슈터라고 생각합니까?

남: 저는 제가 예전에 제일 우수한 3점 슛 슈터였다고 생각합니다. 만약에 저에게 지금 NBA에서 3점 슛 슈터를 얘기하라고 하신다면 분명히 카멜로 앤서니일 것입니다.

여: 신예, 특히 미국 대륙 이외에서 온, 그중에서 특별히 아시아의 신예에 대해, 그들이 막 NBA에 오른 후, NBA에서 다년간 싸운 선수로서 그들에게 말해줄 충고나 제안이 있습니까?

男：作为一个国际球员的话，想来NBA打球，我认为下面几点最重要：[20(B)]**在NBA首先你要适应各个球队的风格**，因为他们打球的风格很不一样；其次我觉得是语言的障碍，因为很多球员并不会讲英文。总的来说，适应球队风格、还有了解语言是必要的。

남: 국제적인 선수로서 NBA에 와서 농구를 하고 싶다면, 아래 몇 가지가 가장 중요하다고 생각합니다. [20(B)]NBA에서 우선 각 팀의 스타일에 적응해야 합니다. 왜냐하면 그들이 공을 치는 스타일은 매우 다르기 때문입니다. 그 다음에는 언어 장애라고 생각합니다. 왜냐하면 많은 선수들이 영어를 할 줄 모르기 때문입니다. 종합해서 말하자면 팀의 스타일에 적응하고 언어를 이해하는 것이 필수적입니다.

단어 格伦·莱斯 Gélún Láisī [고유] 글렌 라이스(Glen Rice) | 公益 gōngyì [명] 공공의 이익, 공익 | 特邀 tèyāo [동] 특별히 초청하다, 일부러 초대하다 | 嘉宾 jiābīn [명] 귀빈, 귀한 손님 | 洛杉矶湖人队 Luòshānjī Húrénduì [명] 로스앤젤레스 레이커스[NBA(미국프로농구협회)에 소속된 프로 농구팀] | 总冠军 zǒngguànjūn [명] 단체 종합 우승 | 奖杯 jiǎngbēi [명] 트로피, 컵 | 赛季 sàijì [명] (경기의) 시즌 | 过瘾 guòyǐn [형] 즐겁다, 유쾌하다 | 站 zhàn [명] 서, 본부, 센터 | 训练营 xùnliànyíng [명] 캠프 | 强身 qiángshēn [동] (신체를 단련하거나 약물을 복용하여) 몸을 튼튼하게 하다 | 外线 wàixiàn [명] 포워선 | 射手 shèshǒu [명] 골잡이, 슈터 | 退役 tuìyì [동] (운동선수가) 은퇴하다 | 联盟 liánméng [명] 연맹 | 现役 xiànyì [형] 현역의 | 投手 tóushǒu [명] (야구 경기에서의) 투수 | 卡梅罗·安东尼 Kǎméiluó Āndōngní [고유] 카멜로 앤서니 | 新秀 xīnxiù [명] 신예 | 登陆 dēnglù [동] (상품이) 출시되다, 시장에 오르다 | 征战 zhēngzhàn [동] 출정하여 싸우다

★☆☆ | **유형** | 행위 파악

16 格伦·莱斯来中国以后参加了什么活动？ / 글렌 라이스가 중국에 온 후 무슨 활동에 참가하였는가?

A 篮球训练营 / A 농구 캠프
B 亚洲巡回赛 / B 아시아 순회 경기
C 篮球知识讲座 / C 농구 지식 강좌
D 篮球选秀大赛 / D 농구 선발 경기

단어 巡回 xúnhuí [동] 순회하다 | 讲座 jiǎngzuò [명] 강좌

해설 인터뷰 중반에 여자는 남자가 이미 두 센터의 캠프 활동에 참가한 사실을 알고 있으며, 미국의 같은 또래와 비교해 중국 청소년의 농구 기초는 어떠한지에 대해 물은 것으로 보아, 남자가 중국에 온 후 농구 캠프 활동에 참가했음을 알 수 있다. 따라서 정답은 A다.

★★☆ | **유형** | 관점 파악

17 下面哪种说法不是格伦·莱斯的观点？ / 아래에서 글렌 라이스의 관점이 아닌 것은?

A 参加公益活动有助于事业发展 / A 공익활동에 참가하는 것은 사업발전에 도움이 된다
B 获得总冠军主要是球星的功劳 / B 단체 종합 우승 획득은 주로 유명 선수의 공로다
C 要培养运动员的团队合作精神 / C 운동선수의 단체 협동심을 길러야 한다
D 美国孩子和中国孩子没有区别 / D 미국 아이들과 중국 아이들은 차이가 없다

단어 有助于 yǒuzhùyú ~에 도움이 되다, ~에 유용하다

해설 인터뷰 초반에 남자는 공익활동이 자신의 사업에 장기적으로 도움이 된다고 언급했으며, 또한 어떻게 해야 좋은 협동심이 생기는지 가르치고 싶다고도 말했다. 따라서 A와 C는 답이 될 수 없다. 남자는 미국의 아이들과 중국의 아이들이 다르지 않다고 언급했으므로 D도 답이 될 수 없다. 그러나 단체 종합 우승을 획득한 것이 유명 선수의 공로라고는 언급하지 않았으므로 글렌 라이스의 관점이 아닌 것은 B다.

18 关于格伦·莱斯，说法正确的是哪一项？ | 글렌 라이스에 대해 맞는 표현은 무엇인가?

A 从NBA退役的外线投手
B 本年度NBA冠军队队员
C 即将成为NBA篮球巨星
D NBA目前最佳的三分球投手

A NBA에서 은퇴한 장거리 슈터다
B 올해 NBA 우승팀 팀원이다
C 곧 NBA농구팀의 거성이 될 것이다
D 현재 NBA 최고의 3점 슛 슈터다

단어 巨星 jùxīng 몡 걸출한 인물 | 最佳 zuìjiā 혱 최적이다, 가장 적당하다

해설 인터뷰 중후반에 여자가 '우수한 장거리 슈터로서, 당신이 은퇴한 후에 연맹 현역 선수 중 누가 가장 뛰어난 장거리 슈터라고 생각합니까?'라고 물은 것으로 보아, 남자가 이미 은퇴했음을 예측할 수 있다. 따라서 정답은 A다.

★☆☆ | **유형** | 세부 내용 파악

19 在格伦·莱斯看来，打篮球最重要的是什么？ | 글렌 라이스가 보았을 때, 농구를 할 때 가장 중요한 것은 무엇인가?

A 强壮的身体
B 热爱篮球运动
C 团队合作精神
D 语言沟通能力

A 건장한 신체
B 농구를 열렬히 사랑하는 것
C 단체 협동심
D 언어 소통 능력

단어 强壮 qiángzhuàng 혱 (몸이) 튼튼하다, 건장하다 | 沟通 gōutōng 됭 교류하다, 소통하다

해설 인터뷰 중반에 농구를 하는 것의 관건은 운동 자체를 열렬히 사랑하는 것이지 기타 부가조건은 필요하지 않다고 했으므로 정답은 B다.

★☆☆ | **유형** | 세부 내용 파악

20 对于登陆NBA的亚洲球员，格伦·莱斯有什么建议？ | NBA에 올라선 아시아 선수에 대해 글렌 라이스는 어떤 제안을 하였는가?

A 一定要热爱篮球运动
B 一定要适应球队风格
C 一定要熟练运用技巧
D 一定要利用身高优势

A 반드시 농구를 열렬히 사랑해야 한다
B 반드시 농구팀의 스타일에 적응해야 한다
C 반드시 운용기술에 능숙해야 한다
D 반드시 키가 큰 우위를 이용해야 한다

단어 技巧 jìqiǎo 몡 기교, 테크닉 | 优势 yōushì 몡 우세, 우위

해설 각 팀의 스타일에 적응해야 한다고 인터뷰 마지막에 언급하고 있으므로 정답은 B다.

女：大家好，现在您关注的是"决策者在线"节目，今天"考生与院校面对面"的院校是一所重点培养教师的摇篮。这所学校就是北京师范大学，今天有幸请来北京师范大学招生办公室主任虞立洪老师。

男：主持人好，各位网友好，感谢这个节目关注北师大，给关注北师大的考生提供在线交流机会，25(D)也希望今天的交流对考生有所帮助。

女：谢谢虞老师，我知道北京师范大学是一所拥有百年历史的重点高等学府，有着"学为人师、行为世范"的校训，今年北师大是以什么面貌呈现在大家面前呢？

男：我概括一下，百年名校北师大是教育部直属重点大学，23(C)是以哲学、经济学、法学、历史学、文理科学为主要特色的学府。面向新世纪，北师大确立了综合性、有特色研究型22(B)世界高水平大学的奋斗目标。24(D)北师大在1985年就被国家确立为首批重点建设的十所大学之一，1995年被列入"211工程"，21(A)2002年百年校庆之际，教育部和北京市决定共同建设北京师范大学。

女：我想知道咱们学校在学科建设方面，分为哪些门类呢？

男：24(B)今天北师大拥有哲学、经济学、法学、历史学、文学、理学、医学等11个学科。

女：好多中学家长都认为北师大就是培养教师的摇篮，对于其他专业了解得并不是很多，但是现在听虞老师的介绍以后，我们知道23(B)北京师范大学不只是培养教师方面的人才，而是一所综合性的大学，那么北师大在科研方面有什么特色吗？

男：北京师范大学有国家重点实验室4个，教育部工程研究中心是4个，北京市重点实验室5个。另外北京师范大学人文社会科学的研究优势是非常突出的，根据2007年中国科学评价中心公布的评估结果，23(D)北京师范大学社会科学研究竞争力位居全国高校第三。另外我们学校还是科技创新的一支重要力量。

여: 여러분, 안녕하세요. 여러분이 주시하고 있는 것은 '정책결정자는 접속 중' 프로그램입니다. 오늘 '수험생과 대학교의 맨투맨' 학교는 교사를 중점적으로 양성하는 인재 양성소입니다. 이 학교는 베이징사범대학으로 오늘 운 좋게 베이징사범대학 학생 모집 사무실 주임 위리홍 선생님을 모셨습니다.

남: 진행자님, 안녕하세요. 인터넷 친구 여러분, 안녕하세요. 베이징사범대학에 관심을 가지고, 베이징사범대학에 관심 있는 수험생 여러분들에게 온라인 교류 기회를 제공해주신 이 프로그램에 감사드립니다. 25(D) 오늘의 교류가 수험생들에게 도움이 되기를 희망합니다.

여: 위 선생님, 감사합니다. 베이징사범대학은 100년의 역사를 가진 중점고등교육기관으로 '배워서 다른 사람의 스승이 되고, 행하여 세상의 모범이 되어라'라는 교훈이 있다고 알고 있습니다. 올해 베이징사범대학은 모두에게 어떤 모습을 보여 주실 것인가요?

남: 제가 총괄해보면, 100년의 명문학교 베이징사범대학은 교육부 직속의 중점대학입니다. 23(C) 철학, 경제학, 법학, 역사학, 문리과학이 주요 특색인 학부입니다. 새로운 세기를 맞이하여 베이징사범대학은 종합적이고 특색 있는 연구형의 22(B) 세계에서 높은 수준의 대학이라는 분투목표를 확립했습니다. 24(D) 베이징사범대학은 1985년 국가가 확립한 최초의 중점건설 10개 대학 중 하나로, 1995년 '211사업'에 포함되었으며, 21(A) 2002년 100주년 개교기념일 무렵, 교육부와 베이징시는 공동으로 베이징사범대학을 건설하기로 결정했습니다.

여: 저는 학교의 학과 건설 방면에 대해 알고 싶습니다. 어떤 부문으로 나누어지나요?

남: 24(B) 지금 베이징사범대학은 철학, 경제학, 법학, 역사학, 문학, 이학, 의학 등 11개 학과가 있습니다.

여: 정말 많은 중고등학생 학부모님들이 모두 베이징사범대학은 단지 교사를 양성하는 기관이라고 알고 있습니다. 기타 전공에 대해 알고 있는 것이 많지 않은데요, 하지만 지금 위 선생님의 소개를 듣고 나서, 우리는 23(B) 베이징사범대학이 단지 교사란 인재를 양성하는 곳만이 아닌, 종합 대학이라는 것을 알았습니다. 그러면 베이징사범대학은 연구 방면에서 어떠한 특색이 있나요?

남: 베이징사범대학은 국가 중점 실험실이 4개, 교육부 프로젝트 연구 센터가 4개, 베이징시 중점 실험실이 5개 있습니다. 이 밖에도 베이징사범대학 인문사회과학의 연구 성과는 매우 뛰어납니다. 2007년 중국과학평가센터가 공포한 평가결과에 따르면 23(D) 베이징사범대학의 사회과학 연구 경쟁력이 전국에서 세 번째를 차지한다고 합니다. 이 밖에 저희 학교는 과학기술 창조의 중요 단체이기도 합니다.

女：学生如果选择心理学的话，在北师大学习期间就可以和国外专家进行交流，对吗？

男：对。学生跟国外交流有两种渠道：24(C)一种是请进来，学校把在专业领域比较有影响力的国外专家请进来做学术交流，也可以给学生讲授一些课程，这样学生可以了解到国际前沿的研究情况；另外学生可以走出去，我们有很多合作项目，支持学生到国外进行学习交流。

여: 학생이 만약에 심리학과를 선택했을 때, 베이징사범대학에서의 학습기간 동안에 국외 전문가와 교류할 수 있다는 것이 맞습니까?

남: 네. 학생이 외국과 교류하는 데에는 두 가지 방법이 있습니다. 24(C)하나는 불러들여 가르침을 받는 것입니다. 학교는 전공 영역에서 비교적 영향력 있는 국외 전문가를 초청해 학술 교류를 하며 학생에게 몇 개의 교과 과정을 강의해 줄 수 있습니다. 이렇게 해서 학생들은 국제적인 최첨단의 연구상황을 이해할 수 있습니다. 이 밖에 학생이 나가서 배울 수도 있습니다. 우리는 많은 협력 사항들이 있어 학생이 외국에 가서 학습 교류를 진행하도록 지원합니다.

단어 决策 juécè 통 (방법과 정책을) 결정하다 | 在线 zàixiàn 통 온라인 상태에 있다, 연결되어 있다, 접속하고 있다 | 面对面 miànduìmiàn 면전에서, 얼굴을 맞대고 | 摇篮 yáolán 명 요람, 인재 양성의 장소 | 有幸 yǒuxìng 형 운이 좋다, 다행하다 | 招生 zhāoshēng 통 (학교에서) 신입생을 모집하다, 학생을 모집하다 | 虞立洪 Yú Lìhóng 고유 위리훙 | 学府 xuéfǔ 명 학부 | 面貌 miànmào 명 면모, 상황 | 呈现 chéngxiàn 통 나타나다 | 概括 gàikuò 통 개괄하다, 뭉뚱그리다 | 名校 míngxiào 명 저명한 학교 | 直属 zhíshǔ 형 직속의 | 面向 miànxiàng 통 마주 보다, 직접 대면하다 | 奋斗 fèndòu 통 (어떤 목적에 도달하기 위해) 분투하다, 노력하다 | 首批 shǒupī 명 첫 번째 | 被列入 bèi lièrù 포함되다 | 校庆 xiàoqìng 명 개교기념일 | 之际 zhījì 명 때, 즈음 | 评估 pínggū 통 (사람이나 사물 등을) 평가하다, 감정하다 | 竞争力 jìngzhēnglì 명 경쟁력 | 位居 wèijū 통 (지위나 위치가) ~에 있다, ~에 위치하다 | 创新 chuàngxīn 통 (옛것을 버리고 새것을) 창조하다 | 渠道 qúdào 명 경로, 순서, 루트 | 请进来 qǐngjìnlai 자기 집에 불러들여 가르침을 받다 | 讲授 jiǎngshòu 통 (학문이나 기술 등을) 설명하여 가르치다, 강의하다 | 课程 kèchéng 명 교과 과정, 교육 과정, 커리큘럼 | 前沿 qiányán 명 최첨단

★★☆ | **유형** | 시간 파악

21

北京师范大学是哪年建校的?

베이징사범대학은 몇 년도에 개교하였는가?

A 1902年
B 1985年
C 1995年
D 2002年

A　1902년
B　1985년
C　1995년
D　2002년

해설 '2002년 100주년 개교기념일 무렵……'으로 보아, 베이징사범대학이 1902년에 개교했음을 알 수 있다. 따라서 정답은 A다.

 **Tip⁺** 之际라는 단어를 정확하게 알아들어야 한다. 之际는 '어떠한 일이 발생할 즈음'을 의미한다. '~할 무렵, ~할 즈음'이라고 해석하는 것이 자연스럽다.

★☆☆ | **유형** | 세부 내용 파악

22

北师大的奋斗目标是什么?

베이징사범대학의 분투목표는 무엇인가?

A 培养优秀教师
B 世界高水平大学
C 进入"211工程"
D 培养人文科学优势

A　우수한 교사를 양성하는 것
B　세계에서 높은 수준의 대학
C　'211사업'에 들어가는 것
D　인문과학 우세를 키우는 것

해설 '종합적이고 특색 있는 연구형의 세계에서 높은 수준의 대학이라는 분투목표를 확립했다'고 말했으므로 정답은 B다.

23

下列对于北师大的描述哪一项是正确的?

A 心理学是最好的专业
B 只培养教师方面的人才
C 历史学是主要特色之一
D 自然科学竞争力全国第三

다음 베이징사범대학의 묘사 중 어느 항목이 정확한가?

A 심리학이 제일 좋은 전공이다
B 교사쪽 인재만 양성한다
C 역사학은 주요 특색 중 하나다
D 자연과학 경쟁력은 전국의 세 번째다

해설 '베이징사범대학은 철학, 경제학, 법학, 역사학, 문리과학이 주요 특색인 학부입니다'라는 말에서 역사학이 주요 특색 중 하나임을 알 수 있으므로 정답은 C다. 여자가 '우리는 베이징사범대학이 단지 교사란 인재를 양성하는 곳만이 아닌, 종합 대학이라는 것을 알았습니다'라고 말했으므로 B는 답이 될 수 없다. 사회과학 연구 경쟁력이 전국에서 세 번째를 차지했으므로 D도 답이 될 수 없다.

24

以下哪一项是虞老师没有介绍的?

A 科技创新的成果
B 北师大的专业介绍
C 与国外交流的形式
D 北师大的学校历史

다음 중 위 선생님이 소개하지 않은 것은?

A 과학기술 창조의 성과
B 베이징사범대학의 전공 소개
C 국외 교류의 형식
D 베이징사범대학의 학교 역사

해설 남자는 베이징사범대학의 역사, 전공, 과학연구 및 국외 교류의 형식에 대해 연이어 소개했다. 그러나 과학기술 창조 성과에 대해서는 언급하지 않았으므로 정답은 A다.

25

他们接下来一定会说到什么?

A 北师大的校训学风
B 北师大的地理位置
C 北师大的科研情况
D 北师大的招生计划

그들은 분명히 이어서 무엇을 말할 것인가?

A 베이징사범대학의 교훈 학풍
B 베이징사범대학의 지리적 위치
C 베이징사범대학의 과학 연구 상황
D 베이징사범대학의 학생모집 계획

단어 学风 xuéfēng 명 학풍

해설 대화의 초반에 남자의 '오늘의 교류가 수험생들에게 도움이 되기를 희망합니다'라는 말을 통해 뒤에 학생모집 계획에 대해 말할 것임을 유추할 수 있다. 따라서 정답은 D다.

 **Tip⁺** 인터뷰 내용이 마무리되지 않았다면, 다음에 어떠한 내용이 전개될 것인지 묻는 유형의 문제가 제시되기도 한다. 그러므로 취재 대상에 관한 전체적인 내용을 기록하고, 사회자의 질문을 통해 취재 대상이 어떠한 대답을 할지 추측하면서 듣도록 한다.

女：<u>26(B)现在互联网领域不断地涌现新的机会，您能不能给出三个目前您觉得比较有发展前景的方向？</u>

男：如果是特别具体的，第一个建议，我还是建议你做你自己熟悉的事情，无论你原来是不是在互联网领域，其实到今天为止我们看到很多的模式是传统行业和互联网行业结合的成功，如果你不在互联网行业，首先我给你的建议就是你做你熟悉的事情，对于你不熟悉的事情你看到的永远是表面。第二，如果我们真的去看机会的话，大机会我就不想谈了，什么3G呀，包括无线游戏呀，Web2.0这些，我觉得都太空泛了，我看好的，今天我觉得还很有机会的，是今天在互联网转型过程里，我们发现有更多实际的社会应用，原来在线下的应用跟线上可以结合了。因为什么？我刚才说了，个人有两个特点在转变，一个是互联网越来越真实化，就是互联网上的人，无论是心态还是实际用户越来越真实化。第二就是互联网付费的通道越来越丰富，所以如果让我推荐大家考虑问题的话，大家都去想一想今天有什么服务我们在线下做了，<u>27(D)一旦我们把它在线上线下结合可以产生更大的效果，或者产生新的服务模式，我觉得这是我比较推荐的。</u>所以给建议我给两点，第一是做你熟悉的事情，第二是选跟实际结合更紧密的事情，<u>28(B)用互联网的方式来降低流程成本，产生新的增值。</u>这是我的建议。

女：你怎么看待学生创业？能给创业的学生一些建议吗？

男：从我个人的态度来讲，第一，在学生时代，如果你不是技术创新，我不是特别建议大家去创业的。如果是非常新的技术创新，我觉得学生创业是有机会的。<u>29(B)如果是商业模式创新，比如想了什么新点子或者新方法，我觉得你还是当成一个磨炼，去试试</u>，虽然你可能也选择了创业模式去做了，但是我还是建

여：<u>26(B)지금 인터넷 영역은 끊임없이 새로운 기회가 생겨나고 있습니다. 지금 비교적 발전 전망이 있다고 여겨지는 세 가지 방향을 제공해 주실 수 있으십니까?</u>

남：만약에 특별히 구체적인 것이라면, 첫 번째 제안은 당신이 원래 인터넷 영역에 있었든지 아니었든지 간에 당신이 스스로 잘 아는 일을 하라는 것입니다. 사실 지금까지 우리가 보아 온 많은 유형은 전통 업계와 인터넷 업계가 결합한 성공이었습니다. 만약에 당신이 인터넷 업계에 있지 않다면, 먼저 당신에게 드리는 제안은 당신이 잘 아는 일을 하라는 것입니다. 당신이 잘 모르는 일에 대해서는 당신이 보는 것은 언제나 표면적인 것입니다. 두 번째, 만약에 우리가 정말 기회를 본다면 큰 기회는 얘기하고 싶지 않습니다. 무슨 3G나, 무선 게임을 포함해 Web 2.0과 같은 것들은 제 생각에 너무 무의미합니다. 제가 좋게 본 것, 오늘날 아직 기회가 있다고 느낀 것은 지금 인터넷의 구조가 바뀌는 과정 속에서 우리가 실제적인 사회 응용이 더 많이 있음을 발견했다는 것입니다. 원래 오프라인에서의 응용은 온라인과 결합할 수 있습니다. 왜냐고요? 제가 방금 전 말했듯이, 개인은 두 가지 특징이 변화되고 있는데, 하나는 인터넷이 점점 실제화되고 있어 인터넷상의 사람들은 심리상태든 실제 ID를 막론하고 점점 실제화되고 있습니다. 두 번째는 인터넷 비용 지불의 통로가 점점 풍부해지고 있습니다. 따라서 만약에 여러분들에게 고려해볼 문제를 추천한다면, 여러분들 모두 오늘 어떤 서비스를 오프라인에서 할 수 있을지 생각해보세요. <u>27(D)일단 우리는 그것을 오프라인과 온라인상에서 결합하여 더 큰 효과를 만들어낼 수 있거나, 새로운 서비스 유형을 만들 수 있습니다.</u> 이것이 제가 비교적 추천하는 것입니다. 그래서 저는 제안을 한다면 이 두 가지를 하겠습니다. 첫째는 당신이 잘 아는 것을 하라는 것이고, 둘째는 실제와 더욱 밀접히 결합된 일을 선택하여 <u>28(B)인터넷을 사용하는 방식으로 작업 과정의 원가를 낮추고 새로운 부가가치를 만들어내는 것입니다.</u> 이것이 제가 추천하는 것입니다.

여：당신은 학생 창업을 어떻게 생각하십니까? 창업하는 학생에게 몇 가지 제안을 해주실 수 있습니까?

남：제 개인적인 태도에서 얘기한다면, 첫 번째는 학생시기에, 당신이 기술을 창조하는 것이 아니라면, 저는 특별히 여러분들에게 창업을 제안하고 싶지 않습니다. 만약에 매우 새로운 기술을 창조하는 것이라면 저는 학생 창업에 기회가 있다고 생각합니다. <u>29(B)만약에 상업 패턴 창조라면, 예를 들어 어떤 새로운 아이디어나 새로운 방법을 생각했다면, 저는 당신이 그래도 단련한다고 생각하고 시도해보는 것이 낫다고 생각합니다.</u> 비록 당신이 창업 패턴을 선택해서 했을지라도, 저는 모두에게

议大家保持一个很好的心态，把它当成一个锻
炼的机会，而不是当成"这就是我的未来"。
就是说，要全心去做，但是不要有过高的预
期。但如果你有一个很新的技术，我觉得可以
有预期，而且是可以下决心去做的。

女：今天我们访谈只剩下最后一个问题了，我想问
一个个人的问题，我看了您的简历，您也说
过，经手的公司多，感悟也多。能不能请您跟
大家分享一下您的感悟；另外，30(C)经历这么
多的亏损公司，这些对您现在管理这家大公司
会有一些影响吧？

심리상태를 잘 유지하라고 제안합니다. 그것을 단련의
기회로 삼아야지, '이것이 나의 미래다'라고 여겨서는
안 됩니다. 다시 말해, 전심을 다해 하지만 너무 높은 기
대를 해서는 안 됩니다. 그러나 만약에 당신에게 새로
운 기술이 있다면, 저는 기대해도 되고, 하기로 결정을
내려도 된다고 생각합니다.

여: 오늘 우리 이야기의 마지막 질문 하나만 남았습니다. 저
는 개인적인 문제를 묻고 싶습니다. 저는 당신의 이력
을 보았는데요, 당신도 말했듯이, 당신 손을 거친 회사
가 많고 느끼신 것도 많으십니다. 당신의 깨달음을 모
두와 함께 나눌 수 있으십니까? 그밖에 30(C)이렇게 많
은 적자 회사를 경험한 것이 당신이 지금 큰 회사를 관
리하는 데 영향이 있을까요?

> 단어 互联网 hùliánwǎng 명 인터넷 | 涌现 yǒngxiàn 통 (사람이나 사물 등이) 대량으로 나타나다, 생겨나다 | 前景 qiánjǐng 명 전경, 전
> 망 [장차 출현할 상황이나 모습] | 到…为止 dào…wéizhǐ ~에(까지) 이르다, ~까지 하고 끝내다 | 模式 móshì 명 표준 양식, 패턴, 유
> 형 | 无线 wúxiàn 형 무선의 | 空泛 kōngfàn 형 내용이 없다, 무의미하다 | 转型 zhuǎnxíng 통 (사회 경제 구조·문화 형태·가치
> 관 등이) 변화를 일으키다 | 在线 zàixiàn 명 온라인 상태에 있다, 연결되어 있다, 접속하고 있다 | 用户 yònghù 명 (어떤 설비·상품·
> 서비스 등의) 사용자, 가입자, 고객 | 付费 fùfèi 통 비용을 지불하다 | 通道 tōngdào 명 통로, 큰길 | 推荐 tuījiàn 통 추천하다 | 降
> 低 jiàngdī 통 내리다, 낮추다 | 流程 liúchéng 명 (공업 생산에서의) 작업 과정, 공정 | 成本 chéngběn 명 원가, 생산 비용 | 增值
> zēngzhí 명 부가가치 | 点子 diǎnzi 명 생각, 아이디어 | 磨炼 móliàn 통 단련하다, 연마하다, 갈고 닦다 | 预期 yùqī 통 (사전에) 기
> 대하다 | 访谈 fǎngtán 통 (어떤 사실이나 소식 등을 알기 위하여) 방문하여 이야기를 나누다 | 简历 jiǎnlì 명 (개인의) 약력, 간단한 이력
> | 经手 jīngshǒu 통 손수 처리하다, 다루다, 취급하다 | 感悟 gǎnwù 명 깨달음, 돈오 | 亏损 kuīsǔn 통 적자 나다, 결손이 생기다, 손
> 해를 보다

★★☆ | **유형** | 신분 파악

26 男的最有可能是什么身份？　　남자는 어떠한 신분일 가능성이 높은가？

A 某公司财务部主任
B 某在线游戏开发商
C 某大学法学院教授
D 互联网产品销售员

A 모 회사의 재무부 주임
B 모 온라인 게임 개발업체
C 모 대학교 법학대학 교수
D 인터넷 제품 판매원

> 단어 财务 cáiwù 명 재무 | 销售 xiāoshòu 통 (상품을) 팔다, 판매하다

> 해설 인터뷰 처음에 인터넷 영역에서 비교적 발전 전망이 있는 방향을 제시해줄 수 있는지 물었고, 이에 남자가 인터넷 영
> 역과 관련해서 전반적인 이야기를 하는 것으로 보아 남자가 인터넷 방면에 매우 능통하다는 것을 알 수 있다. 또한 인
> 터뷰 마지막에 남자가 큰 회사를 관리한다는 말을 통해 단순히 인터넷 제품 판매원이 아님을 알 수 있다. 따라서 정답
> 은 B다.

★★☆ | **유형** | 세부 내용 파악

27 男的最看好哪一种互联网应用项目？　　남자는 어떠한 인터넷 응용 항목이 가장 전망이 밝다고 보
는가？

A 互联网无线游戏
B 互联网门户网站
C 互联网的安全监控
D 线下与线上的结合

A 인터넷 무선 게임
B 인터넷 포털사이트
C 인터넷 안전 모니터링
D 오프라인과 온라인의 결합

> 단어 门户网站 ménhù wǎngzhàn 명 포털사이트 | 监控 jiānkòng 통 (사물의 변화 혹은 기계의 상태 등을) 모니터링을 하다

> 해설 인터뷰 중반에 남자가 오프라인과 온라인이 결합된 유형을 추천한다고 언급했으므로 정답은 D다.

★★☆ | **유형** | 전체 내용 파악

28

在男的看来，互联网模式在哪个方面优于传统模式?

남자가 보았을 때, 인터넷 유형은 어느 방면에서 전통 유형보다 우세한가?

A 可以更加熟悉业务
B 可以降低流程成本
C 可以使心态更平和
D 可以密切结合实际

A 업무를 더 잘 알 수 있다
B 작업 과정의 원가를 낮출 수 있다
C 심리상태를 더 평온하게 할 수 있다
D 실제와 긴밀하게 결합할 수 있다

단어 业务 yèwù 몡 업무 | 平和 pínghé 혱 차분하다, 평온하다 | 密切 mìqiè 혱 (관계가) 가깝다, 긴밀하다, 밀접하다

해설 인터뷰 중반에 남자가 '인터넷을 사용하는 방식으로 작업 과정의 원가를 낮추고 새로운 부가가치를 만들어내는 것'이라고 언급한 것으로 보아, B가 정답임을 알 수 있다.

★☆☆ | **유형** | 관점 파악

29

对大学生依靠商业模式创新创业，男的是怎么看的?

대학생들이 상업 패턴에 의지해 창업하는 것에 대해 남자는 어떻게 보는가?

A 是重大的机遇
B 仅能当做尝试
C 会有很大回报
D 予以全面否定

A 중대한 기회다
B 단지 시험 삼아 해보는 것으로 여길 수 있다
C 큰 보답이 있을 것이다
D 전면적으로 부정한다

단어 予以 yǔyǐ 툉 주다

해설 인터뷰 중후반 '만약에 상업 패턴 창조라면, ……단련한다고 생각하고 시도해보는 것이 낫다'로 보아 정답은 B다.

★★☆ | **유형** | 내용 추측 파악

30

接下来男的最有可能谈论什么内容?

이어서 남자는 어떠한 내용을 논의할 가능성이 높은가?

A 无线游戏的设计理念
B 互联网未来发展趋势
C 以往创业的失败经历
D 技术创新的主要方式

A 무선게임의 설계 이념
B 인터넷의 미래 발전 추세
C 이전 창업의 실패 이력
D 기술 창조의 주요 방식

단어 接下来 jiēxiàlai 다음으로, 이어서 | 理念 lǐniàn 몡 사상, 관념

해설 인터뷰 마지막 부분에 여자가 남자에게 '저는 당신의 이력을 보았는데요, ……이렇게 많은 적자 회사를 경험한 것이 당신이 지금 큰 회사를 관리하는 데 영향이 있을까요?'라고 말한 것으로 보아, 이어서 남자의 창업 실패 경험에 대해 이야기할 것임을 유추할 수 있다. 따라서 정답은 C다.

31-33

牛耕田回来，疲惫地喘着粗气，狗跑过来看它。

31(A)"我实在太累了。"牛诉苦，"明天我真想歇一天。"

狗对猫说："牛说它实在太累了，想歇一天。主人给它的活儿太多太重了。"

猫对羊说："牛抱怨主人给它的活儿太多，明天不想干活儿了。"

羊对鸡说："牛不想给主人干活儿了。不知道别的主人对他的牛是不是好一点儿。"

鸡对鸭说："牛不准备给主人干活儿了，想去别人家。主人让它干那么多活儿，还用鞭子抽打它。"

鸭对主妇说："牛说它不愿再给主人干活儿了，嫌活儿太重太多太脏太累。还要离开主人。"

主妇对主人说："牛想背叛你，它想换一个主人。你准备怎么处置它？"

32(C)"对待背叛者，杀无赦！"主人咬牙切齿地说道。

33(D)于是，勤劳而实在的牛，就这样被传言"杀"死了。

소가 밭을 갈고 돌아와서 피곤한 듯 거친 숨을 헐떡거렸다. 개가 뛰어와서 그를 보았다.

31(A)"나 정말 힘들어." 소가 괴로움을 하소연했다. "내일은 정말 하루 쉬고 싶다."

개가 고양이에게 말했다. "소가 말하길 정말 너무 힘들어서 하루 쉬고 싶대. 주인이 그에게 준 일이 너무 많고 무겁대."

고양이가 양에게 말했다. "소가 주인이 그에게 일을 너무 많이 준다고 불평해. 내일은 일하고 싶지 않대."

양이 닭에게 말했다. "소가 주인을 위해 일하고 싶지 않대. 다른 주인은 그의 소에게 좀 더 나을지 모르겠다."

닭이 오리에게 말했다. "소는 주인을 위해 일하려고 하지 않고 다른 사람의 집에 가고 싶어해. 주인은 그에게 그렇게 많은 일을 하게 하면서 채찍으로 그를 때린대."

오리가 부인에게 말했다. "소는 주인을 위해 다시는 일을 하고 싶지 않대요. 일이 너무 무겁고 많고 더럽고 힘들대요. 게다가 주인을 떠나고 싶대요."

부인은 주인에게 말했다. "소가 당신을 배신하고 싶대요. 주인을 바꾸고 싶다는데, 소를 어떻게 처리할 작정이에요?"

32(C)"배신자는 죽음을 면치 못하지!" 주인은 몹시 화를 내며 말했다.

33(D)그래서 근면하고 정직한 소는 이렇게 떠도는 말로 인해 죽임을 당했다.

단어 耕田 gēngtián 图 밭을 갈다 | 疲惫 píbèi 图 (몸이나 마음이) 고단하다 | 喘 chuǎn 图 (숨을) 헐떡거리다, 가쁘게 쉬다 | 粗气 cūqì 图 거친 숨 | 诉苦 sùkǔ 图 괴로움을 하소연하다, 고충을 호소하다 | 歇 xiē 图 쉬다, 휴식하다 | 抱怨 bàoyuàn 图 불평하다, 투덜거리다, 탓하다 | 鸭 yā 图 오리 | 鞭子 biānzi 图 채찍, 회초리 | 抽打 chōudǎ 图 (주로 가늘고 긴 물체로) 때리다 | 背叛 bèipàn 图 배반하다, 배신하다 | 处置 chǔzhì 图 처리하다, 해결하다 | 赦 shè 图 사면하다, 용서하다 | 咬牙切齿 yǎoyáqièchǐ 성어 이를 물고 갈다, 몹시 화를 내다 | 勤劳 qínláo 图 (어떤 고생이나 어려움도 두려워하지 않고) 부지런하다, 근면하다

★☆☆ | **유형** | 의미 파악

31 牛的本意是什么?

A 太累了想休息一天
B 想换一个好的主人
C 不想在这里干活儿了
D 抱怨主人给的活儿太多

소의 원래의 의도는 무엇인가?

A 너무 힘들어서 하루 쉬고 싶다
B 좋은 주인으로 바꾸고 싶다
C 이곳에서 일하고 싶지 않다
D 주인이 준 일이 너무 많은 것을 불평한다

해설 소는 단지 일이 너무 힘들어서 내일 하루는 쉬고 싶다고 하소연한 것이었다. 그러나 말이 점점 와전되면서 오해를 불러일으켜, 결국 주인에 의해 죽임을 당했다. 그러므로 정답은 A다.

★☆☆ │**유형**│ 심정 파악

32

主妇说了牛的问题之后，主人什么感受?

부인이 소의 문제를 말한 후, 주인은 어떤 느낌이었는가?

A 伤心
B 仇恨
C 愤怒
D 同情

A 슬퍼한다
B 증오한다
C 분노한다
D 동정한다

단어 感受 gǎnshòu 명 체험, 감상, 경험 │ 仇恨 chóuhèn 통 (이해관계의 충돌로 인해) 극도로 증오하다 │ 愤怒 fènnù 통 분노하다, 성내다 │ 同情 tóngqíng 통 동정하다

해설 주인은 배신자는 죽음을 면치 못한다며 몹시 화를 냈으므로 C가 정답이다.

★★☆ │**유형**│ 주제 파악

33

这段话主要想告诉我们什么?

이 이야기는 우리에게 주로 무엇을 알려주려 하는가?

A 要惩罚背叛者
B 不要对人抱怨
C 要认真听别人讲话
D 传言会让事情变坏

A 배신자를 처벌해야 한다
B 사람에게 불평하면 안 된다
C 다른 사람이 말하는 것을 열심히 들어야 한다
D 떠도는 소문이 일을 악화시킬 수 있다

단어 惩罚 chéngfá 통 처벌하다, 징벌하다 │ 变坏 biànhuài 통 나빠지다, 악화하다

해설 '소가 떠도는 말로 인해 죽임을 당했다'에서 왜곡된 말로 인해 근면하고 정직한 소가 생명을 잃었다는 사실을 알 수 있다. 이 지문은 우리에게 떠도는 말이 사람의 본뜻을 오해하게 하여 일을 악화시킬 수 있다는 점을 말해준다. 따라서 정답은 D다.

34-36

一个青年向一位禅师求教。

"34(B)大师，有人赞我是天才，将来必有一番作为，但也有人骂我是笨蛋，一辈子不会有多大出息。依您看呢?"

"你是如何看待自己的?"禅师反问。

青年摇摇头，一脸茫然。

"比如同样的一斤米，用不同的眼光去看，它的价值也就迥然不同。在农民看来，它最多值1元钱；在卖粽子人的眼里，包成粽子后只可卖出3元钱；在制饼者看来，它能被加工成饼干卖5元钱；在味精厂家眼中，它可提炼出味精，卖8元钱；35(A)在制酒商看来，它能酿成酒卖40元钱。不过，米还是那斤米。"

한 청년이 승려에게 가르침을 부탁했다.

"34(B)대사님, 어떤 사람은 저를 천재라고 칭찬하며 장래에 반드시 한 차례 성과가 있을 것이라고 합니다. 그러나 어떤 사람은 저를 바보라고 욕하며 평생 큰 발전이 없을 것이라고 합니다. 대사님께서 보시기에는 어떻습니까?"

"당신은 스스로를 어떻게 보십니까?" 승려가 반문했다.

청년은 고개를 저으며 막연해했다.

"예를 들어 같은 한 근의 쌀이라 해도 다른 시선으로 보면 그것의 가치 역시 확연히 다릅니다. 농민이 보았을 때, 그것의 최대 가치는 1위엔입니다. 쭝쯔를 파는 사람의 눈에는 쭝쯔를 싼 후에 단지 3위엔에 팔 수 있습니다. 과자를 만드는 사람이 보았을 때는 그것을 과자로 만들어 5위엔에 팔 수 있습니다. 조미료 제조업자의 눈에 그것은 조미료로 추출해 8위엔에 팔 수 있습니다. 35(A)술을 만드는 상인이 보았을 때 그것은 술로 빚은 후 40위엔에 팔 수 있습니다. 그러나 쌀은 여전히 한 근의 쌀입니다."

大师顿了顿，接着说："^{36(C)}同样一个人，有人将你抬得很高，有人把你贬得很低，其实，你就是你。你究竟有多大出息，取决于你到底怎样看待自己。"

青年豁然开朗。

대사는 잠시 멈추더니, 이어서 말했다. "^{36(C)}동일한 사람이라도, 누군가는 치켜세우고 누군가는 낮게 폄하하더라도 사실 당신은 당신일 뿐입니다. 당신이 대관절 얼마나 발전할지는 어쨌든 당신이 스스로를 어떻게 대하느냐에 달려 있습니다."

청년은 생각이 넓게 트였다.

단어 禅师 chánshī 명 선사 [승려를 높여 이르는 말] | 求教 qiújiào 동 지도를 부탁하다, 가르침을 청하다 | 笨蛋 bèndàn 명 바보, 멍청이 | 出息 chūxi 명 발전성, 장래성 | 反问 fǎnwèn 동 되묻다, 반문하다 | 摇头 yáotóu 동 (부정·거부·제지 등의 뜻으로) 고개를 젓다 | 茫然 mángrán 형 (학식이나 식견이) 모호하다, 막연하다 | 迥然 jiǒngrán 형 (동떨어지게) 차이가 매우 크다, 판이하다, 현저하다 | 粽子 zòngzi 명 쭝쯔 [찹쌀을 대나무 잎이나 갈댓잎에 싸서 삼각형으로 묶은 후 찐 음식] | 味精 wèijīng 명 화학 조미료 | 顿 dùn 동 잠시 멈추다 | 抬 tái 동 (위를 향해) 쳐들다, 들어올리다 | 贬 biǎn 동 깎아내리다, 나쁘게 평가하다, 폄하하다 | 豁然 huòrán 형 넓다, 트이다, 통달하다, (완전히) 알다 | 开朗 kāilǎng 형 (생각이) 트이다

★☆☆ | **유형** | 전체 내용 파악

34 青年最大的疑惑是什么?

A 不知道自己是谁
B 自己会不会成功
C 自己是天才还是笨蛋
D 别人对他有不同看法

청년의 가장 큰 의혹은 무엇인가?

A 자신이 누구인지 모른다
B 자신이 성공할 수 있을 것인가
C 자신은 천재인가 바보인가
D 다른 사람이 자신에게 다른 견해를 갖고 있다

단어 疑惑 yíhuò 동 의혹하다, 수상하게 여기다

해설 지문 초반에 어떤 사람은 청년이 성과가 있을 것이라고 말하고, 어떤 사람은 그가 발전성이 없을 것이라고 말했다. 그래서 그는 자신이 발전성이 있는지, 성공할 수 있을지에 대해 궁금했다. 따라서 정답은 B다.

★☆☆ | **유형** | 세부 내용 파악

35 同样的一斤米怎么样卖价值最大?

A 酿成酒
B 做成粽子
C 做成饼干
D 做成味精

같은 한 근의 쌀은 어떻게 팔아야 가치가 가장 큰가?

A 술로 빚는다
B 쭝쯔로 만든다
C 과자로 만든다
D 조미료로 만든다

해설 지문 중반의 대사의 말에서 술로 빚는 것은 40위엔에 팔 수 있다고 했으니, 술로 빚는 쪽이 가치가 제일 크다는 것을 알 수 있다. 따라서 정답은 A다.

★★☆ | **유형** | 내용 추측 파악

36 听了大师的话，青年可能会怎样看待自己?

A 抬高自己
B 贬低自己
C 相信自己
D 看轻自己

대사님의 말을 듣고 청년은 아마도 자신을 어떻게 볼 것인가?

A 자신을 높이 치켜세운다
B 자신을 낮게 평가한다
C 자신을 믿는다
D 자신을 경시한다

단어 抬高 táigāo 동 높이다, 끌어올리다 | 贬低 biǎndī 동 낮게 평가하다, 얕잡아 보다 | 看轻 kànqīng 동 얕보다, 깔보다

해설 대사는 청년에게 누군가 당신을 치켜세우거나 당신을 낮게 폄하해도 당신은 바로 당신이며 당신이 얼마나 발전할지는 스스로를 어떻게 대하느냐에 달렸다고 했다. 따라서 청년은 이 말을 듣고 깨달음을 얻어, 다른 사람이 자신을 어떻게 평가하는지에 연연하지 않고, 자신을 긍정적으로 평가하고 자신을 믿을 것임을 유추할 수 있다. 따라서 정답은 C다.

自卑感强的人往往有过心理创伤。有个学生成绩很差，但之前都是无忧无虑的。某天他与同学正在踢足球，有个成绩很好的同学故意捣蛋，他提出了抗议，对方竟大吵大骂起来。这时有位老师经过，将他们劝开，37(D)但老师一直在教训他，却安慰那个优秀的同学，并对他说："不好好读书，只知道玩儿！"过去，他不怎么介意学习不好的问题，这时却意识到问题的严重性，并产生了自卑感。38(C), 39(B)但同样的心理创伤，并非所有人都会产生自卑感，因为心理创伤并不是完全是因为外部的刺激，还有主观原因，即性格。自卑感较强的人具有小心、内向、孤独、偏见等特征。现代社会是个充满竞争的社会，这也是造成某些人自卑的重要原因。自卑感往往在入学考试、招聘面试、体育比赛等场合产生。

열등감이 강한 사람은 종종 심리적인 상처를 받는다. 성적이 아주 떨어지는 학생이 있었는데, 그전에는 아무런 걱정이나 근심이 없었다. 어느 날, 그가 친구들과 축구를 하고 있었는데 성적이 좋은 친구가 일부러 트집을 잡아서 그가 항의했다. 상대방은 오히려 시끄럽게 굴며 욕을 하기 시작했다. 이때 한 선생님께서 지나가셨고 그들을 달랬다. 37(D)그러나 선생님은 계속 그를 꾸짖었고 오히려 그 우수한 학생을 위로하였다. 그러고는 그에게 말했다. "공부는 열심히 안 하고 놀 줄만 알지!" 예전에 그는 공부를 못하는 문제에 그다지 마음을 두지 않았지만 이때 문제의 심각성을 인식하고 열등감이 생겼다. 38(C), 39(B)그러나 똑같은 마음의 상처가 결코 모든 사람에게 열등감을 만드는 것은 아니다. 왜냐하면 마음의 상처는 완전히 외부의 자극 때문만은 아니고, 성격과 같은 주관적인 원인도 있기 때문이다. 열등감이 비교적 강한 사람은 조심스럽고, 내향적이며, 고독하고, 편견을 가지는 것 등의 특징이 있다. 현대사회는 경쟁이 가득한 사회다. 이것 역시 어떤 사람에게는 열등감을 조성하는 중요한 원인이기도 하다. 열등감은 흔히 입학시험, 채용면접, 체육경기 등의 상황에서 생긴다.

단어 自卑感 zìbēigǎn 명 열등감 | 创伤 chuāngshāng 명 (물질이나 정신적으로 받은) 상처 | 无忧无虑 wúyōuwúlǜ 성어 아무런 근심이나 걱정도 없다 | 故意 gùyì 부 고의로, 일부러 | 捣蛋 dǎodàn 동 생트집을 잡다. 말썽을 피우다 | 抗议 kàngyì 명 항의 | 劝开 quànkāi 동 달래다 | 安慰 ānwèi 동 위안하다 | 不怎么 bùzěnme 부 그리(~하지 않다), 그다지(~하지 않다) | 介意 jièyì 동 (언짢은 일 따위를) 마음에 두다. 개의하다 | 并非 bìngfēi 결코 ~가 아니다 | 刺激 cìjī 동 자극하다. 자극시키다 | 偏见 piānjiàn 명 편견, 선입견 | 招聘 zhāopìn 동 (공모의 방식으로) 모집하다. 초빙하다 | 场合 chǎnghé 명 (어떤) 시간, 장소, 상황, 경우

★☆☆ | 유형 | 인과 관계 파악

37 那个学生为什么后来产生了自卑感?

그 학생은 왜 이후에 열등감이 생겼나?

A 学习成绩一直很差
B 优秀的同学都嘲笑他
C 对学习不好十分介意
D 老师不问情况就教训他

A 학업 성적이 계속 안 좋았기 때문에
B 우수한 학생이 모두 그를 비웃었기 때문에
C 공부를 못하는 것에 대해 매우 신경을 썼기 때문에
D 선생님이 상황을 묻지도 않고 그를 꾸짖었기 때문에

단어 嘲笑 cháoxiào 동 (말이나 글로써 남을) 조소하다. 비웃다

해설 어느 날 그 학생이 학업 성적이 우수한 학생과 싸웠는데, 선생님이 정확한 상황을 묻지도 않고 그를 꾸짖었고, 성적이 우수한 학생에게는 오히려 위로를 했다. 이로 인해 열등감이 생긴 것이므로 정답은 D다.

제2회
听力

38

关于自卑感，下列哪项正确?

A 自卑感是天生的
B 所有人都会自卑
C 性格会导致自卑感
D 自卑者都有心理创伤

열등감에 대해 어느 항목이 정확한가?

A 열등감은 천성이다
B 모든 사람은 열등감을 가질 것이다
C 성격은 열등감을 초래할 수 있다
D 열등감을 가진 사람은 전부 마음의 상처가 있다

해설 지문 내용에 따르면, '똑같은 마음의 상처가 결코 모든 사람에게 열등감을 만드는 것은 아니다. 왜냐하면 마음의 상처는 완전히 외부의 자극 때문만은 아니고, 성격과 같은 주관적인 원인도 있기 때문이다'라고 언급했다. 따라서 정답은 C다.

39

这段话主要讲了什么?

A 自卑的严重性
B 自卑产生的原因
C 什么时候会自卑
D 自卑的人性格怎样

이 이야기는 주로 무엇을 설명하였는가?

A 열등감의 심각성
B 열등감을 만드는 원인
C 열등감은 언제 생기는가
D 열등감이 있는 사람의 성격은 어떠한가

해설 이 지문은 전반적으로 열등감이 생기는 이유에 대해 설명하고 있다. 마음의 상처, 외부의 자극, 성격, 경쟁 등을 그 예로 들었다. 따라서 정답은 B다.

40-42

11月20日下午3时，房山公安局接到群众报案称: 在西潞街道大鸭梨饭店门前，有人驾车撞人后逃逸。民警立即赶赴现场。

在西潞路车站附近，40(C)民警发现一辆白色面包车正用车前侧顶住一辆银色面包车尾部，企图将前车顶开后逃跑。原来白色面包车撞人逃跑后又撞车了。

民警用警车顶住白色车的前部，命令司机下车。司机加大油门将警车撞开，强行掉头，驶入左侧便道，造成主路的多部车辆紧急避让，行人纷纷躲到马路以外。

肇事车由于车速过快，又与一辆黑色轿车相撞，白色面包车失控撞向路中央的护栏，车辆侧翻。护栏受挤压变形后将对面车道正常行驶的一辆银色轿车撞坏。司机从车中爬出逃跑。民警随后追赶，将其抓获。男子自称叫张应新，洋河镇人，撞人后怕母亲担心才逃跑，家里还有妻子和孩子。

11월 20일 오후 3시, 팡산공안국은 군중의 신고를 받았다. 시루대로 다야리식당 문 앞에서 어떤 사람이 차를 몰고 사람을 친 후 도망갔다는 것이다. 인민경찰은 즉시 현장에 갔다.

시루로 터미널 근처에서 40(C)인민경찰은 흰색 승합차 한 대가 앞차를 들이받고 도망가려고 차량의 앞쪽 측면으로 은색 승합차 뒷부분을 떠받치고 있는 것을 발견했다. 알고 보니 흰색 승합차가 사람을 치고 도망간 후 또 차를 박은 것이었다.

인민경찰은 경찰차를 이용해 흰색 차량 앞부분을 막아 세운 후 운전사에게 내리라고 명령했다. 운전사는 가속 장치를 밟아 경찰차를 들이박고 유턴을 강행했고, 좌측의 인도로 운전하여 주도로의 많은 차량이 긴급히 피하고 행인은 잇달아 큰길 밖으로 숨었다.

사고를 일으킨 차는 속도가 너무 빨라서 검은색 승용차 한 대와 또 서로 부딪쳤으며 흰색 승합차는 통제력을 잃고 도로 중앙의 가드레일을 들이받아 옆으로 뒤집혔다. 가드레일은 압력을 받아 변형된 후 맞은편 차도에서 정상 운전하던 은색 승용차를 박았다. 운전사는 차에서 기어나와 도망갔고, 인민경찰은 뒤이어 쫓아가서 그를 붙잡았다. 남자는 이름은 장잉신이고 양허 사람으로, 사람을 친 후 어머니가 걱정하실 것이 두려워 도망쳤고, 집에는 아내와 아이가 있다고 스스로 밝혔다.

　　两天后民警调查发现洋河镇并无此人，^{42(B)}男子其实为郑某，寒亭镇人，未婚，家中只有年迈的父亲。在饭店吃饭后不听朋友劝阻，明知自己醉酒还坚持驾车，撞人后闯下一系列车祸。经查明，郑某竟是三年前一起交通事故的肇事者，事后逃跑至今。^{41(D)}郑某再次撞人后怕被警察查出，所以驾车疯狂逃窜，被抓后还企图编造谎言蒙骗民警。

이틀 후 인민경찰은 조사를 통해 양허 마을에 이러한 사람이 없다는 사실을 알아냈다. ^{42(B)}남자는 사실 정 모 씨였고, 한팅 마을 사람으로, 미혼이었다. 집에는 연로하신 아버지만 계셨다. 식당에서 밥을 먹고 친구의 제지를 듣지 않고 자신이 술에 취했다는 것을 분명히 알고서도 운전을 하였으며, 사람을 친 후 일련의 교통사고를 야기했다. 확실한 조사를 거치니, 정 모 씨는 놀랍게도 3년 전 한 교통사고를 일으킨 사람이었으며, 사고 후 지금까지 도망친 것이었다. ^{41(D)}정 모 씨는 다시 사람을 친 후 경찰에게 발각될 것이 두려워 차를 몰고 미친 듯이 도망쳤으며 붙잡힌 후 거짓말을 꾸며내 인민경찰을 기만했다.

단어 报案 bào'àn 통 사건을 신고하다, 고발하다 | 西潞 Xīlù 명 시루 | 街道 jiēdào 명 큰길, 대로 | 驾 jià 통 (교통수단을) 운전하다 | 撞 zhuàng 통 부딪다, 박다, 충돌하다, 치다 | 逃逸 táoyì 통 도망가다 | 民警 mínjǐng 명 인민경찰 | 赶赴 gǎnfù (어떤 곳으로) 급히 가다, 서둘러 가다 | 车站 chēzhàn 명 역, 터미널, 정류장 | 面包车 miànbāochē 명 승합차, 미니버스 | 顶 dǐng 통 (머리나 뿔로) 받다, 들이받다, 부딪다 | 逃跑 táopǎo 통 도망가다, 달아나다 | 油门 yóumén 명 가속 장치, 가속 페달, 액셀러레이터 | 强行 qiángxíng 통 강행하다 | 掉头 diàotóu (자동차·배 등이) 방향을 돌리다, 유턴하다 | 驶 shǐ 통 (차·배 등을) 운전하다, 조종하다, 몰다 | 左侧 zuǒcè 명 좌측, 왼쪽 | 便道 biàndào 명 인도, 보도 | 主路 zhǔlù 명 주도로 | 紧急 jǐnjí 형 (일이나 사정이) 다급하다, 촉박하다 | 避让 bìràng 통 (길·좌석·지위 등을) 내주다, 피하다 | 肇事 zhàoshì 통 사고를 일으키다, 소란을 일으키다 | 轿车 jiàochē 명 승용차 | 失控 shīkòng 통 통제력을 잃다 | 护栏 hùlán 명 가드레일 | 翻 fān 통 뒤집다, 뒤집히다, 펼치다 | 挤压 jǐyā 통 (좌우·상하로부터) 내리누르다, 밀어내다 | 抓获 zhuāhuò 통 붙잡다, 체포하다, 포획하다 | 洋河 Yánghé 명 양허 [허베이성과 산시성에 위치한 강] | 郑 Zhèng 고유 정 [성(姓)] | 寒亭 Hántíng 명 한팅 [안후이성, 산둥성에 위치함] | 未婚 wèihūn 형 미혼이다 | 年迈 niánmài 형 나이가 많다, 연로하다 | 劝阻 quànzǔ 통 (어떤 일이나 활동을) 하지 말라고 충고하다 | 闯 chuǎng 통 (무슨 일이나 사건 등을) 일으키다, 야기하다 | 查明 chámíng 통 분명하게 조사하다, 확실하게 조사하다 | 起 qǐ 양 사건이나 안건 등을 세는 단위 | 至今 zhìjīn 부 지금까지, 현재까지, 오늘까지 | 查出 cháchū 통 검출하다 | 疯狂 fēngkuáng 형 미친 듯하다, 미치다 | 逃窜 táocuàn 통 도망가다, 달아나다 | 被抓 bèizhuā 통 붙잡히다 | 编造 biānzào 통 (이야기 등을) 꾸며내다, 창작하다 | 蒙骗 mēngpiàn 통 속이다, 기만하다

★☆☆ | **유형** | 세부 내용 파악

40

肇事车是什么车?

사고를 일으킨 차는 무슨 차인가?

A 银色轿车	A 은색 승용차
B 黑色轿车	B 검은색 승용차
C 白色面包车	C 흰색 승합차
D 银色面包车	D 은색 승합차

해설 처음 경찰이 사고를 목격했을 때 '흰색 승합차'라고 했으므로 정답은 C다.

★★☆ | **유형** | 인과 관계 파악

41

肇事司机为什么要逃跑?

사고를 일으킨 운전사는 왜 도망가려고 하였나?

A 喝了很多酒	A 술을 많이 마셨기 때문에
B 怕老母亲担心	B 늘으신 어머니가 걱정하실 것이 두려워서
C 在饭店门口撞死了人	C 식당 입구에서 사람을 치여 죽였기 때문에
D 怕警方查出之前的车祸	D 경찰이 이전의 교통사고를 발견할까 봐 두려워서

단어 撞死 zhuàngsǐ 통 부딪쳐서 죽이다

해설 지문 마지막에 '다시 사람을 친 후 경찰에게 발각될 것이 두려워 차를 몰고 미친 듯이 도망쳤다'고 했으므로 정답은 D다. 사람을 친 후 어머니가 걱정하실 것이 두려워 도망쳤다는 말은 거짓말임에 주의해야 한다.

42 关于肇事司机，我们可以知道什么？

A 他叫张应新
B 他住寒亭镇
C 他已经结婚了
D 他主动坦白了一切

사고를 일으킨 운전사에 대해 우리는 무엇을 알 수 있는가?

A 그는 장잉신이라 부른다
B 그는 한팅 마을에 산다
C 그는 이미 결혼하였다
D 그는 주동적으로 모든 것을 고백했다

단어 主动 zhǔdòng 〔형〕 주동적이다 | 坦白 tǎnbái 〔동〕 (자기의 결점·잘못 등을) 솔직하게 말하거나 털어놓다

해설 경찰의 조사로 그에 대해 밝혀진 바로는, 정 모 씨이고, 한팅 마을 사람이며, 미혼이라는 사실이다.

43-46

43(C) 怎样才能做个自信、成熟的应征者？下面就是我——一个主试官的建议。

44(C) 首先，45(A) 你的简历要简要、干净，没有任何夸大的形容词。文笔流畅，没有错别字和病句。

44(C) 其次，面试时仪表很重要，45(B) 头发干净，穿着整洁，坐直一点儿，说话时注视对方。

44(C) 第三，多带一些有关工作或有助于谈话的资料。

44(C) 第四，带一本书。早到的话可以看书，这表示你很准时，但不是无所事事。假如主试者迟到了，你手上有书，正好可以全神贯注地看书，显出丝毫没注意的样子。

44(C) 还有，想办法掩饰紧张的心情。万一没有一个办法有用，有一句比较管用的话："我好久没参加过面试了，所以有点儿紧张。"

44(C) 另外，46(A) 多说事实，避免笼统、琐碎的词句。"我有创造力"或者"我喜欢做有意义的工作"都太含混，比较好的说法是"我有做策划的能力"或者"我写东西很快"。

44(C) 最后，45(C) 要会问问题。你可以问："这份工作非常有意思，可有什么缺点？""我想知道你认为我适不适合干这项工作？"你不要问："你准我们请多少天病假？"或者"你给我多少工资？"你应该说："我不想浪费你的时间谈工作的细节，可是我想稍微了解一下工作的环境，以及种种有关的事。"

43(C) 어떻게 해야 자신 있고 성숙한 응시자가 될 수 있을까? 다음은 바로 나, 시험 감독관의 제안이다.

44(C) 먼저, 45(A) 당신의 이력은 간단명료하고 깨끗하며 어떠한 과장된 형용사도 없어야 한다. 문필이 유창하고 틀린 글자와 잘못된 문장이 없어야 한다.

44(C) 그 다음, 면접 때 용모는 매우 중요하다. 45(B) 두발은 깨끗하고, 옷은 단정하게 입으며, 곧게 앉는다. 말할 때는 상대방을 주시한다.

44(C) 세 번째, 일과 관련되거나 대화에 도움이 되는 자료를 많이 가져간다.

44(C) 네 번째, 책을 한 권 가져간다. 일찍 도착했다면 책을 볼 수 있으며, 이것은 당신이 매우 시간에 정확하지만 빈둥거리며 아무 일도 하지 않는 것이 아니라는 점을 보여준다. 만약에 감독관이 늦었는데 당신의 손에 책이 있다면 마침 온 정신을 집중해 책을 보며 조금도 신경 쓰지 않는 모습을 드러낼 수 있다.

44(C) 또한, 긴장된 마음을 감출 방법을 생각한다. 만약 쓸 만한 방법이 하나도 없다면 비교적 효과적인 말이 있다. "저는 오랫동안 면접에 참가하지 않아서 조금 긴장했습니다."

44(C) 그밖에 46(A) 사실을 많이 말하며 분명하지 않고 잡다한 어구는 피한다. "저는 창의력이 있습니다." 혹은 "저는 의미 있는 일을 하는 것을 좋아합니다."는 모두 너무 모호하다. 비교적 좋은 표현은 "저는 기획하는 능력이 있습니다." 혹은 "저는 글을 쓰는 것이 매우 빠릅니다."다.

44(C) 마지막으로, 45(C) 질문을 할 줄 알아야 한다. 당신은 "이 일은 매우 재미있지만 어떤 단점이 있나요?", "저는 당신이 제가 이 일에 적합하다고 생각하시는지 아닌지를 알고 싶습니다."라고 물을 수 있다. 당신은 "병가를 며칠 낼 수 있나요?" 혹은 "임금은 얼마나 주실 건가요?"라고 물어서는 안 된다. 당신은 "저는 일의 세부적인 사항을 얘기하며 당신의 시간을 낭비하고 싶지 않습니다. 그러나 저는 업무 환경 및 여러 가지 관련된 일을 조금 알고 싶습니다."라고 말해야 한다.

단어 应征 yìngzhēng 통 (모집 등에) 지원하다, 응모하다 | 主试官 zhǔshìguān 명 주 시험 감독관 | 简历 jiǎnlì 명 (개인의) 약력, 간단한 이력 | 夸大 kuādà 통 과대하다, 과장하다 | 文笔 wénbǐ 명 문필 | 流畅 liúchàng 형 (말을 하거나 글을 읽는 데) 막힘이 없다, 거침없다, 유창하다 | 错别字 cuòbiézì 명 오자 | 病句 bìngjù 명 잘못된 문장 | 仪表 yíbiǎo 명 의표, 풍채 | 准时 zhǔnshí 형 (규정된) 시간에 맞다 | 无所事事 wúsuǒshìshì 성어 빈둥거리며 아무 일도 하는 것이 없다, 아무 일도 하지 않다 | 全神贯注 quánshénguànzhù 성어 심혈을 기울이다, 온 정신을 기울이다 | 掩饰 yǎnshì 통 (어떤 일의 사실을) 가리다, 숨기다, 덮다 | 避免 bìmiǎn 통 피하다, 모면하다 | 笼统 lǒngtǒng 형 (구체적인 분석 없이) 두루뭉술하다, 분명하지 않다, 모호하다 | 琐碎 suǒsuì 형 자질구레하고 번거롭다, 사소하고 잡다하다 | 含混 hánhùn 형 모호하다, 명확하지 않다 | 策划 cèhuà 통 계획하다, 기획하다, 꾸미다, 구상하다 | 病假 bìngjià 명 병가, 병결 | 细节 xìjié 명 세부, 자세한 부분, 세목, 상세한 부분, 자세한 사정 | 种种 zhǒngzhǒng 형 여러 가지의, 각양각색의, 갖가지의

★☆☆ | 유형 | 주제 파악

43 这段话主要谈了什么内容?

이 이야기는 주로 어떤 내용을 이야기하였는가?

A 怎样去找份好工作
B 签合同的注意事项
C 应征时的注意事项
D 怎样做个自信的人

A 어떻게 좋은 일을 찾는가
B 계약 체결의 주의사항
C 응시할 때의 주의사항
D 어떻게 자신 있는 사람이 되는가

단어 签 qiān 통 서명하다, 사인하다 | 合同 hétong 명 계약, 협정

해설 지문 시작 부분에 어떻게 해야 자신감 있고, 성숙한 응시자가 될 수 있는지와 이에 대한 구체적인 제안을 하고 있다. 따라서 지문의 주제는 응시할 때의 주의사항이므로, 정답은 C다.

★★☆ | 유형 | 수량 파악

44 这段话一共谈到了几点建议?

이 이야기는 총 몇 가지 제안을 하였는가?

A 五点
B 六点
C 七点
D 八点

A 5가지
B 6가지
C 7가지
D 8가지

해설 이 지문은 어떻게 해야 자신감 있고, 성숙한 응시자가 될 수 있는지에 대해 이력, 용모, 자료 준비, 책 준비, 긴장 숨기기, 사실 말하기, 질문하기 등 총 7가지를 제안하고 있다. 따라서 정답은 C다.

Tip+ 여러 사항을 병렬하여 나열할 때는 각 사항 앞에 首先, 其次, 再次, 第一, 第二 등과 같은 핵심 단어를 쓴다. 처음 항목을 나열할 때는 몇 가지인지 알 수 없으므로, 首先이라는 단어를 들었다면, 나열이 시작된다는 것을 인식하고, 그 뒤로 관련 핵심어에 유념하여 메모하며 듣는다.

★☆☆ | 유형 | 세부 내용 파악

45 这段话没有提到以下哪一个方面?

이 이야기에서 다음 중 언급하지 않은 것은?

A 简洁的简历
B 整洁的外表
C 提合适的问题
D 提前十分钟到

A 간결한 이력
B 단정한 외모
C 적합한 질문하기
D 10분 전에 도착하기

단어 简洁 jiǎnjié 형 (말·문장 등이) 간결하다 | 提前 tíqián 통 (예정된 시간이나 기한을) 앞당기다

해설 간결한 이력, 단정한 용모, 적절한 질문하기에 대해서는 비교적 자세히 설명하고 있다. '10분 전에 도착하기'에 대해서는 언급하지 않았으므로 정답은 D다.

46 以下哪一个说法是错误的? / 다음 중 틀린 설명은?

A 尽可能少说话
B 尽量不要紧张
C 不要主动问工资
D 适当了解具体情况

A 가능한 적게 말한다
B 되도록 긴장하지 않는다
C 자발적으로 임금을 묻지 않는다
D 구체적인 상황을 적절히 이해한다

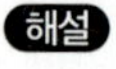

단어 尽量 jǐnliàng 🡒 되도록

해설 사실을 많이 말하되 분명하지 않고 잡다한 어구는 피한다고 했지, 되도록 적게 말하라고는 하지 않았다. 따라서 틀린 설명은 A다.

47-50

近几年，"80后""闪婚"的热气刚过，又开始忙着"闪离"。

47(D)先来看看"80后"的离婚潮。以北京为例：2006年，北京共有24952对夫妻办理离婚登记，其中有五分之一的婚姻关系维持不到3年；48(B)有三分之一在5年内离婚；结婚不到1年就离婚的有970对；有52对离婚的夫妻结婚还不到1个月。在这些离婚夫妻中，80后出生的人占了相当大的比例。

当一个天天玩儿网络游戏的丈夫，遇到一个不会烧菜、不会打扫的妻子，再加上双方父母的过度干预，49(D)"80后"离婚率飙升，但是这究竟是谁的过错却很难分得清。

一位民政部门的工作人员这样分析，在父母家蹭饭的独生子女都是离婚的高危人群。他们的弱点是"以自我为中心、50(A)社会经验不足、生活自理能力差、缺乏忍耐和包容"。同时，随着时代的发展，这一代人对婚姻感情质量的要求更高了。对平淡生活的不满，使得他们不愿意"凑合"，一些由生活琐事引发的"婚姻死亡"现象越来越多。

他们是第一代独生子女，恰恰就是这个"独"字成了他们婚姻的最大障碍。生理成熟了，50(D)心理却没有断奶。50(B)"80后"的想法很前卫也很放得开，但是他们的承受力却往往很差，处于一种"大人身、儿童心"的状态。

최근 몇 년 '바링허우', '반짝 결혼'의 열기가 막 지나가자 또 급히 '반짝 이혼'이 시작되었다.

47(D)먼저 '바링허우'의 이혼 추세를 보자면, 베이징을 예로 2006년 베이징에서 모두 24952쌍의 부부가 이혼 등기를 처리했다. 그중 5분의 1의 혼인관계가 3년을 유지하지 못했다. 48(B)3분의 1은 5년 내에 이혼하였고 결혼한 지 1년이 안 되어 이혼한 부부는 970쌍이었다. 52쌍의 이혼한 부부는 결혼한 지 한 달도 되지 않았다. 이러한 이혼 부부 중 80년대 후에 태어난 사람이 상당히 큰 비율을 차지했다.

매일 온라인 게임을 하며 놀던 남편이 요리할 줄 모르고 청소할 줄 모르는 아내를 만난데다가 양쪽 부모의 과도한 참견까지 더해져 49(D)'바링허우'의 이혼율이 상승했다. 그러나 도대체 누구의 잘못인지는 분명히 나누기가 어렵다.

민정부문의 직원은 부모 집에서 밥을 거저 먹던 외동자녀는 모두 이혼할 위험성이 높은 무리라고 분석했다. 그들의 약점은 자아 중심적이고, 50(A)사회경험이 부족하고, 스스로 처리하는 생활 능력이 떨어지고, 인내와 포용이 부족한 것이다. 게다가, 시대의 발전에 따라 이 세대의 사람들은 결혼에 있어 감정적인 측면에 대한 요구가 더 높아서 평범한 생활에 대한 불만이 그들이 '그런 대로 사는 것'을 원치 않게 하였다. 일부 생활의 사소한 일이 야기한 '혼인사망' 현상은 점점 많아졌다.

그들은 제1대 독자, 독녀이며, 바로 이 '독'자가 그들의 혼인에 가장 큰 장애가 되었다. 생리적으로는 성숙했지만 50(D)심리적으로는 오히려 젖을 떼지 못했다. 50(B)'바링허우'의 생각은 매우 급진적이고 개방적이지만 그들의 인내력은 종종 너무 떨어져 '성인의 신체와 아동의 마음'인 상태에 처해 있다.

단어 80后 bālínghòu 명 바링허우, 80년대 출생 세대 | 闪婚 shǎnhūn 명 반짝 결혼 | 忙着 mángzhe 부 서둘러, 급히 | 闪离 shǎnlí 명 반짝 이혼 | 办理 bànlǐ 동 (사무를) 처리하다, 수행하다 | 登记 dēngjì 동 등기하다, 서명하다 | 烧菜 shāocài 동 (불을 사용하여) 요리를 만들다 | 干预 gānyù 동 (남의 일에) 관여하다, 참견하다 | 飙升 biāoshēng 동 (수량이) 급격히 많아지다 | 蹭 cèng 동 (어떤 기회가 왔을 때) 대가를 치르지 않고 이익을 얻다, 어떤 이익을 거저 얻다 | 高危 gāowēi 형 (어떤 좋지 않은 상황에서) 위험성이 높은, 매우 위험한 | 凑合 còuhe 동 모이다, 아쉬운 대로 ~하다 | 琐事 suǒshì 명 자질구레한 일, 사소한 일 | 引发 yǐnfā 동 (병·감정·현상·폭발 등을) 일으키다, 자아내다, 유발하다 | 恰恰 qiàqià 부 (어떤 경우나 시기에) 꼭 알맞게 | 断奶 duànnǎi 동 (젖먹이나 어린 포유동물이) 젖을 떼다, 이유하다 | 前卫 qiánwèi 형 (예술이나 사상 등이) 전위적이다, 급진적이다 | 承受力 chéngshòulì 명 인내력, 수용력, 포용력

★☆☆ | **유형** | 화제 파악

47

这段话主要讲的是什么?

A 离婚率的变化
B 家庭幸福的条件
C "80后"的个性特点
D "80后"的离婚现象

이 이야기에서 주로 설명하는 것은 무엇인가?

A 이혼율의 변화
B 가정 행복의 조건
C '바링허우'의 개성 특징
D '바링허우'의 이혼 현상

 이 지문 초반에 주로 다룬 내용은 '바링허우'의 이혼 현상이다. 그 다음으로 원인 분석을 했으며, 동시에 '바링허우'의 개별적 특징을 다루었다. 따라서 정답은 D다.

★☆☆ | **유형** | 수량 파악

48

北京结婚不到5年就离婚的人占多大比例?

A 二分之一
B 三分之一
C 四分之一
D 五分之一

베이징에서 결혼한 지 5년이 안 되어 이혼한 사람은 얼만큼의 비율을 차지하는가?

A 2분의 1
B 3분의 1
C 4분의 1
D 5분의 1

해설 3분의 1이 5년 내에 이혼한다고 하였으므로 정답은 B다.

 녹음 내용을 듣기 전에 보기가 모두 숫자로 이루어져 있음을 확인한다. 녹음 내용을 들으면서, 들리는 모든 숫자를 메모해야 하며, 문제에 따라서 간단한 계산을 해야 하는 경우도 있으므로 그 항목과 숫자를 정확히 대조하여 기록하는 훈련을 한다.

★☆☆ | **유형** | 세부 내용 파악

49

"80后"离婚率升高，说话人认为这主要是谁的错?

A 父母
B 男方
C 女方
D 说不清

'바링허우' 이혼율이 높아진 것을 화자는 주로 누구의 잘못으로 여기는가?

A 부모
B 남자쪽
C 여자쪽
D 분명하게 말할 수 없다

해설 지문에서 한 부부의 사례를 예로 들며 도대체 누구의 잘못인지는 분명히 나누기 어렵다고 하였다. 이는 양측 모두에게 잘못이 있어 누구의 잘못인지를 분명히 말할 수 없다는 뜻이므로 정답은 D다.

50 以下哪一项不是 "80后" 的特点? | 아래 항목에서 '바링허우'의 특징이 아닌 것은?

A 经验不足 | A 경험이 부족하다
B 思想开放 | B 사상이 개방적이다
C 能够吃苦 | C 고생을 견딜 수 있다
D 心理不成熟 | D 심리가 성숙하지 않다

해설 사회경험이 부족하고, 생각이 개방적이며, 심리적으로 젖을 떼지 못했다는 항목은 지문에서 모두 언급하였지만, 고생을 견딜 수 있는지에 관한 언급은 없다. 따라서 정답은 C다.

阅读

第 一 部 分

51-60

51 ★☆☆ | 유형 | 이합동사 파악

A 听着听着，我的泪水就不由得滑落了下来。
B 茶楼坚持每天清晨五点半到八点半为老茶客营业。
C 如果你辞职这家公司，能找到更好的工作岗位吗?
D 户外运动的着装不是以美观为主，而是首先要考虑到实用性。

A 듣다 보니, 내 눈물이 나도 모르게 떨어졌다.
B 찻집은 매일 이른 아침 5시 반에서 8시 반까지 단골 손님을 위해 영업한다.
C 만약 네가 이 회사를 그만둔다면 더 좋은 일자리를 찾을 수 있을까?
D 야외활동의 복장은 아름다운 것 위주가 아니라 실용성을 먼저 고려해야 한다.

단어 不由得 bùyóude 〔부〕 저도 모르게, 저절로 | 滑落 huáluò 〔동〕 미끄러져 떨어지다, 하강하다 | 茶楼 chálóu 〔명〕(층집으로 된) 찻집, 다방 [주로 찻집 이름에 쓰임] | 辞职 cízhí 〔동〕 (회사나 자신의 직무를) 사직하다, 그만두다 | 岗位 gǎngwèi 〔명〕 직위, (업무상) 자리 | 户外 hùwài 〔명〕 옥외, 야외 | 着装 zhuózhuāng 〔명〕 옷차림, 복장 | 实用性 shíyòngxìng 〔명〕 실용성

해설 C의 '그만두다, 사직하다'라는 뜻을 지닌 辞职는 동사와 명사가 합쳐져 하나의 뜻을 나타내는 이합동사다. 이합동사는 스스로 술목구조를 이루기 때문에 뒤에 목적어를 가질 수 없다. 따라서 일반적으로 '전치사+명사+이합동사' 형태로 자주 사용된다. 여기서는 전치사 从을 넣는 것이 가장 적절하다. 그러므로 올바른 문장은 '如果你从这家公司辞职…'이다.

Tip⁺ 이합동사는 '전치사+명사+이합동사'로 자주 사용되기 때문에 자주 쓰이는 동사와 전치사를 함께 공부하는 것이 좋다. 다음은 대표적인 예시다.
예 跟老师见面 선생님과 만나다　　　　跟丹丹结婚 단단과 결혼하다
　 与朋友聊天 친구와 잡담하다　　　　给孩子帮忙 아이에게 도움을 주다
　 给公司丢脸 회사에 체면을 잃다　　　在公园散步 공원에서 산책하다

52 ★★☆ | 유형 | 수사와 복수 명사 파악

A 告诉你的那几位朋友们，我们随时在这里恭候。
B 无论你在天南海北，水乡的船只都将送你抵达另一个彼岸。
C 即使对方做错了什么，只要心是真诚的，就应该重动机而轻结果。
D 不过目前在大多数江河中中华鲟已绝迹，仅在长江中现存数量略多。

A 너의 그 몇 명의 친구에게 우리는 언제나 공손하게 기다리고 있다고 말해줘.
B 당신이 아주 먼 곳에 있다고 하더라도 물의 고장의 배는 너를 다른 곳으로 보내줄 것이다.
C 상대방이 무슨 잘못을 했더라도 마음만 진실되면 동기를 중시하고 결과를 경시해야 한다.
D 그러나 현재 대다수의 하천에서 중화 철갑상어는 이미 종적을 감추었고 양쯔강에 현존하는 수량이 조금 많을 뿐이다.

단어 恭候 gōnghòu 〔동〕 삼가 기다리다, 공손하게 기다리다 | 天南海北 tiānnánhǎiběi 〔성어〕 하늘의 남쪽과 바다의 북쪽, (거리나 간격이) 매우 멀다, 요원하다 | 水乡 shuǐxiāng 〔명〕 물의 고장 | 抵达 dǐdá 〔동〕 (어떤 장소에) 도착하다, 이르다 | 彼岸 bǐ'àn 〔명〕 (강·호수·하천·바다 등의) 맞은편 기슭, 대안 | 真诚 zhēnchéng 〔형〕 진실하다, 참되다, 진정하다 | 中华鲟 zhōnghuáxún 〔명〕 중화 철갑상어, 심어 | 绝迹 juéjì 〔동〕 종적을 감추다, 자취를 감추다 | 略 lüè 〔부〕 조금, 약간

해설 A의 们은 명사 또는 대사 뒤에 붙어 복수를 나타낸다. 그러나 수량을 표시하는 단어의 수식을 받을 때는 복수를 나타내는 们을 사용할 수 없다. 여기서는 수량을 나타내는 수량사 几位가 있으므로 们을 빼야 올바른 문장이 된다. 따라서 '告诉你的那几位朋友…'라고 바꿔야 한다.
예 三个朋友们(×) → 三个朋友(○) / 很多客人们(×) → 很多客人(○)

53

A 近来，禽流感又在亚洲十多个国家和地区流行。

B 除了他的日常生活绘画以外，基本上被茶所占据。

C 灭鼠方法的落后与不科学，是近年来我国老鼠密度增加的重要原因之一。

D 你现在在学术上已经超过我，回你的祖国效力去吧，科学是不分国界的。

A 최근, 조류독감이 또 아시아 십여 개의 국가와 지역에서 유행한다.

B 그의 일상생활은 그림 그리는 것 외에 기본적으로 차가 차지하고 있다.

C 쥐를 멸종시키는 방법의 낙후와 비과학성은 최근 몇 년 중국의 쥐 밀도가 증가한 중요한 원인 중 하나다.

D 너는 지금 학술적으로 이미 나를 추월했으니, 너의 조국으로 돌아가 활약해봐. 과학은 국경을 구분하지 않는 거야.

단어 禽流感 qínliúgǎn 명 조류독감, 조류인플루엔자 | 绘画 huìhuà 동 그림을 그리다 | 占据 zhànjù 동 (강한 힘으로 지역·장소 등을) 점거하다, 차지하다 | 灭 miè 동 없애다, 소멸시키다, 멸망시키다 | 密度 mìdù 명 밀도 | 效力 xiàolì 동 (힘을 다하여) 근무하다, 일하다 | 国界 guójiè 명 국경선

해설 B의 앞 절을 他的日常生活除了绘画以外로 바꾸어야 한다. 이는 他的日常生活가 뒤 절 基本上被茶所占据의 주어이기도 하기 때문이다. 즉, 앞뒤 두 절이 공통된 주어를 쓰고 있으므로, 除了는 문장 제일 앞에 놓일 수 없다. 除了는 그 뒤에 나오는 내용을 포함하지 않으므로, 그 위치가 중요하다. 따라서 올바른 문장은 '他的日常生活除了绘画以外…'이다.

예 除了他吃饭时间以外，大部分时间都呆在实验室里。(×)

→ 他除了吃饭时间以外，大部分时间都呆在实验室里。(○)

그는 밥 먹는 시간 외에 대부분의 시간을 모두 실험실에서 머무른다.

54

A 临走那天，我提前一个小时就到车站大厅去等她。

B 我国森林的这种状况带来了一系列的国内生态环境问题。

C 这样的母爱真的能给孩子创造更好的成长空间和条件吗？

D 学习、居住和生活环境在时空位置上的接近，易使人建立优秀的人际关系。

A 떠나는 그날, 나는 한 시간 미리 터미널 로비에 도착해 그녀를 기다렸다.

B 중국 삼림의 이러한 상황은 일련의 국내 생태환경의 문제를 가져왔다.

C 이러한 모성애는 정말 아이에게 더 좋은 성장공간과 조건을 줄 수 있나요?

D 학습, 주거, 생활환경이 시간적·공간적으로 가까우면 사람에게 훌륭한 인간관계를 쉽게 만들어준다.

단어 临走 línzǒu 동 출발하려고 하다, 떠날 즈음이 되다 | 提前 tíqián 동 (예정된 시간이나 기한을) 앞당기다 | 母爱 mǔ'ài 명 모성애 | 时空 shíkōng 명 시공

해설 D의 优秀는 일반적으로 成绩, 人才, 作品 등과 호응하며, 人际关系와는 호응하지 않는다. 따라서 优秀를 人际关系와 호응하는 良好로 대체해야 한다. 良好는 일반적으로 人际关系, 身体, 生活习惯, 性能 등과 호응한다. 그러므로 올바른 문장은 '…良好的人际关系'다.

55

A 没有钱并不代表连零花钱都拿不出手。
B 名人创作和刚毕业的学生创作完全是两回事。
C 我一直觉得，无论别人这么看，咱们自己要看得起自己。
D 女儿除了吃饭的时间有点儿自由，其余的时间早让作业给占满了。

A 돈이 없다고 꼭 작은 비용마저도 낼 수 없는 것은 아니다.
B 명인의 문예작품과 막 졸업한 학생의 문예작품은 완전히 다른 것이다.
C 나는 줄곧 다른 사람이 어떻게 보든지 우리 스스로 자신을 존중해야 한다고 여겨왔다.
D 딸은 밥 먹는 시간이 조금 자유로운 것을 제외하고 나머지 시간은 숙제로 가득 채워진다.

단어 零花钱 línghuāqián 명 용돈, 사소한 비용 │ 拿不出手 nábuchūshǒu 다른 사람 앞에 내놓을 수 없다, 보여줄 만한 것이 없다 │ 两回事 liǎnghuíshì 서로 무관한 두 종류의 사물 │ 其余 qíyú 대 남은 것, 나머지, 기타, 여분

해설 C의 조건 관계 접속사 无论은 '~에도 불구하고, ~에 관계없이, ~을 막론하고'라는 뜻으로, 뒤에는 항상 정반의문문(信不信, 来不来)이나 선택의문문(还是, 或者), 의문대사(什么, 怎么, 谁) 또는 多么가 와야 한다. 이 문장은 문맥적으로 의문대사 怎么가 가장 적절하다. 따라서 문장을 '…无论别人怎么看…'으로 바꿔야 한다. 无论과 같은 뜻으로는 不论, 不管이 있다.

Tip⁺
• 无论/不论/不管/任(任凭)/随 A+정반의문문/선택의문문/의문대사/多么+都/还/也 B : A하더라도 B하다
　예 不管你信不信，我曾经还当过记者。 네가 믿든 믿지 않든, 나는 기자였다.
　　　　정반의문문
　　无论雨还是雪，我都能坚持下去。 비가 오든 눈이 오든, 나는 계속해낼 수 있다.
　　　　선택의문문
　　无论什么人，都喜欢他。 누구든지 다 그를 좋아한다.
　　　　의문대사
　　任凭他的医术多么高明，也治不好自己的病。
　　아무리 그의 의술이 훌륭하다고 하더라도, 자신의 병을 고치지는 못한다.

56

A 我从小晕车得厉害，现在还不敢坐长途汽车。
B 一把牙刷不能长期使用，如果发现刷毛弯曲就应该及时更换牙刷。
C 1908年，源于太平洋岛屿的冲浪运动正式传到英国和欧美很多国家。
D 网络的普及和数字出版物的增加，对人们特别是青少年的阅读习惯产生很大影响。

A 나는 어렸을 때부터 차멀미가 심해서 지금도 장거리 버스를 탈 엄두가 안 난다.
B (하나의) 칫솔은 장기간 사용할 수 없다. 만약에 솔이 휘어진 것을 발견했다면 즉시 칫솔을 바꿔야 한다.
C 1908년, 태평양 섬에서 기원한 서핑이 정식으로 영국, 그리고 유럽과 미국의 많은 국가에 전해졌다.
D 네트워크의 보급과 디지털 출판물의 증가는 사람들, 특히 청소년의 독서 습관에 매우 큰 영향을 주었다.

단어 晕车 yùnchē 동 차멀미하다 │ 长途汽车 chángtú qìchē 명 장거리 버스 │ 牙刷 yáshuā 명 칫솔 │ 刷毛 shuāmáo 명 브러시, 솔 │ 弯曲 wānqū 형 꼬불꼬불하다, 구불구불하다 │ 更换 gēnghuàn 동 바꾸다, 변환하다 │ 岛屿 dǎoyǔ 명 섬, 도서 │ 冲浪运动 chōnglàng yùndòng 명 서핑 │ 普及 pǔjí 동 보급되다, 퍼지다 │ 数字 shùzì 형 디지털의

해설 이 문제는 정도보어가 목적어를 가질 때의 적합한 어순을 파악하는 것이다. A의 我从小晕车得厉害를 我从小晕车晕得厉害로 바꿔야 한다. 정도보어는 목적어를 가질 때 '주어+술어+목적어+술어+보어'의 문장 구조를 지닌다. 즉, 술어를 한 번 더 반복한다.
　예 他打篮球打得很好。 그는 농구를 매우 잘한다.
　　他看书看累了。 그는 지치도록 책을 봤다.

Tip⁺
정도보어와 목적어가 함께 있으나 목적어를 강조하거나 목적어가 복잡할 때는, 목적어가 문장의 가장 앞에 놓여 주어가 될 수 있다.
　예 汉语，他说得很流利。 중국어를 그는 매우 유창하게 한다. (목적어였던 汉语를 강조, 회화체에서 많이 사용함)
　　最近在韩国流行的歌，他唱得很好。 요즘 한국에서 유행하는 노래를, 그는 잘 부른다. (목적어가 복잡한 경우)

57

A 被后人称为"茶仙、茶圣"的陆羽一生的经历极富传奇色彩。

B 西湾街上建于清同治年间的"祖荫堂"，是历史文化名人叶楚伧的祖居。

C 国立巴黎美术学院在中国也名声斐然，中国著名油画家徐悲鸿等就毕业这所学校。

D "五一"假期时，高成林本想带全家人去旅游，但一万多元的旅游费最后全花在书上了。

A 후대 사람에게 '차 신선, 차 성인'이라 불리던 육우의 일생의 경력은 기이한 색채가 매우 풍부하다.

B 시완 거리에 지어진 청나라 동치 시기의 '조음당'은 역사적·문화적으로 유명한 인물인 엽초창의 조상이 대대로 살던 집이다.

C 국립 파리미술대학은 중국에서도 명성이 뛰어나다. 중국의 저명한 유화가 서비홍 등이 바로 이 학교를 졸업했다.

D 노동절 휴가기간에 가오청린은 원래 온 가족을 데리고 여행을 가고 싶었지만, 만 위엔이 넘는 여행비를 결국에는 모두 책에 써버렸다.

단어 陆羽 Lù Yǔ [고유] 육우 | 传奇 chuánqí [형] 전기적이다 | 西湾 Xīwān [명] 시완 [광시장족자치구, 홍콩특별행정구에 위치함] | 同治 Tóngzhì [명] 동치 [1861년~1875년, 청나라 목종 때의 연호] | 祖荫堂 Zǔyīntáng [명] 조음당 | 叶楚伧 Yè Chǔcāng [고유] 엽초창 | 祖居 zǔjū [명] 조상이 살았던 집 또는 장소 | 斐然 fěirán [형] 현저하다, 우수하다 | 油画 yóuhuà [명] 유화 | 徐悲鸿 Xú Bēihóng [고유] 서비홍 | 五一 Wǔ Yī [명] 노동절, 근로자의 날

해설 C의 毕业는 자동사이므로 목적어를 취할 수 없다. 따라서 뒤에 这所学校와 같은 목적어가 올 수 없다. 그러므로 전치사를 써서 从这所学校毕业 혹은 毕业于这所学校로 바꾸어야 한다. 이 밖에도 목적어를 가질 수 없는 동사로는 帮忙, 结婚, 旅行, 送行 등이 있다.

Tip⁺ 목적어를 가질 수 없는 동사는 대부분 이합동사다. 동사와 명사가 합쳐진 이합동사는 스스로 술목구조를 이루기 때문에 뒤에 목적어를 가질 수 없다. 일반적으로 다음과 같이 사용한다.

예 帮忙 : 帮忙他(×) → 帮他的忙(○) 그를 돕다
结婚 : 结婚他(×) → 跟他结婚(○) 그와 결혼하다
毕业 : 毕业北京大学(×) → 毕业于北京大学(○) 베이징대학교를 졸업하다
送行 : 送行我(×) → 为我送行(○) 나를 위해 배웅하다
旅行(旅游/观光) : 旅行(旅游/观光)中国(×) → 去中国旅行(○) 중국으로 여행가다

58

A 事实上，今天的人已经越来越发现，人类依靠科学来提升自己的生活已越来越接近极限。

B 将军一向以生活简朴著称，对生活腐化者和违纪者非常严厉，对下级干部和战士非常关心。

C 购房券的发放不仅仅让开发商受益，对于真正要买房的购房者来说，也提供了巨大的优惠，让他们省了不少钱。

D 国际乒联出台对于11分制、比赛用球增大、无遮挡发球等规则，唯一目的就是要让"乒乓球像足球一样在世界流行"。

A 사실 오늘날 사람들은 갈수록 인류가 과학에 의존해 자신의 생활을 향상시키는 것이 점점 한계에 달했다는 것을 이미 알게 되었다.

B 장군은 줄곧 생활이 소박한 것으로 유명했다. 생활이 타락한 자와 규범을 어기는 자에 대해 매우 엄하고 하급 간부와 병사에 대해 매우 관심이 있었다.

C 분양권의 방출은 개발상의 이익을 얻게 할 뿐만 아니라 실제로 집을 사는 주택 구매자에게도 큰 혜택을 제공해 적지 않은 돈을 아끼게 한다.

D 국제탁구연맹은 11점제, 경기용 공의 증대, 차단물 없이 하는 서브 등의 규칙을 공포하였다. 유일한 목표는 바로 탁구를 축구처럼 세계적으로 유행시키는 것이다.

단어　依靠 yīkào 동 의지하다, 기대다 ┃ 提升 tíshēng 동 (직위·등급·경쟁력 등을) 끌어올리다 ┃ 极限 jíxiàn 명 극한, 최대한도 ┃ 一向 yíxiàng 부 (이전부터 지금까지) 줄곧, 항상 ┃ 简朴 jiǎnpǔ 형 (말·글·생활 태도 등이) 간소하다, 소박하다 ┃ 腐化 fǔhuà 형 (사상·행위가) 타락하다 ┃ 违纪 wéijì 동 규율을 위반하다 ┃ 战士 zhànshì 명 전사, 병사 ┃ 购房券 gòufángquàn 명 분양권 ┃ 发放 fāfàng 동 (정부나 기구가 돈 또는 물자를 필요한 사람들에게) 방출하다 ┃ 开发商 kāifāshāng 명 개발상, 개발 업체 ┃ 受益 shòuyì 동 이익을 얻다, 이로움을 얻다 ┃ 乒联 pīnglián 명 乒乓球联盟(탁구 연맹)의 줄임말 ┃ 出台 chūtái 동 (정책이나 조치 등을) 정식으로 시행하다, 정식으로 공포하다 ┃ 无遮挡发球 wúzhēdǎng fāqiú 명 차단물 없이 하는 서브

해설　D의 出台(공포하다)는 술어로, 11分制、比赛用球增大、无遮挡发球等规则가 목적어로 쓰였다. 出台는 직접 술목 구조를 이룰 수 있음에도 불구하고, 억지로 전치사 구조의 형식을 사용했다. 평소 쓰지 말아야 할 곳에 **对于**를 쓰는 경우가 많으므로 주의해야 한다.

　예 他研究对于中国古代历史。(×) → 他研究中国古代历史。(○) 그는 중국 고대 역사를 연구한다.
　　我对于你的意见不反对。(×) → 我不反对你的意见。(○) 나는 당신의 의견에 반대하지 않는다.

✏Tip⁺　• 화제를 나타내는 对와 对于의 비교

对	1) 사람과 사람 사이의 관계, 동작의 대상에 사용할 수 있다. 　예 他对我很好。 그는 나에게 잘한다. 　　他对我点头问好。 그는 나에게 고개를 끄덕이며 안부를 물었다. 2) 조동사와 부사 앞뒤에 모두 올 수 있다. 　형식 : 조동사/부사+对, 对+조동사/부사 　예 我们都对汉语很感兴趣。 / 我们对汉语都很感兴趣。 　　우리는 모두 중국어에 관심이 많다.
对于	1) 사람과 사람 사이의 관계, 동작의 대상에 사용할 수 없다. 　예 他对于我很好。(×) / 他对于我点头问好。(×) 2) 조동사와 부사 뒤에 올 수 없다. 　형식 : 조동사/부사+对于(×), 对于+조동사/부사(○) 　예 我们都对于汉语很感兴趣。(×) 　　我们对于汉语都很感兴趣。(○) 우리는 모두 중국어에 관심이 많다.

★☆☆　│**유형**│ 문맥에 적합한 접속사 파악

59

A 为未来有一份好工作而上大学，从职业生涯规划看，这是十分理性的。

B 你要让孩子在努力的过程中不断提升自身的价值，同时学会自己管理自己。

C 我的家族并无早生华发的遗传史，我的白发是我对电影用了许多心力的证明。

D 香港队直到近几天就定下阵容，并一改上两届以东方队球员为核心的做法，变成以南华队、快译通队球员为主。

A 미래의 좋은 직업을 위해 대학에 가는 것은 직업 경력의 계획에서 보았을 때 매우 이성적이다.

B 당신은 아이가 노력하는 과정에서 부단히 자신의 가치를 높이고 동시에 <u>스스로 자신을 관리할 수</u> 있도록 해야 한다.

C 나의 가족은 결코 조기에 흰머리가 나는 유전 내력이 없다. 나의 흰머리카락은 내가 영화에 대해 많은 기력을 썼다는 증거다.

D 홍콩팀은 최근 며칠이 되어서야 진용을 정하고, 이전 두 차례 둥팡팀 선수 위주의 방법을 난화팀, 콰이이퉁팀 선수 위주로 바꾸었다.

단어　生涯 shēngyá 명 생애, 경력, 이력 ┃ 规划 guīhuà 명 (전면적이고 장기적인 발전) 계획 ┃ 提升 tíshēng 동 (직위·등급·경쟁력 등을) 진급시키다(하다) ┃ 华发 huáfà 명 희끗희끗한 머리카락 ┃ 遗传 yíchuán 동 유전하다 ┃ 心力 xīnlì 명 마음과 힘, 기력 ┃ 香港 Xiānggǎng 명 홍콩 ┃ 定下 dìngxia 동 정하여 두다, 예약하여 두다 ┃ 阵容 zhènróng 명 진용, 라인업 ┃ 做法 zuòfǎ 명 (일을 처리하거나 물품을 제작할 때의) 방법

해설　D의 앞 절의 '直到…就…'를 '直到…才…'로 바꿔야 한다. 일반적으로 直到 뒤에 才가 와서 어떤 일의 발생이 시간적으로 늦거나, 끝나는 시점이 늦었음을 나타낸다. 就는 보통 동작이나 상태가 비교적 빨리 출현함을 나타낸다. 따라서 이 문장은 '香港队直到近几天才定下阵容…'으로 바꾸어야 한다.

　예 他们早在去年二月就领了结婚证了。 그들은 일찍이 작년 2월에 바로 결혼 증서를 수령했다.

	才	就
수량	⊕ 많음 打了好几次电话，才打通了。 전화를 여러 번 하고서야 비로소 연결되었다.	⊖ 적음 没说几句，他就明白了。 몇 마디 안 했는데, 그는 이해했다.
시간	⊕ 긺 说了半天，他才明白了。 한참을 이야기하고 나서야 그는 겨우 이해했다.	⊖ 짧음 他一听就生气了。 그는 듣자마자 화를 냈다.
나이	⊕ 많음 她到四十岁才生了孩子。 그녀는 40세가 되어서야 겨우 아이를 낳았다.	⊖ 적음 她十五岁就考上大学了。 그녀는 15세에 대학에 합격했다.

★☆☆ |유형| 정확한 격식 사용 파악

60

A 爱与死，战争与和平，是文艺作品永恒的主题，而战争片则是观众最喜爱的影片类型。

B 俗话说"远亲不如近邻"，这是指在形成密切的人际关系的时，"交往距离"成为一个重要条件。

C 千万不要等到退休后才考虑如何养老，退休前就应多想想退休后去哪里度假，或者发展哪些兴趣爱好。

D 家长必须对孩子多一些正面的指导和评价，这样才有利于孩子自信心的建立，才有利于孩子的健康成长。

A 사랑과 죽음, 전쟁과 평화는 문예작품의 영원히 변하지 않는 주제며, 전쟁영화는 시청자들이 제일 좋아하는 영화장르다.

B 속담에 '먼 친척이 가까운 이웃만 못하다'고 한다. 이것은 친밀한 인간관계를 형성할 때, '왕래 거리'가 하나의 중요한 조건이 됨을 가리킨다.

C 절대 퇴직 후가 되어서야 비로소 어떻게 여생을 보낼지 생각하지 말고, 퇴직하기 전에 바로 퇴직 후에 어디서 휴가를 보낼지, 혹은 어떤 흥미와 취미를 발전시킬지 많이 생각해야 한다.

D 학부모는 반드시 아이에게 긍정적인 지도와 평가를 많이 해주어야 한다. 이렇게 해야만 비로소 아이의 자신감 형성에 이로우며 아이의 건강한 성장에도 이롭다.

단어 永恒 yǒnghéng 혱 영원히 변하지 않다. 영원하다 | 密切 mìqiè 혱 (관계가) 가깝다 | 养老 yǎnglǎo 통 (나이가 들어) 한가로이 여생을 보내다. 안락하게 지내다 | 度假 dùjià 통 휴가를 보내다. 바캉스를 보내다 | 正面 zhèngmiàn 혱 좋은 면의, 적극적인 면의 | 评价 píngjià 통 (사람이나 사물의 가치나 수준 등을) 판단하다. 평가하다

해설 이 문제는 단음절과 쌍음절 유의어의 용법에 대한 문제이다. B의 두 번째 절의 '在…的时'는 잘못된 표현으로, 평소 자주 혼동한다. 반드시 '在…时', '在…的时候', '在…之时'로 써야 한다. 따라서 올바른 문장은 '…在形成密切的人际关系的时候…'이다.

61-70

★☆☆ | **유형** | 문맥에 적합한 의미 파악

61

　　每当星期日，我总要路过县城十字街的一个老字号羊杂碎店铺，闻到那诱人的香味____嗅嗅鼻子，可摸摸口袋里仅有的几个省下来的伙食钱，想想还有急需____的几本书等着我去读，____把迈出的脚抽回来。

A　巴不得　　检索　　尴尬
B　舍不得　　出卖　　紧张
C　不见得　　征订　　混乱
D　不由得　　购买　　慌忙

　　일요일마다 나는 현도 사거리의 대대로 내려오는 양 내장 가게를 지나간다. 그 매력적인 냄새를 나도 모르게 맡으며 코를 킁킁거린다. 그러나 주머니 속의 겨우 몇 푼 남은 식비를 더듬어 보고 급히 사야 하는 몇 권의 책이 내가 읽기를 기다리고 있다는 것을 생각하고는, 성큼 내디딘 발을 황급히 빼내 돌아왔다.

A　열망하다 / 검색하다 / 난처하다
B　아쉬워하다 / 팔다 / 긴장하다
C　그리 ~한 것은 아니다 / 구하여 주문하다 / 혼란하다
D　나도 모르게 / 구매하다 / 황급하다

단어 路过 lùguò 圄 (도중에 어떤 곳을) 지나치다, 거치다, 지나다 | 县城 xiànchéng 圀 현도 [현의 행정기관이 소재하는 도시] | 老字号 lǎozìhào 圀 연대가 오래된 가게, 전통이 있는 가게, 대대로 내려온 가게 | 杂碎 zásuì 圀 삶은 후 토막으로 썰어 식용으로 제공되는 소·양 등의 내장 | 店铺 diànpù 圀 가게, 점포 | 诱人 yòurén 圀 매력적이다 | 嗅 xiù 圄 (코로) 냄새를 맡다 | 摸 mō 圄 (손으로 무언가를 찾기 위해) 더듬다 | 口袋 kǒudai 圀 호주머니, 포켓 | 伙食钱 huǒshíqián 圀 식비 | 急需 jíxū 圄 몹시 필요로 하다, 급히 필요로 하다 | 迈 mài 圄 큰 걸음으로 걷다, 성큼성큼 앞으로 나아가다 | 抽 chōu 圄 (중간에 끼어 있는 물건을) 빼내다, 뽑아내다, 꺼내다 | 巴不得 bābude 圄 열망하다, 간절히 바라다 | 检索 jiǎnsuǒ 圄 (도서·자료·문서 등을) 검색하다 | 尴尬 gāngà 圀 (입장이) 난처하다, 곤란하다 | 舍不得 shěbude (헤어지기) 아쉬워하다, 섭섭해하다 | 出卖 chūmài 圄 팔다, 판매하다 | 不见得 bújiàndé 凰 그리 ~한 것은 아니다, 꼭 ~인 것은 아니다 | 征订 zhēngdìng 圄 구하여 주문하다 | 混乱 hùnluàn 圀 혼란하다, 혼란스럽다 | 不由得 bùyóude 凰 저도 모르게, 저절로 | 购买 gòumǎi 圄 구매하다, 사들이다 | 慌忙 huāngmáng 圀 황망하다, 황급하다

해설 첫째 칸: 의미상 **不由得**만 올 수 있다.
둘째 칸: 의미상 '구매하다'의 **购买**만 가능하다.
셋째 칸: 의미상 '황급히'의 **慌忙**만 가능하다.

★★☆ | **유형** | 어휘의 호응 관계 파악

62

　　烹调在中国早已超越了维持生存的____，它的目的不仅是为了获得肉体的存在，而且是为了满足人的精神____快感的需求。它是人们积极的____的人生的表现，和美术、音乐等有着同样的提高人生境界的意义。

A　地位　　至于　　充分
B　作用　　对于　　充实
C　性质　　在于　　充满
D　性能　　关于　　充足

　　요리는 중국에서 이미 생존을 유지하는 작용을 넘어섰다. 그것의 목적은 단지 육체적인 존재를 위해서뿐만 아니라, 또한 쾌감의 수요에 대한 인간의 정신을 만족시키기 위해서다. 그것은 사람들의 적극적이고 충실한 인생의 표현이며 미술, 음악 등과 같이 인생 경지를 높이는 의의를 가지고 있다.

A　지위 / ~으로 말하면 / 충분하다
B　작용 / ~에 대해서 / 충실하다
C　성질 / ~에 달려 있다 / 가득 차다
D　성능 / ~에 관해서 / 충분하다

단어 烹调 pēngtiáo 圀 요리, 조리 | 超越 chāoyuè 圄 뛰어넘다, 앞지르다, 초월하다 | 维持 wéichí 圄 (어떤 상태를) 유지하다, 지켜나가다 | 获得 huòdé 圄 획득하다, 얻다 | 肉体 ròutǐ 圀 (사람의) 몸, 육체 | 满足 mǎnzú 圄 만족시키다, 충족시키다 | 快感 kuàigǎn 圀 쾌감 | 需求 xūqiú 圀 수요, 필요 | 积极 jījí 圀 진취적인, 적극적인 | 境界 jìngjiè 圀 경지 | 地位 dìwèi 圀 (개인이나 단체의 사회적) 지위, 위치 | 至于 zhìyú 囵 ~에 관해서는, ~으로 말하면 | 充分 chōngfèn 圀 충분하나 | 作用 zuòyòng 圀 작용, 효과, 역할 | 充实 chōngshí 圀 (내용·인원·물자 등이) 충실하다 | 性质 xìngzhì 圀 성질, 성격 | 在于 zàiyú 圄 ~에 있다 | 充满 chōngmǎn 圄 가득 차다 | 性能 xìngnéng 圀 성능 | 充足 chōngzú 圀 충분하다

 첫째 칸: 앞의 **维持生存**은 일종의 작용이다. 따라서 문맥상 **作用**이 가장 적합하다.

둘째 칸: '…对于…的+명사'는 자주 쓰는 구문으로, 예를 들면 '…**对于**…**的需求**', '…**对于**…**的意见**' 등이 있다.

셋째 칸: 빈칸 뒤의 '**人生**'과 호응하는 단어가 와야 한다. 보기에서 가능한 것은 **充实**밖에 없다. **充实**는 **充实人生**, **生活充实**, **日子充实** 등으로 자주 쓰인다. 이 밖에 **充分**은 **理由很充分**, **充分的准备**로, **充足**는 **充足的粮食**, **阳光充足** 등으로 자주 쓰인다.

★☆☆ │ **유형** │ 문맥에 적합한 의미 파악

63

　　快乐这东西煞是奇怪，你招它引它求它，它＿＿＿＿不来。你摆出满不＿＿＿＿的样子，它却来依你偎你就你。和快乐交手，要＿＿＿＿欲擒故纵的策略。

즐거움이라는 것은 정말 이상하다. 당신이 그것을 오게 하고, 잡아당기고, 구하면, 그것은 좀처럼 오지 않는다. 당신이 신경 쓰지 않는 모습을 드러내면 그것은 오히려 와서 당신에게 들러붙고, 기대고, 따를 것이다. 즐거움과 겨루려면, 서로 잡기 위해 놓아주는 전략을 취해야 한다.

A	明明	喜欢	采用		
B	渐渐	愿意	采纳		
C	时时	介意	采集		
D	偏偏	在乎	采取		

A 명백히 / 좋아하다 / 채용하다
B 점점 / 원하다 / 받아들이다
C 항상 / 마음에 두다 / 수집하다
D 좀처럼 / 신경 쓰다 / 취하다

 煞 shà 男 매우, 아주, 정말, 무척 │ 招 zhāo 통 손짓하다, 손짓해서 오게 하다, 손을 흔들다 │ 引 yǐn 통 잡아당기다, 끌다 │ 摆 bǎi 통 드러내다, 내보이다 │ 依 yī 통 기대다, 들러붙다 │ 偎 wēi 통 바싹 달라붙다 │ 就 jiù 통 (의견이나 지시에) 따르다, 좇다 │ 交手 jiāoshǒu 통 (쌍방이) 맞붙어 싸우다, 격투하다 │ 欲擒故纵 yùqíngùzòng 성어 더 큰 것을 잡기 위해 일부러 놓아주다, 더욱 제압하기 위해 일부러 느슨하게 하다 │ 策略 cèlüè 명 책략, 전술, 전략 │ 明明 míngmíng 男 명백히, 분명히 │ 采用 cǎiyòng 통 채용하다, 채택하다 │ 渐渐 jiànjiàn 男 점점, 점차, 차차 │ 采纳 cǎinà 통 (의견·건의·요구 등을) 받아들이다 │ 时时 shíshí 男 항상, 언제나 │ 介意 jièyì 통 (언짢은 일 따위를) 마음에 두다, 개의하다 │ 采集 cǎijí 통 모으다, 수집하다 │ 偏偏 piānpiān 男 기어코, 일부러, 좀처럼 │ 在乎 zàihu 통 마음에 두다, 개의하다 │ 采取 cǎiqǔ 통 선택하여 실행하다, 취하다

 첫째 칸: 문맥상 빈칸 앞뒤 상황이 상반됨을 알 수 있다. 부사 **偏偏**은 앞 문장의 어떠한 상황이나 객관적인 요구와 상반될 때 쓴다. 따라서 빈칸에는 **偏偏**이 와야 한다.

둘째 칸: 빈칸 앞에 **满不**가 있는 것으로 보아, 빈칸에는 **在乎**가 와야 함을 알 수 있다. **满不在乎**는 성어로, '조금도 걱정하지 않다, 전혀 개의치 않다, 마음에 두지 않다'라는 뜻이다.

셋째 칸: 빈칸 뒤의 **策略**와 호응하는 단어가 와야 하는데 보기에서 가능한 것은 **采取**와 **采用**이다. **采纳**와 **采集**는 일반적으로 '**采纳了**…**的方案**', **采集样本**으로 쓰인다.

★☆☆ │ **유형** │ 문맥에 적합한 의미 파악

64

　　你们的时间有限，所以不要浪费时间活在别人的生活里。不要被信条所惑，＿＿＿＿信条就是活在别人思考的结果里。不要让别人的意见＿＿＿＿了你内在的心声。最重要的，拥有跟随内心与直觉的＿＿＿＿，你的内心与直觉＿＿＿＿已经知道你真正想要成为什么样的人。任何其他事物都是次要的。

당신들의 시간은 유한하다. 따라서 시간을 낭비하면서 다른 사람의 삶에서 살지 마라. 신조에 의해 현혹되지 마라. 신조를 맹종하는 것은 곧 다른 사람이 사고한 결과 안에서 사는 것이다. 다른 사람의 의견이 당신 내면의 마음속 소리를 파묻히게 하지 마라. 제일 중요한 것은 속마음과 직감을 따르는 용기를 가지는 것이다. 당신의 속마음과 직감은 어느 정도 당신이 정말로 어떠한 사람이 되고 싶어하는지 이미 알고 있다. 어떠한 기타 사물이라도 모두 부차적인 것이다.

A	听从	掩盖	决心	早晚
B	服从	遮住	才华	迟早
C	遵从	淡化	胆量	左右
D	盲从	淹没	勇气	多少

A 듣다 / 위에서 덮어 씌우다 / 결심 / 결국에는
B 복종하다 / 가리다 / 재능 / 조만간
C 따르다 / 희미해지다 / 담력 / 좌우지간에
D 맹종하다 / 파묻히다 / 용기 / 어느 정도

단어 信条 xìntiáo 몡 신조 | 惑 huò 톙 현혹되다. 정신을 못 차리다 | 心声 xīnshēng 몡 속말. 마음속 말 | 跟随 gēnsuí 동 따르다. 뒤따르다 | 直觉 zhíjué 몡 직감 | 次要 cìyào 톙 부차적인 | 听从 tīngcóng 동 (남의 말을) 듣다. 따르다 | 掩盖 yǎngài 동 (위에서) 덮다. 가리다. 숨기다 | 遮住 zhēzhù 동 막다. 가리다 | 才华 cáihuá 몡 (바깥으로 드러나는) 재능 | 迟早 chízǎo 뮈 조만간 | 遵从 zūncóng 동 따르다. 복종하다 | 淡化 dànhuà 동 (문제·감정·의식 등이) 희미해지다 | 胆量 dǎnliàng 몡 담력. 용기 | 盲从 mángcóng 동 맹종하다. 무턱대고 (맹목적으로) 따르다 | 淹没 yānmò 동 파묻(히)다 | 多少 duōshǎo 뮈 얼마간. 다소

해설 첫째 칸: 문맥상 빈칸에는 부정적인 의미가 들어가야 하기 때문에 보기 중 '맹종하다, 무턱대고 (맹목적으로) 따르다'의 뜻을 지닌 盲从만 가능하다.

둘째 칸: 淡化를 제외하고 모두 가능하다.

셋째 칸: 决心과 才华를 제외하고 모두 가능하다.

넷째 칸: 빈칸 뒤에 已经이라는 단어가 있는 것으로 보아, '미래의 어느 시점'을 뜻하는 早晚, 迟早는 적절하지 않다. 또한 빈칸 뒤에 知道라는 단어도 있는 것으로 보아 '어느 정도 안다'라고 해석할 수 있는 多少가 와야 문맥적으로 가장 적절하다.

★★☆ | **유형** | 어휘의 호응 관계 파악

65

以减负为_____，上海市教委取消了全市范围内所有小学的期中考试，让孩子们进一步从课业压力中_____出来。不可否认，取消期中考试可以减轻孩子们的课业负担和心理负担。但由此认为减少考试次数就能为孩子"大松绑"，让孩子_____放下"心理包袱"，这种想法就_____有些天真了。

부담을 더는 것을 <u>목표</u>로, 상하이시 교육위원회는 전 도시 범위 내 모든 초등학교의 중간고사를 취소하여 아이들이 좀 더 학업 스트레스에서 해방될 수 있게 하였다. 중간고사를 취소하는 것이 아이들의 학업부담과 심리부담을 줄일 수 있다는 점은 부인할 수 없다. 그러나 시험 횟수를 줄이는 것이 아이들을 위해 '구속을 풀어주고' 아이들로 하여금 '심리적인 부담'을 철저히 내려놓게 할 것이라는 생각은 조금 <u>단순하다고 말하지 않을 수 없다</u>.

A 目的　放松　根本　难免
B 动机　解救　干脆　不免
C 原则　救助　索性　以免
D 宗旨　解放　彻底　未免

A 목적 / 느슨하게 하다 / 근본 / 면하기 어렵다
B 동기 / 벗어나게 하다 / 명쾌하다 / 면할 수 없다
C 원칙 / 구호하다 / 차라리 / ~하지 않기 위해서
D 목표 / 해방하다 / 철저하다 / 실로 ~하다고 말하지 않을 수 없다

단어 减负 jiǎnfù 동 (과중하고 불합리한) 부담을 덜다 | 教委 jiàowěi 몡 교육위원회 | 取消 qǔxiāo 동 (원래의 제도·규정·자격·권리 등을) 취소하다 | 课业 kèyè 몡 수업. 학업 | 次数 cìshù 몡 횟수. 차례 | 松绑 sōngbǎng 동 구속을 풀다. 제한을 풀다. 규제를 느슨하게 하다 | 包袱 bāofu 몡 부담. 짐 | 天真 tiānzhēn 톙 유치하다. 단순하다 | 难免 nánmiǎn 톙 피하기 어렵다. 벗어나기 어렵다 | 动机 dòngjī 몡 동기 [어떤 행동을 하도록 하는 계기] | 解救 jiějiù 동 (위험하거나 곤란한 상황에서) 벗어나게 하다. 구출하다 | 干脆 gāncuì 톙 (사람의 말·행동·성격 등이) 단도직입적이다. 시원시원하다 | 不免 bùmiǎn 뮈 면할 수 없다. 벗어날 수 없다 | 原则 yuánzé 몡 원칙 | 救助 jiùzhù 동 (위험이나 재난 등에서 사람의 생명이나 재산 등을) 구호하다 | 索性 suǒxìng 뮈 차라리. 아예 | 以免 yǐmiǎn 젭 ~하지 않기 위해서. ~하지 않도록 | 宗旨 zōngzhǐ 몡 목적. 목표 | 解放 jiěfàng 동 해방하다 | 彻底 chèdǐ 톙 철저하다. 빈틈없다 | 未免 wèimiǎn 뮈 실로 ~하다고 말하지 않을 수 없다. ~하다고는 생각하지 않을 수 없다

해설 첫째 칸: '以…为目的'와 '以…为宗旨'는 자주 쓰는 구문으로, '~을 목적으로 하다, ~을 목표로 하다'라고 해석할 수 있다.

둘째 칸: '从…中解放出来'와 '从…中解救出来' 또한 자주 쓰는 구문으로, '~에서 해방시키다, 빼내다, 구해내다'라고 해석할 수 있다.

셋째 칸: 문맥적으로 彻底만 올 수 있다.

넷째 칸: 以免을 제외하고 모두 가능하며, 그중에서 '실로 ~하다고 말하지 않을 수 없다'라는 뜻을 지닌 未免이 와야 한다. 未免은 부정의 뜻을 나타내지만, 비교적 완곡한 어조로 쓰이며, 일반적으로 뒤에는 有点儿, 有些, 太, 过于 등의 단어가 온다.

66

据记者了解，"呈现中国——外国作曲家写中国"＿＿＿＿活动由法国国家电台、北欧作曲家协会、加拿大魁北克当代音乐协会和上海文广新闻传媒集团＿＿＿＿打造，音乐会将于5月11日献演＿＿＿＿上海大剧院，八位才情横溢的北美作曲家通过一年前在中国的实地采风，把自己对于中国传统音乐的初＿＿＿＿化作淙淙音符与中外观众共享。

기자의 조사에 따르면 '중국을 나타내다 — 외국 작곡가가 쓴 중국'이라는 <u>일련의</u> 활동은 프랑스 국가 방송국, 북유럽 작곡가 협회, 캐나다 퀘벡 당대 음악협회와 상하이 원광뉴스 매체가 <u>공동으로</u> 만들었으며, 음악회는 5월 11일 상하이대극장<u>에서</u> 공연한다. 8명의 재능이 뛰어난 북미 작곡가가 1년 전 중국 현장에서 민요를 수집한 것을 통해 자신의 중국 전통음악에 대한 초기 <u>경험</u>을 흐르는 음표로 바꾸어 중국과 외국의 관중과 함께 나누었다.

A	连串	一并	在	感受
B	连续	携手	到	领悟
C	系列	共同	于	体验
D	并列	联合	给	理解

A 계속 잇달다 / 같이 / ~에 있다 / 받다
B 연속하다 / 서로 손을 잡다 / ~까지 오다 / 깨닫다
C 일련의 / 공동의 / ~에서 / 경험하다
D 병렬하다 / 연합하다 / ~에게 / 이해하다

│단어│ 呈现 chéngxiàn 동 나타나다, 드러나다 │ 魁北克 Kuíběikè 명 퀘벡 │ 文广新闻 Wénguǎng Xīnwén 명 원광뉴스 │ 打造 dǎzào 동 만들다, 만들어내다 │ 献演 xiànyǎn 동 (관중들을 위해) 공연하다 │ 才情 cáiqíng 명 재주, 재능 │ 横溢 héngyì 동 (재능·기분 따위가) 넘쳐흐르다, 넘치다 │ 实地 shídì 부 현장에서 │ 采风 cǎifēng 동 민요를 수집하다 │ 淙淙 cóngcóng 성어 물이 흐르는 소리 │ 音符 yīnfú 명 음부, 음표 │ 共享 gòngxiǎng 동 함께 누리다, 함께 향유하다 │ 连串 liánchuàn 동 (사물이) 계속 잇달다 │ 一并 yíbìng 부 함께 전부 │ 感受 gǎnshòu 동 (영향을) 받다, 느끼다 │ 连续 liánxù 동 연속하다 │ 携手 xiéshǒu 동 서로 손을 잡다, 협력하다 │ 领悟 lǐngwù 동 깨닫다, 이해하다 │ 系列 xìliè 명 계열, 시리즈 │ 体验 tǐyàn 동 (몸소) 경험하다, 체험하다 │ 并列 bìngliè 동 병렬하다, 나란히 늘어서다 │ 联合 liánhé 동 연합하다, 단결하다

│해설│ 첫째 칸: **系列**만 가능하다. **系列** 뒤에는 일반적으로 빈칸 뒤의 **活动**과 같은 명사가 온다. 예를 들면 **系列产品**(시리즈 제품), **系列措施**(일련의 조치), **系列图书**(시리즈 도서) 등이 있다.
둘째 칸: A의 **一并**을 제외하고 모두 가능하다.
셋째 칸: 빈칸 앞의 동사 **献演**과 전치사 **于**가 결합해 뒤에 장소 명사를 수반하여 '~에서 공연하다'는 의미를 나타낸다.
넷째 칸: 문맥상 **体验**만 호응할 수 있다.

67

＿＿＿＿重要的是，大学的教师们已经部分实现了远程教学的＿＿＿＿，例如俄克拉荷马大学利用网络让学生到东海岸和欧洲＿＿＿＿实地旅行，＿＿＿＿博物馆，观看航天飞机发射。

더욱 중요한 것은, 대학의 교수들은 이미 부분적으로 원거리 수업의 <u>구상</u>을 실현했다. 예를 들어 오클라호마 주 대학은 네트워크를 이용해 학생이 동해안과 유럽에 가서 <u>가상</u>으로 현장 여행을 하고 박물관을 <u>참관</u>하고 우주비행기 발사를 보게 했다.

A	尤其	设计	虚构	拜访
B	特别	设施	虚荣	访问
C	更加	设想	虚拟	参观
D	特殊	设置	虚设	参与

A 더욱이 / 설계하다 / 꾸며내다 / 방문하다
B 특히 / 시설 / 허영 / 방문하다
C 더욱 / 구상하다 / 가상적인 / 참관하다
D 특수하다 / 설치하다 / 형식적으로 두다 / 참여하다

│단어│ 远程 yuǎnchéng 형 먼 거리의, 장거리의, 원거리의 │ 例如 lìrú 동 예를 들다 │ 俄克拉荷马 Ékèlāhémǎ 명 오클라호마주 │ 网络 wǎngluò 명 네트워크, 회로망 │ 海岸 hǎi'àn 명 해안 │ 实地 shídì 부 현장에서 │ 观看 guānkàn 동 특별히 보다, 참관하다 │ 航天 hángtiān 동 우주를 비행하다 │ 发射 fāshè 동 발사하다 │ 虚构 xūgòu 동 꾸며내다, 날조하다 │ 拜访 bàifǎng 동 방문하다, 찾아뵙다 │ 设施 shèshī 명 시설 │ 虚荣 xūróng 명 허영 │ 访问 fǎngwèn 동 방문하다 │ 更加 gèngjiā 부 더, 한층 │ 设想 shèxiǎng 동 (새로운 생각이나 구상 등을) 잡다, 구상하다 │ 虚拟 xūnǐ 형 허구적인, 가상적인 │ 参观 cānguān 동 참관하다, 견학하다 │ 设置 shèzhì 동 설치하다, 설립하다, 장치하다 │ 虚设 xūshè 동 형식적으로 두다 │ 参与 cānyù 동 (일의 계획·토론·처리 등에) 참여하다, 관여하다

해설 첫째 칸: 빈칸 뒤의 **重要**는 형용사이므로, 빈칸에는 이를 수식할 수 있는 부사가 와야 한다. 따라서 형용사 **特殊**를 제
외하고 나머지 세 단어는 모두 가능하다.

둘째 칸: '**实现了…设想**'은 고정격식으로 사용된다. **设想**은 '어떤 일이나 계획 등에 대한 새로운 생각이나 구상 등을
잡는다'는 뜻으로, 문맥적으로 가장 적합하다.

셋째 칸: 네트워크 공간에서 가상으로 하는 행위이기 때문에 빈칸에는 '허구적인'의 의미인 **虚拟**만 가능하다.

넷째 칸: 빈칸 뒤에 장소명사 **博物馆**이 있으므로, 빈칸에는 **访问**과 **参观**이 가능하다. **拜访**의 대상은 사람이어야 하
며, **参与**의 대상은 활동이어야 하므로 답으로는 적절하지 않다.

★★☆ |**유형**| 문맥에 적합한 성어 파악

68

可是，如此＿＿＿＿的泥塑手艺并没有带来
多大的销量。一方面，对于注册商标和在外面
开店经营，二老＿＿＿＿。＿＿＿＿那需要很大的一
笔费用，即使泥塑能点石成金，但那点儿金也
太＿＿＿＿了。

A	精致	有备无患	终究	微不足道
B	精湛	有心无力	毕竟	微乎其微
C	精细	有求必应	到底	若即若离
D	精巧	有利可图	究竟	若隐若现

그러나 이렇게 뛰어난 점토 인형 수공기술은 결코 큰
판매량을 가져오지 않았다. 한 방면으로는 등록상표와 외
부 개점 경영에 대해 두 노인은 마음은 있으나 힘이 없
었다. 어쨌든 그것은 매우 큰 비용이 필요하다. 설령 점토
인형이 손을 살짝 대어 돌을 금으로 만들 수 있는 것이라
해도, 그 정도의 금 역시 매우 적어 보잘것없다.

A 정밀하다 / 준비가 있으면 근심할 것이 없다 / 결국
/ 매우 작아서 말할 가치도 없다

B 뛰어나다 / 마음은 있지만 힘이 없다 / 어쨌든 / 매
우 적어 보잘것없다

C 정교하다 / 도움을 청하면 반드시 응해주다 / 도대체
/ 가까이 있는 것 같기도 하고 떨어진 것 같기도 하다

D 정교하다 / 이익이 있어 꾀할 만하다 / 결국 / 사라
진 듯하다가 다시 보일 듯하다

단어 泥塑 nísù 몡 점토 인형, 흙 인형 | 手艺 shǒuyì 몡 수공기술, 솜씨 | 销量 xiāoliàng 몡 판매량 | 注册 zhùcè 됭 (관
련 기관·단체·학교 등에) 등록하다, 등기하다 | 商标 shāngbiāo 몡 상표 | 开店 kāidiàn 됭 가게를 열다, 상점을 개업하
다 | 经营 jīngyíng 됭 운영하다 | 二老 èrlǎo 몡 두 노인 | 笔 bǐ 양 돈 [자금과 관련 있는 것을 세는 데 쓰임] | 点石成
金 diǎnshíchéngjīn 성어 신선이 손가락을 살짝 대니 돌이 금으로 변하다, 좋지 않거나 평범한 사물을 매우 뛰어난 사물이 되게 하
다 | 精致 jīngzhì 혱 정밀하다, 정교하다 | 有备无患 yǒubèiwúhuàn 성어 준비가 있으면 근심할 것이 없다, 사전에 방비하
면 우환이 없다 | 终究 zhōngjiū 뮈 결국 | 微不足道 wēibùzúdào 성어 매우 작아서 말할 가치가 없다 | 精湛 jīngzhàn
혱 (기예가) 뛰어나다, 훌륭하다 | 有心无力 yǒuxīn wúlì 마음은 있지만 힘이 없다 | 毕竟 bìjìng 뮈 끝끝내, 어쨌든 | 微
乎其微 wēihūqíwēi 성어 매우 적거나 작다, 매우 하찮다, 매우 보잘것없다 | 精细 jīngxì 혱 (기계나 세공물 등이) 정교하다, 세
밀하다 | 有求必应 yǒuqiúbìyìng 성어 (어떤 사람이) 도움을 청하면 반드시 응해주다, 요구하면 요구대로 다 들어주다 | 若即
若离 ruòjíruòlí 성어 가까이 있는 것 같기도 하고 떨어진 것 같기도 하다 | 精巧 jīngqiǎo 혱 (기술이나 기물의 구조 등이) 정교
하다, 정밀하다 | 有利可图 yǒulìkětú 성어 이익이 있어 꾀할 만하다, 취할 만한 이익이 있다 | 若隐若现 ruòyǐnruòxiàn
성어 사라진 듯하다가 다시 보일 듯하다, 은은하다, 어슴푸레하다

해설 첫째 칸: 빈칸 뒤의 명사 **手艺**는 일종의 기술로서, 형용사 **精湛**과 가장 잘 어울린다.

둘째 칸: 문맥상 **有心无力**가 빈칸에 가장 적합하다.

셋째 칸: **毕竟**은 사실 또는 원인을 강조할 때 많이 사용한다. **毕竟**을 사용해서 빈칸 뒤에 오는 비용이 크다는 사실을
강조할 수 있다.

넷째 칸: 수량이 적어서 보잘것없다는 뜻을 나타내는 **微不足道**, **微乎其微**가 가능하다.

69

他像是飘在大地上的风一样，随意地往前行走。他经过的＿＿＿村庄与集镇，尽管有着百般＿＿＿，然而却以同样＿＿＿的树木，同样＿＿＿的房屋组成，同样的街道上走着同样的人。

그는 마치 대지에 부는 바람과 같이 마음대로 앞으로 걸어갔다. 그가 지나간 무수한 마을과 지역은 비록 각양각색의 자태를 가지고 있지만, 오히려 같은 색깔의 나무와 같은 형상의 집으로 구성되어 있으며 같은 거리 위를 같은 사람이 걷고 있었다.

A 无数　姿态　颜色　形状
B 无限　形态　色泽　模样
C 无穷　姿势　色彩　外形
D 无边　形势　彩色　外貌

A　무수하다 / 자태 / 색깔 / 형상
B　무한하다 / 형태 / 색깔과 광택 / 용모
C　무궁하다 / 자세 / 색채 / 외형
D　끝없다 / 형세 / 채색 / 외모

단어 飘 piāo 통 (바람이 부는 대로) 날리다, 나부끼다 | 随意 suíyì 분 뜻대로, 생각(마음)대로 | 村庄 cūnzhuāng 명 마을, 촌 | 集镇 jízhèn 명 비농업 인구 위주의 작은 규모의 거주 지역 | 百般 bǎibān 형 갖가지의, 각양각색의 | 无数 wúshù 형 무수하다, 셀 수 없이 많다 | 姿态 zītài 명 자태, 모양, 모습 | 无限 wúxiàn 형 무한하다 | 色泽 sèzé 명 색과 광택 | 模样 múyàng 명 (사람의) 용모, 겉모습 | 无穷 wúqióng 형 무궁하다, 무한하다 | 姿势 zīshì 명 (신체의) 자세, 포즈 | 色彩 sècǎi 명 색채 | 外形 wàixíng 명 (물체의) 외부 형상, 겉모양 | 无边 wúbiān 통 끝없다, 한없다, 한없이 넓다, 일망무제하다

해설 첫째 칸: 빈칸 뒤에 구체적인 명사 村庄与集镇이 있는 것으로 보아, 빈칸에는 无数만 가능하다. 보기의 나머지 세 단어는 추상 명사를 수식할 때만 가능하므로, 답으로 부적절하다.
둘째 칸: 빈칸 앞의 百般은 '각양각색'이라는 뜻으로, 姿态, 形态와 호응할 수 있다.
셋째 칸: 빈칸 뒤의 树木는 颜色, 色彩와 호응한다.
넷째 칸: 빈칸 뒤의 房屋는 形状, 模样, 外形과 호응한다. 外貌는 사람에게만 쓰이고, 물건에는 쓰이지 않기 때문에 부적절하다.

70

现在好绿茶之所以＿＿＿，很大程度是因为体制造成的，专家和茶厂基本都追求产量，很少有专心＿＿＿老茶种和老工艺的。而各地最好的那批绿茶数量稀少，有很多历史名茶现在都只有几百斤的产量，又通过各种＿＿＿进了送礼的单项通道，所以市场上难以＿＿＿到最好的那批绿茶。

지금 좋은 녹차가 희소한 것은 대부분 제도 때문이다. 전문가와 차 공장은 기본적으로 모두 생산량만 추구하고 옛 차종과 옛 기술에 몰두해서 유지하는 사람이 드물다. 그리고 각지의 제일 좋은 녹차의 수량이 희소하고, 역사 있는 명차는 지금 모두 몇 백 근의 생산량만 있다. 또 각종 경로를 통하던 것이 선물을 보내는 단일 통로로 들어가, 시장에서는 제일 좋은 그런 녹차를 찾기 어렵다.

A 减少　保存　管道　寻找
B 稀少　保留　渠道　寻觅
C 缺少　保管　门道　发现
D 短少　保护　交道　发觉

A　감소하다 / 보존하다 / 파이프라인 / 찾다
B　희소하다 / 유지하다 / 경로 / 찾다
C　부족하다 / 보관하다 / 긴 통로 / 발견하다
D　모자라다 / 보호하다 / 왕래 / 깨닫다

단어 体制 tǐzhì 명 체제 | 产量 chǎnliàng 명 생산량 | 专心 zhuānxīn 형 열중하다, 몰두하다 | 工艺 gōngyì 명 (원자재 또는 반제품을 가공하여 제품으로 만드는) 방법, 기술 | 稀少 xīshǎo 형 적다, 드물다 | 单项 dānxiàng 명 단일 종목, 단일 항목 | 通道 tōngdào 명 통로, 큰길 | 管道 guǎndào 명 (기체나 액체를 수송하는) 파이프라인, 수송관로 | 寻找 xúnzhǎo 통 찾다 | 保留 bǎoliú 통 보존하다, 유지하다 | 渠道 qúdào 명 관개 수로, 경로, 방법 | 寻觅 xúnmì 통 찾다 | 缺少 quēshǎo 통 (주로 사람이나 물건의 수량이) 부족하다, 모자라다 | 保管 bǎoguǎn 통 보관하다 | 门道 méndào 명 (대문 안에 지붕이 있고 비교적) 긴 통로 | 短少 duǎnshǎo 통 모자라다, 부족하다 | 交道 jiāodào 명 왕래, 교우, 교제 | 发觉 fājué 통 깨닫다, 알아차리다

첫째 칸: 빈칸 앞의 **绿茶**와 호응하는 단어가 와야 하는데, **短少**를 제외하고는 모두 가능하다.

둘째 칸: 빈칸 뒤의 **茶种**, **工艺**와 호응하는 단어가 와야 하는데, **保管**을 제외하고는 모두 가능하다.

셋째 칸: '**通过…渠道**'는 '～하는 방법을 통해서'라는 뜻의 고정격식이다. 따라서 세 번째 빈칸에는 **渠道**만 가능하다.

넷째 칸: '**难以寻找到…**', '**难以寻觅到…**' 모두 가능하다. **发现**, **发觉**가 뒤에 목적어를 수반할 때는 뒤에 보어 到가 올 수 없다.

71-75

三国时期，曹操率大军想要征服东吴，孙权、刘备联合抗曹。

孙权手下有位大将叫周瑜，智勇双全，可是心胸狭窄，很妒忌诸葛亮(字孔明)的才干。因水中交战需要箭，周瑜要诸葛亮在十天内负责赶造十万支箭，哪知诸葛亮只要三天，还愿立下军令状，(71)＿＿＿B＿＿＿。周瑜想，三天不可能造出十万支箭，正好利用这个机会来除掉诸葛亮。于是他一方面叫军匠们不要把造箭的材料准备齐全，另一方面叫大臣鲁肃去探听诸葛亮的虚实。

鲁肃见了诸葛亮。诸葛亮说："这件事要请你帮我的忙。希望你能借给我20只船，每只船上30个军士，船要用青布幔子遮起来，还要一千多个草把子，排在船两边。不过，(72)＿＿＿D＿＿＿。"鲁肃答应了，并按诸葛亮的要求把东西准备齐全。

两天过去了，不见诸葛亮有一点儿动静。到第三天四更的时候，诸葛亮秘密地请鲁肃一起到船上去，说是一起去取箭。鲁肃很纳闷儿。(73)＿＿＿E＿＿＿。那天江上大雾迷漫，对面都看不见人。当船靠近曹军水寨时，诸葛亮命船"一"字摆开，(74)＿＿＿A＿＿＿。曹操以为对方来进攻，又因雾大怕中埋伏，就派六千名弓箭手朝江中放箭，雨点般的箭纷纷射在草把子上。过了一会儿，诸葛亮又命船掉过头来，让另一面受箭。太阳出来了，雾要散了，(75)＿＿＿C＿＿＿。这时船两边的草把子上密密麻麻地插满了箭，每只船上至少五六千支，总共超过了十万支。

鲁肃把借箭的经过告诉周瑜时，周瑜感叹地说："诸葛亮神机妙算，我不如他啊！"

삼국 시기, 조조가 대군을 거느리고 오나라를 정복하려 하자 손권과 유비는 연합하여 조조에게 대항하였다.

손권의 수하에 주유라 불리는 대장이 있었는데, 지략과 용기를 겸비하였다. 하지만 도량이 좁아 제갈량(자는 공명)의 능력을 질투하였다. 수중 교전은 화살이 필요하기 때문에 주유는 제갈량에게 10일 안에 10만 개의 화살을 급히 만드는 일을 맡겼다. 하지만 제갈량이 단지 3일만을 원할 줄 누가 알았겠는가. 또한 군 서약서를 체결하여 71임무를 완성하지 못하면 처벌을 감수하기로 했다. 주유는 3일 만에 10만 화살을 만들어 낼 수 없으니 마침 이 기회를 이용해 제갈량을 없애야겠다고 생각했다. 그래서 그는 한편으로는 군대에 있는 장인들에게 화살을 만드는 재료를 완벽하게 준비하지 말라고 시켰으며, 다른 한편으로는 대신 노숙에게 제갈량의 허와 실을 알아보라고 시켰다.

노숙은 제갈량을 만났다. 제갈량은 말했다. "이 일은 당신이 저를 도와주셨으면 좋겠습니다. 저에게 20척의 배를 빌려 주시고, 모든 배에 30명의 군사를 태우고, 배는 청색 천막으로 덮고 천여 개의 짚단을 배의 양쪽에 놓아 주십시오. 그러나 72이 일을 절대 주유가 알게 해서는 안 됩니다." 노숙은 승락했다. 제갈량의 요구에 따라 물건을 완벽하게 준비했다.

이틀이 지나도 제갈량은 조금의 동태도 보이지 않았다. 셋째 날 사경이 되었을 때, 제갈량은 은밀히 노숙을 배 위로 불러 같이 화살을 가지러 가자고 말했다. 노숙은 매우 궁금했다. 73제갈량은 병사에게 배를 밧줄로 이어서 맞은편 해안으로 가라고 분부했다. 그날 강 위에는 짙은 안개가 자욱해서 맞은편도 사람을 볼 수 없었다. 배가 조조 수군의 근거지에 가까워졌을 때, 제갈량은 배를 일자로 배열하도록 명령하고 74병사에게 북을 치며 고함을 치게 했다. 조조는 상대방이 공격하는 줄 알았고, 또 안개가 짙어 그 속에 매복해 있을까 두려워하여 6천 명의 사수를 보내 강으로 화살을 쏘았다. 화살이 빗방울처럼 끊임없이 짚단 위에 꽂혔다. 잠시 후에 제갈량은 또 배의 머리를 돌려서 다른 한쪽 면에 화살이 맞게 했다. 태양이 떠오르고, 안개가 흩어지려 하였다. 75제갈량은 배를 급히 되돌리라고 명령했다. 이때 배의 양쪽 짚단 위에 빽빽하게 화살이 꽂혀 있었다. 모든 배 위에 최소한 5, 6천 개가 있었으며 모두 10만 개가 넘었다.

노숙이 화살을 빌린 과정을 주유에게 알려주었을 때, 주유는 감탄하며 말했다. "제갈량은 신묘한 지략과 교묘한 계책이 있다. 나는 그보다 못하구나!"

<table>
<tr><td>

A 叫士兵擂鼓呐喊
B 完不成任务甘受处罚
C 诸葛亮令船赶紧往回开
D 这事千万不能让周瑜知道
E 诸葛亮吩咐士兵把船用绳索连起来向对岸开去

</td><td>

A 병사에게 북을 치며 고함을 치게 했다
B 임무를 완성하지 못하면 처벌을 감수하기로 했다
C 제갈량은 배를 급히 되돌리라고 명령했다
D 이 일을 절대 주유가 알게 해서는 안 됩니다
E 제갈량은 병사에게 배를 밧줄로 이어서 맞은편 해안으로 가라고 분부했다

</td></tr>
</table>

단어 曹操 Cáo Cāo [고유] 조조[155~220년. 삼국시대의 정치가·군사 전략가·시인] | 率 shuài [동] 통솔하다, 거느리다 | 征服 zhēngfú [동] (무력으로 다른 나라나 지역·민족을) 정복하다 | 孙权 Sūn Quán [고유] 손권[중국의 삼국시대 오나라의 초대 황제] | 刘备 Liú Bèi [고유] 유비 | 抗 kàng [동] 막다, 저항하다, 대항하다 | 周瑜 Zhōu Yú [고유] 주유[중국의 후한 말의 무장] | 智勇双全 zhìyǒngshuāngquán [성어] 지략과 용기를 겸비하다 | 心胸 xīnxiōng [명] 마음, 아량, 도량 | 狭窄 xiázhǎi [형] (폭이) 비좁다, 협착하다 | 妒忌 dùjì [동] 샘내다, 질투하다 | 诸葛亮 Zhūgě Liàng [고유] 제갈량 | 孔明 Kǒngmíng [고유] 제갈량의 자(字) | 才干 cáigàn [명] 일을 처리하는 능력, 재주, 재능 | 交战 jiāozhàn [동] 교전하다, 전투를 벌이다 | 箭 jiàn [명] 화살 | 赶造 gǎnzào [동] 서둘러 만들다 | 立下 lìxia [동] 정하다, 체결하다 | 军令状 jūnlìngzhuàng [명] 군령장, 군 서약서 | 匠 jiàng [명] 장인 | 齐全 qíquán [형] 완전히 갖추다, 완비하다 | 大臣 dàchén [명] 대신, 중신 | 鲁肃 Lǔ Sù [고유] 노숙 | 探听 tàntīng [동] (소식·상황·의도 등을) 물어보다, 알아보다 | 虚实 xūshí [명] 허와 실 | 军士 jūnshì [명] 하사관 | 幔子 mànzi [명] 막, 천막, 휘장 | 遮 zhē [동] 가리다, 덮다 | 把子 bǎzi [명] 다발, 묶음, 뭉치 | 动静 dòngjing [명] 동정, 인기척 | 四更 sìgēng [명] 사경[하루의 밤을 다섯으로 나눈 넷째 시각으로 오전 1시부터 3시 사이를 가리킴] | 纳闷 nàmèn [동] (의혹이 풀리지 않아) 답답해하다, 궁금하다 | 迷漫 mímàn [동] 꽉 차다, 자욱하다, 가득하다 | 水寨 shuǐzhài [명] 수군의 근거지 | 摆开 bǎikai [동] 진열하다, 펼쳐 놓다, 배열하다 | 进攻 jìngōng [동] (적을) 공격하다, 진공하다, 진격하다 | 埋伏 máifu [동] 잠복하다, 숨다 | 弓箭手 gōngjiànshǒu [명] 활잡이, 궁수, 사수 | 雨点 yǔdiǎn [명] 빗방울 | 纷纷 fēnfēn [부] (많은 사람이나 사물이) 잇달아, 계속하여 | 射 shè [동] (활·총·공 등을) 쏘다, 발사하다 | 密密麻麻 mìmimámá [형] (작은 물건들이) 많고 빽빽하다, 많고 빼곡하다 | 插 chā [동] (길고 가는 물체를 어떤 사물에) 꽂다, 끼우다 | 感叹 gǎntàn [동] 감탄하다 | 神机妙算 shénjīmiàosuàn [성어] 신묘한 지략과 교묘한 계책, 예견을 잘해서 객관적인 정세를 추측하여 책략을 결정하다 | 擂鼓 léigǔ [동] 북을 치다 | 呐喊 nàhǎn [동] (응원하거나 기세를 돕기 위해) 외치다, 고함치다 | 甘受 gānshòu [동] 묵묵히 참고 좇다, 감수하다 | 处罚 chǔfá [동] (잘못을 저지르거나 죄를 지은 사람을) 처벌하다 | 赶紧 gǎnjǐn [부] 서둘러, 급히, 어서 | 吩咐 fēnfù [동] (말로) 분부하다, 시키다, ~하도록 하다, 지시를 내리다 | 绳索 shéngsuǒ [명] 로프, 굵은 밧줄 | 对岸 duì'àn [명] (강의) 맞은편 기슭

★☆☆

71   B 完不成任务甘受处罚   B 임무를 완성하지 못하면 처벌을 감수하기로 했다

해설 빈칸 앞의 내용을 보면, 주유가 제갈량에게 10일 안에 10만 개의 화살을 만들도록 지시했으나, 제갈량은 3일이면 이 임무를 완성할 수 있다고 했고 '군 서약서를 체결하여……'라고 언급했으므로 B가 정답이다.

★★☆

72   D 这事千万不能让周瑜知道   D 이 일을 절대 주유가 알게 해서는 안 됩니다

해설 빈칸 앞의 내용을 보면, 주유가 제갈량에게 10만 개의 화살을 만들도록 지시했고, 이 임무를 수행하기 위해 제갈량이 노숙에게 도움을 청한다는 내용이 나온다. 따라서 문맥상 정답은 D가 된다.

★★☆

73   E 诸葛亮吩咐士兵把船用绳索连起来向对岸开去   E 제갈량은 병사에게 배를 밧줄로 이어서 맞은편 해안으로 가라고 분부했다

해설 제갈량이 노숙에게 화살을 가지러 가자고 했고, 빈칸 뒤에는 '그날 강 위의 짙은 안개가 자욱해서 맞은편도 사람을 볼 수 없었다'는 강의 상황이 나온다. 즉 어떤 행동에 대한 설명이 나와야 하므로 정답은 E다.

74　A　叫士兵擂鼓呐喊　　　　　A　병사에게 북을 치며 고함을 치게 했다

해설　빈칸 앞에 '제갈량이 병사들에게 배를 일자로 배열하도록 명령했다'라고 언급했으므로, 빈칸에는 제갈량이 병사들에게 이어서 한 말이 와야 한다. 따라서 A가 정답이다.

★★☆

75　C　诸葛亮令船赶紧往回开　　　　C　제갈량은 배를 급히 되돌리라고 명령했다

해설　앞 문장에서 '태양이 떠오르고, 안개가 흩어지려 하였다'라고 하였고, 뒤 문장에서 '이때 배의 양쪽 짚단 위에 빽빽하게 화살이 꽂혀 있었다'라고 한 것으로 보아, 화살을 모두 가지고 돌아오기 위해 빈칸에는 제갈량이 배를 급히 되돌리라고 명령하는 상황이 적절하다. 따라서 정답은 C다.

76-80

　　许多动物本身就有"空调设备"。(76)＿＿＿B＿＿＿，难以散热，但它们都各怀"特技"。

　　以鳄鱼为例。在炎热的天气里，它们常常长时间地待在岸边，张大嘴巴，通过急促地一呼一吸，将热空气排出去。(77)＿＿＿E＿＿＿。

　　猴子要是感到太热了，它们就用自己潮湿的舌头，去舔自己两条毛茸茸的手臂。这种方法产生的作用，就像在它们的手臂上盖上两条凉爽的毛巾似的。

　　河马自有它们自己的防止太阳毒晒的方法。当它们不待在水里求凉，(78)＿＿＿C＿＿＿，它们就利用自己的"防晒霜"。原来它们的皮脂腺能够分泌出一种红色的黏液。黏液干燥后，像一块遮阳板一样，保护它们敏感的皮肤不受紫外线的伤害。海象则尽量钻进沙堆里，用它们的鳍把潮湿的沙子拨盖在自己的身上，借沙子来防晒和纳凉。

　　非洲和印度的鹤鸟驱热和纳凉的方法是，不时将清凉的水喷洒在自己身上，把泥浆涂在自己的脚上。松鼠身上常有极佳的"遮阳伞"，那就是它们粗大的尾巴。它们将尾巴直竖起来，像一把伞一样遮住自己的身体，太阳光很难穿过它们浓密的尾毛，照射在它们的皮肤上。因此，是它们的尾巴，(79)＿＿＿A＿＿＿。

많은 동물이 자체적으로 '에어컨 설비'가 있다. <u>76그들의 피부에는 비록 땀샘이 없어서 열을 발산하기 어렵지만</u>, 그들은 모두 각자 '특기'를 가지고 있다.

악어를 예로 들면, 무더운 날씨에 그들은 자주 오랫동안 물가에 머무르며 입을 크게 벌리고, 빠르게 숨을 내쉬고 들이마시는 것을 통해 더운 공기를 내보낸다. <u>77그들은 바로 이러한 방법으로 자신의 시원함을 찾는다.</u>

원숭이는 만약에 너무 덥다고 느끼면 그들은 자신의 축축한 혀를 이용해, 털이 촘촘한 자신의 양팔을 핥는다. 이 방법이 만든 효과는 마치 그들의 두 팔에 시원한 수건을 덮은 것과 같다.

하마는 태양을 매섭게 쬐는 것을 방지하는 그들만의 방법이 있다. 그들이 물 안에서 서늘하게 머물고 있지 않을 때나, <u>78늪에서 편안하게 사지를 펼치고 있지 않을 때</u> 그들은 자신의 '선크림'을 이용한다. 원래 그들의 피지선은 빨간색 점액을 충분히 분비할 수 있다. 점액이 마른 후에는, 마치 차양과 같이 그들의 민감한 피부가 자외선의 손상을 받지 않도록 보호한다. 바다코끼리는 모래 더미 속으로 가능한 한 파고든다. 그들은 지느러미를 이용해 축축한 모래를 자신의 몸에 옮겨 덮는다. 모래를 빌려 햇빛을 차단하고 더위를 식힌다.

아프리카와 인도의 두루미가 열을 쫓고 더위를 식히는 방법은 종종 시원한 물을 자신의 몸에 뿌리고 흙탕물을 자신의 발에 바르는 것이다. 다람쥐 몸 위에는 항상 귀한 '양산'이 있다. 그것은 그들의 굵은 꼬리다. 그들이 꼬리를 똑바로 세우면 우산과 같이 자신의 몸을 가린다. 햇빛은 그들의 빽빽한 꼬리를 통과하여 그들의 피부를 비추기가 어렵다. 따라서 그들의 꼬리는 <u>79그들에게 서늘함을 가져다준다.</u>

老鹰常常用自己的身子，小心翼翼地盖在它们的幼鸟身上，以此来保护它们的孩子不受太阳的毒晒。因为幼鸟身上只有细细的绒毛，(80)＿＿D＿＿。

兔子有自己的良好"空调器"，那就是它们那两只长长的、血液流畅的大耳朵。耳朵起着导热器的作用，不断地将兔子身上的热量排出体外，从而使兔子免受炎热之苦。

A 给它们带来一片阴凉
B 它们的皮肤上虽然没有汗腺
C 也不在泥沼里舒服地伸展四肢时
D 娇嫩的皮肤容易受到灼热的阳光的伤害
E 它们就是以这种手段来求得自身的凉爽的

매는 항상 자신의 몸을 이용해 매우 조심스럽게 그들의 어린 새의 몸을 덮는다. 이것으로 새끼가 태양의 매서운 빛을 받지 않도록 보호한다. 왜냐하면 어린 새의 몸에는 단지 가는 솜털만 있어서, [80]연약한 피부가 이글대는 햇빛에 쉽게 손상을 받기 때문이다.

토끼는 자신의 좋은 '에어컨'이 있다. 그것은 그들의 그 긴, 혈액이 잘 통하는 큰 귀다. 귀는 열을 전도하는 기기의 역할을 한다. 끊임없이 토끼 몸의 열에너지를 밖으로 내보내, 토끼가 무더위에 고통받지 않도록 한다.

A 그들에게 서늘함을 가져다준다
B 그들의 피부에는 비록 땀샘이 없어서
C 늪에서 편안하게 사지를 펼치고 있지 않을 때
D 연약한 피부가 이글대는 햇빛에 쉽게 손상을 받기 때문이다
E 그들은 바로 이러한 방법으로 자신의 시원함을 찾는다

단어 设备 shèbèi 몡 설비, 시설 | 散热 sànrè 동 산열하다. 열을 발생하다 | 怀 huái 동 품다. 가지다 | 特技 tèjì 몡 특기 | 鳄鱼 èyú 몡 악어 | 炎热 yánrè 혱 (날씨가) 무덥다. 찌는 듯이 덥다 | 岸边 ànbiān 몡 물가. (강·바다 등의) 기슭 | 急促 jícù 혱 (속도가) 빠르다. 짧고 급하다. 다급하다 | 排出 páichū 동 배출하다 | 潮湿 cháoshī 혱 습기가 많다. 축축하다 | 舔 tiǎn 동 핥다 | 毛茸茸 máoróngróng 혱 (가는 털이) 보드랍고 촘촘한 모양 | 手臂 shǒubì 몡 팔 | 盖 gài 동 (위에서 아래로) 덮다. 씌우다 | 凉爽 liángshuǎng 혱 시원하고 상쾌하다 | 河马 hémǎ 몡 하마 | 防止 fángzhǐ 동 (나쁜 일을) 방지하다 | 毒 dú 혱 매섭다 | 晒 shài 동 (태양 아래에서 볕이나 열을) 쬐다. 받다 | 防晒霜 fángshàishuāng 몡 선크림. 자외선차단제 | 皮脂腺 pízhīxiàn 몡 피지선. 기름샘. 지방선 | 分泌 fēnmì 동 분비하다 | 黏液 niányè 몡 점액 | 干燥 gānzào 혱 건조하다. 마르다 | 遮阳板 zhēyángbǎn 몡 차양 | 敏感 mǐngǎn 혱 민감하다. 예민하다 | 紫外线 zǐwàixiàn 몡 자외선 | 海象 hǎixiàng 몡 바다코끼리 | 尽量 jǐnliàng 뷔 되도록, 될 수 있는 대로, 가능한 한 | 钻进 zuānjìn 동 파고들다 | 鳍 qí 몡 지느러미 | 潮湿 cháoshī 혱 습기가 많다. 축축하다 | 拨 bō 동 (손이나 막대기 등에 힘을 주어 옆으로 밀어서 물건을) 옮기다. 밀다 | 纳凉 nàliáng 동 (시원하고 바람이 통하는 곳에서) 더위를 식히다. 더위를 피하다 | 鹤 hè 몡 학. 두루미 | 驱 qū 동 내쫓다. 쫓아내다 | 不时 bùshí 뷔 때때로, 종종 | 清凉 qīngliáng 혱 시원하다 | 喷洒 pēnsǎ 동 (액체 등을) 흩어 뿌리다. 살포하다 | 泥浆 níjiāng 몡 흙탕물 | 涂 tú 동 (안료·염료·지분·약물 등을) 바르다. 칠하다 | 松鼠 sōngshǔ 몡 다람쥐 | 遮阳伞 zhēyángsǎn 몡 양산 | 粗大 cūdà 혱 (사람의 몸이나 물체가) 굵다. 큼직하다 | 竖 shù 동 (물체를) 똑바로 세우다. 곧추 세우다 | 遮住 zhēzhù 동 막다. 가리다 | 浓密 nóngmì 혱 (나뭇가지·나뭇잎·연무·수염 등이) 빽빽하다. 촘촘하다 | 照射 zhàoshè 동 (빛이 물체에) 비치다. 비추다 | 老鹰 lǎoyīng 몡 솔개. 매. 수리 | 小心翼翼 xiǎoxīnyìyì 솅 (행동이) 매우 신중하고 소홀함이 없다. 매우 조심스럽다 | 绒毛 róngmáo 몡 솜털. 융털 | 血液 xuèyè 몡 혈액 | 流畅 liúchàng 혱 막힘이 없다. 거침없다. 유창하다 | 导 dǎo 동 전도하다 | 阴凉 yīnliáng 혱 그늘지고 서늘하다 | 汗腺 hànxiàn 몡 땀샘. 땀선. 한선 | 泥沼 nízhǎo 몡 늪. 수렁. 진창 | 伸展 shēnzhǎn 동 (일정한 방향을 향해) 뻗다. 늘이다. 펼치다. 펴다 | 四肢 sìzhī 몡 사지. 팔다리 | 娇嫩 jiāonèn 혱 연하다. 여리다. 부드럽다. 연약하다. 가냘프다 | 灼热 zhuórè 혱 (불이 타는 것처럼) 이글이글하다. 화끈하다 | 阳光 yángguāng 몡 햇빛. 일광 | 求得 qiúdé 동 (원하는 바를) 구하다. 구하여 얻다. 찾다 | 凉爽 liángshuǎng 혱 시원하고 상쾌하다

★☆☆

76

B 它们的皮肤上虽然没有汗腺　　　　B 그들의 피부에는 비록 땀샘이 없어서

해설 이 문제는 접속사를 통해 답의 단서를 찾을 수 있다. 빈칸 뒤에 부사 但이 있는 것으로 보아, 이와 호응할 수 있는 전환 관계 접속사 虽然이 앞에 놓이는 것이 적절하다. 이는 일반적으로 虽然 뒤에는 可是, 但是 등의 단어를 수반하기 때문이다. 따라서 정답은 B다.

★☆☆

77　E　它们就是以这种手段来求得自身的凉爽的　　　E　그들은 바로 이러한 방법으로 자신의 시원함을 찾는다

해설　빈칸 앞 문장은 악어를 예로 들어, 무더운 날씨에 더위를 견뎌내는 방법에 대해 설명하고 있다. 따라서 E가 정답이다.

★★☆

78　C　也不在泥沼里舒服地伸展四肢时　　　C　늪에서 편안하게 사지를 펼치고 있지 않을 때

해설　앞 구절에 当이 있는 것으로 보아, 어떤 행위나 동작이 일어난 때를 가리킨다는 것을 알 수 있다. '当…时', '当…的时候'는 고정격식으로 '～할 때, ～일 때'라고 해석할 수 있다. 따라서 문장에 时가 들어 있는 C가 정답이다.

★★☆

79　A　给它们带来一片阴凉　　　A　그들에게 서늘함을 가져다준다

해설　빈칸 앞의 '햇빛은 그들의 빽빽한 꼬리를 통과하여 그들의 피부를 비추기가 어렵다'는 원인이 나오고 '따라서'로 이어지는 결과가 나와야 한다. 그러므로 가장 적합한 문장은 A다.

★☆☆

80　D　娇嫩的皮肤容易受到灼热的阳光的伤害　　　D　연약한 피부가 이글대는 햇빛에 쉽게 손상을 받기 때문이다

해설　이 문제는 앞 절의 '태양의 매서운 빛'이 문제를 푸는 단서로, '왜냐하면 어린 새의 몸에는 단지 가는 솜털만 있어서'와 80번에 들어갈 내용이 인과 관계로 이어져야 한다. 따라서 정답은 D다.

81-84

81(C)头发对人来说，是司空见惯的。但头发却拥有奇妙的变化。在世界上，人的头发由于种族和地区的不同，有乌黑、金黄、红褐、红棕、淡黄、灰白，甚至还有绿色和红色的。82(A)科学研究证明：头发的颜色同头发里所含的金属元素的不同有关。黑发含有等量的铜、铁和黑色素，当镍的含量增多时，就会变成灰白色。金黄色头发含有钛，红褐色头发含有钼，红棕色的除含铜、铁之外，还有钴，绿色头发则是含有过多的铜。在非洲一些国家，有些孩子的头发呈红色，是严重缺乏蛋白质造成的。

一般人的头发约有10万根左右。83(A)在正常情况下，头发每日生长约0.3毫米，3天长1毫米左右。阳光照射能加速头发生长。每根头发的寿命一般为2至4年，最长的可达6年。假如连续50年不理发的话，头发可长至6米以上。据说，印度有一个僧侣院院长史华美，头发竟长至7.9米，是世界上头发最长的人。

头发除了使人增加美感之外，84(D)最重要的它还是头脑的"天然卫士"。夏天可防烈日，冬天可御寒冷。84(D)细软蓬松的头发具有弹性，可以抵挡较轻的碰撞，还可以帮助头部汗液的蒸发。

如头发大量脱落，就是一种病态，而且大多发生在有全身性疾病的情况下，如得了急性传染病，像伤寒、猩红热，或患了慢性病如结核病、贫血、糖尿病和内分泌紊乱，以及局部皮肤发生病变，如斑秃、脂溢性皮炎等，都可引起脱发。

81(C)머리카락은 사람에게 있어 아주 익숙한 것이다. 그러나 머리카락은 오히려 신기한 변화를 가지고 있다. 세계에서 사람의 머리카락은 종족과 지역의 차이로 인해, 검은색, 금색, 적갈색, 고동색, 담황색, 옅은 회색이 있으며 심지어는 녹색과 빨간색도 있다. 82(A)과학연구로 머리카락의 색깔은 머리카락 안에 함유된 금속 원소의 차이와 관련 있다는 것이 증명되었다. 검은색 머리카락은 같은 양의 구리와 철과 멜라닌을 함유하고 있다. 니켈의 함량이 증가하면 회백색으로 변하게 된다. 금색 머리카락은 티타늄, 적갈색 머리카락은 몰리브덴, 고동색 머리카락은 구리, 철을 함유한 것 외에, 코발트도 함유하고 있다. 초록색 머리카락은 과도한 구리를 함유하고 있다. 아프리카의 일부 국가에서 어떤 아이들은 머리카락이 빨간색을 띠는데 단백질이 심각하게 부족해서 야기된 것이다.

일반인의 머리카락은 약 10만 가닥 정도며, 83(A)정상적인 상황에서 머리카락은 매일 약 0.3mm씩, 3일에 1mm 정도 자란다. 햇빛을 쬐면 두발성장을 가속화시킬 수 있다. 매 가닥의 수명은 일반적으로 2~4년이다. 제일 긴 것은 6년에 달할 수 있다. 만약 50년 동안 계속 머리카락을 자르지 않는다면, 머리카락은 6미터 이상 자랄 수 있다. 일설에 따르면, 인도의 한 승려원 원장 스화메이 씨는 머리카락을 7.9m 길이로, 세계에서 머리카락이 제일 긴 사람이라고 한다.

머리카락은 사람으로 하여금 아름다운 느낌을 증가시켜 주는 것 외에도 84(D)제일 중요한 것은 그것이 두뇌의 '천연 지킴이'라는 점이다. 여름에는 뜨거운 태양을 막을 수 있고, 겨울에는 추위를 막을 수 있다. 84(D)가늘고 덥수룩한 머리카락은 탄성을 가지고 있어 비교적 가벼운 충돌을 막을 수 있으며 또한 머리부분의 땀이 증발하는 것을 도울 수 있다.

만약에 머리카락이 다량으로 빠지면 일종의 질병이다. 게다가 대부분 전신 질병이 있는 상황에서 발생한다. 예를 들어 장티푸스, 성홍열과 같은 급성 전염병에 걸리거나, 결핵, 빈혈, 당뇨병, 내분비 장애와 같은 만성질병에 걸리거나, 또한 일부 피부가 원형탈모증, 지루성 피부염 등과 같은 병리적 변화가 발생하는 것 모두 탈모를 일으킬 수 있다.

제2회

阅读

단어 司空见惯 sīkōngjiànguàn 성에 사공은 자주 보아서 익숙하다 | 乌黑 wūhēi 형 매우 검다, 새까맣다 | 红褐 hónghè 형 적갈색 |
红棕 hóngzōng 형 고동색 | 淡黄 dànhuáng 형 담황색 | 灰白 huībái 형 옅은 회색의 | 金属 jīnshǔ 명 금속 | 元素 yuánsù
명 원소 | 等量 děngliàng 형 수량이 같다, 등량의 | 铜 tóng 명 동, 구리 | 铁 tiě 명 쇠, 철 | 黑色素 hēisèsù 명 멜라닌 | 镍
niè 명 니켈 | 钛 tài 명 티타늄 | 钼 mù 명 몰리브덴 | 钴 gǔ 명 코발트 | 蛋白质 dànbáizhì 명 단백질 | 毫米 háomǐ 양 밀리
미터(mm) | 照射 zhàoshè 동 (빛이 물체에) 비치다, 비추다 | 寿命 shòumìng 명 (사람의) 수명, 목숨 | 僧侣 sēnglǚ 명 승려 | 美
感 měigǎn 명 아름다운 느낌 | 卫士 wèishì 명 근위병 | 御 yù 동 막다, 저항하다 | 细软 xìruǎn 형 가늘고 부드럽다, 가늘고 연하
다 | 蓬松 péngsōng 형 (풀·나뭇잎·머리카락·모직물의 털 등이) 흐트러지다, 어수선하다 | 弹性 tánxìng 명 탄성, 탄력성 | 抵挡
dǐdǎng 동 막다, 저항하다 | 碰撞 pèngzhuàng 동 (물체가) 서로 부딪치다, 충돌하다 | 汗液 hànyè 명 땀 | 蒸发 zhēngfā 명 증
발하다 | 脱落 tuōluò 동 떨어지다, 빠지다 | 病态 bìngtài 명 병적 상태 | 传染病 chuánrǎnbìng 명 전염병 | 伤寒 shānghán
명 장티푸스, 장질부사 | 猩红热 xīnghóngrè 명 성홍열 | 慢性病 mànxìngbìng 명 만성병 | 结核病 jiéhébìng 명 결핵 | 贫
血 pínxuè 명 빈혈 | 糖尿病 tángniàobìng 명 당뇨병 | 内分泌 nèifēnmì 명 내분비 | 紊乱 wěnluàn 형 어지럽다, 어수선하다
| 局部 júbù 명 (전체에서의) 일부분, 국부 | 病变 bìngbiàn 명 병리 변화 | 斑秃 bāntū 명 원형탈모증 | 脂溢性皮炎 zhīyìxìng
píyán 명 지루성 피부염 | 脱发 tuōfà 동 (많은 양의) 머리카락이 빠지다, 탈모하다

★☆☆ | **유형** | 태도 파악

81 普通人对于头发:

A 非常关注
B 漠不关心
C 平常对待
D 十分好奇

보통 사람은 머리카락을 어떻게 대하는가?

A 매우 관심이 있다
B 냉담하여 조금도 관심을 주지 않는다
C 평범하게 대한다
D 매우 호기심이 많다

단어 关注 guānzhù 동 관심을 가지다 | 漠不关心 mòbùguānxīn 성에 (태도가) 냉담하여 조금도 관심을 주지 않다

해설 지문 도입부에 '머리카락은 사람에게 있어 아주 익숙한 것이다'라고 언급한 것을 보아, 보통 사람들은 머리카락을 평범
하게 대한다는 사실을 알 수 있다. 따라서 정답은 C다.

★★☆ | **유형** | 세부 내용 파악

82 各种颜色的头发差异在于:

A 元素构成不同
B 营养物质不同
C 元素含量不同
D 颜色成分不同

각종 색깔의 머리카락 차이는 어디에 있는가?

A 원소 구성이 다르다
B 영양 물질이 다르다
C 원소 함량이 다르다
D 색깔 성분이 다르다

해설 과학연구로 머리카락의 색깔이 다른 원인은 금속 원소 구성의 차이에 있음을 알아냈다고 했다. 따라서 정답은 A다.

★☆☆ | **유형** | 수량 파악

83 头发一个月大约可以长多长?

A 1厘米
B 1毫米
C 3毫米
D 0.3毫米

머리카락은 한 달 동안 대략 얼마나 자랄 수 있는가?

A 1cm
B 1mm
C 3mm
D 0.3mm

단어 厘米 límǐ 양 센티미터

해설 머리카락은 매일 약 0.3mm씩, 3일에 1mm 정도 자란다고 한 것에 근거해서 계산해보면, 한 달 동안 0.3(mm)×
30(일)=9(mm), 즉 거의 10mm가 자란다는 사실을 알 수 있다. 따라서 정답은 A다.

Tip⁺ 숫자 관련 보기임을 먼저 파악하고 지문에서 숫자가 나온 문단을 우선 찾아본다. 아라비아 숫자 혹은 한자로 나와 있을
가능성이 크므로 쉽게 찾을 수 있다. 이러한 문제의 가감승제는 매우 간단한 것이므로 절대 놓치지 않도록 하자.

84 头发最主要的作用是：

A 抵御寒冷
B 防止皮炎
C 增加美感
D 防止头部受创

머리카락의 가장 주된 기능은?

A 추위를 막는다
B 피부염을 방지한다
C 아름다운 느낌을 증가시킨다
D 머리 부분에 외상을 입는 것을 방지한다

단어 抵御 dǐyù 图 막다, 저항하다, 저지하다 | 皮炎 píyán 圆 피부염

해설 '천연 지킴이'란 표현과 '가늘고 덥수룩한 머리카락은 탄성을 가지고 있어 비교적 가벼운 충돌을 막을 수 있으며 또한 머리부분의 땀이 증발하는 것을 도울 수 있다'는 말을 통해, 머리카락의 제일 중요한 기능은 머리 부분의 외상 방지임을 알 수 있다. 따라서 정답은 D다. 그밖에 머리카락이 머리 부분의 추위를 막고, 아름다운 느낌을 증가시키는 것은 맞지만, 주요 기능이라 볼 수 없으므로 A와 C는 답이 아니다.

85-88

马，它魁梧的身躯，奔驰千里的英姿，一直为人们所赞颂。85(C)可是马并不是生来就是这个样子的。单从形体大小来说，大约经过了5000多万年的由小到大的变化，它才由其貌不扬的小兽，变成了今天剽悍雄健的马。

世界上最早的马，是5000多万年以前的始祖马，87(A)它只有一尺左右高，相貌和现代的狐狸差不多，尾巴很细，脖子不长，背部隆起，有马鬃。87(B)到了距今3500万年以前时，始祖马进化成中马，但中马也只有1.5尺多高，和现代的羊或狼相似。87(C)到距今2500万年前，出现了住在草原上的草原古马，也只有现代的山驴那么大。大约在100多万年前，才出现了现代马。

世界上曾经生活过350多种野马，可是现在只剩一种了。它们生活在中国甘肃西北、新疆乌鲁木齐东北到哈密以北一带。因它们曾经生活在与蒙古交界的地方，有人叫它们"蒙古野马"；86(D)又因俄国探险家普尔热瓦尔斯基于1878年在新疆准噶尔盆地狩猎到一只，为了纪念他的功绩，将它们定名为"普氏野马"。

自从野马被发现以后，许多外国探险家纷纷到中国新疆来捕猎。从1898年到1901年，就捕到过50多只。现在，全世界80多个动物园里，饲养着的400多匹，就是那些野马的七到十世孙。

말, 그것의 건장한 몸, 천리를 내달리는 늠름한 자태는 줄곧 사람들에게 칭송되었다. 85(C)그러나 말은 결코 태어날 때부터 이런 모습은 아니었다. 신체의 크기만 놓고 말하자면, 대략 5000여 만 년 동안 작은 것에서 큰 것으로의 변화를 겪었다. 그것은 못생긴 작은 짐승에서 오늘날의 용맹하고 씩씩한 말로 변했다.

세계에서 제일 이른 말은 5000여 만 년 전의 에오히푸스다. 87(A)그것은 단지 한 척 정도의 길이로, 외모는 오늘날의 여우와 비슷하다. 꼬리가 매우 가늘며, 목이 길지 않고, 등 부분이 튀어나왔으며 말갈기가 있다. 87(B)지금으로부터 3500만 년 전이었을 때, 에오히푸스는 메소히푸스로 진화하였다. 그러나 메소히푸스 역시 1.5척의 길이밖에 되지 않았다. 오늘날의 양 혹은 이리와 비슷했다. 87(C)지금으로부터 2500만 년 전이 되어서는 초원에 사는 메리키푸스가 출현했다. 역시 오늘날의 당나귀만큼만 컸다. 대략 100여 만 년 전에서야 이쿠스 카발루스가 출현했다.

세계에는 350여 종의 야생마가 살았었다. 그러나 현재는 단지 한 종만 남았다. 그들은 중국 간쑤성 서북과 신장 우루무치 동북지방부터 하미 이북 일대에 산다. 그들은 일찍이 몽골과 맞닿은 곳에 살아서 어떤 이들은 그들을 '몽골야생마'라고 불렀다. 86(D)또 러시아 탐험가 프르제발스키가 1878년 신장 준가얼 분지에서 한 마리를 사냥해 그의 업적을 기념하기 위해 그들을 '프르제발스키'라고 이름 지었다.

야생마가 발견된 후, 많은 외국 탐험가들이 연이어 중국 신장에 와서 사냥을 했다. 1898년에서 1901년, 50여 마리를 잡았다. 지금 전 세계 80여 개의 동물원에서 400여 마리를 사육하고 있는데, 바로 그 야생마들의 7~10대손이다.

中国养马已有五六千年的历史，是世界上养马最悠久的国家，比其他国家要早一两千年。马和我们的炎黄祖先早就有了相依为命的关系。黄河流域，地势平坦，黄土松软，马是最重要的交通工具。在孔子的课程表上就有"骑射"这一科，而且是必修课，骑术成了读书人必备的技术。在以后的几个世纪中，马一直是战争的重要工具。

马和人虽然维系了近万年的主仆关系，[88(C)]<u>但是到了19世纪末，由于汽车的发明</u>，特别是当汽车首次出现在纽约市的街道上，并与当时当道的马车并驾齐驱之时，《纽约时报》马上发表社论，称赞汽车是一种安静而干净的交通工具，而且预言汽车将会逐渐取代马车。自此之后，马的身价便开始在人的社会里下降了。

이미 5, 6천 년의 말 사육 역사를 가진 중국은 세계에서 말을 기른 것이 가장 오래된 국가다. 기타 국가와 비교해서 1, 2천 년이 이르다. 말은 우리의 염제, 황제와 일찍이 서로 의지하며 살아가던 관계가 있었다. 황하유역은 지세가 평평하고 황토가 푹신푹신해서, 말은 제일 중요한 교통수단이었다. 공자의 교육과정에는 '말타기와 활쏘기' 수업이 있었고, 게다가 필수 과목이었다. 승마술은 지식인이 반드시 갖춰야 할 기술이 되었다. 이후의 몇 세기 동안, 말은 줄곧 전쟁의 중요도구였다.

말과 사람은 비록 근 만 년의 주종관계를 유지했지만 [88(C)]<u>19세기 말이 되어서 자동차의 발명으로</u>, 특히 자동차가 처음 뉴욕시의 거리에 출현해서 당시 길 가운데 있던 마차와 어깨를 나란히 하였을 때, 『뉴욕타임즈』는 곧바로 사설을 발표하여 자동차는 조용하고 깨끗한 교통수단이라고 칭찬했으며 게다가 자동차가 곧 서서히 마차를 대신할 것이라고 예언했다. 그 이후부터, 말의 몸값은 곧 인간사회에서 떨어지기 시작했다.

단어 魁梧 kuíwú 뒝 (체구가) 크고 훤칠하다. 건장하다 ｜ 身躯 shēnqū 뎽 (사람의) 몸. 신체 ｜ 奔驰 bēnchí 뎸 (수레나 말 등이) 내달리다. 질주하다 ｜ 英姿 yīngzī 뎽 늠름한 자태 ｜ 赞颂 zànsòng 뎸 칭찬하다. 칭송하다 ｜ 其貌不扬 qímàobùyáng 뎺 용모가 평범하다. 추하다. 못생기다 ｜ 剽悍 piāohàn 뎽 민첩하고 용맹하다 ｜ 雄健 xióngjiàn 뎽 힘이 있다. 힘차다 ｜ 始祖马 shǐzǔmǎ 에오히푸스 ｜ 脖子 bózi 뎽 목 ｜ 隆起 lóngqǐ 뎸 튀어나오다. 부풀어 오르다. 들떠 오르다 ｜ 马鬃 mǎzōng 뎽 말갈기 ｜ 距今 jùjīn 지금으로부터 (얼마간) 떨어져 있다 ｜ 中马 zhōngmǎ 메소히푸스 ｜ 草原古马 cǎoyuán gǔmǎ 뎽 메리키푸스 ｜ 现代马 xiàndàimǎ 뎽 이쿠스 카발루스 ｜ 甘肃 Gānsù 뎽 간쑤성 ｜ 新疆 Xīnjiāng 뎽 신장웨이우얼자치구 ｜ 乌鲁木齐 Wūlǔmùqí 뎽 우루무치 ｜ 哈密 Hāmì 뎽 하미 ｜ 蒙古 Měnggǔ 뎽 몽골 ｜ 交界 jiāojiè 뎸 두 지역이 인접하다(맞닿다) ｜ 俄国 Éguó 뎽 러시아 ｜ 探险家 tànxiǎnjiā 뎽 탐험가 ｜ 普尔热瓦尔斯基 Pǔ'èrrèwǎ'ěrsījī 고유 프르제발스키 [1839~1888, 러시아의 탐험가] ｜ 准噶尔 Zhǔngá'ěr 뎽 준가얼 [신장 북부에 위치한 중국에서 두 번째로 큰 내륙 분지] ｜ 盆地 péndì 뎽 분지 ｜ 狩猎 shòuliè 뎸 수렵하다. 사냥하다 ｜ 功绩 gōngjì 뎽 공적. 공로 ｜ 定名 dìngmíng 뎸 명명하다 ｜ 普氏野马 pǔshìyěmǎ 뎽 프르제발스키 [20세기에 생존하고 있는 마지막 야생 말] ｜ 捕猎 bǔliè 뎸 (야생동물을) 사냥하다 ｜ 饲养 sìyǎng 뎸 사육하다 ｜ 炎黄 Yán Huáng 고유 염제와 황제 ｜ 相依为命 xiāngyīwéimìng 뎺 서로 의지하며 살아가다. 서로 기대며 생활하다 ｜ 流域 liúyù 뎽 유역 ｜ 地势 dìshì 뎽 지세 [땅의 형세] ｜ 平坦 píngtǎn 뎽 (땅의 형세가 높낮이 없이) 평평하다 ｜ 松软 sōngruǎn 뎽 부드럽다 ｜ 交通工具 jiāotōng gōngjù 뎽 교통수단 ｜ 课程表 kèchéngbiǎo 뎽 교육과정표. 학과배당표 ｜ 骑射 qíshè 뎽 말타기와 활쏘기 ｜ 必修课 bìxiūkè 뎽 필수 과목 ｜ 骑术 qíshù 뎽 승마술 ｜ 读书人 dúshūrén 뎽 지식인. 학자 ｜ 必备 bìbèi 뎸 반드시 구비하다. 반드시 준비하다 ｜ 维系 wéixì 뎸 유지하다. 잡아매다 ｜ 主仆 zhǔpú 뎽 주인과 종 ｜ 纽约 Niǔyuē 뎽 뉴욕 ｜ 当道 dāngdào 뎽 길 가운데 ｜ 并驾齐驱 bìngjiàqíqū 뎺 어깨를 나란히 하여 나아가다 ｜ 纽约时报 Niǔyuē Shíbào 뎽 뉴욕타임즈 ｜ 社论 shèlùn 뎽 사설 ｜ 称赞 chēngzàn 뎸 (말로써) 칭찬하다 ｜ 预言 yùyán 뎸 예언하다 ｜ 逐渐 zhújiàn 뮘 점점. 조금씩 ｜ 取代 qǔdài 뎸 (다른 사람이나 물건 등을 제거하고) 대신하다

★☆☆ ｜ **유형** ｜ 화제 파악

85 本文主要讲了什么?

A 马的作用
B 马的地位
C 马的演变
D 马的种类

지문에서 주요하게 설명하는 것은?

A 말의 역할
B 말의 지위
C 말의 변천
D 말의 종류

해설 전반적으로 말의 변천 과정에 대해 설명했다. 특히 첫 번째 단락에서 말의 크기가 작은 것에서 큰 것으로 변하고, 못생긴 작은 짐승에서 오늘날의 용맹하고 씩씩한 말로 변했다고 언급했다. 또한 두 번째 단락에서도 말 생김새의 변천 과정에 대해 설명하고 있다. 따라서 정답은 C다.

★★☆ |유형| 세부 내용 파악

86 关于"普氏野马"，哪一种说法是正确的？　　'프르제발스키'에 대해서 맞는 설명은?

A 主要生活在蒙古　　　　　　　A 주로 몽골에서 산다
B 全部生活在野外　　　　　　　B 모두 밖에서 산다
C 有五千年的历史　　　　　　　C 오천 년의 역사가 있다
D 是用探险家的名字命名的　　　D 탐험가의 이름을 사용해 이름 지은 것이다

해설 세 번째 단락 후반에 러시아 탐험가 프르제발스키가 1878년 신장 준가얼 분지에서 한 마리를 사냥했고, 그의 업적을 기념하기 위해 그들을 '프르제발스키'라고 이름 지었다고 언급했으므로 정답은 D다.

★★☆ |유형| 전체 내용 파악

87 上文没有提到以下哪一项？　　　지문에서 언급되지 않은 것은 다음 중 어느 것인가？

A "始祖马"的身高　　　　　　　A '에오히푸스'의 키
B "中马"的出现年代　　　　　　B '메소히푸스'의 출현연대
C "草原古马"的生活领地　　　　C '메리키푸스'의 생활영역
D "蒙古野马"的繁殖特性　　　　D '몽골야생마'의 번식특성

단어 领地 lǐngdì 명 영지, 봉토 | 繁殖 fánzhí 동 번식하다

해설 A, B, C는 두 번째 단락에서 모두 언급했지만, D에 대한 언급은 하지 않았다. 따라서 정답은 D다.

★★☆ |유형| 인과 관계 파악

88 马的身价在人的社会里下降的原因是什么？　　말의 몸값이 인간사회에서 떨어진 이유는？

A 因为马不干净　　　　　　　　A 말이 깨끗하지 않아서
B 因为马没用了　　　　　　　　B 말이 쓸모가 없어서
C 因为发明了汽车　　　　　　　C 자동차를 발명해서
D 因为汽车与马并行　　　　　　D 자동차와 말이 병행해서

단어 并行 bìngxíng 동 나란히 가다

해설 마지막 단락에서 『뉴욕타임즈』는 자동차의 발명으로 자동차가 서서히 마차를 대신할 것이라고 예언했다. 그 후부터 말의 몸값이 떨어지기 시작했다고 했으므로 정답은 C다.

89(D)鲜花与掌声从来就是年轻人全力追逐的目标，在茶楼当过跑堂，在电子厂当过工人的周星驰也不例外。然而现实与梦想之间的距离总是很遥远，周星驰第一个工作是电影剧组的杂役，根本没有机会参加演出。

三年之后，周星驰才开始饰演一些仅有几句台词或根本就没有台词的小角色。在今天仔细观看电视剧《射雕英雄传》，就会在里面找到他的影子：一个只在画面上闪现了几秒钟的无名侍卫，最后以死亡结束了匆匆的亮相。

90(D)没有导演看中外形瘦弱另类的周星驰，在失落之余他转行做儿童节目主持人，一做就是四年。他以独特的风格赢得了孩子们的喜爱。但是当时有记者写了一篇《周星驰只适合做儿童节目主持人》的报道，讽刺他只会做鬼脸、瞎蹦乱跳，根本没有演电影的天赋。这篇报道深深刺激了周星驰，他把报道贴在墙头，时刻提醒和勉励自己一定要演一部像样的电影。

1987年，他真正意义参演了第一部剧集《生命之旅》，虽然还是跑龙套，但是终于有了飞翔的空间。从此，他开始用一身小人物的卑微与善良演绎自己的人生传奇。

经历过最底层的挣扎，拍完五十多部喜剧作品之后，周星驰成为大众心目中的"喜剧之王"。

在央视专访节目中，周星驰不无自嘲地回忆了自己走过的路程："有些人说我最辛酸的经历是扮演《射雕英雄传》里面一个被人打死的小兵，但是我记得这好像不是最小的，91(D)还有更小的角色。当时镜头只拍到我的帽子与后脑勺。那种感觉对我来说相当重要，因为这使我对小人物的百情百味刻骨铭心。"

92(A)没有人生下来就是大明星，也没有人刚开始工作就能如愿以偿。饱尝世事辛酸最后终于站在自己梦想舞台巅峰之上的周星驰，用他的经历告诉我们：卑微是人生的第一堂课，只有上好这一堂课，才有机会使自己的人生光彩夺目。92(A)对于刚毕业的大学生们来说，他就是一本很好的教材。

89(D)꽃과 갈채 소리는 원래부터 젊은이들이 전력을 다해 추구하는 목표다. 찻집에서 웨이터도 하고 전자공장에서 노동자도 해 본 저우싱츠도 역시 예외가 아니었다. 그러나 현실과 꿈의 거리는 항상 멀었고, 저우싱츠의 첫 번째 일은 영화 제작팀의 잡역으로 연출에 참여할 기회는 아예 없었다.

3년 후, 저우싱츠는 몇 마디 대사가 있거나 아예 대사가 없는 작은 배역을 연기하기 시작했다. 지금 드라마 「사조영웅전」을 자세히 살펴보면, 그 안에서 그의 그림자를 찾을 수 있다. 화면에서 몇 초간 이름 없는 호위관으로 나왔고 최후에는 죽음으로 급하게 모습을 감췄다.

90(D)외형이 마르고 남다른 저우싱츠를 맘에 들어 하는 감독이 없었다. 공허한 틈에 그는 분야를 바꾸어 어린이 프로그램의 사회자를 4년 동안 했다. 그는 독특한 스타일로 아이들의 호감을 얻었다. 그러나 당시 기자가 「저우싱츠는 어린이 프로그램 사회자에만 적합하다」는 보도를 써서, 그가 단지 재미있는 표정을 짓고, 마구 뛰어오를 줄만 알고 근본적으로 영화를 연기할 천부적인 소질은 없다고 풍자하였다. 이 보도는 저우싱츠를 깊이 자극하였다. 그는 그 보도를 벽 위에 붙여서 시시각각 자신을 일깨우고 꼭 그럴싸한 영화에 출연하겠다고 격려했다.

1987년, 그는 진정한 의미에서 첫 번째 극 「생명지려」에 출연하였다. 비록 여전히 하인 역할이었지만 마침내 비상할 공간이 생겼다. 그때부터 그는 작은 인물의 비천함과 선량함으로 자신의 인생 전기를 상세히 서술하기 시작했다.

제일 밑바닥의 몸부림을 겪고, 오십여 부의 희극 작품을 찍은 후, 저우싱츠는 대중의 마음속에 '희극의 왕'이 되었다.

중앙 텔레비전 방송국의 특집 탐방 보도 프로그램에서 저우싱츠는 자조하며 자신이 걸어온 길을 회상했다. "어떤 사람들은 저의 가장 쓰라린 경험이 「사조영웅전」에서 사람에게 맞아 죽는 병사 역을 맡은 것이라고 합니다. 하지만 저는 이것이 제일 작은 역이 아니었다고 기억합니다. 91(D)더 작은 배역이 있었습니다. 당시 카메라 렌즈는 저의 모자와 뒤통수만 찍었습니다. 그 느낌은 저에게 매우 중요합니다. 왜냐하면 이것은 제가 작은 인물의 여러 가지 의미를 마음속 깊이 새기도록 해주었기 때문입니다."

92(A)태어날 때부터 대스타인 사람은 없으며, 막 시작하자마자 희망이 이루어지는 사람도 없다. 세상 일의 쓰라린 고통을 충분히 맛보고 마지막에 마침내 자신의 꿈인 무대 정상에 선 저우싱츠가 그의 경험으로 우리에게 말한다. "비천함은 인생의 첫 번째 수업이며, 이 수업을 잘 들어야만 비로소 자신의 인생을 눈부시게 할 기회가 생긴다." 92(A)막 졸업한 대학생에게 있어 그는 매우 좋은 교재다.

단어 茶楼 chálóu 몡 (층집으로 된) 찻집, 다방 | 跑堂 pǎotáng 몡 웨이터 | 周星驰 Zhōu Xīngchí 고유 저우싱츠, 주성치 | 遥远 yáoyuǎn 혱 요원하다, 아득히 멀다 | 剧组 jùzǔ 몡 제작진 | 杂役 záyì 몡 잡역 | 饰演 shìyǎn 동 ~역을 연기하다 | 台词 táicí 몡 대사 | 仔细 zǐxì 혱 꼼꼼하다, 자세하다, 세심하다, 면밀하다 | 射雕英雄传 Shèdiāoyīngxióngzhuàn 몡 사조영웅전 | 闪现 shǎnxiàn 동 (순간적으로) 나타나다 | 无名 wúmíng 혱 이름이 없는, 무명의 | 侍卫 shìwèi 몡 (왕의 옆에서 안전을 지키는) 호위 무관 | 匆匆 cōngcōng 혱 분주한 모습, 급하게 서두르는 모습 | 亮相 liàngxiàng 동 공개적으로 모습을 드러내다, 공연하다 | 另类 lìnglèi 혱 (남들과) 다르다, 특수하다 | 失落 shīluò 혱 (정신적으로) 공허하다 | 转行 zhuǎnháng 동 (원래의) 직업을 바꾸다, 전업하다 | 主持人 zhǔchírén 몡 사회자, 진행자, MC | 赢得 yíngdé 동 (어떤 것을) 얻다, 갖다 | 讽刺 fěngcì 동 (비유·과장 등의 수법으로) 풍자하다 | 鬼脸 guǐliǎn 몡 재미있는 표정, 웃기는 표정, 익살스러운 표정 | 瞎 xiā 부 (아무런 근거·이유·효과도 없이) 마구, 함부로, 아무렇게나 | 蹦 bèng 동 뛰어오르다, 껑충 뛰다 | 天赋 tiānfù 몡 타고난 자질, 천부적인 소질 | 刺激 cìjī 동 자극하다, 자극시키다 | 贴 tiē 동 붙이다 | 墙头 qiángtóu 몡 담장의 꼭대기, 담장의 윗부분 | 勉励 miǎnlì 동 용기를 북돋우다, 격려하다 | 像样 xiàngyàng 혱 그럴싸하다, 볼품이 있다 | 参演 cānyǎn 동 연출에 참가하다 [参加演出의 줄임말] | 跑龙套 pǎolóngtào 동 (중국 전통극에서) 하인(병졸) 역을 맡다 | 飞翔 fēixiáng 동 날다, 비상하다 | 卑微 bēiwēi 혱 (지위가) 낮다, 보잘것없다 | 演绎 yǎnyì 동 (뜻이나 감정·느낌 등을) 상세하게 서술하다, 자세히 진술하다 | 传奇 chuánqí 몡 전기 | 底层 dǐcéng 몡 (사회·조직 등의) 맨 밑바닥 계층, 하층 | 挣扎 zhēngzhá 동 발버둥치다, 몸부림치다, 힘써 버티다 | 专访 zhuānfǎng 몡 특집 탐방 보도, 탐방 프로그램 | 不无 bùwú 동 없지 않다, 조금 있다 | 自嘲 zìcháo 동 자조하다, 스스로 자기를 조소하다 | 辛酸 xīnsuān 혱 쓰라리다, 슬프고 괴롭다 | 扮演 bànyǎn 동 ~역을 연기하다 | 镜头 jìngtóu 몡 (사진기·촬영기·영사기 등의) 렌즈 | 后脑勺 hòunǎosháo 몡 뒤통수, 뒷골 | 刻骨铭心 kègǔmíngxīn 성어 뼈에 새길 정도로 마음속 깊이 새겨두고 잊지 아니하다, 각골명심하다 | 如愿以偿 rúyuànyǐcháng 성어 마음속으로 바라던 바를 만족하다, 희망이 이루어지다 | 饱尝 bǎocháng 동 충분히 맛보다 | 巅峰 diānfēng 몡 (산의) 정상, 꼭대기 | 光彩夺目 guāngcǎiduómù 성어 광채가 눈부시다, 사람이나 사물이 아름다워 사람의 이목을 끌다

★★☆ | **유형** | 세부 내용 파악

89

周星驰追求的目标是什么?

저우싱츠가 추구하는 목표는 무엇인가?

A 鲜花
B 掌声
C 喜剧
D 成功

A 꽃
B 갈채 소리
C 희극
D 성공

해설 첫 번째 단락 도입부에 꽃과 갈채 소리는 원래부터 젊은이들이 전력을 다해 추구하는 목표며, 저우싱츠도 예외가 아니라고 하였다. 꽃과 갈채 소리는 성공에 비유되기 때문에 정답은 D다. 꽃과 갈채 소리는 직접적인 대상을 가리키는 것이므로 답이 아니다.

★★☆ | **유형** | 인과 관계 파악

90

为什么周星驰开始只饰演一些小角色?

저우싱츠는 왜 작은 배역을 연기하기 시작했는가?

A 他是电影剧组的杂役
B 他自己就是一个小人物
C 他只适合做儿童节目主持人
D 没有导演看中他的外形和个性

A 그는 영화 제작팀의 잡역이다
B 그 자체가 보잘것없는 사람이다
C 그는 단지 어린이 프로그램 진행자에 적합하다
D 그의 외형과 개성을 마음에 들어 하는 감독이 없었다

해설 '외형이 마르고 남다른 저우싱츠를 맘에 들어 하는 감독이 없었다'고 했으므로, 이 때문에 저우싱츠가 큰 배역을 연기할 기회가 없었음을 유추할 수 있다. 따라서 정답은 D다.

91

周星驰接受央视采访时的心态是怎样的?

저우싱츠는 중앙 텔레비전 방송국의 특집 탐방 보도에서 심정이 어떠하였는가?

A 辛酸
B 痛苦
C 兴奋
D 乐观

A 슬프고 괴롭다
B 고통스럽다
C 흥분하다
D 낙관적이다

해설 여섯 번째 단락에서 저우싱츠는 작은 배역에 대한 예전의 경험을 이야기하면서 이로 인해 여러 의미를 새기게 되었다고 말하였다. 여기에서 인터뷰할 때의 저우싱츠의 자세가 낙관적이었음을 알 수 있다. 따라서 정답은 D다. 또한, 슬프고 괴로운 것과 고통스러운 것은 그의 과거의 기억일 뿐이므로 A와 B는 답이 될 수 없으며, C는 언급되지 않았으므로 답이 아니다.

92

作者写这篇文章的目的是什么?

작가가 이 글을 쓴 목적은 무엇인가?

A 鼓励人们
B 讽刺周星驰
C 赞美周星驰
D 嘲笑小人物

A 사람들을 격려하기 위해서
B 저우싱츠를 풍자하기 위해서
C 저우싱츠를 찬양하기 위해서
D 보잘것없는 사람을 조소하기 위해서

단어 赞美 zànměi 동 찬미하다, 찬양하다, 칭송하다 │ 嘲笑 cháoxiào 동 (말이나 글로써 남을) 조소하다, 비웃다

해설 이 글은 저우싱츠가 일련의 좌절을 겪은 후 굳건하게 분투하여 점차 성공으로 나아간 경험을 설명하고 있다. 마지막에 막 졸업한 대학생들에게 있어 그는 매우 좋은 교재라고 말하였다. 따라서 작가가 이 글을 쓴 목적은 사람들을 격려하기 위해서임을 알 수 있으므로 정답은 A다.

93-96

93(D)在我们每天消费的新闻中，总能发现一些"废词"，这些词语像牙缝里的肉屑一样没有营养。下面就是一组例子。

可能是为了吸引读者眼球的缘故，近年来，96(B)"竟然"这个词在新闻报道尤其是标题中频频出现，一些记者离开"竟然"竟然都不会说话了。如果一件事出乎所有人的意料，用"竟然"可以，但问题是，现在很多新闻并不值得去"竟然"。比如，"某女明星竟然也吸烟"，这有什么好"竟然"的，明星还有吸毒的呢。再比如"医院门口竟然卸下四车垃圾"，94(C)去掉这个"竟然"对这条新闻毫无影响。现在读者"竟然"看得实在太多了，你不用"竟然"，新闻反而更有人看。与这个词相"媲美"的还有一个96(B)"惊现"，也同样是诈诈呼呼，大惊小怪。

93(D)우리가 매일 소비하는 뉴스 중 항상 '쓸데없는 단어'를 발견할 수 있다. 이러한 단어들은 이와 이 사이의 고기 찌꺼기와 같이 영양가가 없다. 아래는 하나의 예다.

아마도 독자의 눈을 끌기 위한 까닭에, 최근에 96(B)'놀랍게도'라는 이 단어가 뉴스 보도에서 특히 제목에 자주 나타난다. 일부 기자들은 '놀랍게도'가 없이는 놀랍게도 말을 할 수가 없다. 만약에 어떤 일이 모든 사람의 예상을 벗어났다면 '놀랍게도'를 써도 된다. 하지만 문제는 지금 많은 뉴스들이 결코 '놀랍게도'를 쓸만하지 않다는 것이다. 예를 들어, '모 여자 스타가 놀랍게도 담배를 핀다'에 무슨 '놀랍게도'라고 할만한 것이 있는가. 스타 중에는 마약하는 사람도 있지 않은가. 또 예를 들어 '병원 입구에 놀랍게도 차 4대의 쓰레기가 내버려져 있다'에서 94(C)'놀랍게도'를 없애도 이 뉴스에는 아무런 영향이 없다. 지금 독자들은 '놀랍게도'를 너무 많이 봐서 당신이 '놀랍게도'를 쓰지 않는다면 뉴스는 오히려 보는 사람이 더 있을 것이다. 이 단어에 '필적'할 만한 것으로 '96(B)놀랍게도 나타나다'가 있는데, 마찬가지로 와자지껄하며 별거 아닌 것에 크게 놀란다.

"^{96(B)}不堪设想"也是新闻中用烂了的一个词。仔细想想，这个词几乎没有承载任何有用的信息。一件事的后果要么难以预料，要么可以预料，真正"不堪设想"的后果是没有的。且看这个例句："若不是消防人员及时赶到，后果不堪设想。"有什么"不堪设想"的，大不了全烧光，这结果不难设想。

以前的记者等新闻，现在的记者抓新闻，有人就觉得这是一件多么了不起的事，在作报道时，总忘不了提一句："^{95(C)}记者火速赶到现场"或者"记者专程飞到某地"。实地采访、亲临现场这是记者的职责，有什么好标榜的？至于"^{96(B)}火速"，你有多"火"？你有多"速"？总不会乘火箭去吧？至于是不是"^{96(B)}专程"，是不是乘飞机去，这些读者根本就不关心！只要你写的新闻报道有价值又好看，哪怕你是坐牛车顺便采访回来的，又有何妨呢？

新闻报道中的"废词"远不止上述几个，限于篇幅，就先拿这几个开刀吧，剩下的，我们以后再梳理。

'^{96(B)}상상조차 할 수 없다' 역시 뉴스에서 남용하는 단어다. 자세히 생각해보면, 이 단어는 거의 어떠한 유용한 소식도 싣고 있지 않다. 한 가지 사건의 결과는 예측하기 어렵든지, 예측할 수 있는 것이지, 정말 '상상조차 할 수 없는' 결과는 없다. 또 이 예문을 보자. '만약에 소방대원이 제시간에 도착하지 않았다면 결과는 상상조차 할 수 없다.'에 무슨 '상상조차 할 수 없는 것'이 있는가, 기껏해야 모두 다 타버리는 것이다. 이 결과는 상상하기 어렵지 않다.

이전의 기자가 뉴스를 기다렸다면, 지금의 기자는 뉴스를 잡는다. 어떤 이가 이 일이 너무 대단한 일이라고 여기면 보도할 때 항상 이 말을 잊지 않는다. '^{95(C)}기자가 신속하게 현장에 도착하였습니다' 혹은 '기자가 특별히 어디로 날아갔습니다'. 현장에서 취재하고 몸소 현장에 가는 것은 기자의 직책인데 자찬할 것이 뭐가 있는가? '^{96(B)}신속히(火速)'에 대해 말하면, 당신은 얼만큼의 '열성(火)'이 있는가? 당신은 얼만큼의 '속도(速)'가 있는가? 설마 로켓을 타고 가지는 않았잖은가? '^{96(B)}특별한' 것인지 아닌지, 비행기를 타고 간 것인지 아닌지에 대해서는 독자들은 아예 관심이 없다. 단지 당신이 쓴 뉴스가 가치가 있고 보기 좋은 것이면, 설사 당신이 달구지를 타고 가는 김에 취재를 하고 돌아온 것이라 하더라도 무방하지 않은가?

뉴스 보도의 '쓸데없는 단어'는 앞에서 말한 몇 개에 그치지 않는다. 지면 관계상 먼저 이 몇 가지만 언급하도록 하겠다. 남은 것은 이후에 다시 분석하겠다.

단어 牙缝 yáfèng 몡 잇새[이와 이의 사이] | 屑 xiè 몡 부스러기, 찌꺼기 | 眼球 yǎnqiú 몡 눈알, 안구, 안주 | 缘故 yuángù 몡 까닭, 연고, 이유, 원인 | 竟然 jìngrán 뮈 뜻밖에도, 놀랍게도 | 标题 biāotí 몡 제목, 주제, 타이틀 | 频频 pínpín 뮈 자주, 빈번히 | 出乎意料 chūhūyìliào 솅어 예상을 뛰어넘다, 예상 밖이다 | 值得 zhíde 图 ~할 가치가 있다, ~할만하다 | 吸毒 xīdú 图 (헤로인·코카인·대마·아편 등의 마약을) 복용하다 | 卸下 xièxià 图 내려놓다, 내버려두다 | 去掉 qùdiào 图 없애버리다, 제거하다 | 媲美 pìměi 图 아름다움의 정도가 거의 같다, 견줄만하다 | 诈诈呼呼 zhàzhàhūhū 휑 왁자지껄하다, 호들갑을 떨다[큰 소리로 떠드는 모양] | 大惊小怪 dàjīngxiǎoguài 솅어 별것 아닌 일에 크게 놀라다 | 不堪设想 bùkānshèxiǎng 솅어 (어떤 일이 매우 나쁘거나 위험하게 진행될 것 같아) 결과를 상상조차 할 수 없다 | 承载 chéngzài 图 기재하다, 싣다 | 预料 yùliào 图 예상하다, 예측하다 | 消防人员 xiāofáng rényuán 몡 소방대원 | 大不了 dàbuliǎo 뮈 기껏해야, 고작 | 火速 huǒsù 뮈 황급하게, 긴급하게 | 专程 zhuānchéng 뮈 특별히 | 实地 shídì 뮈 현장에서 | 亲临 qīnlín 图 (어떤 곳에) 몸소 나오다, 친히 왕림하다 | 职责 zhízé 몡 직책 | 标榜 biāobǎng 图 (서로) 치켜세우다, 자찬하다 | 火箭 huǒjiàn 몡 미사일, 로켓 | 牛车 niúchē 몡 달구지, 소가 끄는 짐수레 | 顺便 shùnbiàn 뮈 ~하는 김에 | 何妨 héfáng 뮈 괜찮지 않은가, 무방하지 않은가 | 不止 bùzhǐ 图 ~에 그치지 않다 | 限于 xiànyú 图 (어떤 조건이나 상황의) 제한을 받다, (어떤 범위 내에) 국한되다, 한정되다 | 篇幅 piānfú 몡 (책·신문과 간행물 등의) 지면 | 拿…开刀 ná…kāidāo ~부터 먼저 손을 대다 | 梳理 shūlǐ 图 (조목조목 명확하게) 분석하다, 분류하다

★☆☆ | **유형** | 태도 파악

93

本文的作者是什么态度?	지문의 작가는 어떤 태도인가?
A 失望	A 실망스럽다
B 怀疑	B 의심한다
C 愤怒	C 분노한다
D 批判	D 비판한다

단어 怀疑 huáiyí 图 의심하다, 의심을 품다 | 愤怒 fènnù 휑 분노하다

해설 글의 내용에 근거하면, 작가는 전체 글에서 뉴스 중에 별로 중요하지 않는 '쓸데없는 단어'를 비판하고 있다. 따라서 정답은 D다.

94

文中第二段画线的句子是什么意思?

A 现在很多新闻不值得报道
B 现在很多新闻不值得去关注
C 很多新闻根本不必用"竟然"
D 所有新闻都不需要用"竟然"

글의 두 번째 단락에서 밑줄 그은 문장은 어떤 의미인가?

A 지금 많은 뉴스들이 보도할 가치가 없다
B 지금 많은 뉴스들이 관심을 둘만한 가치가 없다
C 많은 뉴스들이 근본적으로 '놀랍게도'를 쓸 필요가 없다
D 모든 뉴스가 '놀랍게도'를 쓸 필요가 없다

해설 두 번째 단락은 '놀랍게도'라는 단어를 쓸 필요가 없는 뉴스들에 사용하는 것을 비판하고 있다. 또한 이 단어가 없어도 뉴스에 영향을 미치지 않는다고 했으므로 이 문장의 의미는 많은 뉴스들이 근본적으로 '놀랍게도'를 쓸 필요가 없다는 것이므로 C가 정답이다.

95

作者为什么觉得"火速"是一个"废词"?

A 写新闻时不需要写报道速度
B 记者的交通工具没必要报道
C 及时报道新闻是记者的职责
D 新闻的简洁才是读者需要的

작가는 왜 '신속하게'가 '쓸데없는 단어'라고 생각하는가?

A 뉴스를 쓸 때 보도 속도를 쓸 필요가 없으므로
B 기자의 교통수단은 보도할 필요가 없기 때문에
C 제시간에 뉴스를 보도하는 것이 기자의 직책이기 때문에
D 뉴스의 간결함이야말로 독자가 필요로 하는 것이기 때문에

단어  简洁 jiǎnjié 阌 (언행·문장 등이) 간결하고 명료하다

해설 기자가 현장에서 취재하고, 몸소 현장에 오는 것이 기자의 직책인데, 보도 시 '신속하게'란 말을 남발하는 것은 '쓸데없는 단어'를 쓰는 것이라고 했다. 따라서 정답은 C다.

96

作者一共列举了几个他所认为的新闻中的"废词"?

A 6个
B 5个
C 4个
D 3个

작가는 뉴스에서 '쓸데없는 단어'라고 여기는 예를 총 몇 개 들었는가?

A 6개
B 5개
C 4개
D 3개

해설 지문에서 '놀랍게도', '놀랍게도 나타나다', '상상조차 할 수 없다', '신속히', '특별히' 총 5개를 예로 들었다. 따라서 정답은 B다. 따옴표의 단어가 작가가 든 예시들이므로 문장의 따옴표를 구분하여 그 숫자를 헤아리도록 한다.

候风地动仪是汉代科学家张衡的又一传世杰作。在张衡所处的东汉时代，地震比较频繁。据《后汉书·五行志》记载，自和帝永元四年(公元92年)到安帝延光四年(公元125年)的30多年间，共发生了26次大的地震。地震区有时大到几十个郡，引起地裂山崩、江河洪水泛滥、房屋倒塌，造成了巨大的损失。张衡对地震有不少亲身体验。为了掌握全国地震动态，他经过长年研究，终于在阳嘉元年(公元132年)发明了候风地动仪——世界上第一架地震仪。

据《后汉书·张衡传》记载，候风地动仪"以精铜铸成，圆径八尺"，"形似酒樽"，上有隆起的圆盖，仪器的外表刻有篆文以及山、龟、鸟、兽等图形。仪器的内部中央立着一根铜质"都柱"，柱旁有八条通道，称为"八道"。道中安有"牙机"。仪体外部周围铸有八条龙，按东、南、西、北、东南、东北、西南、西北八个方向布列。龙头和内部通道中的发动机关相连，每个龙头嘴里都衔有一个铜球。对着龙头，八个蟾蜍蹲在地上，个个昂头张嘴，准备承接铜球。 97(D)当某个地方发生地震时，地动仪内部的"都柱"就发生倾斜，触动牙机，使发生地震的方向的龙头张开嘴，吐出铜球，落到铜蟾蜍的嘴里，发生很大的声响。于是人们就可以知道地震发生的方向。

汉顺帝永和三年(公元138年)二月初三日，地动仪的一个龙机突然发动，吐出铜球，掉进了蟾蜍的嘴里。当时在京城的人们却丝毫没有感觉到地震的迹象，于是有人开始议论纷纷，责怪地动仪不灵验。没过几天，陇西(今甘肃省东南部)有人飞马来报，98(D)证实那里前几天确实发生了地震，于是人们开始对张衡的高超技术极为信服。陇西距洛阳有一千多里，地动仪标示无误，说明它的测震灵敏度是比较高的。

99(D), 100(C)据学者们考证，张衡在当时已经利用了力学上的惯性原理，"都柱"实际上起到的正是惯性摆的作用。99(D)同时张衡对地震波的传播和方向性也一定有所了解，这些成就在当时来说是十分了不起的，而欧洲直到1880年，才制成类似的仪器，比起张衡的发明足足晚了1700多年。

후풍지동의는 한나라 과학자 장형의 후세에 전해지는 또 하나의 걸작이다. 장형이 있던 동한 시대, 지진은 비교적 빈번하게 발생했다. 『후한서·오행지』의 기록에 따르면, 화제 영원 4년(서기 92년)부터 안제 연광 4년(서기 125년)까지의 30여 년 기간에 26차례의 대지진이 발생했다고 한다. 지진 구역은 가끔 몇 십 개의 군에 이를 정도로 커서 땅이 갈라지고 산사태가 일어나고 강에 홍수가 범람하고 집이 무너지는 등 거대한 손실을 가져왔다. 장형은 지진을 직접 경험해본 적이 적지 않다. 전국 지진의 동태를 파악하기 위해 그는 오랜 세월의 연구를 통해 마침내 양가 원년(서기 132년)에 세계에서 첫 번째 지진계인 후풍지동의를 발명했다.

『후한서·장형전』에 후풍지동의는 '정밀한 구리로 주조되었으며 원의 지름이 8척'이고, '형태가 술잔과 비슷하다'라고 기록되어 있다. 위에는 솟아오른 둥근 뚜껑이 있고, 기계의 바깥에는 전서체로 된 글귀와 산, 거북이, 새, 짐승 등의 도형이 새겨져 있다. 기계의 내부 중앙에 구리 재질의 '우두머리 기둥'이 있다. 기둥 주변에는 8개의 통로가 있는데 '바다오'라 부른다. 통로로 '기계의 시동 기관'이 장치되어 있다. 기계 본체의 바깥 주위에 8개의 용이 주조되어 있다. 동, 남, 서, 북, 동남, 동북, 서남, 서북 8개 방향에 따라 배치되었다. 용의 머리와 내부 통로의 시동 기관이 서로 이어져서 용 머리의 입마다 모두 구리 공을 물고 있다. 용머리를 맞대고, 8개의 두꺼비가 바닥에 쭈그려 앉아 있다. 각각 머리를 쳐들고 입을 벌려 구리 공을 받을 준비를 하고 있다. 97(D)어떤 곳에서 지진이 발생했을 때, 지동의 내부의 '우두머리 기둥'이 기울어지면서 시동 기관을 건드려 지진이 발생한 방향의 용머리로 하여금 입을 벌려 구리 공을 내뱉어, 구리 두꺼비의 입속으로 떨어져 큰 소리가 나게 한다. 그래서 사람들은 지진이 발생한 방향을 알 수 있다.

한나라 순제 영화 3년(서기 138년) 2월 초삼일, 지동의의 용 하나가 갑자기 시동이 걸려 구리 공을 내뱉고 두꺼비의 입속으로 들어갔다. 그러나 당시 수도에 있던 사람들은 조금도 지진의 조짐을 느끼지 못했다. 그래서 어떤 사람은 의견이 분분하여 지동의가 효과가 없다고 책망하기 시작했다. 며칠 지나지 않아, 룽시(오늘날 간쑤성 동남부)에서 어떤 사람이 급히 와서 보고했다. 98(D)그곳에 며칠 전에 지진이 확실히 발생했음을 증명했다. 그래서 사람들은 장형의 뛰어난 기술을 대단히 믿고 따르기 시작했다. 룽시는 뤄양에서 천여 리의 거리에 있었지만 지동의의 표시는 정확하여 그것의 지진 측정 정밀도가 비교적 높음을 나타내었다.

99(D), 100(C)학자들의 고증에 따르면, 장형은 당시에 이미 역학상의 관성 원리를 이용했다. '우두머리 기둥'이 실제로 일으킨 것은 관성이 드러낸 효과였다. 99(D)동시에 장형은 지진파의 전파와 방향성 역시 분명히 알고 있었다. 이러한 성취는 당시에는 매우 대단한 것으로, 유럽은 1880년에 이르러서야 비로소 유사한 기계를 제작했다. 장형의 발명과 비교해 1700여 년은 족히 늦은 것이었다.

候风地动仪 hòufēng dìdòngyí 몡 후풍지동의 [중국 동한 때의 천문학자 장형이 발명한 세계 최초의 지진계] | 张衡 Zhāng Héng 고유 장형 [중국 후한의 과학자] | 传世 chuánshì 동 (저작·서화·진귀한 물건 등이) 세상에 전해지다, 후세에 전해지다 | 东汉 Dōnghàn 몡 동한, 후한 [25년~220년. 25년에 왕망에게 빼앗긴 한 왕조를 유수가 다시 찾아 부흥시킨 나라. 220년에 위나라의 조비에게 멸망당하였음] | 频繁 pínfán 혱 매우 잦다, 빈번하다 | 后汉书 Hòuhànshū 몡 후한서 | 五行志 Wǔxíngzhì 몡 오행지 | 记载 jìzǎi 동 (어떤 일을) 기재하다, 기록하다 | 和帝 Hédì 고유 화제 [후한의 4대 황제] | 永元 Yǒngyuán 몡 영원 [후한의 황제 화제의 연호] | 安帝 Āndì 고유 안제 [후한의 6대 황제] | 延光 Yánguāng 몡 연광 [후한의 황제 안제의 연호] | 郡 jùn 몡 군 [고대의 행정구역 단위] | 地裂 dìliè 동 (지진·혹한으로) 땅이 갈라지다 | 山崩 shānbēng 동 산사태가 일어나다, 산이 무너지다 | 洪水 hóngshuǐ 몡 홍수, 큰물 | 泛滥 fànlàn 동 (물이) 범람하다, 넘치다 | 损失 sǔnshī 동 손실하다, 손해되다, 손해보다 | 动态 dòngtài 몡 동태 | 阳嘉 Yángjiā 몡 양가 [후한 순제의 두 번째 연호] | 元年 yuánnián 몡 원년 [임금이 즉위한 해] | 地震仪 dìzhènyí 몡 지진계 | 铜 tóng 몡 동, 구리 | 铸 zhù 동 주조하다 | 形似 xíngsì 동 형식이 닮다, 외모가 닮다 | 樽 zūn 몡 술잔 | 隆起 lóngqǐ 동 높이 솟아 오르다, 융기하다 | 盖 gài 몡 덮개, 뚜껑 | 仪器 yíqì 몡 측정 기구, 관측 기구 | 刻 kè 동 조각하다, 새기다 | 篆文 zhuànwén 몡 전문 | 图形 túxíng 몡 도형 | 都柱 dūzhù 몡 우두머리 기둥 | 通道 tōngdào 몡 통로, 큰길 | 牙机 yájī 몡 기계의 시동 기관 | 布列 bùliè 동 배열하다, 배치하다 | 发动 fādòng 동 시동(발동)을 걸다, 기기를 돌리다(운전시키다) | 相连 xiānglián 동 서로 이어지다, 서로 잇닿다 | 衔 xián 동 (입에) 물고 있다, 머금다 | 蟾蜍 chánchú 몡 두꺼비 | 蹲 dūn 동 쭈그려 앉다, 쪼그리고 앉다 | 昂 áng 동 머리를 쳐들다 | 张嘴 zhāngzuǐ 동 입을 벌리다 | 承接 chéngjiē 동 이어받다 | 倾斜 qīngxié 동 (한쪽으로) 기울어지다, (한쪽으로) 비스듬해지다 | 触动 chùdòng 동 부딪치다 | 吐出 tǔchū 동 내뱉다 | 顺帝 Shùndì 고유 순제 [후한의 7대 황제] | 永和 Yǒnghé 몡 영화 [후한의 황제 순제의 연호] | 丝毫 sīháo 극히 적은 수량, 조금 | 迹象 jìxiàng 몡 흔적, 조짐 | 纷纷 fēnfēn 혱 (아래로 떨어지는 물건이나 이러쿵저러쿵하는 말들이) 많다, 잡다하게 많다 | 责怪 zéguài 동 책망하다, 원망하다 | 灵验 língyàn 혱 (방법이나 약물 등이) 신통한 효과가 있다, 특효가 있다 | 陇西 Lǒngxī 몡 룽시 | 飞马 fēimǎ 동 매우 급히 가다 | 证实 zhèngshí 동 (확실함을) 증명하다 | 极为 jíwéi 극히, 대단히 | 信服 xìnfú 동 믿고 복종하다, 신복하다 | 洛阳 Luòyáng 몡 뤄양, 낙양 | 无误 wúwù 동 틀림없다, 정확하다, 확실하다 | 测震 cèzhèn 동 지진 상황을 탐측하다 | 灵敏度 língmǐndù 몡 정밀도 | 考证 kǎozhèng 동 고증하다 | 力学 lìxué 몡 역학 | 惯性 guànxìng 몡 타성, 습관성 | 地震波 dìzhènbō 몡 지진파 | 传播 chuánbō 동 전파하다, 퍼뜨리다 | 了不起 liǎobuqǐ 혱 대단하다, 뛰어나다 | 类似 lèisì 동 유사하다, 비슷하다 | 足足 zúzú 凤 충분히, 족히

★★☆ │ 유형 │ 전체 내용 파악

97

人们根据什么来判断地震的方向?

A 都柱
B 八道
C 牙机
D 铜球

사람들은 무엇에 근거해 지진의 방향을 판단하는가?

A 우두머리 기둥
B 바다오
C 시동 기관
D 구리 공

해설 글의 두 번째 단락에서 말하는 것은 지동의가 지진을 측정할 때의 순차적인 과정이다. 우두머리 기둥에서 시동 기관으로, 마지막은 구리 공이 두꺼비의 입속으로 떨어진다. 사람들은 최종적으로 구리 공이 어느 두꺼비 안으로 떨어졌는지를 통해서 지진의 방향을 판단한다. 따라서 정답은 D다.

★★☆ │ 유형 │ 특정 어휘 파악

98

测震灵敏度指的是什么?

A 方向标示的准确性
B 感知地震的灵敏性
C 预测地震的准确性
D 感知地震的技术水平

지진 측정의 정밀도가 가리키는 것은?

A 방향 표시의 정확성
B 지진을 감지하는 민감성
C 지진을 예측하는 정확성
D 지진을 감지하는 기술 수준

해설 룽시에서 지진이 발생했을 때 지동의가 정확하고 빠르게 검측했다. 지동의가 지진 측정에 매우 민감함을 나타낸다. 따라서 지진 측정의 정밀도는 지진을 감지하는 민감성이라 할 수 있다. 따라서 B가 정답이다.

99 为什么说张衡的成就在当时来说是了不起的?

A 张衡的发明比欧洲早
B 地震仪的测震灵敏度高
C 地震仪体现的技术水平高
D 张衡发现并应用了科学规律

왜 장형의 성취가 당시에 대단한 것이라고 하였는가?

A 장형의 발명은 유럽에 비해 이르다
B 지진계의 지진 측정 정밀도가 높다
C 지진계가 구현하는 기술 수준이 높다
D 장형은 과학 법칙을 발견하고 응용하였다

해설 글의 제일 마지막에서 장형의 '이러한 성취'가 매우 대단하다고 말하고 있다. 그 이유는 '이러한' 앞에 나와 있다. 장형이 역학상의 관성 원리를 이용했고, 지진파의 전파와 방향성에 대해 이해하고 있었기 때문이다. 즉, 개괄해서 말하면 과학 법칙을 이용했기 때문이다. 따라서 정답은 D다.

100 关于张衡, 下列说法正确的是哪一项?

A 张衡接受过力学的教育
B 地动仪是张衡唯一的作品
C 人们可通过史书了解张衡
D 人们一直不相信张衡的技术

장형에 관해 맞는 표현은 어느 것인가?

A 장형은 역학에 대한 교육을 받은 적이 있다
B 지동의는 장형의 유일한 작품이다
C 사람들은 역사책을 통해 장형을 이해할 수 있다
D 사람들은 줄곧 장형의 기술을 믿지 않았다

해설 장형은 단지 역학의 지식을 이용했지 결코 장형이 역학의 교육을 받았다고 한 것은 아니므로 A는 답이 아니다. 또한 지동의가 장형의 유일한 작품이라고 하지 않았으므로 B도 답이 아니다. 사람들이 장형의 지동의를 책망한 적은 있었으나, 곧 기술의 정확성이 매우 뛰어남을 알게 되면서 장형의 기술을 대단히 신복하게 되었다. 따라서 D도 답이 아니다. 학자들의 고증을 통해 장형의 행적을 알 수 있다고 했으므로, 정답은 C다.

Tip⁺ 이러한 유형의 전체 내용을 파악하는 문제는 반드시 문제의 보기를 먼저 읽어야 한다. 지문을 다 읽고 보기에 해당하는 부분을 다시 찾아 읽는 것은 시간 낭비다. 그러므로 보기의 내용과 관련 있는 부분을 지문에서 찾아서 보기가 맞는지, 틀린지를 판단해야 할 것이다.

书写

1 아래 텍스트를 자세히 읽을 것. 제한시간은 10분이며 읽는 동안 베끼거나 기록할 수 없음.

2 10분 후 감독관이 읽기 자료를 수거하면 이 텍스트를 짧은 글로 요약할 것. 제한시간은 35분.

3 제목은 스스로 정할 것. 지문 내용을 줄여 쓰기만 하고 자신의 의견은 첨가하지 말 것.

4 글자 수는 400자 내외로 할 것.

5 답안지에 직접 작성할 것.

101

从前，有个孩子名叫马良。父亲母亲早就死了，他靠打柴、割草过日子。他从小喜欢画画儿，可是，他穷得连一支笔也没有！

一天，他走过一个学馆门口，看见学馆里的老师拿着一支笔，正在画画儿。他不自觉地走了进去，对老师说："我很想学画儿，借给我一支笔可以吗？"老师瞪了他一眼，"呸！"一口唾沫啐在他脸上，骂道："穷娃子想拿笔，还想学画儿？做梦！"说完，就将他撵出大门。马良是个有志气的孩子，他说："我偏不相信，怎么穷孩子连画儿也不能学了！"

从此，他下决心学画儿，每天用心苦练。他到山上打柴时，就折一根树枝，在沙地上学着描飞鸟。他到河边割草时，就用草根蘸蘸河水，在岸石上学着描游鱼。晚上，回到家里，又拿一块木炭，在窑洞的壁上，把白天描过的东西一件一件再画一遍。没有笔，他照样学画画儿。

时间一年一年地过去，马良学画儿从没有一天间断过。他的窑洞四壁，麻麻花花全是画儿了。当然，他的进步也很快，真是画出的鸟就差不会叫了，画出的鱼就差不会游了。一次，他在村口画了只小母鸡，村口的上空就成天有老鹰打转。一次，他在山后画了只黑毛狼，吓得牛羊不敢在山后吃草。但是马良还是没有一支笔啊！他想，自己能有一支笔该多么好啊！

有一个晚上，马良躺在窑洞里，因为他整天地干活儿、学画儿，非常疲倦，一躺下来，就迷迷糊糊地睡着了。

이전에 마량이라고 불리는 아이가 있었다. 아버지와 어머니는 일찍 돌아가셨다. 그는 땔나무와 풀 베는 것에 의지하며 살아갔다. 그는 어렸을 때부터 그림 그리는 것을 좋아했다. 그러나 가난해서 붓 한 자루조차도 없었다!

하루는 그가 한 서당 입구를 지나다가 서당 안의 선생님이 붓을 들고 마침 그림을 그리고 있는 모습을 보았다. 그는 자기도 모르게 안으로 들어가서 선생님께 말했다. "저는 너무 그림을 배우고 싶어요. 저에게 붓 하나 빌려 주실 수 있으세요?" 선생님은 그에게 눈을 부릅떴다. "퉤!" 침을 그의 얼굴에 뱉으며 욕하며 말했다. "가난한 녀석이 붓도 갖고 싶고, 게다가 그림도 배우고 싶어? 꿈 깨!" 말이 끝난 후 그를 대문으로 내쫓았다. 마량은 패기가 있는 아이였다. 그는 "나는 결코 믿지 않아, 어째서 가난한 아이는 그림도 배울 수 없단 말이야!"

그때부터 그는 그림을 배우기로 결심했다. 매일 정신을 집중하여 열심히 연습하였다. 산에 올라 땔나무를 벨 때는 나뭇가지를 하나 꺾어, 모래땅 위에 새를 모사하였다. 강변에 와서 풀을 벨 때는 풀 뿌리에 물을 묻혀서 물가 돌맹이 위에 헤엄치는 물고기를 모사하였다. 밤에 집에 돌아와서는 숯 한 덩어리를 가지고 토굴집의 벽 위에 낮에 모사한 것들을 하나하나 다시 그렸다. 붓이 없어도 변함없이 그림 그리는 것을 공부했다.

시간은 한 해 한 해 지나갔다. 마량은 그림을 공부하면서 여태껏 하루도 중단한 적이 없었다. 그의 토굴집 네 벽은 전부 그림으로 빽빽했다. 당연히 그의 발전도 매우 빨랐다. 정말 그가 그린 새는 울지만 못할 뿐이었고 그가 그린 물고기는 헤엄치지 못할 뿐이었다. 한번은 그가 마을 입구에서 작은 암탉을 그렸더니 마을 입구 상공에 하루 종일 매가 맴돌고 있었다. 한번은 그가 산 뒤에 검은 늑대를 그렸는데 소와 양이 놀라 산 뒤에서 감히 풀을 먹을 엄두를 못 낼 정도였다. 그러나 마량은 여전히 붓 하나도 없었다! 그는 붓 하나만 있다면 얼마나 좋을까 하고 생각했다.

어느날 밤, 마량은 토굴집에 누웠다. 왜냐하면 그는 하루 종일 일을 하고 그림을 공부했기 때문에 매우 피곤했다. 눕자마자 바로 정신없이 잠이 들었다.

　　不知道什么时候，窑洞里出现了一阵五彩的光芒，还来了个白胡子的老人，把一支笔送给了他："这是一支神笔，要好好用它！"马良接过来一看，那笔金光灿灿的；拿在手上，沉甸甸的。他喜得蹦起来："谢谢你，老爷爷，……"马良的话没有说完，白胡子老人已经不见了。

　　马良一惊，醒了过来，揉揉眼睛，原来是个梦！可又不是梦啊！那支笔真在自己的手里！

　　他十分高兴，就奔了出来，挨家挨户去敲门，把伙伴都叫醒，告诉他们："我有支笔啦！"他用笔画了一只鸟，鸟扑扑翅膀，飞到天上去，对他叽叽喳喳地唱起歌来；他用笔画了一条鱼，鱼弯弯尾巴，游进水里去，对他一摇一摆地跳起舞来。他乐极了，说："这神笔，多好呀！"马良有了这支神笔，天天替村里的穷人画画儿：谁家没有犁耙，他就给他画犁耙；谁家没有耕牛，他就给他画耕牛；谁家没有水车，他就给他画水车；谁家没有石磨，他就给他画石磨……

　　天下没有不透风的墙，消息很快地传进了邻近村一个大财主的耳朵里。这财主马上派两个家丁来把他抓去，逼他画画儿。

　　马良年纪虽小，却生来是个硬性子。他看透财主的坏心肠，任凭财主怎样哄他、吓他，要他画个金元宝，他就是不肯画。财主就把他关在一间马厩里，也不给他饭吃。

　　傍晚，雪纷纷扬扬地落着，地上已经积起了厚厚一层。财主想，马良这一下不是饿死，也准冻死了。他走过马厩门口，只见门缝里透出红红的亮光，还闻到一股香喷喷的味道。他觉得奇怪，凑近眼去，从门缝往里一看，啊！马良不但没有死，反而还烧起了一个大火炉，一面烤着火，一面正吃着热烘烘的饼子呢！财主知道，这火炉和饼子一定是马良用神笔画的，就气呼呼地去叫家丁来，要他们把马良杀死，夺下那支神笔。十多个凶猛的家丁冲进了马厩，却不见马良，只见东面墙壁上，靠着一架梯子。马良趁着天黑，攀上这梯子，翻墙走了。财主急忙攀上梯子去追，没爬上三步，就摔下来了。原来，这梯子是马良用神笔画的。

　　언제인지 모르게 토굴집에 다채로운 빛깔의 광선이 나타났고 흰 수염의 노인이 와서 붓 하나를 그에게 주었다. "이것은 신비로운 붓이야. 잘 써야 한다!" 마량이 받아서 보니 그 붓은 금빛 찬란했고 손에 드니 묵직했다. 그는 기뻐서 뛰어올랐다. "감사합니다. 할아버지……" 마량의 말이 끝나기도 전에 흰 수염의 노인은 이미 보이지 않았다.

　　마량은 놀라서 깨어나 눈을 비비니 꿈이었다! 그러나 꿈만은 아니었다! 그 붓이 진짜 자신의 손에 있었다!

　　그는 매우 기뻐서 뛰어나와 집집마다 가서 문을 두드렸다. 친구들을 모두 불러 깨워 그들에게 말했다. "붓이 생겼어요!" 그가 붓으로 새를 한 마리 그렸더니 새가 날개를 털며 하늘로 날아올라가 그에게 재잘재잘 노래를 부르기 시작했다. 그가 붓으로 물고기 한 마리를 그렸더니 물고기는 꼬리를 구부리며 물속으로 헤엄쳐 들어가 그에게 흔들흔들 춤을 추기 시작했다. 그는 기뻐하며 말했다. "이 신비로운 붓, 정말 좋구나!" 마량은 이 신비로운 붓이 생기고 나서, 매일 마을의 가난한 사람들을 위해 그림을 그렸다. 누구네 집에 쟁기가 없으면 그는 바로 그에게 쟁기를 그려주었고, 누구네 집에 밭갈이 소가 없으면 바로 그에게 밭갈이 소를 그려주었다. 누구네 집에 수차가 없으면 그에게 수차를 그려주었고, 누구네 집에 맷돌이 없으면 그에게 맷돌을 그려주었다…….

　　천하에 바람이 통하지 않는 벽은 없다. 소식은 아주 빠르게 이웃 마을 대지주의 귀에 전해졌다. 이 지주는 바로 두 명의 하인을 보내 그를 잡아 와 강제로 그림을 그리게 했다.

　　마량은 나이는 비록 적었지만, 태생이 강직하였다. 그는 지주의 나쁜 마음을 꿰뚫어 보고 지주가 어떻게 그를 달래고 겁주며 금은보화를 그리라고 해도 그는 그리려 하지 않았다. 지주는 그를 마구간에 가두고 그에게 먹을 밥도 주지 않았다.

　　저녁 무렵, 눈이 어지럽게 흩날리며 내리고 있었고, 땅위는 이미 두꺼운 층이 쌓이기 시작했다. 대지주는 마량이 이번에 굶어 죽지 않았으면, 확실히 얼어 죽었을 것이라 생각했다. 그가 마구간 입구를 지나가는데 문틈으로 붉은 빛이 새어 나오는 것을 보았다. 또한 구수한 냄새도 맡았다. 그는 이상하게 여기며 가까이 다가가 문틈으로 안을 보았다. 아! 마량은 죽지 않았을 뿐만 아니라 오히려 큰 화로를 피워 한편으로는 불을 쬐면서 한편으로는 따끈따끈한 떡을 먹고 있는 것이 아닌가! 지주는 이 화로와 떡이 분명 마량이 신비한 붓으로 그린 것이란 사실을 알고 씩씩거리며 하인을 불러 마량을 죽이고 그 신비한 붓을 뺏으라고 하였다. 십여 명의 사나운 하인들이 마구간으로 쳐들어갔으나 마량은 보이지 않았다. 동쪽 벽에 사다리가 기대어져 있는 것만 보였다. 마량은 날이 어두울 때를 이용해 이 사다리를 기어올라 벽을 넘어갔다. 지주는 분주히 사다리를 오르며 쫓았지만 세 걸음도 가지 못하고 바로 떨어졌다. 알고 보니, 이 사다리는 마량이 신비한 붓으로 그린 것이었다.

马良逃出了财主的家，他知道在村里是不能住了，他向自己的村庄挥了挥手，默默地说了一句："伙伴们，再见啦！"马良用神笔画了一匹大骏马，跳上马背，向大路上奔去。没有走出多少路，只听见后面一阵喧哗，回头一看，火把照得通明，财主骑着匹快马，手执一把明晃晃的钢刀，带着一二十个家丁，追上来了。

眼看就要追着了，马良不慌不忙，用神笔画了一张弓，一支箭。箭一上弦，"飕"的一声，正射中财主的咽喉，财主翻身跌下了马。马良拍拍大骏马，大骏马飞一样地向前驰去了。

마량은 지주의 집에서 탈출했고 그는 마을에서는 살 수 없다는 것을 알았다. 그는 자신의 마을을 향해 손을 흔들고 묵묵히 한마디를 했다. "친구들아, 안녕!" 마량은 신비한 붓으로 큰 준마를 그리고 말 등에 뛰어올라 큰길을 향해 달려갔다. 얼마 가지 않아서 뒤에서 시끄러운 소리가 들렸다. 뒤를 돌아보니 불이 매우 밝게 비추고 있었다. 지주가 빠른 말을 타고 손에는 번쩍번쩍한 칼을 쥐고 일이십 명의 하인을 데리고 쫓아왔다.

곧 잡힐 것 같았다. 마량은 침착하게 신비한 붓으로 활과 화살을 그렸다. 한 번 시위를 당기니 화살이 '슉' 하는 소리를 내며 지주의 목에 명중했다. 지주는 몸이 뒤집혀 말에서 떨어졌다. 마량이 큰 준마를 때리자 큰 준마는 나는 것처럼 앞으로 빨리 달려갔다.

단어 马良 Mǎliáng [고유] 마량 | 打柴 dǎchái [동] 땔나무를 하다 | 割草 gēcǎo 풀을 베다 | 过日子 guò rìzi 지내다. 살아가다. 생활하다 | 学馆 xuéguǎn [명] (옛날의) 서당. 글방 | 自觉 zìjué [형] 자각적이다 | 瞪 dèng [동] (눈을) 부릅뜨고 보다. 눈을 부라리다 | 呸 pēi [감탄] (경멸 또는 질책을 나타내어) 피, 체, 퉤 | 唾沫 tuòmo [명] 침. 타액 | 啐 cuì [동] (입 안에 든 것을 힘껏) 뱉다 | 娃子 wázi [명] (갓난) 아기. 어린애 | 撵 niǎn [동] 쫓아내다. 축출하다 | 志气 zhìqì [명] 패기. 야망 | 偏 piān [부] 기어코, 꼭 | 用心 yòngxīn [동] 심혈을 기울이다. 마음을 쓰다 | 苦练 kǔliàn [동] 열심히 연습하다. 맹렬히 연습하다 | 折 zhé [동] 꺾다. 부러뜨리다. 끊다 | 树枝 shùzhī [명] 나뭇가지 | 沙地 shādì [명] 모래땅 | 描 miáo [동] 모사하다. 그대로 베끼다 | 蘸 zhàn [동] 찍다. 묻히다 | 游鱼 yóuyú [명] 헤엄치는 물고기 | 木炭 mùtàn [명] 목탄. 숯 | 窑洞 yáodòng [명] 동굴집. 토굴집 | 照样 zhàoyàng [부] 여전히. 변함없이 | 麻麻花花 mámahuāhuā [형] 다수의 작은 흠집이 있는 모양 | 成天 chéngtiān [부] 하루 종일. 온종일 | 老鹰 lǎoyīng [명] 솔개. 매 | 打转 dǎzhuàn [동] 맴돌다. 빙빙 돌다 | 疲倦 píjuàn [형] 피곤하다 | 迷迷糊糊 mímihūhū [형] 모호하다. 혼미하다. 정신이 없다 | 五彩 wǔcǎi [명] 각종 색깔. 다채로운 빛깔 | 光芒 guāngmáng [명] (사방으로 뿜는) 광선. 빛 | 胡子 húzi [명] 수염. 털 | 金光 jīnguāng [명] 금광. 금빛 | 灿灿 càncàn [형] 반짝반짝 빛나다 | 沉甸甸 chéndiàndiàn [형] 묵직하다. 무겁다 | 蹦 bèng [동] 뛰어오르다. 껑충 뛰다. 풀쩍 뛰다. 점프하다 | 揉揉 róurou [동] (반복해) 비비다 | 奔 bēn [동] 달리다. 빨리 가다 | 挨家挨户 āijiā'āihù [성어] 집집마다. 가가호호. 한 집 한 집 | 敲门 qiāomén [동] 문을 두드리다. 노크하다 | 伙伴 huǒbàn [명] 동료. 동업자. 동반자. 동지 | 扑 pū [동] (어떤 물체를 가볍게) 두드리다. 치다. 털다 | 翅膀 chìbǎng [명] (곤충이나 새의) 날개 | 叽叽喳喳 jījizhāzhā [의성] 재잘재잘. 조잘조잘 | 一摇一摆 yìyáoyìbǎi [부] 흔들흔들 | 犁耙 líba [명] 쟁기 | 耕牛 gēngniú [명] 밭갈이 소 | 水车 shuǐchē [명] 수차 | 石磨 shímò [명] 맷돌. 돌절구 | 大财主 dàcáizhǔ [명] 큰 부자. 대재벌. 자산가 | 家丁 jiādīng [명] 가복. 가노 [옛날에 대지주나 관료의 집에 고용되어 그들을 보호하며 심부름을 하던 하인] | 逼 bī [동] 강력하게 독촉하다. 강제로 요구하다 | 硬 yìng [형] (성격이) 강직하다. (의지나 태도가) 굳다. 완강하다 | 看透 kàntòu [동] (상대의 계책·의도 등을) 꿰뚫어 보다. 간파하다. 알아차리다 | 心肠 xīncháng [명] 염두. 생각. 마음. 흥미 | 任凭 rènpíng [접] ~를 막론하고, ~하든지 간에 | 哄 hǒng [동] (어린아이를) 달래다. 어르다. 데리다 | 元宝 yuánbǎo [명] 원보. 보은 [옛날. 중국에서 쓰던 말굽 모양의 은 화폐로 보통 무게가 50냥가량 나감] | 马厩 mǎjiù [명] 마구. 마구간 | 傍晚 bàngwǎn [명] 저녁 무렵 | 纷纷扬扬 fēnfēnyángyáng [형] (눈·꽃·잎 등이) 어지럽게 흩날리는 모양. 어지럽게 나부끼는 모양 | 香喷喷 xiāngpēnpēn [형] (향기 또는 냄새가) 그윽하다. 구수하다 | 门缝 ménfèng [명] 문틈 | 凑近 còujìn [동] (어떤 목표를 향해) 가까이 가다. 다가가다 | 烧 shāo [동] (물·밥·벽돌 등의 사물을) 굽다 | 火炉 huǒlú [명] 아궁이. 화로. 난로 | 热烘烘 rèhōnghōng [형] 매우 덥다. 매우 뜨겁다 | 饼子 bǐngzi [명] 밀가루로 만든 둥글납작한 떡 | 气呼呼 qìhūhū [형] (화가 나서) 씩씩거리다 | 夺 duó [동] (강제로) 빼앗다. 약탈하다. 강탈하다 | 凶猛 xiōngměng [형] (기세나 힘 등이) 세차다. 사납다 | 梯子 tīzi [명] 사다리. 사닥다리 | 攀上 pānshang [동] 기어오르다 | 村庄 cūnzhuāng [명] 마을. 부락. 촌 | 挥手 huīshǒu 손을 (들어) 흔들다 | 默默 mòmò [부] 묵묵히 | 骏马 jùnmǎ [명] 준마 | 喧哗 xuānhuá [형] 떠들썩하다. 시끌벅적하다. 왁자지껄하다 | 通明 tōngmíng [형] 매우 밝다. 매우 환하다 | 执 zhí [동] (손으로) 잡다. 들다. 쥐다 | 明晃晃 mínghuǎnghuǎng [형] 번쩍번쩍하다 | 钢刀 gāngdāo [명] 강철 칼 | 不慌不忙 bùhuāngbùmáng [성어] (태도나 일 처리가) 차분하다. 침착하다 | 弓 gōng [명] 활 | 箭 jiàn [명] 화살 | 上弦 shàngxián [동] 시위를 당기다 | 飕 sōu [의성] (화살·탄알·공 등이) 매우 빨리 통과하거나 지나갈 때 나는 소리 | 射中 shèzhòng [동] 적중하다. 명중하다 | 咽喉 yānhóu [명] 목구멍. 인후 | 跌 diē [동] 넘어지다. 떨어지다 | 驰 chí [동] 빨리 달리다

神笔马良

　　马良喜欢画画儿，但是因为家里很穷，他连一支画笔也没有。别人都不愿意借笔给他，不过马良很有志气，下决心要自己学会画画儿。马良没有笔，就用树枝、草根、木炭来画鱼、画鸟、画狼，画各种各样的东西。因为他每天用心苦练，进步很快，画出来的东西和真的一样。

　　一天晚上，马良梦见一位白胡子老爷爷给了自己一支神笔。梦醒后发现自己真的有了一支神笔。有了这支神笔，马良画什么就有什么。他帮穷人画画儿，让很多穷人过上了好生活。

　　后来邻村的大财主把马良抓了起来，命令马良给他画金元宝。马良看透了他的坏心肠，死活不肯画，结果被关在马房里。天气很冷，财主觉得马良不是饿死就是冻死了，没想到马良不仅给自己画了火炉和吃的，还画了梯子逃出了马房。大财主十分生气，想要把马良杀死，夺下那支神笔。他想爬上马良用神笔画的梯子却摔了下来，于是带着人去追马良。马良刚出村庄没多久，财主就追了上来。这时，马良用神笔画了弓箭，射死了财主，又骑着用神笔画的骏马飞驰而去。

〈신비한 붓과 마량〉

　　마량은 그림 그리는 것을 좋아하나 집이 너무 가난해서 붓 한 자루조차도 없었다. 다른 사람들도 그에게 붓을 빌려 주고 싶어 하지 않았다. 그러나 마량은 매우 패기가 있어서 스스로 그림 그리는 것을 공부하겠다고 결심했다. 마량은 붓이 없어 나뭇가지, 풀 뿌리, 숯으로 물고기를 그리고 새를 그리고 늑대를 그리며 각양각색의 사물을 그렸다. 그는 매일 집중하여 꾸준히 연습하였기에 발전이 매우 빨랐고 그려낸 것은 진짜와 같았다.

　　어느 날 밤, 마량은 꿈에서 흰 수염의 할아버지가 자신에게 신비한 붓을 하나 주는 것을 보았다. 꿈이 깨고 나서 자신에게 진짜 신비한 붓이 생겼다는 것을 발견했다. 이 붓이 생기자 마량이 무언가를 그리면 바로 그것이 생겼다. 그는 가난한 사람들을 도와 그림을 그렸고 많은 가난한 사람들이 나은 생활을 보내도록 해주었다.

　　후에 이웃 마을의 대지주가 마량을 잡아서 마량에게 금은보화를 그리라고 명령하였다. 마량은 그의 나쁜 마음을 꿰뚫어 보고 한사코 그리려 하지 않아 결국 마구간에 갇혔다. 날씨가 매우 추워 지주는 마량이 굶어 죽거나 얼어 죽었을 것이라고 생각했지만 뜻밖에도 마량은 자신을 위해 화로와 먹을 것을 그렸을 뿐만 아니라 사다리를 그려서 마구간을 탈출했다. 대지주는 매우 화가 나 마량을 죽여 그 신비한 붓을 빼앗으려 하였다. 그는 마량이 신비한 붓으로 그린 사다리를 기어오르려고 했지만 오히려 넘어졌다. 그래서 사람을 데리고 마량을 쫓아갔다. 마량이 막 마을을 나온 지 얼마 되지 않아 지주가 쫓아왔다. 이때 마량은 신비한 붓으로 활과 화살을 그려 지주를 쏴 죽였고 신비한 붓으로 그린 준마를 타고 달려갔다.

 死活 sǐhuó 📖 한사코, 기어코

 마량이라는 인물을 중심으로 시간의 흐름에 따라 이야기가 전개되고 있다. 따라서 인물 소개에서부터 마량의 행동을 중심으로 내용을 구성한다. 요약에 있어 불필요한 행동 묘사나 수식어구들은 생략해도 좋지만 사건을 구성하는 데 필요한 단어들은 반드시 기억한다. 또한 직접화법과 같은 말들은 필요한 문장에 한해서 모두 간접화법으로 바꾼다. 또한 같은 의미라도 좀 더 간단명료한 표현으로 바꿔 쓸 수 있다면 고득점에 유리할 것이다. 요약문은 3개의 문단으로 구성하는 것이 가장 바람직하다. 그러므로 독해를 다 한 후에는 내용별로 문단을 나누어 그 내용을 기억하고, 요약하는 것이 중요하다. 또한 읽을 수는 있어도 쓸 수 없는 한자가 있으면 꼭 미리 암기해서 잘못 쓴 글자로 감점이 되지 않도록 하자.

 원인 : 마량이라는 인물을 소개하고 있다. 그의 객관적 배경은 간단히 한 문장으로 요약한 후, 마량이 가장 잘하는 것과 마량의 그림에 대한 열정, 마량의 그림 실력을 빠짐없이 요약한다.

경과 : 신비로운 붓을 얻는 과정을 그리고 있는 부분이다. 누구에게, 어떻게 신비로운 붓을 얻게 되었는지와 그렇게 얻은 붓을 어떤 상황에 사용하였는지를 적어야 한다. 지문에는 마량이 직접 한 말들이 나와 있지만, 이 말들은 굳이 요약에 넣을 필요는 없다. 또한 마량이 신비로운 붓으로 소를 그리면 소가 된다는 식의 글들을 모두 열거할 필요 없이, 그린 그림이 직접 그 사물이 되었다는 식으로 한 문장으로 요약한다.

결과 : 신비로운 붓에 대한 소식을 들은 대지주가 마량을 괴롭히는 부분이다. 대지주가 마량을 어떻게 했는지, 마량은 지주에게 어떠한 태도를 보였는지, 대지주가 마량을 가두었을 때 마량은 어떻게 탈출했는지를 요약해야 한다. 그러나 여기에서 한자가 생각나지 않는다면, 내용이 변하지 않는 선에서, 자신이 아는 단어로 바꾸는 것도 자신만의 비법이 될 것이다. 마지막 부분은 마량이 마을을 탈출하고 지주가 죽는 내용이므로, 한 문장 정도로 요약한다면 고득점을 얻을 수 있을 것이다.

해설

북경어언대
新HSK 합격 모의고사 6급

听力

第 一 部 分

1-15

★☆☆ | **유형** | 세부 내용 파악

01

那天大雾，小李开车看不清路，可有要紧事要办，这时看见前面一辆车的灯光，就跟着走，可是走了一阵前面车不走了，他等了一会儿，有点儿不耐烦，下车就喊："前面的车为什么不走？"前面来人说："我到家了。"小李一看人家的车已经进车库了。

A 那天时间太晚
B 大雾影响交通
C 前面的车坏了
D 小李要去别人家

그날, 짙은 안개로 샤오리는 운전할 때 길이 잘 보이지 않았지만, 처리해야 할 급한 일이 있었다. 이때 앞쪽에서 차의 불빛이 보여, (그것을) 따라서 갔다. 그러나 얼만큼 가더니 앞차는 가지 않았다. 그는 잠시 기다리고는 참을 수 없어서 차에서 내려 소리쳤다. "앞차 왜 안 가요?" 앞에서 사람이 와서 말했다. "전 집에 도착했어요." 샤오리가 보니 그의 차가 이미 차고에 들어와 있었다.

A 그날 시간이 매우 늦었다
B 짙은 안개가 교통에 영향을 끼쳤다
C 앞차는 고장 났다
D 샤오리는 다른 사람 집에 가려고 한다

단어 灯光 dēngguāng 명 불빛 | 一阵 yízhèn 명 한바탕, 한번 | 耐烦 nàifán 형 인내하다, 견디다

해설 지문 도입부에 짙은 안개로 인해 샤오리는 운전할 때 길이 잘 보이지 않았다고 했으므로 정답은 B다. 한편, 앞의 차가 가지 않은 이유는 이미 자신의 집에 도착했기 때문이지 차가 고장 난 것이 아니므로 C는 답이 될 수 없다. 또한 샤오리는 안개로 앞이 잘 보이지 않아서, 앞차의 불빛을 보고 따라서 간 것이지, 다른 사람의 집에 가려고 한 것은 아니므로 D도 답이 될 수 없다.

Tip+ 有点儿은 정도부사로, '조금, 약간, 좀'이라는 뜻이며, 적은 정도나 분량을 나타낸다. 주로 불만을 나타내는 데 쓰이며, 稍微에 상당한다.
예 我现在有点儿饿。 나는 지금 조금 배고프다.

★☆☆ | **유형** | 전체 내용 파악

02

从小我就十分喜欢下象棋，不是我自夸，我下棋的水平在班级里要算第二，没有人敢说第一。随着年龄的增长，我对象棋也有了更深的认识。比如说"帅"，它在全部棋子中地位最高，但它也是最缺乏行动自由的。

A 我从小就长得很帅
B 我象棋水平排第二
C 我不喜欢夸奖自己
D 地位高的自由就少

어렸을 때부터 나는 장기 두는 것을 매우 좋아했다. 스스로 자랑하는 것이 아니라 나의 장기 두는 수준을 학급에서 2등이라고 치면, 1등이라고 말할 수 있는 사람은 없었다. 나이가 들면서 나는 장기에 대해서도 더욱 깊은 인식을 가지게 되었다. 예를 들어 '수'는 전체 장기알 중에서 지위가 가장 높지만, 행동의 자유가 가장 부족하다.

A 나는 어렸을 때부터 매우 잘생겼다
B 나는 장기를 두는 수준이 2등이다
C 나는 자신을 칭찬하는 것을 좋아하지 않는다
D 지위가 높은 것은 자유가 적다

단어 象棋 xiàngqí 명 중국식 장기 | 自夸 zìkuā 동 스스로 뽐내다, 스스로 자랑하다 | 帅 shuài 명 중국 장기의 붉은 말의 대장 | 缺乏 quēfá 동 부족하다, 모자라다

 지문의 마지막 부분에서 '수'는 전체 장기알 중에서 지위가 가장 높지만 행동의 자유가 가장 부족하다고 말했으므로 D
가 정답이다. 어렸을 때부터 장기 두는 것을 좋아했다는 말은 있어도 외모에 대한 언급은 없었으므로, A는 답이 될 수
없다. 또한 자신의 장기 두는 수준을 학급에서 2등이라고 치면, 1등이라고 말할 수 있는 사람은 없었다는 것은 자신
의 장기 두는 실력이 수준급이라는 점을 강조하는 것이지, 정말 2등이란 의미는 아니므로 B도 답이 될 수 없으며, 이
것은 자신을 칭찬하는 말이므로 C도 오답이다.

Tip⁺
- 从小는 '어릴 때부터, 어린 시절부터'라는 뜻의 부사로, 就와 자주 어울려 쓰인다.
- '在…中'은 과정이나 범위를 나타낼 때 자주 쓰는 고정격식이다. 在와 방위명사의 결합인 '在…上'은 어떤 방면을 나타
  낼 때, '在…下'는 상황과 조건을 나타낼 때 쓴다.

★★☆ | 유형 | 전체 내용 파악

03

"丢三落四"的人基本上都是做事情缺乏
条理。有的是因为事先不准备，事到临头一团
糟，所以容易丢三落四。只要养成做事情有条
理的习惯，"丢三落四"的习惯自然就会改掉。

A 这种人的记忆力不好
B 坏习惯是很难改掉的
C 准备好了做事就有条理
D 没有事先准备肯定会失败

'이것저것 잘 잊어버리는' 사람은 근본적으로 모두 일
을 하는 데 체계적이지 않다. 어떤 이는 사전에 준비를 하
지 않기 때문에, 일이 눈앞에 닥치면 엉망이 되어 쉽게 잘
잊어버린다. 일을 하는 데 순서를 가지는 습관만 기른다
면, 이것저것 '잘 잊어버리는' 습관은 저절로 고쳐질 것이
다.

A 이런 사람의 기억력은 좋지 않다
B 나쁜 습관은 고치기 힘들다
C 준비를 잘 하면 일을 하는 데 순서가 생긴다
D 사전 준비가 없으면 분명히 실패할 것이다

 丢三落四 diūsānlàsì 〖성어〗 대충대충 하여 잘 잊어버리다, 기억력이 나빠서 잘 잊어버리다 | 条理 tiáolǐ 〖명〗 (생활·일 등의) 순
서, 질서, 짜임새, 체계 | 事先 shìxiān 〖명〗 사전 | 临头 líntóu 〖동〗 (곤란하거나 불행한 일이) 눈앞에 생기다, 눈앞에 닥치다 |
一团糟 yìtuánzāo 〖형〗 (수습하기 어려울 정도로) 엉망이다, 혼란스럽다

 지문 후반에 일을 하는 데 순서를 가지는 습관만 기른다면 이것저것 빠뜨리는 습관은 저절로 고쳐질 것이라고 했으므
로 C는 정답이고, B는 오답이다. 이것저것 빠뜨리는 사람이라고 반드시 기억력이 안 좋다고 단정 짓기는 어려우므로
A는 답이 될 수 없다. 또한 사전에 준비를 하지 않기 때문에 일이 눈앞에 닥치면 엉망이 된다고는 언급했지만 반드시
실패한다고는 하지 않았으므로 D도 답이 될 수 없다.

Tip⁺
- 因为는 인과 관계 접속사로, 종종 뒤에 所以와 호응하여, 동작 행위의 원인이나 이유를 이끌어낸다. '~때문에, ~로 인
  해서'라는 뜻이며, 같은 뜻으로는 由于가 있다.
- 只要는 조건 관계 접속사로, '~하기만 하면, 오직 ~한다면'이라는 뜻이다. 이어지는 구절에 就, 便 등의 부사와 자주
  호응한다.

★★☆ | 유형 | 세부 내용 파악

04

目前已经到了三月中旬，天气回暖是总
体的大趋势。未来一周，本市基本上都是好
天气，温度也会以平均每天2~3度的速度向上
升。而到了周末，本市的最高气温可能会达到
25度左右。但是从下周一开始，北方来的冷空
气又将影响我市，届时很有可能出现大风降温
天气。

A 明天有冷空气来临
B 本周的周末温度最高
C 明天的温度和今天一样
D 下周可能会出现雷阵雨

현재 이미 3월 중순이 되었다. 날씨가 따뜻해지는 것은
전체의 큰 추세다. 앞으로 한 주 동안, 이 도시는 기본적으
로 모두 좋은 날씨일 것이며, 온도 역시 평균 매일 2~3도
의 속도로 상승할 것이다. 그리고 주말이 되면 이 도시
의 최고 온도는 아마 25도가량이 될 것이다. 그러나 다
음 주 월요일부터 북방에서 온 차가운 공기가 다시 우리
도시에 영향을 끼쳐, 그때가 되면 아마도 강한 바람이 불
고 기온이 내려가는 날씨가 나타날 가능성이 매우 높다.

A 내일 차가운 공기가 올 것이다
B 이번 주의 주말 온도가 가장 높다
C 내일의 온도는 오늘과 같다
D 다음 주는 천둥과 번개를 동반한 소나기가 올 수 있
다

단어 中旬 zhōngxún 명 중순 | 回暖 huínuǎn 동 (추운 날씨가) 따뜻해지다 | 总体 zǒngtǐ 명 (집단이나 사물의) 전체, 총체 | 届时 jièshí 동 때가 되다 | 降温 jiàngwēn 동 기온이 내려가다, 온도가 내려가다 | 雷阵雨 léizhènyǔ 명 천둥과 번개를 동반한 소나기

해설 지문에서 이번 주 온도는 평균 매일 2~3도의 속도로 상승하여, 주말이 되면 최고 온도가 25도 정도가 될 것이지만, 다음 주 월요일에는 차가운 공기가 영향을 끼칠 것이라고 언급했다. 이로써 이번 주 주말 온도가 가장 높다는 사실을 알 수 있으므로 B가 정답이다. 다음 주 월요일이 되어서야 차가운 공기의 영향을 받는다고 했으므로 A는 답이 될 수 없다. 또한 이번 주 온도는 평균 매일 2~3도의 속도로 상승한다고 했으므로, 내일의 온도는 오늘보다 높다는 말이기에 C도 답이 될 수 없다. 다음 주에 강한 바람이 불고 기온이 내려가게 될 가능성이 높다고는 했지만, 천둥과 번개를 동반한 소나기가 올 것이라고는 하지 않았으므로 D도 오답이다.

★★☆ | **유형** | 세부 내용 파악

05

1996年左右, 涂鸦作为街头文化的一部分, 开始出现在北京。最初的一批涂鸦者, 在大拆大建的北京胡同里找到了自己宣泄的出口, 而随着城市的发展, 涂鸦也逐渐艺术化和商业化, 它不仅见证着这个城市的变迁, 也在成为北京这样的城市建筑中一道新的风景。

A 涂鸦受到道德的批判
B 涂鸦已成为旅游景点
C 涂鸦不注重艺术加工
D 涂鸦是一种街头文化

1996년쯤, 그라피티는 길거리 문화의 일부분이 되어 베이징에 나타나기 시작했다. 초기에 그라피티를 했던 사람들은 낡은 것을 허물고 새로 지은 베이징 골목에서 자신을 발산할 출구를 찾았고, 도시가 발전함에 따라서 그라피티도 점차 예술화되고 상업화되었다. 그것은 이 도시의 변천을 목격했을 뿐만 아니라 베이징 같은 도시의 건축에서 새로운 풍경이 되었다.

A 그라피티는 도덕적인 비판을 받았다
B 그라피티는 이미 여행 명소가 되었다
C 그라피티는 예술 가공을 중시하지 않는다
D 그라피티는 일종의 거리 문화다

단어 涂鸦 túyā 명 그라피티 | 街头 jiētóu 명 가두, 길거리, 노상 | 拆建 chāijiàn 동 낡은 것을 허물고 새로 짓다 | 胡同 hútòng 명 골목 | 宣泄 xuānxiè 동 털어놓다, 쏟아내다, 발산하다 | 见证 jiànzhèng 동 목격하다 | 变迁 biànqiān 동 변천하다

해설 1996년쯤 그라피티는 길거리 문화의 일부분이 되어 베이징에 나타나기 시작했다고 했으므로 D가 정답이다. 그라피티가 도시 건축에서 새로운 풍경이 되었다는 의미는 그라피티가 점점 예술화되고 사람들에게 주목받기 시작했다는 것이지, 그라피티가 여행 명소가 되었다는 것은 아니므로 B는 답이 될 수 없다. 도시가 발전함에 따라 그라피티도 점차 예술화되고 예술 가공도 중시하게 되었으므로 C도 답이 될 수 없다.

Tip⁺ 不仅은 '~뿐 아니라'라는 뜻의 점층 관계 접속사로, 차례대로 진행되는 복문의 앞 구절에 쓰인다. 또한 뒤에 이어지는 구절에는 而且, 并且 등의 접속사나, 还, 也 등의 부사가 통상적으로 쓰인다.

★☆☆ | **유형** | 전체 내용 파악

06

每个月拿1000块还是800块, 是老板决定的, 工资也是老板发的。好一点儿的餐馆儿, 老板通常会以一套服务规范来要求员工, 但只要你不打碎盘子, 只要不是服务太糟糕惹恼了某位顾客跳起来吵架, 那么吃饭的人通常跟你的收入毫无关系。

A 每个月工资是800块
B 顾客和收入关系不大
C 老板有时跟顾客吵架
D 员工的服务相当糟糕

매달 1000위엔을 가져갈 것인지, 800위엔을 가져갈 것인지는 사장이 결정하는 것이다. 임금 역시 사장이 주는 것이다. 좀 나은 식당은 사장이 일반적으로 서비스 규범을 직원에게 요구한다. 그러나 당신이 단지 쟁반을 깨지만 않고, 서비스가 너무 엉망이어서 손님이 노하여 날뛰며 싸우게만 하지 않는다면, 밥 먹는 사람은 보통 당신의 수입과 아무런 관련이 없다.

A 매달 임금은 800위엔이다
B 손님과 수입은 관계가 크지 않다
C 사장은 가끔 고객과 싸운다
D 직원의 서비스가 매우 엉망이다

해설 여기서 임금이 얼마인지는 사장이 결정하며, 게다가 밥 먹는 사람은 보통 종업원의 수입과 조금도 관계가 없다고 말했으므로 B가 정답이다. 임금이 얼마이고, 직원의 서비스 수준이 어떠한지에 대한 언급은 없으므로, A, D는 답이 될 수 없다.

Tip⁺ 부사 毫无는 '조금도 ~없다. 털끝만큼도 ~없다'라는 뜻으로, 부정을 더욱 강조한다. 단독으로 쓸 수 없으며, 뒤에 일반적으로 쌍음절 명사가 이어진다. 예를 들어 毫无关系, 毫无办法, 毫无疑问 등으로 쓰인다.

★☆☆ | **유형** | 세부 내용 파악

07

陈凯歌导演的电影《霸王别姬》是中国电影之中雅俗共赏的典范作品，也是大陆和港台电影人合作拍片最成功的代表作，曾获戛纳国际电影节金棕榈奖，作品改编自香港女作家李碧华原著小说。

A 这部电影的男主角是陈凯歌
B 这部电影的改编者是李碧华
C 这部电影不太受老百姓欢迎
D 这部电影曾获国际电影节大奖

천카이거 감독의 영화 「패왕별희」는 중국 영화 중에서 모든 이들이 다 같이 감상할 수 있는 모범적인 작품이자, 대륙과 홍콩, 대만 영화인이 합작해서 찍은 가장 성공한 대표작이기도 하다. 칸 국제영화제에서 황금종려상을 이미 받았다. 작품은 홍콩의 여작가 리비화의 원작소설을 각색한 것이다.

A 이 영화의 남자주연은 천카이거다
B 이 영화를 각색한 사람은 리비화다
C 이 영화는 일반인들의 환영을 그다지 받지 못했다
D 이 영화는 국제영화제에서 큰 상을 받았다

단어 陈凯歌 Chén Kǎigē 고유 천카이거 | 霸王别姬 Bàwáng Biéjī 圀 패왕별희 | 雅俗共赏 yǎsúgòngshǎng 성어 고상한 사람이든 저속한 사람이든 다 같이 감상할 수 있다 | 典范 diǎnfàn 圀 모범, 본보기 | 合作 hézuò 圄 협력하다. 협조하다 | 戛纳国际电影节 Jiánà Guójì Diànyǐngjié 圀 칸 국제영화제 | 金棕榈奖 jīnzōnglǘjiǎng 圀 (칸 영화제의) 황금종려상 | 改编 gǎibiān 圄 각색하다. 개작하다 | 李碧华 Lǐ Bìhuá 고유 리비화 | 原著 yuánzhù 圀 원저, 원작

해설 이 영화는 이미 칸 국제영화제 황금종려상을 받았으므로 D가 정답이다. 이 영화의 주연 배우에 대한 언급은 하지 않았으므로 A는 답이 될 수 없다. 또한 이 영화는 리비화의 소설을 각색한 것으로, 각색한 사람이 누구인지는 언급하지 않았으므로 B도 답이 될 수 없다. 중국 영화 중 모든 이들이 다 같이 감상할 수 있는 모범적인 작품이라고 했으므로 C도 오답이다.

★★☆ | **유형** | 세부 내용 파악

08

一般习惯将金银等金属之外的天然材料制成的、具有一定价值的首饰、工艺品或其他珍藏统称为珠宝，故有"金银珠宝"的说法。科学地说，"珠宝"与广义的"宝石"的概念是相同的。

A 珠宝就是指首饰
B 金银比珠宝价值大
C 珠宝和宝石不一样
D 珠宝由天然材料制成

일반적인 관례로 금과 은 등의 금속 외에 천연재료로 만든 것과 어느 정도 가치가 있는 장신구, 공예품 혹은 기타 간직하고 있는 진귀한 물건을 통틀어 보화라고 한다. 그래서 '금은보화'의 표현이 생겼다. 과학적으로 말해, '보화'와 넓은 의미의 '보석'은 개념이 같다.

A 보화는 장신구를 가리킨다
B 금과 은은 보화보다 가치가 크다
C 보화와 보석은 같지 않다
D 보화는 천연재료로 만든다

단어 金属 jīnshǔ 圀 금속 | 首饰 shǒushi 圀 장신구 | 珍藏 zhēncáng 圀 간직하고 있는 진귀한 물건 | 统称 tǒngchēng 圄 통칭하다. 통틀어 이르다. 통틀어 부르다 | 珠宝 zhūbǎo 圀 (장식물로 쓰이는) 보석 | 宝石 bǎoshí 圀 보석

해설 지문 도입부에 '보화는 금과 은 등의 금속 외에 천연재료로 만든 것'이라고 했으므로 D가 정답이다. 보화는 천연재료로 만든 것, 장신구, 공예품 혹은 기타 간직하고 있는 진귀한 물건을 가리킨다. 결코 장신구에만 국한되는 것이 아니므로 A는 답이 될 수 없다. 과학적으로 말해 '보화'와 넓은 의미의 '보석'은 개념이 같다고 했으므로 C도 답이 될 수 없다.

★★☆ **| 유형 |** 세부 내용 파악

09

世界卫生组织将机体无器质性病变，但是有一些功能改变的状态称为"第三状态"，我国称为"亚健康状态"。根据调查发现，<u>处于亚健康状态的患者年龄多在18至45岁之间</u>，其中城市白领，尤其是女性占多数。

A 亚健康有器质性病变
B 中青年亚健康的人较多
C 亚健康人群全都在城市
D 女性比男性更容易生病

세계보건기구는 유기체가 조직상의 병리 변화는 없지만, 기능이 조금 바뀐 상태를 '제3상태'라고 부르며, 중국에서는 '건강과 질병 사이의 중간 상태'라고 부른다. 조사에 따르면 <u>건강과 질병 사이의 중간 상태에 처한 환자의 연령은 18세에서 45세 사이가 많으며</u>, 그중 도시 사무직 근로자, 특히 여성이 다수를 차지했다.

A 중간 건강 상태는 조직상의 병리 변화가 있다
B 중년과 청년층에는 중간 건강 상태의 사람이 비교적 많다
C 중간 건강 상태의 사람들은 전부 도시에 있다
D 여성은 남성보다 더 쉽게 병이 생긴다

단어 世界卫生组织 Shìjiè Wèishēng Zǔzhī 명 세계보건기구 | 机体 jītǐ 명 유기체 | 器质性 qìzhìxìng 형 기관 조직의 | 病变 bìngbiàn 명 병리(상)의 변화 | 功能 gōngnéng 명 기능, 효능, 작용 | 亚健康 yàjiànkāng 명 건강한 상태와 질병의 중간 상태, 병은 없지만 몸이 좋지 않은 상태 | 患者 huànzhě 명 환자 | 白领 báilǐng 명 화이트칼라, 사무직 근로자

해설 '건강과 질병 사이의 중간 상태에 처한 환자의 연령이 18세에서 45세 사이가 많다'고 언급했으므로 B가 정답이다. 유기체가 조직상의 병리 변화는 없지만 기능이 바뀐 상태를 중간 건강 상태라 한다고 했으므로 A는 답이 될 수 없다. 건강과 질병 사이의 중간 상태의 환자는 도시 사무직 근로자가 다수를 차지하지만, 그렇다고 모두 도시에 있는 것은 아니므로 C도 답이 될 수 없다. 건강과 질병 사이의 중간 상태의 환자에는 여성이 다수라고 언급했지만, 일반적인 상황에서 여성이 남성보다 더 쉽게 병이 생긴다고는 언급하지 않았으므로 D도 오답이다.

★☆☆ **| 유형 |** 전체 내용 파악

10

寓言故事《南辕北辙》讲述了一个商人要乘车到楚国去，由于选择了相反的方向又不听别人的劝告，所以离楚国越来越远。这个故事告诉我们，<u>无论做什么事，都要首先看准方向，才能充分发挥自己的有利条件；如果方向错了，那么有利条件只会起到相反的作用。</u>

A 方向比其他条件重要
B 故事的作者是楚国人
C 没有人告诉他方向错了
D 应坚持最初选择的方向

우화 「남원북철」은 한 상인이 차를 타고 초나라로 가려고 하였는데, 반대 방향을 선택하고 또 다른 사람의 충고를 듣지 않아서 초나라와 더욱 멀어졌다는 이야기다. 이 이야기는 우리에게 <u>어떤 일을 하든지, 우선 정확한 방향을 봐야만, 자신의 유리한 조건을 충분히 발휘할 수 있으며, 만약에 방향이 틀렸다면, 유리한 조건이 반대되는 작용을 일으킬 수 있다</u>는 것을 말해준다.

A 방향이 다른 조건보다 중요하다
B 이야기의 작가는 초나라 사람이다
C 그에게 방향이 틀렸다고 알려준 사람이 없었다
D 제일 처음 선택한 방향을 견지해야 한다

단어 寓言 yùyán 명 우화, 우언 | 南辕北辙 nányuánběizhé 성어 남쪽으로 가려는 사람이 북쪽으로 수레를 몰다, 행동과 목표가 상반되다 | 讲述 jiǎngshù 동 (일이나 도리 등을) 이야기하다, 강술하다, 진술하다 | 楚国 Chǔguó 명 초나라 | 劝告 quàngào 동 (어떤 일을 하도록) 권고하다, 충고하다 | 发挥 fāhuī 동 (내재된 성질이나 능력을) 발휘하다

 '우선 정확한 방향을 봐야만, 자신의 유리한 조건을 충분히 발휘할 수 있으며, 만약에 방향이 틀렸다면, 유리한 조건이 반대되는 작용을 일으킬 수 있다'라고 언급한 것으로 보아, 방향이 다른 어떤 조건보다 중요하다는 것을 알 수 있다. 따라서 정답은 A다.

 조건 관계 접속사 '无论…都…'는 '~에도 불구하고, ~에 관계없이'라는 뜻으로 어떤 조건에서도 결과는 같음을 나타낸다. 无论 뒤에는 항상 정반의문문이나 선택의문문, 의문대사, 多么가 와야 한다.

★★☆ | **유형** | 전체 내용 파악

11

明朝开国皇帝朱元璋废除了元代的服饰制度，从皇帝、文武百官到老百姓，服装都有不同的规定。大臣们参考周、汉、唐、宋的服饰形式，加以修改，先后试用了二十多年，才在1393年确立了基本的款式。

명나라 건국 황제 주원장은 원대의 복식 제도를 폐지했다. 황제와 문무백관에서부터 일반 백성들까지 복장에 모두 다른 규정이 있었다. 대신들은 주나라, 한나라, 당나라, 송나라의 복식 형식을 참고하여 수정한 후, 연이어 이십여 년 동안 시험적으로 사용해서 1393년에 비로소 기본적인 격식을 확립했다.

A 明朝沿用了元代的服饰
B 官员和老百姓的衣服不同
C 朱元璋设计了自己的服饰
D 明朝的服饰使用了二十多年

A 명나라는 원대의 복식을 계속해서 사용하였다
B 관원과 일반 백성의 의복이 달랐다
C 주원장은 자신의 복장을 설계하였다
D 명나라의 복식은 이십여 년 동안 사용하였다

단어 明朝 Míngcháo 명 명 왕조, 명나라 | 朱元璋 Zhū Yuánzhāng 고유 주원장 [명나라 태조] | 废除 fèichú 통 (법령·제도·조약 등을) 폐지하다, 취소하다 | 服饰 fúshì 명 옷과 장신구, 복식 | 文武百官 wénwǔ bǎiguān 명 문무백관, 모든 관원들 | 参考 cānkǎo 통 (학습이나 연구를 위하여 관련 자료를) 참고하다 | 修改 xiūgǎi 통 (문장이나 계획 등의 결점을) 바로잡다, 고치다 | 试用 shìyòng 통 (정식으로 사용하기 전에) 시험적으로 써보다 | 款式 kuǎnshì 명 양식, 스타일 | 沿用 yányòng 통 (과거의 방법·제도·법령 등을) 계속하여 사용하다

 '황제와 문무백관에서부터 일반 백성들까지 복장에 모두 다른 규정이 있었다'고 언급했으므로 B가 정답이다. '명나라 건국 황제 주원장은 원대의 복식 제도를 폐지했다'고 언급했으므로, A는 답이 될 수 없다. 또한 대신들이 주나라, 한나라 등의 복식을 참고하여 명나라의 복식을 설계한 것이지, 황제 주원장이 설계한 것이 아니므로 C도 답이 될 수 없다. 명나라의 복식은 '이십여 년 동안 시험적으로 사용해서 1393년에 비로소 기본적인 격식을 확립했다'고 했으므로, 이십여 년 동안만 사용했다는 D도 오답이다.

★☆☆ | **유형** | 세부 내용 파악

12

所谓低碳经济，是指在可持续发展理念指导下，通过技术创新、制度创新、产业转型、新能源开发等多种手段，尽可能地减少煤炭、石油等高碳能源消耗，减少温室气体排放，达到经济社会发展与生态环境保护双赢的一种经济发展形态。

소위 저탄소 경제라는 것은 지속 가능한 발전 이념의 지도 아래 기술 창조, 제도 창조, 산업 변화, 새로운 에너지 개발 등 여러 가지 수단을 통해서 되도록 석탄과 석유 등 고탄소 에너지의 소모를 줄이고 온실 기체의 배출을 줄여 경제사회 발전과 생태환경 보호가 모두 이익을 얻는 경제발전 형태를 가리킨다.

A 低碳需要消耗大量能源
B 低碳经济很难真正达到
C 低碳经济能够保护环境
D 低碳不用排放温室气体

A 저탄소는 대량의 에너지를 소모해야 한다
B 저탄소 경제는 진정으로 달성하기 어렵다
C 저탄소 경제는 환경을 보호할 수 있다
D 저탄소는 온실 기체를 배출할 필요가 없다

단어 低碳经济 dītàn jīngjì 명 저탄소 경제 | 可持续发展 kě chíxù fāzhǎn 명 지속 가능한 발전 | 创新 chuàngxīn 통 (옛것을 버리고 새것을) 창조하다 | 转型 zhuǎnxíng 통 (사회 경제 구조·문화 형태·가치관 등이) 변화를 일으키다 | 新能源 xīnnéngyuán 명 새로운 에너지 자원, 새로운 (대체) 에너지 | 煤炭 méitàn 명 석탄 | 消耗 xiāohào 명 소모, 소비 | 温室 wēnshì 명 온실 | 气体 qìtǐ 명 기체 | 排放 páifàng 통 (폐기·폐수·폐기물 등을) 내보내다, 배출하다 | 双赢 shuāngyíng 통 양쪽 다 승리하다, 윈윈하다

 저탄소 경제가 경제사회 발전과 생태환경 보호에서 모두 이익을 얻는 경제발전 형태를 가리킨다고 했으므로 C가 정답이다. 저탄소 경제는 되도록 석탄과 석유 등 고탄소 에너지의 소모를 줄이는 것이라고 했으므로 A는 답이 될 수 없다. 또한 이 글은 저탄소 경제에 대한 정의만 언급했을 뿐, 실현 여부에 대해서는 언급하지 않았으므로 B도 답이 될 수 없다. '온실 기체의 배출을 줄여……'라고는 언급했지만, 온실 기체를 배출할 필요가 없다고는 하지 않았으므로 D도 오답이다.

★★☆ | **유형** | 세부 내용 파악

13

“腊八粥，吃不完，吃了腊八粥，农业大丰收”。农历腊月初八，是中国民间的传统节日“腊八节”。关中一带到了这一天，家家户户都要煮上一锅“腊八粥”，美餐一顿。不光大人、娃娃吃，还要给牲口、鸡、狗喂一些，<u>在门上、墙上、树上抹一些，图个吉利。</u>

A 丰收的年份才吃腊八粥
B 腊八节要在门上涂稀粥
C 不能给鸡羊牛吃腊八粥
D 腊八粥可天天吃人人吃

'납팔죽은 다 먹지 못하며 납팔죽을 먹으면 농업이 풍작을 이룬다'. 음력 12월 초파일은 중국 민간의 전통명절 '납팔절'이다. 관중 일대는 이날이 되면 집집마다 모두 '납팔죽'을 끓여 맛있게 먹는다. 어른뿐만 아니라 갓난아이도 먹고, 가축, 닭, 개에게도 조금 먹이며 <u>문, 벽, 나무에도 조금 발라 길하기를 기도한다.</u>

A 수확이 풍성한 해에야 비로소 납팔죽을 먹는다
B 납팔절에는 문에 묽은 죽을 발라야 한다
C 닭, 양, 소에게 납팔죽을 줄 수 없다
D 납팔죽은 매일 누구나 먹을 수 있다

 腊八粥 làbāzhōu 몡 납팔에 끓여 먹는 죽 | 丰收 fēngshōu 동 풍성하게 수확하다 | 腊月 làyuè 몡 섣달, 음력 12월 | 腊八 làbā 몡 납팔, 음력 12월 8일 | 关中 Guānzhōng 몡 관중 | 煮 zhǔ 동 삶다, 끓이다, 익히다 | 美餐 měicān 동 (기분 좋게) 잘 먹다 | 娃娃 wáwa 몡 갓난아이, 영아 | 牲口 shēngkou 몡 (소·말·당나귀 등 사람을 도와 일을 하는) 가축 | 喂 wèi 동 (동물에게) 먹이를 주다, 사료를 주다 | 抹 mǒ 동 바르다, 칠하다 | 图 tú 동 계획하다, 기도하다, 도모하다, 꾀하다 | 吉利 jílì 형 길하다, 상서롭다, 길하고 순조롭다 | 年份 niánfèn 몡 해, 연도 | 稀粥 xīzhōu 몡 묽은 죽, 미음

 납팔절에는 '문, 벽, 나무에도 조금 발라 길하기를 기도한다'고 했으므로 정답은 B다. '납팔죽을 먹으면 농업이 풍작을 이룬다'고는 언급했지만, 풍성한 수확을 해야만 먹는 것이라고는 하지 않았으므로 A는 답이 될 수 없다. 납팔죽을 먹을 때 가축에게 조금 먹인다고 했으므로 닭, 소, 양도 납팔죽을 먹을 수 있다는 말이므로 C도 답이 될 수 없다. 납팔죽은 납팔절에 먹는 것이지, 날마다 먹는 것이 아니므로 D도 오답이다.

Tip⁺ '납팔죽'이란 석가가 불도를 이루던 날을 기리기 위해 중국에서 매년 음력 12월 8일에 먹는 죽을 뜻한다. '납'은 원래 주나라 때 모든 신에게 지내는 12월 제사의 명칭이었는데, 나중에 12월의 이명(異名)이 되었으며, 그달 8일에 쑤는 죽이란 뜻으로 '납팔죽'이라 한다.

★★☆ | **유형** | 전체 내용 파악

14

“香槟”一词，与快乐、欢笑和高兴同义。它是一种庆祝佳节用的酒，也是葡萄酒中之王。<u>历史上没有任何酒可比美香槟的神秘性。</u>香槟酒的味道醇美，适合任何时刻饮用。举行大的宴会，用香槟比其他混合酒还恰当。它也是第一流的调酒配料，而且价格也不太贵。

A 香槟显得很神秘
B 香槟只适合宴会
C 香槟比混合酒好喝
D 香槟的价格太高了

'샴페인'이라는 단어는 행복, 즐거운 웃음, 기쁨과 같은 의미다. 그것은 일종의 아름다운 명절을 축하할 때 쓰는 술이며 포도주 중의 왕이다. <u>역사적으로 샴페인의 신비로움과 비교할 수 있는 그 어떤 술도 없었다.</u> 샴페인의 맛은 순수하고 좋으며 어떤 때에도 마시기 적당하다. 큰 연회를 거행할 때도 샴페인을 이용하는 것이 기타 혼합주보다도 더 적당하다. 그것은 최고의 혼성주 배합 원료이며 가격도 그다지 비싸지 않다.

A 샴페인은 매우 신비해 보인다
B 샴페인은 연회에만 적당하다
C 샴페인은 혼합주보다 더 마시기 좋다
D 샴페인의 가격은 너무 비싸다

해설 지문에서 '역사적으로 샴페인의 신비로움과 비교할 수 있는 그 어떤 술도 없었다'고 하였으므로 A가 정답이다. '샴페인은 어떤 때에도 마시기 적당하다'고 했으므로 B는 답이 될 수 없다. 또한 '큰 연회를 거행할 때도 샴페인을 이용하는 것이 기타 혼합주보다도 더 적당하다'고는 언급했지만, 이 말이 샴페인이 다른 혼합주보다 더 마시기 좋다는 뜻은 아니므로 C도 답이 될 수 없다. '샴페인은 가격도 그다지 비싸지 않다'고 하였으므로 D도 오답이다.

Tip⁺ 用香槟比其他混合酒还恰当은 比자 비교문이다. 比자 비교문이 무엇인지에 대해 제대로 파악하고 있는 학습자들은 많지만, 比자 비교문에 쓸 수 있는 정도부사가 무엇인지, 쓸 수 없는 정도부사가 무엇인지에 대해서는 모르는 학습자들이 여전히 많다. 이번 기회에 꼭 알아두도록 하자. 比자를 사용한 비교문에는 更 또는 还와 같은 비교부사를 사용하여 한층 더 깊은 정도에 이르렀음을 나타낼 수 있다. 하지만 很, 十分, 非常, 特别, 比较와 같은 정도부사는 쓸 수 없다.

★★☆ |유형| 세부 내용 파악

15

在中国历史上，从唐朝到元朝先后从阿拉伯、波斯等国家来了很多信仰伊斯兰教的人，他们经过与汉、蒙古、维吾尔等民族的不断融合，到了明朝产生了一个新的民族，这就是回族。回族目前有人口1000多万，是中国少数民族中分布最广的一个民族。

A 回族在唐朝的时候最终形成
B 回族在元朝的时候开始产生
C 回族是中国分布最广的少数民族
D 回族是中国人口最多的少数民族

중국 역사상 당나라부터 원나라까지 연이어 아랍, 페르시아 등의 국가에서 이슬람교를 믿는 많은 사람들이 왔다. 그들은 한족, 몽골족, 위구르족 등의 민족과 끊임없는 융합을 통해 명나라에 이르러 새로운 민족을 만들었는데 바로 회족이다. 회족은 현재 인구 1000여 만 명이 있는, 중국 소수민족 중 가장 널리 분포된 민족이다.

A 회족은 당나라 때 마지막으로 형성되었다
B 회족은 원나라 때 만들어지기 시작했다
C 회족은 중국에서 가장 널리 분포된 소수민족이다
D 회족은 중국에서 인구가 가장 많은 소수민족이다

해설 회족은 중국 소수민족 중에서 가장 널리 분포된 민족이라고 하였으므로 C가 정답이다. 당나라부터 원나라까지 연이어 아랍, 페르시아 등 국가에서 이슬람교를 믿는 많은 사람들이 와서 중국의 기타 민족과의 융합을 통해 명나라에 이르러서는 회족을 만들었다고 했으므로, 회족은 당나라 때 최종 형성된 것이 아님을 알 수 있다. 따라서 A는 답이 될 수 없다. 또한 원나라 때 만들어지기 시작한 것도 아니므로 B도 답이 될 수 없다. 회족이 중국 소수민족 중 가장 널리 분포된 민족이라고는 언급은 했지만, 중국에서 인구가 가장 많은 소수민족이라고는 하지 않았으므로 D도 오답이다.

女：各位朋友大家好，16(C)这里是央视网明星在线，今天来到我们演播室的是方大同。你好。

男：你好，大家好。

女：首先我跟你坦诚一下，编导告诉我做你节目的时候，我真的是没有听过你的歌，然后上网搜了一下，真的是特别好听，很特别，很耐听。

男：谢谢。

女：最近大家都很关注你，北京的天气比较干燥，你是不是有点儿不太舒服。

男：最近几天鼻子一直很敏感，今天好多了。

女：17(A)下面进入正题，赶紧给我们推荐一下《橙月》。

男：我希望在这张专辑里，无论是质感上，还是表达的故事状态，都希望给大家一个经典歌曲的感觉。

女：18(B)就是表现很浪漫的情怀？

男：对。比较复古的歌曲。

女：也有很多的朋友想知道，你说你的歌不太适合K歌，这张呢？

男：18(A)也不算适合K歌，但是19(B)我觉得比之前的三张要好一些。这次的歌曲，为什么选择六七十年代的感觉，因为那个时候的歌曲主旋律非常的清晰，咬字非常的清楚，但是现在的音乐，是玩弄音乐的方式，有很多因素，未必是专注于主旋律。

女：我听了里面的歌曲，觉得还是很适合大众的。18(C)有很多网友说你是小众的歌手，作为我个人来说，如果把其中的一首歌练会，K歌的话还是很个性的。

男：谢谢你。

女：这位网友问你会不会自己在写的时候，越写越陷入到恋爱的漩涡中？

男：也不会，其实我就是创作者，我从头开始想做的是一个整体的概念，写的过程中我会觉得蛮开心，我觉得全部的歌曲都算是比较成熟，一般最新的专辑都是最成熟的那一张，

여: 여러분, 모두 안녕하세요. 16(C)여기는 중앙방송국 웹사이트 '명성재선'입니다. 오늘 우리 스튜디오에 오신 분은 팡다퉁 씨입니다. 안녕하세요.

남: 안녕하세요. 여러분, 안녕하세요.

여: 먼저 솔직하게 말씀드려서, 연출가가 저에게 당신 프로그램을 한다고 했을 때, 저는 정말 당신의 노래를 들어본 적이 없었어요. 그 후에 인터넷에 접속해서 검색해보았는데 정말 너무 듣기 좋았어요. 아주 특별하고 오래 들어도 질리지 않고요.

남: 감사합니다.

여: 최근에 모두가 당신에게 매우 집중하고 있습니다. 베이징 날씨는 비교적 건조한데, 조금 불편하지 않으신가요?

남: 요새 며칠 코가 계속 민감했는데, 오늘은 많이 좋아졌습니다.

여: 17(A)이제 본론으로 들어가서, 어서 저희에게 『청위에』를 소개해주세요.

남: 저는 이번 앨범에서 생동감이라든지, 전달하려는 이야기 상황이라든지, 모두 여러분에게 고전적인 노래의 느낌을 주기를 바랐습니다.

여: 18(B)바로 낭만적인 심정을 표현하는 것 말인가요?

남: 네. 비교적 복고적인 노래입니다.

여: 알고 싶어 하는 친구들이 많은데요, 당신은 당신의 노래가 노래방에서 노래 부르는 것에는 적합하지 않다고 하셨는데, 이번 앨범은요?

남: 18(A)역시 노래방에서는 적합하다고 생각하지 않습니다. 그러나 19(B)이전의 세 장의 앨범에 비해서는 좀 낫습니다. 이번 노래를 60, 70년대의 느낌으로 선택한 이유는 그때의 멜로디가 매우 명확하고 가사의 발음이 굉장히 정확하기 때문입니다. 하지만 지금의 음악은 음악을 가지고 노는 방식입니다. 많은 요소들이 있는데 반드시 멜로디에 집중하는 것은 아닙니다.

여: 안에 있는 노래를 들으니 그래도 대중에게 적합한 것 같습니다. 18(C)많은 네티즌들이 당신이 소수팬을 가진 가수라는데, 제 개인적으로 보았을 때, 만약에 그중 한 곡을 연습해서 노래방에서 부른다면 매우 개성이 있을 것 같습니다.

남: 감사합니다.

여: 한 네티즌이 당신이 곡을 쓸 때면 연애의 소용돌이 속에 빠지지는 않는지 물었습니다.

남: 물론 아닙니다. 사실 저는 창작자입니다. 제가 처음부터 하고 싶었던 것은 총체적인 개념입니다. 쓰는 과정 중에 저는 큰 기쁨을 느낍니다. 저는 모든 노래가 비교적 성숙하다고 여기며 일반적으로 최신의 앨범은 모두 제

这次的歌曲就非常满意。

女：这次的歌曲当中除了主打歌，我最喜欢的是《每个人都会》。

男：谢谢。

女：我们也注意到你这张专辑当中，如果从第一首听到最后一首，会发现第一首和最后一首是一样的。

男：一个是英文版，一个是中文版。我一般写的时候是英语词，然后再写中文版，但是这一次觉得英文版比中文版好听，然后英文版定为第一首，最后还有一个中文版，后来大家说也是英文版好听。

女：英文歌大家那么喜欢，而且你也说了，更喜欢的是英文版的，有没有考虑过，将来出一张英文专辑？

男：[20(D)]其实从我刚刚出道就想过出英文专辑。

일 성숙한 앨범입니다. 이번 노래는 매우 만족합니다.

여: 저는 이번 노래 중 타이틀곡을 제외하고 「모두가 할 수 있어」를 제일 좋아합니다.

남: 감사합니다.

여: 저희는 이번 앨범에 집중해서 처음 노래부터 마지막 노래까지 듣는다면 첫 번째 노래와 마지막 노래가 같다는 것을 발견할 수 있다는 것도 알았습니다.

남: 하나는 영문판이고, 하나는 중문판입니다. 저는 일반적으로 영어 가사를 쓴 후, 다시 중문판을 씁니다. 그러나 이번에는 영문판이 중문판보다 더 듣기 좋다고 느껴져 영문판을 첫 번째 노래로 정하고 마지막에 중문판을 또 넣었습니다. 후에 모두들 역시 영문판이 듣기 좋다고 하였습니다.

여: 영문 노래를 모두가 그렇게 좋아하고 게다가 당신도 더 좋아하는 것이 영문판이라고 하셨는데, 장래에 영문 앨범을 내는 것에 대해 고려해보신 적이 있나요?

남: [20(D)]사실 막 일을 시작했을 때 영문 앨범을 낼 생각을 해본 적 있습니다.

단어 央视网 yāngshìwǎng 冏 중앙방송국 웹사이트 | 明星在线 Míngxīng Zàixiàn 冏 명성재선 [인터넷 방송] | 演播室 yǎnbōshì 冏 방송실, 스튜디오 | 方大同 Fāng Dàtóng 고유 팡다퉁 | 坦诚 tǎnchéng 閿 솔직하다, 진실하다 | 编导 biāndǎo 冏 극작가와 연출가 | 搜 sōu 閿 검색하다, 찾다 | 耐听 nàitīng 오래 들어도 질리지 않다 | 正题 zhèngtí 冏 (말을 하거나 문장을 쓸 때의) 주제, 중심 내용 | 赶紧 gǎnjǐn 閿 서둘러, 급히, 어서 | 专辑 zhuānjí 冏 전집, 앨범 | 质感 zhìgǎn 冏 (예술품이 표현하는) 생동감 | 经典 jīngdiǎn 冏 경전, 고전 | 情怀 qínghuái 冏 (어떤 감정을 포함한) 심경 | 复古 fùgǔ 閿 복고하다 | K歌 K gē 閿 노래방에서 노래를 부르다 | 主旋律 zhǔxuánlǜ 冏 주선율, 주가락, 주멜로디 | 清晰 qīngxī 閿 분명하다, 똑똑하다, 명확하다, 뚜렷하다 | 咬字 yǎozì 閿 (정확한 음 또는 전통적인 음으로) 가사와 대사를 부르다 | 玩弄 wánnòng 閿 가지고 놀다, 만지작대다 | 未必 wèibì 閿 반드시 ~한 것은 아니다, 꼭 그런 것은 아니다 | 专注 zhuānzhù 閿 (정신·정력 등을) 집중하다, 전념하다 | 陷入 xiànrù 閿 (어떤 불리한 상황이나 국면으로) 빠지다, 놓이다 | 漩涡 xuánwō 冏 소용돌이 | 蛮 mán 閿 매우, 아주 | 主打歌 zhǔdǎgē 冏 주제가, 타이틀곡 | 出道 chūdào 閿 (학업이) 학업을 마치고 일에 종사하기 시작하다

Tip⁺ 연예인을 인터뷰할 경우, 우리가 알고 있는 유명인일 경우가 많다. 실제 중국대륙과 홍콩의 스타를 좋아한다면, 인터뷰 내용을 이해하는 데 좀 더 도움이 될 수도 있다. 중국의 토크쇼를 시청하면서, 인터뷰 형식에 익숙해지도록 하자. 지문에서 인터뷰한 方大同은 「Soul Boy」, 「爱爱爱」 등을 발표한 홍콩 가수다.

★☆☆ |**유형**| 세부 내용 파악

16 这段访谈是通过什么播放出来的?

A 电视
B 电台
C 网络
D 录音

이 인터뷰는 무엇을 통해 방송되는 것인가?

A 텔레비전
B 라디오 방송국
C 인터넷
D 녹음

단어 访谈 fǎngtán 閿 (어떤 사실이나 소식 등을 알기 위하여) 방문하여 이야기를 나누다 | 电台 diàntái 冏 라디오 방송국

해설 인터뷰 시작 시 중앙방송국 웹사이트의 명성재선이라고 소개했고, 이어서 네티즌이라는 말을 언급했다. 따라서 인터넷을 통해 방송하는 것임을 알 수 있으므로 정답은 C다.

17 这段访谈的主题是什么？　　　이 인터뷰의 주제는 무엇인가?

A 男的的新专辑　　　　　　　A　남자의 새 앨범
B 男的的创作风格　　　　　　B　남자의 창작 스타일
C 男的的写作过程　　　　　　C　남자의 저작 과정
D 男的的个人偏好　　　　　　D　남자의 개인 선호

 写作 xiězuò 图 글을 짓다, 저작하다, 저술하다 | 偏好 piānhào 图 선호

해설 인터뷰 중반에 여자가 '이제 본론으로 들어가서 어서 저희에게 『청위에』를 소개해주세요'라고 언급했고, 이에 남자가 이번 앨범이 어떠한지에 대해 구체적으로 설명하고 있다. 따라서 정답은 A다.

18 男的认为《橙月》的特点是什么？　　　남자는 『청위에』의 특징이 무엇이라고 여기는가?

A 适合K歌　　　　　　　　　A　노래방에서 부르기 적합하다
B 浪漫复古　　　　　　　　　B　낭만적이고 복고적이다
C 适合小众　　　　　　　　　C　소수팬에 적합하다
D 旋律轻松　　　　　　　　　D　멜로디가 가볍다

해설 인터뷰 중반에 여자가 '바로 낭만적인 심정을 표현하는 것 말인가요?'라고 묻자, 남자가 '네. 비교적 복고적인 노래입니다'라고 대답한 것으로 보아 정답이 B임을 알 수 있다. C는 네티즌의 관점이므로 답이 될 수 없고, 남자의 노래는 노래방에서 부르기 적합하지 않다고 했으므로 A도 답이 될 수 없다.

19 关于男的，以下哪一种说法是正确的？　　　남자에 대해 다음 중 옳은 것은?

A 他是北京人　　　　　　　　A　그는 베이징 사람이다
B 他出了四张专辑　　　　　　B　그는 네 장의 앨범을 냈다
C 他更喜欢英文歌曲　　　　　C　그는 영문 음악을 더 좋아한다
D 他生于六七十年代　　　　　D　그는 60, 70년대에 태어났다

해설 인터뷰 중 남자가 이번 앨범 역시 노래방에서 부르기는 적합하다고 생각하지는 않지만, 이전의 세 장의 앨범에 비해서는 좀 더 낫다고 언급했으므로, 총 네 장의 앨범을 발매했음을 알 수 있다. 따라서 정답은 B다. 인터뷰 중 여자가 베이징의 날씨가 비교적 건조한데, 불편하지 않은지 남자에게 물은 것으로 보아, 그가 베이징 현지 사람이 아니라는 것을 예측할 수 있으므로 A는 답이 될 수 없다. 이번 노래가 중문판보다 영문판이 더 듣기 좋다고는 언급했으나, 이것이 그가 영문 노래를 더 좋아한다는 의미는 아니므로 C도 답이 될 수 없다. 또한 이번 노래가 60, 70년대의 느낌이라고는 언급했으나, 그가 60, 70년대에 태어났다고는 하지 않았으므로 D도 오답이다.

 이렇게 전체 내용을 알고 있어야 풀 수 있는 문제는 꼭 보기를 체크해야 한다. 녹음 내용을 들을 때, 어떤 보기 항목의 내용과 동일하게 말하고 있는지를 보기 옆에 체크하면서 듣는 훈련을 해야 실수하지 않고 문제를 풀 수 있다.

20

接下来两人最有可能谈论什么话题？	이어서 두 사람은 아마 어떤 화제를 얘기할 것인가?
A 对男的的专辑的评价	A 남자의 앨범에 대한 평가
B 男的写中文词的技巧	B 남자가 중문 가사를 쓰는 기술
C 恋爱对男的创作的影响	C 남자의 창작에 연애가 미치는 영향
D 男的未来的打算和方向	D 남자의 미래 계획과 방향

단어 评价 píngjià 통 (사람이나 사물의 가치나 수준 등을) 판단하다, 평가하다 | 技巧 jìqiǎo 명 기교, 테크닉, 수법

해설 대화의 가장 마지막에 그가 영문판 앨범을 낼 생각을 해본 적이 있다고 했으므로 아마 두 사람은 영문 앨범을 낼 계획과 방향에 대해 이야기할 것임을 유추할 수 있다. 정답은 D다.

21-25

男: 21(C)今天我们看到盘中东北概念涨幅不错，黑龙江、吉林、辽宁板块，这与国家振兴东北政策有一定关系，请问曹经理，这方面有一定投资机会吗？

女: 虽然大家知道这个事，批准也不是马上就可以见效的，当然不存在不批准的可能。但是现在这个市场当中，说明这个市场保持的是强势。第二我觉得国家对东北的投入会在十一五期间加大，东北老重工业基地，都是很好的企业，本身走势很好。普涨以后，什么东西真正获利呢？这是一种思路方法，还要看趋势强弱。22(B)如果真是觉得这个可能是一个中线投资，或者是稳健投资人，比如像原来的国电应该也没有什么问题。

男: 23(D)今天是奥运倒计时一周年，8月8号，我的中体就快要跌停了，怎么回事？

女: 典型的中国式，现在不要太紧张，为什么呢？这个道理是这样的，我从另一个角度来说这个意思，第一呢，我每次都说今年奥运肯定是主题，这个坚信没有什么太大问题。第二就是说今天倒计时一周年，应该有一个表现，其实昨天你看了，昨天就有表现了。

男: 21(C), 24(A)昨天北京旅游有一个涨停。

남: 21(C)오늘 우리는 매매 가격 중 '동북개념'의 상승폭이 괜찮은 것을 보았습니다. 헤이룽쟝, 지린, 랴오닝 영역은 국가 동북진흥 정책과 일정한 관계가 있습니다. 차오 경영인께 묻겠습니다. 이 방면에 어느 정도의 투자 기회가 있습니까?

여: 비록 모두가 이 일을 알지만, 승인되어도 바로 효과가 나타나는 것은 아닙니다. 물론 승인하지 않을 가능성은 존재하지 않습니다. 하지만 현재 이 시장에서 시장의 지속을 설명하자면 발전 추세라는 것입니다. 두 번째로, 저는 동북에 대한 국가의 투자가 '십일오' 시기에 커질 것이라고 생각합니다. 동북의 오래된 중공업기지는 모두 매우 좋은 기업입니다. 자체의 발전적 추세가 매우 좋습니다. 전면적으로 주가가 오른 후, 어떤 것이 진정으로 이익을 얻을까요? 이것은 일종의 사고의 방식으로 추세의 강약 또한 살펴봐야 합니다. 22(B)만약에 정말 이것이 중요한 투자, 혹은 믿음직한 투자자라고 여겨진다면, 예를 들어 원래의 국가 전력 같은 것은 전혀 문제되지 않을 것입니다.

남: 23(D)오늘은 올림픽 카운트다운 1주년이 되는 8월 8일인데, 저의 중국체육산업 주식회사는 곧 하한가로 떨어지려고 합니다. 어떻게 된 일이죠?

여: 전형적인 중국형입니다. 지금 너무 긴장할 필요가 없습니다. 왜냐고요? 이치는 이렇습니다. 저는 다른 각도에서 이 의미를 말하겠습니다. 첫 번째는 저는 매번 올해의 올림픽은 분명히 토픽이라고 말했습니다. 이 믿음에는 어떠한 큰 문제도 없습니다. 두 번째는 오늘은 카운트다운 1주년이 되는 날입니다. 마땅히 활약이 있어야 합니다. 사실 어제 보셨듯이 어제 바로 활약이 있었습니다.

남: 21(C), 24(A)어제 베이징여행은 주가가 상한가로 올랐습니다.

女：大家都在抢。其实很多事就是这样，今天表现好了你想跑，一定有比你跑得早的。如果今天买进了，今天就想挣了跑，这种判断有一定的误差，但是这个主题还会继续强化的，不要太紧张。我觉得它可能有一些变化，但我觉得，²⁴⁽ᴮ⁾毕竟奥运主题盖不过绩优蓝筹，而且走到现在，市场仍然处于犹豫状态，看这两天成交量这么大，不是主题充分展开的阶段。一个时间偏早，再一个不要看太短。²⁴⁽ᶜ⁾如果今天下跌了，可能会失望，可能一两天就起来了，这个主题没做完，不要太紧张了，还是应该可以继续做，²⁴⁽ᶜ⁾小的损失从策略上没有问题，从具体操作层面来讲，²⁴⁽ᴰ⁾注意把握高抛低吸这个理论，价格太高了，就要考虑什么时候抛。

男：周一有一个股票被大家提及，²⁵⁽ᴰ⁾600150中国船舶，前天冲到200元，当然最后没站住，这也是中国股市有史以来第一个200元的股票，您对这件事怎么看？

여: 모두가 앞다투고 있습니다. 사실 많은 일들이 바로 이렇습니다. 오늘 활약이 좋아서 팔고 싶어도 분명히 당신보다 먼저 판 사람이 있을 것입니다. 만약에 오늘 사들여 오늘 바로 팔고 싶다면, 이런 판단은 상당한 오차가 있습니다. 그러나 이 토픽은 여전히 계속 강해질 것이니 너무 긴장할 필요는 없습니다. 저는 그것에 약간 변화가 있을 수는 있다고 생각합니다. 하지만 ²⁴⁽ᴮ⁾결국 올림픽 토픽은 우수한 대형우량주를 압도할 수 없습니다. 게다가 지금까지 오면서 시장은 여전히 머뭇거리는 상태에 있습니다. 이틀간의 교역량이 이렇게 큰 것을 보면 토픽이 충분히 전개되지 않은 단계입니다. 시간이 너무 이르고, 너무 짧게 봐서도 안 됩니다. ²⁴⁽ᶜ⁾만약 오늘 떨어졌으면 실망할 수도 있겠지만, 아마 하루 이틀이면 일어날 것입니다. 이 토픽은 다 끝나지 않았으니 너무 긴장하지 마세요. 아직 분명 계속될 수 있습니다. ²⁴⁽ᶜ⁾작은 손실은 전략상 문제가 없습니다. 구체적인 조작범위에서 말하자면, ²⁴⁽ᴰ⁾높을 때 버리고 낮을 때 흡수한다는 이 이론에 주의해서, 가격이 너무 높으면 언제 팔지 고려해야 합니다.

남: 월요일에 한 주식이 모두에게 언급되었습니다. ²⁵⁽ᴰ⁾600150 중국선박은 엊그제 200위엔을 돌파했습니다. 물론 마지막에는 떨어졌습니다. 이것 역시 중국 주식시장 역사상 첫 번째 200위엔 주식입니다. 당신은 이 일을 어떻게 보시나요?

단어 盘 pán 몡 시세, 매매 가격, 시장 가격 | 涨幅 zhǎngfú 몡 (물가의) 상승폭 | 板块 bǎnkuài 몡 (사회·산업 등의) 분야, 영역, 범위 | 振兴 zhènxīng 됭 진흥하다, 흥성하게 하다, 떨쳐 일으키다 | 投资 tóuzī 됭 투자하다 | 批准 pīzhǔn 됭 (상급자나 상급기관에서 하급자나 하급기관의 의견·건의·요청 등을) 승인하다, 허락하다 | 见效 jiànxiào 됭 효력이 생기다, 효과가 나타나다 | 强势 qiángshì 몡 발전추세 | 十一五 Shíyī Wǔ 몡 중국의 국민경제와 사회발전 제11번째 5년 계획 [2006년~2010년] | 走势 zǒushì 몡 발전적 추세 | 获利 huòlì 됭 이익을 얻다 | 强弱 qiángruò 몡 강약, 세기 | 稳健 wěnjiàn 혱 안정되고 힘이 있다, 믿음직하다 | 倒计时 dàojìshí 됭 카운트다운하다, 초읽기하다 | 中体 Zhōngtǐ 몡 중국체육산업 주식회사 | 跌停 diētíng 됭 (주가가) 하한가로 떨어지다 | 坚信 jiānxìn 됭 굳게 믿다, 확실히 믿다 | 涨停 zhǎngtíng 됭 주가가 상한가로 오르다 | 误差 wùchā 몡 오차 | 绩优 jìyōu 혱 성적이 우수하다 | 蓝筹 lánchóu 몡 대형우량주 | 犹豫 yóuyù 혱 주저하다, 머뭇거리다 | 成交量 chéngjiāoliàng 몡 거래량 | 策略 cèlüè 몡 책략, 전략, 계략, 방책 | 操作 cāozuò 됭 조작하다, 다루다 | 层面 céngmiàn 몡 (어떤 단계의) 범위 | 抛 pāo 됭 팔다 | 提及 tíjí 됭 언급하다 | 船舶 chuánbó 몡 배(의 총칭)

★☆☆ | **유형** | 주제 파악

21

这段对话讨论的主题是什么？

A 经济发展前景
B 振兴东北政策
C 股票市场行情
D 奥运会一周年

이 대화에서 토론하는 주제는 무엇인가?

A 경제발전 전망
B 동북진흥 정책
C 주식시장 시세
D 올림픽 1주년

단어 行情 hángqíng 몡 시세, 시가, 장세

해설 인터뷰 중 시세, 상승폭, 교역량, 우수한 대형우량주 등의 단어들이 등장하는 것으로 보아, 이들이 주식시장에 대해 이야기하고 있음을 알 수 있다. 따라서 정답은 C다. 나무를 보지 말고 숲을 볼 줄 알아야 한다. A, B, D의 내용은 모두 지문에서 언급했지만, 전체적인 내용은 주식 시장의 시세를 말하고 있음을 알아야 한다.

★★☆ | **유형** | 세부 내용 파악

22 在女的看来，一个稳健的投资者应该怎么做?

A 暂时观望
B 买进国电
C 抛出中体
D 立刻离开

여자가 보았을 때, 믿음직한 투자자는 어떻게 해야 하는가?

A 잠시 관망한다
B 국가 전력을 산다
C 중국체육산업 주식회사를 버린다
D 즉시 떠난다

단어 暂时 zànshí 명 잠시, 잠시 동안, 잠시간

해설 대화 중반에 여자는 '만약에 정말 이것이 중요한 투자, 혹은 믿음직한 투자자라고 여겨진다면, 예를 들어 원래의 국가 전력 같은 것은 전혀 문제되지 않을 것입니다'라고 말했으므로 정답은 B다.

★☆☆ | **유형** | 시간 파악

23 这段对话可能发生在什么时间?

A 8月18号
B 10月1号
C 奥运会结束一周年
D 奥运倒计时一周年

이 대화는 아마도 언제 발생하였겠는가?

A 8월 18일
B 10월 1일
C 올림픽이 끝난 지 1주년
D 올림픽 카운트다운 1주년

해설 대화 중반에 남자가 오늘은 올림픽 카운트다운 1주년이 되는 날이라고 했으므로 D가 정답이다.

Tip⁺ 이처럼 듣기영역에서는 요일, 월, 년, 계절 등에 대해 묻는 문제가 출제되기도 한다. 시간이나 날짜가 직접적으로 제시되는 경우도 있고 간단하게 계산해야 하는 경우도 있다. 그러므로 평소에 시간과 날짜에 관련된 어휘들을 익혀두어야 한다. 또한 중국의 국경절이나 휴일 등의 어휘도 함께 알아두자.

★★☆ | **유형** | 세부 내용 파악

24 下面哪种说法是正确的?

A 最近北京旅游一直在跌
B 绩优蓝筹比不过奥运主题
C 有一些小的损失不必在意
D 具体操作时应该高价跟进

다음 중 정확한 설명은?

A 최근 베이징여행은 계속 떨어지고 있다
B 우수한 대형우량주는 올림픽 토픽과 비교할 수 없다
C 작은 손실들은 신경 쓸 필요가 없다
D 구체적인 조작을 할 때 높은 가격을 따라가야 한다

단어 跟进 gēnjìn 동 뒤따라 전진하다, 따라 나아가다

해설 인터뷰 후반에 '작은 손실은 전략상 문제가 없습니다'라고 언급했으므로 정답은 C다. 어제 베이징여행의 주가가 상한가로 올랐다고 했으므로 A는 정답이 될 수 없다. 또한 올림픽 토픽은 우수한 대형우량주를 압도할 수 없다고 하였으므로 B도 답이 될 수 없다. '높을 때 버리고 낮을 때 흡수한다는 이 이론에 주의해서, 가격이 너무 높으면 언제 팔지 고려해야 합니다'라는 말을 통해 D도 오답임을 알 수 있다.

25 接下来女的会就什么内容发表看法?

A 中国烟草
B 中国石油
C 中国电信
D 中国船舶

이어서 여자는 어떤 내용에 대한 견해를 발표할 것인가?

A 중국담배
B 중국석유
C 중국전신
D 중국선박

해설 남자는 마지막에 여자에게 중국선박의 문제에 대해 언급하고 있다. 따라서 이어서 올 내용이 중국선박과 관련이 있음을 알 수 있으므로 정답은 D다.

Tip⁺ 듣기에서 출제 빈도가 비교적 높은 유형 중 하나가 바로 세부적인 내용들을 바탕으로 추측하는 문제다. 추측, 추리를 해야 하는 문제를 풀기 위해서는 보기를 미리 읽고, 단서가 될 만한 핵심 단어에 특히 유의해서 들어야 한다. 인터뷰에서는 다음에 이어질 말을 추측하는 문제도 출제될 수 있으므로 지문을 들을 때 끝까지 주의해야 한다.

26-30

女: 刚刚您说到自己是最早一批下海知识分子，那时候做这个决定容易吗?

男: 不容易。那个时候多数人考虑的是稳定、饭碗，也就是职业稳定性和发展前景，^{26(D)}那个时候真的离开国家公职，离开比较好的、稳定的环境去探索一个未知的环境，或者是前途未卜的环境，有的时候是比较难的。我大概是最早去深圳的，在70年代末，那个时候看到的深圳是跟内地完全不一样的经济环境，对我触动特别大，对我最后下决心也产生了很大的影响。

女: 您后来做出这个决定的时候，家人同意吗?

男: 当然有很多的困难。比如说^{27(D)}我太太，她当时在国家机关工作，是最早的最年轻的一批处级干部，^{27(A)}她对自己的工作也很喜欢，也很投入。最后我很坚决地告诉她，这条路是一条光明大道，你走也得走，不走也得走。最后全家一起走上了这样一条路。^{27(B)}我的太太比较容易接受新事物，她接受新事物的能力很强，^{27(C)}当我们就这个问题达成共识以后，她跟我一起跳到水里面去了。

女: 引入投资伙伴的时候，你跟投资伙伴预计一年之后，当营业额达到一定规模时上市，在一年、两年、三年没有上市的情况下，你们对上市的问题怎么看?

여: 방금 당신은 자신이 가장 먼저 사업에 뛰어든 지식인이라고 하였는데요, 그때 이런 결정을 하는 것이 쉬웠나요?

남: 쉽지 않았습니다. 그때 많은 사람들이 고려한 것은 안정과 밥벌이였고, 이것은 직업의 안정성과 발전 전망이었습니다. ^{26(D)}그때는 정말 국가 공직을 떠나, 비교적 좋고 안정적인 환경을 떠나 미지의 환경, 혹은 앞길을 예측할 수 없는 환경을 탐색하러 간다는 것이 어떤 때는 비교적 어려운 것이었습니다. 저는 대략 제일 먼저 선전에 갔습니다. 70년대 말, 그때 본 선전은 대륙과는 완전히 다른 경제환경이었고, 저에게 엄청 큰 감정의 변화를 일으켰습니다. 제가 최후에 결심을 내린 것에도 역시 큰 영향을 끼쳤습니다.

여: 당신이 후에 이 결정을 내렸을 때 가족들은 동의했나요?

남: 당연히 많은 어려움이 있었습니다. 예를 들어 ^{27(D)}제 아내는 당시 국가기관에서 일을 했습니다. 최초이자 제일 젊은 처급 간부였습니다. ^{27(A)}그녀는 자신의 일을 매우 좋아했고 매우 몰입하였습니다. 마지막에 저는 단호하게 그녀에게 이 길은 매우 희망적인 길이며, 꼭 가야 한다고 말했습니다. 마지막에 온 가족이 함께 이렇게 한 길에 올라섰습니다. ^{27(B)}제 아내는 비교적 쉽게 새로운 사물을 받아들입니다. 그녀는 새로운 사물을 받아들이는 능력이 매우 뛰어납니다. ^{27(C)}우리가 이 문제에 대해 공감하고 난 후 그녀는 저와 같이 물속으로 뛰어들었습니다.

여: 공동 투자자를 모을 때, 당신과 공동 투자자는 1년 후, 영업액이 일정한 규모에 달했을 때 상장할 것이라고 예상하였는데, 1년, 2년, 3년 동안 상장하지 않던 상황에서 당신은 상장 문제를 어떻게 보았나요?

男：^{28(B)}因为泡沫来了，冬天来了，谁都知道这个事实。有一段时间投资人就不管这个企业了。既然上不了市，这个企业就由我和我爱人管理和经营。我们的理念是这个企业一定可以发展，这个企业将来一定可以上市的。所以我们就沉下心来一点儿一点儿地扩张。那段时间里，^{30(D)}我们的竞争对手不多，2000年、2001年可能有一点儿，到2002、2003年就很少了。没有人肯这么辛辛苦苦经营企业。我记得当时媒体给我们的一些评论，就是叫做"吃别人不愿意吃的苦，做别人不愿意做的事，赚别人赚不到的钱"，^{29(C)}这是当时中国企业网的写照。但是同行业内的公司呢，深圳有美商网，在北京有8848，当时很有名的，美商网办公室就在我们旁边，人家半版的广告。我们业务员出去感觉压力很大，客户就问，你们中国企业网有什么啊？人家美商网，买了8.8万的会员，马上有电话打回来给你谈生意，你有吗？确实感觉压力很大。

남：^{28(B)}거품이었기 때문에 겨울(불경기)이 왔고, 누구나 이 사실을 알았습니다. 한동안 투자자들은 이 기업에 상관하지 않았습니다. 기왕 상장하지 못하게 된 이상 이 기업은 저와 제 아내가 관리하고 경영하였습니다. 우리의 이념은 이 기업은 반드시 발전할 수 있고, 이 기업은 장래에 반드시 상장할 수 있다는 것이었습니다. 그래서 우리는 마음을 가라앉히고 조금씩 조금씩 확장하였습니다. 그 시간 동안 ^{30(D)}우리의 경쟁상대는 많지 않았습니다. 2000년, 2001년에는 아마 조금 있었을 것입니다. 2002년, 2003년에 와서는 매우 적어졌습니다. 이렇게 고생스럽게 기업을 경영하려고 하는 사람은 없었습니다. 저는 당시 매체가 저희에게 했던 평론을 기억합니다. 바로 '다른 사람이 하고 싶지 않은 고생을 하고, 다른 사람이 원하지 않는 일을 하며, 다른 사람이 벌지 못하는 돈을 번다'였습니다. ^{29(C)}이것은 당시 중국기업 네트워크의 초상이었습니다. 그러나 같은 업계 내의 회사로는 선전에 메이상 네트워크가 있었고 베이징에는 8848이 있었는데 당시에 매우 유명했습니다. 메이상 네트워크 사무실은 우리 옆에 있었는데 그들은 반 판의 광고를 하였습니다. 우리 직원은 나가면 부담을 매우 크게 느꼈습니다. 손님들은 "당신네 중국기업 네트워크에는 뭐가 있습니까? 메이상 네트워크는 8만 8천 회원을 매수하여 곧 전화를 걸어 당신에게 사업을 논할 텐데, 당신은 있습니까?" 하고 물었습니다. 정말 부담을 크게 느꼈습니다.

단어 | 下海 xiàhǎi 동 (사업하지 않던 사람이) 직업을 바꾸어 사업에 뛰어들다 | 知识分子 zhīshifènzǐ 명 지식인 | 稳定 wěndìng 형 안정되다 | 饭碗 fànwǎn 명 생계, 밥벌이 | 前景 qiánjǐng 명 전망 | 公职 gōngzhí 명 공직 | 探索 tànsuǒ 동 탐색하다, 찾다 | 前途 qiántú 명 전도, 앞날, 장래, 미래 | 未卜 wèibǔ 동 예측할 수 없다, 알 수 없다 | 深圳 Shēnzhèn 명 선전 | 触动 chùdòng 동 (어떤 자극으로 인해 감정의 변화나 회상 등을) 불러일으키다, 자아내다 | 处级 chùjí 명 처급 | 投入 tóurù 동 (일 처리에) 집중하다, 몰입하다 | 坚决 jiānjué 형 (태도·주장·행동 등이) 결연하다, 단호하다 | 光明 guāngmíng 형 밝게 빛나다, 환하다 | 共识 gòngshí 명 공통된 인식, 공감대 | 预计 yùjì 동 예상하다, 전망하다 | 营业额 yíngyè'é 명 영업액 | 规模 guīmó 명 (사업·기구·공사·운동 등이 갖추고 있는) 규모 | 上市 shàngshì 동 (상품이) 시장에 나오다, 출시하다, 상장되다 | 泡沫 pàomò 명 거품, 오래 가지 않을 호황 | 扩张 kuòzhāng 동 (세력·영토 등을) 넓히다, 확장하다 | 评论 pínglùn 동 평론하다, 비평하다 | 写照 xiězhào 명 초상 | 版 bǎn 명 판 [인쇄물의 크기를 나타냄]

★☆☆ |유형| 인과 관계 파악

26 为什么男的说当初决定下海不容易？

왜 남자는 처음에 사업하는 것을 결정하기가 쉽지 않았다고 했는가？

A 因为冬天海水过于寒冷
B 因为那时候深圳十分特别
C 因为所有的亲朋好友都反对
D 因为即将面对一个未知的环境

A 겨울에 바닷물이 너무 차갑기 때문에
B 그때 선전은 매우 특별했기 때문에
C 모든 친한 친구들이 반대했기 때문에
D 곧 미지의 환경에 직면할 것이기 때문에

단어 | 海水 hǎishuǐ 명 바닷물, 해수 | 过于 guòyú 부 (정도나 수량이) 지나치게, 너무

해설 인터뷰 초반에 남자는 그가 사업을 하기로 결정하기가 쉽지 않았던 이유에 대해 자세히 설명하고 있다. 그는 국가 공직을 떠나고 비교적 좋고 안정적인 환경을 떠나 미지의 환경, 혹은 앞길을 예측할 수 없는 환경을 탐색하러 간다는 것이 비교적 어려웠다고 언급했으므로 정답은 D다.

★★☆　|유형|　세부 내용 파악

27 关于男的的妻子，下列哪种说法不正确?　　　남자의 아내에 대해서 다음 중 틀린 설명은?

A 她喜欢原来的工作　　　　　　　A 그녀는 원래의 일을 좋아한다
B 她愿意接受新事物　　　　　　　B 그녀는 새로운 사물을 받아들이기를 좋아한다
C 她支持丈夫的决定　　　　　　　C 그녀는 남편의 결정을 지지한다
D 现在是一名处级干部　　　　　　D 현재 처급 간부이다

해설　아내는 국가기관에서 일했었고, '같이 물속으로 뛰어들었다'는 표현을 통해 남편의 결정에 따라 사업에 뛰어들었음을 알 수 있다. 뿐만 아니라 새로운 사물을 쉽게 받아들인다고 했으므로, A, B, C는 옳은 설명이다.

★★☆　|유형|　인과 관계 파악

28 男的的公司一开始为什么没能上市?　　　남자의 회사는 처음 시작할 때 왜 상장하지 못했나?

A 没有找到投资的人　　　　　　　A 투자자를 찾지 못했다
B 互联网行业不景气　　　　　　　B 인터넷 업계가 불경기였다
C 管理层只有两个人　　　　　　　C 관리층에 단지 두 사람만 있었다
D 经营品种过于单一　　　　　　　D 영업 품종이 너무 단일했다

단어　互联网 hùliánwǎng 명 인터넷 | 景气 jǐngqì 형 경기가 좋다. 번창하다. 왕성하다 | 单一 dānyī 형 단일하다

해설　인터뷰 중 남자는 '거품이었기 때문에 겨울(불경기)이 왔다'라고 했다. 여기서 겨울은 불경기를 뜻하므로, 불경기 때문에 상장하지 못했음을 알 수 있다. 또한 남자가 뒤에서 한 말들을 통해 남자의 기업이 인터넷과 관련이 있음을 알 수 있다. 따라서 정답은 B다.

★★☆　|유형|　세부 내용 파악

29 男的的企业叫什么名字?　　　남자의 기업은 뭐라고 불리는가?

A 美商网　　　　　　　　　　　　A 메이상 네트워크
B 8848网　　　　　　　　　　　　B 8848 네트워크
C 中国企业网　　　　　　　　　　C 중국기업 네트워크
D 深圳地产网　　　　　　　　　　D 선전 부동산 네트워크

단어　地产 dìchǎn 명 (개인·단체 또는 국가에 속해 소유하는) 토지, 부동산

해설　당시 매체의 평론에 대해 '당시 중국기업 네트워크의 초상이었습니다'라고 말한 것으로 보아 그의 기업이 중국기업 네트워크임을 알 수 있다. 따라서 정답은 C다.

★☆☆　|유형|　세부 내용 파악

30 男的的企业什么时候竞争对手最少?　　　남자의 기업은 언제 경쟁상대가 가장 적었나?

A 1999年　　　　　　　　　　　　A 1999년
B 2000年　　　　　　　　　　　　B 2000년
C 2001年　　　　　　　　　　　　C 2001년
D 2002年　　　　　　　　　　　　D 2002년

해설　'우리의 경쟁상대는 많지 않았습니다. 2000년, 2001년에는 아마 조금 있었을 것입니다. 2002년, 2003년에 와서는 매우 적어졌습니다'를 통해 정답이 D임을 알 수 있다.

31-33

제3회
听力

31(A)有一群鲤鱼不甘心在浅滩平凡地过完一生，于是它们成群结队地来到龙门，一个个想要跳过去，成为龙。但龙门非常高，瘦小而缺乏锻炼的鲤鱼们费尽力气却根本跳不过去。于是，鲤鱼转而找到了龙王，要求龙王降低龙门的高度，龙王拒绝了。但一心想要出人头地的鲤鱼们态度很坚决，它们集体跪在龙宫外面，不管刮风下雨从不后退。龙王动了恻隐之心，大幅度降低了龙门高度。这下，32(A)大部分的鲤鱼都轻而易举地跳过了龙门，一个个兴高采烈。

但不久，这种兴奋劲儿就不见了。因为这群鲤鱼发现，虽然自己变成了龙，但原来的同伴儿也变成了龙，自己和别人比较起来，依然没有什么优势可言，一切还是老样子。鲤鱼们又去找龙王，向他倾吐心中的迷惑。

龙王微笑着对鲤鱼们说："33(D)真正的龙门是不能降低标准的。"

31(A)얕은 물목에서 평범하게 일생을 보내는 것을 원하지 않는 한 무리의 잉어가 있었다. 그래서 그들은 무리를 지어 용문으로 갔다. 그들은 하나같이 뛰어 건너가서 용이 되고 싶었다. 그러나 용문은 매우 높았다. 왜소하고 단련이 부족한 잉어들은 힘을 다 써도 아예 뛰어서 넘어갈 수 없었다. 그래서 잉어는 방향을 바꾸어 용왕을 찾아 용왕에게 용문의 높이를 낮춰달라고 요구했으나 용왕은 거절했다. 그러나 전심으로 남들보다 뛰어나고 싶은 잉어들은 태도가 매우 결연했다. 그들은 용궁 바깥에서 무릎을 꿇고 바람이 불고 비가 내려도 뒤로 물러나지 않았다. 용왕은 측은지심이 들어 큰 폭으로 용문의 높이를 낮췄다. 이러자 32(A)대부분의 잉어가 모두 매우 수월하게 용문을 넘어갔고 하나하나 매우 흥겨워했다.

그러나 얼마 되지 않아, 이러한 흥분의 기색은 보이지 않았다. 왜냐하면 잉어는 비록 자신이 용으로 변했지만, 원래의 동료들 역시 용으로 변해서 자신과 다른 이들을 비교했을 때 여전히 우월하다고 할만한 것이 없었기 때문이었다. 모든 것이 여전히 예전 모습이었다. 잉어들은 또 용왕을 찾아가서 그에게 마음속의 고민을 털어놓았다.

용왕은 미소를 지으며 잉어들에게 말했다. "33(D)진정한 용문은 기준을 낮출 수 없단다."

단어 鲤鱼 lǐyú 몡 잉어 | 甘心 gānxīn 됭 (기꺼이) 바라다, 원하다, 희망하다, 달가워하다 | 浅滩 qiǎntān 몡 (바다·호수·강 등의) 얕은 곳, 여울, 얕은 물목 | 平凡 píngfán 혱 (뛰어나거나 색다르지 않고) 보통이다, 평범하다 | 成群 chéngqún 됭 (많은 사람들이나 동물들이 모여) 떼를 짓다, 무리를 이루다 | 结队 jiéduì 됭 떼를 짓다, 무리를 이루다 | 瘦小 shòuxiǎo 혱 (몸이) 야위고 (키가) 작다, 마르고 왜소하다 | 尽 jìn 됭 다 쓰다, 모두 사용하다 | 力气 lìqi 몡 (육체적인) 힘 | 降低 jiàngdī 됭 낮아지다, 떨어지다, 줄어들다 | 高度 gāodù 몡 고도, 높이 | 出人头地 chūréntóudì 솅 일반인을 뛰어넘다, 남들보다 한 수 위다 | 集体 jítǐ 몡 집단, 단체 | 跪 guì 됭 (무릎을) 꿇다 | 后退 hòutuì 됭 후퇴하다, 물러나다 | 恻隐之心 cèyǐnzhīxīn 솅 측은지심, 불쌍히 여기는 마음 | 轻而易举 qīng'éryìjǔ 솅 매우 수월하다, 식은 죽 먹기다 | 兴高采烈 xìnggāocǎiliè 솅 매우 기쁘다, 신바람이 나다, 매우 흥겹다 | 劲儿 jìnr 몡 표정, 태도, 모습, 기색 | 依然 yīrán 뵘 변함없이, 여전히, 예전 그대로 | 优势 yōushì 몡 우세, 우위 | 可言 kěyán 혱 말할만하다 | 倾吐 qīngtǔ 됭 (마음속의 말을 숨김없이) 다 말하다, 털어놓다, 토로하다 | 迷惑 míhuò 혱 당황하다, 정신을 못 차리다

★☆☆ |**유형**| 인과 관계 파악

31 鲤鱼为什么想要跳过龙门？

잉어는 왜 용문을 뛰어넘으려고 하였는가?

A 不甘平凡
B 想要锻炼
C 拥有地位
D 变得强壮

A 평범함을 원치 않아서
B 단련하고 싶어서
C 지위를 갖기 위해서
D 강해지고 싶어서

단어 强壮 qiángzhuàng 혱 (몸이) 튼튼하다, 건장하다, 강건하다

해설 얕은 물목에서 평범하게 일생을 보내는 것을 원하지 않았다고 했으므로 정답은 A다.

32　鲤鱼们刚跳过龙门之后是什么感觉?　잉어들이 막 용문을 넘은 후에 어떤 느낌이었나?

A 兴奋	A 흥겨움
B 坚决	B 결연함
C 迷惑	C 당황스러움
D 轻松	D 가뿐함

해설　듣기 지문 중반에 '대부분의 잉어가 모두 매우 수월하게 용문을 넘어갔고 하나하나 매우 흥겨워했다'고 했으므로 정답은 A다.

33　这篇文章主要想告诉我们什么?　이 글이 우리에게 알려주려는 것은 무엇인가?

A 要勇于挑战高目标	A 용감하게 높은 목표에 도전해야 한다
B 要拥有自己的优势	B 자신의 우세를 가지고 있어야 한다
C 做一件事要坚持不懈	C 한 가지 일을 할 때 조금도 느슨해지지 않고 끝까지 견지해야 한다
D 成功的标准不能降低	D 성공의 기준은 낮출 수 없다

단어　挑战 tiǎozhàn 동 도전하다 | 坚持不懈 jiānchíbúxiè 성어 조금도 느슨해지지 않고 끝까지 견지하다

해설　전체적인 내용을 이해해야 풀 수 있는 문제다. 지문의 마지막에서 용왕이 한 말이 가장 큰 주제를 담고 있다. '진정한 용문은 기준을 낮출 수 없단다'라는 말을 통해 용문이 성공을 비유하고 있다는 것을 안다면 주제를 찾는 데 도움이 될 것이다. 그러므로 정답은 D다.

Tip⁺　주제를 나타내는 말은 일반적으로 지문의 제일 마지막에 제시되는 경우가 많다. 만약 특별히 제시되어 있는 문구가 없다면, 전체적인 내용을 이해해서 스스로 주제를 유추해야 한다. 지문을 들으면서, 보기 중에서 전체적인 내용을 통합할 수 있는 단어를 파악하자.

34-36

新学期开始，校长把一位教师叫进办公室，说："你是本校最优秀的老师。因此，我特意挑选了50名全校最聪明的学生让你教。这些学生的智商比其他孩子都高，希望你让他们取得更好的成绩。" 34(B)这位老师高兴地表示一定尽力。

一年之后，这个班的学生成绩果然排在整个学校的前列。

这时，35(B)校长告诉了老师真相：这些学生并不是刻意选出来的最优秀的学生，只不过是随机抽出的最普通的学生。

老师非常惊讶，但还是认为自己的教学水平确实很高。

这时，35(B)校长说出了另一个真相：他也不是被特意挑选出的全校最优秀的教师，也是随机抽调的普通老师罢了。

새로운 학기가 시작될 때 교장은 교사를 사무실로 불러 말했다. "당신은 본교에서 가장 우수한 교사입니다. 그래서 저는 특별히 당신이 가르칠 전교에서 제일 똑똑한 학생 50명을 뽑았습니다. 이 학생들의 아이큐는 다른 아이들보다 모두 높습니다. 그들이 더 좋은 성적을 거둘 수 있도록 해주시길 바랍니다." 34(B)이 선생님은 기뻐하며 반드시 온 힘을 다하겠다고 밝혔다.

1년 후, 이 반 학생들의 성적은 과연 학교 전체에서 선두에 놓였다.

이때 35(B)교장은 교사에게 진상을 말해주었다. 이 학생들은 결코 고심해서 뽑은 제일 우수한 학생이 아니며 단지 무작위로 뽑아낸 아주 평범한 학생이었다.

교사는 매우 놀랐다. 그러나 여전히 자신의 수업 수준은 확실히 높다고 생각했다.

이때 35(B)교장은 또 다른 진상을 말했다. 그 역시 일부러 뽑은 전교에서 가장 우수한 교사가 아니며 무작위로 뽑은 평범한 교사일 뿐이었다.

世上本没有什么天才，^{36(D)}成功就是靠自己的努力，发掘出自身内在的潜力，从而改变自己的命运。

세상에 본래 천재는 없다. ^{36(D)}성공은 자신의 노력에 의지해 자신에게 내재되어 있는 잠재력을 발굴하여 자신의 운명을 바꾸는 것이다.

단어 优秀 yōuxiù 휑 (품행·학문·성적 등이) 뛰어나다, 우수하다 | 特意 tèyì 휑 특히, 특별히, 일부러 | 智商 zhìshāng 휑 지능지수, 아이큐 | 尽力 jìnlì 휑 온 힘을 다하다, 모든 힘을 다하다 | 前列 qiánliè 휑 선두, 선봉, 첫머리 | 真相 zhēnxiàng 휑 진상 | 刻意 kèyì 휑 마음을 다해서, 진력하여 | 随机 suíjī 휑 무작위로, 임의대로 | 抽出 chōuchū 휑 뽑아내다, 추출하다 | 惊讶 jīngyà 휑 놀랍고 의아하다 | 挑选 tiāoxuǎn 휑 고르다, 선택하다 | 抽调 chōudiào 휑 뽑다, 선발하다 | 发掘 fājué 휑 캐내다, 발굴하다 | 潜力 qiánlì 휑 잠재력, 저력

★☆☆ | **유형** | 심정 파악

34 听到自己要教最聪明的学生，这位老师什么感觉?

　A　惊讶
　B　高兴
　C　难过
　D　骄傲

자신이 제일 똑똑한 학생을 가르쳐야 한다는 얘기를 듣고 이 교사는 어떠한 감정이 들었는가?

　A　놀라움
　B　기쁨
　C　괴로움
　D　자랑스러움

단어 骄傲 jiāo'ào 휑 자랑스럽다, 뽐내다, 자부하다

해설 듣기 지문 초반에 자신이 가장 똑똑한 학생을 가르쳐야 한다는 이야기를 듣고, 이 선생님은 기뻐하며 반드시 온 힘을 다하겠다고 말했으므로 정답은 B다.

★☆☆ | **유형** | 전체 내용 파악

35 校长说出的真相是什么?

　A　学生都不聪明
　B　老师是普通老师
　C　这些学生是最聪明的
　D　这位老师是最优秀的

교장이 말한 진상은 무엇인가?

　A　학생은 모두 똑똑하지 않다
　B　교사는 평범한 교사다
　C　이 학생들은 가장 똑똑하다
　D　이 교사는 가장 우수하다

해설 교장이 교사에게 두 가지 진상을 말해주었는데, 그중 하나는 똑똑한 학생이라고 했던 그들이 평범한 학생이라는 점과, 또 다른 한 가지는 교사 역시 평범한 교사라는 점이다. 따라서 정답이 B임을 알 수 있다. 교사가 가르친 학생들이 무작위로 뽑은 평범한 학생이라고는 했으나, 이것이 학생들 모두가 똑똑하지 않다는 의미는 아니므로 A는 답이 될 수 없다.

★★☆ | **유형** | 주제 파악

36 校长这么做是想说明什么?

　A　没有人是天才
　B　人人都可以是天才
　C　天才都是靠自己努力
　D　成功要发掘自身潜力

교장이 이렇게 한 것은 무엇을 말하고 싶어서인가?

　A　천재는 없다
　B　모든 사람은 천재가 될 수 있다
　C　천재는 모두 자신의 노력에 달려있다
　D　성공은 자신의 잠재력을 발굴해야 한다

해설 마지막에 '성공은 자신의 노력에 의지해 자신에게 내재되어 있는 잠재력을 발굴하여 자신의 운명을 바꾸는 것이다'라고 말했으므로 정답은 D다.

传统的老火靓汤是要煲4~5个小时的，这样煲出来的汤味道的确好，38(C)原因是蛋白质、纤维素、维生素等全部都被破坏了，而只有脂肪遗留在汤里，这些脂肪微粒让汤变得美味，道理同炒菜时放的油多就美味一样。然而，由于长时间的熬制，其他的营养就变得无法吸收，因此，喝老火靓汤只是味道好而已，没有多少营养作用。

37(D)如果想保持汤里的营养元素，熬制的时间最好在一个半小时左右，熬制出来的汤渣也该吃，这样可以吸收更多的蛋白质、纤维素、维生素等营养物质。

虽然早夜茶、老火汤不科学，缺乏营养，但这种生活方式已经成了一种"文化"，39(D)即便缺乏了蛋白质、维生素、纤维素，但喝茶、饮汤所带来的那种精神享受，也可能比这些营养素更利于健康。

전통적인 라오훠량탕은 4~5시간 끓여야 하며, 이렇게 끓여 낸 탕의 맛은 정말 좋다. 38(C)이유는 단백질, 섬유소, 비타민 등이 전부 파괴되고 지방만 탕 속에 남게 되어 이 지방 미립자들이 탕을 맛있게 만들기 때문이다. 이치는 음식을 볶을 때 넣는 기름이 많으면 음식이 맛있는 것과 같다. 그러나 긴 시간 동안 고아서 기타 영양은 흡수할 수 없게 만들었다. 따라서 라오훠량탕을 마시는 것은 맛만 좋을 뿐이며, 약간의 영양 효과도 없다.

37(D)만약에 탕의 필수원소를 지키고 싶으면 고는 시간이 한 시간 반 정도가 제일 좋다. 고아 낸 탕 찌꺼기 역시 먹어야 한다. 이러면 더 많은 단백질, 섬유소, 비타민 등의 영양물질을 흡수할 수 있다.

비록 아침 저녁의 차와 라오훠탕이 과학적이지 않고 영양이 부족하지만, 이러한 생활방식은 이미 일종의 문화가 되었다. 39(D)단백질, 비타민, 섬유소가 부족하다 할지라도 차를 마시고 탕을 먹는 것이 가져오는 정신적인 즐거움도 이러한 영양들보다 더욱 건강에 이로울 것이다.

단어　老火(靓)汤 lǎohuǒ(liàng)tāng 명 라오훠(량)탕 | 煲 bāo 동 (바닥이 깊은 솥으로) 삶다, 끓이다 | 纤维素 xiānwéisù 명 섬유소 | 维生素 wéishēngsù 명 비타민 | 遗留 yíliú 동 (예전의 사물이나 현상 등이) 남아 있다, 계속 존재하다 | 微粒 wēilì 명 미립자 [원자나 원자핵 등의 물질을 이루는 아주 작은 구성원] | 美味 měiwèi 명 맛 좋은 음식 | 炒 chǎo 동 볶다 | 熬制 áozhì 동 고다 | 营养元素 yíngyǎng yuánsù 명 필수원소 | 渣 zhā 명 찌꺼기 | 享受 xiǎngshòu 명 향유, 향락

★☆☆　**| 유형 |** 시간 파악

37　熬汤熬多久比较科学?

A　一个小时
B　四个小时
C　五个小时
D　一个半小时

탕을 얼마나 고아야 비교적 과학적인가?

A　한 시간
B　네 시간
C　다섯 시간
D　한 시간 반

해설　듣기 지문 초반에 전통의 라오훠량탕은 4~5시간 끓여야 하지만, 만약에 탕 속의 필수원소를 지키고 싶으면 한 시간 반 정도 고는 것이 제일 좋다고 하였으므로 D가 정답이다.

★★☆　**| 유형 |** 인과 관계 파악

38　传统的老火靓汤为什么很美味?

A　汤里放了很多油
B　熬的时间比较长
C　脂肪微粒让汤美味
D　缺乏蛋白质等营养

전통적인 라오훠량탕은 왜 매우 맛있는가?

A　탕 속에 많은 기름을 넣어서
B　끓이는 시간이 비교적 길어서
C　지방 미립자가 탕을 맛있게 해서
D　단백질 등의 영양이 부족해서

해설　듣기 지문 초반에 '단백질, 섬유소, 비타민 등이 전부 파괴되고 지방만 탕 속에 남게 되어 이 지방 미립자들이 탕을 맛있게 만든다'라고 했으므로 C가 정답이다.

39 作者认为老火汤怎么样?

A 营养丰富
B 没有价值
C 是不健康的饮食
D 能带来精神享受

작가는 라오훠탕이 어떻다고 여기는가?

A 영양이 풍부하다
B 가치가 없다
C 건강하지 않은 음식이다
D 정신적인 즐거움을 가져다줄 수 있다

해설 듣기 지문 마지막에서 '단백질, 비타민, 섬유소가 부족하다 할지라도 차를 마시고 탕을 먹는 것이 가져오는 정신적인 즐거움은 이러한 영양들보다 더욱 건강에 이로울 것이다'라고 했으므로 정답은 D다.

40-42

我在公司不耐烦地加班，接到妻子的电话，抱怨今天晚上请客，客人都在等我。

我发脾气道："是你约了他们来吃饭，别怪到我头上。"

挂上电话，我突然意识到，自己犯了错。她的问题很合理，处境也很尴尬。我不但不体谅她，反而做出冲动的回答。其实我内心不愿出现这种不愉快的感觉。42(C)如果我更有耐心，更了解、更体谅她，而不是在那种环境下对她发脾气，结果会大不相同。

40(B)但当时我没有想到这一点，我深陷在不好的情绪里。

当我们处于不好的情绪中，很容易做出直接的反应。有时你跳不出当时的情绪，说了不该说的话，做了不该做的事，事后会想"只要我当时停下来想一想，就不会有那种反应，不会那样做"。

41(D), 42(C)人们若能依据内心深处的感受做出回应，跳出当时的情绪再回应，家庭生活会更加美满。

나는 회사에서 질리게 야근을 하다가 아내의 전화를 받았다. 오늘 저녁에 손님을 초대했는데, 손님들이 모두 나를 기다리고 있다고 투덜거리는 것이었다.

나는 화를 내며 말했다. "그들을 식사에 초대한 것은 당신이니, 나를 탓하지 마!"

전화를 끊고, 나는 갑자기 내가 실수를 했다는 것을 깨달았다. 그녀의 문제는 매우 합리적이었고 상황도 매우 난감했다. 나는 그녀를 이해하지 않았을 뿐만 아니라 오히려 충동적인 대답을 했다. 사실 나는 마음속에 이러한 불쾌한 감정이 생기는 것을 원하지 않았다. 42(C)만약에 내가 인내심을 더 가지고 아내를 더 이해하고 아내를 더 알아주었다면 그런 상황에서 아내에게 화를 내지 않아 결과는 매우 달랐을 것이다.

40(B)그러나 당시에 나는 이 점을 생각하지 않았고 좋지 않은 감정에 깊게 빠져 있었다.

우리가 안 좋은 감정에 놓였을 때 쉽게 직접적인 반응을 보인다. 가끔 당신은 당시의 감정에서 벗어나지 못하고, 해서는 안 되는 말을 하고 해서는 안 되는 일을 하며 일이 벌어진 후에 "만약 내가 당시에 멈춰서 잠시 생각을 해 보았다면 그런 반응은 없었고 그렇게 하지 않았을 텐데"라고 생각할 것이다.

41(D), 42(C)사람들이 만약 마음속 깊은 곳의 느낌에 따라 반응하고, 당시의 감정에서 벗어나 다시 대답할 수 있다면 가정생활은 더욱 아름답고 원만해질 것이다.

단어 不耐烦 búnàifán 형 귀찮다. 질리다. 못 참다 │ 加班 jiābān 동 초과 근무를 하다. 시간 외 근무를 하다 │ 抱怨 bàoyuàn 동 불평하다. 투덜거리다. 탓하다 │ 犯 fàn 동 (위법이나 해서는 안 될 일을) 저지르다. 범하다 │ 错 cuò 명 착오, 잘못 │ 合理 hélǐ 형 합리적이다. 도리에 맞다. 사리에 맞다 │ 处境 chǔjìng 명 (주로 불리한 상황에서의) 처지, 상태, 지경 │ 尴尬 gāngà 형 (입장이) 난처하다. 곤란하다 │ 体谅 tǐliàng 동 (타인의 입장에서) 알아주다. 이해하다 │ 冲动 chōngdòng 형 충동적이다 │ 深陷 shēnxiàn 동 깊이 빠져들다. 깊이 빠지다 │ 情绪 qíngxù 명 정서, 기분 │ 事后 shìhòu 명 사후, 일이 벌어진 후 │ 依据 yījù 전 ~에 따라 │ 回应 huíyìng 동 대답하다. 응답하다 │ 美满 měimǎn 형 아름답고 원만하다. 행복하다

 **40**

说话人为什么要对妻子发脾气?

A 正在加班很忙
B 自己的心情不好
C 觉得妻子请客不对
D 觉得妻子不体谅他

화자는 왜 아내에게 화를 냈는가?

A 마침 야근이 매우 바빴다
B 자신의 기분이 좋지 않았다
C 아내가 손님을 초대한 것이 맞지 않다고 여겼다
D 아내가 자신을 이해하지 않는다고 여겼다

해설 듣기 지문 중반에 화자는 좋지 않은 감정에 깊게 빠져 있어서 아내에게 화를 냈다고 언급했으므로 B가 정답이다.

★★☆ | **유형** | 전체 내용 파악

41

如果跟人讲话时你处于不好的情绪中，应该怎么办?

A 停下来不说话
B 做出直接的反应
C 事后再去跟人讲话
D 跳出自己的情绪回应

만약에 사람과 대화를 나눌 때 당신이 좋지 않은 감정에 처해 있다면 어떻게 해야 하는가?

A 멈춰서 말을 하지 않는다
B 직접적인 반응을 한다
C 일이 벌어진 후에 다시 가서 대화한다
D 자신의 감정에서 벗어나 대답한다

해설 듣기 지문 마지막에 '사람들이 만약 마음속 깊은 곳의 느낌에 따라 반응하고, 당시의 감정에서 벗어나 다시 대답할 수 있다면 가정생활은 더욱 아름답고 원만해질 것이다'라고 말했으므로 D가 정답이다.

★★☆ | **유형** | 화제 파악

42

这段话主要讲了什么?

A 如何回答问题
B 怎样控制不发脾气
C 如何正确地回应别人
D 怎么体谅自己的家人

이 글은 주로 무엇을 설명하는가?

A 질문에 어떻게 대답하는가
B 화를 내지 않도록 어떻게 억제하는가
C 다른 사람에게 어떻게 올바르게 대답하는가
D 자신의 가족을 어떻게 이해하는가

단어 控制 kòngzhì 통 통제하다, 제어하다, 억제하다

해설 이 이야기는 주로 자신의 기분이 안 좋을 때 다른 사람에게 어떻게 대답해야 상대방에게 상처를 주지 않는지에 대해 설명하고 있으므로, C가 정답이다.

今天是地坛庙会摊位拍卖的第一天，记者从拍卖登记处了解到，地坛的拜坛内将不会再设摊位，43(A)经营包装食品的摊位将会留到整体拍卖后进行单独招商。

上午9时，记者在地坛公园摊位拍卖登记处了解到，许多竞拍者提前1小时就来到公园门口等待登记，44(B)打电话咨询的已超过千人，其中有三分之一的人是20到30岁之间的年轻人。截止到上午11时，已经有30多人登记了经营权。记者发现，45(A)将近一半的竞拍者都由于没有随身携带营业执照副本或者身份证，而最终无法办理登记。登记处的工作人员表示，竞拍者必须携带营业执照或副本以及身份证前往登记。登记后，百货类摊位竞拍者需要现场交纳保证金1500元，而饮食类摊位竞拍者则需交纳保证金2万元。

据了解，糖果、巧克力、干果等包装食品的摊位将不在12月8日、9日进行拍卖，而是等拍卖会后择期招商。游艺类摊位的经营权则会整体招标，个人单独经营的低档次套圈、射击等将不会出现在地坛庙会上。另外，地坛庙会还为"百工坊"等老字号百货预留了18个精品摊位，老字号不用参加竞拍就可以入驻。

오늘은 디탄공원 시장에서 노점 경매를 하는 첫날이다. 기자는 경매 등기소에서 디탄공원의 절하는 제단 안에 더는 노점을 설치하지 않는다는 걸 알았다. 43(A)포장 식품을 경영하는 노점은 전체 경매 후에 남아서 단독으로 상인 모집을 진행할 것이다.

오전 9시, 기자는 디탄공원 노점 경매 등기소에서 많은 경매자들이 1시간 전에 공원 입구에 와서 등기를 기다리는 것을 알았다. 44(B)전화로 문의하는 사람은 이미 천 명을 넘었으며, 그중 3분의 1의 사람들은 스무 살에서 서른 살 사이의 젊은 층이었다. 오전 11시까지 마감하며 이미 30여 명의 사람들이 경영권을 등록했다. 기자는 45(A)거의 절반의 경매자들이 영업 허가증 사본이나 신분증을 휴대하고 있지 않아 최종적으로 등록을 처리할 수 없음을 발견했다. 등기소의 직원들은 경매자는 반드시 영업 허가증 혹은 사본 및 신분증을 휴대하고 등록하러 와야 한다고 밝혔다. 등록 후 잡화류의 노점 경매자는 현장에서 보증금 1500위엔을 납부해야 하며 음식류의 노점 경매자는 보증금 2만 위엔을 납부해야 한다.

알려진 바로는, 사탕, 초콜릿, 건과 등 포장식품의 노점은 12월 8일, 9일에 경매를 진행하지 않고 경매가 끝난 후 날을 잡아 상인을 모을 것이다. 오락류 노점의 경영권은 전체적으로 입찰을 공고할 것이다. 개인 단독 경영의 저급 투호놀이와 사격 경기 등은 이 디탄공원 시장에 보이지 않을 것이다. 그밖에 디탄 시장은 '바이궁팡' 등 전통 있는 가게의 잡화를 위해 18개의 우수제품 노점을 미리 남겨 두었다. 전통 있는 가게는 경매에 참가하지 않고 들어와 입주할 수 있다.

제3회
听力

단어 地坛 Dìtán 몡 디탄공원 | 庙会 miàohuì 몡 절 안이나 부근에 세운 임시 시장 | 摊位 tānwèi 몡 노점 자리 | 拍卖 pāimài 동 경매하다 | 登记处 dēngjìchù 몡 등기소 | 拜坛 bàitán 몡 절하는 제단 | 设 shè 동 차리다. 세우다. 설치하다 | 招商 zhāoshāng 동 상인을 모으다 | 竞拍 jìngpāi 동 경매하다 | 咨询 zīxún 동 자문하다. 의견을 구하다. 컨설팅하다 | 超过 chāoguò 동 ~보다 높다. ~를 넘다. ~를 초과하다 | 截止 jiézhǐ 동 (일정 기한이 되어) 마감하다. 끝을 맺다 | 经营权 jīngyíngquán 몡 경영권 | 随身 suíshēn 형 몸에 지니는. 휴대하는. 곁에 두는 | 携带 xiédài 동 (어떤 물건을) 몸에 지니다. 휴대하다 | 执照 zhízhào 몡 면허증. 증서 | 副本 fùběn 몡 복제본. 복사본 | 身份证 shēnfènzhèng 몡 신분증 | 办理 bànlǐ 동 (사무를) 처리하다. 수행하다 | 前往 qiánwǎng 동 ~로 가다. ~로 향해 가다 | 百货 bǎihuò 몡 백화. 잡화 | 交纳 jiāonà 동 납부하다. 내다 | 保证金 bǎozhèngjīn 몡 보증금 | 干果 gānguǒ 몡 건과. 건조과 | 择期 zéqī 동 날짜를 고르다. 날을 잡다 | 游艺 yóuyì 몡 연예. 오락. 유희 | 招标 zhāobiāo 동 입찰 공고를 하다. 청부 입찰자를 모집하다 | 低档 dīdàng 형 (상품이) 저질의. 저급한. 저급스러운 | 套圈 tàoquān 동 투호놀이를 하다 | 射击 shèjī 몡 사격 경기 | 百工坊 bǎigōngfáng 몡 바이궁팡 [베이징의 유명한 민속공예품 상점] | 老字号 lǎozìhào 몡 연대가 오래된 가게. 대대로 내려온 가게 | 预留 yùliú 동 미리 남겨 두다 | 精品 jīngpǐn 몡 우수한 제품. 뛰어난 제품. 정교한 제품 | 驻 zhù 동 (군대나 근무 인원이 어떤 장소에) 머무르다. 체류하다

43 哪一类摊位将在拍卖会后单独招商?

어느 종류의 노점이 경매 후 단독으로 상인을 모집할 것인가?

A 包装食品	A 포장 식품
B 游艺摊位	B 오락 노점
C 饮食摊位	C 음식 노점
D 百货摊位	D 잡화 노점

해설 지문 초반에 '포장 식품을 경영하는 노점은 전체 경매 후에 남아서 단독으로 상인 모집을 진행할 것이다'라고 했으므로 A가 정답이다.

★★☆ | 유형 | 수량 파악

44 可能参加竞拍的年轻人大约有多少人?

경매에 참가할 젊은이들은 대략 몇 명인가?

A 100人	A 100명
B 300人	B 300명
C 500人	C 500명
D 1500人	D 1500명

해설 듣기 지문 중반에 전화로 문의하는 사람은 천 명을 넘었고 그중에 3분의 1이 스무 살에서 서른 살 사이의 젊은 층이라고 했으므로 B가 정답이다.

Tip⁺ 이 문제는 수량을 파악하는 문제로, 평소에 숫자를 읽는 연습과 들은 숫자를 정확하게 쓰는 연습을 해야 한다. 숫자와 관련된 문제에서 가장 중요한 것은 바로 정확하고 신속한 메모의 기술이다. 또한 문제에 나오는 숫자들 사이에는 어떤 관계가 있는지 주의하며 듣고 계산을 요하는 문제를 대비해 숫자와 함께 따라오는 단어도 메모해두어야 한다.

★★☆ | 유형 | 인과 관계 파악

45 为什么有些竞拍者无法办理登记?

왜 일부 경매자들은 등록을 처리할 수 없었는가?

A 没带身份证	A 신분증을 가지고 있지 않았다
B 没交保证金	B 보증금을 내지 않았다
C 没有经营权	C 경영권이 없었다
D 没打电话预约	D 전화예약을 하지 않았다

단어 预约 yùyuē 통 예약하다

해설 거의 절반의 경매자들이 영업 허가증 사본이나 신분증을 휴대하지 않아 최종적으로 등록을 처리할 수 없었다고 했으므로 A가 정답이다.

★★☆ | 유형 | 전체 내용 파악

46 这则报道最有可能出现在报纸的哪一版?

이 보도는 신문의 어느 면에 출현할 가능성이 가장 높은가?

A 体育	A 체육
B 娱乐	B 오락
C 经济	C 경제
D 生活	D 생활

해설 이 지문은 노점 상인 모집 경매와 관련된 이야기이므로, 신문의 경제면에 속할 가능성이 가장 높음을 알 수 있다. 따라서 정답은 C다.

47(C) 2006年，是中国电视剧作品丰收的一年。军旅题材剧、都市情感剧、农村题材剧、长篇历史剧等各种题材的电视剧精彩纷呈，赢得了观众的好评。

近几年来，军旅题材的电视剧深受欢迎。《亮剑》、《历史的天空》、《长征》等电视剧张扬了民族的阳刚之气，显示了军事题材作品的独特魅力。在都市情感剧方面，《浪漫的事》、《结婚十年》、《搭错车》打动了很多观众，成为现实题材电视剧中的重要力量；电视剧传递的需要宽容、需要善良、需要爱的理念，在观众中引起共鸣。48(B)在农村题材剧方面，《刘老根》、《马大帅》、《圣水湖畔》等展示了现实的农村新气象，演员表演轻松幽默，受到观众喜爱。《汉武大帝》、《乔家大院》等长篇电视剧，以其对历史的解析、对现实的关照，给观众留下了深刻印象。

49(D)符合时代的需要、符合观众的口味和需求，是电视剧受欢迎的重要原因。正是源于对现实生活的关心，国产电视剧赢得了观众的心，也因此获得了巨大的发展。近年来国产电视剧以每年近一千集的速度增长，50(B)制作数量从几千集增加到了一万多集，50(C)制作机构由几百家发展到几千家。50(D)电视剧的海外发行也取得了不错的成绩，国产电视剧已经发行到亚洲、欧洲、北美等40多个国家和地区。

国产电视剧力推精品，注重经济效益与社会效益并进，为弘扬社会正气、推动社会进步、丰富人们的精神生活，发挥了独特的作用。

47(C) 2006년은 중국 드라마 작품이 좋은 성과를 거둔 해다. 군사 소재극, 도시 멜로극, 농촌 소재극, 장편 역사극 등 각종 소재의 드라마가 다채롭게 나타났으며 시청자의 호평을 얻었다.

최근 몇 년 동안, 군사 소재의 드라마는 환영을 듬뿍 받았다. 「밝은 검」, 「역사의 하늘」, 「장정」 등 드라마는 민족의 강건한 기운을 퍼뜨렸고 군사 소재 작품의 독특한 매력을 보여주었다. 도시 멜로극 방면에서 「낭만적인 일」, 「결혼 10년」, 「줄을 잘못 서다」는 많은 관중들을 감동시켜 현실 소재 드라마 중에서 중요한 힘이 되었다. 드라마가 전달하는 것은 포용력이 있어야 하고, 선량해야 하며, 사랑의 이념이 필요하고, 시청자의 공감을 일으켜야 한다. 48(B)농촌 소재극 방면에서 「리우씨 가문」, 「마 총수」, 「성수 호반」 등은 현실 농촌의 새로운 양상을 펼쳐 보였으며, 연기자의 연기가 편안하고 익살스러워 시청자의 사랑을 받았다. 「한무대제」, 「챠오씨 집안 마당」 등 장편 드라마는 특히 역사에 대한 해석과 현실에 대한 관심으로 시청자에게 깊은 인상을 남겼다.

49(D)시대의 요구에 부합하고 시청자의 입맛과 수요에 부합하는 것이 드라마가 환영을 받는 중요한 이유다. 바로 현실생활의 관심에서 나오는 국산 드라마는 시청자의 마음을 얻었고 따라서 많은 발전을 이루었다. 최근 몇 년 동안 국산 드라마는 매년 천 편에 가까운 속도로 증가하였다. 50(B)제작 수량이 몇 천 편에서 만여 편으로 증가하였으며, 50(C)제작 기구는 몇 백 개에서 몇 천 개로 발전하였고, 50(D)드라마의 해외 배급도 괜찮은 성적을 얻었다. 국산 드라마는 이미 아시아, 유럽, 북미 등 40여 개 국가와 지역으로 배급되었다.

국산 드라마는 우수한 제품을 힘껏 추진하고, 경제 이익과 사회 이익이 동시에 진행되는 것에 주안점을 두고, 사회의 바른 기풍을 확대시키고 사회 발전을 촉진하며 사람들의 정신적인 생활을 풍부하게 하기 위해 나름의 역할을 해냈다.

제 3 회
听力

단어 丰收 fēngshōu 동 좋은 성적(성과)을 거두다 | 军旅 jūnlǚ 명 군대, 군사 | 题材 tícái 명 제재 | 都市 dūshì 명 대도시, 도시, 도회 | 精彩 jīngcǎi 형 뛰어나다, 훌륭하다 | 纷呈 fēnchéng 동 잇달아 드러나다(나타나다) | 赢得 yíngdé 동 (어떤 것을) 얻다, 갖다 | 好评 hǎopíng 명 호평, 좋은 평가 | 张扬 zhāngyáng 동 (비밀이나 알릴 필요가 없는 일을) 떠벌리다, 퍼뜨리다 | 阳刚 yánggāng 형 (체력·기백·태도 등이) 강건하고 씩씩하다 | 魅力 mèilì 명 매력 | 打动 dǎdòng 동 (마음을) 울리다, 감동시키다 | 现实 xiànshí 명 현실 | 力量 lìliang 명 힘, 역량 | 传递 chuándì 동 전달하다, 전하다 | 宽容 kuānróng 형 너그럽다, 포용력이 있다 | 共鸣 gòngmíng 동 공명하다, 공감하다 | 展示 zhǎnshì 동 전시하다, 펼쳐 보이다 | 气象 qìxiàng 명 광경, 정경, 상황, 양상, 분위기 | 幽默 yōumò 형 익살맞다, 유머러스하다 | 解析 jiěxī 동 설명하고 분석하다, 해설하고 분석하다 | 关照 guānzhào 동 관심을 가지고 보살피다, 돌보다 | 符合 fúhé 동 (수량·형상·내용 등이) 부합하다, 일치하다 | 口味 kǒuwèi 명 입맛, (개개인의) 취향, 기호 | 发行 fāxíng 동 (채권·서적·영화·화폐 등을) 발행하다 | 精品 jīngpǐn 명 우수한 제품, 뛰어난 제품 | 效益 xiàoyì 명 효과와 수익, 이익, 성과 | 并进 bìngjìn 동 동시에 진행하다, 나란히 나아가다, 병진하다 | 弘扬 hóngyáng 동 (사업·문화·전통 등을 더욱) 확대하고 발전시키다, 발양하다 | 正气 zhèngqì 명 정기, 공명정대한 기풍 또는 풍조 | 推动 tuīdòng 동 밀고 나아가다, 추진하다 | 发挥 fāhuī 동 (내재된 성질이나 능력을) 발휘하다

47

2006年的中国电视剧是怎样的情况?

A 题材相对集中
B 经济效益欠佳
C 数量多质量高
D 数量少质量高

2006년의 중국 드라마는 어떤 상황이었나?

A 소재가 상대적으로 집중되었다
B 경제 이익이 좋지 않다
C 수량이 많고 질이 높다
D 수량이 적고 질이 높다

단어 欠佳 qiànjiā 휑 좋지 않다

해설 2006년은 중국 드라마 작품이 좋은 성과를 거둔 해로 다양한 소재의 드라마가 다채롭게 나타났고 시청자의 호평도 얻었으므로 정답은 C다.

48

演员表演轻松幽默的是哪一类电视剧?

A 军旅题材剧
B 农村题材剧
C 都市情感剧
D 长篇历史剧

연기자의 연기가 편안하고 익살스러운 것은 어느 부류의 드라마인가?

A 군사 소재극
B 농촌 소재극
C 도시 멜로극
D 장편 역사극

해설 듣기 지문 중반에 '농촌 소재극 방면에서……연기자의 연기가 편안하고 익살스러워 시청자의 사랑을 받았다'라고 하였으므로 정답은 B다.

49

电视剧受欢迎的原因是什么?

A 故事情节真实感人
B 演员的表演轻松幽默
C 反映和关注社会的现实
D 顺应观众和时代的需要

드라마가 환영을 받은 이유는 무엇인가?

A 이야기의 줄거리가 진실되고 감동적이다
B 연기자의 연기가 편안하고 익살스럽다
C 사회의 현실을 반영하고 주목했다
D 시청자와 시대의 요구에 순응했다

단어 情节 qíngjié 몡 (어떤 작품의) 줄거리, 플롯, 구성 | 顺应 shùnyìng 통 순응하다, 순종하다

해설 듣기 지문 중반에 '시대의 요구에 부합하고 시청자의 입맛과 수요에 부합하는 것이 드라마가 환영을 받는 중요한 이유다'라고 했으므로 D가 정답이다.

50

关于国产电视剧的快速发展，文中没有提到哪一项?

A 题材更加广泛
B 制作数量增加
C 制作机构增加
D 海外发行顺利

국산 드라마의 빠른 발전에 대해 글에서 언급하지 않은 것은?

A 소재가 더욱 광범위해졌다
B 제작 수량이 증가했다
C 제작 기구가 증가했다
D 해외배급이 순조로왔다

해설 듣기 지문 후반에 '제작 수량이 몇 천 편에서 만여 편으로 증가하였으며, 제작 기구는 몇 백 개에서 몇 천 개로 발전하였고, 드라마의 해외 배급도 괜찮은 성적을 얻었다'고 했다. 따라서 언급하지 않은 것은 A임을 알 수 있다.

 **Tip⁺** 올바르지 않은 항목을 고르는 것은 문제를 들을 때부터 주의를 해야 한다. 보기를 보고 지문의 내용을 들으며, 언급된 내용이라면 보기 옆에 체크를 하면서 듣는 훈련을 해야 한다.

阅读

第 一 部 分

51-60

★☆☆ | **유형** | 동태조사 위치 파악

51

A 爱的力量最强大，远远胜过说教和管教。
B 沿着青青的石板路，我不停地在巷子里徘徊。
C 一个人的错误，有可能侥幸地成为另一个人的发现。
D 自从他大学毕业以后，秦阿姨已经给他介绍三个对象过了。

A 사랑의 힘이 가장 강하기 때문에 설교와 통제보다 훨씬 낫다.
B 푸릇푸릇한 돌판길을 따라 나는 끊임없이 골목에서 배회했다.
C 한 사람의 실수가 요행스럽게도 다른 사람의 발견이 될 수 있다.
D 그가 대학을 졸업한 후 친씨 아주머니는 벌써 그에게 세 명의 결혼상대를 소개해주었다.

단어 强大 qiángdà 웹 강대하다 | 远远 yuǎnyuǎn 뷔 몹시, 대량으로, 대폭 | 胜过 shèngguo 통 ~보다 낫다 | 说教 shuōjiào 통 설교하다 | 管教 guǎnjiào 통 통제하여 교도하다 | 沿着 yánzhe 전 ~을 따라서, ~을 지나서, ~을 끼고 | 青青 qīngqīng 웹 푸릇푸릇하다 | 巷子 xiàngzi 몡 골목 | 徘徊 páihuái 통 (아무런 목적 없이) 이리저리 거닐다, 배회하다 | 侥幸 jiǎoxìng 웹 요행스럽다 | 阿姨 āyí 몡 이모, 아주머니

해설 D의 뒤 절 秦阿姨已经给他介绍三个对象过了 안에 있는 过는 동태조사로, 동사나 형용사 뒤에 쓰여 과거에 이미 발생한 일이나 경험을 나타낸다. 过의 위치는 '주어+부사어(已经/曾经)+동사/형용사+过+목적어'다. 따라서 이 문장의 동태조사 过는 동사 介绍 뒤, 목적어 三个对象 앞에 놓여야 한다. 그러므로 올바른 문장은 '…已经给他介绍过三个对象了'이다.

Tip⁺ • 동태조사 了, 着, 过

	了	着	过
특징	동작의 완성을 나타내며 과거와 미래에 모두 쓰일 수 있다.	동작의 상태가 지속됨을 나타내거나 진행 중임을 나타낸다. 동작이 진행을 나타낼 경우 '正, 在, 正在…呢'와 함께 쓰일 수 있다.	과거에 이미 발생한 일이나 경험을 나타낸다. 형용사 뒤에 过가 붙으면 비교의 의미를 갖는다.
예시	我学了电脑。나는 컴퓨터를 배웠다. (과거) 明天去了学校就会马上交作业。내일 학교에 가면, 바로 숙제를 제출할 것이다. (미래)	你们在这儿等着。너희는 여기서 기다리고 있어라. (상태 지속) 他正说着呢！그는 지금 말하고 있는 중이잖아! (진행)	我去过中国。나는 중국에 가본 적이 있다. (경험) 她以前瘦过。그녀는 예전에 마른 적이 있다. (비교)

★★☆ | **유형** | 어순 관계 파악

52

A 参加一般的户外活动，旅游鞋是较明智的选择。
B 我是一个喜欢努力的人，我喜欢把每一件事情都做到极致。
C 你去中山陵观光的时候，不妨走多几步，顺便去音乐台看看。
D 一项调查表明，有孩子的夫妻要比无子女的夫妻感受到的压力小。

A 일반적인 야외 활동에 참가할 때 여행용 신발은 현명한 선택이다.
B 나는 노력을 좋아하는 사람이다. 나는 모든 일을 최고의 경지까지 하는 것을 좋아한다.
C 당신이 중산릉 관광을 할 때 가는 김에 몇 걸음을 더 가서 음악무대를 한번 보는 것도 괜찮다.
D 한 조사에서 아이가 있는 부부가 아이가 없는 부부보다 받는 스트레스가 적다고 한다.

 户外 hùwài 몡 옥외, 야외 | 旅游鞋 lǚyóuxié 몡 여행용 신발 | 明智 míngzhì 혱 사리에 밝다, 식견이 있다, 현명하다 | 极致 jízhì 몡 극치, 최고의 경지 | 中山陵 Zhōngshānlíng 몡 중산릉 | 观光 guānguāng 동 관광하다, 참관하다 | 不妨 bùfáng 뷔 무방하다, 괜찮다 | 顺便 shùnbiàn 뷔 ~하는 김에, ~하는 바에

해설 제안을 하고, 요구를 할 때 쓰는 多, 少는 你少说两句, 应该多做准备처럼 동사의 앞에 놓여야 한다. 따라서 문장 C도 '…不妨多走几步…'라고 바꿔야 올바른 문장이 된다.

Tip⁺ 만약 多, 少가 동사 뒤에 놓인다면 결과보어가 되어 동작의 결과를 나타낸다.
예 他喝多了。 그는 많이 마셨다.
生活用品买少了。 생활용품을 적게 샀다.

★☆☆ | 유형 | 어휘의 호응 관계 파악

53

A 任何一点点的小问题，都足以让我们大吵特吵。
B 交往和沟通的技巧不仅仅是一门学问，而且是一种艺术。
C "胜利2号"钻井船的船体结构和"胜利1号"复杂得多。
D 那天，乔冠华每隔一小时就叫办公室打电话问机场，他们那次航班起飞没有。

A 어떠한 사소한 문제라도 우리를 크게 싸우게 할 수 있다.
B 교류와 소통의 테크닉은 하나의 학문일 뿐만 아니라 일종의 예술이기도 하다.
C '승리 2호' 착정 선박의 선체 구조는 '승리 1호'보다 더 복잡하다.
D 그날, 챠오관화는 1시간마다 사무실에 시켜 공항에 전화해서 그들의 항공편이 이륙했는지를 물어보게 했다.

단어 任何 rènhé 떼 어떠한, 무엇, 어느 | 足以 zúyǐ 동 충분히(완전히) ~할 수 있다, ~하기에 족하다 | 交往 jiāowǎng 동 왕래하다, 내왕하다 | 沟通 gōutōng 동 교류하다, 소통하다, 통하게 하다 | 技巧 jìqiǎo 몡 기교, 테크닉, 수법 | 学问 xuéwen 몡 학문 | 艺术 yìshù 몡 예술 | 钻井 zuānjǐng 동 착정기로 우물을 파다 | 结构 jiégòu 몡 구조, 구성, 조직 | 乔冠华 Qiáo Guànhuá 고유 챠오관화

해설 C의 뒤 절은 比자 비교문으로, 문장의 구조는 '…比…+형용사+得多'다. 따라서 전치사 和를 比로 바꾸어 '…比 '胜利1号' 复杂得多'가 되어야 올바른 문장이다.

★★☆ | 유형 | 접속사 관계 파악

54

A 比起其他猴类来，金丝猴的确是非常漂亮。
B 她透露，《记忆之花》是一部与她以往作品不同的小说。
C 对于善意的批评应采取接受的态度，而不应采取消极的反应。
D 尽管是有钱人还是穷人，有病的时候都是我的患者，我当然应该一视同仁。

A 기타 원숭이류와 비교했을 때, 들창코원숭이는 확실히 매우 예쁘다.
B 그녀는 『기억의 꽃』이 그녀의 예전 작품과는 다른 소설이라고 넌지시 드러냈다.
C 선의의 비평에 대해서는 받아들이는 태도를 취해야지, 부정적인 반응을 취해서는 안 된다.
D 돈이 많은 사람이나 가난한 사람이나 병이 있을 때는 모두 나의 환자다. 나는 당연히 누구나 차별 없이 대해야 한다.

단어 猴 hóu 몡 원숭이 | 金丝猴 jīnsīhóu 몡 들창코원숭이 | 透露 tòulù 동 (소식이나 뜻 등) 누설하다, 폭로하다, 넌지시 드러내다 | 以往 yǐwǎng 몡 이왕, 이전, 종전 | 善意 shànyì 몡 선의, 호의, 좋은 뜻 | 采取 cǎiqǔ 동 선택하여 실행하다, 취하다, 채택하다 | 消极 xiāojí 혱 부정적인, 발전을 저해하는, 소극적인 | 患者 huànzhě 몡 환자 | 一视同仁 yíshìtóngrén 성어 일시동인, 누구나 차별 없이 대하다

해설 D의 첫 번째 절에 선택의문문 'A还是B'가 있는 것으로 보아, 앞에 조건 관계 접속사 不管, 无论, 不论이 와야 함을 알 수 있다. 일반적으로 조건 관계 접속사 '不管/无论/不论…都…' 뒤에는 정반의문문, 선택의문문, 의문대사, 多么가 오며 어떤 조건에서도 결과는 같음을 나타낸다. 따라서 '不管/无论/不论是有钱人还是穷人…'으로 바꾸어야 한다. 문장에 쓰인 尽管은 전환 관계 접속사다.
예 尽管他很早就到了，但是别人比他到得更早。
비록 그가 매우 일찍 도착하긴 했지만 다른 사람은 그보다 더 일찍 도착했다.

- 조건 관계 접속사
  1) 只有A才B : A해야만 B할 수 있다 (조건 강조)
     예 只要不断努力，才能成功. 쉬지 않고 노력해야만 성공할 수 있다.
  2) 只要A就B : A하기만 하면 B할 수 있다
     예 只要吃这个药，就能立即见效. 이 약을 먹으면 즉시 효과를 볼 수 있다.

★★☆ ｜유형｜ 문장 성분 파악

55

A 这样只会对有意愿购房的消费者起到一定的刺激作用。

B 随时随地都应表现出真实的自己，没有人会相信骗子的。

C 大脑控制着眼睛只看想看的东西，只关注具有魅力的东西。

D 这是人类与自然环境的关系两个方面，缺少一个就会给人类带来灾难。

A 이렇게 하는 것은 주택 구매를 원하는 소비자에게 어느 정도 자극 작용을 일으킬 것이다.

B 언제 어디서나 진실된 자신을 드러내야 한다. 사기꾼을 믿을 사람은 없다.

C 대뇌는 눈이 단지 보고 싶은 것만 보고 매력이 있는 것에만 주목하도록 제어한다.

D 이것은 인류와 자연환경의 관계에 대한 두 가지 측면이다. 어느 하나가 결핍되면 인류에게 재난을 가져올 것이다.

단어 刺激 cìjī 통 자극하다, 자극시키다 ｜ 随时随地 suíshísuídì 언제 어디서나 ｜ 骗子 piànzi 명 사기꾼, 협잡꾼 ｜ 控制 kòngzhì 통 통제하다, 제어하다 ｜ 灾难 zāinàn 명 재난

해설 D의 앞 절의 중심어는 方面이고, 人类与自然环境的关系는 뒤의 명사 方面을 수식하는 관형어이므로, 관형어와 중심어 사이에는 일반적으로 구조조사 的가 와야 한다. 따라서 올바른 문장은 '…人类与自然环境的关系的两个方面…'이다.

★★☆ ｜유형｜ 어휘의 호응 관계 파악

56

A 古典音乐毕竟不同于流行音乐，自身的实力比商业运作更重要。

B 能源消费国一直最关心的是有没有足够的能源供应来满意自身的需要。

C 列宾学院每年约招收135名学生，其中外国留学生基本占到总名额的25%。

D 沿着河岸，我来到了富安桥东堍南侧的南市街上，寻找着属于周庄沈氏的荣耀与辉煌。

A 고전음악은 요컨대 유행음악과 다르다. 자신의 실력이 상업활동보다 더 중요하다.

B 에너지소비국이 줄곧 관심을 두는 것은 충분한 에너지를 공급해서 자신의 수요를 만족시킬 수 있는지 없는지다.

C 레빈대학은 매년 135명의 학생을 모집한다. 그중 외국 유학생은 기본적으로 총 인원수의 25%를 차지한다.

D 강가를 따라 나는 푸안교 동단 남쪽의 시장 거리에서 와서 저우촹 선씨의 영광과 눈부심을 찾는다.

단어 毕竟 bìjìng 부 어쨌든, 필경, 요컨대 ｜ 运作 yùnzuò 통 (조직·기관 등이) 업무를 진행하다, 활동하다 ｜ 能源 néngyuán 명 에너지원 ｜ 供应 gōngyìng 통 (물자나 인력을) 공급하다, 제공하다 ｜ 招收 zhāoshōu 통 (시험이나 기타 방식으로 학생·견습공·직원 등을) 모집하다, 받아들이다 ｜ 名额 míng'é 명 정원, 인원수 ｜ 沿着 yánzhe 전 ~을 따라서, ~을 지나서, ~을 끼고 ｜ 河岸 hé'àn 명 강변, 강기슭, 강가 ｜ 富安 Fù'ān 명 푸안[장쑤성에 위치함] ｜ 堍 tù 명 다리의 (양)끝, 다리목, 다리턱, 다리 어귀 ｜ 周庄 Zhōuzhuāng 명 저우촹[장쑤성에 위치함] ｜ 沈 Shěn 고유 선[성(姓)] ｜ 荣耀 róngyào 형 영광스럽다, 영예롭다 ｜ 辉煌 huīhuáng 형 (빛이나 성적 등이) 휘황찬란하다, 눈부시다

해설 B의 뒤 절의 满意는 형용사로 목적어를 수반할 수 없다. 따라서 목적어를 수반할 수 있는 동사 满足를 써야 한다. 满足는 일반적으로 需要, 要求, 愿望 등과 자주 호응한다. 따라서 올바른 문장은 '…满足自身的需要…'이다. 형용사 满意의 상용 격식은 '…对…满意'다.

예 老师对你的表现很满意. 선생님은 너의 태도에 매우 만족해하신다.

주어진 단어가 문장에서 어떤 품사로 쓰였는지 파악하고 그 품사에 따른 의미를 찾는 문제다. 평소에 단어를 공부할 때 단어가 각각 어떤 품사를 가지고 있고 또 품사마다 어떤 다른 의미를 가지고 있는지 유의해야 한다.

57

A 他会习惯性地使用当年自己父亲对付自己的法子来对待孩子。

B 赵本山的出现，带给东北人内心的温暖与慰藉，是外地人所不能了解的。

C 对方公司各方面的负债越来越多，我方不否认他们近期之内没有破产的可能性。

D 为子女创业或结婚买房筹备资金，以便减轻子女的生活压力，这是为人父母的一片苦心。

A 그는 습관적으로 당시 자신의 아버지가 자신을 다룬 방법으로 아이를 대할 것이다.

B 자오번산의 출현이 동북 사람들의 마음속에 가져다준 따뜻함과 위엔은 외지인이 이해할 수 없을 것이다.

C 상대 회사의 각 방면의 채무가 점점 많아질수록, 우리 측은 그들이 단기간 내에 파산할 가능성이 없음을 부인하지 않는다.

D 자녀를 위한 창업 혹은 결혼 주택 구매 자금을 마련하는 것은 자녀의 생활 부담을 덜기 위해서이며 이것은 부모로서의 마음이다.

단어 对付 duìfu 图 대처하다, 대응하다, 다루다 | 法子 fǎzi 圆 방법 | 赵本山 Zhào Běnshān 고유 자오번산 | 慰藉 wèijiè 图 위엔하다, 위로하다, 안심하게 하다 | 负债 fùzhài 圆 부채, 빚 | 近期 jìnqī 圆 단기, 가까운 시일, 가까운 시기 | 破产 pòchǎn 图 (가산을) 모두 날려 버리다, 파산하다, 도산하다 | 筹备 chóubèi 图 (어떤 일을 진행하기 위해서 사업을 열거나 기구를 세우는 등) 사전에 준비하다 | 以便 yǐbiàn 圙 ~하기 위해서, ~하기 쉽게, ~에 편리하도록 | 减轻 jiǎnqīng 图 (세금·부담·고통·형벌 등을) 경감하다, 덜다, 가볍게 하다 | 为人 wéirén 图 처세하다, 행동하다 | 苦心 kǔxīn 圆 고심, 심혈

해설 C의 앞 절 '상대 회사의 각 방면의 채무가 점점 많아질수록'은 '상대방의 상황이 점점 안 좋아질수록'이라는 말을 뜻하므로, 뒤 절에는 '우리 측은 그들이 단기간 내에 파산할 가능성이 있음을 부인하지 않는다'라는 말이 와야 한다. 다시 말해, 뒤 절의 不否认은 '부인하지 않는다, 인정한다'라는 뜻이므로, 그 뒤의 没有를 有로 바꾸어야 올바른 문장이 된다. 따라서 '…我方不否认他们近期之内有破产的可能性'으로 바꿔야 한다.

58

A 一旦一票难求的问题解决了，票贩子就没有市场了，火车票实名制也就没有必要了。

B 但也有一些业内人士认为，指导规则毕竟缺乏强制性，能起到多大效果还存在疑问。

C 现在地球周围已经有数不清的垃圾需要处理了，若不及时进行处理它们，宇宙航行的悲剧就会发生。

D 这也是人类第一次有能力在宇宙深处探索恒星周围的可居住带，它有可能带领我们发现另一个地球。

A 일단 표를 구하기 어려운 문제만 해결되면 암표상은 곧 시장이 없을 것이고 기차표 실명제 역시 필요 없을 것이다.

B 그러나 일부 업계 인사들은 지도규칙이 결국 강제성이 부족한 것이 얼마만큼의 효과를 일으킬 수 있을지가 아직 의문이라고 여긴다.

C 지금 지구 주변은 이미 처리가 필요한 셀 수 없는 쓰레기가 있다. 만약에 제때 그것들을 처리하지 않으면 우주 항해의 비극은 곧 발생할 것이다.

D 이것은 또한 인류가 우주 깊은 곳에서 항성 주위의 거주 가능한 지역을 찾을 수 있는 능력이 처음 생긴 것이다. 그것은 어쩌면 우리가 다른 지구를 발견하도록 이끌 것이다.

단어 票贩子 piàofànzi 圆 암표상 | 实名制 shímíngzhì 圆 실명제 | 强制性 qiángzhìxìng 圆 강제성 | 垃圾 lājī 圆 쓰레기, 오물, 노폐물 | 航行 hángxíng 图 (선박 또는 비행기가) 항행하다 | 恒星 héngxīng 圆 항성, 붙박이별

해설 C에서 若不及时进行处理它们에서 进行은 형식적인 동사이고, 处理가 주요 동사다. 进行은 지속적이면서 정식적이고 엄숙한 행위에 쓰이며 단기적이거나 일상생활의 행위에는 쓰이지 않는다. 또한 '进行+주요동사'의 구조 뒤에는 목적어(它们)가 올 수 없다. 따라서 '…若不及时(对它们)进行处理…'로 바꿔야 한다.

Tip⁺ 다음과 같은 동사는 명사, 대사를 목적어로 갖지 못하며, 동사, 형용사, 구만을 목적어로 갖는다.
예 进行, 准备, 开始, 受到, 继续, 希望, 感到, 感觉, 觉得

59

A 由于钱三强卓有成效的工作，他刚去法国居里实验室一年多，便为华夏学子争得了荣誉。

B 为了上艺术培训班，刘露只能挤出休息时间完成学校作业，周末两天有时要写作业写到深夜12点。

C 大人的一言一行、一举一动，都在给孩子树立样板，都在孩子的精神世界烙上了永远的印记和影响。

D 如果一位教师不会利用电脑扩充知识、信息和自己的难题，过不了多久他可能会发现自己已落后于时代的发展。

A 첸싼창은 성적이 탁월한 업무로 인해 그가 막 프랑스 퀴리실험실에 온 지 1년이 넘었을 때 중국 학생을 대신해 영예를 쟁취했다.

B 예술 육성반을 듣기 위해 리우루는 쉬는 시간을 짜내서 학교 숙제를 완성하고 주말 이틀은 때에 따라 밤 12시까지 숙제를 했다.

C 성인의 일언일행과 일거수일투족은 모두 아이에게 모범이 되고 있으며 아이의 정신 세계에 영원한 흔적과 영향을 새겼다.

D 만약 교사가 컴퓨터를 이용해 지식과 정보와 자신의 어려운 문제를 확충하지 못한다면, 얼마 가지 않아 그는 아마 자신이 이미 시대의 발전에 뒤떨어졌다는 것을 발견하게 될 것이다.

단어 钱三强 Qián Sānqiáng 고유 첸싼창 [중국 과학자] | 卓有成效 zhuóyǒuchéngxiào 성어 성적이 탁월하다, 효과가 탁월하다 | 居里 Jūlǐ 고유 퀴리 | 华夏 Huáxià 명 중화민족 | 学子 xuézǐ 명 학생 | 争得 zhēngdé 동 쟁취하다 | 荣誉 róngyù 명 영예 | 培训班 péixùnbān 명 양성반, 육성반, 훈련반 | 刘露 Liú Lù 고유 리우루 | 挤出 jǐchū 동 짜내다 | 深夜 shēnyè 명 심야, 심경, 깊은 밤 | 一言一行 yìyányìxíng 성어 일언일행, 모든 말과 행동 | 一举一动 yìjǔyídòng 성어 일거수일투족, 모든 행동(거동) | 树立 shùlì 동 세우다, 수립하다, 확립하다 | 样板 yàngbǎn 명 (학습의) 표준, 본보기, 모범, 귀감 | 烙 lào 동 새기다, 찍다 | 印记 yìnjì 명 자취, 자국, 흔적, 표지, 표시 | 扩充 kuòchōng 동 (인원 · 내용 · 시설 등을) 확충하다

해설 D는 술어 扩充과 목적어 难题가 서로 호응하지 않는다. 컴퓨터를 이용해 '지식을 확충하다(扩充知识)'와 '정보를 확충하다(扩充信息)'는 가능하지만, '자신의 어려운 문제를 확충하다(扩充自己的难题)'는 어울리지 않으므로, 扩充 대신 难题와 호응하는 解决로 바꾸어야 한다. 그러므로 올바른 문장은 '…利用电脑扩充知识和信息，解决自己的难题…'이다.

60

A 别的动物的嘴只会吃东西，人类的嘴除了吃东西还会说话。

B 从文字学的角度来说，甲骨文和金文具有通过字形了解含义的功能，隶体字的这种功能已经衰减。

C 通常认为，雷雨云是在一定大地和大气条件下，由强大潮湿热气流不断上升进入稀薄大气层冷凝的结果。

D 五四运动时的中国正处在社会大变动时期，徘徊在十字路口，反映不同政治势力的各种新旧思潮异常活跃，斗争异常激烈极了。

A 다른 동물의 입은 단지 먹을 수만 있고, 인류의 입은 먹는 것 외에 말도 할 수 있다.

B 문자학의 관점에서 말하자면, 갑골문과 금문은 자형을 통해 의미를 이해할 수 있는 기능을 가지고 있다. 예서체 글자의 이러한 기능은 이미 약해졌다.

C 일반적으로 알고 있는 적란운이란 일정한 대지와 대기 조건 아래 강대하고 습한 뜨거운 기류가 끊임없이 위로 올라가 희박한 대기층에 들어가 응결한 결과다.

D 5·4 운동 때 중국은 마침 사회 대변동 시기에 있었다. 선택의 갈림길에서 배회하였고 다른 정치세력을 반영하는 각종 신구 사조가 매우 활발하였으며 투쟁이 매우 격렬했다.

단어 甲骨文 jiǎgǔwén 명 갑골문, 갑골문자 | 金文 jīnwén 명 금문 | 字形 zìxíng 명 글자꼴, 자형 | 隶体 lìtǐ 명 예서체 | 衰减 shuāijiǎn 동 약해지다, 감퇴하다, 줄어들다 | 雷雨云 léiyǔyún 명 뇌운, 적란운 | 气流 qìliú 명 기류, 유동 공기 | 稀薄 xībó 형 (공기 · 안개 · 연기 등이) 엷다, 희박하다 | 冷凝 lěngníng 동 (기체 또는 고체가 차가운 것과 접촉하여) 응결하다 | 五四运动 wǔsì yùndòng 명 5·4 운동 | 变动 biàndòng 동 변동하다 | 徘徊 páihuái 동 (아무런 목적 없이) 이리저리 거닐다, 배회하다 | 思潮 sīcháo 명 사조 | 异常 yìcháng 부 매우, 무척, 너무, 대단히 | 活跃 huóyuè 형 (행동이) 활발하고 적극적이다, (분위기가) 활발하고 뜨겁다 | 斗争 dòuzhēng 동 (쌍방이 충돌하여 서로에게 이기려고) 투쟁하다, 싸우다

해설 D의 마지막 절 斗争异常激烈极了에서 异常은 정도부사고, 极了도 정도보어다. 이 두 개가 동시에 하나의 형용사 激烈를 수식할 수 없다. 따라서 둘 중 하나를 삭제해야 한다. 그러므로 斗争异常激烈, 혹은 斗争激烈极了로 바꿔야 올바른 문장이 된다.

Tip⁺ 정도보어는 술어(동사, 형용사) 뒤에 쓰여 동작이나 상태의 정도가 심함을 나타낸다. 정도보어가 쓰인 문장에는 很, 非常, 格外, 挺 등과 같이 정도를 나타내는 정도부사를 중복으로 쓸 수 없다.

기본 구조 : 술어 + 极了/ 死了/ 坏了/ 透了

예 你也去吗? 那好极了。 너도 가는 거야? 그거 무척 잘됐다.

61-70

★☆☆ |유형| 어휘의 호응 관계 파악

61

世界各地____着许许多多有关花的故事传说，正是由于受花语的____，各地区因风土人情不同，各有自己特别喜爱的花。法国的国花百合，表示宁静和谐；希腊的国花油橄榄，则是传说中和平之神手握的花枝，____和平。

세계 각지에서는 여러 꽃과 관련된 이야기와 전설이 <u>전해지고</u> 있다. 바로 꽃말의 <u>계시</u>를 얻은 것과 각 지역마다 환경과 풍속이 다르기 때문에 각각 자신이 특별히 좋아하는 꽃이 있다. 프랑스의 국화는 백합으로, 평온과 조화를 나타낸다. 그리스의 국화는 올리브인데, 전설에서 평화의 신이 손으로 잡은 꽃가지로 평화를 <u>상징한다</u>.

A 流行　启事　比喻
B 时兴　反映　引申
C 流传　启示　象征
D 播出　反应　表示

A 유행하다 / 공고 / 비유하다
B 한때 유행하다 / 반영하다 / 전의하다
C 전하다 / 계시 / 상징하다
D 방송하다 / 반응 / 의미하다

|단어| 风土人情 fēngtǔrénqíng 성어 한 지방 특유의 자연환경과 풍속·예절·습관 등의 총칭. 풍토와 인정 | 百合 bǎihé 명 백합 | 宁静 níngjìng 형 (환경·마음 등이) 편안하다. 평온하다. 고요하다 | 和谐 héxié 형 어울리다. 조화롭다. 화목하다 | 希腊 Xīlà 명 그리스 | 油橄榄 yóugǎnlǎn 명 올리브 | 花枝 huāzhī 명 꽃가지 | 启事 qǐshì 명 공고, 고시, 광고 | 比喻 bǐyù 동 비유하다 | 时兴 shíxīng 동 한때 유행하다. 한동안 유행하다 | 反映 fǎnyìng 동 반영하다. 반영시키다 | 引申 yǐnshēn 동 (글자·단어 등이) 원래의 뜻에서부터 새로운 뜻이 생기다. 전의하다 | 流传 liúchuán 동 (사적·작품 등이) 전하다. 퍼지다 | 启示 qǐshì 명 계시, 계몽. 시사

|해설| 첫째 칸: 뒤의 **传说**와 호응하는 단어는 **流传**밖에 없다.
둘째 칸: '**受…的启示**'는 상용하는 고정격식이다. **启事**는 명사로, 어떤 일을 설명하기 위해 신문과 간행물에 게재하거나 벽에 붙이는 글을 가리키므로 지문 내용과 관련이 없다. 또한 **反应**과 **反映**은 모두 주동의 의미를 나타내며 피동의 의미가 아니므로 답에서 제외된다.
셋째 칸: 뒤의 **和平**과 호응하는 단어로, **比喻**, **象征**이 가능하다.

★☆☆ |유형| 어휘의 호응 관계 파악

62

如果冲突情境长期不能解决，不仅会出现____性反应，严重时还会导致神经症等严重的心理____。很多研究的结果____，大部分神经症，尤其是神经____的产生，往往是由于长期的内心矛盾冲突造成的。

만약 맞닥뜨린 상황이 장기간 해결할 수 없는 것이라면 방어성 반응이 나타날 뿐만 아니라, 심할 때는 신경증 등 심각한 심리장애를 일으킬 것이다. 많은 연구 결과는 분명하게 밝힌다. 대부분 신경증, 특히 신경쇠약의 출현은 흔히 오래된 마음속의 갈등이 충돌하여 만들어진 것이다.

A 防守　阻碍　表示　衰败
B 防护　妨碍　表现　衰老
C 防御　障碍　表明　衰弱
D 防治　碍事　表达　衰退

A 수비하다 / 장애 / 나타내다 / 쇠락하다
B 방어하여 지키다 / 지장을 주다 / 표현하다 / 노쇠하다
C 방어하다 / 장애 / 분명하게 밝히다 / 쇠약하다
D 예방 치료하다 / 방해하다 / 표현하다 / 감퇴하다

|단어| 冲突 chōngtū 동 충돌하다 | 导致 dǎozhì 동 야기하다. 초래하다 | 神经症 shénjīngzhèng 명 신경증 | 防守 fángshǒu 동 수비하다, 막아서 지키다 | 阻碍 zǔ'ài 명 장애, 장애물, 걸림돌 | 衰败 shuāibài 동 (사물이) 쇠락하다, 쇠퇴하다 | 防护 fánghù 동 방어하여 지키다, 막아서 지키다 | 妨碍 fáng'ài 동 방해하다. 지장을 주다 | 衰老 shuāilǎo 형 노쇠하다 | 防御 fángyù 동 방어하다 | 障碍 zhàng'ài 명 장애, 장애물 | 衰弱 shuāiruò 형 (신체가) 쇠약하다 | 防治 fángzhì 동 예방 치료하다, (재해나 질병을) 막다 | 碍事 àishì 동 방해하다. 불편하게 하다, 거치적거리다 | 衰退 shuāituì 동 (신체·정신·의지·능력 등이) 쇠퇴하다. 감퇴하다

제3회 해설 | 181

제3회 阅读

해설 첫째 칸: '방어성 반응(防御性反应)'은 자주 사용하는 구문이다. 여기서는 防御만 가능하다.
둘째 칸: '심리장애(心理障碍)'는 자주 사용하는 구문이다. 여기서는 障碍만 가능하다.
셋째 칸: 빈칸 앞의 结果와 호응할 수 있는 것은 表示와 表明만 가능하다.
넷째 칸: '신경쇠약(神经衰弱)'은 자주 사용하는 구문이다. 여기서는 衰弱만 가능하다.

 **Tip⁺** 고정적으로 자주 호응하는 단어들을 암기해두면 독해 제2부분 문제를 푸는 데 많은 도움이 될 것이다. 단지 제2부분뿐만 아니라, 제4부분의 독해 지문을 읽더라도 상용하는 동사와 명사를 꼭 표시하며 읽자.

★★☆ │**유형**│ 어휘의 호응 관계 파악

63

在农耕社会里，农作物是最重要的植物，因而最受＿＿＿，并形成了自己的专门的神。据考证，稷(粟)可能是我国北方最早＿＿＿的农作物，稷神的＿＿＿也要早于黍、稻、麦、菽等农作物的神灵。所以当农作物诸神＿＿＿为一神时，稷神就成为必然的出任者。

A 崇高　种植　形成　统一
B 崇拜　栽培　产生　综合
C 崇尚　养育　萌芽　集中
D 崇敬　培育　引进　组织

농경사회에서 농작물은 가장 중요한 식물이다. 그래서 가장 <u>숭배</u>를 받았으며 자신만의 전문적인 신을 형성하게 됐다. 고증에 근거하면 기장(조)는 아마도 중국 북방에서 가장 이른 시기에 <u>재배한</u> 농작물일 것이다. 기장신의 <u>출현</u>은 수수, 벼, 보리, 콩 등 농작물의 신보다 이를 것이다. 따라서 농작물의 여러 신이 하나의 신으로 <u>합쳐졌을</u> 때 기장신은 필연적으로 임무를 담당하는 신이 되었다.

A 숭고하다 / 재배하다 / 형성하다 / 통일하다
B 숭배하다 / 재배하다 / 출현하다 / 종합하다
C 숭상하다 / 양육하다 / 싹트다 / 집중하다
D 숭배하고 존경하다 / 기르다 / 도입하다 / 조직하다

단어 农耕 nónggēng 몡 농경 | 考证 kǎozhèng 통 고증하다 | 稷 jì 기장 | 粟 sù 몡 조 | 稷神 jìshén 몡 직신, 기장신 [오곡의 신] | 黍 shǔ 몡 수수 | 稻 dào 몡 벼 | 菽 shū 몡 콩 종류 곡식의 총칭 | 神灵 shénlíng 몡 신, 신령 | 诸 zhū 때 모든, 전부, 여러, 각각의 | 出任者 chūrènzhě 몡 임무나 관직을 맡는 사람 | 崇高 chónggāo 혱 숭고하다, 고상하다 | 崇拜 chóngbài 통 숭배하다 | 栽培 zāipéi 통 재배하다, 기르다, 배양하다 | 崇尚 chóngshàng 통 숭상하다, 존중하다, 숭배하다 | 萌芽 méngyá 통 (식물이) 싹트다, 움트다 | 崇敬 chóngjìng 통 숭배하고 존경하다 | 培育 péiyù 통 (아직 다 자라지 않은 생물을) 심어서 가꾸다, 기르다, 재배하다 | 引进 yǐnjìn 통 (사람·자금·기술·설비 등을) 끌어들이다, 도입하다

해설 첫째 칸: 崇高는 형용사이므로 올 수 없다. 崇拜, 崇敬이 가능하다.
둘째 칸: 뒤의 农作物와 호응하는 단어가 와야 하는데, 养育를 제외한 나머지 세 개는 모두 식물과 호응할 수 있으므로 답이 될 수 있다. 한편, 养育는 사람에게 많이 쓰이고 사물에는 쓰이지 않는다.
셋째 칸: 形成, 产生이 가능하다.
넷째 칸: 统一, 综合가 가능하다.

★★☆ │**유형**│ 어휘의 호응 관계 파악

64

侦查人员在讯问犯罪嫌疑人的时候，应当首先讯问犯罪嫌疑人是否有犯罪＿＿＿，让他＿＿＿有罪的情节或者无罪的＿＿＿，然后向他提出问题。犯罪嫌疑人对侦查人员的提问，应当如实回答。但是对与本案无关的问题，有拒绝回答的＿＿＿。

A 行径　表达　辩论　权力
B 事实　叙说　辩护　权益
C 行为　陈述　辩解　权利
D 活动　说明　辩白　权限

수사대원은 범죄 혐의자를 심문할 때, 먼저 범죄 혐의자가 범죄 행위가 있는지의 여부를 심문하며 그에게 유죄의 경위 혹은 무죄의 <u>변명</u>을 <u>진술하게</u> 하고, 그 다음 그에게 질문을 한다. 범죄 혐의자는 수사대원의 질문에 대해, 실제 상황대로 대답해야 한다. 그러나 본 사건과 무관한 문제에 대해서는, 대답을 거절할 <u>권리</u>가 있다.

A 행동 / 표현하다 / 변론하다 / 권력
B 사실 / 서술하다 / 변호하다 / 권익
C 행위 / 진술하다 / 변명하다 / 권리
D 활동 / 설명하다 / 해명하다 / 권한

단어　侦查 zhēnchá 통 (사건을) 조사하다, 수사하다 ┃ 讯问 xùnwèn 통 심문하다, 취조하다 ┃ 犯罪 fànzuì 통 죄를 저지르다, 죄를 범하다 ┃ 嫌疑 xiányí 명 의심, 혐의 ┃ 情节 qíngjié 명 상황, 경위, 사정 ┃ 提问 tíwèn 통 질문하다 ┃ 如实 rúshí 부 실제 상황에 따라, 여실히, 실제 상황대로 ┃ 本案 běn'àn 명 본안 ┃ 拒绝 jùjué 통 (부탁·의견·선물 등을) 거절하다, 거부하다 ┃ 行径 xíngjìng 명 행동, 행실, 행위, 거동, 행동거지 ┃ 辩论 biànlùn 통 변론하다, 논쟁하다 ┃ 叙说 xùshuō 통 서술하다, 진술하다 ┃ 辩护 biànhù 통 변호하다 ┃ 权益 quányì 명 권익 ┃ 陈述 chénshù 통 진술하다 ┃ 辩解 biànjiě 통 변명하다, 설명하다 ┃ 辩白 biànbái 통 변명하다, 해명하다 ┃ 权限 quánxiàn 명 권한

해설　첫째 칸: 活动을 제외하고는 모두 앞의 犯罪와 호응할 수 있다.

둘째 칸: 뒤의 情节와 호응하는 단어가 와야 하는데, 陈述만 가능하다. 나머지 叙说는 故事, 说明은 原因과 호응한다.

셋째 칸: 辩论을 제외하고 모두 가능하다. 辩论은 일반적으로 쌍방간의 논쟁에 쓰이나, 여기서는 범죄 혐의자 혼자만을 말하는 것이므로 답에서 제외된다.

넷째 칸: 앞의 回答와 호응할 수 있는 것은 权力와 权利만 가능하다.

★★☆　│ 유형 │　문맥에 적합한 의미 파악

65

民间崇拜的历史人物中，有＿＿＿＿一部分是因为生前有功于社会，为民众做了好事，或者是在外敌入侵之＿＿＿＿，挺身卫国的民族英雄。民众崇拜他们的业绩，往往奉祀以示纪念，随后又将他们神化。如药王孙思邈，本来是唐代一位著名的医生。他医术＿＿＿＿，民间钦佩感激，于是将他神化，＿＿＿＿他为"药王"。

민간 숭배의 역사 인물 중, 상당 부분은 생전에 사회에 공로가 있고, 민중을 위해 좋은 일을 하거나, 혹은 외적이 침입할 때, 일어나 나라를 지켰던 민족 영웅이다. 민중은 그들의 업적을 숭배하며 항상 제사로써 기념한 후 그들을 신격화하였다. 예를 들어 약의 신 손사막은 원래 당대의 저명한 의사였다. 그의 의술은 뛰어나 민간에서 존경하고 고마워했다. 그래서 그를 신격화하였고 그를 '약의 신'으로 숭상했다.

A	比较	时	杰出	封	A	비교적 / 때 / 뛰어나다 / 봉하다
B	非常	刻	高明	评	B	대단히 / 순간 / 훌륭하다 / 평하다
C	格外	后	突出	敬	C	특히 / 후 / 돋보이다 / 존중하다
D	相当	际	高超	尊	D	상당히 / 때 / 뛰어나다 / 숭상하다

단어　崇拜 chóngbài 통 숭배하다 ┃ 有功 yǒugōng 통 공이 있다, 공로가 있다 ┃ 外敌 wàidí 명 외적 ┃ 入侵 rùqīn 통 (적군이 국경 안으로) 침입하다 ┃ 挺身 tǐngshēn 통 몸을 (곧게) 펴다 ┃ 卫国 wèiguó 통 (나라를) 지키다, 보위하다, 방비하다 ┃ 奉祀 fèngsì 통 제사를 받들다 ┃ 以示 yǐshì 통 ～로써 ～을(를) 나타내다(보이다) ┃ 神化 shénhuà 통 (사람이나 사물을) 신격화하다 ┃ 药王 yàowáng 명 약의 신 ┃ 孙思邈 Sūn Sīmiǎo 고유 손사막 ┃ 钦佩 qīnpèi 통 존경하다, 탄복하다 ┃ 杰出 jiéchū 형 (재능이나 성과 등이) 뛰어나다, 걸출하다 ┃ 高明 gāomíng 형 (견해·기능이) 훌륭하다, 빼어나다 ┃ 敬 jìng 통 존중하다, 공손하게 하다 ┃ 高超 gāochāo 형 뛰어나다, 훌륭하다, 우수하다, 높다

해설　첫째 칸: 比较, 非常, 格外는 뒤에 모두 형용사만 수식할 수 있지만, 相当은 형용사를 수식할 수도 있고, 相当一部分으로도 쓸 수 있다.

둘째 칸: 刻를 제외하고는 모두 가능하다. '在…之时/之后/之际'라는 말은 있지만, '在…之刻'라는 말은 없다.

셋째 칸: 앞에 医术와 호응할 수 있는 단어는 高明과 高超만 가능하다.

넷째 칸: 문맥적으로 '숭상하다, 존경하다'라는 뜻을 지닌 단어가 와야 하므로, 尊만 가능하다.

66

白蛇与许仙，在中国是一个＿＿＿的传说，写这故事的有好几种书，我最爱《警世通言》上的"白娘子"。从那故事＿＿＿，白娘子是个极富人情也极有人性的＿＿＿的女性，她爱许仙，嫁给许仙，后来被法海收服；文情简单＿＿＿，使人感到一丝淡淡的无名的悲哀，是中国短篇小说中的杰作。

A 德才兼备　来说　一般　素质
B 众所周知　说来　经常　质朴
C 家喻户晓　看来　平凡　朴素
D 古为今用　来看　日常　朴实

백사와 허선은 중국에서 누구나 다 알고 있는 전설이다. 이 이야기를 쓴 책은 꽤 여러 종이 있는데, 나는 『경세통언』의 '백낭자'를 제일 좋아한다. 그 이야기에서 보아하니, 백낭자는 인정이 풍부하고 인간미가 있는 평범한 여성이다. 그녀는 허선을 좋아해서 허선에게 시집을 갔고 후에 법해에게 제압당한다. 문사와 정취가 단순하고 소박하여 잔잔하게 이유를 알 수 없는 슬픔을 느끼게 하는 중국 단편소설 중의 걸작이다.

A 덕과 재능을 두루 갖추다 / ~으로 말하자면 / 일반적이다 / 소양

B 모든 사람들이 다 알다 / 말하고 보면 / 평소 / 소박하다

C 누구나 다 알다 / 보아하니 ~하다 / 평범하다 / 소박하다

D 옛것을 정리하여 좋은 점을 새 사회 발전에 이용하다 / ~에서 보면 / 일상의 / 검소하다

단어 白蛇 báishé 명 백사 | 许仙 Xǔ Xiān 고유 허선 | 白娘子 Báiniángzǐ 고유 백낭자 | 法海 Fǎhǎi 고유 법해 | 收服 shōufú 동 제압하여 복종시키다, 굴복시켜 순종하게 하다 | 文情 wénqíng 명 문사와 정취 | 淡淡 dàndàn 형 희미하다, 엷다 | 无名 wúmíng 형 원인을 알 수 없는, 이유를 모르는 | 杰作 jiézuò 명 걸작 | 德才兼备 décáijiānbèi 성어 덕과 재능을 두루 갖추다 | 众所周知 zhòngsuǒzhōuzhī 성어 모든 사람들이 다 알다 | 质朴 zhìpǔ 형 질박하다, 수수하다, 소박하다, 검소하다 | 家喻户晓 jiāyùhùxiǎo 성어 어느 집이나 다 잘 알고 있다, 누구나 다 알다 | 朴素 pǔsù 형 (색이나 양식 등이) 소박하다, 화려하지 않다 | 古为今用 gǔwéijīnyòng 성어 옛것을 정리하여 좋은 점을 새 사회 발전에 이용하다, 옛것을 오늘의 현실에 맞게 받아들이다 | 朴实 pǔshí 형 소박하다, 검소하다, 꾸밈이 없다

해설 첫째 칸: 문맥적으로 '모든 사람이 다 알고 있다'라는 뜻을 지닌 성어가 와야 한다. 따라서 이러한 뜻을 지니고 있는 众所周知와 家喻户晓만 가능하다. 한편 德才兼备는 사람이 품성도 있고 재능도 있음을 형용할 때 쓰며, 사물을 형용할 때는 쓰지 않는다.
둘째 칸: 빈칸 앞의 从과 호응할 수 있는 것은 看来, 来看만 가능하다.
셋째 칸: 一般, 平凡만 가능하다. 经常은 부사로 사람이나 사물을 수식할 수 없으므로 빈칸에 적합하지 않으며, 日常은 일반적으로 日常用品, 日常生活 등으로 쓰이므로 적절하지 않다.
넷째 칸: 앞의 文情과 호응하는 단어가 와야 하므로, 质朴와 朴素만 가능하다. 朴实는 사람을 수식하나, 사물을 수식하지 않으므로 답에서 제외된다.

67

我在北京京翰学校上课的时候，常常听到一些孩子＿＿＿，他们嘴里常常喊着自己的春天逝去了，不会再来了。＿＿＿听到这些，我都把它看成是一种学习疲劳期的＿＿＿。可是回过头来想想，我们又有多少个这样的黄金＿＿＿呢。

A 怨恨　各各　休息　时刻
B 抱怨　每每　喘息　时代
C 埋怨　各次　安息　时候
D 牢骚　每次　叹息　时机

나는 베이징의 징한학교에서 수업을 할 때 몇몇 아이들이 항상 자신의 봄날이 모습을 감추었고 다시는 오지 않을 것이라고 외치며 원망하는 것을 늘 들었다. 항상 이런 말을 들으면 나는 공부로 지친 시기에 하는 숨을 몰아쉬는 말이라고 여겼다. 그러나 돌이켜 생각해 보면 우리에게 이러한 황금시기가 또 얼마나 있을까.

A 원망하다 / 각각 / 휴식하다 / 시간

B 원망하다 / 항상 / 숨을 몰아쉬다 / 시기

C 불평하다 / 여러 / 조용히 쉬다 / 때

D 불만 / 매번 / 탄식하다 / 시기

단어 京翰 Jīnghàn 명 징한 [학교 이름] | 逝去 shìqù 통 모습을 감추다 | 疲劳 píláo 형 (몸이나 정신 등이) 고단하다, 피로하다 | 回头 huítóu 통 뉘우치다, 회개하다 | 怨恨 yuànhèn 통 (사람이나 사물을) 원망하다, 증오하다 | 抱怨 bàoyuàn 통 불평하다, 투덜거리다, 탓하다 | 喘息 chuǎnxī 통 (숨을) 헐떡거리다, 헐떡대다 | 埋怨 mányuàn 통 (일이 여의치 못해) 불평하다, 원망하다 | 安息 ānxī 통 휴식하다, 조용히 쉬다 | 牢骚 láosāo 명 불평, 불만 | 叹息 tànxī 통 탄식하다, 한숨 쉬다 | 时机 shíjī 명 시기, 때, 기회

해설 첫째 칸: 牢骚는 명사로, 동사 发와 함께 发牢骚로 자주 쓰인다. 따라서 첫 번째 빈칸에는 적당하지 않다. 牢骚를 쓰려면 听到一些孩子发牢骚라고 해야 올바른 문장이 된다.
둘째 칸: 每每와 每次만 가능하다. 한편, 各各, 各次라는 단어는 없으므로 답에서 제외된다.
셋째 칸: 앞에 疲劳期와 호응하는 단어는 喘息와 叹息밖에 없다. 安息는 잠든 사람이나 죽은 사람을 애도할 때 쓰므로, 적절하지 않다.
넷째 칸: 앞의 黄金과 호응하는 단어가 와야 하는데, 가능한 것은 时刻와 时代다.

★★☆ |유형| 문맥에 적합한 의미 파악

68

自负在人际交往中表现为傲气轻狂，_____，只关心个人的需要，强调自己的感受而_____他人。与同伴相处，高兴时海阔天空，_____；不高兴时乱发脾气，很少考虑对方的感受。与熟识的人相处，常过高地估计彼此的_____程度，使对方出于心理防卫而疏远。

자부심은 사람과 교제하는 데 있어, 거만하고 경박하며 높은 곳에서 아래를 내려다보고, 단지 개인의 필요에만 관심 있고, 자신의 느낌을 강조하고 상대방을 얕잡아 보게 한다. 동료와 함께 있을 때, 기쁠 때는 끝없이 기뻐 어쩔 줄 모르고, 기쁘지 않을 때는 화를 마구 내며, 상대방의 느낌을 고려하지 않는다. 잘 아는 사람과 함께 있을 때는 항상 과도하게 서로의 친밀도를 계산해 상대방으로 하여금 심리방어가 나오게 하여 멀어지게 된다.

A 雪上加霜　歧视　风风火火　亲热
B 无动于衷　无视　呼风唤雨　亲切
C 轻而易举　轻视　大手大脚　亲爱
D 居高临下　忽视　手舞足蹈　亲密

A 설상가상이다 / 경시하다 / 황급하다 / 친근하다
B 무관심하다 / 업신여기다 / 혼란을 일으키다 / 친근하다
C 수월하다 / 경시하다 / 돈을 물 쓰듯 쓰다 / 친애하다
D 높은 곳에서 아래를 내려다보다 / 얕잡아 보다 / 기뻐서 어쩔 줄을 모르다 / 친밀하다

단어 自负 zìfù 형 (자신을) 대단하다고 여기다, 자부하다 | 交往 jiāowǎng 명 교제, 왕래 | 傲气 àoqì 형 방자하다, 거만하다 | 轻狂 qīngkuáng 형 (행동거지가) 가볍다, 경박하다, 방정맞다 | 相处 xiāngchǔ 통 함께 지내다, 함께 살다, 함께 하다 | 海阔天空 hǎikuòtiānkōng 성어 (대자연 등이) 끝없이 넓다, 광활하다, (상상하거나 말하는 것이) 얽매이지 않고 끝없이 넓다 | 熟识 shúshi 통 잘 알다, 충분히 알다, 숙지하다 | 防卫 fángwèi 통 방어하다 | 疏远 shūyuǎn 형 (관계나 감정에 있어) 소원하다, 서먹서먹하다, 멀다 | 雪上加霜 xuěshàngjiāshuāng 성어 눈 위에 또 서리가 내리다, 불행한 일이 연거푸 일어나다, 설상가상이다 | 歧视 qíshì 통 경시하다, 냉대하다 | 风风火火 fēngfēnghuǒhuǒ 황급한 모양, 허둥지둥하는 모양, 활발하고 적극적인 모양, 기세등등한 모양 | 亲热 qīnrè 형 친근하다, 친밀하다 | 无动于衷 wúdòngyúzhōng 성어 조금도 마음이 끌리지 않는다, 조금의 동요도 없다 | 无视 wúshì 통 업신여기다, 무시하다 | 呼风唤雨 hūfēnghuànyǔ 성어 어떤 국면을 좌우하다, 자연을 지배하다, 혼란을 일으키다 | 轻而易举 qīng'éryìjǔ 성어 가벼워서 들기 쉽다, (어떤 일을) 하기가 쉽다 | 轻视 qīngshì 통 경시하다, 가볍게 보다 | 大手大脚 dàshǒudàjiǎo 성어 돈을 물 쓰듯 쓰다, 물건을 헤프게 쓰다 | 亲爱 qīn'ài 형 (관계나 감정 등이) 친애하다, 사랑하다 | 居高临下 jūgāolínxià 성어 높은 곳에서 몸을 굽혀 아래를 내려다보다, 유리한 지위(위치)에 서다 | 忽视 hūshì 통 소홀히 하다, 경시하다 | 手舞足蹈 shǒuwǔzúdǎo 성어 손은 춤을 추고, 발은 뛰다, 기뻐서 어쩔 줄을 모르다 | 亲密 qīnmì 형 (사이가) 가깝다, 친하다

해설 첫째 칸: 문장 도입부의 自负와 호응하면서, 문맥적으로 가장 적합한 성어는 居高临下밖에 없다. 雪上加霜은 일이 더 엉망으로 변하는 것을 형용하지 사람을 형용하지 않으며, 轻而易举는 일을 하기가 간단하고 힘이 들지 않음을 형용하지 사람을 형용하지 않는다.
둘째 칸: 自负의 특징과 어울리는 단어가 와야 하는데, 문맥적으로 无视, 轻视, 忽视가 가능하다.
셋째 칸: 빈칸 앞에 '高兴时…'라고 나오고, 빈칸 뒤에 쌍반점(;)과 '不高兴时乱发脾气(기쁘지 않을 때는 화를 마구 내며)'가 나온 것으로 보아, 빈칸에는 이와 상반되는 내용이 와야 함을 알 수 있다. 따라서 가장 적합한 성어는 手舞足蹈. 呼风唤雨는 권력이 매우 큰 것을 형용하지 사람의 감정과는 무관하다.
넷째 칸: 뒤의 程度와 호응하는 단어가 와야 하는데, 가능한 것은 亲密밖에 없다.

69

有研究结果表明，如果母亲过于_____、粗暴惩罚、对孩子表现出过度的_____和失望，那么有可能影响孩子对他人的感情关注。青少年可能表现为_____对父母和他人的照顾和同情。相反如果母亲用_____的方式教育孩子，则有助于_____孩子对他人的感情关注。

A 严厉　愤怒　缺乏　温和　维持
B 严肃　悲哀　缺少　温暖　坚持
C 严格　沮丧　缺口　温情　保持
D 严谨　灰心　缺陷　温柔　劫持

한 연구 결과는 만약에 엄마가 지나치게 <u>엄하고</u>, 거칠게 처벌하며, 아이에게 과도한 <u>분노</u>와 실망을 표현하면, 타인의 감정에 대한 아이의 관심에 영향을 줄 수 있다고 밝혔다. 청소년은 부모와 타인에 대한 보살핌과 동정이 부족하게 나타날 것이다. 반대로 만약에 엄마가 부드러운 방식으로 아이를 가르친다면 타인의 감정에 대한 아이의 관심을 <u>유지하는</u> 데 도움이 될 것이다.

A 엄하다 / 분노하다 / 부족하다 / 부드럽다 / 유지하다
B 엄숙하다 / 슬프다 / 모자라다 / 따뜻하다 / 굳게 지키다
C 엄격하다 / 풀이 죽다 / 구멍 / 온정 / 유지하다
D 빈틈없다 / 용기를 잃다 / 결함 / 부드럽고 상냥하다 / 협박하다

단어　粗暴 cūbào 혱 거칠다, 사납다, 무례하다 ㅣ 惩罚 chéngfá 동 처벌하다, 징벌하다 ㅣ 感情 gǎnqíng 명 감정, 애정, 친근감 ㅣ 照顾 zhàogù 동 돌보다, 살피다, 보살피다, 지키다 ㅣ 同情 tóngqíng 동 동정하다 ㅣ 严厉 yánlì 혱 심하다, 엄하다, 매섭다, 준엄하다 ㅣ 愤怒 fènnù 동 분노하다, 성내다 ㅣ 缺乏 quēfá 동 부족하다, 모자라다, 결핍되다 ㅣ 温和 wēnhé 혱 (성질·태도·행동 등이) 부드럽다, 온순하다, 온화하다, 온유하다 ㅣ 维持 wéichí 동 (어떤 상태를) 그대로 지탱하다, 유지하다, 지켜나가다 ㅣ 悲哀 bēi'āi 혱 슬프다, 상심하다 ㅣ 沮丧 jǔsàng 혱 풀이 죽다, 용기를 잃다, 실망하다, 의기소침하다 ㅣ 缺口 quēkǒu 명 (물체가 파손되어 생긴) 흠, 구멍 ㅣ 温情 wēnqíng 명 온정 ㅣ 严谨 yánjǐn 혱 빈틈없다, 엄격하다, 신중하다 ㅣ 灰心 huīxīn 동 풀이 죽다, 용기를 잃다, 낙심하다, 낙담하다 ㅣ 缺陷 quēxiàn 명 결함, 결점, 흠, 부족한 부분 ㅣ 劫持 jiéchí 동 협박하다, 위협하다, 납치하다

해설　첫째 칸: '사납다'는 의미를 지니고 있지 않는 严肃를 제외한 나머지 3개가 모두 가능하다.
둘째 칸: 愤怒와 灰心만 가능하다.
셋째 칸: 빈칸 뒤의 照顾和同情과 호응할 수 있는 동사가 와야 하는데, 缺口와 缺陷은 명사이므로 제외된다.
넷째 칸: 빈칸 뒤의 方式와 호응할 수 있는 단어는 温和와 温柔만 가능하다.
다섯째 칸: 빈칸 뒤의 关注와 호응하는 단어는 维持와 保持만 가능하다.

70

不尊重艺术的特质，也就不可能达到艺术效果，_____了艺术规律就会受到惩罚。这原是文艺学的基本_____，而我们是_____了一段相当长的时期，而且付出了_____的代价以后，对这些基本原理才有了_____的体会的。

A 违反　原理　通过　沉重　深切
B 违背　道理　走过　郑重　深刻
C 违犯　定理　经过　严重　深浅
D 违抗　条理　越过　庄重　深远

예술의 특징을 존중하지 않으면 예술적 효과를 달성할 수 없다. 예술 규율을 <u>위반하면</u> 벌을 받을 것이다. 이것은 원래 문예의 기본 <u>원리</u>이다. 그러나 우리는 상당히 긴 시기를 <u>통해</u>, 게다가 <u>무거운</u> 대가를 지불한 후, 이러한 기본원리에 대해 <u>깊은</u> 이해가 생기게 된다.

A 위반하다 / 원리 / ~을 통해 / 무겁다 / 깊다
B 어기다 / 도리 / 지나가다 / 정중하다 / 깊다
C 위범하다 / 정리 / ~을 거쳐 / 위급하다 / 깊고 얕은 정도
D 거스르다 / 조리 / 뛰어넘다 / 장중하다 / 심원하다

단어　特质 tèzhì 명 특유의 성질, 특유의 품성 ㅣ 惩罚 chéngfá 동 처벌하다, 징벌하다 ㅣ 付出 fùchū 동 (돈·대가 등을) 지불하다, 주다, 내다 ㅣ 体会 tǐhuì 명 체득, 이해 ㅣ 违反 wéifǎn 동 (법률·규정·규칙 등을) 위반하다, 위배하다, 지키지 않다 ㅣ 沉重 chénzhòng 혱 (무게가) 무겁다, (정도가) 깊다, 심대하다 ㅣ 深切 shēnqiè 혱 (인정이나 정의가) 두텁다, 깊다, 따뜻하고 친절하다 ㅣ 违背 wéibèi 동 (약속·명령·원칙·계약 등을) 어기다, 위반하다 ㅣ 郑重 zhèngzhòng 혱 정중하다, 엄숙하고 진지하다 ㅣ 定理 dìnglǐ 명 정리 [정확성을 갖추고 이미 구체적으로 증명되어 원칙 또는 규칙으로 삼을 수 있는 명제나 공식] ㅣ 深浅 shēnqiǎn 명 깊고 얕은 정도, 깊이, 심도 ㅣ 违抗 wéikàng 동 거스르다, 거역하다 ㅣ 条理 tiáolǐ 명 맥락, 두서, 순서 ㅣ 庄重 zhuāngzhòng 혱 (언행이) 장중하다, 무게가 있다 ㅣ 深远 shēnyuǎn 혱 (영향·사상·뜻 등이) 깊고 크다, 심원하다

해설 첫째 칸: 뒤의 規律와 호응하는 단어가 와야 하므로, 违反과 违背만 가능하다.
둘째 칸: 条理를 제외한 나머지 세 개가 모두 가능하다.
셋째 칸: 越过를 제외한 나머지 세 개가 모두 가능하다.
넷째 칸: 뒤의 代价는 오직 沉重의 수식만 받을 수 있다. 郑重과 庄重은 주로 엄숙함을 강조할 때 쓰며, 严重은 일반적으로 问题와 事态를 수식한다.
다섯째 칸: 深浅을 제외하고 모두 가능하다.

71-75

齐国的大将田忌，很喜欢赛马。有一回，他和齐威王约定，要进行一场比赛。他们商量好，(71)____B____。比赛的时候，要上马对上马，中马对中马，下马对下马。

由于齐威王每个等级的马都比田忌的马强得多，所以比赛了几次，田忌都失败了。田忌觉得很扫兴，比赛还没有结束，(72)____E____。看赛马的人群中有个人是田忌的好朋友孙膑，他见田忌要走，便招呼田忌过来，拍着他的肩膀说："我刚才看了赛马，威王的马比你的马快不了多少呀。"孙膑还没有说完，田忌瞪了他一眼："想不到你也来挖苦我！"孙膑说："我不是挖苦你，我是说你再同他赛一次，我有办法准能让你赢了他。"田忌疑惑地看着孙膑：你是说另换一匹马来？"孙膑摇摇头说："连一匹马也不需要更换。"田忌毫无信心地说："那还不是照样得输！"孙膑胸有成竹地说："你就按照我的安排办吧。"

齐威王屡战屡胜，正在得意洋洋地夸耀自己马匹的时候，看见孙膑陪着田忌迎面走来，便站起来讥讽地说："怎么，莫非你还不服气？"田忌说："当然不服气，咱们再赛一次！"说着，"哗啦"一声把一大堆银钱倒在桌子上，作为他下的赌钱。齐威王一看，心里暗暗觉得好笑，于是吩咐手下，(73)____D____，另外又加了一千两黄金，也放在桌子上。齐威王轻蔑地说："那就开始吧！"

一声锣响，比赛开始了。孙膑先以下等马对齐威王的上等马，第一局输了。齐威王站起来说："想不到赫赫有名的孙膑先生，(74)____A____。"孙膑不去理他。接着进行第二场比赛。孙膑拿上等马对齐威王的中等马，获胜了一局。齐威王有点儿心慌意乱了。第三局比赛，孙膑拿中等马对齐威王的下等马，又战胜了一局。这下，齐威王目瞪口呆了。比赛的结果是三局两胜，当然是田忌赢了齐威王。还是同样的马匹，(75)____C____，就得到转败为胜的结果。

제나라의 장군 전기는 경마하는 것을 매우 좋아했다. 한 번은 그와 제나라 위왕이 시합을 하기로 약속했다. 그들은 71각자의 말을 상중하 세 등급으로 나누기로 상의했다. 경기할 때, 상마는 상마와 상대하고 중마는 중마와 상대하고 하마는 하마와 상대해야 했다.

제나라 위왕의 각 등급의 말은 모두 전기의 말보다 훨씬 강했다. 그래서 몇 번 경기를 했는데 전기가 모두 졌다. 전기는 흥이 깨져서 경기가 아직 끝나지 않았는데 72의기소침하여 경기장을 떠나려고 했다. 경기를 보던 무리 중 전기의 친한 친구 손빈이 있었다. 그는 전기가 가려는 것을 보고 오라고 불러 그의 어깨를 치면서 말했다. "내가 방금 경기를 봤는데, 위왕의 말은 자네의 말보다 얼마 빠르지 않더군." 손빈이 아직 말을 다 하지 않았는데, 전기는 눈을 크게 부릅뜨고 그를 한번 보더니 말했다. "자네까지 와서 나를 빈정거릴 줄은 생각지도 못했군!" 손빈은 말했다. "나는 빈정거리는 것이 아니네. 나는 자네가 그와 경기를 한 번 더 하라고 말하는 거네. 자네가 그를 이길 수 있는 방법이 있어." 전기는 손빈을 수상하게 보면서 말했다. "말 한 마리를 바꾸라고 말하는 건가?" 손빈은 고개를 저으며 말했다. "한 마리도 바꿀 필요 없네." 전기는 조금도 믿지 않으며 말했다. "그러면 그 전처럼 지는 거 아닌가?" 손빈은 이미 모든 준비가 된 듯 말했다. "자네는 내 계획에 따라서 해보게."

제나라 위왕이 연전연승을 하여 마침 득의양양하게 자신의 말을 뽐내고 있을 때 손빈이 전기와 함께 앞으로 걸어오는 것을 보고는 곧 일어나서 비아냥거리며 말했다. "어떻게 된 건가? 설마 아직 패배를 인정하지 않는 건가?" 전기는 "당연히 인정할 수 없습니다. 다시 한 번 시합하시죠."라고 말하며 "와르르" 소리를 내며 한 무더기의 돈을 탁자 위에 쏟아 그의 내기돈으로 삼았다. 제나라 위왕은 한번 보더니 마음속으로 남몰래 웃기다고 생각했다. 그래서 부하에게 73앞에서 딴 돈을 모두 올려놓으라고 분부했다. 게다가 천 냥의 황금을 더 더해 탁자 위에 놓았다. 제나라 위왕은 깔보며 말했다. "그럼 시작하자!"

징이 울리더니, 경기가 시작되었다. 손빈은 먼저 하등말로 제나라 위왕의 상등마를 상대하였다. 첫 번째 판은 졌다. 제나라 위왕은 일어나서 말했다. "명성이 자자한 손빈 선생이 74의외로 이러한 졸렬한 대책을 생각해낼 줄은 몰랐군." 손빈은 그를 신경 쓰지 않았다. 이어서 두 번째 경기가 시작되었다. 손빈은 상등말로 제 위왕의 중등마를 상대하였고 한 판을 이겼다. 제 위왕은 조금 당황하여 정신이 어지러웠다. 세 번째 경기에서, 손빈은 중등마로 제 위왕의 하등마를 상대하였고 또 한 판을 이겼다. 이렇게 되자, 제나라 위왕은 아연실색하였다. 경기의 결과는 삼판 이승으로 당연히 전기가 제 위왕을 이겼다. 같은 말이지만 75출장 순서를 바꾸어서 패배를 승리로 바꾸는 결과를 얻었다.

A 竟然想出这样拙劣的对策
B 把各自的马分成上中下三等
C 由于调换了比赛的出场顺序
D 把前几次赢得的银钱全部抬来
E 就垂头丧气地打算离开赛马场

A 의외로 이러한 졸렬한 대책을 생각해낼 줄은 몰랐군
B 각자의 말을 상중하 세 등급으로 나누기로
C 출장 순서를 바꾸어서
D 앞에서 딴 돈을 모두 올려놓으라고
E 의기소침하여 경기장을 떠나려고 했다

단어 齐国 Qíguó 몡 제나라 | 大将 dàjiàng 몡 대장군 | 田忌 Tián Jì 고유 전기 | 赛马 sàimǎ 동 경마하다 | 威王 Wēiwáng 고유 위왕 | 约定 yuēdìng 동 약속하여 정하다, 약정하다 | 商量 shāngliang 동 상의하다, 상담하다, 의논하다 | 失败 shībài 동 패배하다 | 扫兴 sǎoxìng 혱 흥을 깨다, 찬물을 끼얹다, 썰렁하다 | 孙膑 Sūn Bìn 고유 손빈 | 招呼 zhāohu 동 부르다 | 肩膀 jiānbǎng 몡 어깨 | 瞪 dèng 동 눈을 크게 뜨다, 부릅뜨다 | 挖苦 wāku 동 (신랄하고 매몰찬 말로) 비꼬다, 비웃다, 빈정거리다 | 疑惑 yíhuò 동 의혹하다, 수상하게 여기다 | 更换 gēnghuàn 동 바꾸다, 대체하다 | 照样 zhàoyàng 뷔 예전처럼, 이전처럼 | 胸有成竹 xiōngyǒuchéngzhú 성어 일을 하기 전에 생각을 이미 정하다, 일을 하기 전에 이미 모든 준비가 되어 있다 | 安排 ānpái 동 (조리 있게 일을) 처리하다, (인원을 적절한 곳에) 배치하다 | 屡战屡胜 lǚzhànlǚshèng 성어 연전연승하다 | 得意洋洋 déyìyángyáng 성어 득의양양하다 | 夸耀 kuāyào 동 (능력·공로·지위 등을) 뽐내다, 자랑하다, 과시하다 | 迎面 yíngmiàn 뷔 정면으로 | 讥讽 jīfěng 동 비아냥거리다, 비웃다, 조소하다 | 莫非 mòfēi 뷔 설마 ~란 말인가, 혹시 ~이 아닌가 | 服气 fúqì 동 따르다, 복종하다 | 哗啦 huālā 의성 와르르 | 银钱 yínqián 몡 돈, 금전 | 倒 dào 동 쏟다, 따르다, 붓다 | 赌钱 dǔqián 동 돈을 걸다, 도박을 하다, 노름을 하다 | 暗暗 àn'àn 뷔 몰래, 암암리에, 슬며시 | 吩咐 fēnfù 동 (말로) 분부하다, 시키다, ~하도록 하다, 지시를 내리다 | 手下 shǒuxià 몡 부하, 하급자 | 轻蔑 qīngmiè 동 깔보다, 경멸하다, 경시하다 | 锣 luó 몡 징 | 局 jú 양 국, 판, 세트 | 赫赫有名 hèhèyǒumíng 성어 명성이 대단하다, 명성이 자자하다 | 获胜 huòshèng 동 승리하다, 이기다 | 心慌意乱 xīnhuāngyìluàn 성어 당황하여 정신이 어지럽다 | 目瞪口呆 mùdèngkǒudāi 성어 놀라서 멍하다, 아연실색하다 | 转败为胜 zhuǎnbàiwéishèng 패배를 승리로 바꾸다 | 拙劣 zhuōliè 혱 졸렬하다 | 对策 duìcè 몡 대책, 방법 | 调换 diàohuàn 동 (서로) 바꾸다 | 顺序 shùnxù 몡 순서, 차례 | 垂头丧气 chuítóusàngqì 성어 의기소침하다, 기가 죽다, 풀이 죽다

제3회 阅读

★☆☆

71   B 把各自的马分成上中下三等   B 각자의 말을 상중하 세 등급으로 나누기로

해설 지문 첫 번째 단락에서 경마의 규칙을 설명하고 있는데, 빈칸 뒤에 '경기할 때, 상마는 상마와 상대하고 중마는 중마와 상대하고 하마는 하마와 상대해야 했다'라는 말을 토대로, 그들의 말은 상중하의 세 등급으로 나뉜다는 것을 알 수 있다. 따라서 정답은 B다.

★☆☆

72   E 就垂头丧气地打算离开赛马场   E 의기소침하여 경기장을 떠나려고 했다

해설 두 번째 단락에서 제나라 위왕의 말이 전기의 말보다 강해서, 전기가 몇 번의 경기에서 모두 졌으며, 이로 인해 전기는 흥이 깨졌다고 말했으므로 정답은 E다.

★★☆

73   D 把前几次赢得的银钱全部抬来   D 앞에서 딴 돈을 모두 올려놓으라고

해설 빈칸 앞에서 전기는 한 무더기의 돈을 탁자 위에 쏟으며 다시 한 번 시합을 하자고 제안했다. 이에 제나라 위왕도 부하에게 돈을 올려놓으라고 지시했을 것임을 유추할 수 있다. 따라서 정답은 D다.

★★☆

74   A 竟然想出这样拙劣的对策   A 의외로 이러한 졸렬한 대책을 생각해낼 줄은 몰랐군

해설 손빈이 첫 번째 시합에서 하등마를 이용해 제나라 위왕의 상등마와 겨루는 것은 확연히 지는 시합이었다. 이는 손빈이 남은 두 차례 경기를 이기기 위한 속셈으로 일부러 이러한 방법을 쓴 것이다. 제나라 위왕은 이를 눈치채지 못하고, 손빈에게 어떠한 말을 던졌을 것이다. 따라서 정답으로 A가 가장 적합하다. '想不到…竟然…'은 상용 고정격식이다.

75　C　由于调换了比赛的出场顺序　　　　　C　출장 순서를 바꾸어서

[해설] 전체 지문에 의하면 말은 변하지 않았다. 손빈은 단지 말이 나가는 순서만 바꿔서 경기에서 이겼다. 따라서 C가 정답이다.

76-80

从前晋朝有个做官的人叫乐广。他有位好朋友，一有空儿就要到他家里来聊天儿。

有一段时间，他的朋友一直没有露面。乐广十分惦念，就登门拜望。只见朋友半坐半躺地倚在床上，脸色蜡黄。乐广这才知道朋友生了重病，(76)＿＿＿E＿＿＿。朋友支支吾吾不肯说。(77)＿＿＿A＿＿＿，朋友才说："那天在您家喝酒，看见酒杯里有一条青皮红花的小蛇在游动。当时恶心极了，想不喝吧，您又再三劝饮，出于礼貌，不好拒绝你的好意，只好十分不情愿地饮下了酒。从此以后，就总是觉得肚子里有条小蛇在乱窜，想要呕吐，(78)＿＿＿D＿＿＿。到现在病了快半个月了。"

乐广心生疑惑，酒杯里怎么会有小蛇呢？但他的朋友又分明看见了，这是怎么回事儿呢？回到家中，他在殿内里踱步，分析原因。他看见墙上挂着一张青漆红纹的雕弓，灵机一动：是不是这张雕弓在捣鬼？于是，他斟了一杯酒，放在桌子上，移动了几个位置，终于看见那张雕弓的影子清晰地投映在酒杯中，(79)＿＿＿B＿＿＿，真像一条青皮红花的小蛇在游动。

为了解除朋友的疑惑，乐广马上用轿子把朋友接到家中。请他仍旧坐在上次的位置上，仍旧用上次的酒杯为他斟了满满一杯酒，问道："您再看看酒杯中有什么东西？"那个朋友低头一看，立刻惊叫起来："蛇！蛇！又是一条青皮红花的小蛇！"乐广哈哈大笑，指着壁上的雕弓说："您抬头看看，那是什么？"朋友看看雕弓，再看看杯中的蛇影，恍然大悟，(80)＿＿＿C＿＿＿，心病也全消了。

예전 진 왕조 때 악광이라 불리는 관리가 있었다. 그에게는 친한 친구가 있었는데, 틈만 나면 그의 집에 와서 한담을 나눴다.

한동안, 그의 친구는 계속 모습을 보이지 않았다. 악광은 매우 걱정이 되어서 찾아갔다. 친구가 반은 앉고 반은 누운 채로 침대에 기대어 있었다. 안색이 누렜다. 악광은 그제서야 친구에게 중병이 생겼다는 것을 알고, ⁷⁶그의 병은 어떻게 걸린 것인지 물었다. 친구는 우물우물하며 말하려 하지 않았다. ⁷⁷여러 번의 추궁을 통해 친구는 그제서야 말했다. "그날 자네 집에서 술을 마실 때, 술잔에 푸른 가죽에 붉은 꽃모양이 있는 작은 뱀이 이리저리 옮겨 다니는 것을 보았네. 그때 너무 메스꺼워서 마시고 싶지 않았는데, 자네가 거듭 마시길 권해서 예의 때문에 자네의 호의를 거절하는 것이 어려워 어쩔 수 없이 원하지 않는 술을 마셨네. 그때 이후로 항상 배 안에 작은 뱀이 이리저리 도망치는 것 같이 느껴져서 토하고 싶고 ⁷⁸어떤 것을 먹어도 넘어가질 않는군. 지금까지 아픈 지 거의 반 개월이 되어 가네."

악광은 의혹이 생겼다. 술잔에 어떻게 작은 뱀이 있을 수 있는가? 그러나 그의 친구는 분명히 보았다. 이게 어찌된 일인가? 집으로 돌아와서, 그는 집 안을 천천히 걸으며 원인을 분석했다. 그는 벽 위에 푸른색 칠에 붉은 무늬의 조각한 활이 걸려져 있는 것을 보고는 기지가 발동했다. 이 활이 짓궂은 장난을 하고 있는 것이 아닌가? 그래서 그는 술을 한 잔 따라 탁자 위에 놓고 몇 군데의 자리를 옮겨 다녔다. 마침내 조각을 한 활의 그림자가 명확히 술잔에 비치는 것을 보았다. ⁷⁹술의 액체가 흔들거리는 것에 따라 정말 마치 푸른 가죽에 붉은 꽃모양이 있는 작은 뱀이 이리저리 옮겨 다니는 듯하였다.

친구의 의혹을 없애기 위해, 악광은 곧 가마를 이용해 친구를 데려왔다. 그에게 예전대로 저번에 앉았던 자리에 앉게 하고 예전대로 저번에 사용했던 술잔을 이용해 그에게 한 잔의 술을 가득 따라주고 물었다. "술잔에 뭐가 있는지 다시 한번 보게나." 그 친구는 고개를 숙여 한번 보고는 바로 놀라 소리를 질렀다. "뱀! 뱀! 또 푸른 가죽과 붉은 꽃모양의 작은 뱀이네!" 악광은 하하 하고 크게 웃고는 벽 위의 조각을 한 활을 가리키며 말했다. "고개를 들어 보게나. 저게 무엇인가?" 친구는 조각을 한 활을 보고, 잔 속의 뱀 그림자를 다시 보고서는 문득 깨달았다. ⁸⁰갑자기 온몸이 가벼워지고 마음의 병도 전부 사라졌다.

A 经过再三追问
B 随着酒液的晃动
C 顿时觉得浑身轻松
D 什么东西也吃不下去
E 就问他的病是怎么得的

A 여러 번의 추궁을 통해
B 술의 액체가 흔들거리는 것에 따라
C 갑자기 온몸이 가벼워지고
D 어떤 것을 먹어도 넘어가질 않는군
E 그의 병은 어떻게 걸린 것인지 물었다

 从前 cóngqián 명 이전, 예전 | 晋 Jìn 명 진나라 [서기 265년에 사마염이 세운 왕조] | 乐广 Lè Guǎng 고유 악광 | 露面 lòumiàn 동 (어떤 상황이나 장소에) 나타나다, 출현하다 | 惦念 diànniàn 동 걱정하다, 염려하다, 늘 생각하다 | 登门 dēngmén 동 방문하다, 찾다 | 拜望 bàiwàng 동 찾아 뵙다, 문안하다, 방문하다 | 倚 yǐ 동 기대다 | 脸色 liǎnsè 명 안색, 얼굴빛 | 蜡黄 làhuáng 형 누렇다, 담황색이다 | 支支吾吾 zhīzhiwūwū 형 (말을) 우물우물하다 | 游动 yóudòng 동 유동하다, 이리저리 옮겨 다니다 | 恶心 ěxīn 형 메스껍다, 역겹다 | 礼貌 lǐmào 명 예의 | 好意 hǎoyì 명 호의, 선의 | 肚子 dùzi 명 배 | 乱窜 luàncuàn 동 이리저리 도망치다 | 呕吐 ǒutù 동 구토하다, 게우다, 토하다 | 疑惑 yíhuò 동 의혹하다, 수상하게 여기다 | 殿 diàn 명 신전, 불전, 궁전, 어전 | 踱步 duóbù 동 천천히 걷다 | 漆 qī 명 (페인트·니스 등의) 점액성 도료의 통칭 | 雕弓 diāogōng 명 조각을 한 활 | 灵机 língjī 명 기지, 재치 | 捣鬼 dǎoguǐ 동 짓궂은 장난을 하다 | 斟 zhēn 동 붓다, 따르다 | 清晰 qīngxī 형 분명하다, 뚜렷하다 | 投映 tóuyìng 동 (어떤 물체에) 영상이 비치다 | 解除 jiěchú 동 없애다, 풀다 | 轿子 jiàozi 명 가마 | 仍旧 réngjiù 동 예전대로 하다 | 恍然大悟 huǎngrándàwù 성어 갑자기 각성하다, 문득 크게 깨닫다 | 消 xiāo 동 소실하다, 사라지다, 없어지다 | 再三 zàisān 부 재삼, 여러 번 | 追问 zhuīwèn 동 캐묻다, 추궁하다 | 晃动 huàngdòng 동 흔들다, 요동하다 | 顿时 dùnshí 부 즉시, 바로 | 浑身 húnshēn 명 온몸, 전신

Tip+ 이 지문은 杯弓蛇影(괜한 의심으로 혼자 놀라서 고민하다)이라는 성어다. 지문에서 杯弓蛇影이라는 성어가 나온 것은 아니지만, 성어와 함께 이 내용을 기억해두면, 다음에 이와 관련된 내용이 독해나 혹은 듣기 문제로 나왔을 때 좀 더 쉽게 풀 수 있을 것이다.

★☆☆

76　E　就问他的病是怎么得的　　　　E　그의 병은 어떻게 걸린 것인지 물었다

해설 친구가 중병에 걸렸다는 것을 알았으므로, 빈칸에는 마땅히 병이 어떻게 걸린 것인지 물어봐야 한다. 따라서 정답은 E다.

★☆☆

77　A　经过再三追问　　　　A　여러 번의 추궁을 통해

해설 빈칸 앞은 친구가 우물쭈물하며 말하지 않으려고 한다는 내용이다. 하지만 빈칸 뒤의 내용에서는 친구가 원인을 말했으므로, 빈칸에는 마땅히 악광이 친구로 하여금 말하도록 추궁하는 과정이 나와야 한다. 따라서 정답은 A다.

★☆☆

78　D　什么东西也吃不下去　　　　D　어떤 것을 먹어도 넘어가질 않는군

해설 친구는 자신이 작은 뱀이 들어 있는 술을 마셨다고 여겼기 때문에 토하고 싶었다. 이것은 그가 어떤 음식도 넘어가지 않는다는 것을 의미하므로 가장 적합한 답은 D다.

★★☆

79　B　随着酒液的晃动　　　　B　술의 액체가 흔들거리는 것에 따라

해설 빈칸의 앞뒤 문장에서 술잔 속에 나타난 활의 그림자를 묘사했다. 따라서 술의 액체에 대해 언급한 B가 정답이다.

★☆☆

80　C　顿时觉得浑身轻松　　　　C　갑자기 온몸이 가벼워지고

해설 친구는 마침내 자신이 작은 뱀을 마시지 않았고, 자신이 작은 뱀이라고 여긴 것은 단지 그림자였다는 사실을 알게 되었다. 그래서 결국 안심하였고 마음의 병도 역시 사라졌다고 했으므로 정답은 C다.

81-84

中国的词语有时相当地精确。譬如说："谈恋爱"这三个字 [84(D)]，概括了一般从介绍认识到结婚的男女之间感情发展的全过程。

开始是"谈"，双方一方面要向对方介绍自己、表白心意，一方面又要从对方的话中尽量捕捉信息。在这个阶段，双方一般都是比较紧张的 [81(A)]，唯恐一句话说错给对方留下坏印象，又怕太谨慎让对方觉得不真诚。往往一方像做报告一样眼睛望着前方讲得起劲，另一方头点得起劲，谈两个小时回家头颈都很酸。

第二个阶段是"恋"，语言在那时失去了主要地位，对方是好是坏已经在整体上有了把握，而且往往都把对方看得没有十全十美，也至少有九全九美。两个人只要坐在一起，就充满了幸福感 [82(C)]。双方身体任何部分的接触，都能比话语传达出多得多的情意。两个人只要呆在一起，只希望呆在一起的时候地球停止转动。

第三个阶段是"爱"，头脑发热的时候过去了 [83(A)]，双方都冷静了；各自的缺点也显露出来了，小冲突、小口角也有了。那时候，产生了种种不满意、失望，甚至想摆脱，结果却发现骨子里两个人已经连在一起了，其实是找不到比对方更理想的人了 [83(A)]，那就是"爱"。

중국의 단어는 가끔 매우 정확하다. 예를 들어 '谈恋爱(연애하다)' [84(D)] 이 세 글자는 일반적으로 소개와 인식에서부터 결혼까지 남녀사이의 감정이 발전하는 전 과정을 개괄한다.

시작은 '谈(이야기하다)'이다. 쌍방은 상대방에게 자신을 소개하고 마음을 고백하는 한편, 상대방의 말에서 최대한 정보를 포착한다. 이 단계에서 일반적으로 쌍방은 모두 비교적 긴장한다 [81(A)]. 한마디라도 틀리게 말해서 상대방에게 안 좋은 인상을 남기진 않을까 걱정한다. 또 너무 신중해서 상대방이 진실되지 못하다고 느낄까 봐 두려워한다. 항상 한쪽은 보고를 하는 것처럼 눈은 앞사람을 보고 있고 매우 열성적으로 말한다. 다른 한쪽은 머리를 매우 열성적으로 끄덕이며 두 시간 동안 얘기를 하고 집에 돌아가면 뒷목이 뻐근할 정도다.

두 번째 단계는 '恋(연애하다)'이다. 언어는 이때 주도적 위치를 상실한다. 상대방이 좋은지 나쁜지는 이미 전반적으로 확신이 생겼다. 게다가 항상 상대방을 완벽하게 보진 않아도 최소한 거의 완벽하게 본다. 두 사람은 같이 앉기만 하면 행복감이 충만하다 [82(C)]. 쌍방은 신체의 어느 부분의 접촉도 모두 말보다 많은 애정을 전달할 수 있다. 두 사람은 같이 있기만 하면 그 순간에 지구가 회전을 멈췄으면 하고 바란다.

세 번째 단계는 '爱(사랑하다)'다. 머리에서 열이 날 때는 지났으며, 쌍방은 모두 냉정해진다 [83(A)]. 각자의 단점도 이미 드러난다. 작은 충돌, 작은 언쟁도 생긴다. 그때 여러 가지 불만족과 실망이 생기고 심지어 벗어나고 싶기도 하지만, 결과는 오히려 뼛속 깊은 곳에서 두 사람이 이미 이어졌다는 것을 발견하게 된다 [83(A)]. 사실 상대방보다 더 이상적인 사람을 찾을 수 없는 것, 그것이 바로 사랑이다.

단어 词语 cíyǔ 몡 어휘, 단어 | 精确 jīngquè 톙 (논점·계산·분석 등이) 정확하다, 틀림없다 | 概括 gàikuò 툉 개괄하다, 뭉뚱그리다 | 表白 biǎobái 툉 (의사·태도·생각 등을) 분명하게 밝히다, 고백하다 | 心意 xīnyì 몡 (사람에 대한) 호의, 성의, 참된 마음 | 尽量 jǐnliàng 뷔 되도록, 될 수 있는 대로 | 捕捉 bǔzhuō 툉 잡다, 붙잡다, 포착하다 | 阶段 jiēduàn 몡 단계 | 唯恐 wéikǒng 툉 다만 ~만이 두렵다, 오직 ~을 우려하다 | 谨慎 jǐnshèn 톙 신중하다, 조심스럽다 | 真诚 zhēnchéng 톙 진실하다, 참되다 | 起劲 qǐjìn 톙 즐겁다, 활기차다 | 头颈 tóujǐng 몡 목 | 酸 suān 톙 몸이 시큰시큰하다, 시리다 | 把握 bǎwò 몡 확신, 믿음 | 十全十美 shíquánshíměi 솅어 완벽하여 흠잡을 데가 없다, 완전무결하다 | 接触 jiēchù 툉 닿다, 접촉하다 | 情意 qíngyì 몡 정, 감정, 정의, 애정 | 转动 zhuàndòng 툉 돌다, 회전하다 | 冷静 lěngjìng 톙 냉정하다, 침착하다 | 显露 xiǎnlù 툉 보이다, 드러나다, 나타나다 | 冲突 chōngtū 툉 충돌하다 | 口角 kǒujué 툉 말다툼하다, 입씨름하다 | 摆脱 bǎituō 벗어나다, 빠져나오다 | 骨子里 gǔzilǐ 몡 뼛속 깊은 곳

81 谈恋爱的第一阶段在心理上的主要特点是什么?

연애의 첫 번째 단계는 심리적으로 어떠한 특징이 있는가?

A 紧张
B 激动
C 失望
D 谨慎

A 긴장한다
B 감격한다
C 실망한다
D 신중하다

단어 激动 jīdòng 휑 (감정이) 흥분하다, 감격하다

해설 두 번째 단락에서 '이 단계에서 일반적으로 쌍방은 모두 비교적 긴장한다'고 했으므로 정답은 A다.

82 为什么说在第二阶段, 语言失去了主要地位?

왜 두 번째 단계에서 언어는 주요한 위치를 잃었는가?

A 已经对对方失去兴趣, 不需要再交谈
B 语言表达的情意在这一阶段失去作用
C 已经了解对方, 在一起就能体会幸福
D 双方都已经冷静下来, 不被语言蒙骗

A 이미 상대방에 대해 흥미를 잃어 더 이야기할 필요가 없다
B 언어가 나타내는 애정이 이 단계에서 기능을 잃었다
C 이미 상대방을 이해해서, 같이 있기만 하면 행복을 느낄 수 있다
D 쌍방이 모두 이미 냉정해져서 언어에 속지 않는다

단어 交谈 jiāotán 됨 서로 말을 주고받다, 이야기하다 | 蒙骗 mēngpiàn 됨 속이다, 기만하다

해설 같이 있는 것만으로도 행복을 느낀다는 말을 통해 그 전 단계보다 언어의 중요성이 떨어졌음을 알 수 있다. 따라서 정답은 C다.

83 在什么时候 "恋" 变成了 "爱"?

언제 '연애'가 '사랑'으로 바뀌나?

A 热情冷却, 却无法分离
B 热情高涨, 已难舍难分
C 头脑冷静, 想摆脱对方
D 头脑发热, 缺点被遮盖

A 열정이 냉각되었지만 오히려 헤어질 수 없을 때
B 열정이 고조되어 이미 헤어지기 어려울 때
C 머리가 냉정해져서 상대방을 벗어나고 싶을 때
D 머리에서 열이 나서 결점이 가려졌을 때

단어 冷却 lěngquè 됨 냉각하다 | 高涨 gāozhǎng 휑 (사기 · 정서 등이) 왕성하다 | 舍 shě 됨 버리다, 포기하다 | 遮盖 zhēgài 됨 숨기다, 감추다

해설 머리에서 열이 날 때는 지났으며, 쌍방은 모두 냉정해지고, 여러 가지 불만족과 실망이 생기고 심지어 벗어나고 싶기도 하지만, 오히려 뼛속 깊은 곳에서 두 사람이 이어졌다는 것을 발견하게 된다는 마지막 단락의 말을 통해 A가 정답임을 알 수 있다.

84

为什么说"谈恋爱"这个词体现了中国用语的精确?

왜 '谈恋爱'라는 단어가 중국 단어 활용의 정확성을 나타낸다고 말하는가?

A 词语的含义很深刻
B 爱情是不断发展的
C 每个字代表一个阶段
D 高度概括爱情发展过程

A 단어의 함축적인 뜻이 깊어서
B 사랑은 부단히 발전하기 때문에
C 각 글자가 한 단계를 대표해서
D 사랑의 발전 과정을 고도로 개괄해서

단어 用语 yòngyǔ 图 (말하거나 글을 쓸 때) 단어를 활용하다

해설 첫 번째 단락에서 '谈恋爱란 세 글자가 일반적으로 소개와 인식에서부터 결혼까지 남녀 사이의 감정이 발전하는 전 과정을 개괄한다'고 했으므로 정답은 D다.

85-88

谈到网络游戏，青少年网瘾问题是不容回避的。这并不是因为成人不上瘾，一个成年人沉迷游戏或者沉迷麻将或者沉迷爱情，是他个人的事情，自己想办法解决就是了，而青少年则更需要全社会的关怀和帮助。

网络游戏容易成瘾，是因为在虚拟的游戏环境下最容易满足一个人的基础情感快乐需求。人的基础情感快乐需求，主要来自团体，来自团体其他成员对个人的认可、竞争中的胜出、公平竞争的过程，等等。网络游戏在虚拟的环境下，86(D)首先提供了一个公平竞争的开始。不管你出生在哪里，有什么家庭背景，进入游戏后，所有的游戏在开始的时候都非常简单，你只要和最基础的敌人对抗一下，马上就会看到你的成就。比如：你获得了基本的服装，盖了个小房子，等等。86(C)游戏对你的奖励立刻就得到兑现，你做得越多兑现得就越多。现实中的孩子们呢？做不完作业、跟不上功课的自然得不到表扬，做得好一些的也很少得到表扬或奖励，老师与家长总有更高的要求等着你。对比之下，电脑所给予的那一点儿虚拟的奖励，却给孩子们带来了最直接的心理基础快乐。

인터넷 게임에 대해 말하자면, 청소년 인터넷 중독 문제는 피할 수 없다. 이것은 결코 성인은 중독되지 않아서가 아니라 성인이 게임에 빠지거나 마작에 빠지거나 사랑에 빠지는 것은 그 개인의 사정이기 때문이다. 스스로 방법을 생각해 해결하면 되는 것이다. 그러나 청소년은 전 사회의 관심과 도움이 필요하다.

인터넷 게임은 쉽게 중독된다. 왜냐하면 허구의 게임 환경에서 한 사람의 기본적인 감정 · 즐거움 · 요구를 가장 쉽게 만족시킬 수 있기 때문이다. 사람의 기본적인 감정 · 즐거움 · 요구는 주로 단체에서 나오며, 단체의 기타 구성원의 개인에 대한 인정, 경쟁에서의 승리, 공평한 경쟁 과정 등에서 나온다. 인터넷 게임은 허구의 환경에서 86(D)먼저 공평한 경쟁의 시작을 제공한다. 당신이 어디에서 태어났든지 어떠한 가정배경이 있든지, 게임에 들어간 후 모든 게임은 시작할 때 모두 매우 단순하다. 당신은 가장 쉬운 적과 싸우기만 하면 곧 당신의 성과를 볼 수 있다. 예를 들면 당신이 기본적인 복장을 얻고 작은 집을 짓는 것 등이다. 86(C)게임이 당신에게 주는 격려는 즉시 현금으로 바꿀 수 있다. 당신이 많이 하면 할수록 현금으로 바꾸는 것도 더욱 많다. 현실 속의 아이들은 어떠한가? 숙제를 다 못하고 수업에 못 따라가는 학생은 자연히 칭찬을 받을 수 없다. 더 나은 학생들도 매우 드물게 칭찬이나 격려를 받는다. 선생님과 학부모는 항상 더 높은 요구를 가지고 당신을 기다리고 있다. 비교해보면, 컴퓨터가 주는 그 허구적인 격려가 오히려 아이들에게 제일 직접적이고 기본적인 심리적 즐거움을 가져다주었다.

接下来再看网游。^{86(A)}网游中玩儿家都是在一次次挫败中反复多次，直至取得胜利的。这个过程和学习中遇到困难直至克服困难的过程很相似。但在游戏中，玩儿家就会自觉地一次次努力，在学习中很多孩子就退缩了。^{85(C)}最直接的心理原因，大概是玩儿游戏时孩子们不需要面对老师和家长的期待，打不过就继续。在游戏中打不过怪物很正常，没有玩儿家嘲笑你，他们会告诉你一些方法，甚至借给你道具，等等，^{86(B)}帮助无处不在。而在学习中你学不会，那意味着你是拖后腿的，老师同学都不待见你，等待你的是一轮轮的批评教育和"帮助"。

^{88(D)}目前的教育制度，不是我们一般人可以改变的。但是对待自己的子女，家长们要认识到孩子们需要的不仅仅是吃饱穿暖有钱花，^{87(C)}不能一味责怪孩子喜欢网络游戏而不愿意和家长交流，而是要学会真正地关心孩子的心理成长需求。

다시 인터넷 게임을 보도록 하자. ^{86(A)}게임 중 게이머는 모두 한 번 한 번의 실패와 좌절 속에서 여러 번 반복해 승리를 얻게 된다. 이 과정과 학습 중 어려움을 만나 고난을 극복하기까지의 과정은 매우 비슷하다. 그러나 게임 중 게이머는 자각적으로 한 차례 한 차례 노력하지만, 공부에서는 많은 아이들이 움츠러든다. ^{85(C)}가장 직접적인 심리적 원인은 아마 인터넷 게임을 할 때 아이들은 선생님과 학부모의 기대를 마주할 필요가 없기 때문에 이기지 못해도 계속하는 것이다. 게임 중 괴물을 이기지 못해도 정상이며, 당신을 비웃을 게이머는 없다. 그들은 당신에게 방법을 알려 줄 것이며 심지어는 당신에게 도구를 빌려 주는 등 ^{86(B)}도움이 없는 곳이 없다. 그러나 공부하는 과정에서 당신이 배우지 못하면, 그것은 당신이 다른 사람을 방해하는 것을 의미하며 선생님과 학우들은 모두 당신을 좋아하지 않을 것이다. 당신을 기다리는 것은 꾸지람 교육, 그리고 '도움'이다.

^{88(D)}지금의 교육제도는 우리 일반사람들이 바꿀 수 있는 것은 아니지만, 자신의 자녀를 대할 때 학부모들은 아이들이 필요로 하는 것이 배불리 먹고 따뜻하게 입고 쓸 돈이 있는 것만이 아니라는 점을 알아야 한다. ^{87(C)}단순히 아이들이 인터넷 게임을 좋아하고 학부모와 교류하기를 원하지 않는다고 질책할 수 없다. 진정으로 아이들의 심리적인 성장의 필요에 관심을 가져야만 한다.

제
3
회

阅
读

단어 网瘾 wǎngyǐn 뗑 인터넷 중독 | 不容 bùróng 됨 불허하다. ~해서는 안 되다 | 回避 huíbì 됨 회피하다. 피하다 | 上瘾 shàngyǐn 됨 중독되다 | 沉迷 chénmí 됨 빠지다. 심취하다 | 麻将 májiàng 몡 마작 | 关怀 guānhuái 됨 관심을 보이다. 관심을 가지다 | 成瘾 chéngyǐn 됨 중독되다 | 虚拟 xūnǐ 혱 허구적인. 가상적인 | 来自 láizì 됨 ~에서 오다. ~에서 나오다 | 竞争 jìngzhēng 됨 경쟁하다 | 胜出 shèngchū 됨 이기다. 승리하다 | 网络 wǎngluò 몡 네트워크 | 对抗 duìkàng 됨 대항하다. 저항하다 | 盖 gài 됨 (집을) 짓다 | 奖励 jiǎnglì 됨 장려하다. 격려하다 | 兑现 duìxiàn 됨 (캐쉬를) 현금으로 바꾸다 | 跟不上 gēnbushàng 따라갈 수 없다 | 玩儿家 wánrjiā 몡 게이머. 플레이어 | 挫败 cuòbài 됨 좌절하고 실패하다 | 退缩 tuìsuō 됨 뒷걸음질하다. 움츠러들다 | 道具 dàojù 몡 (연극 공연이나 영화나 드라마 촬영에 쓰이는) 도구, 소품 | 拖后腿 tuōhòutuǐ (사람이나 일을) 방해하다. 견제하다. 저지하다 | 待见 dàijian 됨 좋아하다. 호감을 가지다 | 一味 yíwèi 뛤 단순히. 무턱대고. 맹목적으로. 완고하게 | 责怪 zéguài 됨 책망하다. 원망하다

★★☆ | **유형** | 인과 관계 파악

85 作者认为孩子在游戏中反复努力而在学习中退缩的原因是什么?

A 游戏更有趣
B 学习太难了
C 游戏压力小
D 喜欢玩儿游戏

작가는 아이들이 게임 속에서는 반복적으로 노력하지만, 학습 중에는 움츠러드는 이유가 무엇이라고 생각하는가?

A 게임이 더 재미있다
B 공부가 너무 어렵다
C 게임은 스트레스가 적다
D 게임하는 것을 좋아한다

해설 가장 직접적인 심리적 원인이 선생님과 학부모의 기대를 마주할 필요가 없기 때문이라는 말을 통해 게임은 스트레스가 공부보다 적다는 것을 유추할 수 있다. 따라서 정답은 C다.

86 青少年在玩儿网络游戏时没有感觉到：

청소년이 인터넷 게임을 할 때 느끼지 않는 것은?

A 失败的打击
B 别人的帮助
C 及时的奖励
D 公平的竞争

A 실패의 타격
B 다른 사람의 도움
C 즉각적인 장려
D 공평한 경쟁

해설 인터넷 게임은 공평한 경쟁의 시작을 제공하고, 게임에 대한 격려는 즉시 현금으로 바꿀 수 있으며, 게임 중에는 도움이 없는 곳이 없다. 또한 실패했다고 비웃거나 꾸짖을 사람도 없기에 여러 번의 실패와 좌절에도 승리를 얻기 위해 게임을 한다. 그러므로 실패의 타격을 느끼지 않음을 알 수 있다. 정답은 A다.

87 家长们对孩子玩儿网游的态度是：

아이가 게임을 하는 것에 대한 학부모들의 태도는?

A 不闻不问
B 理解支持
C 批评责备
D 严厉打击

A 관심을 두지 않는다
B 이해하고 지지한다
C 비평하고 질책한다
D 엄하게 제지한다

단어 不闻不问 bùwénbúwèn [성어] 듣지도 않고 묻지도 않다. 전혀 관심을 두지 않다

해설 '단순히 아이들이 인터넷 게임을 좋아하고 학부모와 교류하기를 원하지 않는다고 질책할 수 없다'는 말에서 아이가 인터넷 게임을 하는 것에 대해 학부모들이 비평하고 질책한다는 것을 알 수 있다. 따라서 정답은 C다.

88 作者写这篇文章的目的是什么？

작가가 이 글을 쓴 목적은 무엇인가?

A 推广网络游戏
B 帮助孩子克服网瘾
C 改革现有教育制度
D 纠正家长的教育方式

A 인터넷 게임을 널리 보급하기 위해
B 아이들이 인터넷 중독을 극복하는 것을 돕기 위해
C 현재의 교육 제도를 개혁하기 위해
D 학부모의 교육방식을 바로잡기 위해

단어 纠正 jiūzhèng [동] (결점이나 잘못 등을) 바로잡다. 고치다. 수정하다

해설 마지막 단락 전체에서 학부모가 어떻게 자신의 자녀를 대해야 하는지에 대해 지적하고 있다. 따라서 정답은 D다.

89(C)在一个偏僻贫困的小村庄，有一所小小的学校。

有一天，上课必需的粉笔用完了，女教师便想了一个办法。她找了杯清水，然后对孩子们说："来，老师蘸着水在黑板上写，上课——"

90(C)孩子们认真地点了点头，答应了。

于是，她一笔一画地教，孩子们一笔一画地学。

当然了，这需要速度——因为，只要教得慢了点儿，或者记得慢了点儿，那用水写的字就立刻干了，看不见了。

这以后，每当没有粉笔的时候，女教师就以水代笔；而可怜的孩子们，也渐渐地适应了这种奇怪的上课方式。

一天，女教师哭了。她——一位亭亭玉立的女教师却要用那纤纤玉指蘸着水在黑板上写字，在冰凉冰凉的黑板上耕耘！

可她想想，又笑了。磨秃了自己的手指头，却丰富了孩子们的心灵，值得。

她从容，坦然，一如既往。

有一天，她走进教室，正准备上课，突然发现杯子里的水已全部漏完。——也难怪，那盛水的杯子太陈旧了，陈旧得让人想起这个古老民族的沉重的历史。

没水，怎么板书？没水，怎么上课？

也就在这山穷水尽的时刻，女教师突然感到，从她右手的手指尖上，正在不断地渗水——亮晶晶的水珠——水！有水就能上课！

女教师猛地转身，在黑板上飞快地写了起来。

她写得飞快。孩子们也记得飞快。

就这样，每当她转身板书的时候，那指尖上的水珠也就恰到好处地冒了出来。

天！她从此有了特异功能！

日复一日，年复一年。

91(B)这种古怪教育的奇异结果，便是造就了一批可以高速理解、高速记忆、高速运算的神童。也正是由于这种神奇的高速度，这批神童被一所著名的大学破格录取了。

那么，从女教师的手指上奔涌而出的那些液体，究竟是什么呢？

有人化验过，那水，与泪水的化学成分一模一样……

89(C)외지고 빈곤한 작은 마을에 자그마한 학교가 하나 있었다.

하루는 수업에 필요한 분필을 다 써서 여교사는 방법을 하나 생각했다. 그녀는 냉수를 한 컵 찾은 후 아이들에게 말했다. "자, 선생님이 물을 묻혀 칠판에 쓸게요. 수업합시다."

90(C)아이들은 진지하게 고개를 끄덕이며 동의했다.

그래서 그녀는 한 획 한 획씩 가르쳤고 아이들은 한 획 한 획씩 배웠다.

물론, 이것은 속도가 필요했다. 왜냐하면, 좀 천천히 가르치거나 좀 천천히 필기하기만 하면, 물로 쓴 글자가 즉시 말라 볼 수 없었기 때문이다.

후에, 분필이 없을 때마다 여교사는 물로 분필을 대신했다. 그리고 불쌍한 아이들도 천천히 이런 기괴한 수업방식에 적응했다.

하루는, 여교사가 울었다. 호리호리한 그녀가 그 가늘고 긴 손가락에 물을 묻혀 칠판에 글씨를 쓰려고 차디찬 칠판에 노력을 기울이고 있었던 것이다.

그러나 그녀는 생각하며 또 웃었다. 자신의 손끝은 닳았지만 아이들의 영혼을 풍부하게 했으니 가치가 있었다.

그녀는 침착하고 평온하며 예전과 같았다.

하루는 그녀가 교실로 들어가 수업하려고 준비할 때 갑자기 컵의 물이 이미 모두 새었다는 사실을 발견했다. 어쩐지 물을 담는 그 컵은 너무 낡았었다. 낡아서 오래된 민족의 깊은 역사를 떠올리게 했다.

물이 없으면 어떻게 판서하지? 물이 없으면 어떻게 수업하지?

절망적인 상태에 빠졌을 때 여교사는 갑자기 느꼈다. 그녀의 오른손 손가락 끝에서 끊임없이 물이 스며나오고 있었다. 밝게 빛나는 물방울. 물! 물이 있으면 수업할 수 있어!

여교사는 갑자기 몸을 돌려 칠판에 매우 빠르게 쓰기 시작했다.

그녀는 매우 빨리 썼고 아이들도 매우 빨리 필기했다.

바로 이렇게 그녀가 몸을 돌려 판서를 할 때마다 그 손끝의 물방울 역시 딱 적당할 때까지 나왔다.

세상에! 그녀는 이때부터 초능력이 생겼다!

하루를 반복하고 일 년을 반복했다.

91(B)이러한 보기 드문 교육의 기이한 결과는 빨리 이해하고 빨리 기억하고 빨리 연산하는 신동을 양성하였다. 역시 이러한 신기하고 빠른 속도로 인해 신동들은 유명한 대학에 전례를 깨고 뽑혔다.

그러면 여교사의 손가락에서 솟구쳐 나온 그 액체는 도대체 무엇인가?

어떤 사람이 화학 실험을 해보았는데 그 물은 눈물과 화학 성분이 완전히 같았다.

 偏僻 piānpì 혱 궁벽하다, 외지다 | 贫困 pínkùn 혱 빈곤하다, 곤궁하다, 가난하다 | 村庄 cūnzhuāng 몡 마을, 부락, 촌 | 清水 qīngshuǐ 몡 냉수 | 蘸 zhàn 동 (액체·가루·풀 등에) 찍다, 묻히다 | 亭亭玉立 tíngtíngyùlì 성어 아름다운 여자의 몸매가 늘씬하다 | 纤纤 xiānxiān 혱 가늘고 길다 | 冰凉 bīngliáng 혱 매우 차다, 차디차다 | 耕耘 gēngyún 동 경작하다, 정신을 집중하고 노력을 기울이다 | 磨秃 mótū 동 닳다 | 从容 cóngróng 혱 침착하다, 서두르지 않다 | 坦然 tǎnrán 혱 (마음이) 평온하고 걱정이 없다 | 一如既往 yìrújìwǎng 성어 예전과 같다, 지난날과 다름없다 | 漏 lòu 동 (어떤 물체가 구멍이나 틈으로부터) 새다, 빠지다 | 盛水 chéngshuǐ 동 물을 담다 | 陈旧 chénjiù 혱 오래되다, 낡다, 케케묵다 | 沉重 chénzhòng 혱 (정도가) 깊다, 심대하다 | 山穷水尽 shānqióngshuǐjìn 성어 산과 물이 다하여 더 이상 갈 길이 없다, 절망적인 지경(상태)에 빠지다 | 手指尖 shǒuzhǐjiān 손끝 | 渗 shèn 동 새다, 조금씩 흘러나오다 | 亮晶晶 liàngjīngjīng 혱 (물체가) 밝게 빛나며 반짝이다 | 水珠 shuǐzhū 몡 물방울 | 猛地 měngde 튀 갑자기, 돌연 | 飞快 fēikuài 혱 신속하다, 재빠르다 | 板书 bǎnshū 동 칠판에 글을 쓰다, 판서하다 | 特异 tèyì 혱 특별하다, 특이하다 | 奇异 qíyì 혱 별나다, 묘하다, 기이하다, 괴상하다, 기괴하다 | 造就 zàojiù 동 기르다, 키우다, 육성하다 | 运算 yùnsuàn 동 운산하다, 연산하다 | 神童 shéntóng 몡 신동 | 破格 pògé 동 전례를 깨다, 규약을 깨뜨리다, 격식을 깨뜨리다 | 录取 lùqǔ 동 (시험에 합격한 사람을) 선정하다, 뽑다 | 奔涌 bēnyǒng 동 솟다, 솟구치다 | 化验 huàyàn 동 화학 실험하다

89

女教师为什么要用清水写字?　　　여교사는 왜 냉수를 사용해서 글자를 쓰려고 했는가?

A 用清水写字速度很快　　　A 냉수로 글자를 쓰면 속도가 매우 빠르기 때문에
B 锻炼孩子的记录速度　　　B 아이의 기록 속도를 단련하기 위해
C 村里很穷买不起粉笔　　　C 마을이 너무 가난해서 분필을 살 수가 없어서
D 用清水写字不用擦黑板　　　D 냉수로 글자를 쓰면 칠판을 지울 필요가 없어서

해설　첫 번째 단락에서 외지고 빈곤한 작은 마을이라고 언급했고, 또한 수업에 필요한 분필을 다 써서 손가락에 물을 묻혀 칠판에 썼다고 했으므로, 정답은 C다.

90

当女教师说要用清水写字时孩子们是什么反应?　　　여교사가 냉수로 글자를 쓰려고 했을 때 아이들은 어떤 반응이었나?

A 气愤　　　A 분노
B 悲伤　　　B 슬픔
C 同意　　　C 동의
D 高兴　　　D 기쁨

해설　지문 초반에 아이들이 진지하게 고개를 끄덕이며 동의했다고 했으므로 정답은 C다.

 Tip⁺　화자의 정서나 태도를 이해한다는 것은 문제의 흐름을 읽었다는 것이고, 문제의 흐름을 읽었다는 것은 지문의 내용을 파악했다는 의미다. 그러므로 지문을 읽을 때는 어떤 현상이나 사건에 대한 작가의 관점이나 말하는 느낌에 유의해서 읽는 것이 중요하다.

91

这些孩子为什么成为了神童?　　　이 아이들은 왜 신동이 되었는가?

A 记笔记的速度非常快　　　A 노트에 필기하는 속도가 매우 빠르다
B 能高速理解记忆运算　　　B 빠르게 이해하고, 기억하고, 연산할 수 있다
C 被一所著名大学录取　　　C 유명한 대학교에 뽑혔다
D 他们都具有特异功能　　　D 그들은 모두 초능력을 가지고 있다

해설　지문 후반에 보기 드문 교육으로 빨리 이해하고, 빨리 기억하고, 빨리 연산하는 신동을 양성했다고 했으므로 정답은 B다.

92 这个故事主要想告诉我们什么？

A 女教师非常坚强
B 孩子们非常聪明
C 奇怪的教学方法
D 爱可以产生奇迹

이 이야기는 주로 우리에게 무엇을 말하고자 하는가?

A 여교사는 매우 강경하다
B 아이들은 매우 총명하다
C 기괴한 수업 방식
D **사랑은 기적을 만들 수 있다**

해설 여교사의 열정적인 수업은 학생들의 학습 능력을 높였고, 결국 이 학생들이 유명한 대학에 들어갈 수 있었다. 따라서 사제간의 사랑이 기적을 만들었음을 알 수 있으므로 정답은 D다.

 **Tip⁺** 주제를 묻는 문제를 풀 때는 보기를 통해 지문의 내용을 우선 짐작한 후, 문장 속의 여러 단서를 통해 중심 내용을 찾아야 한다. 다소 난이도가 있는 글을 읽다 보면 생소한 단어들과 자주 마주치기 마련이다. 하지만 이런 어렵고 생소한 단어는 문장의 주요 내용이나 주제를 파악하는 데 거의 영향을 미치지 않는다는 점을 명심하기 바란다. 따라서 단어 하나하나에 치중하기보다는 중심이 되는 주어, 술어, 목적어를 중심으로 재빨리 문장의 내용을 파악하는 것이 좋다.

93-96

本公司最新推出一条西藏旅游线路。[93(D)]此线路到拉萨后先去林芝，正好可以慢慢适应高原反应，对缓解高原反应有很大的好处。[94(C)]报名者请将姓名、人数及联系电话等相关资料用e-mail或传真或电话的方式通知我社，以便安排旅游。您的报名得到确认后，请汇1500元的定金到本公司账号(只有收到您的定金，才能最后确认您的报名)。[96(C)]本公司有权根据情况前后调整或取消行程。由此多发生的费用由游客自行承担，费用已交但行程取消时相关费用退还给游客。

由于是在高原行驶，人烟稀少，常有车辆在路上抛锚情况及其他各种意外，如发生此情况，本公司不负责赔偿[95(D)]（除非是本公司人为因素所造成）。高原气候白天及夜晚温差较大，白天较热，早晚较凉，请自备防寒衣物。建议自备以下物品：衣物、太阳镜、相机、胶卷、防晒霜、防晒唇膏、太阳伞、水壶、常用药、抗高原反应药品、有效证件等。在四川及西藏旅行有一定的危险性，请游客充分考虑这一点，若发生安全事故，造成人身伤害或财产损失，将按有关保险条例由保险公司进行赔偿；本公司不承担另外的赔偿责任。防止高原反应请看注意事项。

본 회사는 새롭게 티베트 여행 노선을 선보입니다. [93(D)]이 노선은 라싸에 도착한 후, 먼저 린즈에 갑니다. 이는 천천히 고산병에 적응할 수 있으며 고산병을 완화시키는 것에 크게 이로운 점이 있습니다. [94(C)]신청자는 여행을 안배할 수 있도록 성명, 인원수 및 연락처 등 관련자료를 이메일, 팩스 또는 전화의 방식으로 저희 회사에 통지해주세요. 당신의 신청이 확인된 후, 1500위엔의 예약금을 본 회사 계좌번호로 부처주세요.(당신의 예약금을 받아야지만 당신의 신청을 최종 확정할 수 있습니다.) [96(C)]본 회사는 상황에 따라 여행일정을 전후로 조정하거나 취소할 수 있습니다. 이것으로 인해 더 발생한 비용은 여행객이 스스로 부담하며, 비용을 이미 지불했는데 일정이 취소되었을 때는 관련비용을 여러분께 돌려드립니다.

고원에서 다니는 것이기 때문에 인가가 드물고 차량이 길에서 고장이 나서 멈추는 상황 및 기타 각종 의외의 상황이 자주 있습니다. 이와 같은 상황이 발생하였을 때 본 회사는 배상을 책임지지 않습니다. [95(D)]본 회사의 인위적인 요인으로 인해 생긴 것은 제외합니다.) 고원기후는 낮과 밤에 온도차가 비교적 커서, 낮에는 비교적 덥고, 아침과 저녁에는 비교적 춥습니다. 방한의류를 각자 준비해주시기 바랍니다. 각자 아래의 물품을 준비하시길 제안합니다. 옷, 선글라스, 사진기, 필름, 선크림, 자외선 차단 립크림, 양산, 물통, 상비약, 고산병 저항약품, 유효 신분증 등입니다. 쓰촨 및 티베트 여행은 어느 정도 위험성이 있습니다. 여행객은 이 점을 충분히 고려하시고 만약에 안전사고가 발생하여 신체 상해 혹은 재산 손해가 발생하면 관련 보험 조항에 따라서 보험회사가 보상할 것입니다. 본 회사는 이 외의 배상 책임은 부담하지 않습니다. 고산병을 방지하기 위해 주의사항을 봐주세요.

 推出 tuīchū 통 내다, 내놓다 | 西藏 Xīzàng 명 시짱, 티베트 | 拉萨 Lāsà 명 라싸 | 林芝 Línzhī 명 린즈 | 适应 shìyìng 통 적응하다 | 高原反应 gāoyuán fǎnyìng 명 고산병 | 缓解 huǎnjiě 통 (격렬하고 긴장된 정도가) 완화되다 | 传真 chuánzhēn 명 팩스 | 以便 yǐbiàn 접 ~하기 위해서, ~하기 쉽게 | 汇 huì 통 모으다, 모이다 | 定金 dìngjīn 명 예약금, 계약금 | 账号 zhànghào 명 (은행 따위의) 계좌번호 | 取消 qǔxiāo 통 효력을 잃다, 취소하다 | 自行 zìxíng 부 스스로 | 承担 chéngdān 통 부담하다, 맡다, 지다 | 退还 tuìhuán 통 반환하다, 돌려주다 | 行驶 xíngshǐ 통 다니다, 통항하다, 운항하다 | 人烟 rényān 명 인가, 인적 | 稀少 xīshǎo 형 적다, 드물다 | 抛锚 pāomáo 통 (자동차가) 도중에 고장이 나서 멈추다 | 赔偿 péicháng 통 물어주다, 변상하다 | 自备 zìbèi 통 스스로 준비하다, 스스로 갖추다 | 防寒 fánghán 통 추위를 막다, 방한하다 | 太阳镜 tàiyángjìng 명 선글라스 | 胶卷 jiāojuǎn 명 필름 | 防晒霜 fángshàishuāng 명 선크림, 자외선 차단제 | 唇膏 chúngāo 명 립스틱, 립크림 | 水壶 shuǐhú 명 수통 | 损失 sǔnshī 통 손실하다, 손해보다 | 防止 fángzhǐ 통 (나쁜 일을) 방지하다

★☆☆ | **유형** | 인과 관계 파악

93

为什么到拉萨后要先去林芝?

A 可以减少高原上的费用
B 避免汽车在山路上抛锚
C 高原上的住宿安排不过来
D 适应高原反应需要一个过程

라싸에 도착한 후 왜 먼저 린즈에 가야 하는가?

A 고원 위에서의 비용을 줄일 수 있어서
B 차가 산길에서 고장이 나서 멈추는 상황을 면하기 위해
C 고원에서의 숙박 안배를 할 수 없어서
D 고산병에 적응하기 위해서는 과정이 필요하기 때문에

해설 첫 번째 단락에서 라싸에 도착한 후 먼저 린즈에 가는데, 이는 고산병에 천천히 적응할 수 있고 고산병을 완화시키는 데 크게 이롭다고 했으므로 D가 정답이다.

★☆☆ | **유형** | 세부 내용 파악

94

姓名、人数、联系电话等资料可以通过几种方式通知旅行社?

A 一种
B 两种
C 三种
D 四种

성명, 인원수, 연락처 등 자료는 몇 가지 방식을 통해 여행사에 통지할 수 있는가?

A 한 가지
B 두 가지
C 세 가지
D 네 가지

해설 이메일, 팩스 또는 전화의 방식으로 통지해달라고 했으므로 세 가지 방식이 있음을 알 수 있다. 따라서 정답은 C다.

★☆☆ | **유형** | 세부 내용 파악

95

什么条件下旅行社负责赔偿?

A 汽车在高原上行驶中抛锚
B 旅行社取消某项旅游行程
C 汽车在高原上发生安全事故
D 旅行社人为因素造成意外损失

어떤 조건에서 여행사가 보상을 책임지는가?

A 차가 고원에서 운행 중 고장이 나서 멈췄을 때
B 여행사가 어떤 여행 일정을 취소하였을 때
C 차가 고원에서 안전사고를 일으켰을 때
D 여행사의 인위적인 요인으로 의외의 손실이 생겼을 때

해설 '본 회사의 인위적인 요인으로 인해 생긴 것은 제외합니다'를 통해 여행사 직원으로 인한 손실이 발생했을 때는 보상을 해준다는 것을 알 수 있다. 따라서 정답은 D다.

Tip⁺ 세부 내용을 찾는 문제를 풀 때, 가장 기본적인 것은 문제를 먼저 파악한 후 답을 찾는 것이다. 95번 문제와 같이 답이 지문에 그대로 제시되어 있는 경우에는 원하는 정보만을 재빨리 찾는 것이 중요하기 때문에, 보기를 먼저 읽고, 질문에 해당하는 부분만 지문에서 찾으면 된다.

96

下列符合原文意思的说法是：

A 旅行社预备了游客的防寒衣物
B 这条线路的旅游费用多退少补
C 高原地区上午和下午温差较大
D 定金没有收到也可确认报名完成

아래 중 원문의 설명과 부합하는 것은?

A 여행사가 여행객의 방한의류를 준비했다
B 이 노선의 여행비용은 남으면 환불하고 부족하면 보충한다
C 고원지역은 오전과 오후에 기온차가 비교적 크다
D 예약금을 받지 않아도 신청 완료를 확인할 수 있다

해설 첫 번째 단락 후반에서 '본 회사는 상황에 따라 여행일정을 전후로 조정하거나 취소할 수 있습니다. 이것으로 인해 더 발생한 비용은 여행객이 스스로 부담하며, 비용을 이미 지불했는데 일정이 취소되었을 때는 관련비용을 여러분께 돌려드립니다'라고 하였으므로 B가 정답임을 알 수 있다.

97-100

新疆达坂城风力发电厂坐落在达坂城山口，东西长约80公里，南北宽约20公里，是南北疆气流活动的主要通道，97(C)来自西伯利亚的冷风与大沙漠蒸腾的热气激烈对流，汇聚成风吹向达坂城。

达坂城拥有百里风带，这里一年到头只刮一场风，从年初一到年三十。为了不让这资源白白浪费，政府在那儿建起了中国最大的风力发电厂。无数个大风车一般的风力发电机挺立在百里风带上，迎风旋转，颇为壮观。98(C)不愧为亚洲最大的风力发电厂。

新疆风能资源丰富，总发电蕴藏量为8270亿千瓦时，占全国风力发电总蕴藏量的十分之一。而昔日丝路重镇并以一曲《达坂城的姑娘》名扬海内外的达坂城地区，是目前新疆九大风区中开发建设条件最好的地区。这片位于中天山和东天山之间的谷地，广阔无人，可安装风力发电机的面积在1000平方公里以上，年风能储藏量250亿千瓦时，可装机容量达2500兆瓦。同时，风速分布较为平均，98(B)破坏性风速和不可利用风速极少发生。一年内，12个月均可开机发电。此外，达坂城地区距乌鲁木齐电网的负荷中心仅40公里，输出的电能沿线损耗小。区域内地势平坦，地质坚硬，98(A)312国道吐乌高等级公路及兰新铁路从中穿越，运输及施工建设条件优良。

신장 다반청 풍력발전소는 다반청 산어귀에 위치한다. 동서로 80km 길이에 남북으로 20km 폭인 남북 신장의 기류가 활동하는 주요 통로다. 97(C)시베리아의 차가운 바람과 큰 사막에서 올라오는 열기가 격렬한 열대류가 모여 다반청으로 부는 바람이 된다.

다반청은 100리의 바람지대를 가지고 있고 이곳에는 일 년 내내 정월 초하루에서 음력 섣달 그믐날까지 바람만 분다. 이 자원을 헛되이 낭비하지 않기 위해서 정부는 그곳에 중국 최대의 풍력발전소를 지었다. 무수한 대형 풍차의 일반적인 풍력발전기는 100리의 바람지대 위에 우뚝 서서 바람이 부는 대로 회전하는데 제법 장관이다. 98(C)아시아에서 가장 큰 풍력발전소에 부끄럽지 않다.

신장 풍력에너지 자원은 풍부해서 총 발전 저장량이 8270억 킬로와트일 때는 전국 풍력발전 총 저장량의 10분의 1을 차지했다. 예전 실크로드의 요충지이며 「다반청의 아가씨」라는 곡으로 국내외에서 이름을 떨친 다반청 지역은 현재 신장 9대 바람 지역 중 개발건설 조건이 제일 좋은 지역이다. 이것은 중톈산과 둥톈산 사이의 골짜기에 위치하며 광활하고 사람이 없다. 그러나 풍력발전소를 설치한 면적이 1000평방 킬로미터 이상이고, 연간 풍력에너지 저장량이 250억 킬로와트일 때 설비 용량은 2500메가와트에 달했다. 동시에, 풍속 분포가 비교적 평균적이며 98(B)파괴적인 성질의 풍속과 이용할 수 없는 풍속이 매우 적게 발생한다. 일 년, 열두 달 모두 가동하며 전기를 낼 수 있다. 이 외에, 다반청 지역은 우루무치 전력계통의 부하센터와 40km 떨어져 있다. 송출하는 전기에너지 연선의 소모도 적다. 구역 내 지세가 평탄하고 지질이 단단하며 98(A)312국도 투우고속도로와 란신철도가 그 사이를 경유하여 운송 및 시공건설 조건이 우수하다.

100(C)1985年，新疆开始了风力发电的研究、试验和推广工作。1986年，从丹麦引进区内第一台风力发电机，在柴窝堡湖边高高竖起，试运行成功，为新疆风能资源的开发和利用奠定了基础。1988年，利用丹麦政府赠款，新疆完成了达坂城风力发电厂第一期工程。98(D)这是自治区最早的风力发电厂，也是全国规模开发风能最早的实验场。

此后，发电厂不断扩大，至2000年底，新疆风能公司达坂城风力发电厂备有风力发电机32台，装机容量11100千瓦。

100(C)在引进风力发电机的基础上，新疆还迈开了风力发电机组国产化的步伐。1998年7月，新疆风能公司自行设计制造的首批两台600千瓦风力发电机安装成功，现已投入运行，发电机国产化率分别达到33.4%和36.5%，成为我国600千瓦风力发电机实施国产化最早的风力发电厂。风力发电机的国产化，大大降低了风力发电的成本，对于加速我国风能资源的开发、提高风能利用的技术水平，具有重要意义，99(A)也推动了我国的环保事业，促进了人与自然的和谐。在能源紧张的趋势下，为我国经济的可持续发展注入了一剂强心针。

100(C)1985년 신장은 풍력발전의 연구, 실험 그리고 보급 일을 시작했다. 1986년 덴마크로부터 국내 최초의 풍력발전기를 도입했다. 차이워바오 호수 옆에 높게 세웠고, 시운행이 성공해 신장 풍력에너지 자원의 개발과 이용의 기초를 다졌다. 1988년 덴마크 정부의 성금을 이용해 신장은 다반청 풍력발전소의 제1기 공정을 완성했다. 98(D)이것은 자치구 최초의 풍력발전소이며 전국 규모로 풍력에너지를 개발한 최초의 실험실이다.

이후, 발전소는 부단히 확장하여 2000년 말에 이르러 신장풍력에너지사 다반청 풍력발전소는 풍력발전기 32대를 가졌으며 설비 용량은 11100킬로와트다.

100(C)풍력발전기를 도입한 기초 위에서 신장은 또 풍력발전 설비의 국산화 걸음을 내디뎠다. 1998년 7월, 신장풍력에너지사는 스스로 설계 제작한 첫 작품인 두 대의 600킬로와트 풍력발전기 설치를 성공해 현재 이미 운행에 돌입했다. 발전기 국산화 비율은 각각 33.4%와 36.5%에 달해 중국 600킬로와트 풍력발전기의 국산화 실시가 가장 이른 풍력발전소가 되었다. 풍력발전기의 국산화는 풍력발전의 원가를 크게 낮추었고, 중국 풍력에너지 자원의 개발을 가속하고 풍력에너지를 이용하는 기술 수준을 높이는 데 중요한 의미를 가지며, 99(A)중국의 환경보호사업을 촉진시키고, 사람과 자연의 조화를 촉진하였다. 에너지가 부족한 추세에서 중국 경제의 지속적인 발전을 위해 강심제 주사를 주입하였다.

단어 新疆 Xīnjiāng 명 신장웨이우얼자치구 | 达坂城 Dábǎnchéng 명 다반청 | 风力 fēnglì 명 풍력, 풍속 | 发电厂 fādiànchǎng 명 발전소 | 坐落 zuòluò 동 (땅이나 건물이 어떤 곳에) 자리잡다, 위치하다 | 西伯利亚 Xībólìyà 명 시베리아 | 蒸腾 zhēngténg 동 (기체가) 상승하다, 올라가다 | 激烈 jīliè 형 (동작·말·글 등이) 격렬하다, 치열하다 | 对流 duìliú 명 열대류 | 汇聚 huìjù 동 모으다, 모이다 | 百里风带 bǎilǐ fēngdài 명 100리의 바람지대 | 一年到头 yìniándàotóu 성어 일 년 내내, 일 년 동안 줄곧 | 年初一 nián chūyī 명 정월 초하루 | 年三十 nián sānshí 명 음력 섣달 그믐날 | 挺立 tǐnglì 동 똑바로 서다, 직립하다, 우뚝 서다 | 迎风 yíngfēng 부 바람을 따라, 바람이 부는 대로 | 旋转 xuánzhuǎn 동 (빙빙) 돌다, 회전하다 | 颇为 pōwéi 부 제법, 꽤, 자못 | 壮观 zhuàngguān 형 (경관이) 장관이다, 웅장하다 | 不愧 búkuì 동 ~에 부끄럽지 않다, ~답다 | 蕴藏量 yùncángliàng 명 (석유 등의) 매장량 | 瓦 wǎ 양 와트(watt) | 昔日 xīrì 명 지난날, 예전 | 丝路 sīlù 명 비단길, 실크로드 | 重镇 zhòngzhèn 명 요충지 | 扬 yáng 동 (사상이나 말 등을) 유포하다, 퍼뜨리다 | 谷地 gǔdì 명 골짜기, 곡지, 협간 | 广阔 guǎngkuò 형 광활하다, 넓다 | 安装 ānzhuāng 동 설치하다, 고정시키다 | 储藏量 chǔcángliàng 명 저장량 | 装机容量 zhuāngjī róngliàng 명 설비 용량 | 兆瓦 zhàowǎ 명 메가와트 | 较为 jiàowéi 부 비교적 | 破坏性 pòhuàixìng 명 파괴적인 성질 | 乌鲁木齐 Wūlǔmùqí 명 우루무치 | 电网 diànwǎng 명 전력계통 | 负荷 fùhè 명 부하[전력을 수전하는 장치 또는 이와 같이 장치에 운반된 전력이나 피상 전력을 수전하는 장치] | 输出 shūchū 동 (안에서 밖으로) 보내다, 내보내다 | 沿线 yánxiàn 명 연선[철도의 선로·도로·항로 등을 따라 있는 땅] | 损耗 sǔnhào 명 (특정 에너지나 화물 등의) 소모, 손실 | 平坦 píngtǎn 형 (땅의 형세가 높낮이 없이) 평평하다, 평탄하다 | 地质 dìzhì 명 지질 | 坚硬 jiānyìng 형 질기다, 굳다, 단단하다 | 国道 guódào 명 국도 | 吐乌高等级公路 Tǔ Wū gāoděngjí gōnglù 투루판(吐鲁番)에서 우루무치(乌鲁木齐)까지 운행하는 고속도로 | 兰新铁路 Lán Xīn tiělù 간쑤성(甘肃省) 란저우(兰州)에서 신장(新疆) 우루무치(乌鲁木齐) 간의 철도 | 穿越 chuānyuè 동 (어떤 지역을) 통과하다, 지나가다 | 运输 yùnshū 동 (물건을) 나르다, 운송하다, 수송하다 | 施工 shīgōng 동 시공하다, 공사하다 | 优良 yōuliáng 형 (품종·품질·성적·풍조 등이) 훌륭하다, 우수하다 | 推广 tuīguǎng 동 확충하다, 확대하다 | 丹麦 Dānmài 명 덴마크 | 引进 yǐnjìn 동 (사람·자금·기술·설비 등을) 끌어들이다, 도입하다 | 柴窝堡湖 Cháiwōbǎohú 명 차이워바오호수 | 竖 shù 동 (수직으로) 세우다 | 奠定 diàndìng 동 다지다, 닦다 | 赠款 zèngkuǎn 명 기부금, 헌금, 성금 | 迈开 màikāi 동 (발을) 내디디다, 걷다 | 机组 jīzǔ 명 유닛(unit) | 国产化 guóchǎnhuà 동 국산화하다 | 步伐 bùfá 명 걸음[일이 진행되는 속도] | 自行 zìxíng 부 스스로 | 首批 shǒupī 명 첫 번째 | 投入 tóurù 동 (어떤 환경 속으로) 뛰어들다, 들어가다 | 实施 shíshī 동 실시하다 | 和谐 héxié 형 어울리다, 조화롭다, 화목하다 | 趋势 qūshì 명 추세, 경향 | 可持续发展 kě chíxù fāzhǎn 지속적인 발전 | 注入 zhùrù 동 부어 넣다, 주입하다 | 剂 jì 명 제[배합하여 만든 탕약을 셀 때 쓰임] | 强心针 qiángxīnzhēn 명 강심제 주사

★★☆ |유형| 인과 관계 파악

97

为什么达坂城会有丰富的风力资源?

A 位于沙漠之中
B 远离西伯利亚
C 处在冷热气流交汇处
D 位于南北疆的中间地带

왜 다반청은 풍부한 풍력자원이 있는가?

A 사막에 위치한다
B 시베리아에서 멀다
C 냉열기류가 만나는 곳에 있다
D 남북 신쟝의 중간지대에 있다

단어 交汇 jiāohuì 图 합류하다, 한데 모이다

해설 첫 번째 단락의 '시베리아의 차가운 바람과 큰 사막에서 올라오는 열기가 격렬한 열대류가 모여 다반청으로 부는 바람이 된다'라는 말을 통해 C가 정답임을 알 수 있다.

★★☆ |유형| 세부 내용 파악

98

关于达坂城地区，下列说法错误的是:

A 有穿越该地区的铁路
B 经常有可怕的破坏性风速
C 有亚洲最大的风力发电厂
D 中国最早用风力发电的地区

다반청 지역에 대해 틀린 것은?

A 이 지역을 통과하는 철도가 있다
B 자주 무서운 파괴성 풍속이 있다
C 아시아에서 제일 큰 풍력발전소가 있다
D 중국에서 제일 먼저 풍력발전을 이용한 지역이다

해설 세 번째 단락에서 '파괴적인 성질의 풍속과 이용할 수 없는 풍속이 매우 적게 발생한다'고 했으므로, B가 틀린 설명임을 알 수 있다.

★☆☆ |유형| 전체 내용 파악

99

风力发电的优点是什么?

A 节能环保
B 技术要求低
C 可以引进国外资金
D 发电机组全部国产

풍력발전의 장점은 무엇인가?

A 에너지를 절약하고 환경을 보호한다
B 기술 요구가 낮다
C 국외 자금을 끌어들일 수 있다
D 발전 유닛이 전부 국산이다

해설 지문 마지막 단락에서 환경보호사업을 촉진시켰다고 했으므로 정답은 A다.

★★☆ |유형| 전체 내용 파악

100

新疆风力发电厂的发展经历了怎样的过程?

A 一直独立开发
B 由国营变为私营
C 由依靠变为独立
D 由亏本转为赢利

신쟝 풍력발전소의 발전은 어떠한 과정을 겪었는가?

A 줄곧 독립적으로 개발했다
B 국가 운영에서 민간 운영으로 바뀌었다
C 의존에서 독립으로 바뀌었다
D 손해를 보는 것에서 이익을 보는 것으로 바뀌었다

단어 私营 sīyíng 톙 민간인이 경영하는 | 依靠 yīkào 图 의지하다, 기대다 | 亏本 kuīběn 图 본전을 까먹다, 손해보다 | 赢利 yínglì 图 이윤을 얻다, 이익을 보다

해설 네 번째 단락을 보면, 1986년 덴마크로부터 풍력발전기를 들여오고, 이러한 기초 하에 신쟝풍력에너지사는 1998년 스스로 풍력발전기를 설계 제작하여, 풍력발전 설비의 국산화 걸음을 내딛게 되었다고 했으므로 C가 정답이다.

1 아래 텍스트를 자세히 읽을 것. 제한시간은 10분이며 읽는 동안 베끼거나 기록할 수 없음.

2 10분 후 감독관이 읽기 자료를 수거하면 이 텍스트를 짧은 글로 요약할 것. 제한시간은 35분.

3 제목은 스스로 정할 것. 지문 내용을 줄여 쓰기만 하고 자신의 의견은 첨가하지 말 것.

4 글자 수는 400자 내외로 할 것.

5 답안지에 직접 작성할 것.

101

　　七夕节始终和牛郎织女的传说相连，这是一个美丽的、千古流传的爱情故事，已成为我国四大民间爱情传说之一。

　　相传在很早以前，南阳城西牛家庄有个聪明、忠厚的小伙子，父母早亡，只好跟着哥哥嫂子度日，嫂子马氏为人狠毒，经常虐待他，逼他干很多的活儿。一年秋天，嫂子逼他去放牛，给他九头牛，却让他等有了十头牛时才能回家，牛郎无奈只好赶着牛出了村。

　　牛郎独自一人赶着牛进了山，在草深林密的山上，他坐在树下伤心，不知道何时才能赶着十头牛回家。这时，有位须发皆白的老人出现在他的面前，问他为何伤心，当得知他的遭遇后，笑着对他说："别难过，在伏牛山里有一头病倒的老牛，你去好好喂养它，等老牛病好以后，你就可以赶着它回家了。"

　　牛郎翻山越岭，走了很远的路，终于找到了那头有病的老牛。他看到老牛病得厉害，就去给老牛打来一捆捆草，一连喂了三天，老牛吃饱了，才抬起头告诉他：自己本是天上的灰牛大仙，因触犯了天规被贬下天来，摔坏了腿，无法动弹。自己的伤需要用百花的露水洗一个月才能好，牛郎不畏辛苦，细心地照料了老牛一个月，白天为老牛采花接露水治伤，晚上依偎在老牛身边睡觉，到老牛病好后，牛郎高高兴兴地赶着十头牛回了家。

　　回家后，嫂子对他仍旧不好，曾几次要加害他，都被老牛设法相救，嫂子最后恼羞成怒把牛郎赶出家门，牛郎只要了那头老牛相随。

　　칠석은 줄곧 견우와 직녀의 전설과 연결되는데, 이것은 아름답고도 오랜 세월 흘러온 사랑 이야기로 이미 중국의 4대 민간 애정 전설 중 하나가 되었다.

　　전해 내려오길, 아주 오래 전 난양청 시니우쟈좡에 총명하고 충직한 사내가 있었다. 부모님은 일찍 돌아가시고 단지 형과 형수와 지냈다. 형수 마씨는 사람됨이 매우 악독하여 자주 그를 학대하고 그에게 많은 일을 하라고 위협했다. 어느 해 가을, 형수는 그에게 방목을 하라고 했고 그에게 9마리의 소를 주고는 10마리가 생길 때까지 기다렸다가 집에 돌아오라고 했다. 견우는 어쩔 수 없이 소를 몰고 마을을 나갔다.

　　견우는 혼자 소를 몰고 산에 들어갔다. 풀이 짙고 숲이 빽빽한 산 위에서 그는 나무 아래 앉아 슬퍼했다. 언제가 되어야 비로소 10마리를 몰고 집에 돌아갈지 몰랐다. 이때, 수염과 머리카락이 모두 흰 노인이 그의 앞에 나타나 그에게 무엇 때문에 상심하는지 물었다. 그의 처지를 알고 나서 웃으며 그에게 말했다. "힘들어 하지 말게, 푸니우산에 몸져 누운 늙은 소가 있으니 네가 가서 잘 키워서 늙은 소가 병이 나으면 그것을 몰고 집에 가면 되네."

　　견우는 산 넘고 재를 넘어 매우 먼 길을 걸어서 마침내 병든 늙은 소를 찾았다. 그는 늙은 소가 심하게 아픈 것을 보고는 늙은 소에게 풀을 베어 연속으로 3일을 먹였다. 늙은 소는 배불리 먹고 그제서야 고개를 들어 그에게 말했다. 자신은 원래 하늘의 회우대신선이며 하늘의 규칙을 위반하여 하늘에서 떨어져 다리를 다쳐서 움직일 수 없으며 자신의 상처는 백화의 이슬로 한 달을 닦아야 좋아질 수 있다고 하였다. 견우는 고생을 마다하지 않고 늙은 소를 한 달 동안 세심히 보살폈다. 낮에는 늙은 소를 위해 꽃을 따고 이슬을 받아 상처를 치료했다. 밤에는 늙은 소 옆에 기대어 잠을 잤다. 늙은 소가 병이 나은 후, 견우는 기쁘게 10마리 소를 몰고 집으로 돌아갔다.

　　집에 돌아왔지만 형수는 여전히 그를 좋게 대하지 않았다. 벌써 몇 번을 그에게 해를 입히려 했으나 늙은 소가 방법을 강구해 구해주었다. 마지막에 형수는 부끄럽고 분한 나머지 화를 내며 견우를 집에서 내쫓았고 견우는 그 늙은 소가 뒤따르기만 요구했다.

一天，天上的织女和诸仙女一起下凡游戏，在河里洗澡，牛郎在老牛的帮助下认识了织女，二人互生情意，后来织女便偷偷下凡，来到人间，做了牛郎的妻子。织女还把从天上带来的天蚕分给大家，并教大家养蚕、抽丝，织出又光又亮的绸缎。

牛郎和织女结婚后，男耕女织，情深意重，他们生了一男一女两个孩子，一家人生活得很幸福。但是好景不长，这事很快便让天帝知道了，王母娘娘亲自下凡来，强行把织女带回天上，恩爱夫妻被拆散。

牛郎上天无路，还是老牛告诉牛郎，在它死后，可以用它的皮做成鞋，穿着就可以上天。牛郎按照老牛的话做了，穿上牛皮做的鞋，拉着自己的儿女，一起腾云驾雾上天去追织女，眼见就要追到了，岂料王母娘娘拔下头上的金簪一挥，一道波涛汹涌的天河就出现了，牛郎和织女被隔在两岸，只能相对哭泣流泪。他们忠贞的爱情感动了喜鹊，千万只喜鹊飞来，搭成鹊桥，让牛郎织女走上鹊桥相会，王母娘娘对此也无奈，只好允许两人在每年七月七日于鹊桥相会。

后来，每到农历七月初七，相传牛郎织女鹊桥相会的日子，姑娘们就会来到花前月下，抬头仰望星空，寻找银河两边的牛郎星和织女星，希望能看到他们一年一度的相会，乞求上天能让自己像织女那样心灵手巧，祈祷自己能有如意称心的美满婚姻，由此形成了七夕节。

하루는 하늘의 직녀와 여러 선녀들이 같이 속세로 내려와 놀면서 강에서 목욕을 했다. 견우는 늙은 소의 도움으로 직녀를 알았다. 두 사람은 서로 사랑하게 되었고 후에 직녀는 몰래 속세로 내려와 인간세상에 와서 견우의 아내가 되었다. 직녀는 또 하늘에서 가져온 애벌레를 모두에게 나누어주고 모두에게 애벌레 기르는 것과 명주실 뽑는 것과 빛나는 비단을 짜는 것을 가르쳐주었다.

견우와 직녀는 결혼한 후, 남자는 논밭을 갈고 여자는 옷감을 짜며 깊이 사랑했다. 그들은 일남일녀의 두 자녀를 낳았고 온 가족이 매우 행복하게 살았다. 그러나 좋은 시절은 오래 가지 못했다. 이 일은 매우 빠르게 상제가 알게 되었다. 서왕모 황후는 직접 세상에 내려와 억지로 직녀를 데리고 하늘로 돌아가 사랑하는 부부를 갈라놓았다.

견우는 하늘에 올라갈 길이 없었다. 그래도 늙은 소가 견우에게 그가 죽은 후 그의 가죽으로 신발을 만들어 신으면 하늘에 올라갈 수 있다고 알려주었다. 견우는 늙은 소가 말한대로 하였다. 소가죽으로 만든 신발을 신고 자신의 자식을 데리고 함께 구름과 안개를 타고 하늘로 올라가 직녀를 쫓아갔다. 곧 도착하려고 할 때 서왕모 황후가 머리 위의 금비녀를 뽑아 한 번 휘두르자 파도가 용솟음치는 은하수가 나타났다. 견우와 직녀는 양쪽 기슭에 떨어져, 단지 서로 흐느껴 울며 눈물을 흘릴 수밖에 없었다. 그들의 변치 않는 사랑이 까치를 감동시켜 천만 마리의 까치가 날아 오작교를 만들었고, 견우와 직녀가 오작교에 올라 서로 만날 수 있게 하였다. 서왕모 황후는 이에 어쩔 수가 없어서, 할 수 없이 두 사람이 매년 7월 7일 오작교에서 만나도록 허락하였다.

후에 음력 7월 7일 견우와 직녀가 오작교에서 만난다고 전해지는 날이 오면 아가씨들은 꽃그늘과 달빛 아래에서 고개를 들어 별이 총총한 하늘을 바라보고 은하수 양쪽의 견우별과 직녀별을 찾으며 그들이 일 년에 한 번 만나는 것을 볼 수 있기를 희망한다. 자신이 직녀처럼 지혜롭고 손재주가 뛰어날 수 있도록 하늘에 간절히 바라고 자신이 원하는 대로 아름다운 혼인을 할 수 있길 기도한다. 그리하여 칠석날이 생겨나게 되었다.

[단어] 七夕节 Qīxījié 몡 칠석, 칠석날 | 牛郎织女 niúlángzhīnǚ 성어 견우와 직녀 | 相连 xiānglián 통 접하다, 서로 잇닿다 | 千古 qiāngǔ 몡 오랜 세월 | 相传 xiāngchuán 통 ~(이)라고 전해지다, ~라고 전해 오다 | 西牛家庄 Xīniújiāzhuāng 몡 시니우쟈장 | 嫂子 sǎozi 몡 형수 | 狠毒 hěndú 혱 잔인하다, 악독하다 | 虐待 nüèdài 통 학대하다 | 逼 bī 통 위협하다, 협박하다, 강압하다 | 放牛 fàngniú 통 소를 방목하다 | 无奈 wúnài 통 어찌 해볼 도리가 없다 | 须发 xūfà 몡 수염과 머리카락 | 伏牛山 Fúniúshān 몡 푸니우산 | 喂养 wèiyǎng 통 키우다, 양육하다 | 翻山越岭 fānshānyuèlǐng 성어 산 넘고 재를 넘다, 험산준령을 넘다 | 捆 kǔn 양 단, 묶음, 다발 | 抬起 táiqǐ 통 들어올리다, 들다, 쳐들다 | 触犯 chùfàn 통 저촉되다, 범하다, 위반하다 | 贬 biǎn 통 깎아내리다, 폄하하다 | 摔坏 shuāihuài 통 (넘어져서) 다치다, 상처를 입다 | 动弹 dòngtan 통 움직이다, 활동하다 | 不畏 búwèi 통 두려워하지 않다, 무서워하지 않다 | 依偎 yīwēi 통 (다정히) 기대다, 꼭 기대다 | 加害 jiāhài 통 (의도적으로) 해를 입히다, 가해하다 | 设法 shèfǎ 통 방법을 강구하다 | 恼羞成怒 nǎoxiūchéngnù 성어 부끄럽고 분한 나머지 화를 내다 | 相随 xiāngsuí 통 뒤따르다 | 下凡 xiàfán 통 (신선이) 속세로 내려오다 | 情意 qíngyì 몡 정, 감정, 호의, 애정 | 偷偷 tōutōu 부 남몰래, 살짝, 슬그머니, 슬며시 | 天蚕 tiāncán 몡 천잠, 참나무 산누에 나방의 애벌레 | 抽丝 chōusī 통 명주실을 뽑다 | 绸缎 chóuduàn 몡 비단과 공단 | 王母 Wángmǔ 고유 서왕모 | 娘娘 niángniang 몡 황후, 귀비 | 强行 qiángxíng 통 강행하다, 무리하여 (억지로) 하다 | 恩爱 ēn'ài 혱 (부부가 서로) 정이 넘치다, 애정이 깊다 | 拆散 chāisàn 통 (가정·연인·집단 등을) 갈라놓다, 해체하다 | 腾云驾雾 téngyúnjiàwù 성어 (신화·전설에서) 구름과 안개를 타고 하늘을 날다 | 岂料 qǐliào 통 (반어에 쓰여) 어찌 짐작이나 할 수 있었겠는가? | 拔 bá 통 뽑다, 빼다 | 金簪 jīnzān 몡 금비녀 | 波涛 bōtāo 몡 파도 | 汹涌 xiōngyǒng 혱 물이 용솟음치다, 물이 세차게 일어나다 | 天河 tiānhé 몡 은하(수) | 隔 gé 통 (공간적·시간적으로) 떨어져 있다, 사이를(간격을) 두다 | 哭泣 kūqì 통 (작은 소리로) 흐느껴 울다, 훌쩍훌쩍 울다 | 忠贞 zhōngzhēn 혱 충정하다, 충성

第3回
书写

스럽고 절개가 있다 | 喜鹊 xǐque 阌 까치 | 搭 dā 屠 세우다. 만들다 | 花前月下 huāqiányuèxià 셍어 꽃그늘과 달빛 아래 | 仰望 yǎngwàng 屠 머리(고개)를 들어 멀리 바라보다 | 星空 xīngkōng 阌 별이 총총한 하늘 | 乞求 qǐqiú 屠 애원하다. 간절히 바라다 | 心灵手巧 xīnlíngshǒuqiǎo 셍어 (주로 여자가) 지혜롭고 손재주가 뛰어나다. 똑똑하고 재주가 뛰어나다 | 祈祷 qídǎo 屠 기도하다. 빌다 | 如意称心 rúyìchènxīn 뜻대로 이루어지다

　七夕节的传说
　七夕节源于牛郎织女的爱情故事，这个故事是中国四大民间爱情传说之一。
　很久以前，牛郎被嫂子刁难，给他放九头牛，却让他带十头牛回家。在好心人的指点下，他找到一头病倒的老牛。那头老牛是神仙变的，但是腿摔坏了，需要救治。牛郎不怕辛苦，照顾老牛大仙。老牛知恩图报，多次救了牛郎，并帮助牛郎娶了仙女织女为妻。牛郎和织女结婚后感情很好，生了一男一女两个孩子，一家人生活得很幸福。但是好景不长，这事很快便让天帝知道了，王母娘娘亲自下凡来，强行把织女带回了天上。牛郎在老牛的帮助下，用老牛的皮做成鞋子，带着儿女腾云驾雾追赶织女，却被王母娘娘用金簪划出的一道银河阻隔，无法渡过。牛郎织女在银河两岸相望哭泣，他们的爱情感动了喜鹊。于是，每年农历七月初七，都会有千万只喜鹊飞来搭成一座鹊桥让两人相会。
　后来，每年的这一天，姑娘们都会寻找天上的牛郎星和织女星，希望看到他们两人相会，并祈求自己像织女一样心灵手巧，有美满的爱情和婚姻，由此形成了七夕节。

〈칠석의 전설〉

　　칠석은 견우와 직녀의 사랑 이야기에서 기원하였다. 이 이야기는 중국 4대 민간 애정 전설 중 하나다.

　　매우 오래 전에 견우는 형수에게 괴롭힘을 당했는데, 그에게 9마리 소를 주고 오히려 그에게 10마리 소를 데리고 돌아오라고 했다. 마음씨 좋은 사람의 가르침으로 그는 병겨 누운 늙은 소를 찾았다. 그 늙은 소는 신선이 변한 것이었다. 그러나 다리를 다쳐서 치료가 필요했다. 견우는 고생을 마다하지 않고 늙은 소 신선을 돌보았다. 늙은 소는 은혜를 알고 보답을 하려고 여러 번 견우를 구하였다. 게다가 견우가 선녀인 직녀를 아내로 삼게 도와주었다. 견우와 직녀는 결혼한 후 사이가 무척 좋았다. 일남일녀의 두 아이를 낳고 온 가족이 매우 행복하게 살았다. 그러나 좋은 시절은 오래 가지 않았다. 이 일은 아주 빨리 상제에게 알려졌다. 서왕모 황후는 직접 세상에 내려와 강제로 직녀를 데리고 하늘로 돌아갔다. 견우는 늙은 소의 도움으로 늙은 소의 가죽으로 신발을 만들어 자식을 데리고 구름과 안개를 타고 하늘을 날아 직녀를 쫓아갔다. 그러나 서왕모 황후가 금비녀로 그어 만든 은하수에 가로막혀 건너갈 수 없었다. 견우와 직녀는 은하수 양쪽 기슭에서 서로 바라보며 흐느껴 울었다. 그들의 사랑은 까치를 감동시켰다. 그래서 매년 음력 7월 7일 천만 마리의 까치가 날아와서 오작교를 만들어 두 사람이 서로 만날 수 있게 하였다.

　　훗날 매년 이날 아가씨들은 모두 하늘의 견우별과 직녀별을 찾아 두 사람이 만나는 것을 보길 희망하며 자신이 직녀처럼 지혜롭고 손재주가 뛰어나기를, 아름다운 사랑과 결혼을 할 수 있기를 기도한다. 그리하여 칠석이 생겨나게 되었다.

단어　刁难 diāonàn 통 (고의로 다른 사람을) 괴롭히다, 못살게 굴다, 난처하게 하다, 곤란하게 하다 | 救治 jiùzhì 통 (환자 또는 부상자를) 위험에서 벗어나도록 치료하다 | 银河 yínhé 명 은하수 | 阻隔 zǔgé 통 막혀서 서로 통하지 못하다, 가로막혀 격리되다 | 渡过 dùguò 통 건너가다

지문 분석　이 글은 칠석이 생기게 된 전설을 서술하고 있다. 아는 내용이 나오면 독해 시간을 줄일 수는 있겠지만, 덤벙대고 읽어서 놓치는 부분이 생기기도 한다. 그러므로 아는 내용이 나왔다고 대충 읽거나 상상하여 내용을 창작해서는 안 된다. 따라서 한 문장 한 문장 꼼꼼히 읽어야 한다. 이와 같이 처음과 끝이 짧은 글인 경우 지문의 내용을 독해 시간에 모두 외우는 것도 요약문을 작성하는 데 도움이 된다.

요약 방법　원인 : 칠석의 정의에 대해 간단하게 소개하는 글의 도입부로서 생략할 내용이 별로 없으므로, 첫 단락 대부분의 내용을 써도 무방하다.

　　경과 : 본격적으로 전설의 내용을 소개하고 있다. 주인공 견우와 악독한 그의 형수 마씨에 대해 소개하고, 견우가 형수에게 괴롭힘을 당하는 내용이 나온다. 형수가 견우에게 9마리의 소를 주고는 10마리의 소를 데리고 돌아오라고 시켰고, 견우가 형수의 말대로 10마리 소를 데리고 집으로 돌아오자, 형수는 견우에게 여전히 잘 대해주지 않고, 오히려 분한 나머지 그를 내쫓았다. 견우가 늙은 소와 함께 집을 나왔다는 것에 중점을 두고 내용을 요약한다. 뒷부분에 요약할 내용이 많으므로 가능한 앞부분을 짧게 요약해야 한다. 견우는 늙은 소의 도움으로 직녀를 알게 되었고, 둘은 결혼하여 행복하게 살았지만, 얼마 지나지 않아 서왕모 황후가 직접 세상에 내려와 직녀를 데리고 하늘로 돌아간 후, 견우가 어떻게 직녀를 쫓아갔는지, 견우와 직녀의 어떠한 점이 까치를 감동시켜 오작교를 만들 수 있었는지, 결과적으로 어떻게 되었는지 등에 대한 내용을 요약한다. 쓰기 어려운 수식어구는 생략하고 비유적 표현은 객관적인 내용의 문장으로 바꾸면 보다 간략하게 글을 쓸 수 있다. 지문의 중간 부분에 전설의 모든 내용을 담고 있으므로, 분량도 가장 많고, 내용도 구체적으로 요약해야 한다. 특히 견우가 직녀를 만나기 전의 내용보다 만난 후의 내용이 더 중요하므로 이 부분의 요약에 더 중점을 둔다.

　　결과 : 마지막에는 칠석이 생기고 나서 일반 아가씨들은 어떠한 것을 기원하는지 전체 글의 내용을 간략하게 한두 문장으로 마무리하는 것이 좋다.

제3회
书写

MEMO

해설

제4회

북경어언대
新HSK 합격 모의고사 6급

听力

第 一 部 分

1-15

★☆☆ | **유형** | 전체 내용 파악

01

　　一位公司总经理对秘书说："八月二十日的会议十分重要，请你记着提醒我。"秘书说："这是前天的事了。"总经理说："天啊！我居然忘记了参加会议！"秘书说："您已经去过了。"

A　秘书把会议弄错了
B　经理的记忆力不好
C　经理没有参加会议
D　秘书没有提醒经理

　　한 회사의 사장이 비서에게 말했다. "8월 20일의 회의는 매우 중요하네. 나한테 상기시켜주는 것을 명심하고 있게." 비서는 말했다. "그것은 그저께의 일이었어요." 사장이 말했다. "세상에! 회의에 참가하는 걸 잊다니!" 비서가 말했다. "당신은 이미 갔었어요."

A　비서는 회의를 잘못 알았다
B　사장의 기억력은 좋지 않다
C　사장은 회의에 참석하지 않았다
D　비서는 사장을 상기시키지 않았다

단어　总经理 zǒngjīnglǐ 圆 사장, 최고 경영자 | 秘书 mìshū 圆 비서 | 提醒 tíxǐng 통 일깨우다, 상기시키다

해설　이 사장은 이미 그저께 열렸던 회의에 참석했음에도 불구하고, 그 사실조차 기억하지 못하고 있다. 따라서 이 사장의 기억력이 좋지 않음을 알 수 있으므로 정답은 B다.

Tip⁺　부사 居然은 '뜻밖에, 의외로'라는 뜻으로, 같은 뜻으로는 竟然이 있다.

★★☆ | **유형** | 세부 내용 파악

02

　　竹雕也称竹刻，通常是将宫室、人物、山水、花鸟等纹饰刻在器物之上。我国的竹雕艺术源远流长，远在纸墨笔砚发明之前，先民们已经学会用刀在柱子上刻字记事。这种最原始的竹雕，应该先于甲骨文。竹雕成为一种艺术始于六朝，唐代时受到民众的喜爱。

A　竹雕是竹刻的一种
B　竹雕的历史很悠久
C　竹雕比甲骨文晚出现
D　竹雕在唐代成为艺术

　　대나무 조각은 '주커'라 부르기도 하며, 일반적으로 가옥, 인물, 산수, 화조화 등의 문양을 기물 위에 새기는 것이다. 중국의 대나무 조각 예술은 역사가 유구하며, 종이, 먹, 붓, 벼루가 발명되기 전에 고대인들은 이미 칼로 기둥에 글자를 새겨 일을 기록할 줄 알았다. 가장 원시적인 대나무 조각은 갑골문보다 앞섰다. 대나무 조각은 육조 때부터 예술이 되어, 당나라 때 민중의 사랑을 받았다.

A　대나무 조각은 '주커'의 일종이다
B　대나무 조각의 역사는 매우 유구하다
C　대나무 조각은 갑골문보다 늦게 출현했다
D　대나무 조각은 당나라 때 예술이 되었다

단어　竹雕 zhúdiāo 圆 대나무 조각 [대나무에 형상·무늬 등을 조각하는 예술] | 竹刻 zhúkè 圆 대나무 조각 | 宫室 gōngshì 圆 집, 가옥, 궁전, 궁궐 | 花鸟 huāniǎo 圆 화조(화) | 纹饰 wénshì 圆 무늬, 도안 | 器物 qìwù 圆 기물 | 源远流长 yuányuǎnliúcháng 성어 역사가 유구하다 | 纸墨笔砚 zhǐ mò bǐ yàn 圆 종이, 먹, 붓, 벼루 | 先民 xiānmín 圆 고대 사람, 고대인 | 柱子 zhùzi 圆 기둥 | 甲骨文 jiǎgǔwén 圆 갑골문, 갑골문자

해설　지문 중반에 '중국의 대나무 조각 예술은 역사가 유구하며'라고 언급했으므로 B가 정답이다. 대나무 조각은 '주커'라 부르기도 한다고 했지, 대나무 조각이 주커의 일종이라고는 하지 않았으므로 A는 답이 될 수 없으며, 또한 가장 원시적인 대나무는 갑골문보다 앞섰다고 했으므로 C도 답이 될 수 없다. 대나무 조각이 예술의 일종이 된 것은 육조 때부터지, 당나라 때가 아니므로 D도 오답이다.

★★☆ |**유형**| 세부 내용 파악

03

有一只猴子被耍猴人捉住了，心里很愤怒。谁知耍猴人却给它穿上红袍，戴上纱帽，教它抬起前脚直立着走路，又教它坐在椅子上抽旱烟，<u>模仿人的模样与动作。猴子学了几天，很快就学会了</u>，猴子感到很得意。

A 猴子喜欢抽烟
B 耍猴人很得意
C 猴子能模仿人
D 猴子怕耍猴人

원숭이 한 마리가 곡예사에게 붙잡혀 마음속으로 매우 분노했다. 하지만 곡예사가 원숭이에게 빨간 두루마기를 입히고 오사모를 씌워 앞발을 들어 똑바로 서서 걸어가는 것을 가르치고 또 의자에 앉아서 <u>잎담배를 피우며 사람의 모습과 동작을 모방하게 가르칠 줄 누가 알았겠는가. 원숭이는 며칠 배우고, 금방 할 수 있었다.</u> 원숭이는 매우 만족했다.

A 원숭이는 담배 피는 것을 좋아한다
B 곡예사는 매우 만족한다
C 원숭이는 사람을 모방할 수 있다
D 원숭이는 곡예사를 무서워한다

단어 耍猴 shuǎhóu 통 (곡예의 일종으로) 원숭이에게 각종 재주를 부리게 하다 ┃ 捉 zhuō 통 (손으로) 잡다. 쥐다. 집다 ┃ 愤怒 fènnù 통 분노하다. 성내다 ┃ 袍 páo 명 (디자인 등이 중국 스타일의) 긴 옷 ┃ 纱帽 shāmào 명 사모, 오사모 ┃ 直立 zhílì 통 직립하다. 똑바로 서다 ┃ 旱烟 hànyān 명 잎담배. 살담배 ┃ 模仿 mófǎng 통 모방하다. 흉내 내다 ┃ 得意 déyì 형 마음에 들다. 만족하다

해설 곡예사는 원숭이가 사람의 모습과 동작을 모방하도록 가르쳤고, 원숭이는 금방 습득했다고 했으므로 C가 정답이다. 원숭이는 인간의 동작을 배운 후 매우 만족했다고는 언급했지만, 곡예사가 만족했는지 여부에 대해서는 언급하지 않았으므로 B는 답이 될 수 없다. 원숭이는 곡예사에게 붙잡힌 후, 마음속으로 매우 분노하였다고는 했으나 그를 두려워한다고는 하지 않았으므로 D도 답이 될 수 없다.

✏Tip⁺ 一只猴子被耍猴人捉住了 이 문장은 '～에게 ～을 당하다'라는 피동을 나타내는 被자문이다. 被자문의 기본 구조는 다음과 같다.

주어	(시간명사/시간부사)	被	명사	술어	기타성분
一只猴子		被 (피동)	耍猴人 (주체)	捉住	了

被자문은 동사 뒤에 기타성분이 온다는 것, 부사어는 被 앞에 반드시 와야 한다는 사실을 명심하도록 하자.

★★☆ |**유형**| 세부 내용 파악

04

暑假到了，我为这两个月的空闲时间做了一个很详细的计划，旅游、运动、学习，样样都安排得井井有条。可是，昨天妈妈却给我当头泼了一盆冷水，她告诉我已经找了我们班主任老师，给我报了几个补习班。<u>这意味着我一个假期的时间又得乖乖地坐在教室里</u>，真讨厌。

A 我讨厌班主任老师
B 妈妈向我倒了一盆冷水
C 我没计划好暑假做什么
D 暑假大部分时间要去上课

여름방학이 왔다. 나는 이 두 달의 여가시간을 위해 매우 자세한 계획을 만들었다. 여행, 운동, 공부, 여러 가지가 모두 질서 정연하게 안배되었다. 그러나 어제 엄마가 대놓고 찬물을 끼얹었다. 엄마는 나에게 이미 우리 반 담임선생님을 만났고 나를 위해 몇 개의 보충수업을 신청했다고 했다. <u>이것은 내가 방학 동안 고분고분하게 교실에 앉아 있어야 한다는 것을 의미한다.</u> 정말 싫다.

A 나는 담임선생님을 싫어한다
B 엄마는 나에게 찬물을 쏟았다
C 나는 여름방학 때 무엇을 할지 잘 계획하지 않았다
D 여름방학의 대부분의 시간을 수업에 가야 한다

해설   지문 마지막에 '이것은 내가 방학 동안 고분고분하게 교실에 앉아 있어야 한다는 것을 의미한다'라고 언급한 것으로 보아 D가 정답임을 알 수 있다. 지문 마지막 부분에서 '정말 싫다'는 것은 방학 동안 내내 교실에 앉아 수업을 들어야 하는 것이 싫다는 것이지 담임선생님을 싫어한다는 것이 아니므로 A는 답이 될 수 없다. 또한 妈妈却给我当头泼了一盆冷水에서 泼冷水는 비유의 용법으로 쓰여 '흥을 깨다, 열정을 식게 하다'라는 뜻이지, 정말 '찬물을 쏟았다'는 뜻이 아니므로 B도 답이 될 수 없다. '나는 이 두 달의 여가시간을 위해 매우 자세한 계획을 만들었다'고 했으므로 C도 오답이다.

Tip⁺   妈妈却给我当头泼了一盆冷水에서 泼冷水는 관용어로, 泼는 '물을 뿌리다', 冷水는 '냉수, 찬물'이라는 뜻으로 합쳐서 '찬물을 끼얹다'라는 뜻이다. 대부분 이 지문에서와 같이 비유적 용법으로 많이 쓰이는데, 이럴 경우에는 '흥(열정)을 깨다, 의욕이나 기를 꺾다'라는 뜻이다. 꼭 암기하도록 하자.

★★★ |**유형**| 세부 내용 파악

05

沙尘暴是沙暴和尘暴两者兼有的总称，是指强风把地面大量沙尘物质吹起并卷入空中，使空气特别浑浊，<u>水平能见度小于100米的严重风沙天气现象</u>。沙暴是指大风把大量沙粒吹入近地层所形成的风暴；尘暴则是大风把大量尘埃及其他细粒物质卷入高空所形成的风暴。

A 沙尘暴能见度很低
B 沙尘能到达高空100米
C 沙暴中沙粒被卷到高空
D 沙暴和尘暴形成的原因相同

황사는 모래 폭풍과 먼지 폭풍 두 가지가 함께 있을 때의 총칭으로, 강풍이 땅의 대량의 모래 먼지 물질을 공중으로 날리고 휩쓸려 보내 공기를 매우 혼탁하게 만들어 수평 가시거리 수준이 100미터보다 작은 심각한 모래 바람 기상현상을 가리킨다. 모래 폭풍은 큰 바람이 대량의 모래알을 지층과 가까운 곳에 불어넣어 형성된 폭풍을 가리키고, 먼지 폭풍은 큰 바람이 대량의 먼지 및 기타 미세 물질을 고공으로 휩쓸어서 형성된 폭풍이다.

A 황사의 가시거리는 매우 낮다
B 모래 먼지는 고공 100미터에 달할 수 있다
C 모래 폭풍 중 모래알은 고공으로 휩쓸려 간다
D 모래 폭풍과 먼지 폭풍의 형성 원인은 같다

해설   황사는 수평 가시거리 수준이 100미터보다 작다고 했으므로, 이는 가시거리 수준이 매우 낮다는 것을 의미한다. 따라서 정답은 A다.

Tip⁺   봄만 되면 찾아오는 불청객인 '황사'를 중국인들은 沙尘暴라고 부르는데, '모래'라는 의미의 沙와 먼지라는 의미의 尘, 폭풍이라는 의미의 暴가 합쳐져 형성된 말이다. 황사는 지형적인 특징으로 인해 북부 지방에서만 볼 수 있고, 남부 지방에서는 보기 힘들다.

06

百家讲坛的易中天等主讲人5月2日将集体在地坛书市亮相，而作家刘震云也将于5月9日在书市签售其新作《一句顶一万句》。除此之外，本次书市在图书一区还设立了孔夫子旧书网展位，将展示明清刻本，同时还将<u>推出旧书收购、以书换书、旧书鉴定等服务</u>。

A 地坛书市5月9日结束
B 书市提供以书换书服务
C 刘震云是百家讲坛主持人
D 本次书市由孔夫子旧书网主办

백가강단의 이중톈 등의 연설자들은 5월 2일 디탄 책 시장에서 단체로 모습을 드러낼 것이다. 작가 리우전윈 역시 5월 9일 책 시장에서 신작『한 마디 말이 만 마디의 말에 맞먹다』의 저자 사인회를 할 것이다. 이 외에, 이번 책시장은 도서 구역에 공자 헌책 사이트 부스를 세워, 명·청시대의 판각본을 전시하고 동시에 <u>헌책 구매, 책으로 책 바꾸기, 헌책 감정 등의 서비스를 선보일 것이다.</u>

A 디탄 책 시장은 5월 9일에 끝난다
B 책 시장은 책으로 책을 바꾸는 서비스를 제공한다
C 리우전윈은 백가강단의 사회자다
D 이번 책 시장은 공자 헌책 사이트에서 주최한다

단어 百家讲坛 Bǎijiā Jiǎngtán 〔명〕백가강단 [TV프로그램] | 易中天 Yì Zhōngtiān 〔고유〕이중톈 | 主讲人 zhǔjiǎngrén 〔명〕연설자 | 地坛书市 Dìtán shūshì 〔명〕디탄 책 시장 | 亮相 liàngxiàng 〔동〕공개적으로 모습을 드러내다 | 刘震云 Liú Zhènyún 〔고유〕리우전윈 | 签售 qiānshòu 〔동〕(서적이나 기타 출판물의 첫 출시 때) 저자 사인회를 하다 | 顶 dǐng 〔동〕상당하다. 필적하다. 맞먹다 | 孔夫子旧书网 Kǒngfūzǐ jiùshūwǎng 〔명〕공자 헌책 사이트 | 展位 zhǎnwèi 〔명〕부스, 전람품을 진열하는 곳 | 刻本 kèběn 〔명〕각본. 판각본 | 推出 tuīchū 〔동〕내다. 내놓다. 보이다. 선보이다 | 收购 shōugòu 〔동〕사들이다. 수매하다. (대량으로) 구입하다 | 鉴定 jiàndìng 〔명〕감정. 평가

해설 이번 책 시장은 '헌책 구매, 책으로 책 바꾸기, 헌책 감정 등의 서비스를 선보일 것이다'라고 언급했으므로 정답은 B다. 책 시장의 종료시간은 지문에서 언급하지 않았을 뿐 아니라, 5월 9일은 리우전윈의 저자 사인회 날짜이므로 A는 답이 될 수 없다.

✎**Tip⁺** 이중톈(易中天)은 중국 샤먼대학의 교수로, 중국 관영 CCTV의「백가강단(百家讲坛)」이라는 교양 프로그램에 출연해 재미있는 구술로 역사 이야기를 하여 인기를 끈 바 있다.

07

南美洲海洋中有一种很小的鳄鱼，它的外皮很疏松，浑身长满了尖锐的刺。<u>当大鲨鱼把它吞进肚子里时，它就会缩成一个刺球，用身上的刺一边到处乱刺乱撞，一边啃吃鲨鱼肉，鲨鱼虽然很疼痛，可毫无办法，只能听之任之，最后一命呜呼。</u>

A 鲨鱼肚子里都是刺
B 鳄鱼可以杀死鲨鱼
C 鳄鱼对刺球毫无办法
D 鲨鱼讨厌吃鳄鱼的肉

남아메리카 바다에는 매우 작은 악어가 있다. 그의 외피는 매우 푸석푸석하고 온몸에 날카로운 가시가 가득 자란다. 큰 상어가 그것을 뱃속으로 삼킬 때, 그것은 가시 달린 공으로 움츠려 몸 위의 가시를 이용해 곳곳을 마구 찌르며 부딪치고 상어 살을 깨문다. 상어는 매우 아프지만 아무런 방법이 없다. 단지 그냥 내버려두다가 최후에는 어느 순간 죽게 된다.

A 상어 뱃속은 모두 가시다
B 악어는 상어를 죽일 수 있다
C 악어는 가시공에 대해 조금의 방법도 없다
D 상어는 악어 살을 먹기 싫어한다

단어 鳄鱼 èyú 〔명〕악어 | 疏松 shūsōng 〔형〕(토양 등이) 푸석푸석하다 | 尖锐 jiānruì 〔형〕(물체의 끝이) 뾰족하고 날카롭다 | 鲨鱼 shāyú 〔명〕상어, 사어 | 缩 suō 〔동〕줄어들다. 수축하다. 오그라들다 | 撞 zhuàng 〔동〕부딪다. 박다. 충돌하다. 치다 | 啃吃 kěnchī 〔동〕(힘을 들여) 깨물다 | 疼痛 téngtòng 〔동〕아프다 | 听之任之 tīngzhīrènzhī 〔성어〕마음대로 하게 내버려 두다. 그냥 내버려 두다 | 一命呜呼 yímìngwūhū 〔성어〕일순간 죽다, 사망하다 [해학적인 의미를 내포함]

해설 악어는 상어 뱃속에서 몸 위의 가시를 이용해 (상어의) 곳곳을 마구 찌르고 상어 살을 깨무는데, 상어는 이러다가 결국 악어에 의해 죽게 된다고 했으므로 B가 정답이다. 악어가 상어 뱃속에서 가시 달린 공으로 움츠린다고 언급했지, 상어 뱃속이 모두 가시라고 말한 것은 아니므로 A는 답이 될 수 없다. 또한 C는 악어가 아니라 상어에 대한 설명이므로 답이 될 수 없다.

✎**Tip⁺** '当…时'는 '~할 때, ~일 때'라는 뜻으로, 어떤 행위나 동작이 일어난 때를 가리킨다.

제4회
听力

08

一次雷锋外出在沈阳车站换车的时候，发现一群人围看一个背着小孩儿的中年妇女，原来她从山东去吉林看丈夫，车票和钱丢了。雷锋用自己的津贴费买了一张火车票塞到她手里。大嫂含着眼泪说：“大兄弟，你叫什么名字，是哪个单位的？”雷锋说：“我叫解放军，就住在中国。”

A 雷锋要去沈阳
B 大嫂的钱用光了
C 雷锋真名叫解放军
D 大嫂是从山东来的

한번은 레이펑이 외출해서 선양 터미널에서 차를 갈아탈 때 한 무리의 사람들이 어린아이를 업고 있는 중년의 부인을 둘러서서 보고 있는 것을 발견했다. 원래 그녀는 남편을 보러 산둥에서 지린으로 가려고 했었는데 차표와 돈을 잃어버린 것이다. 레이펑은 자신의 봉급으로 기차표를 사서 그녀의 손에 쥐어주었다. 아주머니는 눈물을 머금고 말했다. "젊은이, 이름이 뭐예요? 어느 회사 사람이에요?" 레이펑은 말했다. "저는 해방군이고 중국에 삽니다."

A 레이펑은 선양에 가려고 한다
B 아주머니의 돈은 다 썼다
C 레이펑의 진짜 이름은 해방군이다
D 아주머니는 산둥에서 왔다

단어 雷锋 Léi Fēng 고유 레이펑 | 沈阳 Shěnyáng 명 선양 | 山东 Shāndōng 명 산둥 | 吉林 Jílín 명 지린 | 津贴费 jīntiēfèi 명 급여 | 塞 sāi 동 (물건을 틈 또는 간격에) 메우다. 채우다 | 解放军 jiěfàngjūn 명 해방군

해설 아주머니는 산둥에서 왔으며, 남편을 보러 지린에 가려고 한다고 했으므로 D가 정답이다. 레이펑은 선양 터미널에서 차를 갈아타는 것이지, 선양에 가려고 하는 것은 아니므로 A는 답이 될 수 없다. 아주머니는 표와 돈을 모두 잃어버린 것이지, 다 쓴 것이 아니므로 B도 답이 될 수 없다. 레이펑이 '저는 해방군입니다'라고 말한 것은 그가 자신의 진짜 이름을 남에게 알리고 싶지 않기 때문이지, 그의 진짜 이름이 해방군인 것은 아니므로 C도 오답이다.

Tip⁺ 중국은 23개 성(省)과 4개 직할시(直辖市), 5개 자치구(自治区)와 2개 특별행정구(特别行政区)로 되어 있다. 특히 중국의 성(省)에 대해 잘 모르는 학습자들이 많은데, 다 암기하지는 못하더라도 눈으로 많이 익혀, 듣기 문제에 중국의 지명이 나와도 당황하지 않도록 하자.
23개 성(省) : 헤이룽장성(黑龙江省), 지린성(吉林省), 랴오닝성(辽宁省), 허난성(河南省), 허베이성(河北省), 산시성(山西省), 산시성(陕西省), 간쑤성(甘肃省), 칭하이성(青海省), 장쑤성(江苏省), 저장성(浙江省), 안후이성(安徽省), 장시성(江西省), 푸젠성(福建省), 산둥성(山东省), 후베이성(湖北省), 후난성(湖南省), 광둥성(广东省), 하이난성(海南省), 쓰촨성(四川省), 윈난성(云南省), 구이저우성(贵州省), 타이완성(台湾省)

09

“干杯”一词起源于16世纪的爱尔兰，原意是烤面包。当时的爱尔兰人常把一片烤面包放入一杯酒中，以改善酒的味道。到了18世纪，“干杯”这个名词才有了今天的含义，并且发展成为祝贺颂辞。干杯时，人们往往还要互相碰杯。

A 干杯的时候一定要碰杯
B 爱尔兰人都很喜欢面包
C 干杯的时候要用烤面包
D 干杯曾经有不同的意思

'건배'라는 단어는 16세기의 아일랜드에서 기원하였으며 원래 뜻은 '구운 빵'이다. 당시의 아일랜드 사람들은 늘 구운 빵 한 조각을 술잔에 넣어 술맛을 좋게 했다. 18세기에 이르러 '건배'라는 명사는 오늘날의 의미를 갖게 되었으며 축하의 말로 발전하였다. 건배를 할 때 사람들은 종종 서로 잔을 부딪치길 원한다.

A 건배를 할 때 반드시 잔을 부딪쳐야 한다
B 아일랜드 사람은 모두 빵을 좋아한다
C 건배를 할 때 구운 빵을 써야 한다
D 건배에는 다른 의미가 있었다

단어 爱尔兰 Ài'ěrlán 명 아일랜드 | 原意 yuányì 명 본의, 본심 | 颂辞 sòngcí 명 찬사, 축사 | 碰杯 pèngbēi 동 (건배할 때) 잔을 서로 부딪다

해설 '건배'의 원래 뜻은 '구운 빵'이었으나 18세기에 이르러 오늘날의 의미를 갖게 되었으며 축하의 말로 발전했다고 했으므로 정답은 D다. '건배를 할 때 사람들은 종종 서로 잔을 부딪치길 원한다'라고 했지, 반드시 부딪쳐야 한다고는 하지 않았으므로 A는 답이 될 수 없다. 또한 '아일랜드 사람들은 늘 구운 빵 한 조각을 술잔에 넣어 술맛을 좋게 했다'라고는 언급했지만, 모든 아일랜드 사람들이 빵을 좋아하는지에 대해서는 언급하지 않았으므로 B도 답이 될 수 없다.

★☆☆ | **유형** | 전체 내용 파악

10

面试主要并不是看你这个人有多少才能。<u>面试看的首先是这个人的谈吐，其次仪表也很重要。关键是健谈和注意礼貌。</u>有时在面试场内会有一些小考验。如一个纸团在地上，杯子里的水快完了，这都是考验。当然，专业知识也得适当准备一点儿。

면접은 주로 결코 당신이 얼마만큼의 재능을 갖고 있는지를 보는 것이 아니다. 면접 때 보는 것은 우선 당신이 말할 때의 단어 선택과 태도다. 그 다음으로 용모 역시 중요하다. 관건은 말솜씨가 좋고 예의에 주의하는 것이다. 가끔 면접장 내에서 작은 시험이 있을 수도 있다. 예를 들어 종이 뭉치가 땅에 있거나 잔에 물이 거의 없다면, 이것은 모두 시험이다. 당연히 전문적인 지식 역시 적당히 준비해야 한다.

A 面试时最重要的是人的外貌
B 面试时最重要的是人的才能
C 面试时最重要的是所说的话
D 面试时最重要的是专业知识

A 면접 때 제일 중요한 것은 사람의 외모다
B 면접 때 제일 중요한 것은 사람의 재능이다
C 면접 때 제일 중요한 것은 하는 말이다
D 면접 때 제일 중요한 것은 전문 지식이다

단어 面试 miànshì 동 면접시험을 치다 | 谈吐 tántǔ 명 (말할 때의) 단어 선택과 태도, 어휘 선택과 (말하는) 태도 | 仪表 yíbiǎo 명 풍채, 의용 | 健谈 jiàntán 형 입담이 좋다, 언변이 좋다 | 礼貌 lǐmào 명 예의 | 考验 kǎoyàn 명 시험, 검증 | 纸团 zhǐtuán 명 종이 뭉치 | 专业 zhuānyè 명 전문 분야, 전문 업무

해설 면접 때 보는 것은 말할 때의 단어 선택과 태도라고 하였으며, 또한 면접의 관건은 말솜씨라고 하였으므로 C가 정답이다. 용모는 면접 때 중요하긴 하지만, 가장 중요한 것은 아니므로 A는 답이 될 수 없다. 면접은 얼마만큼의 재능을 갖고 있는지를 보는 것이 아니라고 했으므로 B도 답이 될 수 없다. 면접 때 전문 지식은 역시 적당히 준비해야 한다고 말했으므로 D도 오답이다.

Tip⁺ 首先은 '첫째, 첫 번째'라는 뜻으로, 사항을 열거하는 경우에 쓰며, 문장의 맨 앞에 놓인다. 보통 其次, 第三, 最后 등의 순서를 가리키는 어휘가 뒤따른다.

★☆☆ | **유형** | 세부 내용 파악

11

"孟母三迁"的"三"字的意思为"多次、屡次"，而不是简单的"三次"的意思，因为孟子的母亲先后在三个地方之间搬迁，即：居住之所近于墓、近于屠、学宫之旁，<u>搬迁的次数实际上是两次</u>。"三"字类似的用法还有如"韦编三绝"等。

'孟母三遷(맹모삼천)'의 '三'자의 의미는 '여러 번, 자주'이지, 단순히 '세 번'의 의미가 아니다. 왜냐하면 맹자의 어머니는 연이어 세 곳 사이를 옮겨 다녔기 때문이다. 즉, 무덤 근처, 도축업자 근처, 학교 옆에서 살았다. 이사한 횟수는 실제로 두 번이다. '三'자와 비슷한 용법으로는 또 '韋編三絶(위편삼절)' 등과 같은 것이 있다.

A 孟母最初住在学宫之旁
B 孟子的母亲搬了两次家
C "三"不能表示"三次"
D 成语中的"三"是"一些"

A 맹자의 어머니는 처음에 학교 옆에 살았다
B 맹자의 어머니는 두 번 집을 옮겼다
C '三'자는 '세 번'을 나타낼 수 없다
D 성어 중의 '三'자는 '약간, 조금'의 뜻이다

단어 孟母三迁 mèngmǔsānqiān 성어 맹모삼천 | 屡次 lǚcì 부 자주, 종종, 되풀이하여 | 先后 xiānhòu 부 연이어, 잇따라 | 搬迁 bānqiān 동 옮기다, 이사하다 | 墓 mù 명 무덤, 묘지 | 屠 tú 명 도살(도축)업자, 백정 집안 | 学宫 xuégōng 명 학교 | 类似 lèisì 동 유사하다, 비슷하다 | 韦编三绝 wéibiānsānjué 성어 위편이 세 번 끊어지다, 열심히 공부하다

해설 맹자와 어머니가 이사한 횟수는 실제로 두 번이라고 했으므로 B가 정답이다. 맹자의 어머니는 무덤 근처, 도축업자 근처, 학교 옆을 연이어 옮겨 다녔다고 했으므로 A는 답이 될 수 없다. 또한 맹모삼천에서 '삼'은 '여러 번, 자주'의 의미이지, '약간'의 의미가 아니므로 D도 답이 될 수 없다.

제4회

听力

★☆☆ |유형| 세부 내용 파악

12

西安，是著名的古丝绸之路的起点。这座永恒的城市，就像一部活的史书，一幕幕，一页页记录着中华民族的沧桑巨变。西安是一个充满神奇和活力的地方，走近它，你会为历史遗存的完美博大所震撼！

A 西安的建筑就好像一本书
B 西安在中国历史上很重要
C 古丝绸之路的终点是西安
D 西安的历史遗迹被震坏了

시안은 유명한 옛 실크로드의 기점이다. 이 영원한 도시는 살아 있는 역사책처럼, 한 장면 한 장면 중화민족의 거대한 변화를 기록하고 있다. 시안은 신비함과 활력이 가득한 곳이다. 가까이 다가가면 당신은 역사 유물의 아름다움과 풍부함에 감동할 것이다!

A 시안의 건축은 마치 한 권의 책과 같다
B 시안은 중국 역사상 매우 중요하다
C 옛 실크로드의 종점은 시안이다
D 시안의 역사 유적은 지진에 의해 망가졌다

단어 丝绸之路 sīchóuzhīlù 몡 비단길, 실크로드 | 起点 qǐdiǎn 몡 기점, 출발점 | 永恒 yǒnghéng 혱 영원히 변하지 않다, 영원하다 | 沧桑 cāngsāng 푸른 물과 뽕나무밭, 세상의 변화가 크다 | 巨变 jùbiàn 몡 큰 변화, 대변동 | 神奇 shénqí 혱 신기하다, 매우 기묘하다 | 遗存 yícún 몡 유물 | 博大 bódà 혱 넓다, 풍부하다, 많다 | 震撼 zhènhàn 통 진동시키다, 뒤흔들다

해설 시안은 옛 실크로드의 기점이며, 중화민족의 거대한 변화를 기록하고 있다고 했으므로 중국 역사상 매우 중요하다는 것을 알 수 있다. 따라서 정답은 B다. 시안이 살아 있는 역사책과 같다고 한 것은 비유의 표현으로, 시안의 역사가 유구하다는 뜻이지, 시안의 건축이 한 권의 책과 같다는 것은 아니므로 A는 답이 될 수 없다. 시안은 옛 실크로드의 기점이지, 종점이 아니므로 C도 오답이다.

★★☆ |유형| 세부 내용 파악

13

春分以后，中国南方大部分地区气温继续回升，越冬作物进入春季生长阶段。3月下旬，华南北部平均气温多为13℃至15℃，华南南部多为15℃至16℃，有利于水稻、玉米等作物播种，植树造林也非常适宜。

A 华南北部气温更高
B 南方天气越来越暖和
C 春分时节不适合种树
D 三月底全国开始种水稻

춘분 이후에, 중국 남방의 대부분 지역은 기온이 계속 상승한다. 겨울을 지낼 때, 농작물은 봄철 성장 단계에 들어간다. 3월 하순, 화남 북부의 평균 기온은 주로 13도에서 15도이며, 화남 남부는 주로 15도에서 16도로, 논벼, 옥수수 등 작물을 파종하기에 유리하며, 나무를 심고 삼림을 조성하기에도 적합하다.

A 화남 북부의 기온이 더 높다
B 남방 날씨는 점점 따뜻해진다
C 춘분 시기는 나무를 심기에 적합하지 않다
D 3월 말, 전국은 논벼를 심기 시작한다

단어 春分 chūnfēn 몡 춘분 [24절기 중의 하나로, 낮과 밤의 길이가 같은 날이며, 대략 3월 20일~21일에 해당함] | 回升 huíshēng 통 (가격·주식·기온·생산량·지수 등이) 반등하다 | 越冬 yuèdōng 통 (식물·곤충·병균 등이) 겨울을 나다, 월동하다 | 作物 zuòwù 몡 농작물, 작물 | 水稻 shuǐdào 몡 논벼 | 玉米 yùmǐ 몡 옥수수 | 播种 bōzhòng 통 파종하다, 씨를 뿌리다 | 植树 zhíshù 통 식수하다, 나무를 심다 | 造林 zàolín 통 (넓은 면적의 땅에) 조림하다, 삼림을 조성하다 | 适宜 shìyí 혱 적당하다, 적절하다 | 时节 shíjié 몡 계절, 철 | 种树 zhòngshù 통 나무를 심다

해설 '춘분 이후에, 중국 남방의 대부분 지역은 기온이 계속 상승한다'고 했으므로 정답은 B다. '3월 하순, 화남 북부의 평균 기온은 13도에서 15도이며, 화남 남부는 주로 15도에서 16도'라고 했으므로 A는 답이 될 수 없다. 또한 춘분 이후, 나무를 심고 삼림을 조성하기에도 적합하다고 했으므로 C도 답이 될 수 없다.

14

作为80年代国际华语乐坛的天王巨星，邓丽君歌声甜美，形象高贵而亲切，在华人社会具有巨大的影响力。在新中国"最具影响力文化人物"评选当中，邓丽君被选为港台最有影响力的艺人。据统计，邓丽君的唱片销售量已超过4800万张。

A 邓丽君出生于80年代
B 邓丽君的唱片卖得很火
C 邓丽君很受外国人欢迎
D 邓丽君影响了所有明星

80년대 국제 중국어 음악계의 톱스타로서, 덩리쥔은 목소리가 부드럽고 이미지가 고귀하면서도 친근해서, 중국인 사회에서 거대한 영향력을 갖고 있었다. 신중국의 '제일 영향력 있는 문화 인물' 선정에서 덩리쥔은 홍콩과 대만에서 제일 영향력 있는 연예인으로 선정되었다. 통계에 따르면, 덩리쥔의 앨범 판매량은 이미 4,800만 장을 넘었다고 한다.

A 덩리쥔은 80년대에 태어났다
B 덩리쥔의 앨범은 매우 잘 팔렸다
C 덩리쥔은 외국인의 환영을 많이 받았다
D 덩리쥔은 모든 스타에게 영향을 주었다

단어 乐坛 yuètán 명 음악계, 악단, 악계 | 天王巨星 tiānwáng jùxīng 명 톱스타 | 邓丽君 Dèng Lìjūn 고유 덩리쥔, 등려군 | 歌声 gēshēng 명 노랫소리, 가성 | 甜美 tiánměi 형 달다, 달콤하다 | 评选 píngxuǎn 동 비교·평가하여 뽑다, 선정하다 | 港台 Gǎng Tái 명 홍콩과 타이완 | 艺人 yìrén 명 연예인 | 销售 xiāoshòu 동 (상품을) 팔다, 판매하다

해설 '덩리쥔의 앨범 판매량은 이미 4,800만 장을 넘었다'라고 했으므로 매우 잘 팔렸다고 말할 수 있다. 따라서 정답은 B다. 덩리쥔은 80년대 국제 중국어 음악계의 톱스타지, 80년대에 출생했다고는 하지 않았으므로 A는 답이 될 수 없다. 덩리쥔은 '중국인 사회에서 거대한 영향력을 갖고 있었다'고는 언급했지만, 외국인의 환영을 받았는지 여부에 대해서는 언급하지 않았으므로 C도 답이 될 수 없다.

Tip⁺ 덩리쥔은 영화 「첨밀밀」의 주제곡을 불렀으며, 우리의 귀에도 익숙한 「月亮代表我的心」, 「甜蜜蜜」와 같은 대표곡을 가진 가수다.

15

葡萄酒种类繁多，一般分为不起泡葡萄酒及气泡葡萄酒两大类。不起泡葡萄酒又分白酒、红酒及玫瑰红酒三种；气泡葡萄酒则以香槟为代表。另外，添加白兰地的雪莉酒；加入草根、树皮，采用传统药酒酿造法制成的苦艾酒，都是葡萄酒的同类品。

A 葡萄酒是一种红酒
B 苦艾酒中有白兰地
C 雪莉酒中加入了树皮
D 香槟属于气泡葡萄酒

와인의 종류는 많은데, 일반적으로 기포가 없는 와인과 기포가 있는 와인 두 가지로 나뉜다. 기포가 없는 와인은 또 화이트 와인, 레드 와인 및 로제 와인 세 가지가 있다. 기포가 있는 와인은 샴페인이 대표적이다. 게다가 브랜디를 첨가한 셰리 와인, 풀뿌리와 나무껍질을 넣고 전통 약주 양조법을 택해 만든 압생트는 모두 와인의 동종품이다.

A 와인은 레드 와인 한 가지다
B 압생트 중 브랜디가 있다
C 셰리 와인 안에 나무껍질을 넣는다
D 샴페인은 기포가 있는 와인에 속한다

단어 葡萄酒 pútáojiǔ 명 포도주, 와인 | 繁多 fánduō 형 (종류가) 많다 | 起泡 qǐpào 동 거품이 생기다 | 白酒 báijiǔ 명 화이트 와인 | 红酒 hóngjiǔ 명 레드 와인 | 玫瑰红酒 méiguī hóngjiǔ 명 로제 와인 | 香槟 xiāngbīn 명 샹파뉴, 샴페인 | 添加 tiānjiā 동 첨가하다, 보태다 | 白兰地 báilándì 명 브랜디 | 雪莉酒 xuělìjiǔ 명 셰리 와인[발효가 끝난 일반 와인에 브랜디를 첨가하여 알코올 도수를 높인 스페인 와인] | 草根 cǎogēn 명 풀뿌리 | 酿造 niàngzào 동 (술·간장·식초 등을) 양조하다 | 苦艾酒 kǔ'àijiǔ 명 압생트 [쓴맛이 나는 녹색의 양주]

해설 '기포가 있는 와인은 샴페인이 대표적이다'라고 했으므로 D가 정답이다. 와인은 일반적으로 기포가 없는 와인과 기포가 있는 와인 두 가지로 나뉜다고 했으므로 A는 답이 될 수 없다.

Tip⁺ '以…为…'는 상용하는 고정격식으로, 以는 종종 생략하기도 한다. '~를 ~로 삼대(여기다)'라는 뜻이다. 以는 把의 뜻이며, 为는 认为, 作为의 뜻이다. 이 형태는 '把…作为…'와 상통한다. 일반적으로 포도주는 적포도주와 백포도주로 나뉜다. 적포도주는 포도의 껍질까지 발효시킨 것이며, 백포도주는 포도즙을 발효하여 만든 것이다. 상식을 넓혀두면, 관련 독해 지문을 읽을 때 도움이 된다.

제4회
듣기
听力

16-20

女：大家都知道，除了围棋之外，您最大的爱好是打桥牌，甚至有传闻称，您现在用于打桥牌的时间已经远远超过了围棋。

男：我现在的生活重心还是围棋，桥牌只能算是业余爱好。虽然我学桥牌的时间很早，但水平一直停留在业余阶段，只能说是围棋圈里打桥牌不错的，但和专业的桥牌选手比起来我还太业余。

女：现在很多年轻人无论下棋还是打桥牌都愿意在网上进行，但时间长了发现自己的棋艺和牌技并没有得到提高，这是为什么？

男：其实我也经常在网上下棋、打牌，17(C)应该说网络对围棋的发展还是有很大帮助的。我想棋艺没有提高可能与下棋的速度太快有关，因为在网上下棋是有时间限制的，没有更多的思考空间，所以造成棋下得太快、太糙。但这也是可以避免的，你可以在30秒规定的时间内沉下心来仔细思考，不要随意按鼠标。在网上下棋还有一个致命弱点就是用鼠标时可能出现点错的情况，你想悔棋时对方又不肯同意，但现实中就不太可能出现这种情况。不过，总的来说，网络对围棋的推广和帮助还是利大于弊。

女：除了围棋和桥牌，大家都知道您这位九段高手最大的爱好就是看足球比赛，您怎么评价现在的国奥队和刚刚从亚洲杯铩羽而归的国家队？

男：我知道国奥队正在沈阳打四国赛，18(C)战绩还不错，应该说，国奥队有很大的上升空间。但我也想和球迷说一声，不要把这次比赛的成绩太当真，18(B)明年奥运会时，对手水平和对手对比赛的投入程度肯定要比现在高得多，所以也不要有太多幻想。16(D), 18(A)说到国足，

여：바둑을 제외하고, 당신의 제일 큰 취미는 브리지를 하는 것이라고 모두가 알고 있습니다. 심지어 전해지는 말로는 당신이 지금 브리지를 하는 데 쓰는 시간이 이미 바둑을 훨씬 초과했다고 하는데요.

남：제 현재 생활의 중심은 여전히 바둑입니다. 브리지는 단지 여가시간의 취미라고 할 수 있습니다. 비록 제가 브리지를 배운 시기는 매우 이르지만, 수준은 항상 아마추어 단계에 머물러 있습니다. 단지 바둑계에서는 브리지를 괜찮게 하지만, 전문적인 브리지 선수와 비교하면 저는 아직 너무 비전문적입니다.

여：현재 많은 젊은 사람들이 바둑을 두는 것이든 브리지를 하는 것이든 모두 인터넷에서 하기를 원합니다. 그러나 시간이 오래 지나면 자신의 바둑 기예와 카드 기술이 향상되지 못한 것을 발견합니다. 이는 왜일까요?

남：사실 저 역시 자주 인터넷에서 바둑을 두고, 브리지를 합니다. 17(C)인터넷은 바둑의 발전에 그래도 큰 도움이 되었다고 말할 수 있습니다. 제 생각에 바둑 기술이 향상되지 않는 것은 아마도 바둑을 두는 속도가 너무 빠른 것과 관련이 있을 것입니다. 왜냐하면 인터넷에서 바둑을 두는 것은 시간의 제한이 있어 더 많이 생각할 시간이 없습니다. 그래서 바둑을 너무 빠르고 조잡하게 두게 됩니다. 그러나 이것 역시 피할 수 있는 것입니다. 당신은 30초의 규정된 시간 안에 마음을 가라앉히고 세심히 생각할 수 있습니다. 마음대로 마우스를 클릭해서는 안 됩니다. 인터넷에서 바둑을 두는 것에는 또 치명적인 약점이 있는데 바로 마우스를 이용할 때 잘못 누르는 상황이 생길 수 있다는 것입니다. 당신이 수를 무르고 싶을 때 상대방은 동의하지 않을 것입니다. 그러나 현실에서는 이러한 상황이 별로 일어나지 않습니다. 그러나 총체적으로 말해서 인터넷은 바둑에 대한 보급과 도움에 그래도 장점이 단점보다 많습니다.

여：바둑과 브리지 외에 9단 고수인 당신의 가장 큰 취미는 바로 축구 경기를 보는 것이라고 알고 있습니다. 당신은 지금의 올림픽 국가대표팀과 막 아시안컵에서 실패하고 돌아온 국가대표팀을 어떻게 평가하십니까?

남：저는 올림픽 국가대표팀이 마침 선양에서 4개국과 경기를 하고 있으며 18(C)전적이 그래도 괜찮다고 알고 있습니다. 올림픽 국가대표팀은 매우 큰 상승 공간이 있다고 하는 것이 마땅합니다. 그러나 저 역시 축구팬들에게 한마디 하고 싶습니다. 이번 경기의 성적을 정말 진짜라고 생각하지 마십시오. 18(B)내년 올림픽 때, 상대의 수준과 상대가 경기에 대해 몰입하는 정도는 분명히 지금보다 더 높을 것입니다. 따라서 너무 많은 환상을 가지면 안 됩니다. 16(D), 18(A)중국 축구 대표팀을 말하자면,

身为球迷的我这么多年来已经被摧残得遍体鳞伤，毫不夸张地说，国足就是中国足球和中国体育的"罪人"，它让我们蒙受了太多的耻辱。19(A)国家队现任主教练无论是战术，还是临场应变指挥能力都差得一塌糊涂。不过，最让我奇怪的是，国足丢人都丢到家了，18(D), 20(A)可为什么直到今天，也没有人站出来承担责任。这样下去，中国足球毫无希望。

축구팬으로서 저는 이렇게 여러 해 동안 이미 많은 상처를 받았습니다. 조금의 과장도 없이 말하자면, 중국 축구 대표팀은 중국 축구와 중국 체육의 '죄인'입니다. 그들은 우리에게 너무 많은 치욕을 당하게 하였습니다. 19(A)국가팀 현직 코치는 전술이든 경기에 임하는 지휘 능력을 막론하고 모두 심하게 엉망진창입니다. 그러나, 제가 가장 이상하게 생각한 것은 중국 축구 대표팀이 체면을 그렇게 깎이고도 18(D), 20(A)왜 지금까지 나서서 책임을 지는 사람이 없을까요. 이렇게 가면, 중국 축구는 조금의 희망도 없을 것입니다.

단어 围棋 wéiqí 몡 바둑 | 桥牌 qiáopái 몡 브리지 | 传闻 chuánwén 동 전해 듣다 | 业余 yèyú 형 비전문의, 아마추어의 | 棋艺 qíyì 몡 바둑의 기예 | 糙 cāo 형 조잡하다, 거칠다 | 鼠标 shǔbiāo 몡 마우스 | 致命 zhìmìng 동 치명적이다 | 悔棋 huǐqí 동 (장기나 바둑 등에서) 수를 무르다 | 推广 tuīguǎng 동 널리 보급하다, 확대하다 | 铩羽 shāyǔ 동 실의하다, 실패하다, 좌절하다 | 战绩 zhànjì 몡 전적 | 当真 dàngzhēn 동 신짜로 믿다, 진실로 여기다, 정말로 생각하다 | 国足 guózú 몡 中国足球队(중국 축구 대표팀)의 줄임말 | 摧残 cuīcán 동 심각한 손해를 입게 하다, 심각한 피해를 입히다 | 遍体 biàntǐ 몡 온몸, 전신 | 鳞伤 línshāng 몡 물고기 비늘처럼 무수히 많은 상처 | 蒙受 méngshòu 동 입다, 받다 | 耻辱 chǐrǔ 몡 치욕 | 战术 zhànshù 몡 전술 | 临场 línchǎng 동 경기에 임하다 | 应变 yìngbiàn 동 응변하다, 임기응변하다 | 指挥 zhǐhuī 동 지휘하다 | 一塌糊涂 yìtāhútú 성어 엉망진창이다, 뒤죽박죽이다 | 承担 chéngdān 동 부담하다, 담당하다, 맡다, 지다

★★☆ |유형| 신분 파악

16 男的可能是什么身份?

A 足球教练员
B 业余围棋选手
C 专业桥牌高手
D 资深足球球迷

남자의 신분과 가장 가까운 것은?

A 축구 코치
B 아마추어 바둑 선수
C 전문 브리지 고수
D 경력이 오래된 축구팬

해설 인터뷰 마지막 부분의 남자의 대답을 통해 남자가 경력이 오래된 축구팬임을 알 수 있다. 남자는 현재 중국의 축구 대표팀 상황에 대해 매우 잘 이해하고 있으며, 이들에 대해 평가도 하고 있다. 따라서 D가 정답임을 알 수 있다. 남자가 현직 국가대표팀 축구 코치에 대해 '국가팀 현직 코치는 전술이든 경기에 임하는 지휘 능력을 막론하고 모두 심하게 엉망진창입니다'라고 한 것으로 보아 남자가 축구 코치가 아니라는 것을 알 수 있으므로 A는 답이 될 수 없다. 또한 생활의 중심은 바둑이고, 브리지는 단지 취미라고 하였으므로 C도 답이 될 수 없다. '9단 고수인 당신의 가장 큰 취미는 바로 축구 경기를 보는 것이라고 알고 있습니다'라는 말을 통해 남자가 전문적인 바둑 선수라는 것을 알 수 있다. 따라서 B도 오답이다.

Tip⁺ 대화를 통해 화자의 직업이나 신분을 묻는 문제다. 장소나 상황, 호칭, 행동과 관련된 단어들을 통해 비교적 쉽게 답을 고를 수 있다. 우선 보기를 분석하여 직업이나 신분을 묻는 문제임을 파악하고 대화 속의 화제와 장소, 그리고 그와 관련된 행위 등을 토대로 정확한 답을 찾아내도록 한다. 이런 문제에 대비해 각 직업과 관련된 단어들을 익혀두는 것도 하나의 좋은 방법이다.

17 男的对网上下围棋有什么看法?

남자는 인터넷에서 바둑을 두는 것에 대해 어떠한 견해가 있는가?

A 不应该有时间限制
B 会降低棋手的实力
C 有助于围棋的推广
D 点错时应允许悔棋

A 시간 제한이 있으면 안 된다
B 바둑 기사의 실력을 떨어뜨릴 것이다
C 바둑의 보급에 도움이 된다
D 잘못 클릭했을 때 수를 무르는 것을 허락해야 한다

단어 允许 yǔnxǔ 图 허락하다, 허가하다

해설 인터뷰 중반에 남자가 '인터넷은 바둑의 발전에 그래도 큰 도움이 되었다고 말할 수 있습니다'라고 한 것으로 보아, 정답이 C임을 알 수 있다.

Tip⁺ 견해나 판단을 묻는 문제는 전체적인 내용을 잘 파악하는 것이 중요하다. 사회자의 질문에 대한 게스트의 대답을 주의 깊게 들어야 한다. 보기를 분석한 후 들으면 도움이 될 것이다.

★★☆ | **유형**| 세부 내용 파악

18 根据对话,下面哪一种说法不正确?

대화에 근거했을 때 정확하지 않은 설명은?

A 足协请来的教练殴打了球迷
B 四国赛的时候对手不太投入
C 国奥队四国赛的成绩比较好
D 奥运会中国足球队基本没戏

A 축구협회가 초빙한 코치가 축구팬을 구타했다
B 4개국 경기를 할 때 상대는 그다지 몰입하지 않았다
C 올림픽 국가대표팀은 4개국 경기의 성적이 비교적 좋다
D 올림픽 중국 축구팀은 기본적으로 희망이 없다

단어 殴打 ōudǎ 图 (사람을) 때리다, 구타하다 | 没戏 méixì 图 희망이 없다

해설 인터뷰 후반에 '축구팬으로서 저는 이렇게 여러 해 동안 이미 많은 상처를 받았습니다'의 의미는 남자가 축구팬으로서, 감정상 많은 상처를 받은 것이지, 정말로 구타를 당했다는 말이 아니므로 A는 틀린 설명이다.

Tip⁺ 이러한 문제는 보기를 분석할 때 세부적인 내용을 묻는 문제라는 것을 파악하고, 보기를 들으면서 일치하는 것과 일치하지 않는 것을 체크해야 한다. 보기를 체크하다 보면, 대략 문제를 유추할 수 있기 때문이다.

★★☆ | **유형**| 세부 내용 파악

19 男的觉得国家队现任主教练怎么样?

남자는 국가팀 현직 코치를 어떻게 생각하는가?

A 令人绝望
B 值得赞赏
C 令人欣慰
D 功过参半

A 사람으로 하여금 절망스럽게 한다
B 칭찬할만하다
C 사람으로 하여금 기쁘고 안심되게 한다
D 공로와 과실이 반반이다

단어 赞赏 zànshǎng 图 칭찬하다 | 欣慰 xīnwèi 图 기쁘고 편안하다, 즐겁고 안심되다 | 功过 gōngguò 명 공로와 과실 | 参半 cānbàn 图 각각 반을 차지하다, 반수를 점하다

해설 인터뷰 후반에 남자가 '국가팀 현직 코치는 전술이든 경기에 임하는 지휘 능력을 막론하고 모두 심하게 엉망진창입니다'라고 한 것으로 보아, 남자는 현직 코치에 대해 원망하고 실망하고 있음을 알 수 있다. 따라서 정답은 A다.

Tip⁺ 듣기 문제를 풀 때 가장 중요한 것은 내용 파악이고, 그 다음이 바로 화자의 말투 파악이다. 들을 때 내용뿐 아니라 화자의 억양이나 말투까지 세심하게 잘 잡아내야 한다.

20

男的对中国足球有什么看法?

A 恨铁不成钢
B 虚假比赛太多
C 国奥队是希望
D 只能靠天才球星

남자는 중국 축구에 대해 어떠한 견해가 있는가?

A 더욱 좋게 바뀌기를 간절히 바란다
B 허위적인 경기가 너무 많다
C 올림픽 국가대표팀은 희망이다
D 천재 축구선수에 의존할 수밖에 없다

단어 恨铁不成钢 hèntiěbùchénggāng **성어** (어떤 사람에 대한 요구가 엄격하여) 더욱 좋게 바뀌기를 간절히 바라다 | 虚假 xūjiǎ **형** 실제에 부합하지 않다, 허위적이다 | 球星 qiúxīng **명** (구기 종목의 유명한) 스타 플레이어, 유명 선수

해설 인터뷰 마지막 남자의 말을 통해, 남자가 중국의 축구 대표팀이 더욱 좋게 바뀌기를 간절히 바라고 있음을 알 수 있다. 따라서 정답은 A다.

21-25

女: 柳教授，您看我今天特地请您这个大专家来，其实是因为我给我儿子的发展制定了一个宏伟的目标。您看，现在我儿子是十个月，我已经在家里门框上贴一个大字"门"，瓶子上标一个小标语"瓶子"， 我觉得他应该到一岁多的时候就可以认字，两岁我就可以教他念唐诗，21(C)三岁可以学英语，四岁可以弹钢琴。您觉得这样发展下去，我孩子是不是能成为一个德智体美劳全面发展的孩子？

男: 不会，22(C)他会成为一个比较愚笨的孩子，而且是没有自我、没有创造力的孩子。

女: 您别这么打击我，这怎么可能啊，您想我们不能让孩子输在起跑线上，从小就得教育啊。

男: 那你一定会想，你生下一个孩子就是让他成为一个竞争者、一个战士、一个赛跑者，那对他是不公平的，他是一个人。

女: 但是我不让他竞争，将来社会也得让他竞争啊，别的小朋友都在这么学啊，他们都在学唐诗，都在学弹钢琴不是吗？

男: 所有的小朋友都这么学，也不能断定这就是正确的，因为在这个地球上，也有很多人没有这样，只有一部分人这样，我觉得这没有遵循儿童成长的自然法则。

女: 那您说吧，我儿子现在十个月，该让他学什么？

여: 리우 교수님, 오늘 제가 특별히 당신과 같은 대 전문가를 모신 것은 사실 제 아들의 발전을 위해 웅대한 목표를 세웠기 때문입니다. 보세요. 지금 제 아들은 10개월 되었습니다. 저는 이미 집안의 문테두리에 큰 글자로 '문'을 붙이고 병에 작은 표어로 '병'을 표시했습니다. 저는 그애가 한 살쯤 되면 글자를 알 수 있고, 두 살에는 제가 그애에게 당시 읽는 것을 가르칠 수 있고, 21(C)세 살에는 영어를 배울 수 있으며, 네 살에는 피아노를 칠 수 있어야 한다고 생각합니다. 당신 생각에 이렇게 발전해나가면 제 아이가 도덕, 지혜, 신체, 미학, 노동교육 등이 전반적으로 발전한 아이가 될 수 있을까요?

남: 그렇지 않습니다. 22(C)그는 비교적 어리석은 아이, 게다가 자아가 없고 창조성이 없는 아이가 될 것입니다.

여: 교수님, 그렇게 저의 의욕을 꺾지 마세요. 어떻게 그럴 수가 있겠어요? 우리는 아이가 출발선에서부터 지게 할 수 없다는 점을 생각해보세요. 어렸을 때부터 교육을 시켜야 합니다.

남: 당신이 아이를 낳은 것이 그가 경쟁자, 전사, 레이서가 되게 하려는 것이라면, 그것은 그에게 불공평합니다. 그가 한 명의 사람이라는 점을 생각해야 합니다.

여: 그러나 제가 그에게 경쟁하지 않도록 해도, 미래 사회가 그에게 경쟁을 하게 해야 합니다. 다른 어린 친구들도 모두 이렇게 공부합니다. 그들은 모두 당시를 배우고 있고, 모두 피아노 치는 법을 배우고 있습니다. 아닙니까?

남: 모든 어린 친구들이 전부 그렇게 배운다고 해서 그것이 바로 올바르다고 단정할 수 없습니다. 왜냐하면 이 지구에 그렇게 하지 않는 사람도 많습니다. 단지 일부분의 사람이 그런 것이며 저는 이것이 아동성장의 자연법칙을 따르지 않는 것이라고 생각합니다.

여: 그럼 말씀해주세요. 제 아들은 지금 10개월인데, 그에게 무엇을 배우게 해야 할까요?

男: <u>23(D)头六年儿童不需要学什么特别的知识。</u>

女: 您的说法就是教育孩子，前六年就让他自己傻玩儿，不用教他知识。这我不信，这傻玩儿的孩子将来有啥出息呀？

男: 好，我们来说你的宝宝。你刚才不是说了吗，他看一个地方的时候，他就特别专注地看，是不是？你不知道他在看什么。

女: 我不知道，有时候就一片墙，你说这有啥好看的，一片白墙，他就盯着看，你想这么小的孩子，他能盯五六分钟一动不动，我就琢磨，他在盯什么呢？

男: 好，那我就告诉你，儿童从妈妈的肚子里出来的时候，他对这个世界是一无所知的，所以他最早的时候，有一个视觉的敏感期，他会盯着明暗相间的地方看，<u>24(A)这是他了解世界的开始，</u>你怎么能说他没有学习呢。

女: 这个恐怕有道理，<u>25(D)但是我得问您另一个问题。</u>比如您说这莫扎特，他要没学过钢琴，他能成为大师吗？

남: <u>23(D)여섯 살쯤 된 아동은 어떤 특별한 지식을 배울 필요가 없습니다.</u>

여: 당신의 말씀은 아이를 교육하는데, 앞의 6년은 그에게 스스로 놀게만 하고 그에게 지식을 가르칠 필요가 없다는 것인데, 저는 믿지 않습니다. 놀기만 하는 아이가 장래에 무슨 발전이 있겠어요?

남: 좋아요. 당신의 아이를 얘기해봅시다. 당신이 방금 말하지 않았나요? 그가 한 곳을 볼 때 그는 특별히 집중해서 봅니다. 그렇죠? 당신은 그가 무엇을 보고 있는지 모릅니다.

여: 저는 모릅니다. 때로는 단지 한쪽 벽입니다. 이런 게 뭐 볼 게 있겠어요. 흰 벽을 그는 주시하며 봅니다. 생각해 보세요. 이 어린아이가 5, 6분을 주시하며 조금도 움직이지 않으니 저는 그가 무엇을 주시하고 있는지 생각하였습니다.

남: 좋아요. 당신께 말씀드릴게요. 아이가 엄마의 배에서 나올 때, 그는 이 세계에 대해 아는 게 아무것도 없습니다. 그래서 그는 제일 처음에는 시각적으로 민감한 시기가 있습니다. 그는 명암이 뒤섞인 곳을 주시하며 볼 것입니다. <u>24(A)이것이 그가 세계를 이해하는 시작인데 당신은 어떻게 그가 배움이 없다고 말할 수 있습니까?</u>

여: 이 말이 일리가 있을지도 모르지만 <u>25(D)저는 다른 질문을 하나 하겠습니다.</u> 예를 들어 모차르트가 만약 피아노를 배우지 않았다면 대가가 될 수 있었을까요?

단어 宏伟 hóngwěi 형 (규모나 계획 등이) 웅장하다. 웅대하다 ㅣ 门框 ménkuàng 명 문테, 문골, 문광 ㅣ 德智体美劳 dé zhì tǐ měi láo 명 도덕·지혜·신체·미학·노동교육 ㅣ 愚笨 yúbèn 형 어리석다. 미련하다 ㅣ 创造力 chuàngzàolì 명 창조력 ㅣ 起跑线 qǐpǎoxiàn 명 출발선 ㅣ 战士 zhànshì 명 전사, 병사 ㅣ 赛跑者 sàipǎozhě 명 레이서 ㅣ 断定 duàndìng 동 단정하다 ㅣ 遵循 zūnxún 동 따르다 ㅣ 法则 fǎzé 명 규칙, 법칙 ㅣ 傻 shǎ 형 고지식하다. 융통성이 없다 ㅣ 啥 shá 대 무슨, 무엇 ㅣ 出息 chūxi 명 발전성, 전도, 장래성 ㅣ 专注 zhuānzhù 형 (정신·정력 등을) 집중하다, 전념하다 ㅣ 琢磨 zuómo 동 사색하다. 고려하다 ㅣ 一无所知 yìwúsuǒzhī 성어 아는 게 아무것도 없다. 아무것도 모른다 ㅣ 敏感 mǐngǎn 형 민감하다. 예민하다 ㅣ 明暗 míng'àn 명 명암 ㅣ 相间 xiāngjiàn 동 (어떤 사물과 사물이) 뒤섞이다. 서로 사이에 두다 ㅣ 莫扎特 Mòzhātè 고유 모차르트

★☆☆ ㅣ **유형** ㅣ 세부 내용 파악

21 女的计划让孩子三岁时开始做什么？

A 认汉字
B 弹钢琴
C 学英语
D 学唐诗

여자의 계획은 아이가 세 살일 때 무엇을 하기 시작하는 것인가?

A 한자 익히기
B 피아노 치기
C 영어 배우기
D 당시 배우기

해설 인터뷰 초반 여자가 '두 살에는 제가 그애에게 당시 읽는 것을 가르칠 수 있고, 세 살에는 영어를 배울 수 있으며, 네 살에는 피아노를 칠 수 있어야 합니다'라고 말했으므로 C가 정답이다.

★★☆ | **유형** | 세부 내용 파악

22

专家是怎么评价女的的计划的?　전문가는 여자의 계획을 어떻게 평가하는가?

A 会使孩子变得更加聪明　　　　A 아이를 더욱 총명하게 바꿀 것이다
B 会使孩子更富有创造力　　　　B 아이를 더욱 창조력이 풍부해지게 할 것이다
C 对孩子来说是一种伤害　　　　C 아이에게 있어서 일종의 상해다
D 对孩子来说是很公平的　　　　D 아이에게 있어서 매우 공평한 것이다

해설 남자는 '그는 비교적 어리석은 아이, 게다가 자아가 없고 창조성이 없는 아이가 될 것입니다'라고 말했다. 이는 곧 아이를 해친다는 말이다. 따라서 정답은 C다.

✎Tip⁺ 보기 중에서 A, B, D는 긍정적인 내용이며, C만 부정적인 내용이다. 지문을 듣기 전 보기를 분석할 때 긍정적인 내용과 부정적인 내용을 표시한다면, 쉽게 답을 유추할 수 있다.

★☆☆ | **유형** | 전체 내용 파악

23

根据专家的观点，下面哪种做法是正确的?　전문가의 관점에 근거하면, 아래 어떤 설명이 정확한가?

A 让四五岁的孩子背唐诗　　　　A 네다섯 살의 아이로 하여금 당시를 외우게 한다
B 教三四岁的孩子弹钢琴　　　　B 서너 살의 아이에게 피아노를 치게 가르친다
C 教四五岁的孩子数学知识　　　C 네다섯 살의 아이에게 수학 지식을 가르친다
D 让四五岁的孩子随便玩儿　　　D 네다섯 살의 아이로 하여금 마음대로 놀게 한다

해설 인터뷰 중반 남자는 '여섯 살쯤 된 아동은 어떤 특별한 지식을 배울 필요가 없습니다'라고 말했다. 이 의미는 아이로 하여금 마음대로 놀도록 하라는 것이다. 따라서 정답은 D다.

★★☆ | **유형** | 세부 내용 파악

24

女的的孩子好几分钟盯着墙看，专家是怎么分析的?　여자의 아이가 꽤 오랫동안 벽을 주시하며 보는 것을 전문가는 어떻게 분석하였는가?

A 这是孩子在学习　　　　A 이것은 아이가 학습하고 있는 것이다
B 这是孩子的权利　　　　B 이것은 아이의 권리다
C 这说明孩子太傻　　　　C 이것은 아이가 매우 멍청하다는 것을 설명한다
D 这说明孩子聪明　　　　D 이것은 아이가 똑똑하다는 것을 설명한다

해설 인터뷰 후반 남자는 아이가 명암이 뒤섞인 곳을 주시하며 볼 것인데, 이것이 아이가 세계를 이해하는 시작이라고 말했다. 이 의미는 아이가 이때 무언가를 습득하고 알아가고 있는 중이라는 것이다. 따라서 정답은 A다.

★★★ | **유형** | 내용 추측 파악

25

对话人接下来会谈到什么问题?　대화자들은 이어서 어떠한 문제에 대해 이야기할 것인가?

A 儿童什么时候开始学习　　　　A 아동은 언제 학습을 시작하는가
B 为什么莫扎特是一个天才　　　B 왜 모차르트는 천재인가
C 练习钢琴主要有哪些技巧　　　C 피아노 연습은 주로 어떠한 기교가 있는가
D 什么时候开始教儿童知识　　　D 언제 아동에게 지식을 가르치기 시작하는가

해설 인터뷰 마지막에 여자가 남자의 말이 일리가 있을지도 모르지만 다른 질문을 하나 하겠다며, 모차르트가 피아노를 배운 것을 한 예로 들었다. 따라서 이어서 남자는 언제 아동에게 지식을 가르쳐야 하는지에 대해 대답할 것임을 유추할 수 있으므로 D가 정답이다. 인터뷰 앞부분에 아동은 이미 학습을 시작했다고 언급했으므로 A는 답이 아니다.

女：您觉得招聘是一个什么样的活儿？

男：我当时在猎头公司任职的时候，做得最多的也是招聘。说到感受，27(D)所有这些公司都面临一个困难：要快速地找到合适的人。一个公司如果招这么多人，往往不能百分之百都招到。人力资源部里面的其他的工作，除招聘以外的其他的工作，我都可以做好，而只有招聘往往做不出来。讲到招聘，我个人认为这是蛮具有挑战性的工作。26(B)不管我给客户招聘也好，还是给我自己的公司招聘也好，都是这样。

女：您还记得那一段时间，您大概面试了多少人吗？

男：我面试最多的时间其实是我们公司和英特尔签了一个合约，也就是我在替英特尔公司工作的时候。两三年下来，我可能面试了两千多个人，从我1991年开始在公司做招聘来讲，可能到2000年的时候，我自己粗略算了一下，有四千人。

女：我想如果管您叫"面试张"应该是可以的。

男：那个时候确实算是蛮多的。28(B)我那个时候一天最多面试二十个人。我们是前期做一个简历的筛选，筛选完简历之后做电话沟通，我们见面的时候，就只谈我在电话中没有谈到的问题，所以每个人控制在15分钟，我得留出三到五分钟的时间记录，谈的时候没有办法记录，否则就会忘掉。比如说上午，我谈到最后一个的时候，可能第一个我都忘掉了，这一天谈下来，可能只剩下最后两个人我还有印象。那个时候我记得，29(A)我们约候选人都约得很紧张，然后候选人没有来的时候，我们是在酒店房间里面，是套间嘛，赶快躺在床上，待五分钟，然后马上又是下一场，下一位候选人又过来了，就是这样的。

女：在您面试的四千人中间，有没有让您印象特别深刻的？

여：당신은 채용이 어떠한 활동이라고 생각하십니까?

남：제가 헤드헌팅 회사에서 업무를 담당했을 당시에, 제일 많이 한 것 역시 채용입니다. 느낌을 말하자면, 27(D)모든 회사들이 빠른 속도로 적합한 사람을 찾아야 한다는 어려움에 직면해있습니다. 한 회사가 이만큼의 사람을 모집한다면, 종종 백 퍼센트 모두 구할 수는 없습니다. 인력자원부 안에서의 다른 업무, 채용 이외의 다른 업무를 저는 모두 해낼 수 있습니다. 하지만 단지 채용만은 저는 해낼 수 없습니다. 채용에 대해 말하자면, 저는 개인적으로 이것이 매우 도전적인 업무라고 생각합니다. 26(B)제가 고객을 위해 채용을 해도 좋고, 아니면 제 자신의 회사를 위해 채용을 해도 좋습니다. 모두 마찬가지입니다.

여：당신은 그 시간 동안 대충 몇 명을 면접 보았는지 아직 기억하십니까?

남：제가 면접을 가장 많이 본 시간은 사실 저희 회사와 인텔이 계약을 체결하고 제가 인텔 회사를 대신해 일할 때였습니다. 2~3년 동안, 저는 대략 2천여 명의 면접을 보았습니다. 1991년부터 회사에서 모집을 하기 시작한 것부터 말하자면 아마 2000년에 이르렀을 때는 제가 스스로 대충 셈해보아 4천 명이었습니다.

여：제 생각에 당신을 '면접 장 선생님'이라고 불러도 괜찮겠네요.

남：그때는 정말 굉장히 많은 것이었습니다. 28(B)저는 그때 하루 동안 제일 많기로는 20명을 면접 보았습니다. 우리는 앞서 이력서 선발을 하고, 이력서 선발을 다한 후 전화로 대화를 하고, 만나서는 전화로 하지 않은 문제를 이야기합니다. 그래서 사람마다 15분으로 제한하는데, 3~5분의 시간을 남겨서 기록을 해야 합니다. 얘기할 때 기록할 방법이 없어서 그렇게 하지 않으면 잊어버릴 수 있습니다. 예를 들어, 오전에 최후의 한 사람까지 얘기했을 즈음엔 어쩌면 첫 번째 사람은 잊어버렸을 것입니다. 이날 계속 얘기해나가면, 아마 최후의 두 사람만 인상에 남을 것입니다. 그때 제가 기억하기로 29(A)면접 후보자와 약속을 매우 빡빡하게 잡고 나서 면접 후보자가 오지 않았을 때, 우리는 호텔 방에 있었기 때문에 방이 두 개니까 재빨리 침대에 누웠다가, 5분을 기다린 후 곧바로 또 다음 차례가 되면 다음 면접 후보자가 또 오곤 했습니다.

여：당신이 면접을 본 4천 명 중, 당신에게 특별히 깊은 인상을 주었던 사람이 있었나요?

男: 也有，^{30(B)}我忘了是替哪个公司招聘的，是北京大学的，我忘了是哪个系的，反正是金融方面的研究生，那个我印象最深刻。

女: 为什么?

男: 特别优秀的女孩子，在整个面试过程中，她展示得很充分，而且所有问题她都完全是根据她在学校里面的经历来讲的，而且讲得很生动。

남: 당연히 있습니다. ^{30(B)}어느 회사를 대신해 채용한 것인지는 잊어버렸지만, 베이징대학 사람이었습니다. 어느 과인지는 잊었지만 어쨌든 금융 방면의 대학원생이었습니다. 그 사람이 저는 가장 인상 깊었습니다.

여: 왜요?

남: 특별히 우수한 여자였습니다. 모든 면접과정에서 그녀는 자신을 충분히 표현했습니다. 게다가 모든 질문에 학교에서의 경험에 근거해 설명하였으며 또한 매우 생생하게 설명하였습니다.

단어 招聘 zhāopìn 통 (공모의 방식으로) 모집하다, 채용하다 | 猎头 liètóu 명 헤드헌팅(head-hunting) | 任职 rènzhí 통 직무를 맡다, 직무를 담당하다 | 蛮 mán 부 매우, 아주 | 英特尔 Yīngtè'ěr 명 인텔(Intel) | 合约 héyuē 명 계약 | 粗略 cūlüè 형 대략적인, 대강의 | 确实 quèshí 부 틀림없이, 확실히 | 简历 jiǎnlì 명 (개인의) 약력, 간단한 이력 | 筛选 shāixuǎn 통 골라내다, 선별하다 | 沟通 gōutōng 통 교류하다, 소통하다 | 候选人 hòuxuǎnrén 명 후보자 | 套间 tàojiān 명 여러 개 딸린 방, 스위트룸 | 深刻 shēnkè 형 (문제나 사건의) 본질을 파악하다, 핵심을 찌르다

★★☆ | **유형** | 세부 내용 파악

26 关于男的，我们可以知道什么?

A 现在在英特尔公司工作
B 有一家属于自己的公司
C 很少替别的公司招聘人才
D 没做过除招聘以外的工作

남자에 대해서, 우리는 무엇을 알 수 있나?

A 지금 인텔 회사에서 일한다
B 자신에게 속하는 회사가 있다
C 다른 회사를 대신해 인재를 채용하는 경우는 매우 드물다
D 채용 이외의 업무를 해본 적이 없다

해설 인터뷰 초반에 남자는 '제가 고객을 위해 채용을 해도 좋고, 아니면 제 자신의 회사를 위해 채용을 해도 좋습니다'라고 한 것으로 보아, 그에게 자신에게 속하는 회사가 있다는 것을 알 수 있다. 따라서 정답은 B다.

★★☆ | **유형** | 관점 파악

27 关于招聘，男的持什么观点?

A 是人力资源部最为普通的工作
B 按时完成任务还算是很轻松的
C 这项工作可以挑战吉尼斯记录
D 快速找到合适的人难度比较大

채용에 대해서 남자는 어떤 관점을 가졌는가?

A 인력자원부의 가장 보편적인 일이다
B 제때에 임무를 완성하는 것은 매우 수월한 편이다
C 이 업무는 기네스 기록에 도전할 수 있다
D 빠른 속도로 적합한 사람을 찾는 것은 어려움이 비교적 크다

단어 按时 ànshí 부 규정된 시간에 따라 | 轻松 qīngsōng 형 수월하다, 편안하다 | 挑战 tiǎozhàn 통 도전하다 | 吉尼斯 Jínísī 명 기네스

해설 인터뷰 초반에 남자는 '모든 회사들이 빠른 속도로 적합한 사람을 찾아야 한다는 어려움에 직면해 있습니다'라고 언급했다. 따라서 D가 정답임을 알 수 있다.

28 男的最多一天面试了多少人?

A 15个
B 20个
C 91个
D 4000个

남자는 제일 많기로는 하루에 몇 명을 면접 보았는가?

A 15명
B 20명
C 91명
D 4000명

해설 남자는 '저는 그때 하루 동안 제일 많기로는 20명을 면접 보았습니다'라고 하였으므로 B가 정답이다.

★☆☆ | **유형** | 행위 파악

29 下一位候选人还没进来的时候，男的一般做什么?

A 躺在床上
B 喝杯咖啡
C 写面试记录
D 看面试记录

다음 면접 후보자가 아직 들어오지 않았을 때 남자는 일반적으로 무엇을 하는가?

A 침대에 눕는다
B 커피를 마신다
C 면접기록을 쓴다
D 면접기록을 본다

해설 남자는 면접 후보자가 오지 않았을 때, 재빨리 침대에 누웠다고 했으므로 정답은 A다.

★★☆ | **유형** | 세부 내용 파악

30 关于男的最后提到的那位应聘者，说法错误的是哪一项?

A 是北京大学的毕业生
B 是替猎头公司招聘的
C 是金融方面的研究生
D 是口才特别好的女生

남자가 마지막에 언급한 그 응시자에 관한 설명으로 틀린 것은 어느 것인가?

A 베이징대학의 졸업생이다
B 헤드헌팅 회사를 대신해 채용하는 사람이다
C 금융 방면의 대학원생이다
D 말재간이 특히 좋은 여학생이다

단어 口才 kǒucái 명 말재간, 달변

해설 인터뷰 후반에 남자가 그 응시자를 '어느 회사를 대신해 채용한 것인지는 잊어버렸지만'이라고 한 것으로 보아, B가 틀린 설명임을 알 수 있다. 따라서 정답은 B다. 인터뷰 중 그 응시자가 베이징대학 사람이었고 금융 방면의 대학원생이었다고 했으므로 A와 C는 올바른 설명이다. 또한 '그녀는 자신을 충분히 표현했습니다'와 '또한 매우 생생하게 설명하였습니다'라는 말을 통해 그 응시자가 말재간이 좋다는 것을 유추할 수 있으므로 D도 올바른 표현이다.

31-33

　　一大群人围着一辆高档轿车。轿车旁的男人在喊："你们谁帮我爬进车底拧一下螺丝啊？"他的车油路出了问题，这里离最近的加油站也有上百公里，难怪他急得像热锅上的蚂蚁。

　　他想："重赏之下，必有勇夫！"于是赶紧掏出一张百元大钞："谁帮我拧紧，这钱就是他的了！"31(D)大伙儿都觉得有钱人的话不可信。

　　这时一个小孩儿走了过去，说："我来吧。"

　　操作很简单，一分钟不到就拧好了，爬出来后他就用期待的眼神看着那人，男人想：这么简单的事，给他5元已经够多了，33(C)于是递过去5元钱。小孩儿摇了摇头。男人又加了5元，小孩儿还是摇头，男人有些生气了："你嫌少？那这10块钱也不给你啦。"

　　"不，我没有嫌少，32(D)帮人是不要报酬的！"

　　男人疑惑了："那你怎么还不走？"

　　小孩儿说："我在等你跟我说谢谢！"

큰 무리의 사람들이 고급 승용차를 둘러싸고 있었다. 승용차 옆의 남자는 소리를 질렀다. "저를 도와 차 밑으로 기어 들어가서 나사를 조여주실 분 계신가요?" 그의 자동차의 경유가 흐르는 곳에 문제가 생겼다. 이곳은 제일 가까운 주유소에서부터도 100킬로미터 이상의 거리에 있었다. 그는 뜨거운 가마 속의 개미처럼 다급할 수밖에 없었다.

그는 생각했다. '큰 포상이 있는 조건이라면 반드시 용감한 사나이가 있을 거야!' 그래서 재빨리 100위엔의 고액권을 꺼냈다. "누군가 제가 나사 조이는 것을 도와준다면 이 돈은 바로 그의 것입니다." 31(D)사나이들은 모두 돈 있는 사람의 말은 믿을 수 없다고 생각했다.

이때 어린아이가 지나가며 말했다. "제가 할게요."

다루기가 매우 쉬워서 1분도 안 되어 잘 조였다. 기어나온 후 그는 기대하는 눈빛으로 그 사람을 보았다. 남자는 생각했다. 이렇게 간단한 일이니 그에게 5위엔을 주는 것도 충분해. 33(C)그래서 5위엔을 건네주었다. 어린아이는 고개를 저었다. 남자는 또 5위엔을 더했다. 어린아이는 여전히 고개를 저었다. 남자는 조금 화가 났다. "적다고 싫어해? 그럼 이 10위엔도 너에게 안 줘."

"아니에요. 전 적다고 싫어하지 않았어요. 32(D)남을 돕는 일은 보답이 필요 없어요!"

남자는 의심스러웠다. "그러면 넌 왜 아직도 안 가니?"

어린아이는 말했다. "저는 당신이 저한테 고맙다고 할 때까지 기다리고 있었어요!"

단어 ‖ 拧 níng 图 틀다. 비틀다 ｜ 螺丝 luósī 圓 나사못. 나사 ｜ 蚂蚁 mǎyǐ 圓 개미 ｜ 掏出 tāochū 图 (손이나 공구로) 끄집어내다. 꺼내다 ｜ 眼神 yǎnshén 圓 눈매. 눈빛. 눈맵시 ｜ 摇头 yáotóu 图 고개를 젓다 ｜ 嫌 xián 图 혐오하다. 꺼리다 ｜ 报酬 bàochou 圓 보수. 사례비

★☆☆ ｜유형｜ 태도 파악

31

男人说愿意出100元钱让人拧螺丝，大家是什么态度？

A 高兴
B 疑惑
C 很期待
D 不相信

남자가 사람들에게 나사를 조여주면 100위엔을 내놓겠다고 말했을 때 모두들 어떤 태도였는가?

A 기뻤다
B 수상하게 여겼다
C 매우 기대했다
D 믿지 않았다

해설 ‖ 지문 중반에 '사나이들은 모두 돈 있는 사람의 말은 믿을 수 없다고 생각했다'라고 했다. 이 말에서 모두들 남자의 말을 믿지 않는다는 것을 알 수 있다. 따라서 정답은 D다.

32　男人最后给了小孩儿多少钱?　　남자는 결국 아이에게 얼마를 주었는가?

A　5元钱
B　10元钱
C　100元钱
D　没有给钱

A　5위엔
B　10위엔
C　100위엔
D　돈을 주지 않았다

해설　지문 후반에 남자가 나사 조이는 것을 도와준 아이에게 보답하려고 했으나, 어린아이가 '돕는 것은 보답이 필요 없어요!'라며 거절했다. 이는 어린아이가 돈을 받지 않는다는 것을 알 수 있으므로 D가 정답이다.

33　男人为什么会生气?　　남자는 왜 화가 났는가?

A　小男孩儿让他道谢
B　小男孩儿就是不走
C　认为小男孩儿很贪心
D　小男孩儿没要他的钱

A　어린 남자아이가 그에게 고맙다고 말하게 하여서
B　어린 남자아이가 가지 않아서
C　어린 남자아이가 매우 탐욕스럽다고 여겨서
D　어린 남자아이가 그의 돈을 원하지 않아서

단어　贪心 tānxīn 형 (만족할 줄 모를 정도로) 탐욕스럽다

해설　남자가 5위엔을 건네주자 어린아이는 고개를 저었고, 그래서 남자가 5위엔을 더해 총 10위엔을 주었지만 어린아이는 여전히 고개를 저었다. 그래서 남자는 아이가 자신에게서 더 많은 돈을 얻으려는 것으로 오해해 화가 났다. 따라서 정답으로 가장 적절한 것은 C다.

34-36

　　一家大型化妆品公司接到了一位顾客的投诉，说他买的一盒肥皂是空的。于是，这家公司立刻停止了生产，从包装部门一直调查到销售部门，直到找出肥皂到底是在哪一环节遗失的。

　　很快，工程师设计了一个X光设备，它需要两个人来监控通过生产线的肥皂盒，以保证其中没有空盒。35(B)他们很成功，但也很辛苦。

　　一家小型化妆品公司也遇到了同样的情况，但是一名普通雇员用另一种方法解决了这个问题。他没有使用X光监视器，也没有使用其他昂贵的设备，34(B)而是买了一个大功率的风扇。他把风扇摆在生产线旁，肥皂盒一个个在风扇前通过，只要有空盒子便会被吹离生产线。

　　36(C)显然，工程师很努力，但是小公司雇员的方法更巧妙。

　　한 대형 화장품 회사가 고객의 신고를 받았다. 그가 산 비누 한 곽이 비었다는 것이다. 그래서 이 회사는 즉시 생산을 멈추고, 포장 부문부터 판매 부문까지 비누가 도대체 어느 부분에서 유실된 것인지 찾을 때까지 계속 조사하였다.

　　매우 빠르게, 기술자는 엑스광선 설비를 설계하였다. 그것은 두 사람이 생산라인을 통과하는 비누곽을 감독하고 제어하여 그중 빈 곽이 없도록 보증해야 했다. 35(B)그들은 매우 성공했으나 또한 매우 고생스러웠다.

　　한 소형 화장품 회사 역시 같은 상황에 직면했다. 그러나 한 명의 일반 고용인이 다른 방법을 사용해 이 문제를 해결했다. 그는 엑스광선 모니터를 사용하지 않았고 기타 비싼 설비를 사용하지도 않았다. 34(B)그리고 고성능의 선풍기를 한 대 샀다. 그는 선풍기를 생산라인 옆에 놓고 비누곽이 하나하나 선풍기 앞을 통과하게 했다. 빈 상자가 있으면 바로 생산라인에서 날아갈 것이다.

　　36(C)분명, 기술자는 매우 노력했지만 작은 회사의 고용인의 방법이 더 절묘했다.

단어 肥皂 féizào 뗑 비누, 빨랫비누 | 包装 bāozhuāng 뗑 (상품을) 포장하다 | 环节 huánjié 뗑 일환, 부분 | X光 Xguāng 뗑 엑스광선 | 监控 jiānkòng 뗑 감독하고 제어하다, 모니터링을 하다 | 雇员 gùyuán 뗑 피고용인 | 监视器 jiānshìqì 뗑 모니터 | 昂贵 ángguì 뗑 (가격이) 높다, 비싸다 | 大功率 dàgōnglǜ 뗑 고성능 | 风扇 fēngshàn 뗑 옛날, 여름에 실내에 장치하던 수동식 선풍기 | 巧妙 qiǎomiào 뗑 교묘하다, 절묘하다

★☆☆ | **유형** | 행위 파악

34

小公司是怎么解决空盒子问题的?

작은 회사는 어떻게 빈 상자 문제를 해결하였는가?

A 两个人监控	A 두 사람이 감독하고 제어하였다
B 用风扇检查	B 선풍기로 검사하였다
C 设计X光设备	C 엑스광선 설비를 설계하였다
D 调查各个部门	D 각 부문을 조사하였다

해설 지문 중후반에 작은 회사의 일반 고용인은 큰 회사의 기술자와는 다른 방법인 고성능의 선풍기 한 대를 사용해 문제를 해결했다고 했으므로 정답은 B다.

★★☆ | **유형** | 세부 내용 파악

35

关于大公司的方法，以下哪一项说法正确?

큰 회사의 방법에 대해 다음 중 어느 설명이 정확한가?

A 包装部门出了差错	A 포장 부문에서 실수를 했다
B 工程师工作很辛苦	B 기술자 업무는 매우 고생스러웠다
C 使用的设备很简单	C 사용한 설비가 매우 간단하다
D 没找到产生空盒的部门	D 빈 상자를 생산한 부문을 못 찾았다

단어 差错 chācuò 뗑 착오, 실수, 잘못

해설 지문 중반에서 '그들은 매우 성공했으나 또한 매우 고생스러웠다'라고 말하였으므로 B가 정답이다.

★★☆ | **유형** | 전체 내용 파악

36

比努力更重要的是什么?

노력보다 더 중요한 것은 무엇인가?

A 仔细的检查	A 세심한 검사
B 简单的方法	B 간단한 방법
C 巧妙的方法	C 절묘한 방법
D 聪明的头脑	D 총명한 두뇌

해설 지문 마지막에 '기술자는 매우 노력했지만 작은 회사의 고용인의 방법이 더 절묘했다'라는 말을 통해 C가 정답임을 알 수 있다.

제 4 회

听力

^{39(C)}科学研究发现，常听音乐能改变儿童的容貌，使孩子的脸孔变漂亮。

人的喜、怒、哀、乐都是通过接受外界的资讯而产生的，资讯通过耳朵、眼睛等传递到大脑，大脑再经过处理让脸上某个部位的神经发生变化。常接收悲伤、恐惧、惊吓、不愉快的资讯，与常接收愉快、喜悦、快乐的资讯比较，儿童面部的某些肌肉有着根本的差别。^{37(B)}大脑神经使脸上某些肌肉长期处于紧张状态，久而久之愉快或悲伤的面部表情就会固定下来。

经常让幼儿听些欢快的乐曲，用音乐来刺激神经会使幼儿的身心得到健康的成长。有一个实验，每天上午、下午、晚上给一组儿童播放莫扎特的小夜曲。一开始没有什么改变，但四个月以后，这些孩子的面孔发生了很大变化，^{38(B)}表情比一般孩子活泼，就连眼神都与一般孩子有了根本区别。

^{39(C)}과학연구로 자주 음악을 들으면 아동의 용모를 바꿀 수 있고 아이의 얼굴을 더 예쁘게 할 수 있다는 사실을 발견했다.

사람의 기쁨, 분노, 슬픔, 즐거움은 모두 외부의 정보를 받아들여 생긴 것이다. 정보는 귀, 눈 등을 통해 대뇌에 전달된다. 대뇌는 다시 처리를 통해 얼굴의 어느 부위의 신경에 변화가 발생하게 한다. 슬픔, 두려움, 놀라움, 불쾌감의 정보를 자주 받는 것은 유쾌함, 기쁨, 즐거움의 정보를 자주 받는 것과 비교하면, 아동 안면의 어떤 근육들에서 근본적인 차이를 보인다. ^{37(B)}대뇌신경은 얼굴의 어떤 근육을 오랫동안 긴장상태에 놓이게 하며 긴 시간이 지나고 나면 유쾌하거나 혹은 슬픈 얼굴 표정이 고정될 것이다.

자주 아이들에게 즐거운 노래를 듣게 하여 음악으로 신경을 자극하는 것은 유아의 심신이 건강하게 성장할 수 있도록 할 것이다. 한 실험에서, 매일 오전, 오후, 저녁에 한 무리의 아동에게 모차르트의 세레나데를 틀어 주었다. 처음에는 어떠한 변화도 없었지만, 4개월 후, 이 아이들의 얼굴에 큰 변화가 생겼다. ^{38(B)}표정이 일반 아이들보다 활기차고 눈빛조차도 일반 아이들과 근본적인 차이가 생겼다.

단어 容貌 róngmào 명 용모 ｜ 脸孔 liǎnkǒng 명 낯, 얼굴 ｜ 资讯 zīxùn 명 정보 ｜ 传递 chuándì 동 전달하다, 전하다 ｜ 神经 shénjīng 명 신경 ｜ 恐惧 kǒngjù 형 무섭다, 두렵다 ｜ 惊吓 jīngxià 동 (생각하지 못한 자극으로) 놀라다 ｜ 资讯 zīxùn 명 정보 ｜ 喜悦 xǐyuè 명 기쁨, 희열, 즐거움, 희락 ｜ 久而久之 jiǔ'érjiǔzhī 성어 상당히 긴 시간이 지나다 ｜ 欢快 huānkuài 형 즐겁다, 흥겹다 ｜ 乐曲 yuèqǔ 명 악곡, 음악 작품 ｜ 播放 bōfàng 동 (라디오를 통해) 방송하다 ｜ 莫扎特 Mòzhātè 고유 모차르트 ｜ 小夜曲 xiǎoyèqǔ 명 세레나데 ｜ 活泼 huópō 형 활발하다, 활기차다 ｜ 眼神 yǎnshén 명 눈매, 눈맵시

★☆☆ ｜**유형**｜ 세부 내용 파악

37 常接收悲伤、恐惧等资讯的儿童面部表情会怎样？

슬픔, 두려움 등의 정보를 자주 받은 아동의 얼굴 표정은 어떠한가?

A 愉快
B 悲伤
C 紧张
D 丑陋

A 즐겁다
B 슬프다
C 긴장한다
D 못생겼다

단어 丑陋 chǒulòu 형 (외모나 모습이) 추하다, 못생기다

해설 지문 중반에서 '대뇌신경은 얼굴의 어떤 근육을 오랫동안 긴장상태에 놓이게 하며 긴 시간이 지나고 나면 유쾌하거나 혹은 슬픈 얼굴 표정이 고정될 것이다'라고 하였으므로 슬픔, 두려움 등의 정보를 자주 받은 아동의 얼굴은 슬픈 표정으로 고정된다는 사실을 알 수 있다. 따라서 정답은 B다.

38

关于实验，下列哪个选项正确?

실험에 대해서, 다음 중 옳은 것은?

A 实验很快有了结果
B 孩子们表情更活泼
C 孩子们的眼神很奇怪
D 每天睡前让儿童听音乐

A 실험은 아주 빠르게 결과가 있었다
B 아이들 표정이 더 활기찼다
C 아이들의 눈빛이 이상했다
D 매일 잠 자기 전에 아이가 음악을 듣게 한다

해설 지문 후반에 실험 초반에는 어떠한 변화도 없었지만, 4개월 후, 아이들의 얼굴에 큰 변화가 생겼으며, 표정이 일반 아이들보다 활기차고 눈빛조차도 일반 아이들과 근본적인 차이가 생겼다고 언급했다. 따라서 정답은 B다.

39

这段话主要想表明什么?

이 이야기는 주로 무엇을 나타내고 싶어하는가?

A 表情是怎么改变的
B 如何让孩子健康成长
C 常听音乐让孩子变漂亮
D 喜怒哀乐对表情的影响

A 표정은 어떻게 변하는가
B 어떻게 아이들이 건강하게 성장하도록 하는가
C 음악을 자주 듣는 것은 아이를 예쁘지게 한다
D 표정에 대한 희로애락의 영향

해설 지문 첫 도입부에 '과학연구로 자주 음악을 들으면 아동의 용모를 바꿀 수 있고 아이의 얼굴을 더 예쁘게 할 수 있다는 사실을 발견했다'라고 하였으므로 정답은 C다.

40-42

假如你正在耐心地等公共汽车，突然有个人从后面推了你一把，你会有什么感觉? 如果你认为这个人是有意推你，你一定会很气恼，甚至愤怒；但是当你转过身来，40(B)发现那个推你的人戴着墨镜，拄着一根拐杖，在你认定他是个盲人的时候，你肯定对自己当初的态度感到惭愧；然而你把他扶上车，帮他找到座位时，这个人却摘下墨镜，开始读报，你的感觉又将如何? 42(D)当你的思维模式发生变化时，心情也就随之发生变化。

41(C)当你确定自己是受害者的时候，你极容易从对方脸上看到恶意，把他的无心当成故意，我们就是用这样的思维模式让自己的心情更加糟糕。如果你在做饭的时候不小心划了手，你跑出来，正在看足球的丈夫只说创可贴在写字台里的时候，看着他那无动于衷的脸，你绝不会认为他只是对自己喜欢的节目过于着迷，而肯定会认为他不再爱你并因此怒火中烧。

만약 당신이 인내심 있게 버스를 기다리고 있는데, 갑자기 한 명이 뒤에서 당신을 밀면, 당신은 어떤 기분이 들겠습니까? 만약에 당신 생각에 이 사람이 고의로 당신을 민 것이라면 당신은 분명히 매우 화를 내고 분노할 것입니다. 그러나 당신이 몸을 돌려 40(B)당신을 민 그 사람이 선글라스를 끼고 있고 지팡이를 짚고 있어, 그 사람이 맹인이라고 생각되었을 때, 당신은 분명히 자신의 처음 태도에 대해 부끄러움을 느낄 것입니다. 그러나 당신이 그를 부축해 승차하고 그를 도와 자리를 찾아주었을 때, 이 사람이 선글라스를 벗고 신문을 읽기 시작하였다면, 당신의 느낌은 또 어떨까요? 42(D)당신의 사유 패턴에 변화가 발생하였을 때, 마음도 그에 따라 변화가 발생합니다.

41(C)당신이 자신이 피해자라고 확정할 때, 당신은 상대방의 얼굴에서 악의를 보기 쉽고 그가 생각 없이 한 일을 고의로 여깁니다. 우리는 바로 이러한 사유 패턴으로 자신의 기분을 더욱 엉망으로 만듭니다. 만약에 당신이 밥을 할 때 조심하지 않아 손을 베어 뛰어나왔는데, 마침 축구를 보고 있던 남편이 단지 반창고가 사무용 책상 안에 있다고만 말했을 때, 그의 전혀 무관심한 얼굴을 보며 당신은 결코 그가 단지 자신이 좋아하는 프로그램에 지나치게 빠져 있다고 생각할 수 없을 것입니다. 분명히 그가 당신을 사랑하지 않는다고 생각하고 크게 분노할 것입니다.

단어 有意 yǒuyì 團 일부러, 고의로 | 墨镜 mòjìng 閱 선글라스 | 拄 zhǔ 區 짚다 | 拐杖 guǎizhàng 閱 지팡이 | 惭愧 cánkuì 閱 (결점이나 잘못으로 인해) 부끄럽다 | 扶 fú 區 받치다, 부축하다 | 摘下 zhāixià 區 (모자 등을) 벗기다, 벗다 | 随之 suízhī 이(여기)에 따라, 이에 쫓아 | 恶意 èyì 閱 악의 | 糟糕 zāogāo 閱 (일이나 상황 등이) 엉망이다, 야단나다 | 划 huá 區 (뾰족한 것으로) 긋다, 자르다, 긁다 | 创可贴 chuāngkětiē 閱 반창고 | 无动于衷 wúdòngyúzhōng 閱 (당연히 관심을 가져야 할 일에) 전혀 무관심하다 | 着迷 zháomí 區 (어떤 사물이나 사람에게) 빠지다, 빠져들다, 사로잡히다, 매혹되다 | 怒火中烧 nùhuǒzhōngshāo 閱 분노의 불길이 마음속에 불타오르다, 가슴에 큰 노기를 품다

★★★ |**유형**| 행위 파악

40

如果发现一个盲人不小心推了你，你会怎么样?

A 气恼愤怒
B 原谅对方
C 耐心等待
D 感到失望

만약에 한 맹인이 조심하지 않아 당신을 밀었다면 당신은 어떻게 할 것인가?

A 화내고 분노한다
B 상대방을 용서한다
C 인내심 있게 기다린다
D 실망한다

해설 듣기 지문 초반에 정상인이 고의로 당신을 밀었다면 분명히 화를 낼 것이나 만약에 상대방이 맹인이라면 자신이 처음에 분노한 것에 부끄러움을 느끼고 그를 도울 것이라고 했으므로 B가 정답이다.

★★☆ |**유형**| 인과 관계 파악

41

我们为什么会让自己的心情更加糟糕?

A 对方脸上有恶意
B 别人不再爱我们
C 确定自己是受害者
D 别人无动于衷的态度

우리는 왜 자신의 기분을 더욱 엉망으로 만드는가?

A 상대방 얼굴에 악의가 있어서
B 다른 사람이 더 이상 우리를 사랑하지 않아서
C 자신이 피해자라고 확정해서
D 다른 사람의 무관심한 태도로 인해

해설 자신이 피해자라고 확정할 때 상대방에게서 악의를 보기 쉽고 이러한 사유 패턴은 자신의 기분을 더욱 엉망으로 만든다고 했으므로 정답은 C다.

★★☆ |**유형**| 주제 파악

42

这段话主要讲了什么?

A 不要随便对人生气
B 无心和故意的区别
C 确定自己是否是受害者
D 心情随着思维模式改变

이 글은 주로 무엇을 설명하였는가?

A 마음대로 사람에게 화를 내서는 안 된다
B 무심과 고의의 구별
C 자신이 피해자인지 아닌지 확정한다
D 마음은 사유 패턴에 따라 바뀐다

해설 지문 중반에 '당신의 사유 패턴에 변화가 발생하였을 때, 마음도 그에 따라 변화가 발생합니다'라고 말했으며, 또한 '이러한 사유 패턴으로 자신의 기분을 더욱 엉망으로 만듭니다'라고 말한 것으로 보아, 정답이 D임을 알 수 있다.

　　如果从养生的角度来说，我体会，读书要解决三个问题：一是为什么读书？二是读什么样的书？三是怎样个读书法？

　　为什么读书？不为名，不为利，不为写文章，也不为做官。43(D)读书，完全是一种人生的需要，就像植物需要阳光雨露一样。44(A)全国著名医学专家洪昭光提出了养生的四大基石：合理膳食，适量运动，戒烟戒酒，心理平衡。这其中，"心理平衡"就可以通过读书来达到。读书是消除杂念，保持心平气和状态的最好途径之一。

　　读什么样的书？不强求一定要读什么名著经典，读点儿闲书也是蛮好的。兴趣所在，情趣所在就可以了。45(D)让我们保持对生活的热情，让我们关怀身边的人们。

　　怎个读书法？有人认为饭要天天吃，书也要天天读，46(B)持之以恒，寒暑不断，这是其一。其二是，46(D)随便翻翻，不必太讲究。喝茶时，顺手拿起放在茶几底下的书翻翻；上床时，随便掏出枕边的书看看。其三是，不求甚解，不钻牛角尖。对于书中内容看过就行了，46(A)会意就行了，不必强求完全理解。

　　读书之余，拉拉二胡，吹吹笛子，弹弹秦琴，下下棋，跳跳舞，生活就是这么简单快乐。这就是我的"养生法"。

잘 먹고 잘 사는 측면에서 볼 때, 나는 독서가 세 가지 문제를 해결해야 한다는 것을 깨달았다. 첫째, 왜 책을 읽는가? 둘째, 어떤 책을 읽는가? 셋째, 어떤 독서법인가?

왜 책을 읽는가? 명예를 위한 것도 아니고, 이익을 위한 것도 아니며 글을 쓰기 위한 것이나 관리가 되기 위함도 아니다. 43(D)책을 읽는 것은 오로지 인생의 필요로, 마치 식물이 햇빛과 비와 이슬을 필요로 하는 것과 같다. 44(A)전국에서 저명한 의학전문가 홍자오광은 건강하게 사는 법의 4대 초석을 제기했다. 합리적인 식사, 적당량의 운동, 금연금주, 심리적 균형이다. 이것 중, '심리적 균형'은 독서를 통해 달성할 수 있다. 독서는 잡념을 없애고, 마음이 안정된 상태를 유지하는 가장 좋은 수단 중 하나다.

어떠한 책을 읽는가? 반드시 어떤 유명한 고전을 읽어야 한다고 강요하지 않는다. 심심풀이로 읽는 책을 좀 읽는 것도 매우 좋다. 흥미가 있거나 재미있는 것이면 된다. 45(D)우리에게 생활의 열정을 유지하게 하고 우리가 주변 사람들에게 관심을 가지게 한다.

어떤 독서법인가? 어떤 사람은 밥을 매일 먹듯 책도 매일 읽어야 한다고 생각한다. 46(B)오랫동안 지속하고 더위와 추위에도 멈추지 않는 것이 첫째다. 둘째는 46(D)편안하게 넘겨보고, 너무 신경 쓸 필요가 없다는 것이다. 차를 마실 때, 겸사겸사 찻상 밑에 놓여 있는 책을 들어 넘겨보고, 침대에 오를 때, 내키는 대로 베개 옆의 책을 꺼내 본다. 셋째는 대략적으로 이해하고 집요하게 파고들지 않는 것이다. 책 안의 내용은 보았다면 그만이고, 46(A)이해하면 된 것이다. 완전히 이해하기를 강요할 필요가 없다.

책 읽는 여유, 얼후를 연주하고, 피리를 불고, 진금을 뜯고, 장기를 두고, 춤을 추는 것, 생활은 이렇게 간단하고 즐거운 것이다. 이것이 나의 '잘 먹고 잘 사는 법'이다.

단어　养生 yǎngshēng 통 양생하다. 섭생하다. 섭양하다 | 洪昭光 Hóng Zhāoguāng 고유 훙자오광 | 基石 jīshí 명 초석 | 膳食 shànshí 명 일상적으로 먹는 식사 | 平衡 pínghéng 형 균형이 맞다. 평형하다 | 消除 xiāochú 통 (불리한 것을) 없애다. 제거하다 | 杂念 zániàn 명 잡념 | 心平气和 xīnpíngqìhé 성어 마음이 평온하여 화를 내지 않다. 마음이 안정되어 조급하지 않다 | 途径 tújìng 명 길. 도로 | 强求 qiǎngqiú 통 강요하다. 무리하게 요구하다 | 闲书 xiánshū 명 심심풀이로 읽는 책 | 持之以恒 chízhīyǐhéng 성어 오랫동안 견지하다. 오랫동안 꾸준하게 나아가다 | 寒暑 hánshǔ 명 추위와 더위. 겨울과 여름. 일 년 | 茶几 chájī 명 다기를 올려놓는 작은 탁자. 찻상 | 顺手 shùnshǒu 부 ~하는 김에 | 掏出 tāochū 통 (손이나 공구로) 끄집어내다. 꺼내다 | 不求甚解 bùqiúshènjiě 성어 대략 이해하다. 대충 이해하다 | 钻牛角尖 zuānniújiǎojiān (가치가 없거나 해결할 수 없는 문제를) 집요하게 파고들다. 끝까지 매달리다 | 会意 huìyì 통 (다른 사람의 의중을) 깨닫다. 이해하다. 납득하다 | 二胡 èrhú 명 이호. 얼후 [호금의 한 종류로 줄이 둘이고 몸체는 대나무로 만듦] | 笛子 dízi 명 (대나무로 만든) 피리 | 秦琴 qínqín 명 진금 [중국 전통 현악기로 완함에서 변형·발전함]

43 说话人认为为什么要读书?

A 使人消除杂念
B 使人身体更好
C 提高生活热情
D 满足人生需要

화자는 왜 책을 읽어야 한다고 여기는가?

A 사람으로 하여금 잡념을 없애게 하려고
B 사람으로 하여금 신체가 더욱 좋아지게 하려고
C 생활의 열정을 높이려고
D 인생의 필요를 만족시키려고

해설 듣기 지문 초반에 책 읽는 것은 명예나 이익을 위한 것이 아니며 글을 쓰기 위한 것이나 관리가 되기 위함도 아닌, 오로지 인생의 필요 때문이라고 했으므로 정답은 D다.

44 洪昭光是什么人?

A 大夫
B 作家
C 教育家
D 运动员

홍자오광은 어떤 사람인가?

A 의사
B 작가
C 교육자
D 운동선수

해설 듣기 지문 초중반에 '전국에서 저명한 의학전문가 홍자오광'이라고 하였으므로 홍자오광이 의사임을 알 수 있다. 따라서 정답은 A다.

45 读闲书的好处是什么?

A 放松心情，培养兴趣
B 心理平衡，充满激情
C 兴趣所在，情趣所在
D 热爱生活，关心他人

심심할 때 읽는 책의 좋은 점은 무엇인가?

A 마음을 편안하게 하고 흥미를 배양한다
B 심리적 균형이 생기고 열정을 충만하게 한다
C 흥미가 있고 재미가 있다
D 생활을 사랑하고 타인에게 관심을 가지게 한다

단어 激情 jīqíng 몡 (억누르기 힘든) 열정. 정열

해설 이 글에서 심심할 때 읽는 책은 '우리에게 생활의 열정을 유지하게 하고 우리가 주변 사람들에게 관심을 가지게 한다'라고 하였으므로 D가 정답이다.

46 说话人认为读书的方法不包括下列哪一项?

A 会意
B 坚持
C 努力
D 随意

화자가 생각하기에 독서의 방법에 포함되지 않는 것은?

A 이해하기
B 지속하기
C 노력하기
D 뜻대로 하기

단어 随意 suíyì 동 (자기) 생각대로 하다, 뜻대로 하다, 원하는 대로 하다

해설 듣기 지문 후반에 독서 방법으로 오랫동안 지속하고, 편안하게 넘겨보며, 이해하면 그만이라고 했다. '노력'과 관련해서는 언급하지 않았으므로 정답은 C다.

对于中国的旅游企业来说，今年是休假制度调整后首个没有"五一"黄金周的一年。^{47(C)}清明、端午、中秋将成为新的法定假日，形成了"两个7天长假、5个3天小长假"的格局。

从旅行社反馈的信息来看，^{48(B)}产品格局上的调整将是长途游明显减少，短途游产品占据主导，有了灵活经营的自主性，让其不再受制于高峰时期住宿、交通、景区限流量等供应紧张的情况。

^{47(C)}"五一"黄金周的取消，将游客挤压到另外两个黄金周，对"十一"和春节黄金周旅游市场起到了极大的推动作用。从今年元旦出游市场来看，放假3天的大周末已经让旅游市场提前享受到"小黄金周"，北京地区短途旅游市场火暴异常。

旅行社方面认为，春节是出游的第一大高点，其次是暑期，然后是"十一"、年底的年假旅游和商务旅游。"五一"排在各大旅游热点的最后，因此取消"五一"黄金周并不会对旅行社的利润造成太大影响。^{50(A)}消费者的消费习惯会形成一种惯性，今年"五一"仍将是出游高峰。此外，新增的3个小长假，^{49(B)}除清明节不太适合旅游外，端午、中秋如果和周末连休，很可能成为出游的黄金时段。

중국의 여행업에 대해 말하자면, 올해는 휴가제도 조정 후 처음으로 '노동절'의 황금연휴가 없는 해다. ^{47(C)}청명절, 단오절, 중추절은 새로운 법정 휴일이 되어 '2개의 7일 장기 휴일과 5개의 3일 단기 휴일'의 구조를 만들었다.

여행사에서 피드백한 소식을 보면, ^{48(B)}상품 구조는 장거리 여행이 확연히 감소하고 단거리 여행상품이 주도적인 위치를 차지하는 쪽으로 조정될 전망이다. 원활한 경영의 자립성이 생기면 성수기가 절정에 이르렀을 때 숙박·교통·관광지의 한정된 여객량 등의 공급부족 상황에 더 이상 제약을 받지 않을 것이다.

^{47(C)}'노동절' 황금연휴의 소멸은 여행객을 다른 2개의 황금연휴로 밀어내 '국경절'과 설 황금연휴의 여행시장에 매우 큰 촉진작용을 일으켰다. 올해 양력 설 여행시장을 보면, 3일을 쉬는 주말은 이미 여행시장으로 하여금 '작은 황금주말'을 앞당겨 누리게 하였으며, 베이징 지역 단거리 여행 시장은 보통 때와 다르게 매우 왕성했다.

여행사 입장에서 설은 여행의 가장 큰 정점이며 그 다음은 여름 휴가, 그리고 '국경절', 연말의 연차 휴가 여행과 비즈니스 여행이라고 여긴다. '노동절'은 인기 있는 여러 여행 시기 가운데 마지막에 놓인다. 따라서 '노동절' 황금연휴를 취소해도 결코 여행사의 이윤에 큰 영향을 주지 않을 것이다. ^{50(A)}소비자의 소비습관은 일종의 관성을 형성하여 올해의 '노동절'은 여전히 여행 절정기일 것이다. 이 밖에 새롭게 증가된 3개의 단기 휴일은 ^{49(B)}청명절이 여행에 그다지 적합하지 않은 것 외에, 단오절, 중추절은 만약 주말과 이어진다면, 여행의 황금기가 될 가능성이 높다.

단어 休假 xiūjià 통 휴가를 보내다, 휴가를 지내다 | 调整 tiáozhěng 통 조정하다, 조절하다 | 五一 Wǔ Yī 명 五一国际劳动节(노동절)의 줄임말 | 黄金周 huángjīnzhōu 명 황금주간, 황금연휴 [설 연휴, 5월 1일 노동절 연휴, 10월 1일 국경절 연휴가 중국의 '황금주간'에 속함] | 格局 géjú 명 구조와 격식 | 反馈 fǎnkuì 통 (정보나 반응이) 되돌아오다, 피드백하다 | 占据 zhànjù 통 점거하다, 차지하다 | 灵活 línghuó 형 민첩하다, 재빠르다 | 自主性 zìzhǔxìng 명 자립성 | 挤压 jǐyā 통 (좌우·상하로부터) 내리누르다, 밀어내다 | 十一 Shí Yī 명 10월 1일 [중화인민공화국의 건국일] | 火暴 huǒbào 형 왕성하다, 한창이다 | 热点 rèdiǎn 명 주목을 끄는 것, 주목을 끄는 문제 | 利润 lìrùn 명 이윤 | 惯性 guànxìng 명 관성, 타성 | 黄金时段 huángjīn shíduàn 명 황금 시간대

★☆☆ | **유형** | 화제 파악

47

这段话主要讲的是什么?

A 旅行社的发展现状
B 外出旅游的黄金期
C 假期调整带来的变化
D 取消"五一"长假的好处

이 글에서 주로 설명하는 것은 무엇인가?

A 여행사의 발전상황
B 여행을 가는 황금 기간
C 휴일 조정이 가져온 변화
D '노동절' 장기휴일을 취소한 장점

해설 전반적으로 '노동절' 황금연휴의 소멸과 청명절, 단오절, 중추절 등의 새로운 휴일 제도 실시가 가져온 각종 변화에 대해 설명하고 있다. 따라서 정답은 C다.

 **Tip⁺** 중심 화제를 묻는 문제는 무엇을 얘기하고 있는지, 무엇에 관해 얘기하고 있는지, 핵심 단어를 위주로 중심 내용을 파악해야 한다. 그러므로 보기의 단어를 통해 미리 지문의 내용을 유추하는 것도 좋다.

48

假期的调整会给旅行社带来什么影响?	휴일의 조정은 여행사에게 어떤 영향을 가져올 것인가?
A 长途旅行将被取消	A 장거리 여행은 취소될 것이다
B 短途旅游更为灵活	B 단거리 여행은 더욱 원활해질 것이다
C 不再存在住宿问题	C 숙박 문제가 더 이상 존재하지 않을 것이다
D 利润将会大大减少	D 이윤은 크게 감소할 것이다

해설 지문 초반에 장거리 여행이 확연히 감소하고 단거리 여행상품이 주도적인 위치를 차지할 것이라고 했으므로 정답은 B 다. 장거리 여행이 확연히 감소한다고는 언급했지만, 취소될 것이라고는 하지 않았으므로 A는 답이 될 수 없다. 또한 '노동절 황금연휴를 취소해도 결코 여행사의 이윤에 큰 영향을 주지 않을 것이다'라고 하였으므로 D도 답이 될 수 없 다.

49

下面四个假期，哪一个假期外出旅游的人数最少?	아래 네 개의 휴일 중 여행을 가는 사람 수가 가장 적은 휴일은 언제인가?
A 元旦	A 양력 설
B 清明	B 청명절
C 端午	C 단오절
D 中秋	D 중추절

해설 지문 후반에 단기 여행 중, 청명절은 여행에 그다지 적합하지 않다고 했으므로, 청명절에 여행을 가는 사람이 비교적 적을 것임을 알 수 있다. 따라서 정답은 B다.

50

下面哪种说法是正确的?	아래 중 어느 설명이 정확한가?
A "五一"仍是旅游热点	A '노동절'은 여전히 여행의 주요 포커스다
B 春节很少有人出国旅游	B 설에는 해외여행을 가는 사람이 적다
C 周末景区将会限制流量	C 주말에 관광지는 유동량을 제한할 것이다
D 今后长途游将大大增加	D 이후에 장거리 여행은 크게 증가할 것이다

해설 지문 후반에 올해의 '노동절'은 여전히 여행 절정기일 것이라고 하였으므로 정답은 A다.

阅读

第 一 部 分

51-60

★☆☆ | **유형** | 문장 성분 파악

51

A 她和他就这样过着，她不指望会有怎样的变化。

B 天安门广场今年的庆祝活动比往年还要盛大极了。

C 在能力相当的情况下，做学问其实就靠一个人的态度了。

D 以适合您生理和心理的方式生活，别浪费时间，以免落在他人之后。

A 그녀와 그는 단지 이렇게 살아가고 있다. 그녀는 어떠한 변화가 있기를 바라지 않는다.

B 톈안먼 광장의 올해 경축 활동은 지난해보다 더욱 성대하다.

C 능력이 비슷한 상황에서 학문을 하는 것은 사실 한 사람의 태도에 달려있다.

D 남보다 뒤떨어지지 않기 위해서는 당신의 생리와 심리에 적합한 방식으로 생활하고 시간을 낭비하지 마라.

단어 指望 zhǐwàng ⑧ 기대하다. 열망하다 | 庆祝 qìngzhù ⑧ 축하하다. 경축하다 | 盛大 shèngdà ⑱ 성대하다 | 相当 xiāngdāng ⑧ 서로 비슷하다. 상당하다. 맞먹다 | 靠 kào ⑧ 의지하다. 의거하다 | 生理 shēnglǐ ⑲ 생리 [유기체의 생명 활동과 체내 각 기관의 기능을 말함] | 浪费 làngfèi ⑧ 낭비하다 | 以免 yǐmiǎn ㉑ ~하지 않도록, ~하지 않기 위해서 | 落 luò ⑧ 낙오하다. 뒤처지다

해설 B는 比를 사용한 比자 비교문이며, 형식은 '…比…还(要)+형용사'다. 比자를 사용한 비교문에는 还 또는 更 비교부사를 사용하여 한층 더 깊은 정도에 이르렀음을 나타낼 수 있다. 반면 很, 十分, 非常, 比较와 같은 정도부사나 정도를 나타내는 极了, 得慌과 같은 단어는 올 수 없다. 따라서 이 문장에서는 형용사 盛大 뒤에 있는 정도를 나타내는 极了를 빼야 한다. 올바른 문장으로 고치면 '天安门广场今年的庆祝活动比往年还要盛大'다.

Tip⁺ 比자 비교문에서는 형용사 뒤에 '조금, 약간'이라는 의미의 一点, 一些와 비교의 수치가 정확하지 않은 得多, 多了, 远了 등은 쓸 수 있다.

예 我的成绩比他差一点。 내 성적은 그보다 조금 뒤처진다.
他的公司比我的公司远得多。 그의 회사는 나의 회사보다 많이 멀다.

★★☆ | **유형** | 부사의 정확한 위치 파악

52

A 爸爸答应在他出差去莫斯科时带我一起去。

B 事实上，越是担心自己考不好，越就不能发挥出自己的水平。

C 虽然爱迪生只接受过三个月的正规教育，但他却是最伟大的发明家。

D 我们报社现在规模还比较小，所以需要跟网站合作来扩大我们的影响力。

A 아버지께서는 모스크바로 출장을 가실 때 나를 데리고 같이 가기로 허락하셨다.

B 사실 자신이 시험을 못 볼 거라고 걱정을 할수록 자신의 능력을 더욱 발휘할 수 없다.

C 비록 에디슨은 단지 3개월의 정규 교육만 받았지만, 그는 위대한 발명가다.

D 우리 신문사는 지금 규모가 아직 비교적 작다. 그래서 인터넷 사이트와 협력해서 우리의 영향력을 확대해야 한다.

단어 答应 dāying ⑧ 허락하다. 동의하다. 들어주다 | 莫斯科 Mòsīkē ⑲ 모스크바 | 发挥 fāhuī ⑧ (내재된 성질이나 능력을) 발휘하다 | 爱迪生 Àidíshēng ⑔ 에디슨 | 伟大 wěidà ⑱ (도량이나 업적 등이) 매우 훌륭하다. 위대하다 | 规模 guīmó ⑲ 규모 | 扩大 kuòdà ⑧ 넓히다. 늘리다. 확대하다

해설 B에서 문장의 기본 형식은 '越…, (就/便)越…'로, '~하면 할수록 ~하다'라는 뜻이다. 관련 작용을 하는 부사 就는 반드시 越의 앞에 놓아야 한다. 따라서 올바른 문장은 '事实上，越是担心自己考不好，就越不能发挥出自己的水平'이다.

53

A 随着因特网的日益普及，网站被攻击的现象频繁发生。

B 平时要注重锻炼身体，提高抵抗力，要防止着凉和疲劳。

C 丈夫认为妻子不支持自我的事业，所以有时难免发生争吵。

D 大脑需要不断接触新鲜事物来保持兴奋状态，来维持正常工作。

A 인터넷이 나날이 보급되면서 인터넷 사이트가 공격을 당하는 현상은 빈번히 발생한다.

B 평소 신체를 단련하고 저항력을 높이는 것에 주의해서 감기와 피로를 방지해야 한다.

C 남편은 아내가 자신의 사업을 지지하지 않는다고 여긴다. 그래서 가끔은 말다툼을 피하기 어렵다.

D 두뇌는 쉬지 않고 신선한 사물을 접촉함으로써 흥분상태를 유지하고 정상적인 임무를 이어 나간다.

단어 因特网 yīntèwǎng 명 인터넷 | 普及 pǔjí 동 보급되다, 퍼지다 | 防止 fángzhǐ 동 (나쁜 일을) 방지하다 | 着凉 zháoliáng 동 감기에 걸리다 | 难免 nánmiǎn 형 피하기 어렵다, 면하기 어렵다 | 争吵 zhēngchǎo 동 말다툼하다 | 兴奋 xīngfèn 형 흥분하다, 감격하다

해설 C의 自我는 대사로 주로 쌍음절 단어 앞에 쓰여, 이 동작이 자신으로부터 나온 것이며, 동시에 자신을 대상으로 함을 표시한다. 예를 들어 自我批评, 自我调整, 自我完善처럼 쓴다. 따라서 이 문장에는 적합하지 않으므로 自我를 自己 혹은 他로 바꿔야 한다. 自己는 단독으로 주어(自己去), 관형어(自己的情况)가 될 수 있으며, 대사 뒤에 놓일 수도 있다(我们自己). 그러므로 올바른 문장은 '丈夫认为妻子不支持自己的事业…' 또는 '丈夫认为妻子不支持他的事业…'이다.

54

A 受灾群众都说，只要看到了解放军，他们就踏实多了心里。

B 在周庄，不得不提一个人的名字，那就是曾经富可敌国的沈万三。

C 德国的科研人员发现，儿童打鼾会直接影响到他们在学校的表现。

D 实验证明，如果不加复习就接着学习新知识，结果只能是学得快，忘得也快。

A 재해를 입은 군중들이 말하길 해방군을 보기만 하면 그들은 마음이 매우 안정된다고 했다.

B 저우좡에서 부득이하게 한 사람의 이름을 언급하자면, 그것은 바로 일찍이 부가 한 나라에 견줄만 했던 선완싼이다.

C 독일의 과학연구원은 아동이 코를 고는 것이 학교에서의 그들의 태도에 직접적으로 영향을 미친다는 것을 발견했다.

D 실험은 만약에 복습을 하지 않고 계속 새로운 지식을 공부하면 결과적으로 빠르게 배우지만 잊는 것도 빠르다는 것을 증명했다.

단어 受灾 shòuzāi 동 재해를 입다 | 踏实 tāshi 형 (마음이) 놓이다, 편안하다 | 周庄 Zhōuzhuāng 명 저우좡 [장쑤성에 위치함] | 富可敌国 fù kě dí guó 부가 한 나라에 견줄만하다 | 沈万三 Shěn Wànsān 고유 선완싼 | 打鼾 dǎhān 동 코를 골다

해설 A의 뒤 절에서 장소명사 心里의 어순이 잘못됐다. 心里가 가리키는 것은 장소이므로, 술어인 就踏实多了 앞에 와야 한다. 따라서 올바른 문장은 '…他们心里就踏实多了'다.

Tip⁺ • 장소명사의 종류

종류	예시
지명이나 건물의 이름을 나타내는 고유명사	中国, 北京饭店
스스로 장소를 나타내는 일반 장소명사	学校, 食堂, 图书馆
일반명사+방위명사	包+里
복합 방위명사	上面, 下边, 里面

55

A 在自然界，也有一些动物会发出类似人类和灵长类的笑声。

B 随着生活水平的提高，维生素的作用越来越受到人们的重视。

C 这些经历，引起了后来我对神秘文化的好奇，也影响了我的写作。

D 我们可以这样下个定义：“不爱运动”是最可怕的人类一种不良的习惯。

A 자연계에서 일부 동물들은 인류, 그리고 영장류와 비슷한 웃음소리를 낼 수 있다.

B 생활 수준이 향상됨에 따라 비타민의 기능은 점점 사람들의 중시를 받고 있다.

C 이러한 경험은 후에 신비문화에 대한 나의 호기심을 일으켰고, 나의 글쓰기에도 영향을 주었다.

D 우리는 이렇게 정의를 내릴 수 있다. '운동을 좋아하지 않는 것'은 인류의 가장 무서운 나쁜 습관이다.

단어 类似 lèisì 图 유사하다, 비슷하다 | 灵长类 língzhǎnglèi 圆 영장류 | 维生素 wéishēngsù 圆 비타민 | 下定义 xià dìngyì 정의를 내리다

해설 D는 관형어가 여러 개 있을 때 나타나는 어순 오류다. 人类는 범위를 나타내는 명사로 다른 관형어보다 앞에 놓여야 한다. 따라서 올바른 문장은 '…人类最可怕的一种不良(的)习惯'이다.

✎ **Tip+** • 다항관형어의 어순

	제한성 관형어			묘사성 관형어			
소속 관계	시간사/ 장소사	주술구/ 동사(구)/ 전치사구	지시대사/ 수량사	주술구/ 동사(구)/ 전치사구	형용사 (구)	的	명사
	昨天	从上海来的	那两位				客人	正在谈生意。
어제 상하이에서 온 그 두 명의 손님은 사업 이야기를 하는 중이다.								
			那本	关于中国近代经济		的	《经济论》	已经出版了。
그 중국 근대 경제에 관한 『경제론』은 이미 출판되었다.								

• 제한성 관형어와 묘사성 관형어

제한성 관형어	묘사성 관형어
수량, 시간, 장소, 소유, 소속, 범위 등의 방면에서 사람이나 사물을 제한함.	성질, 상태, 특징, 직업, 재질, 재료 등의 방면에서 사람이나 사물을 묘사함.

56

A 突然，几位节目主持人好像事先商量好了似的，一齐鼓掌起来。

B 笑鸟是生活在澳大利亚森林里的一种鸟，当地人称为“库卡巴拉”。

C 从自然的角度出发，人在经过了漫长的进化后形成了现在的状态。

D 老年人最懂得时间的无情，因而有许多回忆和感慨急于向后人倾诉。

A 갑자기 몇 명의 프로그램 사회자들이 마치 사전에 상의가 된 것처럼, 일제히 박수를 치기 시작했다.

B 웃는 물총새는 오스트레일리아 밀림에 사는 새다. 현지인들은 '쿠카버라'라고 부른다.

C 자연의 측면에서 보면 사람은 긴 진화를 거친 후 지금의 모습을 형성하였다.

D 노인들은 시간의 무정함을 가장 잘 알고 있다. 그래서 많은 추억과 느낌을 서둘러 후대 사람에게 털어놓으려고 한다.

단어 鼓掌 gǔzhǎng 图 박수 치다, 손뼉 치다 | 澳大利亚 Àodàlìyà 圆 오스트레일리아 | 漫长 màncháng 圈 (시간이나 길 등이) 길다, 멀다, 끝이 없다, 아득하다 | 无情 wúqíng 圈 잔혹하다, 인정사정없다 | 感慨 gǎnkǎi 图 감개하다 | 急于 jíyú 图 (어떤 것을) 서둘러 실현하려고 하다 | 倾诉 qīngsù 图 털어놓다, 토로하다

해설 A의 鼓掌은 이합동사로, 이합동사가 방향보어를 가질 경우 동사성 단어는 술어의 역할을 하고 명사성 단어는 목적어의 역할을 한다. 이때 목적어는 복합 방향보어 사이에 놓아야 한다. 형식은 '동사성 단어(술어)＋보어1＋명사성 단어(목적어)＋보어2'다. 따라서 올바른 문장은 '…鼓起掌来'다.

 방향보어란 술어(동사, 형용사) 뒤에 놓여 동작의 방향이나 여러 가지 파생된 의미를 나타내며, 단순 방향보어와 복합 방향보어(보어1+보어2)로 나뉜다. 56번 문제와 같이 이합동사가 복합 방향보어를 가질 경우에는 동사성 단어는 술어의 역할을 하고, 명사성 단어는 목적어의 역할을 하는데, 이때 목적어는 복합 방향보어 사이에 놓는다.

동사성 단어	보어1	명사성 단어	보어2	
唱	起	歌	来	노래를 부르기 시작했다
转	过	身	去	몸을 돌렸다

★★☆ | **유형** | 어순 관계 파악

57

A 764年，他终于写了成世界上第一部茶叶专著《茶经》初稿。

B 豆浆，人称"植物牛奶"，其总热量和蛋白质含量与牛奶相接近。

C 以我的认识，克莱夫·贝尔把艺术定义为"有意味的形式"，用来解释书法是恰当的。

D 比起上千元一张的音乐会门票，电视可算是便宜的文化消费了，一次投资，全家老小长年受益。

A 764년, 그는 마침내 세계에서 최초의 찻잎 전문서 『차경』의 초고를 썼다.

B 콩국은 사람들이 '식물우유'라고 부르는데, 그것의 총 열량과 단백질 함량은 우유와 가깝다.

C 내가 아는 바에 따르면 클리브 벨은 예술을 '의미 있는 형식'이라고 정의했는데, 이 말은 서예를 설명하는 데 쓰기에 적합하다.

D 천 위엔이 넘는 음악회 표와 비교해서 텔레비전은 저렴한 문화소비라고 할 수 있다. 한 번의 투자로 온 가족 모두가 일 년 내내 이로움을 얻을 수 있다.

단어 专著 zhuānzhù 몡 전문 저서 | 豆浆 dòujiāng 몡 콩국 | 植物 zhíwù 몡 식물 | 蛋白质 dànbáizhì 몡 단백질 | 含量 hánliàng 몡 함량 | 克莱夫·贝尔 Kèláifū Bèi'ěr 고유 클리브 벨 | 长年 chángnián 분 일 년 내내 | 受益 shòuyì 동 이익을 얻다, 이로움을 얻다

해설 A에서 成은 写의 결과보어로 쓰였으므로, 조사 了는 결과보어 뒤에 놓여야 한다. 이는 술어와 결과보어 사이에 다른 어떤 성분도 들어갈 수 없기 때문이다. 따라서 올바른 문장은 '764年, 他终于写成了世界上…'이다.

 결과보어는 술어(동사) 뒤에 놓여 술어가 나타내는 동작의 변화나 결과를 나타낸다. 결과보어가 있는 문장에서의 목적어는 결과보어 뒤에 놓인다. 또한 술어와 결과보어 사이에는 다른 어떤 성분도 들어갈 수 없다.

주어	술어	결과보어	조사 (了/过)	목적어	
我	收	到	了	电子邮件	나는 이메일을 받았다.
我	记	住	了	他的名字	나는 그의 이름을 기억했다.
我	听	见	了	哭声	나는 울음소리를 들었다.

★★☆ | **유형** | 문맥에 적합한 의미 파악

58

A 相信无穷智慧的存在，它会使您产生为掌控思想和导引思想而奋斗所需要的任何力量。

B 只有强烈的欲望才会给您驱动力，而且只有积极心态才能供给产生驱动力所需的燃料。

C 在朱自清的全部散文中，《春》是风格演变特别明显的一篇，毕竟是哪些原因促成了这种演变？

D 1996年，她受邀到美国讲学，谈了许多中国女性的话题，感触很深，回国后便开始动笔写作这本书。

A 무궁한 지혜의 존재를 믿는 것은 당신으로 하여금 생각을 장악하고 통제하며 생각을 이끌기 위해 분투하는 데 필요한 어떠한 힘도 만들도록 할 것이다.

B 강렬한 욕구가 있어야만 비로소 추진력이 주어질 것이며, 또한 적극적인 마음가짐이 있어야만 비로소 생산추진력에 필요한 연료를 공급할 수 있을 것이다.

C 주쯔칭의 모든 산문 중에서 『봄』은 스타일의 변화가 특히 분명한 작품이다. 도대체 어느 원인들이 이러한 변화를 일으켰는가?

D 1996년, 그녀는 초청을 받아들여 미국으로 강연을 하러 갔다. 많은 중국 여성들의 화제를 이야기하고 느낀 바가 많아, 귀국한 후 바로 펜을 들어 이 책을 쓰기 시작했다.

단어　无穷 wúqióng 〔형〕 무궁하다, 무한하다, 한이 없다, 끝이 없다 | 智慧 zhìhuì 〔명〕 지혜 | 掌控 zhǎngkòng 〔동〕 掌握控制(장악하여 통제하다)의 줄임말 | 力量 lìliang 〔명〕 힘, 역량 | 欲望 yùwàng 〔명〕 욕망 | 驱动力 qūdònglì 〔명〕 추진력 | 燃料 ránliào 〔명〕 연료, 땔감 | 朱自清 Zhū Zìqīng 〔고유〕 주쯔칭 | 演变 yǎnbiàn 〔동〕 (시간이 비교적 오래 걸려) 변화하고 발전하다, 변천하다 | 促成 cùchéng 〔동〕 (재촉하여) 성공하게 하다, 빨리 이루어지게 하다 | 受邀 shòuyāo 〔동〕 초청을 받다, 초청을 받아 들이다 | 讲学 jiǎngxué 〔동〕 자신의 학술 이론을 공개적으로 강술하다 | 感触 gǎnchù 〔명〕 감촉, 감동, 감명 | 动笔 dòngbǐ 〔동〕 붓을 들다, 글을 쓰다 | 写作 xiězuò 〔동〕 글을 짓다, 저작하다, 저술하다

해설　C의 **毕竟**은 일반적으로 서술문에 쓰여 상황을 강조하는 데 쓰이며, 의문문에는 사용하지 않는다. 그러나 이 문장은 의문문이므로, **毕竟**을 **究竟**이나 **到底**로 바꿔야 한다. 따라서 올바른 문장은 '…**究竟是哪些原因促成了这种演变？**' 또는 '…**到底是哪些原因促成了这种演变？**'이다.

✏️Tip⁺　• 到底와 究竟의 공통점과 차이점

	到底	究竟
공통점	1) 뒤에 吗를 붙일 수 없다. 　예　你到底会不会这道题？ 너는 도대체 이 문제를 풀 수 있니, 없니? 　　　你究竟想不想上大学？ 너는 도대체 대학을 가고 싶은 거니, 아니니? 2) 주어가 의문대사일 경우 반드시 주어 앞에 쓰인다. 　예　到底谁能考第一呢？ 도대체 누가 일등을 할 수 있지? 　　　究竟什么使她改变了主意？ 도대체 무엇이 그녀가 생각을 바꾸도록 한 것이지?	
차이점	비교적 긴 과정을 거친 후의 어떤 결과 앞에 쓸 수 있다. 　예　她到底还是没回家。 그녀는 결국 집에 가지 않았다.	비교적 긴 과정을 거친 후의 어떤 결과 앞에 쓸 수 없다.

★☆☆　│**유형**│ 문맥에 적합한 의미 파악

59

A　我国粮食年人均占有量从1996年的414公斤下降到达2003年的333公斤。

B　农历一般19年有7次闰月，每隔2年到3年，就必须增加1个月，增加的这个月叫闰月。

C　当您很难找到解决问题的答案时，不妨帮助他人解决他的问题，并从中找寻您所需要的答案。

D　9个月后，新成立的清华大学出土文献研究与保护中心于4月25日对外公布了初步的研究成果。

A　중국 식량의 1인당 연 평균 점유량은 1996년 414킬로그램에서 2003년 333킬로그램으로 떨어졌다.

B　음력은 일반적으로 19년마다 7번의 윤달이 있다. 2년에서 3년 간격으로 반드시 한 달이 증가하며 증가한 이 달을 '윤달'이라고 부른다.

C　당신이 문제를 해결하는 답안을 찾기가 매우 어려울 때 다른 사람을 도와 그의 문제를 해결하고 그 속에서 당신이 필요한 답안을 찾는 것도 괜찮다.

D　9개월 후, 새롭게 성립된 칭화대학 문헌출토연구보호센터는 4월 25일 초보적인 연구성과를 대외에 공포했다.

단어　粮食 liángshi 〔명〕 곡물, 곡식, 양식 | 人均 rénjūn 〔명〕 1인당 평균 | 占有量 zhànyǒuliàng 〔명〕 점유량 | 下降 xiàjiàng 〔동〕 하강하다, 낮아지다, 떨어지다 | 闰月 rùnyuè 〔명〕 윤월, 윤달 | 不妨 bùfáng 〔부〕 무방하다, 괜찮다 | 出土 chūtǔ 〔동〕 출토하다, 발굴하다 | 文献 wénxiàn 〔명〕 문헌 | 初步 chūbù 〔형〕 시작 단계의, 초보적인 단계의

해설　A의 **到达**의 사용이 적절하지 않다. 일반적으로 **到达** 뒤에는 장소를 나타내는 단어가 와야 한다. 예를 들어 **到达目的地, 到达北京, 到达车站**이 있다. 따라서 이 문장에서는 **到达**가 아닌 동사 **下降**의 보어인 **到**를 쓰는 것이 적절하다. 그러므로 올바른 문장은 '…**下降到2003年的333公斤**'이다.

✏️Tip⁺　• 到达와 达到의 차이점

到达	达到
목적어가 장소명사임. 　예　我到达了北京站。 나는 베이징역에 도착했다.	목적어가 목표, 표준, 요구, 수준, 정도, 희망 등 추상명사임. 　예　我达到了我的目的。 나는 내 목표에 도달했다.

60

A 如果这些重要的事项给最高管理层被汇集，管理层便能在对环境深入了解的基础上制定战略。

B 此锅不仅造型独特、样式美观，更具有高超的工艺和艺术价值，浓缩了那个时代所特有的人文情怀。

C 他们"望子成龙，望女成凤"心切，总希望自己的孩子是全班或者全年级甚至全校、全世界最优秀的。

D 中药在欧洲销售的时候，通常不是作为药品来销售，而是作为食品、保健品甚至是作为农副产品在市场上流通的。

A 만약 이 중요한 사항들이 최고위 관리층에게 모아진다면 관리층은 바로 환경에 대한 깊은 이해를 바탕으로 전략을 만들 수 있을 것이다.

B 이 냄비는 조형이 독특하고 양식이 아름다울 뿐만 아니라 더욱이 훌륭한 공예와 예술가치를 지니고 있으며 그 시대 특유의 인문환경의 분위기를 농축하였다.

C 그들은 '아들이 용이 되고, 딸이 봉황이 되길 바란다'는 심정이 절박하여 항상 자신의 아이가 반 전체 혹은 전 학년, 심지어 전교, 전 세계에서 가장 우수하기를 바란다.

D 한약은 유럽에 판매할 때 통상적으로 약으로 판매하는 것이 아니라 식품, 건강식품, 심지어 농업부산물로 시장에 유통된다.

단어 事项 shìxiàng 명 사항 | 汇集 huìjí 동 모으다 | 深入 shēnrù 형 심각하다. 투철하다. 철저하다 | 制定 zhìdìng 동 (법률·규정·정책 등을) 제정하다. 세우다. 만들다 | 战略 zhànlüè 명 전략 | 造型 zàoxíng 명 조형 | 独特 dútè 형 독특하다 | 美观 měiguān 형 (장식이나 외견 등이) 보기 좋다. 아름답다 | 高超 gāochāo 형 뛰어나다. 훌륭하다. 높다 | 浓缩 nóngsuō 동 농축하다 | 情怀 qínghuái 명 심경 | 心切 xīnqiè 형 마음이 절실(절박)하다 | 中药 zhōngyào 명 한약. 중국 의약 | 销售 xiāoshòu 동 (상품을) 팔다. 판매하다 | 通常 tōngcháng 형 통상적인. 일반적인 | 药品 yàopǐn 명 약품 | 保健品 bǎojiànpǐn 명 건강식품 | 农副产品 nóngfùchǎnpǐn 명 농업부산물 [农业产品和副业产品의 줄임말] | 流通 liútōng 동 (상품. 화폐 등을) 유통하다

해설 A의 문장은 '~에게 ~을 당하다'라는 피동을 나타낸다. 被자문의 기본 구조는 '주어+시간명사/시간부사/부정부사/조동사+被+목적어+(给+술어)+기타성분'이다. 따라서 이 문장은 '如果这些重要的事项被最高管理层给汇集…'으로 고쳐야 한다.

Tip⁺ 被자문이란 전치사 被를 사용하여 '~에게 ~을 당하다'라는 피동을 나타내는 문장이다. 被 대신 叫. 让을 써서 피동을 나타낼 수 있다.

주어	시간명사/시간부사/부정부사/조동사	被	명사	(给+술어)	기타성분
家里的东西	都	被	小偷	抢	走了。

집안의 물건을 모두 도둑이 훔쳐갔다.
(주어 家里的东西는 동작을 받는 대상이고, 목적어 小偷는 동작의 주체다.)

61-70

★☆☆ | **유형** | 어휘의 호응 관계 파악

61

生命如同香蕉一般。开始时是生涩的，然后＿＿＿＿时间的推移而变黄变软。有些人希望自己只是香蕉，另一些人则希望自己成为上等的香蕉。你必须谨慎小心，不要被香蕉皮滑倒；＿＿＿＿，你必须努力剥去香蕉皮，才能＿＿＿＿香蕉的美味。

A 顺着　何况　丰收
B 沿着　接着　培育
C 凭着　甚至　欣赏
D 随着　此外　享受

생명은 바나나와 같다. 처음에는 떫으나 나중에 시간이 흐름에 따라 노래지고 부드러워진다. 어떤 사람들은 자신이 단지 바나나이기를 원하고, 다른 일부 사람들은 자신이 1등급의 바나나가 되기를 바란다. 당신은 반드시 신중하고 조심해야 한다. 바나나 껍질에 의해 넘어져서는 안 된다. 이 밖에, 당신은 반드시 열심히 바나나 껍질을 벗겨야만 바나나의 좋은 맛을 즐길 수 있다.

A ~에 따르다 / 하물며 / 풍성하게 수확하다
B ~을 따라서 / 이어서 / 기르다
C ~에 따라 / 심지어 ~까지도 / 감상하다
D ~에 따라서 / 이 밖에 / 즐길 수 있다

단어 生涩 shēngsè 형 떫다 | 推移 tuīyí 통 (시간·형세·기풍 등이) 변하다. 이동하다 | 变黄 biànhuáng 통 누래지다 | 变软 biànruǎn 통 말랑말랑하게 변하다 | 谨慎 jǐnshèn 형 신중하다. 조심스럽다 | 滑倒 huádǎo 통 미끄러져 넘어지다 | 剥去 bāoqù 통 벗기다. 까다. 바르다 | 美味 měiwèi 명 맛 좋은 음식. 좋은 맛 | 丰收 fēngshōu 통 풍성하게 수확하다. 풍성하게 거두어들이다 | 沿着 yánzhe 전 ～을 따라서, ～을 지나서, ～을 끼고 | 培育 péiyù 통 심어서 가꾸다. 기르다. 재배하다 | 凭着 píngzhe 전 ～을 근거로 해서, ～에 따라 | 随着 suízhe 전 ～에 뒤이어, ～에 따라서

해설 첫째 칸: 빈칸 뒤의 而과 호응하는 단어가 와야 한다. '随着…而…'는 상용하는 고정격식으로, 이전의 사물이 변화하면서 후에 사물도 따라서 변화하는 것을 나타낸다. 따라서 보기 중에서 随着만 가능하다. 顺着, 沿着 뒤에는 대부분 장소명사가 온다. 예를 들어 顺着这条路, 沿着小河가 있다. 凭着는 '～에 따라, ～을 근거로 해서'의 뜻으로, 종종 凭着实力, 凭着关系 등으로 쓰인다.
둘째 칸: 문맥적으로 앞에서 이야기한 일 혹은 상황 이외의 것을 가리키는 접속사 此外가 와야 한다.
셋째 칸: 뒤의 香蕉的美味와 호응하는 享受가 와야 한다. 享受는 물질적인 혹은 정신적인 만족을 얻은 것을 가리키는데, 여기서 香蕉的美味는 물질상의 만족에 속하므로, 享受만 올 수 있다. 丰收는 목적어를 가질 수 없고, 培育는 培育新品种, 培育新市场 등으로 자주 쓰인다.

★☆☆ | **유형** | 어휘의 호응 관계 파악

62

在才智＿＿＿＿，我平生最佩服两种人：一是有非凡记忆力的人；一是有＿＿＿＿口才的人。也许这两种才能原是一种，能言善辩是以博闻强记为＿＿＿＿的。

A 情况　敏锐　基础
B 角度　快捷　根本
C 层次　杰出　根基
D 方面　出色　前提

재능과 지혜 방면에 있어서, 내가 평생 제일 감탄하는 두 종류의 사람이 있다. 하나는 비범한 기억력을 가진 사람이고, 하나는 뛰어난 말재간이 있는 사람이다. 아마 이 두 종류의 재능은 원래 한 가지였을 것이다. 말솜씨가 좋은 것은 박학다문하고 잘 기억하는 것을 전제로 한다.

A 상황 / 예민하다 / 기초
B 각도 / 빠르다 / 근본
C 차원 / 출중하다 / 기초
D 방면 / 뛰어나다 / 전제

단어 才智 cáizhì 명 재능과 지혜 | 口才 kǒucái 명 말재간. 능변. 능언. 달변 | 能言善辩 néngyánshànbiàn 성어 말솜씨가 좋다. 언변이 뛰어나다 | 博闻强记 bówénqiángjì 성어 박학다문하고 잘 기억하다 | 敏锐 mǐnruì 형 (감각이) 예민하다. (눈빛이) 날카롭다 | 快捷 kuàijié 형 (속도가) 빠르다. (행동이) 재빠르고 날래다 | 层次 céngcì 명 교양. 차원 | 杰出 jiéchū 형 뛰어나다. 출중하다 | 根基 gēnjī 명 기초. 토대. 밑바탕 | 出色 chūsè 형 출중하다. 뛰어나다 | 前提 qiántí 명 전제 (조건). 선결 조건

제 4 회
阅读

★★☆ |**유형**| 문맥에 적합한 의미 파악

63

不错，王朔的痞子文学、余秋雨的文化散
文乃至于周星驰的无厘头，都曾经在年轻人中
_____，甚至可以说形成了独特的文化现象。但
是，从_____和深度来看，他们仍然没有脱离流
行文化的范畴，不能成就深刻的思想，更不用
说能影响历史进程，绝对无法与鲁迅的《狂人
日记》和《呐喊》_____。

A 大有可为　　内幕　　相安无事
B 大包大揽　　内容　　相辅相成
C 大红大紫　　内因　　相得益彰
D 大行其道　　内涵　　相提并论

그렇다. 왕쉬의 하층문학, 위치우위의 문화산문, 저우
싱츠의 '터무니없음'은 모두 젊은 사람들에게 매우 <u>성행</u>
하였다. 심지어 독특한 문화현상을 형성하였다고 말할
수 있다. 하지만 <u>속뜻</u>과 깊이에서 보았을 때, 그들은 여전
히 유행문화의 범위를 벗어나지 않았으며 깊이 있는 사
상을 성취할 수 없다. 역사의 발전과정에 영향을 줄 수 있
는지는 더욱이 말할 필요도 없다. 절대로 루쉰의 『광인일
기』와 『외침』과 <u>함께 논할</u> 수 없다.

A 발전성이 좋다 / 속사정 / 사이좋게 지내다
B 모든 일을 떠맡아 하다 / 내용 / 서로 보완하고 서로
협력하다
C 매우 총애를 받다 / 내적 원인 / 서로 돕고 보충하면
이익을 더욱 볼 수 있다
D 매우 성행하다 / 속뜻 / 함께 논하다

단어 王朔 Wáng Shuò 고유 왕쉬 | 痞子 pǐzi 명 깡패, 불량배, 건달 | 余秋雨 Yú Qiūyǔ 고유 위치우위 | 周星驰 Zhōu
Xīngchí 고유 저우싱츠, 주성치 | 无厘头 wúlítóu 형 아무런 근거가 없다, 제멋대로다 | 范畴 fànchóu 명 범주, 유형, 범위
| 深刻 shēnkè 형 본질을 파악하다, 핵심을 찌르다 | 进程 jìnchéng 명 경과, 발전 과정, 진행 과정 | 鲁迅 Lǔ Xùn 고유
루쉰, 노신 [1881~1936년] | 呐喊 nàhǎn 동 (응원하거나 기세를 돕기 위해) 외치다, 고함치다 | 大有可为 dàyǒukěwéi
성어 발전성이 좋다, 장래가 매우 밝다 | 内幕 nèimù 명 속사정, 내막 | 相安无事 xiāng'ānwúshì 성어 사이좋게 지내다 |
大包大揽 dàbāodàlǎn 성어 모든 일을 떠맡아 하다 | 相辅相成 xiāngfǔxiāngchéng 성어 서로 보완하고 서로 협력하다
| 大红大紫 dàhóngdàzǐ 성어 매우 총애를 받다, 매우 환영을 받다 | 内因 nèiyīn 명 내적 원인, 내부 원인 | 相得益彰
xiāngdéyìzhāng 성어 서로 돕고 보충하면 이익을 더욱 볼 수 있다 | 大行其道 dàxíngqídào 성어 매우 성행하다 | 内涵
nèihán 명 내용, 의미, 속뜻 | 相提并论 xiāngtíbìnglùn 성어 (성질이 서로 다른 사물이나 사람을) 함께 논하다

해설 첫째 칸: 문맥적으로 '매우 인기가 있다, 매우 환영을 받았다'라는 뜻의 성어가 와야 한다. 따라서 이러한 뜻을 지닌
大行其道, 大红大紫만 가능하다.
둘째 칸: **深度**와 병렬 관계를 이룰 수 있는 단어가 와야 하는데, **内容, 内涵**이 가능하다.
셋째 칸: 문맥적으로 '함께 논하다'라는 뜻을 지닌 성어 **相提并论**만 가능하다.

64

夏康伟利用业余时间，在一家市场性报社＿＿＿职，用他自己的话说"混得也不错"。"你现在需要一笔钱吗？那就找工作吧，心态要＿＿＿，少挑三拣四。你现在想读书？那就认真准备，好好复习，挑一个力所能及的专业，＿＿＿考上去。你又想读研又需要钱？这也好办：就像我一样，边读研边工作，既增加了工作经验，又丰富了知识储备。"

A 兼　端正　一鼓作气
B 挂　摆正　一举两得
C 任　立正　一往无前
D 就　转正　一帆风顺

샤캉웨이는 여가 시간을 이용해 상품성 신문사에서 <u>겸</u>직을 한다. 그의 말에 따르면, '섞어서 하는 것도 괜찮다'고 한다. "당신 지금 돈이 필요하세요? 그러면 일을 찾으세요. 마음을 <u>바르게</u> 하고, 이것저것 까다롭게 고르는 것은 적게 해야 합니다. 당신 지금 공부하고 싶으세요? 그러면 열심히 준비하고 복습을 잘 하세요. 자신의 능력으로 해낼 수 있는 전공을 고르면, <u>단번에</u> 합격할 수 있습니다. 당신은 또 대학원도 가고 싶고 돈도 필요하세요? 이것도 쉽게 처리할 수 있습니다. 저처럼 대학원 공부를 하면서 일도 하면, 업무 경험도 늘리고 지식 축적도 풍부하게 합니다."

A 겸하다 / 단정하다 / 단숨에 해치우다
B 걸다 / 가지런히 놓다 / 일거양득
C 담당하다 / 제자리에 서다 / 용감하게 나아가다
D 바로 / 정규직으로 바뀌다 / 일이 순조롭게 진행되다

단어　业余 yèyú 혱 여가의 │ 混 hùn 통 섞다, 혼합하다 │ 挑三拣四 tiāosānjiǎnsì 성어 자신에게 이로운 것만 따져 고르다 │ 力所能及 lìsuǒnéngjí 성어 자신의 능력으로 해낼 수 있다 │ 好办 hǎobàn 혱 ～하기 쉽다 │ 储备 chǔbèi 통 (급할 때 쓰려고 물자를) 비축하다 │ 兼 jiān 통 겸하다, 동시에 하다 │ 端正 duānzhèng 혱 (품행이) 단정하다, 바르다 │ 一鼓作气 yìgǔzuòqì 성어 단숨에(단번에) 해치우다, 처음의 기세로 끝장내다 │ 挂 guà 통 걸다 │ 摆正 bǎizhèng 통 바르게 벌려 놓다, 가지런히 놓다 │ 一举两得 yìjǔliǎngdé 성어 일거양득, 일석이조 │ 任 rèn 통 (어떤 일이나 책임 등을) 담임하다, 담당하다, 맡다 │ 立正 lìzhèng 통 제자리에 서! [군대 또는 체조에 쓰는 구령의 하나] │ 一往无前 yìwǎngwúqián 성어 용감하게 나아가다 │ 转正 zhuǎnzhèng 통 정식 인원이 되다, 정규직으로 바뀌다 │ 一帆风顺 yìfānfēngshùn 성어 일이 순조롭게 진행되다

해설　첫째 칸: 빈칸 앞에서 '여가 시간을 이용해'라고 한 것으로 보아 兼을 선택하는 것이 문맥적으로 가장 적합하다. 兼职는 '본래의 직무 외에 다른 직무를 겸임한다'라는 뜻을 지니고 있다.
둘째 칸: 앞의 心态와 호응하는 단어가 와야 하는데, 端正만 가능하다. 心态端正은 자주 사용하는 격식으로 '심리상태가 바르다'라고 해석할 수 있다.
셋째 칸: 문맥적으로 가능한 성어는 一鼓作气뿐이다.

65

教育大学生放低姿态这样的＿＿＿导向当然是必要的，但是如果＿＿＿把大学生们当做自己的孩子来考虑问题，还是会感到＿＿＿，＿＿＿鼓励大学生去那些不需要高等教育的岗位工作，也是很大的资源浪费。

A 评论　就地取材　蛮不讲理　而且
B 舆论　设身处地　美中不足　何况
C 理论　因地制宜　漠不关心　况且
D 谈论　先入为主　怀才不遇　何必

대학생에게 태도를 낮추는 것을 가르친다는 이러한 여론방향은 당연히 필요한 것이다. 그러나 만약에 입장을 바꾸어 생각해서 대학생을 자신의 아이라고 여겨 문제를 고려한다면, 옥에 티를 느낄 것이다. 하물며 대학생에게 고등교육이 필요 없는 직장에 가서 일을 하라고 격려하는 것이 매우 큰 자원낭비라고 느낄 것이다.

A 평론하다 / 외부의 힘에 기대지 않고 자신의 잠재력을 충분히 발휘하다 / 막무가내로 행동하다 / 게다가
B 여론 / 남과 입장을 바꾸어서 생각하다 / 옥에도 티가 있다 / 하물며
C 이론 / 각지의 구체적인 상황에 따라 적절한 대책이나 방법을 세우다 / 냉담하게 대하며 조금도 관심을 주지 않다 / 게다가
D 논의하다 / 선입견에 사로잡히다 / 재능이 있으면서도 그 재능을 펼칠 기회를 얻지 못하다 / 하필

 放低 fàngdī 동 낮추다 | 鼓励 gǔlì 동 격려하다 | 岗位 gǎngwèi 명 직위, (업무상의) 자리 | 评论 pínglùn 동 평론하다, 비평하다 | 就地取材 jiùdìqǔcái 성어 현지에서 필요한 물품을 조달하다, 외부의 힘에 기대지 않고 자신의 잠재력을 충분히 발휘하다 | 蛮不讲理 mánbùjiǎnglǐ 성어 이치를 따지지 않고 마음대로 행동하다, 막무가내로 행동하다 | 舆论 yúlùn 명 여론 | 设身处地 shèshēnchǔdì 성어 남과 입장(처지)을 바꾸어서 고려하다 | 美中不足 měizhōngbùzú 성어 옥에도 티가 있다 | 因地制宜 yīndìzhìyí 성어 각지의 구체적인 상황에 따라 적절한 대책이나 방법을 세우다 | 漠不关心 mòbùguānxīn 성어 (태도가) 냉담하게 대하며 조금도 관심을 주지 않다 | 先入为主 xiānrùwéizhǔ 성어 선입견에 사로잡히다 | 怀才不遇 huáicáibúyù 성어 재능이 있으면서도 그 재능을 펼칠 기회를 얻지 못하다

 첫째 칸: 뒤의 **导向**과 호응하는 단어가 와야 하는데, **舆论**만 가능하다.
둘째 칸: 문맥적으로 가장 적절한 성어는 '남의 입장과 바꾸어 생각하다'라는 뜻을 지닌 **设身处地**다.
셋째 칸: 문맥적으로 성어 **美中不足**만 가능하다.
넷째 칸: '하물며, 게다가'라는 뜻을 지닌 접속사 **何况**이 와야 한다. **何况**은 뒤 절의 첫머리에 놓여 반문의 어기를 나타내며, 강조하는 문장에 쓰인다.

★★☆ | **유형** | 어휘의 호응 관계 파악

66

_____千余名朝气_____、渴望求知的北大学生，陆登庭发表了约一个小时的演讲。他说，尽管中美文化背景不同，但_____、尊重教育，则是两国人民共同的_____。

천여 명의 패기가 왕성하고 지식을 탐구하길 간절히 바라는 베이징대 학생들을 대면하여, 루덩팅은 약 1시간 강연했다. 그는 비록 중미간 문화배경이 다르나 교육을 숭상하고 존중하는 것은, 양국 국민의 공통된 신념이라고 말했다.

A 面向　洋溢　崇拜　希望
B 朝着　四溢　尊崇　愿望
C 对着　充满　羡慕　渴望
D 面对　蓬勃　崇尚　信念

A 마주 보다 / 가득 차서 넘치다 / 숭배하다 / 희망
B ~로 향하여 / 사방에 넘치다 / 존경하여 받들다 / 소원
C ~으로 향하다 / 충만하다 / 부러워하다 / 갈망하다
D 대면하다 / 왕성하다 / 숭상하다 / 신념

 朝气 zhāoqì 명 패기 | 渴望 kěwàng 동 간절히 바라다, 갈망하다 | 求知 qiúzhī 동 지식을 탐구하다 | 演讲 yǎnjiǎng 동 (일정한 주제로 많은 사람들 앞에서) 말하다, 연설하다, 강연하다 | 尊重 zūnzhòng 동 존중하다, 중시하다 | 面向 miànxiàng 동 마주 보다, 직접 대면하다 | 洋溢 yángyì 동 (정서나 분위기 등이) 가득 차서 넘치다, 넘쳐흐르다 | 崇拜 chóngbài 동 숭배하다 | 朝着 cháozhe 전 (~로) 향하여 | 四溢 sìyì 사방에 넘치다 | 尊崇 zūnchóng 동 존경하여 받들다 | 渴望 kěwàng 동 간절히 바라다, 갈망하다 | 蓬勃 péngbó 형 (기운이나 세력이) 왕성하다, 활기차다 | 崇尚 chóngshàng 동 숭상하다, 존중하다

 첫째 칸: **面向, 朝着, 对着, 面对** 네 가지 모두 가능하다.
둘째 칸: **朝气**와 호응하는 단어가 와야 하는데, **蓬勃**만 가능하다.
셋째 칸: 뒤의 **教育**와 호응할 수 있는 단어가 와야 하는데 **尊重**과 의미가 비슷한 **尊崇**과 **崇尚**만 가능하다.
넷째 칸: 확실히 믿을 수 있는 자신의 생각을 뜻하는 **信念**만 가능하다. 나머지 **希望, 愿望, 渴望**은 모두 '기대하다, 희망하다'의 의미로, 문맥상 적합하지 않다.

67

人们也往往乐于接受新鲜的消息，而不愿____。所以，在人际交往中，人们总是对新闻感兴趣，老友相____总是先把自己的新情况和新消息告诉对方。而且，人们也容易接受具有____性的信息，以及乐于知道____社会和他人禁锢的信息。

A 街谈巷议　遇　威信　将
B 刨根问底　见　威严　叫
C 老生常谈　逢　权威　被
D 老调重弹　晤　助威　让

사람들은 종종 새로운 소식을 접하는 것을 즐거워 하지만, 상투적인 말은 원하지 않는다. 그래서 인간관계 중에서 사람들은 항상 새로운 소식에 대해 흥미로워 한다. 오랜 친구가 서로 만나면 항상 서로의 새로운 상황과 새로운 소식을 상대방에게 알려준다. 게다가 사람들은 권위 있는 정보를 쉽게 받아들인다. 또한 사회와 타인에게 금지된 정보를 아는 것을 좋아한다.

A 사람들 사이에서 떠도는 말 / 만나다 / 위신 / ~을
B 원인을 끝까지 따지고 들다 / 마주치다 / 위풍 / ~하게 하다
C 상투적인 말 / 만나다 / 권위 / ~에게
D 케케묵은 이론이나 주장 등을 다시 끄집어내다 / 서로 만나다 / 응원하다 / ~하게 하다

단어　乐于 lèyú 통 즐겁게 ~하다. 흔쾌히 ~하다 | 禁锢 jìngù 통 속박하다 | 街谈巷议 jiētánxiàngyì 성어 사람들 사이에서 떠도는 말 | 威信 wēixìn 명 위신. 위엄과 신망 | 刨根问底 páogēnwèndǐ 성어 진상을 철저히 밝히다. 원인을 끝까지 따지고 들다 | 威严 wēiyán 명 위풍. 위엄. 존엄 | 老生常谈 lǎoshēngchángtán 성어 나이 든 서생이 자주 인용하는 평범한 말. 상투적인 말 | 逢 féng 통 (우연히) 만나다. 닥치다 | 权威 quánwēi 명 권위 | 老调重弹 lǎodiàochóngtán 성어 케케묵은 이론이나 주장 등을 다시 끄집어내다 | 晤 wù 통 서로 만나다. 대면하다 | 助威 zhùwēi 통 응원하다. 성원하다

해설　첫째 칸: 앞의 역접을 나타내는 전환 관계 접속사 而이 있는 것으로 보아, 앞 문장의 新鲜的消息와 상반되는 뜻을 지닌 성어가 와야 함을 알 수 있다. 이와 반대되는 의미를 지닌 성어는 老生常谈으로, '귀에 익도록 들어 새로운 의미가 없는 말'을 비유한다.

둘째 칸: 晤를 제외하고 遇, 见, 逢은 '서로 만나다'의 뜻으로 모두 쓸 수 있다.

셋째 칸: 뒤의 性과 호응할 수 있는 단어가 와야 하는데 权威만 가능하다. 权威性的信息는 바로 '신뢰가 높은, 권위 있는 소식'이라는 뜻이다.

넷째 칸: 문맥적으로 被만 가능하다.

68

有不少慕名参加签售会的读者也纷纷表示，____"官场小说"____一味地抒发不满、愤懑的情绪，他们____喜欢看，"我们____希望看到写得比较真实、____、客观的'官场小说'"。

A 如果　只有　不一定　依然　细微
B 万一　只要　不得不　仍旧　细节
C 一旦　仅仅　禁不住　或者　细致
D 倘若　仅是　未见得　还是　细腻

명성을 듣고 사인회에 참가한 많은 독자들은 잇달아 (다음과 같이) 밝혔다. 만약에 '정치소설'이 단지 단순히 불만과 분노의 정서만 드러냈다면 그들이 꼭 보길 좋아했을 리는 없다. "우리는 여전히 비교적 진실되고 섬세하고 객관적인 '정치소설'을 보길 원한다."

A 만약 / ~해야만 ~이다 / 확정할 수 없다 / 여전하다 / 미세하다
B 만일 / ~하기만 하면 / 어쩔 수 없이 / 여전히 / 사소한 부분
C 일단 ~한다면 / 다만 / 견디지 못하다 / 혹은 / 정교하다
D 만약 ~한다면 / 단지 / 반드시 ~한 것은 아니다 / 여전히 / 섬세하다

단어 慕名 mùmíng 〔동〕(다른 사람의) 명성을 우러러보다, 평판을 경모하다 | 签售 qiānshòu 〔동〕(서적이나 기타 출판물의 첫 출시 때) 저자 사인회를 하다 | 一味 yíwèi 〔부〕단순히, 무턱대고, 맹목적으로 | 抒发 shūfā 〔동〕(감정을) 나타내다, 드러내다 | 愤懑 fènmèn 〔형〕몹시 화를 내다, 분개하다 | 依然 yīrán 〔부〕변함없이, 여전히, 예전 그대로 | 细微 xìwēi 〔형〕매우 작다, 미세하다, 사소하다 | 万一 wànyī 〔부〕만일에 | 仍旧 réngjiù 〔부〕여전히, 변함없이 | 细节 xìjié 〔명〕세부, 자세한 부분, 세목, 상세한 부분, 자세한 사정 | 禁不住 jīnbuzhù 〔동〕(사람이나 사물이) 견디지 못하다 | 细致 xìzhì 〔형〕(일이나 문제 등의 처리나 해결이) 세심하다, 주의 깊다, 꼼꼼하다, 세밀하다 | 倘若 tǎngruò 〔접〕만약 ~한다면, 만일 ~한다면, 가령 ~한다면 | 未见得 wèijiàndé 〔부〕반드시 ~한 것은 아니다, 반드시 ~라고는 할 수 없다 | 细腻 xìnì 〔형〕부드럽다, 매끄럽다, 곱다

해설 첫째 칸과 셋째 칸: '如果(倘若)…, 不一定…' 구문만 가능하다. 不一定과 未见得는 같은 의미이다. 禁不住의 의미는 '참을 수 없다(忍不住)'라는 뜻과 '자신을 억제할 수 없다(控制不住自己)'라는 뜻이므로 답에서 제외된다.

둘째 칸: 결과를 위해 필요한 조건을 나타내는 접속사 只要와 只有는 모두 문맥에 적합하지 않다.

넷째 칸: 문맥상 '여전히'라는 의미가 적합하므로 依然, 仍旧, 还是 모두 올 수 있다.

다섯째 칸: 빈칸 뒤의 小说와 호응하는 단어는 细腻, 细致뿐이다.

★★☆ | **유형** | 어휘의 호응 관계 파악

69

玛雅文化中的蓝色颜料，色泽＿＿＿＿并能够长久保持，它们＿＿＿＿于玛雅遗址中，至今为止仍然存在于＿＿＿＿有人知的古代世界的遗迹中。在玛雅文化中它具有特殊的意义，它常出现在与神灵相关的各种祭祀活动，并且在其他＿＿＿＿中经常使用，其中也＿＿＿＿在表达对雨神的敬畏之情时。

A 秀丽　分布　少　典礼　包涵
B 艳丽　分散　鲜　仪式　包括
C 华丽　分解　寡　礼拜　包裹
D 壮丽　分配　寥　祭祀　包含

마야문명에서 남색 물감은 색과 광택이 곱고 아름다우며 오랫동안 보존할 수 있다. 그것들은 마야유적에 흩어져 있다. 오늘날까지 여전히 아는 사람이 드문 고대세계의 유적 중에 존재하고 있다. 마야문명 중 그것은 특수한 의미를 가지고 있다. 그것은 신령과 관계 있는 각종 제사활동에 자주 출현하며 또한 기타 의식 중에서 자주 사용한다. 그중에는 우신에 대한 경외로운 감정을 표현할 때도 포함된다.

A 아름답다 / 분포하다 / 적다 / 의식 / 용서를 구하다
B 곱고 아름답다 / 흩어져 있다 / 드물다 / 의식 / 포함하다
C 화려하다 / 분해하다 / 모자라다 / 예배하다 / 싸다
D 웅장하고 아름답다 / 분배하다 / 드물다 / 제사를 지내다 / 포함하다

단어 玛雅文化 Mǎyǎ wénhuà 〔명〕마야문명 | 颜料 yánliào 〔명〕안료, 물감 | 色泽 sèzé 〔명〕색과 광택 | 神灵 shénlíng 〔명〕신, 신령 | 祭祀 jìsì 〔동〕제사하다, 제사를 지내다 | 敬畏 jìngwèi 〔동〕경외하다 | 秀丽 xiùlì 〔형〕(경치나 용모가) 아름답다, 수려하다 | 典礼 diǎnlǐ 〔명〕의식, 식 [비교적 엄숙하게 거행되는 의식] | 包涵 bāohan 〔동〕용서를 구하다, 너그럽게 이해하다 | 艳丽 yànlì 〔형〕곱고 아름답다, 염려하다 | 分散 fēnsàn 〔형〕흩어져 있다, 분산되어 있다 | 鲜 xiǎn 〔형〕적다, 드물다 | 寡 guǎ 〔형〕적다, 모자라다 | 礼拜 lǐbài 〔동〕예배하다 | 壮丽 zhuànglì 〔형〕웅장하고 아름답다 | 寥 liáo 〔형〕드물다, 희소하다

해설 첫째 칸: 앞의 色泽와 호응하는 단어가 와야 하는데, 오직 艳丽만 가능하다. 나머지 세 개의 단어는 色泽와 호응할 수 없다.

둘째 칸: 分布, 分散 모두 가능하나, 문맥적으로 分散이 가장 적합하다.

셋째 칸: 형용사 鲜은 '적다, 드물다'의 뜻으로 쓰일 때는 3성으로 읽는다. 예를 들어 鲜有人知는 少有人知와 같은 뜻이다.

넷째 칸: 礼拜를 제외하고 모두 가능하다.

다섯째 칸: 문맥적으로 包括만 가능하다.

70

如果以提高古诗文＿＿＿为目的，在取得相关部门＿＿＿的前提下，设立一个教学点从事教学，是对古汉语和古典文化学习的一个补充，在目前是应该予以肯定的。至于教学点叫什么名字、老师和学生穿什么衣服、怎么布置教室环境，则值得＿＿＿。如果让人感觉＿＿＿复古，有作秀之＿＿＿，则难以达到好的教学效果。

A 修养　许可　商榷　刻意　嫌
B 教养　允许　商议　有意　才
C 培养　批准　商讨　故意　感
D 休养　同意　商量　蓄意　所

만약에 고시에 대한 <u>교양</u>을 높이는 것을 목표로 관련 부문의 <u>허락</u>을 얻는 전제 조건에서 교육시설을 설립하고 교육에 종사한다면, 그것은 고대한어와 고전문화 학습에 대한 보충이며 현재 마땅히 긍정적인 평가를 해야 한다. 교육시설을 무슨 이름으로 부를 것인지, 선생님과 학생은 어떤 옷을 입을지, 교실환경을 어떻게 배치할 것인지는 <u>토의할</u> 가치가 있다. 만약에 사람으로 하여금 <u>마음을 다해</u> 과거로 돌아가 거짓으로 꾸민 <u>의혹</u>이 들게 하면 좋은 교육효과를 달성하기 힘들다.

A <u>교양 / 허락하다 / 토의하다 / 마음을 다해서 / 의혹</u>
B 교양 / 허가하다 / 상의하다 / 일부러 / 재능
C 양성하다 / 비준하다 / 협의 검토하다 / 고의로 / 감동
D 휴양하다 / 동의하다 / 상의하다 / 음모를 꾸미다 / 장소

단어 诗文 shīwén 몡 시문, 시와 글 | 前提 qiántí 몡 전제, 전제 조건 | 古典 gǔdiǎn 혱 고전적인, 고전의 | 补充 bǔchōng 동 (원래 부족한 것이나 손실이 있을 때) 보충하다 | 布置 bùzhì 동 (물건을 진열하여 적절하게) 배치하다 | 复古 fùgǔ 동 복고하다 | 作秀 zuòxiù 동 쇼(show)를 하다, 속임수를 쓰다, 그럴듯하게 꾸미다 | 修养 xiūyǎng 몡 교양 | 许可 xǔkě 동 허락하다, 허가하다 | 商榷 shāngquè 동 협의하다, 토론하다 | 刻意 kèyì 뷔 마음을 다해서, 진력하여 | 嫌 xián 동 의심, 의혹, 혐의 | 教养 jiàoyǎng 동 (어린이를) 가르쳐 키우다, 가르쳐 양성하다 | 允许 yǔnxǔ 동 허락하다, 윤허하다, 허가하다 | 培养 péiyǎng 동 (일정한 목표대로 장기간에 걸쳐) 양성하다 | 批准 pīzhǔn 동 승인하다, 허락하다 | 商讨 shāngtǎo 동 (어떤 문제에 대하여) 협의 검토하다 | 故意 gùyì 뷔 고의로, 일부러 | 休养 xiūyǎng 동 휴양하다, 보양하다, 요양하다 | 蓄意 xùyì 동 (예전부터) 어떤 생각을 품다, 음모를 꾸미다

해설 첫째 칸: 문맥적으로 **修养**이 가장 적합하다. **修养**은 이론, 지식, 예술, 사상 등 방면에서 일정한 수준을 가지고 있는 것을 뜻하기 때문이다.
둘째 칸: **许可**는 '동의하다, 허락하다'라는 뜻으로 **得到**, **取得**와 자주 호응한다.
셋째 칸: **商榷**, **商议**, **商讨**, **商量** 모두 가능하다.
넷째 칸: **刻意**는 '머리를 쥐어 짜내며 온갖 지혜를 짜내다'라는 뜻으로 부정적인 의미를 지니고 있어서 뒤 절의 **有作秀之嫌**과 호응하므로 문맥적으로 가장 적절하다.
다섯째 칸: **嫌**은 '혐의'라는 뜻으로, 종종 '**有…之嫌**' 구조로 쓰이며, 이 역시 부정적인 색채가 담겨 있다.

제4회
阅读

71-75

　　炎帝的女儿女娃十分乖巧，炎帝把她视为掌上明珠。炎帝不在家时，女娃便独自玩耍，她非常想让父亲带她出去，到东海——太阳升起的地方去看一看。可是因为父亲忙于公事，总是不能带她去。这一天，女娃没告诉父亲，便一个人驾着一只小船向东海太阳升起的地方划去。不幸的是，海上突然起了狂风大浪，像山一样的海浪把女娃的小船打翻了，女娃不幸落入海中，终被无情的大海吞没了，永远回不来了。炎帝固然痛念自己的小女儿，但却不能使她死而复生，(71)＿＿＿B＿＿＿。

　　女娃死了，她的精魂化作了一只小鸟，花脑袋，白嘴壳，光着脚，发出"精卫、精卫"的悲鸣，所以，人们便叫此鸟为"精卫"。

　　精卫痛恨无情的大海夺去了自己年轻的生命，她要报仇雪恨。因此，她一刻不停地从她住的发鸠山上衔起一粒粒小石子，展翅高飞，一直飞到东海。她在波涛汹涌的海面上悲鸣着，(72)＿＿＿A＿＿＿，想把大海填平。

　　大海奔腾着，咆哮着，嘲笑她："小鸟儿，算了吧，你就是干一百万年，也休想把我填平！"

　　精卫在高空答复大海："哪怕是干上一千万年，一万万年，干到宇宙的尽头，世界的末日，我终将把你填平的！"

　　"你为什么这么恨我呢？"

　　"因为你夺去了我年轻的生命，你将来还会夺去许多年轻无辜的生命。我要永无休止地干下去，(73)＿＿＿D＿＿＿。"

　　精卫飞翔着，鸣叫着，离开大海，又飞回发鸠山去衔石子和树枝。她衔呀，扔呀，成年累月，往复飞翔，从不停息。后来，一只海燕飞过东海时无意间看见了精卫，(74)＿＿＿C＿＿＿，但了解了事情的起因之后，海燕为精卫大无畏的精神所打动，就与其结成了夫妻，生出许多小鸟，雌的像精卫，雄的

　　염제의 딸 여와는 매우 사랑스러워서 염제는 그녀를 애지중지하는 자식으로 여겼다. 염제가 집에 없을 때, 여와는 혼자서 놀았다. 그녀는 아버지가 그녀를 데리고 밖으로 나가, 태양이 떠오르는 곳인 동해로 가서 좀 구경시켜주길 원했다. 그러나 아버지는 공적인 일로 너무 바빠서 항상 그녀를 데리고 갈 수 없었다. 이날, 여와는 아버지에게 말하지 않고 혼자서 작은 배를 타고 동해의 태양이 떠오르는 곳으로 배를 저었다. 불행히도, 바다에 갑자기 광풍과 큰 파도가 일어, 산과 같은 파도가 여와의 작은 배를 뒤집어엎었다. 여와는 불행히도 바다 속으로 떨어져서 결국 잔혹한 대해에 잠겨 영원히 돌아올 수 없었다. 염제는 비록 자신의 작은 딸을 애석해하고 그리워했지만 그녀를 다시 살아나게 할 수는 없어, 71홀로 상심하여 탄식할 수밖에 없었다.

　　여와가 죽어 그녀의 영혼은 작은 새가 되었다. 꽃무늬의 머리에 흰 부리껍데기, 발을 드러내고 '징웨이, 징웨이'하고 슬픈 울음소리를 내었다. 그래서 사람들은 이 새를 '징웨이'라고 불렀다.

　　징웨이는 잔혹한 대해가 자신의 젊은 생명을 빼앗아 간 것을 매우 원망하였다. 그녀는 복수해서 원한을 씻기를 원했다. 그래서 그녀는 잠시도 멈추지 않고 그녀가 사는 발구산에서 한 알씩 작은 돌멩이를 물고 날개를 펼치고 높이 날아 동해까지 왔다. 그녀는 파도가 거센 해면에서 슬프게 흐느끼며 72돌멩이와 나뭇가지를 아래로 던져 대해를 평평하게 메우려고 하였다.

　　대해는 거세게 흘러 세찬 소리를 내며 그녀를 비웃었다. "작은 새야, 그만 둬. 네가 설령 백만 년 동안 하더라도 나를 메울 생각은 하지 마라!"

　　징웨이는 고공에서 대해에게 대답했다. "설령 천만 년, 억만 년을 하고, 우주 끝까지, 세계가 끝나는 날까지 하더라도, 나는 결국 너를 메울 거야!"

　　"너는 왜 이렇게 나를 원망하는 거야?"

　　"왜냐하면 너는 나의 젊은 생명을 빼앗았어. 너는 앞으로 또 젊고 무고한 많은 생명을 빼앗아갈거야. 나는 영원히 멈추지 않고 계속해서 73언젠가는 너를 평지로 메울 거야."

　　징웨이는 날면서, 울면서, 대해를 떠나 돌멩이와 나뭇가지를 물으러 발구산으로 날아갔다. 그녀가 물고 던지며, 오랜 시간이 흘렀으나 날아가는 것을 반복하며 멈추지 않았다. 후에, 한 마리의 바다 제비가 동해에 날아왔을 때 뜻밖에 징웨이를 보았는데 74그녀의 행동이 당혹스럽고 이해할 수 없었다. 그러나 사건의 원인을 알고 난 후, 바다 제비는 징웨이의 두려움을 모르는 정신에 감동해서 그녀와 부부가 되었고 많은 어린 새를 낳았다. 암컷은 징웨이 같았고, 수컷

像海燕。小精卫和她们的妈妈一样，也去衔石填海。直到今天，她们还在做着这项工作。

精卫锲而不舍的精神，善良的愿望，宏伟的志向，受到人们的尊敬。晋代诗人陶潜在诗中写道："精卫衔微木，将以填沧海。"(75)____E____。后世人们也常常以"精卫填海"比喻志士仁人所从事的艰巨卓越的事业。

A 把石子和树枝投下去
B 也只有独自神伤嗟叹了
C 为她的行为感到困惑不解
D 总有一天会把你填成平地
E 热烈赞扬精卫小鸟悲壮的战斗精神

은 바다 제비 같았다. 어린 징웨이들은 그녀들의 엄마와 같이 돌멩이를 물고 바다를 메우러 갔다. 오늘날까지, 그녀들은 이 일을 하고 있다.

징웨이의 한 번 마음을 먹으면 끈기 있게 해내는 정신과 선량한 염원, 웅대한 포부는 사람들의 존경을 받았다. 진대 시인 도원명은 시 중에서 '징웨이는 작은 나무를 물고 대해를 메웠다'라고 써서 75징웨이라는 작은 새의 비장한 전투정신을 열렬히 찬양했다. 후대 사람들은 자주 '징웨이가 바다를 메우다'라는 말로 인자하며 지조 있는 사람이 종사하는 어렵고 힘들지만 출중한 사업을 비유한다.

A 돌멩이와 나뭇가지를 아래로 던져
B 홀로 상심하여 탄식할 수 밖에 없었다
C 그녀의 행동이 당혹스럽고 이해할 수 없었다
D 언젠가는 너를 평지로 메울 거야
E 징웨이라는 작은 새의 비장한 전투정신을 열렬히 찬양했다

단어　炎帝 Yándì **고유** 염제 [고대 전설 중의 두 황제 중 염제 신농씨를 이르는 말] | 女娃 Nǚwá **고유** 여와 [염제의 제일 작은 딸] | 乖巧 guāiqiǎo **형** (말과 행동이) 사랑스럽다. 환심을 사다 | 视为 shìwéi **동** ~로 보다. ~로 간주하다 | 掌上明珠 zhǎngshàngmíngzhū **성어** 애지중지하는 자식(물건). 대단히 아끼는 물건 | 公事 gōngshì **명** 공적인 일. 공무 | 驾 jià **동** (교통수단을) 운전하다. 조종하다. 몰다 | 划 huá **동** (배를) 젓다. 물을 헤치며 전진하다 | 狂风 kuángfēng **명** 노대바람. 광풍 | 海浪 hǎilàng **명** (바다의) 파도. 물결 | 打翻 dǎfān **동** 때려 엎다. 뒤집어엎다. 전복되다 | 吞没 tūnmò **동** (물에) 잠기다. 빠지다. 침몰하다 | 固然 gùrán **부** 비록 ~하지만 | 死而复生 sǐ'érfùshēng **성어** 죽었다가 다시 살아나다 | 精魂 jīnghún **명** 혼백. 영혼 | 脑袋 nǎodai **명** 머리 | 壳 qiào **명** 껍질. 껍데기. 허물 | 精卫 jīngwèi **명** 징웨이 | 悲鸣 bēimíng **명** (슬픔으로 부르짖는) 비명 | 痛恨 tònghèn **동** 몹시 미워하다. 매우 원망하다 | 夺去 duóqù **동** 빼앗기다 | 报仇 bàochóu **동** 복수하다. 원한을 갚다 | 雪恨 xuěhèn **동** 한을 씻다. 원한을 씻다 | 发鸠山 Fājiūshān **명** 발구산 | 衔 xián **동** 입에 물다. 머금다 | 展翅高飞 zhǎnchìgāofēi **성어** 날개를 펼치고 높이 날다 | 波涛汹涌 bōtāoxiōngyǒng **성어** 파도가 거세다. 물결이 거세다 | 填平 tiánpíng **동** 평평하게 메우다 | 奔腾 bēnténg **동** (물이) 거세게 흐르다 | 咆哮 páoxiào **동** (물이) 세찬 소리를 내다 | 嘲笑 cháoxiào **동** 조소하다. 비웃다 | 休想 xiūxiǎng **동** 생각하지 마라. 기도하지 마라 | 哪怕 nǎpà **접** 설령. 가령. 혹시 | 末日 mòrì **명** (증오하는 사람이나 사물의) 마지막 날. 죽음의 날 | 无辜 wúgū **형** 죄가 없다. 무고하다 | 休止 xiūzhǐ **동** 멈추다. 중지하다 | 飞翔 fēixiáng **동** 날다. 비상하다 | 成年累月 chéngniánlěiyuè **성어** 경과한 시간이 길다. 경과한 시간이 오래되다 | 停息 tíngxī **동** 그치다. 멈추다 | 海燕 hǎiyàn **명** 바다 제비 | 无意间 wúyìjiān **부** 부지불식간에 | 大无畏 dàwúwèi **형** 조금도(전혀) 두려워하지 않다. 두려움을 모르는 | 结成 jiéchéng **동** 결성하다. 형성하다 | 雌 cí **형** 암컷의 | 雄 xióng **형** 수컷의 | 锲而不舍 qiè'érbùshě **성어** 마음이 변하지 않고 꿋꿋하게 견지하다. 한번 마음만 먹으면 끈기 있게 끝까지 해내다 | 宏伟 hóngwěi **형** (규모나 계획 등이) 웅장하다. 웅대하다 | 陶潜 Táo Qián **고유** 도잠. 도원명 | 沧海 cānghǎi **명** 창해. 대해 | 志士仁人 zhìshì rénrén 인자하며 지조 있는 사람 | 艰巨 jiānjù **형** 어렵고 힘들다 | 卓越 zhuóyuè **형** 탁월하다. 출중하다 | 投 tóu **동** 던지다. 투척하다 | 神伤 shénshāng **형** 풀이 죽다. 맥이 빠지다. 의기소침하다 | 嗟叹 jiētàn **동** 탄식하다 | 困惑 kùnhuò **형** 곤혹스럽다. 당혹스럽다 | 赞扬 zànyáng **동** 찬양하다. 칭찬하다 | 悲壮 bēizhuàng **형** (목소리·시 등이) 슬프고 웅장하다. 비장하다

Tip⁺　이 전고는 성어 精卫填海(뼈에 사무치는 원한은 뜻을 세워 반드시 갚다)의 내용이다. 중국의 성어는 이렇게 전고가 함께 있는 경우가 많다. 이러한 독해 지문을 통해 전고의 내용을 기억하고 있으면, 독해 실력을 키우는 데 도움이 된다.

★☆☆

71　B　也只有独自神伤嗟叹了　　　　B　홀로 상심하여 탄식할 수 밖에 없었다

해설　앞 문장에서 '염제는 비록 자신의 작은 딸을 애석해하고 그리워했지만 그녀를 다시 살아나게 할 수는 없었다'라고 한 말을 통해 염제의 심정이 매우 괴롭다는 것을 추측해낼 수 있다. 따라서 염제의 심정을 담은 B가 가장 적합하다.

★★☆

72　　A　把石子和树枝投下去　　　　　　A　돌멩이와 나뭇가지를 아래로 던져

> **해설** 앞 절의 '그녀는 파도가 거센 해면에서 슬프게 흐느끼며'와 뒤 절의 '대해를 평평하게 메우려고 하였다'라는 말을 통해 빈칸에는 그녀가 대해를 평평하게 메우기 위해 취한 동작에 대한 묘사가 나와야 함을 알 수 있다. 따라서 정답은 A다.

★☆☆

73　　D　总有一天会把你填成平地　　　　D　언젠가는 너를 평지로 메울 거야

> **해설** '나는 영원히 멈추지 않고 계속해서……'라는 말로 보아, 뒤에 이어질 내용은 징웨이가 도달하고 싶은 목표라는 것을 알 수 있다. 따라서 D가 정답이다.

★★☆

74　　C　为她的行为感到困惑不解　　　　C　그녀의 행동이 당혹스럽고 이해할 수 없었다

> **해설** 빈칸 뒤의 '그러나 사건의 원인을 알고 난 후……'에서 '그러나'는 역접의 의미를 나타내는 전환 관계 접속사다. 즉, '그러나' 전후의 내용은 상반되는 것이므로 이전에 바다 제비는 징웨이의 행동을 이해하지 못했다는 내용이 와야 한다. 따라서 C가 정답이다.

★☆☆

75　　E　热烈赞扬精卫小鸟悲壮的战斗精神　　E　징웨이라는 작은 새의 비장한 전투정신을 열렬히 찬양했다

> **해설** 마지막 단락은 전반적으로 징웨이의 끈기 있는 정신과 선량한 염원, 웅대한 포부 등에 대한 찬양을 묘사했다. 따라서 관련 내용으로는 E가 가장 적합하다.

那个冬天的周末，艾伦和母亲遇见了狼——这种只有在童话故事里她才听到过的动物。在那次惊心动魄的战争后，(76)＿＿＿＿C＿＿＿＿。

那年艾伦8岁，同母亲住在阿拉斯加的一个叫伊莎诺丁的丘陵地区。母亲长着一副高大结实的身材和一双像男人一样打着厚茧的手，除了在这双手抚着她入睡时，(77)＿＿＿＿D＿＿＿＿。

那个周末下午放学后，艾伦因玩耍而忘了时间，直到母亲找遍了她所有能去的地方，最后在离学校不远的一座杂草垛里，才把艾伦同其他几个年龄稍大的小家伙揪了出来，这时艾伦才发现，原来天色已晚了。

伴着月光，艾伦牵着母亲的手走过一处处低矮的灌木丛，正当她们离家越来越近，已经可以看到家里的灯光的时候，一只母狼领着它的幼崽出现在她们眼前。

母亲拔出了砍刀，高高举过头顶。终于，母亲首先向母狼和狼崽发动了袭击，母狼躲过了母亲的砍刀，而狼崽却被孔武有力的母亲牢牢抓住了头部，难以动弹。正当母亲举刀准备抹向狼崽的脖子时，(78)＿＿＿＿A＿＿＿＿。

母狼猛地向艾伦扑了过来，小艾伦惊恐地大叫一声倒在地上，紧闭双眼，头脑里一片空白。那时艾伦可以感到母狼有力的前爪按在她的胸上和肩上，狼口喷出热热的腥味。

突然，奇迹发生了，母狼的口猛地离开了艾伦的颈窝。它没有向艾伦下口。艾伦慢慢睁开双眼，看到母狼用喷着绿火的眼睛紧盯着母亲和狼崽，母亲也用一种绝望的眼神盯着她和母狼。母亲手中的砍刀紧贴着狼崽的后颈，在砍刀露出的部分，(79)＿＿＿＿E＿＿＿＿。那是狼崽的血！这是一场动物与人的母性的较量，无论谁先动手，迎来的都将是失子的惨烈代价。

对峙足足持续了5分钟。终于，母狼放开了艾伦，原先高耸着的狼毛趴了下来，它一边大口大口喘气，一边用一种奇特的眼光看着母亲，母亲慢慢地撒了刀，把狼崽向远处一抛，马卜把艾伦揽入怀

그 겨울 주말에 앨런과 어머니는 단지 동화이야기 속에서나 들어보았던 동물인 늑대를 만났다. 그 매우 놀라운 싸움 후, [76]어머니에 대한 그녀의 모든 생각이 완전히 바뀌었다.

그 해 앨런은 8살이었고, 어머니와 알래스카의 이자노스키라고 불리는 구릉지역에 살았다. 어머니는 크고 건장한 체격에 남자와 같은 두꺼운 굳은살이 있는 손을 가지고 있었다. 이 손으로 그녀가 잠이 들도록 어루만질 때를 제외하고는 [77]앨런은 어머니가 순수한 여인이라는 것을 인정하기 어려웠다.

그 주말 오후 학교 수업을 마치고, 앨런은 어머니가 그녀가 갈 수 있는 모든 곳을 샅샅이 찾을 때까지 노느라 시간도 잊었다. 마지막에 학교와 멀지 않은 잡초더미에서 비로소 앨런과 기타 몇 명의 나이가 조금 더 많은 아이들을 붙잡혔다. 그제서야 앨런은 시간이 이미 늦었다는 것을 알았다.

달빛을 벗 삼아, 앨런은 어머니의 손을 잡고 높이가 낮은 관목숲을 걸어갔다. 그녀들이 집과 점점 가까워져서 이미 집 안의 불빛을 볼 수 있었을 때, 한 마리의 어미 늑대가 그의 새끼를 이끌고 그녀들의 눈앞에 나타났다.

어머니는 칼을 빼내어, 머리 위로 높이 들었다. 마침내, 어머니는 먼저 어미 늑대와 새끼 늑대에게 습격을 하였다. 어미 늑대는 어머니의 칼을 피했지만 새끼 늑대는 오히려 용감하고 힘이 센 어머니에게 머리 부분을 단단히 붙잡혀 움직이기 어려웠다. 어머니가 칼을 들고 새끼 늑대의 목을 베려고 할 때, [78]가장 무서운 장면이 발생했다.

어미 늑대가 갑자기 앨런에게 달려들었고, 어린 앨런은 질겁하여 소리를 지르며 땅에 넘어져 두 눈을 꽉 감았다. 머릿속이 텅 빈 것 같았다. 그때 앨런은 어미 늑대의 힘 있는 앞 발이 그녀의 가슴과 어깨를 누르고 있는 것을 느꼈다. 늑대 입에서 뜨거운 비린내가 분출되었다.

갑자기, 기적이 발생했다. 어미 늑대의 입이 갑자기 앨런의 목덜미를 벗어났다. 그는 앨런을 입에 넣지 않았다. 앨런은 천천히 두 눈을 떴고, 어미 늑대는 푸른 불꽃을 내뿜는 눈으로 어머니와 새끼 늑대를 노려보고 있고, 어머니 역시 절망스런 눈빛으로 그녀와 어미 늑대를 주시하고 있는 것을 보았다. 어머니 손 안의 칼은 새끼 늑대의 목덜미에 바싹 붙어 있었고 칼이 드러나는 부분에 [79]먹줄처럼 얇은 것이 천천히 흐르고 있었다. 그것은 새끼 늑대의 피였다. 이것은 동물과 인간의 모성애 대결이었다. 누가 먼저 시작하든지 간에 맞이하는 것은 모두 자식을 잃는 처참한 대가였다.

대치가 족히 5분은 지속되었다. 마침내, 어미 늑대는 앨런을 놓아주었다. 원래 우뚝 솟았던 늑대털이 가라앉았고 그는 숨을 헐떡거리며 괴상한 눈빛으로 어머니를 바라보았다. 어머니는 천천히 갈을 치웠고 새끼 늑대를 먼 곳으로 던

中。母狼没有再次进攻，它长嚎一声，带着狼崽消失在丛林中。

母亲背着艾伦飞快地朝家里跑去，刚入家门，(80)＿＿＿ B ＿＿＿，她那打着老茧的手还死死地搂着背上的艾伦。

A 最可怕的一幕发生了
B 她便脚一软摔倒在地昏了过去
C 她对母亲的所有看法全然改写
D 艾伦很难认同母亲是一个纯粹的女人
E 有一条像墨线一样细细的东西缓慢流动着

지고 바로 앨런을 품안으로 안았다. 어미 늑대는 다시 공격하지 않고 길게 울부짖으며 새끼 늑대를 데리고 무성한 삼림으로 사라졌다.

어머니는 앨런을 업고 빠르게 집을 향해 달려갔다. 막 집문에 들어섰을 때, 80그녀는 다리에 힘이 빠져 땅에 넘어지면서 의식을 잃었다. 그녀의 그 오랜 굳은살이 있는 손은 여전히 등 위의 앨런을 꽉 안고 있었다.

A 가장 무서운 장면이 발생했다
B 그녀는 다리에 힘이 빠져 땅에 넘어지면서 의식을 잃었다
C 어머니에 대한 그녀의 모든 생각이 완전히 바뀌었다
D 앨런은 어머니가 순수한 여인이라는 것을 인정하기 어려웠다
E 먹줄처럼 얇은 것이 천천히 흐르고 있었다

단어 惊心动魄 jīngxīndòngpò 성어 마음을 놀라고 넋을 뒤흔들다. 매우 놀라게 하다 ｜ 阿拉斯加 Ālāsījiā 명 알래스카 ｜ 伊莎诺丁 Yīshānuòdīng 명 이자노스키[알래스카 반도의 한 지역 이름] ｜ 丘陵 qiūlíng 명 언덕, 구릉 ｜ 结实 jiēshi 형 (몸이) 건장하다, 튼튼하다 ｜ 茧 jiǎn 명 굳은살 ｜ 抚 fǔ 동 쓰다듬다, 어루만지다 ｜ 玩耍 wánshuǎ 동 놀다, 장난하다 ｜ 垛 duò 명 (가지런하게 쌓아 올려진) 더미, 무더기 ｜ 揪 jiū 동 꽉 붙잡다, 끌어당기다, 틀어쥐다 ｜ 天色 tiānsè 명 날, 시간 ｜ 伴 bàn 동 함께하다, 짝하다, 동반하다 ｜ 牵 qiān 동 끌다, 끌어 잡아당기다, 잡아 끌다 ｜ 低矮 dī'ǎi 형 (높이가) 낮다 ｜ 灌木丛 guànmùcóng 명 관목숲 ｜ 幼崽 yòuzǎi 명 (동물의) 새끼 ｜ 拔出 báchū 동 빼내다 ｜ 砍刀 kǎndāo 명 (장작을 팰 때 사용하는) 큰 칼 ｜ 袭击 xíjī 동 (적 또는 어떤 물체 등이) 갑자기 공격하다, 기습하다 ｜ 孔武有力 kǒngwǔyǒulì 성어 용감하고 힘이 세다 ｜ 牢牢 láoláo 부 견고히, 확실히 ｜ 动弹 dòngtan 동 (사람·동물·기계 등이) 움직이다, 활동하다 ｜ 抹脖子 mǒbózi 칼로 목을 자르다 ｜ 猛地 měngde 부 갑자기, 돌연 ｜ 惊恐 jīngkǒng 형 (예상치 못한 일을 당해) 놀라서 두려워하다 ｜ 紧闭 jǐnbì 동 꼭 닫다 ｜ 前爪 qiánzhuǎ 명 앞발 ｜ 喷出 pēnchū 동 분출하다 ｜ 腥味 xīngwèi 명 비린내 ｜ 颈窝 jǐngwō 명 목덜미 ｜ 下口 xiàkǒu 동 먹다, 입에 넣다 ｜ 紧盯 jǐndīng 동 노려보다 ｜ 紧贴 jǐntiē 동 바싹 달라붙다 ｜ 母性 mǔxìng 명 모성애 ｜ 较量 jiàoliàng 동 (힘이나 기량 등을) 겨루다, 대결하다 ｜ 惨烈 cǎnliè 형 매우 처참하다 ｜ 对峙 duìzhì 동 서로 맞서다, 대치하다 ｜ 高耸 gāosǒng 동 우뚝 서다, 높이 솟다 ｜ 趴 pā 동 엎드리다 ｜ 大口大口 dàkǒu dàkǒu 벌떡거리다 ｜ 撤 chè 동 없애다, 제거하다, 치우다 ｜ 揽 lǎn 동 (팔로 다른 사람을) 안다, 끌어안다 ｜ 进攻 jìngōng 동 (적을) 공격하다, 진격하다 ｜ 嚎 háo 동 (큰소리로) 외치다, 짖다 ｜ 丛林 cónglín 명 무성한 삼림 ｜ 死死地 sǐsǐde 부 꽉 ｜ 搂 lǒu 동 (양팔로) 안다, 껴안다 ｜ 全然 quánrán 부 완전히, 전혀, 도무지 ｜ 墨线 mòxiàn 명 먹줄, 승묵 ｜ 缓慢 huǎnmàn 형 느리다, 완만하다 ｜ 流动 liúdòng 동 (액체나 기체가) 흐르다, 유동하다

★☆☆

76　C 她对母亲的所有看法全然改写　　　C 어머니에 대한 그녀의 모든 생각이 완전히 바뀌었다

해설 앞 절의 앨런과 어머니는 난생 처음 늑대를 만났고, '그 매우 놀라운 싸움 후……'라는 말을 통해 빈칸은 앨런의 생각이 바뀌었다는 내용을 담은 문장이 와야 함을 알 수 있다. 따라서 정답은 C다.

★☆☆

77　D 艾伦很难认同母亲是一个纯粹的女人　　　D 앨런은 어머니가 순수한 여인이라는 것을 인정하기 어려웠다

해설 앞 문장에서 화자는 '어머니는 크고 건장한 체격에 남자와 같은 두꺼운 굳은살이 있는 손을 가지고 있었다'라고 묘사한 것으로 보아, 어머니는 건장하고 남성적이라는 것을 알 수 있다. 게다가 빈칸 앞의 '~을 제외하고'라는 뜻을 지닌 除了라는 단어가 결정적인 힌트가 된다. 따라서 정답은 D다.

★★☆

78

A　最可怕的一幕发生了

A　가장 무서운 장면이 발생했다

해설　빈칸 앞에는 '어머니가 칼을 들고 새끼 늑대의 목을 베려고 할 때'라는 말이 나오고, 빈칸 뒤에는 '어미 늑대가 갑자기 앨런에게 달려들어 어린 앨런은 질겁하여 소리를 지르며 땅에 넘어졌다'라는 내용이 나온다. 이로써 빈칸에는 매우 무섭고 끔찍한 일이 발생했다는 내용이 와야 함을 알 수 있으므로 A가 정답이다.

★☆☆

79

E　有一条像墨线一样细细的东西缓慢流动着

E　먹줄처럼 얇은 것이 천천히 흐르고 있었다

해설　앞뒤 문장 '칼이 드러나는 부분'과 '그것은 새끼의 피였다'를 통해 빈칸에는 늑대 피가 흐르는 모습을 묘사한 내용이 와야 한다는 것을 알 수 있다. 따라서 E가 정답이다.

★★☆

80

B　她便脚一软摔倒在地昏了过去

B　그녀는 다리에 힘이 빠져 땅에 넘어지면서 의식을 잃었다

해설　빈칸 앞의 내용을 보면 어머니는 늑대와의 끔찍한 싸움을 끝내고, 앨런을 업고 빠르게 집을 향해 달려갔다. 빈칸에는 막 집 문에 들어섰을 때, 안도감에 긴장이 풀린 어머니의 동작이 묘사되어야 한다. 따라서 가장 적절한 답은 B다.

81-84

2010年元旦期间，市民将看到皎洁的明月被"咬掉"一小块。新年第一天发生月偏食，这在近千年来可是头一回。

2009-2010年，月亮、地球、太阳三个天体刚好运行到容易发生天象的位置，因此这两年天文奇观多发。

此次^{81(B)}月偏食将从1月2日凌晨2时51分开始，^{82(B)}3时22分达到月食的最大值，3时54分结束，整个过程将持续一个小时。

观看月食无须采取减光措施，只要天气晴好，直接用肉眼观看即可。需要提醒的是，在月食开始前一个小时，因为地球影子的覆盖，月亮处在半影里，月色会黯淡下来，不如往常明亮。月食结束之后的一个多小时，同样也会出现这样的情况。若是摄影爱好者，在这段时间，要适当增加曝光时间。

欣赏完"天狗食月"，紧接着市民又可以欣赏一个古老星座的^{81(B)}流星雨了。^{84(D)}象限仪座，与天龙星座毗邻，平时很少被提及。3日晚八时至十二时，预计该星座有一个短暂且强烈的流星雨爆发时段。这段时间，每小时流量在120颗左右。

在1月15日傍晚，还有一场^{81(B)}日环食。这是中国22年以来的首次日环食，也是全球未来1000年持续时间最长的日环食。^{83(C)}我国最早看到日环食的是云南省，然后经贵州、四川、重庆、湖南、陕西、湖北、河南、安徽、江苏，最后是在山东半岛太阳落山，一共经过11个省市。因为环带特别宽，持续时间也特别长，非常罕见。

2010년 양력 설 기간에 시민들은 밝고 새하얀 달이 한 입 물리는 것을 보게 될 것이다. 새해 첫날 부분월식이 발생할 것이며 이것은 근 천년 동안 처음 있는 일이다.

2009년~2010년에 달, 지구, 태양 세 개의 천체가 공교롭게 천문현상이 쉽게 발생하는 위치까지 운행하였다. 그리하여 2년 동안 천문에서 보기 드문 기이한 일이 많이 발생했다.

이번 ^{81(B)}부분월식은 1월 2일 새벽 2시 51분에 시작해 ^{82(B)}3시 22분에 월식의 최댓값까지 달해 3시 54분에 끝난다. 모든 과정은 1시간 동안 지속된다.

월식을 보는 것은 빛을 줄이는 조치를 취할 필요가 없다. 단지 날씨만 맑으면 바로 육안으로 볼 수 있다. 주의할 필요가 있는 것은 월식이 시작되기 한 시간 전에 지구 그림자가 덮기 때문에 달은 반그림자 안에 놓인다. 달빛은 어두워질 것이고 평소 때의 밝은 것만 못하다. 월식이 끝난 후의 한 시간 남짓 동안에, 마찬가지로 이러한 상황이 나타날 것이다. 만약 촬영 애호가라면 이 시간에 카메라 필름 노출시간을 적당히 늘려야 할 것이다.

'천구월식'을 다 감상하고, 이어서 시민들은 또 옛 별자리의 ^{81(B)}유성우를 감상할 수 있다. ^{84(D)}용자리와 인접한 사분의자리는 평소에는 매우 적게 언급된다. 3일 밤 8시에서 12시에는 이 별자리에서 시간이 짧고 강렬한 유성우가 폭발하는 시간이 있을 것으로 예상된다. 이 시간에 시간당 유동량은 120개 정도다.

1월 15일 늦은 밤, 또 ^{81(B)}금환식이 있다. 이것은 중국에서 22년 이래로 처음 있는 금환식이다. 역시 앞으로 1000년 동안 지속 시간이 가장 긴 금환식이 될 것이다. ^{83(C)}중국에서 제일 일찍 금환식을 보는 곳은 윈난성이며, 그리고 구이저우, 쓰촨, 충칭, 후난, 산시, 후베이, 허난, 안후이, 장쑤를 거쳐 마지막으로 산동반도에서 태양이 서산으로 지며 모두 11개의 성과 시를 거친다. 빛의 고리가 매우 넓고 지속시간도 유난히 길기 때문에, 매우 보기 드물다.

단어 皎洁 jiǎojié 웹 (달빛 등이) 밝고 새하얗다, 환하고 희다 | 月偏食 yuèpiānshí 웹 부분월식 | 天体 tiāntǐ 웹 천체 | 运行 yùnxíng 웹 (별·차량·선박 등이) 운행하다 | 天象 tiānxiàng 웹 천상, 천문 현상 | 奇观 qíguān 웹 기이한 풍경, 기이한 현상 | 凌晨 língchén 웹 새벽 | 最大值 zuìdàzhí 웹 극댓값, 맥시멈, 최대 | 采取 cǎiqǔ 웹 선택하여 실행하다, 취하다 | 措施 cuòshī 웹 대책, 조치 | 肉眼 ròuyǎn 웹 육안, 맨눈 | 黯淡 àndàn 웹 어둡다 | 曝光 bàoguāng 웹 (카메라 필름이나 감광지를) 노출하다 | 天狗 tiāngǒu 웹 유성, 천구, 천구성 | 紧接着 jǐnjiēzhe 웹 연이어서, 잇달아 | 星座 xīngzuò 웹 별자리 | 流星雨 liúxīngyǔ 웹 유성우 | 象限仪座 xiàngxiànyízuò 웹 사분의자리 | 天龙星座 tiānlóngxīngzuò 웹 용자리 | 毗邻 pílín 웹 (지역이) 서로 잇닿다, 서로 이어지다 | 提及 tíjí 웹 언급하다 | 短暂 duǎnzàn 웹 (시간이) 짧다 | 爆发 bàofā 웹 (화산이) 폭발하다 | 日环食 rìhuánshí 웹 금환식, 고리일식 | 环带 huándài 웹 (행성의) 밝은 빛의 고리 | 罕见 hǎnjiàn 웹 보기 드물다

★★☆ │ **유형**│ 전체 내용 파악

81

这段话总共谈到了几种天文现象?

A 2种
B 3种
C 4种
D 5种

이 글은 모두 몇 가지의 천문현상을 말하였는가?

A 2가지
B 3가지
C 4가지
D 5가지

해설 지문에서 부분월식, 유성우, 금환식의 총 3개의 천문현상을 언급했으므로 정답은 B다.

★★☆ │ **유형**│ 시간 파악

82

"天狗食月"的最大值是什么时候?

A 2时51分
B 3时22分
C 3时54分
D 20:00−24:00

'천구월식'의 최댓값은 언제인가?

A 2시 51분
B 3시 22분
C 3시 54분
D 20시~24시

해설 '천구월식'은 부분월식이다. 지문 초반에 '3시 22분에 월식의 최댓값까지 달해'라고 했으므로 정답은 B다.

★☆☆ │ **유형**│ 장소 파악

83

日环食观测点不包括:

A 陕西
B 湖南
C 河北
D 山东

금환식 관측장소에 포함되지 않는 것은?

A 산시
B 후난
C 허베이
D 산둥

해설 지문 후반에 11개의 성과 시를 언급했지만, 허베이는 언급하지 않았으므로 정답은 C다.

★★☆ │ **유형**│ 세부 내용 파악

84

以下说法哪一项是正确的?

A 2009−2010年太阳、月亮和地球连成一线
B 这次月偏食是中国千年以来第一次月偏食
C 本次日环食是至今1000年中持续时间最长的
D 象限仪座是一个古老的很少被人知道的星座

아래 어느 설명이 정확한가?

A 2009년~2010년 태양, 달, 지구는 한 줄이 된다
B 이번 부분월식은 중국에서 천 년 동안의 첫 번째 부분월식이다
C 이번 금환식은 오늘날까지 1000년 동안 지속 시간이 가장 길다
D 사분의자리는 사람들에게 아주 적게 알려진 오래된 별자리다

해설 지문 중반에 '용자리와 인접한 사분의자리는 평소에는 매우 적게 언급된다'고 했으므로 정답은 D다.

　　"师傅，请配合做一个测试！"上海浦东交警支队民警赵文越左手拿着酒精呼吸快速检测仪，右手敬礼，径直向一辆迎面驶来的银白色标致车走去。交通协管员迅速将手中的反光锥放至离标致车不远的道路中央。47岁的上海市民周先生缓缓将车停稳，一边尴尬地称 [86(C)]抱歉，刚喝了几口啤酒"，一边怯生生地从车窗探出头来，朝着民警递上的快速检测仪吹了几口气。2秒钟后，检测仪上亮出红灯，意味着"呼气含酒精"。随后，周先生被民警赵文越带至路边一辆警车附近，接受酒精测试仪的精确测试，酒精浓度：0.849毫克/毫升，属醉酒驾车。

　　紧接着，民警将周先生的车和驾驶证暂扣，并开出酒后驾车处理通知书：罚款2000元，扣证6个月，行政拘留15天……半小时后，周先生被接走，等待他的是15天的行政拘留。

　　25日晚间，记者在浦东新区上南路外环内圈上匝道看到，该道口共有4名民警和6名交通协管员，他们从晚上8时至10时一直在此守候，[87(A)(B)(C), 88(A)]"地毯式"检测过往车辆司机是否存在酒后驾车行为。记者在现场看到，由于酒精呼吸快速检测仪每两秒钟即可灵敏感应呼气是否含有酒精，故这个道口双车道车辆通行并未出现拥堵现象。

　　据目测，两个小时内此道口约有1000辆车经过，交警共查处酒后驾车4人，其中醉酒驾车2人。"[88(B)]经过一段时间的严厉整顿，我已明显觉到查处的酒后驾车人数比以往少了近5成。"赵文越说。他还说，从目前查获的酒后驾车情况来看，大客车和货车司机酒后驾车比例相对较低，小客车、小轿车司机所占比例较大，尤其是高档小轿车司机酒后驾车的较多。

　　上海市民刘志红为公安机关集中力量 [85(B)]严厉打击酒后驾车行为拍手称好。他说，司机酒后驾车无异于"马路杀手"，既不尊重自己的生命也将他人的生命视为儿戏，"对这种损人不利己的事情一定要严厉查处，最终营造一个尊重生命、杜绝酒驾的良好的交通人文环境。"

　　"선생님, 측정에 협조 부탁드립니다!" 상하이 푸둥 교통경찰지대 인민경찰 자오원위에는 왼손에는 알코올 측정기를 들고 오른손으로 경례를 하면서 곧바로 정면에서 몰고 오는 은백색의 푸조를 향해 갔다. 교통보조관리원은 빠르게 수중의 반광 교통표지를 푸조에서 멀지 않은 도로 중앙에 놓았다. 47세의 상하이 시민 저우 선생은 천천히 차를 멈추었고, 한편으로는 난처한 듯 "[86(C)]죄송합니다. 방금 맥주 몇 모금 마셨어요."라고 말하며, 한편으로는 주눅 든 모습으로 차창으로 머리를 내밀고 인민경찰이 건네준 측정기를 향해 입바람을 불었다. 2초 후 측정기에 빨간불이 나타났다. 이는 내쉰 숨이 알코올을 함유하고 있다는 것을 의미한다. 그 후, 저우 선생은 인민경찰 자오원위에에 의해 길 옆의 경찰차 옆으로 가 알코올 측정기의 정확한 측정을 받았다. 알코올 농도는 0.849mg/ml이며 주취운전에 속했다.

　　이어서 인민경찰은 저우 선생의 차와 운전면허증을 잠시 압류하였고 음주운전 처리통지서를 떼었다. 2000위엔의 벌금을 물리고, 6개월 동안 운전면허증을 압류하며 15일 동안 행정구류에 처한다……. 30분 후, 저우 선생은 끌려갔고 그를 기다린 것은 15일의 행정구류였다.

　　25일 밤 사이, 기자는 푸둥 개발지구 상난로 외부순환도로 안쪽 진입로에서 이 길목에 4명의 인민경찰과 6명의 교통보조관리원이 있는 것을 보았다. 그들은 저녁 8시부터 10시까지 이곳에서 기다리며 [87(A)(B)(C), 88(A)]오고 가는 차량운전자 중 음주운전 행위가 존재하는지 여부를 '빈틈없이' 측정했다. 기자는 현장에서 알코올 측정기가 2초마다, 내쉬는 숨이 알코올을 함유하고 있는지 여부를 민감하게 감응할 수 있기 때문에 이 길목 두 차도에서 차량통행은 결코 막히는 현상이 나타나지 않는 것을 보았다.

　　눈대중으로, 두 시간 내에 이 길목은 약 1000대의 차가 지나갔고, 인민경찰은 음주운전을 한 4명을 조사하여 처리하였는데, 그중 주취운전은 2명이었다. "[88(B)]일정 시간의 엄격한 정돈을 통해, 저는 조사하여 처리한 음주운전자 수가 예전보다 거의 50% 줄었다는 것을 분명히 느꼈습니다." 자오원위에는 말했다. 그는 또 지금 수색해서 찾아낸 음주운전자 상황에서 보았을 때, 대형 승용차와 화물차 운전자가 음주운전한 비율이 상대적으로 낮고, 소형 여객차와 소형 승용차 운전자가 차지하는 비율은 비교적 높으며, 특히 고급 소형차 운전자의 음주운전은 비교적 많다고 말했다.

　　상하이 시민 리우즈홍은 공안기관이 힘을 모아 [85(B)]엄격히 음주운전 행위를 척결하는 것에 박수를 치며 칭찬하였다. 그는 운전자가 음주운전을 하는 것은 '도로 위의 살인자'와 다르지 않으며 자신의 생명을 존중하지 않고, 타인의 생명도 대수롭지 않게 여기는 것이라고 하면서 "이러한 남에게 손해를 끼치고 자기에게도 이롭지 않은 일은 반드시 엄격히 조사하고 처리해서 최종적으로 생명을 존중하고 음주운전을 없애 바람직한 교통 인문 환경을 만들어야 한다."고 말하였다.

　　据悉，上海卢湾区交警还根据辖区酒后驾车呈现"凌晨化"的特点，在安排警力前往辖区部分餐饮、娱乐场所做好劝导提醒服务的基础上，在新天地酒吧周边重点道路设置检查点，并将检查时间顺延至深夜或凌晨，确保整治工作高效有序地展开。

소식에 따르면, 상하이 루완구 교통경찰은 관할지역 음주운전이 '새벽화'의 특징을 드러내는 것에 근거해, 경찰력을 관할지역 부분의 음식점과 오락장소에 안배해서, 설득하고 조심시키고 봉사한다는 기초 위에서 신톈디 술집 주변 중점 도로에 측정장소를 설치하고 측정 시간을 심야 혹은 새벽으로 늦추어 관리작업의 고효율과 질서 있는 전개를 확보할 것이라고 한다.

단어　配合 pèihé 통 협력하다. 협동하다 ｜ 浦东 Pǔdōng 명 푸둥 ｜ 交警 jiāojǐng 명 교통경찰 ｜ 支队 zhīduì 명 지대, 파견 부대 ｜ 民警 mínjǐng 명 인민경찰 ｜ 酒精 jiǔjīng 명 주정. 에틸알코올 ｜ 检测仪 jiǎncèyí 명 검측기 ｜ 敬礼 jìnglǐ 통 경례하다 ｜ 径直 jìngzhí 튄 (다른 곳을 거치지 않고) 곧장. 바로 ｜ 迎面 yíngmiàn 튄 정면으로 ｜ 标致 Biāozhì 푸조 [외제차 이름] ｜ 协管员 xiéguǎnyuán 명 보조관리원[协助管理员의 줄임말] ｜ 反光锥 fǎnguāngzhuī 명 빛을 반사시키는 원뿔형 교통표지 ｜ 停稳 tíngwěn 통 완전히 멈추다. 멈추어 움직이지 않다 ｜ 尴尬 gāngà 형 (입장이) 난처하다. 곤란하다 ｜ 怯生生 qièshēngshēng 형 겁을 먹어 위축된 모습. 겁을 먹어 주눅이 든 모습 ｜ 探头 tàntóu 통 머리를 내밀다 ｜ 亮出 liàngchu 통 나타내다. 드러내다 ｜ 毫克 háokè 명 밀리그램 ｜ 毫升 háoshēng 명 밀리리터 ｜ 紧接着 jǐnjiēzhe 연이어서. 잇달아 ｜ 驾驶证 jiàshǐzhèng 명 운전면허증 ｜ 暂 zàn 튄 잠시. 잠깐 ｜ 扣 kòu 통 구류하다. 압류하다. 억류하다 ｜ 罚款 fákuǎn 벌금을 물리다. 벌금을 부과하다 ｜ 拘留 jūliú 통 구류하다. 구금하다 ｜ 内圈 nèiquān 명 안쪽 코스 ｜ 匝道 zādào 명 진입로 ｜ 道口 dàokǒu 명 길목 ｜ 守候 shǒuhòu 통 기다리다 ｜ 地毯式 dìtǎnshì 형 (점검·검사·수색 등이) 전면적이고 물 샐 틈 없는. 전반적이고 빈틈이 없는 ｜ 灵敏 língmǐn 형 (반응이) 빠르다. 민감하다 ｜ 感应 gǎnyìng 통 유도하다. 감응하다 ｜ 目测 mùcè 통 눈대중하다 ｜ 查处 cháchǔ 통 (상황을 확실하게) 조사하여 처리하다 ｜ 整顿 zhěngdùn 통 (조직·규율·기풍을) 정돈하다. 바로잡다 ｜ 查获 cháhuò 통 수색해서 찾다. 수사하여 찾다 ｜ 大客车 dàkèchē 명 대형 버스. 대형 승용차 ｜ 货车 huòchē 명 화물차 ｜ 小客车 xiǎokèchē 명 소형 여객차 ｜ 小轿车 xiǎojiàochē 명 소형 승용차 ｜ 高档 gāodàng 형 (상품이) 고품질의. 고급의 ｜ 拍手 pāishǒu 통 손뼉을 치다. 박수하다 ｜ 称好 chēnghǎo 통 칭찬하다 ｜ 无异 wúyì 통 다르지 않다. 똑같다. 동일시하다 ｜ 杀手 shāshǒu 명 살인자. 킬러 ｜ 儿戏 érxì 명 어린애 장난 ｜ 营造 yíngzào 통 (계획이나 목적을 가지고) 만들다. 세우다. 조성하다 ｜ 杜绝 dùjué 통 끊다. 제지하다. 막다 ｜ 卢湾区 Lúwānqū 명 루완구 ｜ 辖区 xiáqū 명 관할구역 ｜ 警力 jǐnglì 명 경찰력 ｜ 餐饮 cānyǐn 명 (식당·음식점·주점에서의) 음식 판매. 요식 ｜ 劝导 quàndǎo 통 타일러서 지도하다. 설득하다 ｜ 顺延 shùnyán 통 순연하다. (기일을) 늦추다 ｜ 整治 zhěngzhì 통 다스리다. 정돈하다. 관리하다

★★☆　｜**유형**｜ 주제 파악

85　这段话的主题是什么？　　　　　이 글의 주제는 무엇인가？

A 上海交通测试工作　　　　　　　A 상하이 교통측정 업무
B 严查酒后驾车行为　　　　　　　B 음주운전 행위를 엄격히 단속한다
C 营造良好交通环境　　　　　　　C 바람직한 교통환경을 만든다
D 酒后驾车危害市民　　　　　　　D 음주운전이 시민을 해친다

해설　이 지문은 전반적으로 상하이시의 음주운전 척결을 위해 경찰들이 음주운전 단속을 하고 있는 몇 가지 예를 들고 있다. 따라서 이 글의 주제로는 B가 가장 적합하다.

★☆☆　｜**유형**｜ 의미 파악

86　周先生的话表明他：　　　　　저우 선생의 말이 나타내는 것은？

A 只喝了一点儿啤酒　　　　　　　A 단지 맥주를 조금 마셨다
B 觉得给交警添麻烦　　　　　　　B 교통경찰에게 폐를 끼쳤다고 느낀다
C 想逃避醉酒的惩罚　　　　　　　C 음주 처벌을 피하고 싶다
D 非常害怕将被拘留　　　　　　　D 구류될 것이 매우 두렵다

해설　저우 선생은 경찰의 음주 단속에 걸렸을 때, 맥주를 몇 모금만 마셨다고 말했다. 하지만 이는 정말로 맥주를 조금만 마신 것이 아니라 처벌을 면하기 위해 변명을 하는 것이므로 정답은 C다.

87

以下不是酒精呼吸检测仪特点的是：

A 测试精确
B 反应很快
C 耗时很短
D 体积庞大

아래에서 알코올 호흡측정기의 특징이 아닌 것은?

A 측정이 정확하다
B 반응이 빠르다
C 소모시간이 짧다
D 면적이 거대하다

해설 지문 후반은 알코올 호흡측정기의 특징에 대해 언급하고 있는데 A, B, C는 모두 지문에서 언급했다. 그러나 D에 대한 언급은 하지 않았다. 또한 상식적으로 알코올 측정기는 손에 잡고 측정하는 것이므로 면적이 거대하다고 볼 수 없으므로 알코올 호흡측정기의 특징이 아닌 것은 D다.

Tip⁺ 이렇게 옳은 것과 틀린 것을 찾는 문제는 지문에서 보기의 부분을 찾아 일치하는지 아닌지 대조하는 것이 중요하다. 지문을 다 읽고 풀지 말고, 문제와 보기를 읽은 후, 이러한 유형의 문제를 먼저 풀어 시간을 확보하도록 한다.

88

本次专项行动带来的结果是：

A 造成道口交通拥堵
B 酒后驾车人数减少
C 交警工作时间延长
D 没收多辆高档轿车

이번 특별 활동이 가져온 결과는?

A 길목 교통이 막히게 만들었다
B 음주운전자의 수가 감소하였다
C 교통경찰 업무시간이 연장되었다
D 다량의 고급 승용차를 몰수하였다

단어 专项 zhuānxiàng 명 전문적으로 설립한 항목 | 没收 mòshōu 동 몰수하다

해설 지문 중반에 음주운전자 수가 예전보다 거의 50% 줄었다는 말을 통해 정답이 B임을 알 수 있다. 측정 시간이 매우 짧아서 길목에 차량통행이 막히는 현상이 나타나지 않았다고 했으므로 A는 답이 될 수 없으며, 신텐디 술집 주변 중점 도로의 음주 측정 시간을 심야 혹은 새벽으로 늦출 것이라고는 언급했지만, 이것이 교통경찰의 업무시간이 연장된다는 뜻은 아니므로 C도 답이 될 수 없다.

89-92

绘本，也叫图画书，是那种文字量少的书籍，在欧美、日本甚至非洲，都是最受儿童欢迎的出版物。
89(D)然而这样一种广受全世界儿童欢迎的读物，在中国却不受青睐。随便翻开一个月的儿童读物销售排行榜，名列前茅的不是《哈利·波特》系列，就是《儿童百科全书》、《儿童学唐诗》，以及《安徒生童话》、《十万个为什么》等老读物，几乎找不到绘本的踪迹。
90(C)是绘本没有价值吗？当然不是。91(C)绘本"图的语言，语言的图画"的特征，使其具备了拓展儿童想象力、深入浅出地向孩子们介绍各种知识的功能，《唐诗选画读本》、《丁丁历险记》等是公认的、启迪心智的健康读物。

도화책이라고도 불리는 그림책은 문자량이 적은 서적이다. 유럽과 미국, 일본, 심지어 아프리카에서도 모두 아이들에게 가장 환영을 받은 출판물이다.
89(D)그러나 이렇게 전 세계 어린이들의 환영을 널리 받는 도서가 중국에서는 오히려 주목을 받지 못한다. 한 달 동안의 아동도서 판매 순위를 자유롭게 펼쳐보면, 상위권은 『해리 포터』 시리즈가 아니면 『아동백과전서』, 『어린이 당시』 및 『안데르센 동화』, 『10만 가지, 왜?』 등의 옛 도서다. 거의 그림책의 종적을 찾아볼 수 없다.
90(C)그림책은 가치가 없을까? 당연히 아니다. 91(C)그림책의 '그림의 언어, 언어의 그림'이라는 특징은 그것으로 하여금 아이들의 상상력을 개척하여 발전시키고, 내용은 깊지만 알기 쉽게 아이들에게 각종 지식을 소개하는 기능을 갖게 하였다. 『당시선 그림도서』, 『틴틴모험기』 등은 모두가 인정하는 것으로, 사고능력을 계발하는 건전한 도서다.

90(C)是国内引进得少吗？也不是。像《小熊布迪》系列、《林格伦作品选》等引进中国已有多年，《列那狐的故事》、《丁丁历险记》等的引进更可以上溯好几代人。中国自己的绘本，如《动脑筋爷爷》问世也已经20来年了。

90(C)是价钱太贵了吗？似乎仍不是。绘本价钱的确不菲，但因为书的篇幅都不长，每本的价格也不过10元、20元。相比之下，《儿童百科全书》每套120元，引进版《可怕的科学》每套近600元，而《少儿版资治通鉴》每套竟需1500元。这些更"贵族"的书的销量几乎都不错。

问题其实很简单：读书固然是孩子们的事，买书却是家长们的事。家长们当然愿意孩子们多读书，也绝不吝惜在这方面花钱，但有个前提，90(C)即孩子们应该读"有用的书"，与此相比，绘本这种"猫猫狗狗的图画书"既不能具体提高孩子的某项特长，又不能让孩子学会特定的东西，孩子读多了还可能被别人认为不够成熟，自然只能列为可有可无，甚至从书单中删除了。

92(D)事实上，这种只让孩子学"有用"东西的倾向，几乎渗透到中国家长对子女教育的每一个环节。他们不怕为孩子大把花钱，但只愿把钱花在"有用"的地方。

儿童成长有其自然规律，过于功利的教育模式，势必束缚他们的天性，对他们的成熟、健全产生不良影响。因此作为家长，应把"对孩子适合"放在"对孩子有用"之前，对孩子少一些功利，多一些天真，把图画、游戏和自由还给孩子。

90(C)국내에 들여오는 것이 적은가? 역시 아니다. 『아기 곰 버디』 시리즈, 『린드그렌 작품선』 등은 중국에 들어온 지 이미 여러 해가 되었다. 『르나르 이야기』, 『틴틴모험기』 등의 도입은 몇 대의 사람으로 거슬러 올라갈 수 있다. 중국 자체의 그림책, 예를 들면 『둥나오진 할아버지』는 출판된 지 이미 20여 년이 되었다.

90(C)가격이 너무 높은가? 여전히 아닌 듯하다. 그림책 가격은 확실히 싸지 않다. 그러나 책의 분량이 길지 않아서 각 권의 가격 역시 10위엔, 20위엔을 넘지 않는다. 비교해보면, 『아동백과전서』는 매 세트에 120위엔이고, 수입판 『무서운 과학』은 매 세트에 600위엔이며, 『아동판 자치통감』은 매 세트에 놀랍게도 1500위엔이 필요하다. 이러한 더 '귀족'적인 책의 판매량은 거의 모두 괜찮다.

문제는 사실 매우 간단하다. 독서는 당연히 아이들의 일이지만 책을 사는 것은 오히려 학부모의 일이다. 학부모들은 당연히 아이들이 책을 많이 읽기를 원하여 절대 이 방면에 돈 쓰는 것을 아끼지 않는다. 그러나 하나의 전제 조건이 있다. 90(C)바로 아이들은 마땅히 '유용한 책'을 읽어야 한다는 것이다. 이것과 비교하면 그림책인 '고양이와 강아지의 그림책'은 아이들의 어떤 특기를 구체적으로 향상시켜줄 수 없으며 또 아이들이 특정한 것을 배우도록 할 수도 없다. 아이들이 많이 읽으면 아마도 다른 사람에게 성숙하지 않다고 여겨질 수도 있어 자연히 있어도 되고 없어도 되는 부류에 속하게 되었으며 심지어는 도서리스트에서 삭제되었다.

92(D)실제로, 아이에게 '유용한' 것만 가르치는 편향됨은 중국 학부모들의 자녀교육에 대한 거의 모든 부분에 침투되어 있다. 그들은 아이를 위해 큰돈을 쓰는 것을 무서워하지 않는다. 그러나 단지 돈을 '유용한' 곳에 쓰길 원한다.

아동 성장은 자연적인 규율이 있다. 지나친 효용과 이익을 추구하는 교육모델은 반드시 그들의 천성을 속박하여 그들의 성숙과 건전함에 안 좋은 영향을 낳는다. 따라서 학부모로서 '아이에게 적합함'을 '아이에게 유용함'보다 앞에 놓아야 한다. 아이에게 효용과 이익을 줄이고 순수함을 더하여 그림, 놀이 그리고 자유를 아이에게 주어야 한다.

제4회

阅读

단어 绘本 huìběn 명 그림책 | 图画书 túhuàshū 명 그림책 | 青睐 qīnglài 동 흥미를 가지다, 호감을 느끼다, 중시하다, 주목하다 | 销售 xiāoshòu 동 (상품을) 팔다, 판매하다 | 排行榜 páihángbǎng 명 순위, 랭킹 | 名列前茅 mínglièqiánmáo 성어 (비교 평가나 시험 등에서) 석차가 상위권이다, 서열이 앞에 있다 | 系列 xìliè 명 시리즈 | 踪迹 zōngjì 명 종적, 자취 | 特征 tèzhēng 명 특징 | 拓展 tuòzhǎn 동 개척하여 발전시키다 | 深入浅出 shēnrùqiǎnchū 성어 (문장이나 말의) 내용이 깊고 오묘하지만 단어 선택은 간결하고 알기 쉽다 | 启迪 qǐdí 동 일깨우다, 지도하다, 계발하다 | 心智 xīnzhì 명 사고 능력, 지혜 | 引进 yǐnjìn 동 (사람·자금·기술·설비 등을) 끌어들이다, 도입하다 | 上溯 shàngsù 동 (현재에서 과거로) 거슬러 가다 | 动脑筋 dòngnǎojīn 연구하다, 머리를 쓰다 | 问世 wènshì 동 (저작 등의 출판물이) 발표되다, 출판되다 | 不菲 bùfěi 형 싸지 않다, 적지 않다 | 篇幅 piānfu 명 분량, 길이, 편폭 | 吝惜 lìnxī 동 (자신의 물건이나 힘에) 인색하게 굴다, 지나치게 아끼다 | 前提 qiántí 명 전제, 선결 조건 | 列为 lièwéi 동 (어떤 부류에) 속하다, 들다 | 可有可无 kěyǒukěwú 성어 있어도 되고 없어도 된다, 그다지 중요하지 않다 | 删除 shānchú 동 지우다, 빼다, 삭제하다 | 倾向 qīngxiàng 동 (생각이나 의견·사물 등이) 한쪽으로 기울다, 한편으로 쏠리다 | 渗透 shèntòu 동 (어떤 사물이나 세력 등이 점차적으로) 침투하다 | 功利 gōnglì 명 공리 | 势必 shìbì 부 꼭, 반드시, 필연코 | 束缚 shùfù 동 속박하다, 구속하다 | 游戏 yóuxì 명 오락

89

在中国受欢迎的是什么书?

A 《丁丁历险记》
B 《动脑筋爷爷》
C 《唐诗选画读本》
D 《哈利·波特》系列

중국에서 환영을 받는 것은 무슨 책인가?

A 『틴틴모험기』
B 『둥나오진 할아버지』
C 『당시선 그림도서』
D 『해리 포터』 시리즈

해설 지문 초반에 '한 달 동안의 아동도서 판매 순위를 자유롭게 펼쳐보면 상위권은 『해리 포터』 시리즈가 아니면 『아동백과전서』, 『어린이 당시』 및 『안데르센 동화』, 『10만 가지, 왜?』 등의 옛 도서다'라고 언급했다.

★★☆ ┃ **유형** ┃ 수량 파악

90

文章对绘本不受欢迎做了几个方面的分析?

A 2个
B 3个
C 4个
D 5个

글에서 그림책이 환영을 받지 못하는 원인을 몇 가지 면에서 분석하였는가?

A 2가지
B 3가지
C 4가지
D 5가지

해설 지문 세 번째 단락에서 여섯 번째 단락까지 4가지로 분석하여 설명하였다. 따라서 정답은 C다.

★★☆ ┃ **유형** ┃ 세부 내용 파악

91

绘本的作用是什么?

A 教儿童写字
B 教儿童画画儿
C 拓展儿童想象力
D 培养儿童的特长

그림책의 기능은 무엇인가?

A 어린이에게 글자 쓰는 것을 가르치는 것
B 어린이에게 그림 그리는 것을 가르치는 것
C 어린이의 상상력을 개척하며 발전시키는 것
D 어린이의 특기를 배양하는 것

해설 지문에서 '아이들의 상상력을 개척하여 발전시키고, 내용은 깊지만 알기 쉽게 아이들에게 각종 지식을 소개하는 기능을 갖게 하였다'라고 설명하고 있다. 이것이 바로 그림책의 기능이므로 정답은 C다.

★☆☆ ┃ **유형** ┃ 관점 파악

92

家长对孩子买书持什么样的观点?

A 要买国外的
B 要买昂贵的
C 要买有趣的
D 要买有用的

학부모는 아이에게 책을 사줄 때 어떤 관점을 유지하는가?

A 외국 것을 사려고 한다
B 비싼 것을 사려고 한다
C 재미있는 것을 사려고 한다
D 유용한 것을 사려고 한다

단어 昂贵 ángguì 형 (가격이) 높다. 비싸다

해설 지문 후반에 아이에게 유용한 것만 가르치는 편향됨에 대해 언급하고 있다. 그러므로 정답은 D다.

1909年，德国一位名叫理查德·斯奇曼的教师在带领学生出游途遇大雨无处住宿后，萌发了建立青年旅馆的想法。93(A)(C) 1912年，世界上第一个青年旅馆在德国一个废弃古堡中诞生，93(D), 94(C) 并奠定了青年旅舍的基本结构，即以"安全、经济、卫生、隐私"为特点，室内设备简朴，备有高架床、个人储藏柜、公共浴室和洗手间，有的还有自助餐厅、公共活动室。近一个世纪后，95(D) 深圳第一家国际青年旅馆于1999年10月在欢乐谷成立。深圳欢乐谷国际青年旅馆现已成为全球约五千家青年旅馆之一，94(A)(C), 95(B) 主要为家庭、青年团体、企事业单位提供经济、清洁、安全的住宿。

欢乐谷国际青年旅馆位于深圳旅游中心的华侨城，与欢乐谷主题公园隔墙而邻，是远道而来的旅游者的理想选择。欢乐谷国际青年旅馆各类房间内均设有空调、卫生间、浴室等设施。两、三人间设有电视。拥有青年旅馆高级会员卡的朋友可享受每天每床5元的优惠和优先入住权，入住时请在前台领优惠卡。园区消费可享受：华侨城四大主题公园(欢乐谷、世界之窗、锦绣中华、民俗村)门票9.5折优惠，欢乐谷园区内餐饮、相片冲洗消费以及购买旅游纪念品9折优惠。96(C) 欢乐谷国际青年旅馆内设网吧、乒乓球室、阅览室、棋牌室、自助餐厅、洗衣房、小卖部，周到的服务为旅途劳顿的您提供各种娱乐设施，供您放松身心，为您踏上下一段旅程加油充电。

1909년, 독일의 리하르트 쉬르만이라는 교사가 학생을 데리고 외지에 나가서 돌아다닐 때 큰 비를 만났는데 묵을 곳이 없어서 유스호스텔을 건립할 생각을 했다. 93(A)(C) 1912년 세계에서 최초로 유스호스텔이 독일의 폐기된 성에서 탄생하였으며 93(D), 94(C) 유스호스텔의 기본 구조, 즉 '안전, 경제(적인), 위생, 프라이버시'의 특색을 다졌다. 실내설비가 간소하고, 높은 침대, 개인보관함, 공동욕실과 화장실을 가지고 있으며, 어떤 곳에는 카페테리아와 공동 활동실도 있다. 거의 한 세기 후에 95(D) 선전 최초의 국제 유스호스텔이 1999년 10월에 환러구에 세워졌다. 선전 환러구 국제 유스호스텔은 지금 이미 전 지구의 약 오천 개의 유스호스텔 중에 하나이며 94(A)(C), 95(B) 주로 가족, 청년단체, 기업과 사업체를 위해 경제적이고 깨끗하며 안전한 숙박을 제공한다.

환러구 국제 유스호스텔은 선전 여행센터인 화챠오성에 위치하며 환러구 테마공원과 벽을 사이에 두고 인접해있어, 먼 길에서 온 여행자의 이상적인 선택지다. 환러구 국제 유스호스텔은 각 종류의 방 안에 에어콘, 화장실, 욕실 등 시설이 모두 설비되어 있다. 2~3인용 방에는 텔레비전이 설치되어 있다. 유스호스텔 고급 회원카드를 가진 사람은 매일 잠자리마다 5위엔의 할인과 우선입주권 혜택을 누릴 수 있다. 입주 시 프런트에서 우대카드를 받아야 한다. 단지에서 소비할 때, 화챠오성 4대 테마공원(환러구, 세계의 창, 아름답고 화려한 중화, 민속촌)의 입장권 5% 할인 우대, 환러구 지역 내 요식, 사진현상 소비 및 여행기념품 구매 10% 할인 우대를 누릴 수 있다. 96(C) 환러구 국제 유스호스텔 내에는 PC방, 탁구실, 열람실, 바둑실, 카페테리아, 세탁실, 매점을 설치하여 빈틈없는 서비스로 여행 도중에 지친 당신에게 각종 오락시설을 제공하고 당신의 심신을 여유롭게 하며 당신이 다음 여정에 오르도록 응원하고 충전시켜준다.

제 4 회
阅读

단어 带领 dàilǐng 동 인솔하다. 데리다. 이끌다 | 出游 chūyóu 동 두루 돌아다니다. 유람하다 | 途遇 túyù 동 길에서 만나다. 도중에서 만나다 | 萌发 méngfā 동 (사물이) 발생하다. 일어나다 | 青年旅馆 qīngnián lǚguǎn 명 유스호스텔 | 废弃 fèiqì 동 폐기하다 | 古堡 gǔbǎo 명 오래 된 보루나 성(보) | 奠定 diàndìng 동 다지다. 닦다. 안정시키다 | 旅舍 lǚshè 명 여관 | 隐私 yǐnsī 명 개인적인 비밀. 프라이버시 | 简朴 jiǎnpǔ 형 간소하다. 소박하다 | 储藏 chǔcáng 동 저장하다. 저장하여 두다 | 自助餐厅 zìzhù cāntīng 명 카페테리아 | 欢乐谷 huānlègǔ 명 환러구 [놀이공원] | 清洁 qīngjié 형 (먼지나 기름때 없이) 청결하다. 깨끗하다 | 隔墙 géqiáng 동 벽을 사이에 두다 | 远道 yuǎndào 명 먼 길. 먼 노정 | 前台 qiántái 명 프런트. 안내 데스크 | 领 lǐng 동 받다. 수령하다 | 园区 yuánqū 명 단지. 지역. 구역. 지구 | 餐饮 cānyǐn 명 음식 판매. 요식 | 冲洗 chōngxǐ 동 현상하다 | 周到 zhōudào 형 주도면밀하다. 빈틈없다 | 劳顿 láodùn 형 지치다. 피로하다 | 踏 tà 동 밟다. 디디다 | 充电 chōngdiàn 동 충전하다

93 关于世界上第一家青年旅馆，下面哪一项正确?

A 建立的时间是1999年
B 建立者是一名青年教师
C 地址是在一个废弃工厂内
D 和后来的青年旅馆结构相似

세계 최초의 유스호스텔에 대해 아래 어느 항목이 정확한가?

A 건립한 시기는 1999년이다
B 건립자는 한 청년교사다
C 주소는 폐기된 공장 안이다
D 이후의 유스호스텔의 구조와 비슷하다

해설 세계 최초의 유스호스텔의 기본 구조는 안전, 경제(적인), 위생, 프라이버시라고 했으며, 거의 한 세기 후의 선전 최초의 국제 유스호스텔도 경제적이고 깨끗하며 안전한 숙박을 제공한다고 언급했다. 이를 통해 이전의 유스호스텔과 이후의 유스호스텔의 기본 구조가 거의 비슷함을 알 수 있다. 따라서 정답은 D다. 세계 최초의 유스호스텔은 1912년 세워졌다고 했으므로 A는 답이 될 수 없다. 또한 지문 처음 부분에 교사가 유스호스텔을 건립할 생각을 했다고는 언급했지만, 실제로 건립자가 청년교사인지는 언급되지 않았으므로 B도 답이 될 수 없다. 최초의 유스호스텔은 독일의 폐기된 성에서 탄생했다고 했으므로 C도 오답이다.

94 根据本文，我们可以知道:

A 青年旅馆只面向青年团队
B 所有的青年旅馆都装有空调
C 青年旅馆的住宿费都比较便宜
D 所有的青年旅馆都有自助餐厅

지문에 근거해 알 수 있는 것은?

A 유스호스텔은 단지 청년 단체를 향한 것이다
B 모든 유스호스텔에 에어컨이 있다
C 유스호스텔의 숙박비는 모두 비교적 저렴하다
D 모든 유스호스텔에 카페테리아가 있다

해설 유스호스텔의 특색 및 공통점으로 '안전, 경제(적인), 위생, 프라이버시'를 들고 있으므로 정답은 C다. 국제 유스호스텔을 한 예로 선전 환러구 국제 유스호스텔을 들고 있는데, 주로 가족, 청년단체, 기업과 사업체를 위해 숙박을 제공하고 있다고 했다. 이는 유스호스텔이 청년단체만을 위한 시설이 아니라는 뜻이므로 A는 답이 될 수 없다. 또한 B와 D의 에어컨과 카페테리아는 환러구 국제 유스호스텔에 있다고는 언급했지만, 모든 유스호스텔에 있는지는 알 수 없으므로 답이 될 수 없다.

95 关于欢乐谷国际青年旅馆，说法正确的是:

A 位于欢乐谷主题公园内
B 特点是安全、经济、卫生
C 内设网吧、酒吧和小卖部
D 是中国第一家国际青年旅馆

환러구 국제 유스호스텔에 대해 맞는 설명은?

A 환러구 테마공원 안에 위치한다
B 특색은 안전하고 경제적이며 위생적인 것이다
C 안에 PC방, 술집 그리고 매점이 설비되어 있다
D 중국 최초의 국제 유스호스텔이다

해설 첫 번째 단락 후반부에 선전 환러구 국제 유스호스텔은 '주로 가족, 청년단체, 기업과 사업체를 위해 경제적이고, 깨끗하며 안전한 숙박을 제공한다'고 언급했으므로 정답은 B다. 두 번째 단락 처음 부분에 '환러구 국제 유스호스텔은 환러구 테마공원과 벽을 사이에 두고 인접해있다'고는 언급했지만, 공원 안에 있다고는 하지 않았으므로 A는 답이 될 수 없다. 또한 환러구 국제 유스호스텔 여관은 선전 최초의 유스호스텔이지, 중국 최초라고는 하지 않았으므로 D도 답이 될 수 없다.

96 本文最可能是选自：

A 华侨城的简介
B 欢乐谷的简介
C 青年旅馆的广告
D 青年旅馆的回忆录

지문은 어디에서 발췌한 글일 가능성이 높은가?

A 화챠오성의 간략한 소개
B 환러구의 간략한 소개
C 유스호스텔의 광고
D 유스호스텔의 회고록

단어 选自 xuǎnzì 동 ～에서 뽑다, ～에서 나오다, ～에서 발췌되다 | 简介 jiǎnjiè 명 간단한 소개, 간략한 소개 | 回忆录 huíyìlù 명 회고록

해설 지문 두 번째 단락 전체 내용, 특히 '환러구 국제 유스호스텔 내에는 PC방, 탁구실, 열람실, 바둑실, 카페테리아, 세탁실, 매점을 설치하여 빈틈없는 서비스로 여행 도중에 지친 당신에게 각종 오락시설을 제공하고 당신의 심신을 여유롭게 하며 당신이 다음 여정에 오르도록 응원하고 충전시켜준다' 등의 내용을 통해 지문이 유스호스텔 광고에서 나온 것임을 추측할 수 있다. 따라서 정답은 C다.

97-100

"七夕"情人节刚过，广东肇庆的女白领小张依旧"宅"在家里，看电视吃泡面。二十七岁的她坦然对媒体说，想嫁有点儿难。

男大当婚，女大当嫁。但在肇庆从事婚介事务的张女士透露，她的婚介所，今年的业务增加了两至三成，大多是三十岁以下的年轻人，"85后"已经不稀罕，有两家婚介所甚至亮出"90后"会员档案。

白领小张说，找对象真的这么难吗？她搞不懂，选择爱情还是选择条件？

在肇庆，"求婚"人数的增多并没有降低"成婚"的难度，婚介经常陷入"选择多合适少"的尴尬局面。98(C)当地婚介所称，每个人对"对象"都能提出一大堆要求，面面俱到，却又回回失望，婚介所可谓苦苦撑着。

业内人士分析认为，97(C)现代青年生存压力及竞争压力大，精力几乎都用于工作，认识朋友、经营感情的时间较少，基本是"两点成一线"，下班就躲回家成"宅男""宅女"，而"80后"又普遍比较自我，不肯轻易让步，习惯被照顾，结果导致互相排斥。

'칠석' 연인의 날이 막 지났지만 광둥 자오칭의 여성 사무직 근로자 샤오장은 여전히 집에 머무르면서 텔레비전을 보고 인스턴트 라면을 먹는다. 27세인 그녀는 태연하게 매스컴에 시집을 가고 싶지만 조금 어렵다고 말했다.

남자가 크면 장가를 가고, 여자가 크면 시집을 간다. 그러나 자오칭에서 혼인소개 일에 종사하는 장 여사는 그녀의 결혼상담소가 올해 20~30% 업무가 증가했고, 대부분이 서른 살 이하의 젊은이들이며 85년 이후 출생자는 더 이상 드물지 않고 두 곳의 결혼상담소에서는 심지어 90년 이후 출생인 회원 데이터도 나타났다고 털어놓았다.

사무직 근로자 샤오장은 애인을 찾는 것이 정말 어렵냐고 하면서 그녀는 사랑을 고르는 것인지 아니면 조건을 고르는 것인지 이해할 수 없다고 말했다.

자오칭에서, '구혼'자 수의 증가가 결코 결혼의 난이도를 낮추지는 않았다. 결혼상담은 자주 '선택은 많으나 적합한 경우는 적은' 곤란한 상황에 빠진다. 98(C)현지 결혼상담소는 사람마다 '결혼상대자'에 대해 많은 요구를 할 수 있어 모든 방면을 주도면밀하게 고려하지만 오히려 매번 실망하여 결혼상담소가 힘들게 버티고 있다고 말할만하다고 했다.

업계 내 인사들이 분석하길, 97(C)요즘 젊은이는 생존 스트레스 및 경쟁 스트레스가 크고, 힘을 거의 모두 일하는 데 써서, 친구를 만나고 감정을 만드는 시간이 비교적 적어 대체로 '(집과 일터) 두 지점만 왔다갔다'한다고 한다. 퇴근하면 바로 집에 돌아가서 '은둔형 외톨남', '은둔형 외톨녀'가 된다. '80년 이후 출생'은 또 보편적으로 비교적 자기 중심적이라 쉽게 양보하려 하지 않고, 보살핌을 받는 것이 습관이 되어서 결과적으로 서로 배척하게 되었다.

曾经有媒体让韩寒写"这一代人"。韩寒说，这一代人其实也是相当传统的，^{99(A)}离婚率居高不下，是因为很多人嫁给了岁数，嫁给了住房，而不是嫁给了爱人。

一位1988年出生的女客对肇庆婚介所说，她家里条件不错，想找个依靠，让她过悠闲的生活，婚后不用工作，在家弹琴看书，年纪大一点儿也没关系，四十多岁都可以接受。而据调查，此类女客在肇庆婚介中日渐增多，大有现实才是"王道"，爱情走向"没落"的趋势。

^{100(C)}三十四岁的梁先生在国企上班，收入可观，形象健康，是婚介所里的"黄金单身汉"。"十年前我找的是爱情，十年后我找的是条件；从前我选的是一个人，现在我选的是一家人。"梁先生承认自己"现实"。他说，婚姻是两家人的事情，如果可以选择，为什么不选择一条容易点儿的路呢。

业内人士透露，婚姻"市场"女多男少已成定势，一般都是六比四，甚至更高。根据当地婚介的集体经验，女客人的选择范围与自己的年龄正好成反比，年龄越小，可选择的范围越大，女方一旦超过三十五岁的"警戒线"，婚介会劝告她"最好选择年长七岁以上的男士，成功率会比较高"。

예전에 한한으로 하여금 '현 세대 사람'을 쓰게 한 매체가 있었다. 한한은 지금 세대 사람도 사실 상당히 전통적으로, ^{99(A)}이혼율이 높은 곳에서 떨어지지 않는 것은 많은 사람들이 나이와 결혼하고 집과 결혼하지, 애인과 결혼하지 않기 때문이라고 말했다.

1988년에 태어난 여성 고객은 자오칭 결혼상담소에게 말했다. 그녀는 집안 조건이 괜찮아서, 의지할 수 있고 한가로운 생활을 보낼 수 있으며, 결혼 후에도 일할 필요가 없어 집에서 연주하고 책을 보게 해줄 사람을 찾고 싶다고 하면서 나이가 좀 많아도 상관없고 마흔 몇 살도 받아들일 수 있다고 말하였다. 조사에 따르면 이런 여성 고객은 자오칭 결혼상담소에서 날마다 증가하고 있으며 매우 현실적인 것이야말로 '왕도'며, 사랑은 '몰락'의 추세로 가고 있다고 한다.

^{100(C)}국영기업에 출근하며 수입이 굉장하고 겉보기에도 건강한 서른 네 살의 량 선생은 결혼상담소 안의 '황금 독신남'이다. "10년 전 제가 찾은 것은 사랑이었지만, 10년 후 제가 찾는 것은 조건입니다. 예전에 제가 고른 것은 한 사람이었지만, 지금 제가 고르는 것은 한 집안입니다." 량 선생은 자신이 '현실적'이라는 것을 인정했다. 그는 혼인은 두 집안의 일이며 만약 선택할 수 있다면 왜 좀 더 쉬운 길을 선택하지 않겠냐고 말했다.

업계 내 인사들은 혼인 '시장'은 여자가 많고 남자가 적은 것이 이미 경향이 되었으며, 일반적으로 모두 6대 4의 비율이거나 심지어는 더 높다고 털어놓았다. 현지 결혼상담소의 집단 경험에 의하면 여성 고객의 선택범위와 자신의 나이는 딱 반비례한다. 나이가 적을수록 선택할 수 있는 범위는 크다. 여성 측이 일단 서른 다섯 살의 '경계선'을 넘으면 결혼상담소는 그녀에게 "제일 좋기로는 나이가 일곱 살 이상 많은 남성을 선택하시는 것이 성공률이 비교적 높을 것입니다."라고 권고한다.

단어 七夕 Qīxī 몡 칠석 | 肇庆 Zhàoqìng 몡 자오칭 [광동성에 위치함] | 白领 báilǐng 몡 화이트칼라, 사무직 근로자 | 依旧 yījiù 뮈 여전히, 예전 그대로 | 宅 zhái 동 머무르다 | 泡面 pàomiàn 몡 인스턴트 라면 | 坦然 tǎnrán 혱 (마음이) 평온하고 걱정이 없다, 초연하다 | 媒体 méitǐ 몡 매체, 매스컴 | 婚介 hūnjiè 몡 혼인 소개, 결혼상담 | 事务 shìwù 몡 사무 | 透露 tòulù 동 (소식이나 뜻 등을) 누설하다, 누출하다, 폭로하다 | 稀罕 xīhan 혱 드물다, 희한하다, 진귀하다 | 婚介所 hūnjièsuǒ 몡 결혼소개소, 결혼상담소 | 亮出 liàngchu 동 나타내다, 드러내다 | 档案 dàng'àn 몡 데이터, 문서, 파일 | 降低 jiàngdī 동 낮아지다, 떨어지다, 줄어들다, 낮추다 | 陷入 xiànrù 동 (어떤 불리한 상황이나 국면으로) 빠지다, 놓이다 | 尴尬 gāngà 혱 (입장이) 난처하다, 곤란하다 | 面面俱到 miànmiànjùdào 솅어 모든 방면을 주도면밀하게 고려하여 빈틈없게 하다 | 回回 huíhuí 뮈 매번, 그때마다 | 可谓 kěwèi 동 (~라고) 말할만하다, 말할 수 있다 | 撑 chēng 동 지탱하다, 버티다, 참다 | 宅男 zháinán 몡 남성 은둔형 외톨이 | 宅女 zháinǚ 몡 여성 은둔형 외톨이 | 让步 ràngbù 동 양보하다 | 照顾 zhàogù 동 돌보다, 살피다 | 导致 dǎozhì 동 야기하다, 초래하다 | 排斥 páichì 동 (다른 사람의 사상이나 의견 등을) 배척하다, 배격하다 | 岁数 suìshu 몡 (사람의) 나이, 연세, 연령 | 依靠 yīkào 몡 의지가 되는 사람이나 물건 | 悠闲 yōuxián 혱 한가롭다, 여유롭다 | 弹琴 tánqín 동 연주하다 | 日渐 rìjiàn 뮈 날마다 조금씩, 날이 갈수록 점차 | 王道 wángdào 몡 왕도 | 没落 mòluò 동 몰락하다, 쇠퇴하다 | 趋势 qūshì 몡 추세, 경향 | 可观 kěguān 혱 대단하다, 굉장하다 | 定势 dìngshì 몡 성향 | 反比 fǎnbǐ 몡 반비례 | 警戒线 jǐngjièxiàn 몡 경계선

97

为什么有那么多人去婚介所找对象?

A 婚介所里的人条件好
B 婚介所里的人年纪轻
C 没时间自己认识朋友
D 比现实中有更多选择

왜 그렇게 많은 사람들이 결혼상담소에 가서 결혼상대자를 찾는가?

A 결혼상담소 안의 사람들이 조건이 좋아서
B 결혼상담소 안의 사람들이 나이가 젊어서
C 스스로 친구를 사귈 시간이 없어서
D 현실과 비교해서 더 많은 선택이 있기 때문에

해설 지문에서 '요즘 젊은이는 생존 스트레스 및 경쟁 스트레스가 크고, 힘을 거의 모두 일하는 데 써서, 친구를 만나고 감정을 만드는 시간이 비교적 적다'고 한 것으로 보아, 많은 사람들이 결혼상담소에 가는 이유가 스스로 친구를 사귈 시간이 없기 때문이라는 것을 알 수 있다. 따라서 정답은 C다.

★★☆ | **유형** | 인과 관계 파악

98

在婚介所找对象不容易成功的原因是什么?

A 选择范围太狭窄
B 彼此的竞争激烈
C 对现实条件要求高
D 经营感情的时间少

결혼상담소에서 결혼상대자를 찾는 것에 성공하기가 쉽지 않은 이유는 무엇인가?

A 선택 범위가 너무 좁다
B 서로의 경쟁이 치열하다
C 현실조건에 대한 요구가 높다
D 감정을 만드는 시간이 적다

단어 狭窄 xiázhǎi 형 (폭이) 비좁다, 협착하다

해설 지문 중반에 사람마다 결혼상대자에 대한 요구가 너무 많아 성공하기 어렵다고 했으므로 정답은 C다.

★☆☆ | **유형** | 인과 관계 파악

99

为什么现代人离婚率高?

A 注重金钱
B 女少男多
C 长相不好
D 家庭阻碍

왜 현대인의 이혼율이 높은가?

A 돈을 중시한다
B 여자가 적고 남자가 많다
C 외모가 좋지 않다
D 집안의 반대

단어 长相 zhǎngxiàng 명 얼굴의 생김새, 용모 | 阻碍 zǔ'ài 동 저해하다, 장애하다

해설 지문에서 '이혼율이 높은 곳에서 떨어지지 않는 것은 많은 사람들이 나이와 결혼하고 집과 결혼하지, 애인과 결혼하지 않기 때문이다'라고 했다. 이는 사람들이 돈을 매우 중시하고 애정을 중시하지 않기 때문에 이혼율이 높아졌다는 의미다. 따라서 정답은 A다.

★☆☆ | **유형** | 세부 내용 파악

100

以下哪一种人是婚介所里比较抢手的?

A 90后的女性
B 三十五岁的女性
C 国企上班的男性
D 四十多岁的男性

다음 중 어떤 사람이 결혼상담소에서 비교적 인기가 있는가?

A 90년 이후 출생의 여성
B 35살의 여성
C 국영기업에 출근하는 남성
D 40여 살의 남성

단어 抢手 qiǎngshǒu 형 (상품이) 인기 있다, 잘 팔리다

해설 지문 중후반에 '국영기업에 출근하며 수입이 굉장하고 겉보기에도 건강한 서른 네 살의 량 선생은 결혼상담소 안의 '황금 독신남'이다'라고 말한 것으로 보아 정답이 C임을 알 수 있다. '황금'은 일반적으로 귀하고, 고귀한 것을 비유한다.

1 아래 텍스트를 자세히 읽을 것. 제한시간은 10분이며 읽는 동안 베끼거나 기록할 수 없음.

2 10분 후 감독관이 읽기 자료를 수거하면 이 텍스트를 짧은 글로 요약할 것. 제한시간은 35분.

3 제목은 스스로 정할 것. 지문 내용을 줄여 쓰기만 하고 자신의 의견은 첨가하지 말 것.

4 글자 수는 400자 내외로 할 것.

5 답안지에 직접 작성할 것.

101

秀萍真的有些吃惊，若非亲眼所见，她怎么也不会相信平时穿戴寒酸、生活节俭的罗明会有这么多存款。虽然每张存折上仅有区区一千元，但加起来也十好几万呢。秀萍又重新打量一下罗明租来的这间小屋，屋里只有一张破旧的单人床，两只已露出海绵的破沙发，再就是水桶、水盆之类的生活用具了。会不会是假的？她又翻了翻那些存折，经验告诉她绝对不是假的，这些存折几乎囊括了全市所有的大小储蓄所，而且有些是三四年前存的，户名一律是罗明。她想象得出，罗明是平时省吃俭用，一张一张攒起来的，但她对罗明将钱存在这么多家储蓄所表示不解。

面对询问，罗明耸耸肩说，我喜欢这样，这样特有成就感，你想呀，整个城市，我走到哪儿都能取钱，大街小巷的所有储蓄所都有我的钱，这是多么大的成就呀，再说，这样也比较安全。

罗明是三年多以前开始追秀萍的。两人分别来自不同的偏远县城，在一家公司打工，而且在一间办公室坐对桌。罗明追秀萍追得很紧，但秀萍却不为他所动。其实，并非秀萍不喜欢罗明，只是秀萍不想找一个穷打工仔，她想以自己的美貌找一个本市人，而且想找家道殷实的人家。她把自己的意思也委婉地对罗明表露过，但罗明却依然我行我素，紧锣密鼓地穷追不舍。一晃，三年过去了，秀萍却没能如愿找到本市的男友，虽然也见过几个，但不是人家嫌她没户口，就是她嫌人家长得太差，总之，没能对上号。

시우핑은 정말 놀랐다. 만일 직접 눈으로 보지 않았다면 그녀는 어떻게 해도 평소 차림이 초라하고 생활이 소박하던 뤄밍이 이렇게 많은 예금이 있다는 사실을 믿지 않았을 것이다. 비록 모든 통장에 겨우 보잘것없는 천 위엔밖에 없지만 그러나 합하면 십 몇 만 위엔이었다. 시우핑은 또 뤄밍이 빌린 이 작은 집을 다시 훑어보았다. 방 안에는 단지 허름한 일인용 침대와 이미 스펀지가 드러난 낡은 소파 2개가 있었고 그 다음은 물통과 대야와 같은 생활용품이었다. 가짜일까, 아닐까? 그녀는 또 그 통장들을 펼쳐보았고 경험이 그녀에게 절대 가짜가 아니라는 것을 말해주었다. 이 통장들은 거의 도시 전체의 모든 크고 작은 은행을 망라하였고 게다가 어떤 것은 3, 4년 전에 저축한 것이었으며 예금주는 전부 뤄밍이었다. 그녀는 뤄밍이 평소에 매우 절약해서 한 장 한 장 모으기 시작한 것이라고 추측하였다. 그러나 그녀는 뤄밍이 돈을 이렇게 많은 은행에 저금한 것을 이해할 수 없었다.

물어보니, 뤄밍은 어깨를 으쓱하며 말했다. "나는 이렇게 하는 것을 좋아해. 이렇게 해야 특히 성취감이 있어. 생각해 봐. 도시 전체에 내가 어딜 가든 모두 돈을 찾을 수 있어. 거리 거리의 모든 은행에 모두 내 돈이 있어. 이게 얼마나 큰 성과야. 게다가, 이렇게 해야 비교적 안전하기도 해."

뤄밍은 삼 년이 넘는 시간 전부터 시우핑을 따라다니기 시작했다. 두 사람은 각각 다른 외진 현도에서 와서 한 회사에서 일했으며 게다가 한 사무실에서 맞은편 책상에 앉았다. 뤄밍은 시우핑을 매우 바싹 쫓아다녔지만 시우핑은 오히려 그에게 흔들리지 않았다. 사실, 결코 시우핑이 뤄밍을 좋아하지 않은 것이 아니지만 단지 시우핑은 가난한 노동청년을 만나고 싶지 않았다. 그녀는 자신의 미모로 이 도시의 사람을 만나고 싶었다. 게다가 가정 형편이 넉넉한 사람을 찾고 싶었다. 그녀는 자신의 생각을 뤄밍에게 완곡하게 드러낸 적이 있다. 그러나 뤄밍은 오히려 여전히 자신의 방식대로 끊임없이 쫓아다니며 헤어지기 아쉬워했다. 어느덧 삼 년이 지나갔다. 하지만 시우핑은 소원처럼 이 도시의 남자친구를 찾지 못했다. 비록 몇 명 만나봤지만, 그 사람들이 그녀가 호적이 없다고 싫어하거나, 아니면 그 사람들이 너무 못생겨서 그녀가 싫어한 것이었다. 결과적으로 양쪽이 서로 잘 맞지 않았다.

　　这一次，罗明死活拉秀萍来他租住的小屋做客，目的就是为了让秀萍看看他的存折。一张张红色的、蓝色的存折，使秀萍对罗明有了一种全新的认识和感觉。她忽然觉得，嫁给罗明未尝不是一件好事，罗明各方面都不差，又爱她，又有经济基础，十几万元钱，买一套房子绰绰有余。买了房子就可以将两人的户口迁过来，这是本市的规定。这样她就可以名正言顺地成为本市人了……打定主意后，秀萍便不再拒绝罗明，很快就和罗明开始了同居生活。和很多同居者一样，两人先是偷偷摸摸的，慢慢就公开化了，还经常领公司的同事来这间出租屋里聚餐。

　　待两人的感情有了一定基础后，秀萍开始催促罗明买房子。罗明却是一副沉得住气的大将风度，说是等两人领了结婚证后再买不迟。

　　两人领了结婚证的第二天，恰逢公司派罗明到另一个城市出差。就在这一天，秀萍的母亲和妹妹忽然出现在秀萍面前。原来，秀萍的父亲得了食道癌，是早期，如果开刀，再活个三年五载的没问题。但秀萍家里没能把钱凑够，就来找秀萍了。秀萍一听父亲得了绝症，焦急万分，她倾尽所有的积蓄，仍然离那个数字有很大的距离。万般无奈的秀萍，只好撬开罗明的写字台抽屉，拿了30张存折。她准备待罗明回来后再向他解释，凭借两个人的感情，她相信罗明不会怪她的。

　　秀萍一边暗暗庆幸自己找了罗明才可以解今天的燃眉之急，一边打了一辆出租车去各个储蓄所里取钱。

　　秀萍万万想不到的是，罗明的存折全部是挂过失的，早已经作废了。连续跑了10家储蓄所得到同样的答复后，她幡然醒悟：罗明是拿着一千元钱到处存，存上后再挂失，用身份证将钱取出来，然后再存入另一家……如此反复，他才积累了一百多张存折。想明白了以后，秀萍问自己：我该怎么办？和他吹吧，结婚证都领了，已经成为法律上的夫妻，尤其是她和罗明的同居关系周围的人都已经知道了，这个时候分手，以后自己怎么在公司做人？……秀萍越想脑袋越乱，她歇斯底里地狂喊了一声"存折"，就在大街上奔跑起来……

이번에, 뤄밍은 한사코 시우핑을 끌고 그가 임대 거주하는 작은 집에 초대하였다. 목적은 바로 시우핑이 그의 통장을 보게 하는 것이었다. 한 장 한 장 빨간색과 남색의 통장들이 시우핑으로 하여금 뤄밍에 대해 완전히 새로운 인식과 느낌을 가지게 하였다. 그녀는 갑자기 뤄밍에게 시집가는 것도 좋은 일이 아니라고 할 수 없으며, 뤄밍은 각 방면에서 모두 부족하지 않고 그녀를 사랑하며 또 경제 기반이 있고 십 몇 만 위엔이면 집 한 채를 사도 충분하다고 생각했다. 집이 있으면 두 사람의 호적을 바꿀 수 있었다. 이것은 이 도시의 규정이었다. 이렇게 하면 그녀는 바로 명분이 정당하고 사리에 맞게 이 도시의 사람이 될 수 있었다……. 생각을 정한 후, 시우핑은 다시는 뤄밍을 거절하지 않고 아주 빨리 뤄밍과 동거 생활을 시작하였다. 많은 동거인들처럼, 두 사람은 먼저 남몰래 지내다가, 천천히 공개하였다. 또한 자주 회사의 동료들을 이끌고 와서 이 빌린 집에서 회식을 하였다.

두 사람의 감정에 어느 정도 토대가 생긴 후, 시우핑은 뤄밍에게 집을 사라고 재촉하였다. 뤄밍은 오히려 감정을 억누르는 대장의 풍모로, 두 사람이 결혼 증서를 받은 후에 사도 늦지 않는다고 말하였다.

두 사람이 결혼 증서를 받은 후 이튿날, 마침 회사가 뤄밍에게 다른 도시로 출장을 가도록 했다. 바로 이날 시우핑의 어머니와 여동생이 갑자기 시우핑 앞에 나타났다. 알고 보니, 시우핑의 아버지는 식도암에 걸리셨지만 초기라 만약 수술을 하면 수년간 더 사는 것은 문제없다고 하였다. 그러나 시우핑의 집은 돈을 모을 수가 없어서 바로 시우핑을 찾으러 온 것이었다. 시우핑은 아버지께서 불치병에 걸리셨다는 얘기를 듣고 매우 다급해졌다. 그녀는 모든 저축을 털어냈지만 여전히 그 액수까지는 매우 큰 거리가 있었다. 방법이 없던 시우핑은 어쩔 수 없이 뤄밍의 사무용 책상 서랍을 열었고 30장의 통장을 집어들었다. 그녀는 뤄밍이 돌아올 때까지 기다렸다가 다시 그에게 설명하려고 하였다. 두 사람의 감정에 의지해, 그녀는 뤄밍이 그녀를 나무라지 않을 것이라고 믿었다.

시우핑은 한편으로는 자신이 뤄밍을 만나서 오늘 이 긴박한 상황을 해결할 수 있다고 혼자 기뻐하면서, 한편으로 각 은행에 가서 돈을 찾으려고 택시를 잡았다.

뤄밍의 통장은 전부 분실신고되어 예전에 이미 폐기되었음을 시우핑은 예상하지 못했다. 연이어 10곳의 은행에 달려가서 같은 대답을 얻은 후, 그녀는 불현듯 깨달았다. 뤄밍은 천 위엔을 가지고 저축한 후, 분실신고를 하고, 신분증을 가지고 돈을 찾은 후에 다시 다른 곳에 저축을 하였다. 이렇게 반복하여 그는 비로소 100장이 넘는 통장을 모았다. 분명히 이해한 후, 시우핑은 자신에게 물었다. '난 어떻게 하지? 그와 헤어진다면, 결혼 증서도 모두 받았고 이미 법률상의 부부가 되었는데, 특히 나와 뤄밍의 동거관계는 주위 사람들이 이미 모두 알고 있어. 이 시점에 헤어지면, 이후에 나는 어떻게 회사에서 처세해야 할까?' 시우핑은 생각할수록 머리가 복잡해졌다. 그녀는 병적으로 흥분한 듯이 '통장'을 외치며 대로에서 달리기 시작했다.

제 4 회

书写

若非 ruòfēi 젭 만일 ~이 아니라면, 만약 ~하지 않았다면 | 穿戴 chuāndài 몡 차림 | 寒酸 hánsuān 혱 궁상맞다, 꾀죄죄하다, 초라하다 | 节俭 jiéjiǎn 혱 검소하다, 검약하다, 소박하다, 간소하다 | 存款 cúnkuǎn 몡 저금, 예금 | 存折 cúnzhé 몡 통장 | 区区 qūqū 혱 (수량이) 적다, (사람이나 사물 등이) 중요하지 않다, 보잘것없다 | 打量 dǎliang 동 (사람의 복장·외모 등을) 관찰하다, 훑어보다 | 破旧 pòjiù 혱 오래되어 허름하다, 낡다 | 单人床 dānrénchuáng 몡 일인용 침대 | 露出 lùchū 동 드러내다, 노출시키다 | 海绵 hǎimián 몡 스펀지 | 再就是 zài jiùshi 그러고 나서는 ~이다, 그 다음은 ~이다 | 水桶 shuǐtǒng 몡 물통 | 水盆 shuǐpén 몡 대야 | 翻 fān 동 (찾기 위해서) 뒤지다, 헤집다, 들추다 | 囊括 nángkuò 동 포괄하다, 망라하다 | 储蓄所 chǔxùsuǒ 몡 저축소, 은행 | 户名 hùmíng 몡 은행과의 거래에서 사용하는 상호 또는 명칭 | 得出 déchū 동 도출하다 | 省吃俭用 shěngchījiǎnyòng 셩어 아껴 먹고 아껴 쓰다, 매우 절약하다 | 攒 zǎn 동 모으다, 저축하다 | 不解 bùjiě 동 이해하지 못하다 | 询问 xúnwèn 동 질문하다, 묻다, 문의하다 | 耸肩 sǒngjiān 동 어깨를 으쓱하다, 어깨를 약간 추키다 | 成就感 chéngjiùgǎn 몡 성취감 | 大街小巷 dàjiēxiǎoxiàng 몡 큰길과 작은 골목, 거리거리, 거리마다 | 分别 fēnbié 튀 각각, 각자, 따로, 제각기 | 偏远 piānyuǎn 혱 외지다, 후미지다, 궁벽하다 | 县城 xiànchéng 몡 현도 | 并非 bìngfēi 동 결코 ~가 아니다 | 打工仔 dǎgōngzǎi 몡 노동청년 | 美貌 měimào 몡 (여자의) 아름다운 용모, 미모 | 本市 běnshì 몡 이 도시 | 家道 jiādào 몡 살림 형편, 가정 형편, 집안 형편 | 殷实 yīnshí 혱 넉넉하다, 부유하다 | 委婉 wěiwǎn 혱 (말·소리 등이) 부드럽다, 완곡하다 | 表露 biǎolù 동 보이다, 나타내다, 드러내다, 표출하다 | 依然 yīrán 튀 변함없이, 여전히, 예전 그대로 | 我行我素 wǒxíngwǒsù 셩어 사람들이 뭐라고 하든 평소 자신의 방법에 따라 하다 | 紧锣密鼓 jǐnluómìgǔ 셩어 징과 북이 끊임없이 울려대다, 어떤 일을 하기 위해 긴박하게 준비하다 | 穷追 qióngzhuī 동 막다른 곳까지 몰다, 끝까지 쫓아가다 | 不舍 bùshě 동 (이별을) 아쉬워하다 | 一晃 yíhuàng 튀 어느덧, 어느새, 순식간에, 눈 깜짝할 사이에 | 如愿 rúyuàn 동 바라는 대로 되다, 소망대로 되다 | 嫌 xián 동 혐오하다, 싫어하고 미워하다 | 户口 hùkǒu 몡 호적 | 对上号 duìshàng hào 양측이 서로 잘 맞다 | 死活 sǐhuó 튀 한사코, 기어코, 어쨌든 | 租住 zūzhù 동 임대 거주하다 | 全新 quánxīn 혱 완전히 새롭다 | 未尝 wèicháng 튀 ~라고 할 수 없다, ~이지 않다 | 绰绰有余 chuòchuòyǒuyú 셩어 다 쓰지 못할 정도로 넉넉하다, 여유롭다, 충분하다 | 迁 qiān 동 옮기다, 이사하다 | 名正言顺 míngzhèngyánshùn 셩어 명분이 정당하고 이치도 통하다 | 打定 dǎdìng 동 (마음을) 정하다 | 主意 zhǔyi 몡 생각, 주견 | 偷偷摸摸 tōutoumōmō 혱 살그머니, 슬쩍, 슬며시 | 公开化 gōngkāihuà 동 공개화하다 | 领 lǐng 동 이끌다, 인도하다, 통솔하다, 인도하다 | 聚餐 jùcān 동 회식하다 | 催促 cuīcù 동 재촉하다, 다그치다, 독촉하다 | 沉得住气 chéndezhù qì 감정을 누르다, 감정을 삭이다 | 大将 dàjiàng 몡 대장 | 风度 fēngdù 몡 풍격, 풍모, 훌륭한 태도 | 结婚证 jiéhūnzhèng 몡 결혼 증서 | 逢 féng 동 (우연히) 만나다, 닥치다 | 食道癌 shídào'ái 몡 식도암 | 开刀 kāidāo 동 수술하다 | 三年五载 sānniánwǔzǎi 셩어 여러 해 동안, 다년간, 수년간 | 凑够 còugòu 동 모으다 | 绝症 juézhèng 몡 치료할 수 없는 질병, 불치병 | 万分 wànfēn 튀 심히, 대단히, 매우, (지)극히 | 倾 qīng 동 다하다, 쏟아내다, 털어내다, 동원하다 | 积蓄 jīxù 몡 저금, 저축한 돈, 모은 돈 | 万般无奈 wànbānwúnài 셩어 아무리 해도 어쩔 수 없다, 방법이 없다 | 撬开 qiàokāi 동 비틀어 열다 | 写字台 xiězìtái 몡 사무용 책상 | 抽屉 chōuti 몡 서랍 | 凭借 píngjiè 동 ~에 기대다, ~를 통하다, ~에 의지하다 | 暗暗 àn'àn 튀 혼자, 몰래, 암암리에, 슬며시 | 庆幸 qìngxìng 동 (의외의) 좋은 결과에 기뻐하다, 다행이라고 생각하다 | 燃眉之急 ránméizhījí 셩어 매우 긴박한 상황 | 取钱 qǔqián 동 (은행에서) 돈을 찾다, 인출하다 | 万万 wànwàn 튀 절대로, 도저히, 어쨌든 | 挂 guà 동 접수하다 | 挂失 guàshī 동 (수표·어음 등의) 분실신고를 하다 | 作废 zuòfèi 동 (효력을 잃어) 폐기하다 | 连续 liánxù 동 연속하다 | 幡然 fānrán 튀 번연히, 불현듯이, 깨끗이 | 醒悟 xǐngwù 동 각성하다, 깨닫다 | 吹 chuī 동 (일이나 우정 등이) 깨지다, 틀어지다, 실패하다 | 脑袋 nǎodai 몡 두뇌, 머리 | 歇斯底里 xiēsīdǐlǐ 혱 히스테릭한, 병적으로 흥분한 | 狂喊 kuánghǎn 동 절규하다, 미친 듯이 고함치다, 힘을 다하여 외치다 | 奔跑 bēnpǎo 동 빨리 달리다, 분주히 다니다

				存	折														

　　　　罗明和秀萍都从外地来到大城市的一家公司打工。罗明三年多以前开始追秀萍，但秀萍却想靠着自己的美貌找一个本市的有钱人。秀萍把自己的意思告诉了罗明，但罗明还是穷追不舍。

　　有一天，罗明拉秀萍来他租的小屋，目的就是让她看看他的存折。这些存折有一百多张，每张都只有一千元，但加起来也有十几万，秀萍对罗明有这么多的存款感到吃惊，也对把钱存在一百多张存折上有些不理解。罗明解释说这样存款比较安全。

　　这些存折让秀萍觉得嫁给罗明也是一件好事。二人同居之后，秀萍开始催促罗明买房子，罗明却说等两人领了结婚证后再买。领结婚证的第二天，罗明出差。就在这一天，秀萍得知父亲得了重病，要花很多钱。她只好拿了罗明的30张存折去取钱。

　　但让秀萍意想不到的是，存折全部都是挂失过的。她突然明白过来，罗明是拿着一千元钱到处存，然后挂失，用身份证将钱取出，再存入另一家，如此反复，他才有了那么多存折。想明白了以后，她喊了一声"存折"，就在大街上跑起来。

书写

〈통장〉

　　뤄밍과 시우핑은 모두 외지에서 와서 대도시의 한 회사에서 일을 하였다. 뤄밍은 삼 년여 전부터 시우핑을 쫓아다니기 시작하였다. 하지만 시우핑은 오히려 자신의 미모를 믿고 이 도시의 부유한 남자를 찾고 싶었다. 시우핑은 자신의 생각을 뤄밍에게 알렸지만 뤄밍은 끝까지 쫓아다니며 헤어지기 아쉬워하였다.

　　어느 날, 뤄밍은 시우핑을 이끌고 그가 빌린 작은 집에 왔다. 목적은 그녀로 하여금 그의 통장을 보게 하려는 것이었다. 이 통장들은 백여 장이었고 각 장마다 모두 겨우 천 위엔이 있었다. 그러나 합치면 십 몇 만 위엔이었다. 시우핑은 뤄밍이 이렇게 많은 예금이 있는 사실이 놀라웠고 돈을 백여 장의 통장에 저축하는 것도 이해할 수 없었다. 뤄밍은 이렇게 저축하는 것이 비교적 안전하다고 설명했다.

　이 통장들은 시우핑으로 하여금 뤄밍에게 시집가는 것도 괜찮은 일이라고 생각하게 하였다. 두 사람이 동거한 후, 시우핑은 뤄밍에게 집을 사라고 재촉했다. 뤄밍은 오히려 두 사람이 결혼 증서를 받을 때까지 기다렸다가 사자고 하였다. 결혼 증서를 받은 이튿날, 뤄밍은 출장을 갔다. 바로 이날, 시우핑은 아버지가 중병에 걸리셔서 많은 돈을 써야 한다는 것을 알았다. 그녀는 어쩔 수 없이 뤄밍의 통장 30장을 가지고 돈을 찾으러 갔다.

　그러나 시우핑이 전혀 예상치 못하게, 통장은 전부 분실신고된 것이었다. 그녀는 갑자기 분명히 이해가 되었다. 뤄밍은 천 위엔을 가지고 가서 저축한 후에, 분실신고를 하고 신분증으로 돈을 찾은 다음, 다시 다른 곳에 저축하였다. 이렇게 반복하여 그는 비로소 그렇게 많은 통장을 갖게 된 것이었다. 이해가 된 후, 그녀는 '통장'이라고 외치며, 대로에서 달리기 시작했다.

지문 분석　이 글은 중간에 과거 이야기가 나오는 액자식 구성이다. 문단을 제대로 나누지 못한 상태에서 액자식 구성을 그대로 활용하면, 요약하는 데 어려움이 따른다. 그러므로 내용상의 변화만 없다면 스토리 구성 방식을 바꾸어도 무방하다. 시간의 흐름에 맞게 과거부터 현재까지 사건을 나열하는 것이 좋다. 1000자 지문에서는 액자식 구성이 가능하지만 400자의 요약글에서는 액자 형식을 유지하는 것보다 명료하게 사건을 전개하는 것이 더 중요하기 때문이다. 이 이야기는 주로 시우핑과 뤄밍을, 그 중에서도 특히 시우핑을 위주로 전개된다.

요약 방법　전체 배경 : 주인공 시우핑과 뤄밍이 등장한다. 시우핑과 뤄밍이 어떤 관계인지, 각각 어떤 것을 원하는지를 간략히 소개한다. 첫 번째 문단은 글의 전체 배경을 설명하면 되므로, 자세하게 묘사하지 말고, 이 정도 내용만 담아도 충분하다.

　경　　　과 : 두 번째 문단에서는 이야기가 전개되는 과정을 묘사해야 한다. 그러므로 평소 차림이 초라하고 생활이 소박해 보였던 뤄밍에게 예상 밖에 많은 통장과 돈이 있다는 사실을 시우핑은 믿기 어렵다는 내용을 쓰면 된다.

　중심 개괄 : 통장의 잔고를 본 시우핑은 뤄밍에게 시집가는 것도 좋겠다고 생각하게 된다. 이후의 내용이 가장 중요한 부분이다. 특히 이 부분은 내용이 비교적 많으므로 원문을 그대로 쓰지 말고 중점 내용을 요약하되, 연결은 매끄러워야 한다. 시우핑과 뤄밍 두 사람은 서서히 감정을 키워나갔고, 어느 정도 감정이 무르익었을 무렵, 시우핑은 뤄밍에게 집을 사라고 재촉하지만 뤄밍은 결혼 증서를 받은 후에 사도 늦지 않는다며, 우선 결혼 증서를 받자고 말한다. 결혼 증서를 받은 다음날, 뤄밍은 다른 도시로 출장을 가게 되었고, 그 사이 시우핑은 아버지가 식도암에 걸린 사실을 알고 상황이 긴박해 우선 뤄밍의 돈을 쓰기로 했다는 내용이다.

　결　　　과 : 시우핑이 뤄밍의 통장을 들고 돈을 찾으러 은행에 갔으나, 통장이 모두 분실신고 처리가 되어있는 것, 어떻게 뤄밍이 100여 장의 통장을 만들 수 있었는지를 깨닫고 당황해하는 시우핑의 모습을 요약한다.

외국어 출판 40년의 신뢰
외국어 전문 출판 그룹
동양북스가 만드는 책은 다릅니다.

40년의 쉼 없는 노력과 도전으로 책 만들기에 최선을 다해온 동양북스는
오늘도 미래의 가치에 투자하고 있습니다.
대한민국의 내일을 생각하는 도전 정신과 믿음으로 최선을 다하겠습니다.

동양북스